KB027163

JUNG'S PSYCHOLOGY & EMOTION

융심리학과 정서

박종수 저

학지사

머리말

10년 전이다. 정서의 폭풍이 휘몰아쳐 올 때, 나는 두려움과 떨림으로 지켜볼 수밖에 없었다. 책으로만 만났던 융을 직접 보기 위해 스위스 취리히로 향했다. 융은 이미 고인이 되었지만 그가 설립한 취리히 융 연구소에서 그의 체취를 느껴 보기 위해 무작정 달려갔다. 취리히의 여름은 정말 무더웠다. 호텔에서 겨우 구한 작은 선풍기로는 더위를 식히기에 역부족이었다. 그동안 유럽은 여름에도 시원해서 에어컨이나 선풍기 없이도 잘 지냈다고 한다. 그해 유달리 더웠던 취리히 날씨는 가끔 쏟아지는 소나기와 어울려 새로운 정감을 주었다. 겨울에도 푸릇푸릇한 잔디와 언제나 깔끔하게 단장된 산과 들을 보고 있노라면 어느새 이국의 정취에 흠뻑 빠지곤 했다. 그러나 겉으로는 설렘과 행복감이 나를 감싸고 있었지만, 안에서는 정서의 회오리바람이 요동치고 있었다. 취리히에 도착한 첫날 밤에 꾼 꿈이다. 비바람을 동반한 폭풍이 휘몰아치면서, 작은 시내는 어느새 강처럼 변해 있었다. 나는 건너편 언덕 위에 있는 융 연구소에 가야 했다. 누런 황톳물과 함께 엄청나게 빠른 속도로 흘러내리는 냇물을 건너 융 연구소로 가기 위해 나는 빗속에서 필사적으로 노력하다가 잠에서 깬 것 같다.

나에게 융은 누구이며, 융 연구소는 어떤 의미일까? 2003년 여름은 이전의 세계에서 벗어나 다른 세계로 여행하는 전환점이 되었다. 취리히에 있는 동안, 나는 지금까지 결코 경험해 보지 못한 정서의 세계에 빠져 있었던 것 같다. 환희와 감격, 그리고 신비한 경험과 지적인 만족감 등이 여름학기 내내 나를 지배했다. 단순히 분석심리학을 공부한다는 차원을 넘어 마치 신비의 세계에서 신선 놀음을 하는 기분이었다. 그러나 꿈은 나에게 닥칠 엄청난 변화를 예고했다. 그것은 위험과 고난을 무릅쓰고 다른 세계로 갈 때 융을 만날 수 있다는 암시였다. 10년이 지난 지금 그 꿈을 되새겨 보면, 그것은 지성의 세계에서 감성의 세계로 옮겨가는 작업이라 여겨진다. 지성과 감성 사이는 엄청난 폭우로 가로막혀 있다. 그 사이를 뚫고 나가기 위해 과감한 시도가 요구된다.

사고형인 나는 성서해석학을 공부할 때 지칠 줄 모르고 연구에 몰두했다. 히브리어, 헬라어, 영어, 독일어, 불어, 심지어는 고대 아람어와 이집트 상형문자에 이르기까지 수많은 언어를 공부하면서 단 한 번도 지루함을 느끼지 않았던 것 같다. 그렇다고 이 모든 언어에 능통한 것은 아니다. 겨우 고대 문헌의 해석에 필요한 약간의 지식만 터득하는 데에도 수많은 세월이 흘렀다. 고대근동학과 문화인류학은 나에게 신학과 성서해석학을 공부하는 데 많은 통찰력을 제공했다. 성서학은 나의 존재감을 일깨워 주는 데 충분했다. 존재의 근원을 찾고자 하는 나의 열망은 신학에 대한 애정으로 꽃을 피웠으며, 그것은 나를 행복한 학도로 만들기에 충분했다. 그러나 지적인 유희에는 한계가 있나 보다. 세상은 그렇게 합리적이지 않으며, 특히 부모와 자녀 관계는 더욱 비합리적이고 정서의 세계에 놓여 있다는 사실을 깨닫게 된 것은 최근의 일이다. 폭우를 뚫고 거세게 흐르는 진흙탕 물을 건너 당도한 융 연구소는 바로 나의 내면에 있는 감정의 세계였다.

나는 융에 매료되어 10여 년 동안 분석심리학을 공부하고 분석도 받아 보면서 상담을 계속해 왔다. 수십 년에 걸쳐 상담과 심리치료의 경력을 쌓아 온 분들에 비하면 지극히 빈약한 경험이지만, 나에게는 참으로 소중한 순간들이었다. 그동안 쉬지 않고 임상 현장을 경험할 수 있었던 것은 전적으로 나를 신뢰해 준 내담자들 덕분이다. 그럼에도 나는 상담에 임할 때마다 지적인 판단과 정서적인 교감 사이에서 항상 갈등해야 했다. 판단이 앞서는 사고형은 감정에 민감한 내담자를 경험할 때 당혹스러울 때가 많다. 그들은 아무런 문제가 되지 않을 것 같은 일에 크게 실망하거나 호들갑을 떠는가 하면, 사람의 마음을 뒤흔들고 한순간에 혼돈 속으로 끌고 들어간다. 머리보다 몸이 앞서는 그들에게 그 어떤 합리적인 설명도 무익하다는 것을 깨닫기까지 10년이 넘게 걸린 셈이다. 감정은 우선 감정과 대화한다. 감성적인 대화가 충분히 만족될 때, 사람들은 지성의 문을 연다. 그래서 드 그레고리오(de Gregorio)는 자신의 책 『나의 이성, 나의 감성(*My Head and My Heart*)』에서 "이성은 결코 감성을 이길 수 없다."라고 하지 않았는가?

그동안 융심리학은 자아 성찰과 상징분석에 대한 많은 통찰력을 제공해 왔다. 그럼에도 정신분석에 비해 감정과 언어에 대한 연구는 상대적으로 부족하다고 여겨진다. 임상 현장에서 감정(feeling)과 정서(emotion)에 대한 이해가 절실함을 느낀 나는 융 전집을 토대로 정서에 대한 글들을 찾아보기로 했고 그의 글에서 의외로 많은 내용을 발견할 수 있었다. 이 밖에도 영국의 대상관계학파와 교류가 많은 후기 융학파에도 정서의 중요성을 강조한 글들이 상당히 있다. 나는 특히 감정의 영역에서 정신분석의 연구 결과는 분석심리학 학도에게도 상당한 도움을 줄 수 있다고 확신한다. 사실 감정에 대한 다양한 접근방법이 있음에도, 심층심리학적 정서 이해는 경험적 차원에서 볼 때 크게 차이가 나지 않는다. 이런 관점에서 나는 융심리학과 정신분석을 상호 보완적 차원에서 이해하고자 한다.

이 책은 정서에 대한 근본적 이해에서 출발한다. 첫째, 정서는 의식적이면서 동시에 무의식적 현상이라는 점이다. 인식 가능한 정서도 있지만, 심리적 고통의 배경이 되는 정서는 대체로 무의식에 감추어져 있다. 정서의 무의식성은 정신역동치료 현장에서 정서에 대한 심리분석을 요구한다. 정서는 경험의 대상이면서 동시에 분석의 대상이어야 한다는 점이 이 책을 저술하게 된 일차적 동기에 해당된다. 둘째, 모든 정서는 개인의 삶과 역사를 반영하고 있다는 점이다. 사람마다 정서는 독특한 형태로 일정한 구조를 지닌다. 그것은 기질적이거나 원형적인 정서 패턴에 의한 것일 수도 있고, 성장과정에서 형성된 정서양식일 수도 있다. 정신분석은 성장과정, 특히 부모와의 정서적 교감에 따라 정서 패턴이 형성된다고 보는 반면, 융심리학은 선천적이며 원형적인 정서와 개인적 경험에서 파생된 정서 사이의 역동에 주목한다. 특히 콤플렉스와 연계된 정서는 원형적(주관적) 차원과 개인적(객관적) 차원 모두를 고려하게 만든다. 따라서 정서분석을 통해 한 개인의 성장 배경뿐만 아니라 신체적 · 정신적 발달과정을 세밀하게 추적할 수 있다. 이 작업은 대체로 정서의 인식과 분화, 경험과 관찰, 분석과 통합의 과정을 거쳐 수행된다.

한동안 정서의 바다에 빠져 허우적거리면서, 나는 감정과 정서를 어떻게 이해해야 할지 알지 못했다. 어떤 것을 이해하기 위해서 우선 구조적 짜임새를 설정하고 그 안에서 차분히 내부를 살펴 왔던 나는 정서에 관한 한 합리적 추론과 질서를 세우기에는 역부족임을 깨달았다. 감정과 정서를 지성의 합리적 구조 속에 넣는 작업은 나름대로 도움이 된다. 그러나 지금까지 감정에 대한 어떤 연구도 논리적이며 체계적인 결과를 도출해 낸 적은 거의 없다. 물론 정신분석이나 분석심리학 그리고 인지행동주의 심리학들은 나름대로 감정을 정의하고 이론적으로 체계화하는 작업을 해 왔다. 그럼에도 아직까지 만족할 만한 논리적 체계는 형성되지 않은 것 같다. 이 분야에 대한 경험과 연구가 부족한 나 역시 욕심을 부리지 않기로 했다. 정서에 대한 이론적 체계의 확립이라는 거대한 담론보다는, 우선 임상적 측면에서 정서에 대한 경험적 · 현상학적 접근이 필요하다는 생각이다. 이를 위해 나는 융의 임상적 경험을 최대한 소개함으로써 정서 이해를 위한 토대를 마련하고자 했다. 동시에 정신분석적 연구 결과를 수용함으로써 정서를 정신역동적 차원에서 종합적으로 이해하고자 했다. 정신분석과 분석심리학은 무의식을 탐구하는 공통된 뿌리를 지니고 있음에도 그동안 상당히 다른 전통에서 독자적으로 발전해 왔다. 자아(ego)나 자기(self), 상징(symbol)과 표상(representation) 등과 같은 용어의 의미 또한 서로 다른 점이 많다. 이런 차이점이 있음에도 융학파와 프로이트학파는 치료적 차원에서 많은 점을 공유한다. 수많은 임상가를 통해 경험된 정서의 심리작용을 함께 나눔으로써 치료적 대안을 마련하고자 하는 것이 이 책의 지향점이다.

이 책의 1부인 '정서분석과 심리치료'는 정서의 무의식성과 역사성을 토대로 심리치료를 위한 정서분석을 강조하고 있다. 2부인 '정서의 특성과 심리작용'은 치료 현장에서 주로 언급되는 대표적 정서, 즉 불안, 두려움과 공포, 분노와 격분, 질투와 시기, 그리고 죄책감과 수치심을 다루고 있다. 이들 정서가 취급되는 과정에서 행복과 슬픔, 상실과 고독, 절망과 좌절 같은 다양한 정서가 소개된다. 마지막 3부인 '민담 속의 정서'에서는 한국의 전통 신화인 '바리공주'에 나타난 정서와 성서에 나타난 '요나 콤플렉스'가 소개된다. 여기서 원형적 정서가 개인의 경험과 결합하여 어떤 형태로 표출되는가를 살펴볼 수 있다. 부록에는 정서분석 자료를 수록하여 이 책에 소개된 정서의 세부 내용을 쉽게 찾아보도록 했다.

아직도 감당할 수 없는 정서의 세계는 좌절과 혼돈, 그리고 희망과 소명 사이에서 많은 갈등을 일으키고 있다. 아무쪼록 이 책이 임상 현장에서 수고하는 이들에게 작은 도움이 되기를 바란다. 그동안 나와 함께 세미나를 하면서 정서의 세계를 공유한 여러 동료에게 감사드린다. 특히 원고를 세밀하게 검토해 준 오진령 박사님께 감사드린다. 책의 내용과 편집에 대해 조언을 아끼지 않았던 변상규 교수님, 그리고 초고를 읽고 격려해 주신 조수연 선생님께도 감사드린다. 무엇보다도 심혈을 기울여 삽화를 그려 주신 한정규, 이은희 선생님 부부에게도 진심으로 감사드린다. 책을 꼼꼼히 읽으면서 쓴소리를 마다하지 않은 사랑하는 아내와 두 자녀(선형, 성)에게도 고마운 마음이 그지없다. 항상 좋은 책으로 세상을 밝게 비추는 학지사 김진환 사장님의 따뜻한 배려와 하시나 선생님의 세밀한 편집 작업은 필자로 하여금 최선을 다하도록 독려하였음을 고맙게 생각한다. 마지막으로, 이 책은 필자가 소속된 강남대학교의 2012년 교내 연구공모과제에 의해 저술되었음을 밝혀 두며, 학교 당국에 깊은 감사의 마음을 전한다.

2013년 8월

강남대학교 시내산 골짜기에서

박종수

차 례

융심리학과 정서

PART 01

정서분석과 심리치료

Jung

CHAPTER 01

감정과 정서

1. 일반적 이해

상담과 심리치료에서 감정을 다루는 일은 가장 중요한 치료 수단 중의 하나다. 인간의 감정에는 한 개인의 정신적 · 육체적 삶의 역사가 고스란히 녹아 있기 때문이다. 희로애락과 같이 모든 사람이 거의 동일하게 경험하는 보편적인 감정이라고 할지라도 그 표출방식은 저마다 다르다. 예를 들면, TV에서 불의의 사고로 어린 학생이 목숨을 잃는 보도를 들었을 때, 거의 모든 사람은 슬픔을 경험할 것이다. 그러나 일반적인 반응과는 달리 어떤 사람은 그 사건이 자신의 사건인 양 슬픔에 잠겨 우울증에 빠진다든지, 심한 경우 자살에 이르는 극단적인 경우도 발생한다. 유사한 자살 사건이 도미노처럼 번지는 현상은 바로 이런 사례를 보여 준다. 대부분의 사람은 어떤 형태의 감정이 자신을 지배하는지 모르고 살아간다. 어떤 사람들은 감정을 충분히 표현하지 못하고 억압하는 경우도 있다. 또 어떤 사람들은 본래의 감정을 숨기고 다른 형태의 감정을 표출함으로써 자신의 내면세계를 위장한다. 슬퍼야 할 때 분노를 느낀다거나, 사랑의 표현으로 증오하기도 한다. 감정 표출방식은 한 개인의 정서적 삶을 보여 주며, 대체로 살아남기 위한 전략으로 터득된 오랜 역사를 지니고 있다. 이런 감정의 형성 배경과 적응양식, 그리고 의식구조, 삶과 행동 양태에 자리 잡고 있는 감정을 추적하다 보면 한 개인의 성장에 중요한 영향을 끼친 요인이 드러나게 된다. 상담이나 심리치료 현장에서 감정적 요인을 간과할 수 없는 이유가 바로 여기에 있다. 이런 관점에서 융(Jung)은 정신역동적 심리치료는 우선 정서적인 갈등과 무의식의 내용에 주목해야 한다고 주장한다.

> 학구적인 심리학자가 정서의 현상이나 무의식의 관념을 고려하건 고려하지 않건 그것은 그 사람의 자유에 속한다. 그러나 의료심리학자의 경우는 다르다. 의료심리학자는 아무리 못해도 이 두 가지 측면에 적절한 주의를 기울여야 한다. 정서적인 갈등이나 무의식의 개입은 의료심리학의 고전적인 특징이기 때문이다. ……마음의 현실이 과학적인 정의로 구체화되지 않는다고 하더라도 의사는 이에 몰두해야 한다. 어떤 교과서도 현장의 심리학을 가르쳐 주지 못하는 까닭이 바로 여기에 있다. 현장의 심리학은 현장의 경험을 통해서만 배울 수 있는 것이다(Jung et al., 2009, p. 133).

그렇다면 감정이란 무엇일까? 국립국어원의 표준국어대사전은 감정(感情)을 '어떤 현상이나 일에 대하여 일어나는 마음이나 느끼는 기분'으로 정의하고 있다. 이에 반해 정서(情緖)는 '사람의 마음에 일어나는 여러 가지 감정, 또는 감정을 불러일으키는 기분이나 분위기'로 서술되어 있다. 정동(精動)은 주로 심리학적인 의미에서 '희로애락과 같이 일시적으로 급격히 일어나는 감정, 진행 중인 사고과정이 멎게 되거나 신체 변화가 뒤따르는 강렬한 감정 상태'다. 이것을 요약하면, 감정(feeling)은 외부적 요인에 의해 발생하는 단순한 느낌이고, 정서

(emotion)는 감정을 일으키는 내부적 요인이며, 정동은 특별한 반응을 불러일으키는 일시적인 강한 감정으로 정의될 수 있다.

그럼에도 불구하고 우리가 사용하는 감정과 관련된 용어의 의미를 다른 문화권의 언어로 온전하게 대체할 수 없다는 데 문제가 발생한다. 감정과 관련된 영어로는 feeling, emotion, affect, mood 등을 들 수 있다. 'feeling'은 '느낌' 혹은 '감정'으로 번역되고, 'emotion'은 일반적으로는 '감정'으로 이해되면서 심리적 용어로 '정서' 혹은 '정동'으로 번역되고 있다. 'affect'는 '정감' 혹은 '정동', 때로는 '격정'(격렬한 감정)으로 번역되기도 한다. 그러나 대체로 감정에 심리적 · 신체적 반응이 동반되는 현상을 정서로 간주한다.

그러나 심리학이 본격적으로 거론되기 이전에는 감정, 정서, 정동 등의 용어가 세분화되지 않은 채 사용되었다. 일반적으로 우리말 '감정'은 대체로 이 모든 의미를 포괄하고 있다. 철학사에서 드러난 감정은 긍정적인 감정과 부정적인 감정으로 나뉘어져, 부정적인 감정은 이성에 의해 조절되거나 통제되어야 한다고 여겨져 왔다. 플라톤에 의하면, 영혼은 본래 이성적인 반면, 감정을 비롯한 모든 비이성적 동요는 육체로부터 파생된 것으로 간주되었다. 영혼은 육체로부터 물려받은 욕구, 분노, 두려움, 쾌락, 슬픔 등의 감정에 대해 이성적으로 저항할 수 있으며 굴복당하지 않을 수 있다는 것이다(Bormann, 1973, pp. 140-41; 조정옥, 1999, p. 18에서 재인용). 아리스토텔레스는 비이성적인 감정이나 능력은 천부적이고 자연적이므로 그에 대한 선악을 논할 수 없다고 여겼다. 그는 다만 감정에 대한 우리의 태도와 습관이 중요하다고 하였다. 플라톤은 이성에 의해 감정이 조절 · 통제된다고 믿은 반면, 아리스토텔레스는 감정을 자연적 산물로 규정함으로써 감정에 대한 수동적 수용성을 인정했다(Taylor, 1955, p. 93; 조정옥, 1999, pp. 20-21에서 재인용).

아리스토텔레스는 감정을 분노, 온화함, 사랑, 증오(enmity), 두려움, 자신감, 수치심, 뻔뻔스러움(shamelessness), 자비심(benevolence), 동정심(pity), 의분(indignation), 시기심(envy), 경쟁심(emulation), 경멸감(contempt)의 열네 가지 범주로 나누었다. 아리스토텔레스의 정서 목록은 당시 그리스의 사회적 정서를 반영한다. 온화함, 자신감, 사랑, 자비심 등은 바람직한 정서로, 반면에 시기심이나 뻔뻔스러움, 경멸감 등은 바람직하지 못한 정서로 알려졌을 것이다. 이러한 긍정적 정동(positive affect)과 부정적 정동(negative affect)의 대비에는 감정에 대한 고대 그리스인들의 윤리적 판단이 전제되어 있다. 감정 조절법은 대개 부정적인 감정을 긍정적인 감정으로 변화시켜 심리적 부담을 줄이고자 하는 목적을 지닌다. 하지만 특정 정동은 시대와 문화에 따라 긍정적 혹은 부정적으로도 평가될 수 있기 때문에 세계 어디에서나 동일한 형태를 띠는 정서는 거의 없다 (Kagan, 2009, pp. 34-35).

데카르트(Descartes, 1940) 역시 감정(passion)을 지성과는 구별되는 비지성적 영역에 속한다고 보았다. 그는 모든 감정을 영혼 자체에서 파생된 것이 아니라, 영혼이 사물로부터 받아들인 지각이나 지식과 같은 수동성으로 보고 있다(p. 28; 조정옥, 1999, p. 27에서 재인용). 그는 자신의 『정념론(*Les passions de l'âme*)』에서 감정을 "마음에 귀속시켜야 할 마음의 지각, 감각, 정서이며, 어떤 종류의 정기 운동으로 야기되고 유지 · 강화되는 것"이라고 정의한다(Descartes, 1978, p. 407). 데카르트(1978)는 다양한 감정의 유형을 소개하면서, 그 가운데 단순하고 기본적인 감정은 경이, 사랑, 미움, 욕망, 기쁨 그리고 슬픔밖에 없으며, 나머지는 모두 이들 여섯 가지 감정 가운데 어떤 것들의 결합이거나 그 일종이라고 주장한다(p. 425).

데카르트(1978)에 의하면, 감정에 사로잡혀 있는 사람은 감정을 잘 아는 것이 아니며, 이런 종류의 사람은 "몸과 마음의 밀접한 결합으로 모호해지고 혼돈해진 지각의 종류에 속한다."(p. 407) 그의 견해는 정서에 사로잡힌 신경증 환자는 복잡하고 혼란스러운 감정으로 인해 진정한 감정을 경험할 수 없다는 현대 심리학의 입장과도 맥락을 같이한다. 그는 감정의 주요 기능을 "몸으로 하여금 취하게 하려는 태도에 마음 역시 그 의지를 갖도록 자극하는 데 있다."라고 보았다. 따라서 "공포감은 달아나고 싶은 마음을 자극하고, 용맹심은 싸우고 싶은 마음을 자극한다." 그렇기에 데카르트에게는 정념이 의지의 작용으로 직접 자극되거나 제거되지 않는다. 예를 들어, 공포가 밀려올 때는 공포를 제거해야 한다는 의지만으로 공포가 제거되지 않는다. 공포를 피해 달아나는 것보다 때로는 맞섬으로써 명예나 기쁨을 얻을 수 있으며, 그때 공포를 다스리게 된다. 그는 오직 덕의 수양만이 정념에 대한 가장 좋은 치료법이라고 주장한다. 감정에 사로잡혀 예상치 않은 충동이 밀려올 때는 즉각 판단을 내리는 것을 보류하고 흥분이 가라앉을 때까지 기다리면서 다른 생각으로 마음을 달래야 한다(pp. 412-414, 461). 정서에 대한 데카르트의 치료법은 여전히 이성에 기초한 바른 인식과 행동방식에 기초하고 있다.

스피노자(Spinoza) 역시 감정에 의해 속박당하는 것은 이성적이며 합리적인 통찰이 부족해서 오는 현상이라고 보았다. 그는 감정을 '혼란한 관념(eine verworrene Idee)'이라고 정의하면서, "감정이란 혼란한 관념에 의해 우리 신체의 전부나 일부의 실존 능력이 이전보다 증가 또는 감소되는 것을 가리키며, 정신이 그것에 의해 다른 것보다 그 관념을 생각하게끔 만들어지는 것을 가리킨다."라고 보았다(조정옥, 1999, pp. 29-31).

이성에 의해 감정을 다스려야 한다는 이전 철학자들의 주장과는 달리, 쉴러(Schler)는 감정의 능동성과 이성에 대한 우월성을 주장한다. 그에게 감정은 불분명하고 혼란스러운 파악작용이 아니라 명증적 인식이며 특정한 목표를 향한 지향성이 있다. 조정옥이 바라보는 쉴러에 의하면, 감정은 가치라는 본질에 대한 직관이며 이성적 사고에 앞서서 작용한다. 따라서 감정에 의한 진정한 도덕적 인식만이 우리의 의지와 행위를 진정한 의미의 선으로 인도할 수 있다(조정옥, 1999, pp. 37-46).

하이데거(Heidegger, 1992)에 의하면, 감정적 분위기인 기분(Stimmung/mood)은 인간이 어떤 상태에 있거나 어떤 상태가 되는가를 드러낸다. 인간은 존재자로서 언제나 기분적으로 자신을 열어 보인다. 감정과 기분을 통해 인간의 진면목이 드러난다는 말이다. 현존재는 자신의 의지를 통해 기분을 지배할 수 있고,

지배해야 하며, 지배하지 않으면 안 된다. 그럼에도 불구하고 우리는 기분을 지배한다고 하지만, 그것은 반드시 기분 안에서 행해져야만 한다(pp. 174-177). 이 점에서 볼 때 기분은 주어진 것이며, 반드시 의지의 지배 아래 있지 않다.

철학사에 나타난 바와 같이, 사람들은 감정을 일단 유쾌함과 불쾌함으로 구별되는 긍정적 감정과 부정적 감정으로 나누는 경향이 있다. 감정에 대한 신화 가운데 하나는 감정이 비합리적인 것이어서 사고와 추론에 의존하지 않는다는 것이다. 그럼에도 불구하고 감정은 지성과 보조를 맞추어 움직인다. 이성에 비해 감정은 열등하거나 통제되어야 할 위험한 심리작용으로 간주하려는 또 하나의 신념이 있다. 그러나 감정과 정서는 인간의 적응을 돕고 새로운 가치를 추구하는 동기를 부여한다(Lazarus & Lazarus, 1997, pp. 13-14).

융 역시 프로이트(Freud)와 마찬가지로 정서에 대한 단일한 이론을 제시하지는 않았지만 정서적 경험에 대한 많은 글을 남겼다. 힐먼(Hillman, 1960)의 견해에 의하면, 프로이트는 정서를 신경학과 생물학적 관점에서 이해한 반면, 융은 정서를 정신적 산물로 보았다. 융은 또한 프로이트와 달리 감정(feeling)과 정서(emotion)를 구별하여 사용했다(pp. 59-60). 필자는 융학파와 정신분석학파를 아우르는 심층심리와 정신역동적 관점을 통해 정서를 분석적 차원에서 서술하고자 한다. 따라서 여기서 논의되는 감정 양태는 다분히 심리적이며, 개인의 특정한 콤플렉스와 관련된 감정 양태가 된다. 이런 점에서 필자는 감정보다는 정서나 정동이라는 용어를 자주 사용할 것이며, 때로는 일반적 의미의 감정이라는 용어도 병행해서 사용할 것이다.

필자는 심리학적 관점에서 영어의 feeling은 '감정'으로, emotion은 '정서'로, 그리고 affect는 일단 '정동'으로 번역하고자 한다. 그럼에도 불구하고 이러한 구별은 고정적이지 않다. 단순한 느낌이나 감정에 심리적·신체적 반응이 동반될 때 그것은 언제라도 정서나 정동으로 발전한다. 따라서 우리는 감정과 관련된 여러 용어의 한계를 구별하는 것보다도 그 심리적 작용에 주목해야 한다. 무엇보다도 심층심리학적 관점에서 정서를 보고자 하는 것은 심리적 질병을 일으키는 감정은 대체로 의식적 혹은 무의식적인 강렬한 감정, 즉 정서나 정동에 해당되기 때문이다.

2. 감정의 정의 및 유형

1) 감정의 정의

스위스의 정신의학자인 칼 융(Carl G. Jung)은 감정(feeling)과 정서(emotion)를 구별한다. 그는 '느낌 혹은 감정'을 일종의 판단과정으로 간주한다. 감정은 가치를 구별하는 이성적 기능으로서 그러한 기분이 나에게 유쾌한 것인가 혹은 불쾌한 것인가를 판단하며(CW 6, par. 724), 그것을 결국 수용할 것인가 혹은 거부할 것인가를 결정하게 할 모토가 된다. 감정은 그 내용이 구체적으로 정의되지 않을 때는 단순한 현상에 불과하다. 하지만 감정이 분화될 때 그 의미가 드러나며 이성기능이 된다.

> 당신은 내가 감정을 일종의 가치판단 기능으로 설명한 것을 기억해야 할 것이다. 그리고 나는 어떤 특별한 의미(significance)도 감정에 덧붙이지 않는다. 감정은 분화될 때 하나의 이성기능이다. 하지만 분화되지 않을 때 감정은 그냥 발생할 뿐이다. 그러고 나서 감정은 '비합리적'이라는 단어에 의해 요약될 수 있는 모든 고태적 양상이 된다. 그러나 의식적 감정은 가치를 구별하는 일종의 이성기능이다(CW 18, par. 45).

융에 의하면, 감정은 자아와 주어진 내용 사이에서 발생하는 과정이다. 자아를 둘러싸고 있는 환경이나 대상으로부터 오는 자극에 대한 수용 혹은 거절(좋아하거나 싫어하는)의 차원에서 감정은 한정된 가치를 부여한다. 그 과정은 마치

'기분(mood)'에 의한 것처럼 보일 수 있다. 표준국어대사전은 '기분'을 "대상·환경 따위에 따라 마음에 절로 생기며 한동안 지속되는, 유쾌함이나 불쾌함 따위의 감정"으로 정의한다. 현대 정신분석학자인 컨버그(Kernberg, 2008)는 기분을 다음과 같이 정의한다. "기분이란 내재화된 대상관계로 이루어진 내적 세계 전반에 정동이 일시적으로 고착(fixation)되거나 일반화된 것이다. 즉, 기분은 일정 기간 동안 자기와 대상표상 전체에 걸쳐 나타나는 일반화된 정동 상태를 말한다. 따라서 기분은 잠시 동안 내재화된 대상관계 전 영역에 영향을 끼치는 광범위하지만 비교적 완화된 정동 상태를 의미한다."(p. 21) 부분적 감정이거나 무의식적 내용을 담고 있는 기분이라고 할지라도 어떤 가치를 내포한다. 그것은 구체적이고 의식적인 내용이라기보다는 어떤 순간에 전체 상황에 대한 가치판단이다. 따라서 감정은 수용과 거절에 대한 용어다(CW 6, par. 724). 예를 들면, 도서관에서 어떤 사람이 소음을 냈을 때, 그 소리는 다른 생각을 하고 있는 동안 단지 소음에 불과하다. 그러나 공부에 방해가 된다고 판단할 때, 그 소음은 거부되어야 하고 비판받아야 할 불쾌한 감정을 자아낸다. 즉, 감정은 구체화되지 않으면 비합리적이지만, 분화되어 구체화될 때 가치를 판단하는 합리적 기능이 된다. 융에 의하면, 실망이야말로 감정에 대해 충격적이며 감정 분화를 위한 가장 강한 요인을 제공한다. "사소한 계획에 대한 실망, 즉 사랑하는 사람의 실망스러운 행동은 다소간 정동의 야만적인 분출을 위하거나 감정의 수정과 조정을 위한 충동을 제공할 수 있다. 따라서 그 자체로 높은 발전을 위한 충동을 제공할 수 있다."(CW 14, par. 334)

감정은 비록 가치판단의 근거가 되지만 지성과는 구별된다. 융은 감정과 사고를 대극적 심리기능으로 보았다. 감정형은 사고가 열등한 기능으로 자리 잡으며, 그와 반대로 사고기능이 발달한 사람은 감정기능이 열등한 채로 작용한다. 그럼에도 불구하고 융에 의하면, 지성과 감정은 판단을 전제로 한다는 점에서 이성기능에 속한다. 지성을 내세우는 남성은 자신의 감정을 마치 부정적 아니마(anima)를 대하듯 적대시하는 경향이 있다. 반면에 늘 지성을 최고의 가치로 여기며 부정적 아니무스(animus)에 사로잡힌 여성은 여성적 에로스를 대변하는 감정을 열등한 것으로 평가절하한다. 융은 인격의 통합을 위해 이런 대극적 요소를 균형 있게 발전시켜야 함을 역설한다.

> 지성(intellect)과 감정(feeling)을 하나의 장비 안에 넣기는 어렵다. 그것들은 서로 다른 정의로 갈등한다. 늘 지적인 관점과 동일시하는 사람은 종종 자신의 감정을 아니마로 위장한 적처럼 자신과 대적하는 것으로 여긴다. 반대로 지적인 아니무스는 감정적 관점에 대한 파괴적 공격을 감행할 것이다. 따라서 지적일 뿐만 아니라 감정적인 가치에 의해 어떤 것을 깨닫는 어려운 위업을 이루고자 하는 사람은 보다 높은 연합, 즉 대극의 합일(a coniunctio oppositorum)을 위한 길을 열기 위해 다소간 아니마/아니무스 문제를 파악해야만 한다. 이것이 전체성을 위한 필수불가결한 예비적 사항이다(CW 9ii, par. 58).

'감정을 일으키는 심리적 요인이 정서'라는 표준국어대사전의 정의는 감정과 정서(혹은 정동)의 구별이 분명하지 않다는 점을 보여 준다. 동시에 감정은 언제나 그 강도에 따라 정서나 정동으로 변할 수 있다. 이는 감정이나 정서의 분석이 심리치료 현장에서 얼마나 중요한가를 잘 보여 준다. 일상적이며 건강한 감정이 개인의 특별한 경험이나 내적 욕구와 결합될 때는, 통제 불가능한 정서나 정동으로 변화되어 심리적 부담이 가중된다. 융에 의하면, 전체적으로 주관적인 과정을 통해 표출되는 감정은 그 내면에 언제라도 강화될 수 있는 폭발성을 지니고 있다. 감정의 강도가 증가할 때 그것은 현저한 신체 반응을 동반하는 정동으로 변한다.

> 감정은 전체적으로 주관적인 과정이다. 그것은 비록 모든 감각과 연합할지라도 모든 면에서 외부 자극에 독립적일 수 있다. 어떤 '무심한(indifferent)' 감각이라도 강화된 감정(feeling-toned)을 지닌다. 즉, 그런 무관심은 다시 어

떤 종류의 가치를 표현한다. 따라서 감정은 일종의 '판단'이다. 지적인 판단과 다른 감정은 자체의 목적이 개념적인 관계를 세우는 데 있지 않고 수용과 거절의 주관적인 기준을 세우는 데 있다. 감정에 의한 가치화(valuation)는 그것이 어떤 종류든지 모든 의식 내용에 확장된다. 감정의 강도가 증가할 때, 그것은 정동(affect)으로 변한다. 예를 들면, 현저한 신체적 신경지배(innervation)에 동반된 감정을 들 수 있다. 감정은 어떤 인식 가능한 신체적 신경지배를 생산하지 않는다는 사실에서 정동과 구별된다. 예를 들면, 그것은 일상적 사고 과정과 거의 대동소이하다(CW 6, par. 725).

2) 감정의 유형

융은 추상적 감정과 일상적이고 구체적인 감정을 구별한다. 일상적이고 구체적인 감정은 이성에 의한 가치판단을 자아낸다. 하지만 추상적 감정은 평가하고자 하는 개체적 내용의 차이점을 초월하여 어떤 '기분(mood)'이나 서로 다른 개인적 가치를 껴안아 결국 그 가치를 제거해 버리는 감정 상태를 산출한다(CW 6, par. 727). 추상적 감정은 일종의 미분화된 감정으로서 의미부여를 하지 않은 상태의 감정이라고 할 수 있다. 주관적 판단기능을 수행하는 감정은 크게 능동적 감정과 수동적 감정으로 구별된다. 융에 의하면, 수동적 감정은 어떤 특별한 내용으로 인해 그 자체가 매력적이거나 흥분되게 한다. 그것이 주체의 감정으로 하여금 참여하도록 유도한다. 반면에 능동적 감정은 주체의 의도적인 평가로서 지성에 의한 것은 아니다. 따라서 능동적 감정은 행위를 유발하며, 수동적 감정은 수동적 상태를 의미한다(CW 6, par. 729).

심리 유형에 따라 감정은 외향적 감정과 내향적 감정으로 나뉘기도 한다. 외향적 감정은 대상과의 조화를 추구하지만, 주관적으로 결정된 내향적 감정은 지적으로 정의하기 어렵고 원시적이며 근원적인 이미지를 담고 있다(CW 6, pars. 595-596, 638-639). 사랑이나 음악, 회화 등의 예술작품 세계에서 느끼는 긍정적인 감정이 있으며, 창조적인 에너지가 없는 부정적인 감정이 있다. 자신의 그림자를 회피할 때 발생하는 후회스러운 감정은 주관적 감정에 함몰됨으로써 의식화를 지연시킨다(CW 10, par. 885). 그 밖에도 파괴적 감정은 비우호적인 사회적 조건에 대항하여 방어적일 때 발생하며(CW 6, par. 55), 신경증적 감정은 심리적 부담감을 가중시킨다(CW 17, par. 172). 정신분열증 환자들은 대체로 감정으로부터 분리되어 있다. 그들은 부조리와 냉소주의로부터의 감정을 철수함으로써 무미건조하고 기괴한 사고에 머문다(CW 15, pars. 173, 208). 제때에 소화되지 못하고 억압된 감정은 무의식에 내재되어 콤플렉스와 동반되어 나타나기도 한다(CW 17, par. 199). 하지만 융에 의하면, "감정은 반성과 합리적 통찰에 의해 보완될 때 지혜에서 정점을 이룬다. 지혜는 결코 파괴적이지 않다. 지혜가 지배할 때는 사고와 감정 사이에 어떤 갈등도 존재하지 않는다." (CW 14, par. 334)

감정은 일단 인식 가능한 신체 반응을 동반하지 않는다는 점에서 정서나 정동과 구별된다. 융에 의하면, "감정은 확실한 신체 반응 없이 이루어지는 판단이다. 반면에 정서와 정동은 신체 반응을 동반한다." (CW 18, par. 502) 예를 들면, 직장 상사에 대해서 불쾌한 생각을 하면서 오는 느낌은 감정이다. 그 감정이 언어로 표출될 때 얼굴이 빨개진다거나 가슴의 통증을 느끼는 등의 신체 반응이 동반되면 그것은 정서가 된다. 융은 생리적 변화를 동반한 강한 감정이 발생하면 순간 해리 상태가 되며, 마치 자기 집을 악마가 점거함으로써 집 밖으로 내쫓기는 신세와 같다고 말한다(CW 18, par. 50). 콤플렉스와 결합된 감정은 마치 원형의 강력한 힘에 사로잡힌 상태와도 같다. 감정이 정서적 성격을 지닐 때 생리적 효과가 따른다는 점은 사실이다. 그러나 생리적 조건을 변화시키지 못하는 감정이 확실히 있다. 이런 감정은 매우 정신적이다. 그것은 정서적 본질로부터 파생한 것은 아니다. 감정이 가치기능을 수행할 때, 그것은 생리적 조건에 따른 것은 아니다. 이때 감정은 마치 추상적 사고와 같다. 반면에 분화된 사고는 이성적이다. 따라서 사람들이 그 용어를 혼용함에도 감정은 이성적일 수 있다(CW 18, par. 58).

3. 정서의 정의 및 특성

1) 정서의 정의

영어의 'emotion'은 라틴어 '*emovere*'에서 파생된 단어로서 접두어 '*e*(out)'와 '*movere*(move)'의 합성어다. 정서는 의미와 목표, 즉 방향성을 지닌 정신과 신체 동작을 의미한다고 볼 수 있다. 마이어스(Myers)는 그의 논문 「정서이론(Theories of Emotion)」에서 정서를 다음과 같이 정의한다. "정서(emotion)는 내적인 생화학적, 외적인 환경적 영향과 상호작용하는 개인의 마음 상태에 대한 심리적 경험의 복합체(complex)다. 인간에게 정서는 근본적으로 심리적 각성(arousal), 표현적 행동 그리고 의식적인 경험을 포함한다." (Myers, 2004, p. 500)

그린버그와 파이비오(Greenberg & Paivio, 2008)에 의하면, "의식적으로 경험된 인간의 정서는 기분 상태 및 행위 경향성이 이를 촉발한 상황 및 자기와 결합될 때 생겨나는 경험이다. 따라서 정서는 여러 가지 수준의 처리과정이 통합된 것이다. 여기에는 각기 고유한 행위 경향성이나 얼굴 표정을 수반하는 두려움, 분노, 슬픔과 같이 구체적인 정서 경험도 있으며, 보다 복잡한 이야기나 각본을 수반하는 질투나 자부심 같은 복합적인 정서도 있다. 정서는 경험에 개인적 의미를 부여한다." (pp. 22-23) 그린버그와 파이비오는 정서를 의식적 경험의 범주 안에서 이해하고자 한다.

서먼(Sherman, 1983)은 정서에 대한 프로이트의 개념을 안나 O(Anna O.)의 사례를 통해 소개한다. 안나 O의 증상은 아버지의 시한부 병세에 대한 정서적 반응에 의한 것이었다. 그녀는 증오의 감정과 생각을 견딜 수 없었으며 의도적으로 그것들을 마음에서 제거해 왔다. 그 결과, 정신적 혼란을 포함한 환상장애, 근육 수축, 그리고 언어장애와 부분적 마비 증세를 보였다. 브로이어(Breuer)와의 최면술 작업을 통해 안나 O는 외상적 사건을 회상하게 되었고 이후 증세는

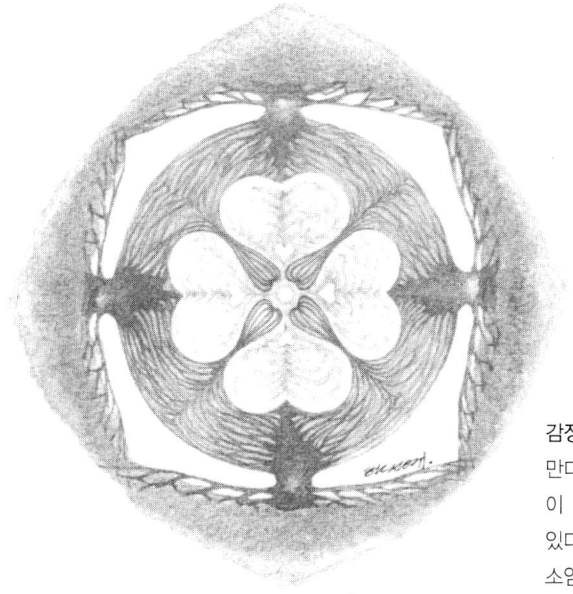

감정과 정서(한정규, 2013)
만다라 형상의 중앙에 위치한 정서의 핵이 표층에 자리 잡은 감정과 연계되어 있다. 정서는 생명과 사랑의 중심적 요소임을 보여 준다.

감소했다. 억압된 정서를 해소함으로써 그녀는 심리적 부담감에서 해방될 수 있었다. 나중에 프로이트(1925)는 안나 O의 증상을 '아버지에 대한 정서적 상황의 잔재'로 묘사했다. 안나 O의 사례는 불편한 감정이 소화되지 못하고 내면에 축적되어 신경증을 유발하는 정서로 발전되는 양상을 보여 준다(pp. 173-189).

감정과 달리, 정서는 신체 반응을 동반한다. 융에 의하면, 감정은 인간의 의지로 어느 정도 조절이 가능하지만, 정서나 정동은 무의식적 속성 때문에 의지만으로는 조절할 수 없다(CW 6, par. 681). 융은 정서를 일종의 마비시키는 힘으로 본다. 정서적 상태에서 인간은 미친 상태가 되며 자신을 통제할 수 없게 된다. 이것은 마치 콤플렉스에 사로잡힌 상태와도 같다. 정서작용에 대한 융의 기술을 보자.

> 나는 정서(emotion)를 정동(affect)으로 간주한다. 그것은 당신에게 영향을 주는 어떤 것과 같다. 그것은 당신에게 무언가를 한다. 그것은 당신을 방해한다. 정서는 당신을 마비시키는 것이다. 당신은 내동댕이쳐진다. 당신은 마치

> 어떤 폭발이 당신을 바깥세계로 옮겨 놓아 당신을 당신 자신 옆에 두는 미친 상태가 된다. 동시에 관찰될 수 있는 매우 감각적인(tangible) 생리조건이 있다. 그래서 그 차이는 다음과 같을 것이다. 감정(feeling)은 어떤 육체적 혹은 감각적 생리현상도 가지고 있지 않다. 반면에 정서는 어떤 변화된 생리조건에 의해 특성화된다. ……가장 화가 나는 상황에 있을 때 당신은 이것을 관찰할 수 있다. 당신이 화가 날 것이라는 것을 알고 있다. 그러고 나서 당신은 피가 머리로 솟구치는 것을 느끼고 나서 이전과 달리 실제로 화가 난다. 이전에 당신은 단지 화가 날 것이라는 것을 알 뿐이다. 그러나 피가 머리로 솟구칠 때 당신은 당신 자신의 분노에 사로잡히며, 즉시 몸은 감염된다(affected). 그리고 곧 흥분될 것이라는 것을 깨닫기 때문에 당신은 기대치보다 두 배는 더 분노한다. 그때 당신은 어떤 실제적 정서 안에 있게 된다(CW 18, par. 46).

그럼에도 불구하고 융은 정서와 정동의 미세한 차이점을 언급한다. 그는 정동을 "현저한 육체적 신경지배에 의해 특성화되는 감정 상태"로 정의한다. 정동은 심리적으로 고조된 감정 상태로서, 강렬한 육체적 신경지배가 동반될 때 그것은 이미 감정이 아니며 감각기능에 속하게 된다.

> 나는 정동(affect)이라는 용어를 한편으로 현저한 육체적 신경지배(innervation)에 의해 특성화되는 감정(feeling) 상태라고 생각한다. 다른 한편으로는 정동을 개념화 과정(ideational process)의 특정한 혼란으로 본다. 나는 정서(emotion)를 정동과 동의어로 사용한다. 나는 브로일러(Bleuler)*와 달리 감정을 정동과 구별한다(CW 6, par. 682). 그 구별선이 유동적임에도 모든 감정은 어떤 힘을 얻게 되면 육체적 신경지배를 이완하여 결국 정동이 되기 때문이

* 브로일러는 'affect' 대신에 'affectivity'를 사용한다. 'affectivity'는 'affect' 뿐만 아니라 약한 감정 혹은 고조된 고통이나 즐거움을 의미한다.

> 다. 그러나 임상적 이유로 정동은 감정과 구별되는 것이 바람직하다. 왜냐하면 감정은 의지적으로 처리하는 기능일 수 있기 때문이다. 반면에 정동은 대체로 그렇지 않다. 마찬가지로 정동은 확실히 육체적인 신경지배로 인해 감정과 구별된다. 반면에 감정은 대체로 그런 경향이 없거나 혹은 그 밖에 그 강도가 약해서 정신전기장치(psychogalvanic) 현상의 경우처럼 대체로 애매모호한 도구에 의해 입증될 수 있다. 정동은 이완된 정동에 의해 육체적 신경지배의 감각을 통해 축적된다. ……나는 한편으로 정동을 심리적으로 고조된 감정 상태로, 다른 한편으로는 육체적 신경지배 상태로 간주한다. 각각은 축적적이며 상호적 효과가 있다. 즉, 감각의 구성요소는 강화된 감정과 동맹을 맺는다. 따라서 정동은 대략 감각 이상이며 본질적으로 감정 상태와 구별된다. 뚜렷한 정동, 예를 들어 강렬한 육체적 신경지배에 동반된 정동은 감정의 영역이 아닌 감각기능의 영역에 속한다(CW 6, par. 681).

융은 대체로 감정이 온 다음에 정서적 반응이 생긴다고 여긴다(CW 18, par. 49). 감정은 결국 정서와 정동의 요인을 안고 있다고 볼 수 있다. 그런 점에서 감정, 정서, 정동은 명확히 구별되기보다는 드러나는 현상과 그 심리작용에 의해 구별될 수 있다. 오히려 정서는 단일한 현상으로 나타나기보다는 대개 감정, 정서, 정동이 혼재되어 출현하거나, 여러 가지 정서가 복합적으로 얽혀 있는 경우가 대부분이다. 융학파 분석가인 카스트(Kast, 2007b)는 이를 정리하여 다음과 같이 말한다.

> 정서(emotion)와 정동(affect)은 종종 동의어로 사용되는데, 정서는 정동과 감정, 기분의 상위 개념으로, 정동은 격렬한 느낌으로 정의된다. 감정(feeling)은 의식에 도달한 정동, 즉 지칭될 수 있는 정동이며, 기분(mood)은 오래가는 느낌 상태라고 정의된다(pp. 85-86).

예를 들어 보자. 우리는 단순한 감정을 느낄 때 조절할 수 있다. 어떤 것에 대해 단순히 좋지 않은 감정을 가지고 있을 때는 다른 사람에게나 자신에게 해를 끼치지 않는다. 약간 불편할 뿐이다. 그러나 그 일에 대한 악의가 있을 때는 우선 몸이 떨린다거나 얼굴이 상기되는 신체적인 반응이 오며 분노가 치솟는다. 이때 분노는 정서적 반응으로 생겨난 것이다. 융은 보다 강렬한 신체 반응을 동반한 감정을 정동으로 소개하지만, 많은 학자는 정서와 정동을 심리적 차원에서 거의 동일한 의미로 사용한다. 신체 반응을 동반하는 정서는 감염성이 커서 정신적 전염병을 옮긴다. 정서의 불꽃은 인간을 가열시켜 동일한 용광로로 밀어넣는다. 그때 우리는 집단의 동감적 구조에 동참함으로써 곧 그와 흡사한 반응을 보인다(CW 18, par. 46). 자신이 속한 중요한 집단이나 가족의 정서적 분위기는 가장 큰 영향력을 지닌다. 예를 들면, 군중 속에 있을 때 우리는 어떤 정서적 조건에 있게 되며, 집단의 정서에 의해 사로잡힌다. 처음에는 단순히 데모에 참가하려 했던 사람들이 나중에 개인적 감정(콤플렉스)과 연계되어 폭력 사태로 발전하는 것은 감정이 정서와 정동으로 이어진 경우를 보여 준다. 이처럼 감정, 정서, 정동은 일종의 내적 · 외적 자극에 대한 심리적 · 신체적 반응으로 드러나는 현상이며 서로 복합적으로 작용한다. 이런 관점에서 앨스턴(Alston, 1967)은 정서의 전형적인 특성을 다음과 같이 요약한다(p. 480; Kövecses, 2009, p. 217에서 재인용).

① 어떤 것을 바람직하거나 바람직하지 않은 것으로 인식하는 것(가치판단)
② 어떤 느낌(쾌와 불쾌)
③ 어떤 두드러진 신체적 감각(몸의 반응)
④ 어떤 비자발적인 신체적 과정과 명시적 표출(구체적 표현)
⑤ 어떤 방식으로 행동하고자 하는 경향(방향성)
⑥ 마음이나 몸의 혼란스럽고 산란한 상태(혼란성)

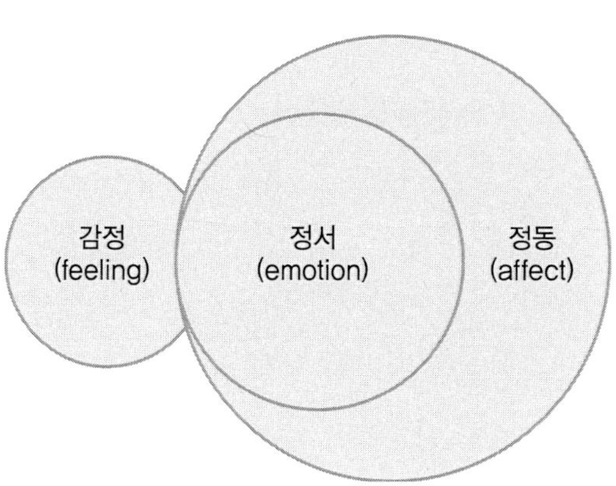

[그림 1-1] 감정, 정서, 정동의 관계

감정과 정서를 구별하는 융과는 달리, 앨스턴은 정서의 특성에 감정과 정서, 정동 그리고 심리적 분위기 모두를 포함하고 있다. 정서는 가장 단순한 느낌에서부터 신체 반응과 복잡한 심리 현상을 수반한다. 발달과정에서 형성된 신념에 따라 개인은 자신의 감정에 대한 가치부여를 달리한다. 어떤 사람은 슬픔을 표현하는 것을 자신감 상실로 느끼는 반면, 어떤 사람은 슬픔의 표출을 통해 이전의 고통을 새로운 차원으로 승화시킨다. 특정한 정서는 의지와 무관하게 특별한 신체 반응을 보인다. 그것은 보이지 않은 정신이 몸을 통해 구체적으로 자신의 모습을 드러내는 현상과도 같다. 동시에 정서는 안정된 구조를 위협함으로써 이전의 방식이 더 이상 유용하지 않음을 알리는 징표이기도 하다. 그것은 몸의 균형이 깨지는 것과 혼란스러운 심리 상태를 통해서 드러난다. 따라서 정서에 동반되는 다양한 현상을 관찰함으로써 특별한 목적을 지닌 심리작용을 이해하게 된다.

2) 정서의 무의식성

정서는 의식적인가, 무의식적인가? 쾌와 불쾌, 수용 가능한 감정과 수용 불가능한 감정, 행복과 고통, 희망과 절망 등의 감정은 어느 정도 인식이 가능하다. 그러나 자신도 모르게 인격 곳곳에 불안이 스며 있거나 오랫동안 죄책감 또는 수치심에 젖어 있는 사람들은 자신의 감정을 인식하지 못하는 경우가 많다. 어떤 사람들은 내면의 감정을 전혀 모르고 있으며, 그 결과 마치 감정이 없는 냉혈한처럼 살아가기도 한다. 이것은 정서가 무의식적인 속성을 지니고 있다는 점을 보여 준다. 그러나 프로이트는 정서를 의식 차원에서 느껴지는 일종의 생리적 단위(physiological quantum)로 간주했다. 그에게는 모든 정서와 정동이 자아의 경험으로 인식된다. 프로이트에게는 정서가 초자아, 자아, 원본능 사이의 구조적 긴장에서 파생된다(Hillman, 1960, pp. 56-57). 1915년에 발표된 「무의식(The Unconscious)」이라는 논문에서 프로이트(1950)는 정서가 무의식이 될 수 있다는 가능성을 완강히 거부하면서, 의식은 정서의 본질적인 부분이라고 주장했다. 그에게는 정서의 본질이 반드시 의식 안으로 들어오는 것이었다(pp. 159-204).

웨이크필드(Wakefield, 1991)에 의하면, 프로이트가 정서의 무의식성을 부인한 것은 신경증에 대한 자신의 성욕이론을 보호하기 위함이었다. 왜냐하면 무의식적인 정서의 실존이 "신경증의 원인은 성적인 데서 기인한다."는 자신의 주장에 도움이 되지 않는다고 여겼기 때문이었다. 무의식적인 정신 상태에 대한 이론을 보호하기 위해 프로이트는 정서를 무의식적인 정신 상태와 대등한 위치에 두고 싶지 않았을지도 모른다는 것이 그의 주장이다. "어떤 형태의 무의식적 정동은 없다."라고 주장하는 프로이트(1915)는 또한 "심리분석 현장에서 우리는 무의식적 사랑, 증오, 분노 등에 대해 말하는 것에 익숙해져 있다."라고 언급함으로써 정서의 무의식성을 간접적으로 인정했다(p. 177; Spezzano, 1993, pp. 65-66에서 재인용). 물론 이 점에 대한 논란은 계속 진행될 것이다.

현대 정신분석학자인 컨버그(Kernberg) 또한 "정동의 방출적 측면만을 강조했던 프로이트는 정동을 무의식의 일부로 간주하지 않았다."라고 주장한다. 컨버그(2008)는 프로이트의 정동과 욕동 이론을 다음과 같이 정리한다.

> 프로이트(1915)의 첫 번째 정동이론에서 정동과 욕동 개념은 사실상 서로 교환이 가능한 것이었다. 그의 두 번째 정동이론에서 욕동은 정신적 표상이나 관념—즉, 욕동의 인지적 표현—그리고 정동을 통해 발현된다고 제안했다. 그의 가정에 따르면, 정동은 의식에 도달할 수 있는 방출작용이며 억압되지 않는다. 억압되는 것은 단지 욕동의 정신적 표상이며, 욕동에 상응하는 정동에 대한 기억이나 그 정동을 활성화하는 기질만이 함께 억압된다(pp. 19-21).

컨버그(2008) 역시 프로이트의 관점에서 "지각에 의해 내려진 주관적인 평가가 각 정동의 핵심적 특징을 이룬다."라고 주장한다.

> 나는 임상적 정신분석 분야의 브리얼리(Brierley, 1937)와 제이콥슨(Jacobson, 1953)의 견해, 정동적 행동에 관한 신경심리학적 경험 연구 분야의 아널드(Arnold, 1970a, 1970b), 이자드(Izard, 1978), 냅(Knapp, 1978), 엠데(Emde, 1987, 1978)의 견해를 따라 정동을 특정한 인지적 평가, 특정한 표정 형태, 쾌락을 주는 보람된 것과 고통스럽고 혐오스러운 것에 대한 주관적 경험, 그리고 근육 및 자율신경 방출 패턴을 포함하는 심리생리학적 행동 패턴이라고 정의한다. 얼굴 표정 패턴은 일반적인 의사소통 양식의 일부로서 각각의 특정 정동을 구별할 수 있게 해 준다(p. 17).

그럼에도 불구하고 현대 정신분석학자들은 대체로 정서가 단순한 방출과정이 아니라 복합적이고 지속적인 심리내적 긴장 현상이라는 점에 동의한다. "대상표상과 자기표상은 정동에 의해 연결된다."는 제이콥슨의 견해와 유사한 맥락에서, 컨버그 역시 정동을 생물학적으로 결정된 본능적 요소와 욕동으로 구성된 심리내적 구조를 잇는 연결고리로 본다. 컨버그에 의하면, 정동은 리비도(libido)와 공격성으로 나뉘며, 욕동을 구성하는 기본 재료가 된다. 컨버그(2008)가 제안한 정동은 유아와 어머니 사이의 상호작용에서 공격적으로 사용된 요소들, 즉 구강 섭취(깨물기), 항문 통제(난잡한 배변 혹은 배변 거부), 짜증 발작과 관련된 신체적 힘겨루기 등과 관련해서 신체 지대가 갖는 공격성 사이에 연결고리를 제공해 준다. 유아는 정서적으로 투자된 대상(엄마)과 관계를 맺음으로써 본능에 활력을 불어넣는다(pp. 19-24). 컨버그의 주장(2008)을 살펴보자.

> 삶의 다양한 단계에서 발생하는 리비도적 욕동과 공격적 욕동 모두는 위계적으로 조직된 기존 정동체계에 심리생리학적으로 활성화된 새로운 정동 상태들이 합입(incorporation)됨으로써 결정된다. ……이 정동 상태는 내재화된 대상관계, 즉 기본적으로 특정 정동의 영향 아래 특정 대상표상과의 관계 속에 있는 특정 자기표상을 포함하고 있다. 정동에 의해 결정되는 자기와 대상 간의 상호적인 역할관계는 보통 구체적인 환상이나 소망으로 표현된다. 간단히 말해서, 정동은 욕동의 기초 재료일 뿐만 아니라 욕동의 신호(signal) 또는 표상(representative)이 된다(pp. 24-25).

정서와 정동이 의식적이면서 동시에 무의식적 성향이 있다는 점은 부인하기

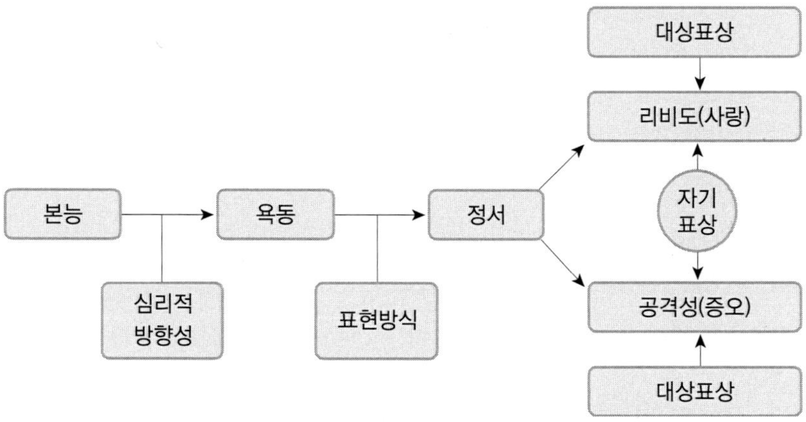

[그림 1-2] 정신분석으로 본 정서의 표출양식

어렵다. 자신이 인지하지 못하는 순간에 분출되는 폭발적인 감정이나 통제할 수 없는 강렬한 감정은 모두 본능적이거나 무의식적인 동기에서 발현될 때가 많기 때문이다. 정서적인 과정은 대체로 외부세계에 대한 경험이나 혹은 기억과 표상과 같은 내부세계에 대한 경험을 통해 진행된다. 우리는 사랑하는 사람을 생각하며 행복에 잠기고, 우리 곁을 떠나간 사람들을 그리며 슬픔에 잠기기도 한다. 이런 감정과 정서는 현실에서도 경험되며 동시에 꿈속에서도 재현된다. 특히 폭발적인 정동은 개인을 완전히 침범하여 마치 적이나 사나운 동물처럼 덤벼든다. 전형적인 외상적 정동은 가끔 꿈에서 사납고 위험한 동물로 출현한다(CW 16, par. 267). 꿈에 나타난 이미지들은 현실 속의 정서를 대변하기도 하지만, 동시에 내면의 정서 상태를 드러내기도 한다. 맥커디(MacCurdy, 1925)에 의하면, 정서적 경험은 무의식적 이미지의 산물로서 비의도적인 행동뿐만 아니라 목적이 분명한 행동에도 영향을 미친다(p. 567; Hillman, 1960, p. 171에서 재인용). 이런 관점에서 카스트는 정서야말로 한 개인을 이해할 수 있는 중요한 척도라고 말한다. 외부세계(의식)와 내부세계(무의식)는 정서에 의해 관계를 맺는다.

> 인간의 생동성과 그를 둘러싼 세계, 그리고 내부세계에 대한 관계의 생동성은 인간의 정서 속에서 표현된다. 우리를 자극하는 모든 경험은 정서적인 경험들이다. 그것들은 아무래도 상관없는 것들이 아니라 어떤 식으로든 의미가 있는 것들이다. 정서는 또 의미 경험과 연결되어 있다. 감정이 없다면 우리는 모든 것에 관심을 갖지 않을 것이다. 정서는 한 인간을 연속시켜 주는 본질적 요소다. 모든 정서는 자기 체험의 '정동적인 핵'을 이루며, 이 핵은 모든 변화 속에서도 우리가 우리 자신임을 체험하게 해 준다. ……관계는 정서적 과정을 통해 구성된다. 과정은 정서를 변화시키고, 정서는 관계를 변화시킨다. 감정이 없는 가까운 관계란 상상할 수 없다. 우리가 어떤 사람의 감정에 접근할 수 있다면, 우리는 '그'라는 개인에게 접근할 수 있다. 우리가 어떤 사람의 정서를 읽을 수 없다면, 우리는 그 사람에게 접근할 수 없거나 접근하는 데 아주 어

려움을 겪는다(Kast, 2007b, pp. 85-86).

프로이트의 견해와는 달리, 융은 정서야말로 무의식의 자율성이 시작되는 지점이라고 주장한다. 정서와 정동은 의도하지 않은 방식으로 인간의 의지를 초월해서 발현되며, 결국 정서가 강화될수록 병리적인 상태에 빠지게 된다.

> 따라서 무의식의 자율성은 정서가 발현되는 곳에서 시작한다. 정서는 본능적이며 비의지적인 반응으로서 그 본질적인 폭발성에 의해 합리적인 의식의 질서를 와해시킨다. 정동은 의도적으로 만들어지거나 의지적으로 생산되지 않는다. 정동은 단순히 발생할 뿐이다. 정동 상태에서는 인격의 성향이 가끔 관련자에게 생소하게 나타나거나 숨겨진 내용들이 의도하지 않은 방식으로 침입할 수 있다. 정동이 격렬할수록 더욱 병리적이 되어 이전에 무의식이었던 자율적인 내용들에 의해 자아의식이 밀리게 되는 상태에 이른다(CW 9i, par. 497).

정서의 무의식성은 심층적 심리치료에 많은 통찰력을 제공한다. 그것은 인지행동주의 방식만으로는 정서에 대한 이해와 분석이 쉽지 않다는 것을 의미한다. 정서의 형성 배경과 표출양식이 개인의 경험과 어떤 관련을 맺고 있는가를 분석함으로써 심리치료의 방향을 설정할 수 있다. 정서의 무의식적 특징은 대체로 본능적 · 신체적 · 원형적 · 억압적 성향으로 드러난다. 융에 의하면, 정서 상태는 일단 마음이 동요되고 내동댕이쳐지는 느낌을 자아낸다. 이때 자아는 한쪽에 밀리고 다른 것이 대신 그 자리를 차지한다. 자아는 미친 상태에서 마치 악마에 의해 사로잡힌 상태가 된다.

> 상황이 더욱 나빠질 때 정서와 정동이 침입한다. 그것들은 확실히 더 이상 기능들(functions)이 아니다. 그것들은 단지 사건들이다. 왜냐하면 어떤 정서 안에서 그 단어가 의미하듯이 당신은 물러나게 되며, 내동댕이쳐지며, 당신의

> 의젓한 자아는 한쪽으로 밀리며, 그 밖의 어떤 것이 당신의 자리를 차지한다. 우리는 "그가 미쳤다." 혹은 "악귀가 그를 올라타고 있다." 혹은 "오늘 무언가가 그에게 들어왔다."라고 말한다. 왜냐하면 그는 마치 무언가에 의해 사로잡힌 사람처럼 보이기 때문이다. 원시인은 측량할 수 없을 정도로 화가 났다고 말하지 않는다. 그는 한 영이 자신에게 침입하여 완전히 바꿔 놓았다고 말한다. 정서와 더불어 발생하는 어떤 것과도 같다. 당신은 단순히 사로잡혔다. 당신은 더 이상 당신 자신이 아니며 당신의 조절능력은 실제적으로 제로로 하강한다. 그것은 인간의 내적 측면이 자신을 사로잡은 상태다. 우리는 그것을 거부할 수 없다. 우리는 우리 마음대로 손에 쥘 수 없다. 오직 조용히 있을 뿐이다. 그러나 정서는 그럼에도 우리를 소유한다(CW 18, par. 42).

우리가 콤플렉스를 가진 것이 아니라 콤플렉스가 우리를 소유하듯이, 정서는 우리를 지배한다. 융에 의하면, 순수한 정동은 몸의 영역에 나타나 본능적이고 맹목적이며 강압적인 성향이 있다(CW 6, par. 235). 정동의 본능성은 그 자체의 원형적 성향에 토대를 둔다(CW 6, par. 765; CW 8, par. 846). 그것은 인류의 집단무의식 안에 정서가 이미 내재해 있다는 말과도 같다.

하지만 무의식이라고 해서 모두 본능적인 것은 아니다. 예를 들면, 갑작스럽게 뱀을 만나면 격렬한 공포(fright)를 느낀다. 이런 반응은 충동적 본능에 해당된다. 뱀에 대한 두려움이나 원숭이에 대한 두려움은 정도의 차이는 있지만 모두 본능적 반응이다. 그러나 전혀 해가 되지 않은 닭에 대한 공포가 있다면 그것은 정서적 반응에 해당된다. 정서는 또한 무의식적인 강박 충동으로 드러나기도 한다. 예를 들면, 강박적 사고, 음악적 강박, 갑작스러운 사고와 기분, 충동적 정동, 우울, 불안 상태 등이 있다. 이런 현상들은 정상적이거나 비정상적인 사람 모두에게 나타난다. 그러나 병리적 사례에서 쉽게 관찰될 수 있듯이, 정서적 강박 충동은 특정한 상황에서 전부 혹은 전무 형태의 극단적 반응에 의해 드러날 수 있다(CW 8, par. 266).

야수와 정서(한정규, 2013)
정서의 무의식적 성향은 얼굴 없는 인간을 한순간에 야수로 만들어 버린다. 시조새는 정서의 고태적 원형성을 보여 주며, 다양한 동식물은 정서의 원초적 속성을 드러낸다.

이처럼 정서와 정동에는 디오니소스적 요소가 있다. 그리스 신 디오니소스는 로마 신화에서 '어머니가 둘인 자'라는 뜻을 지닌 바쿠스(Bacchus)로 알려졌다. 그는 제우스와 세멜레의 아들이다. 제우스의 사랑을 받고 있었던 세멜레는 유모로 변신한 헤라의 간계로 제우스에게 천상의 모습을 보여 달라는 약속을 받아 낸다. 제우스가 어쩔 수 없이 천상의 모습으로 세멜레의 집을 방문하자, 그 모습을 본 세멜레는 불타 죽는다. 그러나 태내에 있던 디오니소스는 살아나 제우스의 넓적다리 속에서 달이 찰 때까지 자란 끝에 태어난다. 이렇게 태어난 디오니소스는 니사의 요정(님프)의 손에서 자란 후 각지를 떠돌아다녔는데, 이것은 헤라가 그에게 광기(狂氣)를 불어넣었기 때문이라고 한다. 그는 먼저 이집트로 갔고, 이어 시리아로 옮겼다가 아시아 전역을 떠돌아다니면서 각지에 포도 재배를 보급하면서 문명을 전달했다고 전한다. 또한 그는 지옥에서 어머니인 세멜레를 데리고 나와 천상(天上)에 있는 신들의 자리에 앉혔다(Hesiodos, 2003, p. 89). 융에 의하면, 정서는 마치 디오니소스처럼 광기가 있고, 안정감 없이 사람을 떠돌게 하며, 환상의 세계로 이끄는 경향이 있다(CW 12, par. 182). 이처럼 거의 조절이 불가능한 정서는 인간을 신경증 상태로 인도하며 삶의 의지나 철학을 상실하게 한다(CW 13, par. 75).

융은 또한 정서의 무의식적이며 동물적인 성향을 연금술을 통해 설명한다. 연금술에서 사자는 소위 왕족의 야수로서 메르쿠리우스(Mercurius, 세계 창조의 영)와 동의어다. 그것은 따뜻한 피를 가진 짐승으로서 처음에 잡아먹거나 약탈적인 괴물 형태의 용으로 나타난다. 사자는 용의 죽음을 계승하고, 이어 독수리가 그 자리를 잇는다. 그 사자는 암수의 이중 형태로 나타나, 가끔 빨갛고 하얀 독수리와 동일시되기도 한다. 암수 사자는 왕과 왕비를 암시하며 왕관을 쓰고 있다. 여기서 격렬한 사자는 무의식의 내용을 인식하기 전에 나타나는 열정적인 정서성(emotionality)을 드러낸다. 꿈, 환상, 연금술 등에 나타난 동물 형태는 주로 인간의 동물적 속성, 즉 정서를 표현한다. 통제 불가능한 정동의 의미에서 정서성은 본질적으로 야수성이 있다(CW 14, pars. 404-405). 정서 조절의 어려움이 바로 여기에 있다.

> 본능으로부터 일탈된 것들은 정동의 형태로 드러난다. 그것들은 꿈속에서 마치 동물들로 표현되기도 한다. 따라서 통제 불가능한 정동은 곧 야만스럽고 원시적으로 간주되어 회피되어야 한다. 그러나 우리는 그 정동을 억압하지 않고는, 즉 의식의 분열 없이는 회피할 수 없다. 현실적으로 우리는 정동의 힘을 벗어날 수 없다. 어떤 곳에서든지 정동은 의식에서 발견되지 않을지라도 계속해서 작용할 것이다. 최악의 상황에서 정동은 신경증이나 불가해한 재난의 무의식적인 '준비(arrangement)'에 나타난다. ……아무도 병, 나이, 죽음으로 인도하는 고통의 쇠사슬을 피할 수 없다. 우리는 우리의 인간성을 위해 우리의 정동을 '조절'해야 하고 점검해야 한다. 그러나 우리는 그에 대한 애정의 대가를 치러야 한다(CW 10, par. 680).

정서와 정동은 본능에 가장 가까운, 즉 정신의 가장 깊은 차원인 원형적 감정과 관련이 있다. 본능은 에너지이자 동시에 정형적인 패턴으로서 정서의 기초를 제공한다. 본능은 인류가 지닌 집단적이며 보편적인 정서를 대변한다. 그것은 인류의 조상들이 지닌 고태적이며 원형적인 강렬한 감정에 그 뿌리를 두고 있다(Hillman, 1960, p. 61). 노이만(Neumann, 2010)에 의하면, 뇌의 가장 원시적인 부분과 시상에 기초를 두고 있는 정서는 항상 무의식의 내용과 밀접하게 관련되어 있다.

> 정서적-역동적 요소들의 기초가 되는 감정의 색조는 발달사적으로 뇌의 가장 원시적인 부분, 즉 뇌간 부분과 시상에 기초를 두고 있다. 이러한 뇌간의 중심들이 자율신경계와 연결되어 있기 때문에, 정서적 요소들은 항상 무의식의 내용과 밀접하게 연관되어 있다. 무의식의 내용이 정서를 유발하고, 그 반대로 정서가 무의식의 내용을 활성화한다는 이중의 관계가 끊임없이 생겨나게 된다. 정서, 그리고 무의식적 내용이 갖고 있는 교감신경계와의 연결은 이러한 점에서 생리적 기초와 함께한다. 정서는 내부의 분비, 대사 순환, 혈압, 호흡 등과 같은 것의 변화와 더불어 등장하고, 마찬가지로 그것들을 자극하기도 한다. 그러나 신경증의 경우 무의식의 내용은 직접적이거나 간접적으로 정서를 지배하여 자율신경계를 방해한다(p. 360).

정동의 무의식적 성향은 나쁜 무드를 조성하고, 부정적인 정동과 공포(phobias)에 휩싸이게 하며, 강박관념에 사로잡히게 하거나, 퇴행이나 비행 등을 야기한다(CW 7, par. 307). 통제 불가능한 정서는 우리를 동물적 삶으로 인도함으로써 본능의 지배 아래 있게 한다(VS, p. 875). 그렇다고 해서 우리는 정서를 배제한 채 살아갈 수 없다. 정서의 역동적인 힘이 긍정적인 에너지가 되게 하기 위해서는 정서와 함께 살아가는 법을 배워야 한다. 융은 『환상 세미나(*Visions*)』에서 본능과 동일시하는 삶을 배제하고, 본능과 함께 살아가는 것을 역설한다. 정서를 수용하며 함께 살아가는 것은 무척 힘든 일이다. 그것은 마치 분석 상황에서 수용하기 힘든 콤플렉스를 자신의 것으로 받아들이는 것만큼 어려운 과제다. 그럼에도 불구하고 정서와 함께하다 보면 어느새 그것은 자연스럽게 흐르는 시냇물과도 같아진다는 것이 융의 견해다.

> 우리는 본능과 동일시해서는 안 됩니다. 오히려 본능과 함께 살아야죠. 본능은 당신을 소유합니다. 요점은 이렇습니다. 당신이 올바른 선상에 있는 일련의 정서 안에서 살고 있을 때, 당신은 본능과 함께 소리 없이 흘러가다가 그것이 매우 쉽다는 것을 발견한다는 것입니다. 동의할 수 없다는 사실에도 불구하고 당신은 어쩔 수 없습니다. 본능은 마치 마약(drug)처럼 작용합니다. 당신은 계속해서 본능에 빠지게 되고, 그것은 곧 습관이 되죠. 예를 들면, 우리는 분석에서 매우 어렵게 사람들을 가르치죠. 그들이 생각하는 바를 말해야 한다고 가르치면, 이후 그들은 멈출 수 없습니다. 그들은 오직 진실만을 말하며 모든 사람과 나쁜 상태로 접어듭니다. 그들은 한 웅덩이에서 다른 웅덩이로 자연스럽게 이동합니다. 왜냐하면 당신의 생각이나 말을 조절할 수 없다면, 당신은 곧 뜨거운 물에 잠길 것이기 때문입니다. 그들은 순진하게 재잘거리며 가장 난폭한 것들을 말하고, 악마가 그들을 돕습니다. 그들은 자신들이 매우 정직하고 진지하다는 것에 자부심을 느낍니다. 그것을 분석적인 지혜로 생각하지만, 그것은 단순히 세상에서 가장 나쁜 뒷공론(gossip)일 뿐입니다. 이것은 본능이 당신을 사로잡는 방식을 보여 주는 하나의 예입니다. 그래서 당신은 정서로 인해 휩쓸리고 항상 당신 수준에서 최선을 다하고 있다는 인상을 줍니다. 침잠된 본능이 단순히 당신을 이끌어 왔으며, 결국 그런 종류의 것이 결말을 고하는 진흙 구덩이에 당신을 안착시켰다는 사실을 깨닫지 못합니다. 그런데 그에 대해 중재할 경우 당신은 확실히 어떤 결과를 얻게 되는데, 그것은 가장 풍성한 열매일 것입니다(VS, p. 1062).

본능과의 동일시는 정서와 동일시된 상태와 유사하다. 잊힌 기억이 갑작스럽게 출현하여 격한 감정을 불러일으키거나, 외상 혹은 내부적 충동이 자아를 지배할 때 의식의 기능은 현저히 떨어져서 적응력을 상실하게 된다. 분화되지 못한 정서는 아직 의식화되지 못한 채로 무의식에 숨어 있다. 이런 미분화된 정서와 동일시될 때, 주체와 객체는 분화되지 못하고 원시적 무의식 상태가 된다(CW 13, par. 66). 정서의 분화와 의식화는 오직 높은 수준의 의식을 필요로 한다. 이것은 용의주도하게 밀림을 헤쳐 나가는 지혜나 동물을 훈련하는 방식으로만 가능하다(CW 14, par. 405). "내 안에 독특하고 불가항력적인 정서가 있어 언제라도 나를 삼킬 수 있다."는 사실만 인지하는 것도 정서와 동일시되는 위험에 빠지지 않게 해 준다. 우리 자신이 나태하다는 것을 알고 있는 것과 그렇지 못함 사이에는 엄청난 차이가 있다는 융의 언급은 이 점에서 의미가 있다.

> 우리는 확실히 정동을 느끼며 그것에 의해 흔들리고 고통을 당한다. 그러나 동시에 우리는 그 정동과 동일시하지 못하게 하는 것을 바라보는 보다 높은 의식을 감지하고 있다. 그 의식은 정동을 하나의 대상(an object)으로 간주하여 이렇게 말할 수 있다. "나는 내가 고통받고 있다는 것을 안다." 우리의 본문은 나태함에 대해 말한다. "인간이 의식하는 나태함과 의식하지 못하는 나태함은 서로 천 마일이나 떨어져 있다." 이것은 가장 높은 정도의 정동에서 진실하다(CW 13, par. 17).

정신분석학자인 컨버그는 강화된 정동 상태를 절정-정동(peak-affect)으로 설명한다. 유아는 절정-정동 상태에 있을 때 자기와 대상(어머니 혹은 중요한 양육자) 사이의 매우 강렬한 경험을 통해 정동적 기억이 구조화된다. 절정-정동 상태는 내재화된 대상관계들이 전적으로 좋은 관계와 전적으로 나쁜 관계를 축으로 조직화되는 것을 촉진한다. 아직 자기표상과 대상표상이 분화되지 않은 상황에서 유아는 클라인(Klein)이 말한 '좋은 젖가슴'과 '나쁜 젖가슴'을 분리해서 경험한다. 좋은 젖가슴을 지닌 엄마는 전적으로 좋은 엄마, 나쁜 젖가슴을 지닌 엄마는 전적으로 나쁜 엄마가 된다. 이 두 존재는 유아에게 별개로 인식된다. 엄마는 유아가 경험하는 정도에 따라 달라지는 존재라고 볼 수 있다. 이런 현상은 엄마와 유아가 동일시된 공생적 발달단계(Mahler & Furer, 1968)에서 리비도적 욕동과 공격적 욕동이 전체적으로 조직화되는 출발점과도 일치한다. 컨버그(2008)는 이 시기에 정동적 투자가 이루어진다고 말한다. 그의 주장에 의하면, "대상관계의 내재화는 삼중구조의 시작을 가리킨다. 즉, 내재화된 대상관계와 이에 상응하는 정동적 투자는 자아, 원본능 그리고 초자아의 하부구조를 구성한다." 이후 건강한 발달단계를 거친 유아의 조절된(modulated) 정동 상태는 직접적으로 자아 발달에 기여할 수 있다. 완화되거나 조절된 정동 상태 아래에서 엄마와 유아가 상호작용하며 학습하는 경험은 유아의 심리 발달에 긍정적인 영향을 끼치게 된다(pp. 30-31).

유아기에 경험한 절정-정동 상태는 대체로 분석 상황에서 치료자에 대한 전이를 통해 재현된다. 치료자는 환자로부터 발생한 전이를 통해 환자의 정서 상태를 간접적으로 경험하게 된다. 전이에서 강렬한 정동 상태가 활성화되면 환자는 만족과 좌절을 경험했던 과거의 대상관계를 회상한다. 과거의 대상관계가 만

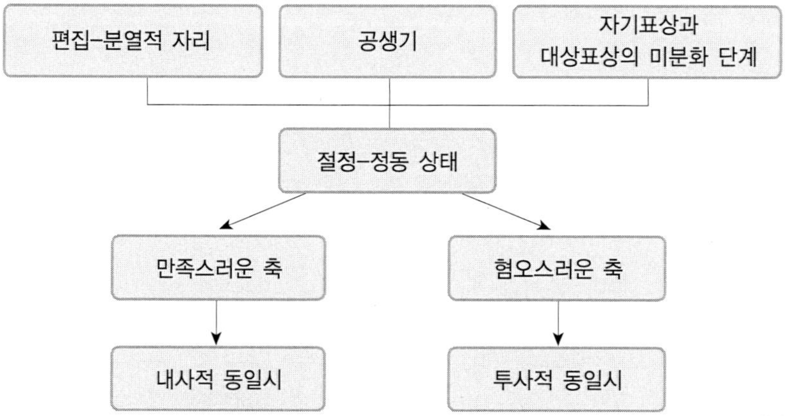

[그림 1-3] 절정-정동 상태(Kernberg)

족스러웠다면 환자는 그 관계를 재활성화하려 노력할 것이고, 고통스러웠다면 과거의 외상적 관계로부터 도망가려 할 것이다. 유아의 만족과 좌절이라는 병렬 배치의 과정은 실제로 환상이 어떻게 시작되는가를 보여 준다. 컨버그(2008)에 의하면, 유아의 절정-정동 경험이 통합되면서 자기와 대상을 연결하는 소망 환상이 형성된다.

> 원시적인 정동적 기억이 '전적으로 좋은' 또는 '전적으로 나쁜' 절정-정동 상태와 연결되고 최초로 통합되면서 구체적인 소망 환상이 발달하기 시작하는데, 자기와 대상을 연결하는 이 소망 환상은 무의식적 환상의 특징이 된다. 절정-정동 상태는 정말로 바라거나(쾌락적이거나) 바라지 않는(고통스러운) 경험들과 연계되어 발생한다. 이러한 경험들은 유사한 정동적 경험들을 복구하거나 피하고 싶은 욕망을 강하게 불러일으킨다. 무의식적 소망으로 표현되는 이러한 욕망은 원본능의 동기부여 목록들을 구성한다. '욕망(desire)'은 '소망(wish)'보다 더욱 일반적인 동기적 충동을 나타낸다. 즉, 무의식적 욕망은 구체적인 소망을 통해 표현된다. 무의식적 환상은 구체적으로 욕망과 궁극적으로는 욕동을 표현하는 소망을 중심으로 나타난다(pp. 29-30).

정서가 지닌 무의식적 동기를 수용하면서, 힐먼(1960)은 정신분석과 분석심리학을 통합하여 다음과 같은 결론을 내린다.

> 정서는 욕동과 본능, 에너지와 질량, 갈등과 억압과 관련이 있으며, 주로 자아, 원본능, 초자아로 분리된 정신구조, 자아경계(ego-boundaries) 그리고 콤플렉스에 기인한다. 동시에 정서는 신호(signs), 기관(organs), 지대(zones) 등과 관련이 있으며, 시간, 주술 그리고 기타 부수적인 감각적 인식과도 관련이 있다. 정서는 또한 개념과 이미지 그리고 원시성(primitivity)과 영(spirit)과도 관련이 있다. 이런 가정의 거대한 혼합은 하나의 전반적인 구조, 즉 무의식 안

에 포함된다(p. 65).

무의식은 항상 자신의 모습을 드러내고자 한다. 그 과정은 의식의 논리와 다르게 진행될 때가 많다. 무의식은 간접적이며, 상징적인 형태로 나타나거나 어색한 언어나 행동, 사고방식을 통해 드러나기도 한다. 정서 역시 그 무의식적인 속성으로 인해 자신의 모습을 끊임없이 알리고자 한다. 그것은 융의 견해에 의하면 의식의 결핍에 대한 무의식의 보상작용에 기초한다. 정서를 통해 내부세계와 외부세계, 자아와 대상, 그리고 의식과 무의식의 교감이 이루어진다. 그것은 치료과정에서 상담자와 내담자를 잇는 강력한 끈이기도 하다. 공감은 의식적이며 무의식적인 정서적 교류에 의해 가능하다. 이런 점에서 스페자노(Spezzano, 1993)는 정서를 의식과 무의식의 중간 영역(transitional space)으로 간주하기도 한다(p. 63).

3) 정서와 신체 반응

정신활동은 종종 신체 반응으로 나타난다. 언어와 행동으로 표출되지 못한 정서는 신체적 결함이나 사고로 위장되어 나타나는 경우가 많다. 융은 정신현상과 육체가 통합된 본성에 기초하고 있다고 주장한다.

> 확실히 하나의 세계(unus mundus)라는 관념은 경험적 세계의 다양성이 하나의 근본적인 통일성(unity)에 의존한다는 것과 둘 혹은 그 이상의 근본적으로 다른 세계들이 따로따로 존재한다거나 서로 섞여 있다는 가정에 기초하고 있다. 오히려 분할되고 서로 다른 모든 것은 하나이면서 동일한 세계에 속해 있다. 그것은 감각의 세계가 아닌 일종의 자명한 원리(postulate)로서, 그 가능성은 지금까지 알려진 자연의 법칙들이 여전히 유효한 세계를 발견할 수 있다는 사실에 의해 보증된다. 심지어 육체적 세계와 상당히 다른 정신세계까지도 하나의 우주 밖에서 뿌리를 내리지 않는다는 것은 정신과 육체 사이에 인과적

> 연결이 존재한다는 부정할 수 없는 사실로 입증된다. 그것은 정신과 육체가 통합된 본성에 기초하고 있다는 것을 지적한다(CW 14, par. 767).

감정과는 달리, 정서는 신체 반응을 동반한다. 부끄러울 때 얼굴이 달아오르는 것과 같은 보편적 신체 반응이 있는가 하면, 문화적 배경에 따라 그 양상이 달라지기도 한다. 융에 의하면, 원시 니그로인들은 복부 아래를 통해 자신의 정서를 표출했으며, 드러나지 않은 정서나 소화되지 못한 정서 상태에서 신경증이나 복통을 앓았다고 한다(VS, pp. 54-55, 231, 407-409). 강한 신체 반응을 일으키는 정동은 합리적 판단에 영향을 줌으로써 인격의 해리와 폭력성을 유발하기도 한다(CW 14, par. 671). 이런 관점에서 김병훈(2011b)은 몸으로 드러나는 긍정적 감정만이 치료의 가장 효율적인 수단이 된다고 강조한다.

> 인간의 몸은 철저히 감정에 의해 영향을 받는다. 부정적인 감정일 때에 몸은 딱딱하고 무거운 상태가 되고, 긍정적인 감정으로 충만할 때에 싱그럽고 가벼운 영혼의 집이 된다(p. 122).

정서를 담지하는 몸은 콤플렉스를 비롯하여 의식이 모르는 많은 내용을 담고 있다. 몸(body)으로 대변되는 그림자는 일종의 영혼을 가진 동물과 같다. 우리는 그림자와 연합할 때 본능의 원리에 순응하게 되며, 그 뒤에 숨어 있는 가공할 만한 역동성에 동조하게 된다(CW 7, par. 35). 융은 몸이 때때로 자아에 대한 그림자의 역할을 대변한다고 말한다.

> 우리는 우리 자신의 그림자 영역을 보지 않으려 한다. 그래서 문명화된 우리 사회에서 자신의 그림자를 송두리째 잃어버린 사람들이 많이 있다. 그들은 그림자를 제거해 왔다. 그들은 오직 이차원적이다. 그로 말미암아 세 번째 차원을 잃음으로써 대개는 몸을 상실해 온 것이다. 몸은 가장 의심스러운 친구

> 다. 왜냐하면 몸은 우리가 좋아하지 않은 것들을 생산해 내기 때문이다. 몸에 관해 언급할 수 없는 수많은 것이 있다. 몸은 종종 자아가 혐오하는 그림자가 인격화된 것이다. 가끔 몸은 벽장 속의 해골을 이룬다. 그리고 모든 사람은 자연히 그런 것을 제거하길 원한다. 나는 이것이 내가 주관적 요소라고 명명한 것을 충분히 밝혀 주리라 생각한다. 주관적 요소들은 보통 어떤 형태로든 반응하기 위한 일종의 기질(disposition)이며, 대체로 그 기질은 선호할 것이 못된다(CW 18, par. 40).

정서는 심장혈관 계통, 위장, 근육, 생식기뿐만 아니라 운동 감각이나 위치 감각의 변화를 포함한다. 정서 상태에서는 근육 긴장 증가, 에너지 준위, 심박동수, 위 운동, 손바닥 발한, 따끔거림, 두통, 저림, 구강 건조, 피부 온도, 호흡곤란, 현기증, 포만, 생식기 팽창, 오르가슴 등이 발생하기도 한다. 예를 들면, 분노와 공포에는 심박동수 증가와 호흡 변화가, 혐오에는 위 감각이, 수치심에는 홍조를 띠거나 얼굴이 달아오른다(Kagan, 2009, pp. 77-79). 특정한 정서 상태는 비일상적인 행동을 유발하기도 한다. 어떤 사람은 내면의 감정을 감추기 위해 강한 자극을 추구하거나 충동적인 행동에 몰입하기도 한다. 자해나 폭식, 약물 남용이나 알코올 남용, 과도한 자위 행위, 성적 문란 같은 행동들을 통해 자신의 진정한 감정이 은폐된다. 이런 현상은 부모와 같은 영향력 있는 사람들로부터 학습되었거나, 감정을 마비시킴으로써 고통스러운 기억이나 외상으로부터 자신을 분리하고 진정시키기 위한 것이다(Greenberg & Paivio, 2008, p. 91).

콤플렉스와 관련된 정동은 주로 그림자의 영역에서 작용한다. 융에 의하면, 그림자를 구성하는 열등한 요소는 절제하지 못하는 정서를 포함한다. 이런 정서에 사로잡힌 사람은 낮은 수준의 원시인처럼 행동하며 독자적인 판단을 하지 못한다.

> 그림자를 구성하는 열등한 요소, 즉 어두운 성향들을 자세히 살펴보면 정서

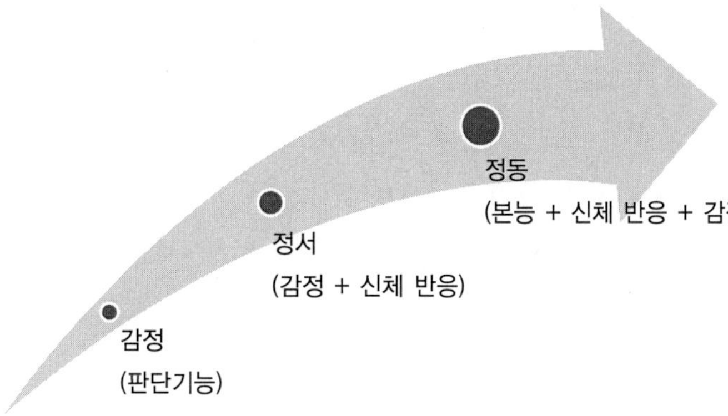

[그림 1-4] 감정, 정서, 정동

적 본질, 일종의 자율성, 이로 인한 완고함과 더 심하게는 소유욕을 지닌다. 감정은 개인의 활동이라기보다는 자신에게 우연히 발생한 어떤 것이다. 정동은 보통 적응이 최고로 약한 상태가 될 때 발생하며, 동시에 그 약점의 원인을 드러내는데, 그것은 곧 상당한 정도의 열등감과 낮은 인격 수준이다. 통제 불가능하거나 거의 절제하지 못한 정서에 부수된 이런 낮은 수준에 있는 사람들은 대체로 원시인처럼 행동한다. 이로 인해 그들은 자신의 정동에 의한 수동적 희생자일 뿐만 아니라 독자적으로 도덕적 판단을 할 수 없게 된다(CW 9ii, par. 15).

4) 정서의 원형성

정서의 본능성과 무의식적인 성향은 정서가 원형적 감정에 뿌리를 두고 있다는 것을 암시한다. 모든 문화에는 집단적 정서가 있다. 고태적 상징과 원시적 종교 형태들이 현대인의 삶 속에 고스란히 녹아 있다. 이런 원형적 감정이 각 개인에게 때로는 혁명적인 방식으로, 때로는 충동적인 방식으로, 때로는 변환적인 방식으로 영향을 끼친다(CW 9i, par. 97). 원형에 기반을 둔 정서의 역동성은 활기찬 정신과정을 통해 발현된다. 그 과정들은 의식과 무의식뿐만 아니라 의식과 무의식 사이에서도 발생한다. 원형의 영향은 긍정적이고 부정적인 정서 상태로, 감응과 투사 형태로, 또한 불안이나 조증과 우울증으로 나타나며, 종종 자아가 압도당하고 있는 감정 상태로 나타난다. 원형의 대극성은 정서의 양면성을 보여준다. 사랑과 증오가 함께 가며, 두려움과 분노, 공허(vanity)와 자기연민(self-pity) 등은 서로 보상적으로 작용한다.

인격 전체를 조종하는 모든 기분은 원형의 역동적 표현이다(Neumann, 2007, p. 19). 융은 정서의 원형적 토대를 동시성의 원리로 설명한다. 의미 있는 사건만이 정서적 반응을 불러일으킨다. 인류가 전수한 집단적 정서와 개인 감정의 일치는 강한 심리적 사건을 유발한다.

> 의미 없는 기회적 사건들과 구별되는 의미 있는 일치(coincidences)는 원형적 토대에 기초하고 있는 것 같다. 적어도 나의 경험에 의한 모든 사례의 대부분은 이런 성향을 보여 준다. ……의미 없는 단순히 우연한 사건들은 원형의 배치를 직접적으로 보여 주지 못한다. 내 사례에서 본 바와 같이, 그것들은 정서적 상황(emotional situation)을 유발하지 않는다. ……그러나 정동 상태(affectivity)는 대부분 본능에 의존한다. 본능의 전형적 양상은 원형이다(CW 8, par. 846).

집단적 정서(collective emotion)는 정동으로 가득 찬 전형적 상황이 되며 주로 개인의 원형적인 꿈에 나타난다(CW 8, par. 555). 집단적 정서를 통해 신화 속에 나타난 고태적 상징이 부활한다. 때로는 집단적 정서가 전쟁과 같은 재앙적 형태로 되살아나 개인의 삶에 커다란 혁명을 일으킨다(CW 9i, par. 97). 이러한 신화적 상황, 즉 원초적 이미지가 발현되는 순간은 항상 특정한 정서적 결합에 기인한다. 무의식의 보상작용으로 발현된 원형적 감정은 마치 우리 안의 심금(chords)이 이전에 한 번도 울린 적이 없는 방식으로 출현한다. 이런 원형적 상황이 발생할 때, 우리는 갑자기 거대한 해방감을 느낀다. 그것은 마치 어떤 압도적인 힘에 의해 운반되거나 사로잡힌 것과 같다. 그 순간에 우리는 더 이상 개인이 아니라 인류(race)라는 집단과도 같다. 개인과 집단이 동일시된 상태다. 모든 인간의 목소리가 한곳에서 울려 퍼진다. 집단 속에서 살아가야 하는 개인은 그러한 집단적 표상 가운데 하나의 도움을 받지 못한다면 자신의 힘을 충분하게 사용하지 못한다. 그 집단적 표상들은 우리의 의지로 근접할 수 없는 모든 감추어진 본능의 힘을 해방시키는 일종의 이상(ideals)이다(CW 15, par. 128). 정동의 무의식적인 성향은 원형적이며 원시적인 성격을 띤다. 융에 의하면, 원형은 정동을 통해 자신을 표출한다.

> 원형들은 무의식적인 정신과정의 조직화에 책임이 있는 요소들이다. 원형들은 '행동의 유형들(patterns)'이다. 동시에 원형들은 어떤 '특별한 몫(charge)'을 지니며 자신을 정동으로 표현하는 신성한(numinous) 효과로 발전한다. 그 정동은 일종의 부분적인 정신 수준의 저하(abaissement du niveau mental)다. 왜냐하면 비록 정동이 한 부분적 내용을 일상을 초월할 정도의 광명으로 끌어올린다고 하더라도 다른 가능한 의식 내용으로부터 상당한 에너지를 철수시킴으로써 어두워지고 결국 무의식화되기 때문이다. 지속되는 정동에 의해 생산된 의식의 제약으로 인해 그에 상응하는 이해(orientation)의 저하가 있다. 그것은 교대로 무의식으로 하여금 빈 공간에 잠입할 수 있는 호기를 제공한다. 따라서 우리가 규칙적으로 염두에 두어야 할 것은 예상하지 못하거나 그렇지 않으면 금지된 무의식의 내용들이 침투하여 정동 안에서 표현할 길을 찾는다는 것이다. 그런 내용들은 매우 자주 일종의 열등하거나 원시적인 본성들이 되어 결국 자신의 원형적 기원을 배반한다(CW 8, par. 841).

과도한 정동 상태는 마치 인간이 신(God)을 체험하는 것과 같다(CW 10, par. 864). 이것은 곧 원형적 감정이 자아를 압도한 상태와도 같다. 이성적 판단보다 훨씬 강한 정동은 의식적 결단을 초월한다. 강화된(exaggerated) 정서는 극단적인 사랑과 증오, 억누를 수 없는 환희 또는 종교적 광신으로 드러나기도 한다(von Franz, 1993, p. 258). 폰 프란츠(von Franz, 1980)에 의하면, 정서에 압도된 상황은 정서의 마취 효과를 드러냄으로써 언어를 마비시켜 혼란에 빠뜨린다. 그것은 동화에서 마녀가 동물 가죽을 다른 사람에게 던져 저주를 내리는 현상과도 같다(pp. 42-43). 이 점에서 볼 때, 정서에 대한 의식적 조절은 한계가 있다(CW 13, par. 12). 정서에 사로잡힌 상태는 매우 위험한 상황으로서, 고대인들은 정서로부터의 해방을 자신을 사로잡은 영으로부터의 해방으로 여겼다. 따라서 정서 상태는 마치 자아가 빙의 상태에 있는 것과 같다.

> 가끔 태고의 정서는 사로잡힘(possession)으로 간주되었다. 그리고 우리는 지금도, 예를 들어 화가 난 사람에게 악마나 악귀에 사로잡혔다거나 괴롭힘을 당하고 있다거나, 혹은 악마나 악귀가 그 사람 속에 들어갔다고 한다. 고대의 견해에 따르면, 죽은 이의 혼령과 영혼이 미풍이나 연기와 같은 미세 물질로 이루어졌듯, 또한 연금술사에게 정(spiritus)은 미묘한(subtle), 휘발성의, 활동성 있는, 생기를 주는 정수(essence)를 의미한다. 예를 들어, 알코올도 정으로 이해되었고, 모든 비밀의 물질 역시 정수로 간주되었다(KGW 2, p. 277; CW 9i, par. 387).

5) 정서의 억압과 왜곡

폭력적이거나 억압된 정동은 대체로 심인성 혼란을 초래함으로써 심리적 질병의 원인이 된다(CW 1, pars. 349, 354). 그린버그와 파이비오(2008)는 폭력적 아버지로부터 정서를 회피한 사례를 소개한다. 폭력적인 아버지 밑에서 성장한 내담자는 어린 시절 어머니가 아버지에게 구타당하는 것을 무기력하게 바라볼 수밖에 없었다. 어머니가 구타당할 때 아무 말도 하지 못하고 공포에 떨면서 자신의 안전마저도 두려워해야 하는 처지였다. 이러한 환경에서 살아남기 위해서 그는 자신만의 감정 표출방식을 터득하게 되었다. 결국 그는 두려움과 분노를 마비시키는 법을 배우게 되었고 진실한 정서적 표현을 숨기게 되었다. 감정 표현을 억제한 결과, 그는 감정이 무딘 무미건조한 어른이 되었다. 결혼해서도 그는 아들과 친밀한 관계를 맺는 법을 몰랐고, 일을 할 때도 항상 열정이 없었으며, 어머니의 장례식에서도 눈물을 흘리지 못했다. 치료자는 내담자의 내적 경험, 특히 정서에 동반되는 신체적 경험에 주의를 기울이게 할 필요가 있었다. 내담자는 치료자와 함께 과거의 외상적 기억이 회상될 때 발생하는 강한 정서 상태에서 몸이 느끼는 긴장과 가슴 깊이 차오르는 슬픔에 주의를 기울였다. 그렇게 함으로써 그동안 회피했던 감정을 진실하게 경험하는 기회를 갖게 된다. 자신의 감정을 있는 그대로 경험할 때 감정의 늪에 빠지지 않고 객관적으로 바라볼 수 있는 힘이 생긴다(pp. 89-90). 이런 의미에서 브로이어와 프로이트(Breuer & Freud, 1997)는 안나 O의 사례를 통해 감정의 정화(카타르시스)가 히스테리성 신경증 환자의 치료에 도움이 된다고 역설한다.

> 환자가 히스테리의 원인이 되는 사건을 완전하게 기억해 내고 동시에 그 기억에 얽혀 있는 감정을 불러일으키는 데 성공하면, 그리고 환자가 그 사건에 대하여 가능한 한 상세하게 진술하고 감정을 말로 표현하게 되면, 개개의 히스테리 증상은 곧 소멸되고 두 번 다시 일어나지 않는다(p. 17).

헬레네 도이치(Helene Deutsch)는 어린 시절에 사랑하는 사람을 여의고도 슬퍼하지 않았던 네 명의 환자에 대해서 기술했다. 그들은 살아가는 동안 다양한 어려움을 겪으면서 우울의 시기를 거쳤다. 치료과정에서 밝혀진 사실은 그들이 상실을 경험했으면서도 슬픔을 표현할 애도의 기회를 갖지 못한 점이었다. 그들은 모두 상실과 관련된 다양한 감정을 억제하거나 숨기고 살아왔다. 슬픔, 분노, 소외, 절망과 같이 상실로 인한 다양한 감정을 외부로 표출하지 못한 것은 문화적인 배경이 원인이 될 수 있다. 한국 사회에서는 특히 남성이 슬픈 감정을 외부에 표출하는 것을 수치스럽거나 성숙하지 못한 행동으로 비난해 왔다. "남자가 우느냐?" 라는 다소 비난적인 질책은 특히 동양권 문화에서 만연되어 있다. 애도를 자유롭게 표현하지 못한 사람들은 대체로 자신의 의젓함과 절제력을 자랑스러워하면서 감정 표출을 거부하고, 눈물을 연약함의 표시로 평가절하한다. 그들은 상실을 겪은 후에도 마치 아무 일도 없었던 것처럼 일상생활에 복귀하여 자신 있게 살아가는 것처럼 보인다. 마치 철인처럼 자신감 있게 슬픔과 애도를 경시한다. 이런 종류의 사람은 종종 정신신체 증상에 시달리게 된다. 특히 두통, 불면, 극단적인 경우 과도한 음주 등의 중독 증상을 보이기도 한다(Kast, 2007c, pp. 105-106).

정서의 억압은 어떤 과정을 거쳐 형성되는가? 정서의 억압은 거의 자동적으로 아무런 사고과정 없이 이루어질 수도 있고, 반대로 매우 의도적이며 의식적으로 일어나기도 한다. 정서의 억압은 일종의 방어기제다. 그것은 자신의 감정을 진실하게 표현할 때 뒤따르는 위험요소를 제거하기 위한 생존 전략이다. 정서는 진실하게 있는 그대로 표출되는 것이 바람직하다. 그러나 정서를 차단함으로써 자신에게 필요한 신체적 · 정신적 자원을 얻을 수 있는 경우도 있다. 정서를 억제하거나 숨김으로써 얻어지는 인내와 자기절제와 같은 긍정적인 측면도 있다. 정서를 억제함으로써 자신을 진정시키고 강한 감정에 사로잡히지 않게 하기도 한다. 그럼에도 불구하고 부정적 정서나 외상들은 대체로 모두 억압되어 파괴적 성향을 지닌 무의식의 내용을 이루게 된다(CW 16, par. 130). 그것들은 예측 불가능하고 자기파괴적인 방식으로 예고 없이 분출되어 정신적 안정을 방해한다. 파괴적인 정동은 대체로 집중력을 저하시킨다(CW 2, par. 166). 제이콥스(Jacobs, 2008)는 막힌 감정은 반드시 분출되어야 함을 역설한다. 리비도의 흐름이 중단되거나 갈 길을 잃고 무의식에 축적될 때 무서운 흉기로 변하기 때문이다.

막힌 감정을 분출시키는 것이 그토록 중요한 이유는 그것이 신체적 · 정서적으로 해로울 수 있기 때문이다. 차단된 정서가 생리적으로 유해한 증상을 일

> 으키고 그런 정서를 분출시키면 증상이 사라진다는 이론은 프로이트가 20세기 초에 처음 주장하였다(Breuer & Freud, 1955). 그는 우리의 의식 바깥에서 이루어지는 많은 정신적인 절차가 어떻게 우리의 행동방식에 결정적인 영향을 끼치는지를 최초로 설명한 사람이었다. 결국 아무리 숨겨진 정서라고 하더라도 언젠가는 드러나게 된다는 것이다. 그 에너지나 느낌은 다르게 바뀔 수 있지만 간접적으로 자신을 드러낼 것인데, 그 모습은 자기도 모르게 내뱉는 말실수와 같은 가벼운 것에서부터 히스테리성 마비 증세에 이르기까지 다양하다. 이런 마비 증세는 아무런 신체적인 원인 없이 일어난다(p. 109).

프로이트는 감정의 분출만으로도 어느 정도 병세가 완화된다고 주장한다. 반면에 융은 감정의 표출은 심리치료에서 지극히 부분적 효과를 거둘 뿐이라고 말한다. 감정의 정화만으로는 무의식의 심층에 이를 수 없다는 것이다(CW 16, pars. 274-275). 융은 심리적 질병의 치료는 발병 원인을 찾는 데 있다기보다, 병으로 표출된 심리적 사건의 의미와 목적을 발견함으로써 치료의 가능성이 열린다고 주장한다(CW 16, par. 11). 그와 마찬가지로 정서로 인한 심리적 부담감 역시 외상의 원인을 발견해 내거나 제거함으로써 모두 해결되는 것은 아니다. 정서적 문제는 일단 있는 그대로 바라보고 수용하는 용기가 필요하다. 이미 인격의 일부가 되어 버린 개인의 정서는 그 자체로 존재 이유가 있다. 그것은 모두 한때는 자신을 지켜 주었던 생존 전략으로서 유효했다. 그러나 외상적 환경이 사라져 더 이상 그러한 정서양식이 필요하지 않음에도 그것이 계속해서 자신을 지배하게 될 때 문제가 된다.

정서의 표출을 방해하는 방어기제는 자주 우리의 감정을 혼란스럽게 한다. 언제 어느 때 어떤 감정이 표출되어야 하는가를 모르며, 상황에 걸맞지 않은 감정이 표출되어 자신이나 주변을 당황하게 하기도 한다. 컨버그(2008)는 방어기제가 정서적 기능을 방해한다고 주장한다.

> 방어과정 자체는 빈번히 정동 상태를 혼란스럽게 한다. ……정동 상태에 혼란이 오면 전이에서 지배적인 대상관계가 방해를 받고, 환자는 자신의 주관적 경험에 대해 온전히 인식하지 못하게 된다. 따라서 분석가도 환자와 공감할 수 없게 된다(p. 27).

예를 들어, 환자가 성적인 이야기를 할 때 성적 감정에 동반되는 다양한 신체적 · 감정적 현상을 언급하지 않고 주지적인 견해만을 늘어놓으면, 치료자는 환자의 감정에 공감하기 어렵다. 그렇게 될 때 치료자에 대한 긍정적인 전이가 방해를 받고, 환자 역시 자신의 주관적 생각에 빠지게 되어 치료자와 정서적인 교류를 할 수 없게 된다. 정동이 방어에 의해 자신의 모습을 드러내지 못할 때는 정동의 다양한 구성요소가 해리되는 현상이 초래된다. 이것은 정동에 대한 주관적인 경험이 인지적 · 행동적 · 의사소통적 측면과 분리되어 있다는 것을 암시한다. 이런 일은 특히 치료의 초기 단계나 환자의 방어가 강력해질 때 자주 발생한다. 그러나 치료과정에서 이러한 방어작용이 극복되고 환자가 겪은 심리적 경험의 심층적 내용들이 점차 모습을 드러내게 될 때 정동의 다양한 요소는 분화되고 통합된다(Kernberg, 2008, pp. 27-28). 정서에 대한 일방적 사고가 정서의 흐름을 차단하기도 한다. 남자는 슬퍼해서는 안 된다는 생각이나, 상실과 애도는 연약한 사람들만이 하는 것이라는 지나친 신념이 정서를 억압하는 요인이 된다. 융에 의하면, 지나친 확신이나 신념이 자아구조를 약화시킬 때 무의식의 보상작용은 그와 정반대의 성향을 띤다고 주장한다.

> 일방성(one-sidedness)은 의도된 과정에서 피할 수 없는 필연적 특성이다. 왜냐하면 지향성(direction)은 일방성을 암시하기 때문이다. 일방성은 이익이 되면서 동시에 불리한 점으로 작용한다. 겉으로는 불리하게 보이지 않을지라도, 무의식에는 그와 동일하게 기능하는 정반대의 입장(the counter-position)이 있다. 만약 그렇지 않다면 모든 정신요소는 하나이며 동일한 방향성을 지

닌다는 이상적 사례가 될 것이다. 이런 가능성은 이론적으로 논쟁할 여지가 없다. 그러나 실제에 있어서 그런 경우는 거의 발생하지 않는다. 무의식의 상반된 입장은 그 에너지 가치가 지나치지 않는다면 그리 위험하지 않다. 그러나 지나치게 강화된 일방성으로 인해 긴장이 증가된다면 무의식의 정반대 성향이 의식에 개입한다. 이런 경우는 보통 의식의 지향성을 보존하기 위해 중요하다고 판단되는 순간에 이루어진다(CW 8, par. 138).

그렇다면 정서의 조절은 가능한가? 이에 대한 이론은 다양하다. 인지행동주의 입장에서는 정서는 인지 가능한 주관적 작용으로서 인간의 의지에 따라 어느 정도 조절이 가능하다고 본다. 비합리적으로 형성된 정서양식을 바로잡고, 바람직한 정서 조절을 통해 인격의 성숙을 도모하는 것이 인지행동주의의 경향이다. 이와 다르게, 심층심리학은 대체로 완벽한 정서 조절이 불가능하다고 본다. 정서에는 주관적 의식과 관련된 내용도 포함되지만, 자아의 한계를 초월한 무의식적인 내용이 정서의 구조물을 형성하고 있다. 융에 의하면, 우리는 정서를 우리 의지대로 온전하게 억압하거나 조절할 수 없다. 그것은 정서를 포함한 심리적 현상들이 대체로 의식의 조절로부터 철수되어 있기 때문이다.

우리는 불쾌한 기분을 좋은 기분으로 바꿀 수 없다. 우리는 꿈을 마음대로 오가게 할 수 없다. 대단히 지적인 사람이라도 때로는 가장 위대한 의지로도 제거할 수 없는 생각에 빠질 때 강박적이 될 수밖에 없다(CW 8, par. 667).

CHAPTER 02

정서의 유형

1. 정서의 일반적 유형

정서에 기본적 유형이 있을까? 우리의 감정과 정서는 언어의 한계를 뛰어넘어 정신적 · 신체적으로 다양하게 표출된다. 그럼에도 불구하고 많은 사람은 희로애락과 같은 인간에게 보편적인 기본 정서가 존재한다고 믿어 왔다. 를로르와 앙드레(Lelord & André, 2008)는 감정을 색에 비추어 생각해 보았다. 그들은 빨강, 파랑, 노랑이 다양하게 결합하여 여러 가지 색을 만들어 내듯이 감정도 복합적인 감정이 어우러져 다양한 색채를 띤다는 가정을 하면서 그동안 제기되어 온 기본 감정을 소개하였다. 찰스 다윈(Charles Darwin)은 기본이 되는 감정으로 기쁨, 놀라움, 슬픔, 두려움, 혐오, 분노를 꼽았다. 폴 에크먼(Paul Ekman)은 이를 16가지 감정으로 확장한다. 다윈이 제시한 여섯 가지 감정에 즐거움, 경멸감, 만족감, 당혹감, 흥분, 죄책감, 자존감, 충만감, 감각적 쾌락, 수치심을 더한 것이다. 그러나 기본 감정은 정의하기 어려울 뿐만 아니라 사회와 문화적 상황에 따라 그 기준도 달라질 수 있다(p. 35). 예를 들어, 미국의 사회공포증 환자들은 낯선 사람과 대면할 때 느끼는 감정을 불안(anxious), 걱정(worried), 염려(apprehensive) 등으로 묘사한다. 반면에 일본인 사회공포증 환자들은 낯선 상황에서 당황(embarrassment)과 수치심(shame)을 더 느낀다(Kagan, 2009, pp. 178-179). 일롱고 부족들은 분노가 사회를 파괴할 수 있다고 믿으며, 에스키모인들은 분노를 아동의 정서로 치부한다(Shweder, 1991, p. 245; Kövecses, 2009, p. 35에서 재인용). 도교나 유교의 영향을 받은 중국인들은 군자의 도리를 지키지 못했을 때 수치심을 느끼는 반면, 한국인들은 초라한 외모에 대한 수치심이 다른 문화권 사람들보다 훨씬 강하다는 견해도 있다.

동일한 사회에서도 정서의 표출방식은 상당한 차이가 있다. 케이건(Kagan, 2009)에 의하면, 이런 차이의 결정적 요인은 개인이 받아들이는 사회적 범주와 개인의 기질적 성향이다. 사회적 범주는 감정에 부여되는 평가에 영향을 끼치며, 이 때문에 특정 정서에 대한 감수성에도 영향을 미친다. 기질은 특정 감정 상태에 대한 개인의 취약성에 영향을 미친다. 성별, 민족, 사회계층, 국가, 종교, 개인의 성향은 정서 형성에 중요한 영향을 미친다(p. 211). 그러나 융(Jung)은 사회적 기능에 의한 정동은 상대적으로 깊지 않다고 주장한다.

> 우리 모두가 알다시피, 정동의 표현은 제안(suggestion)으로 작용한다. 반면에 마음은 다른 매개체로 힘든 번역을 한 다음에 오직 간접적으로 작용한다. 사회적 기능에 의해 획득된 정동이 모두 깊이가 있을 필요는 없다. 그렇지 않을 경우 그 정동은 다른 사람들 안에서 수난(passion)을 배태한다. 그리고 그 수난은 삶과 사회복지를 와해시킨다(CW 6, par. 263).

심리 유형에 따라 감정의 표출 양상이 달라지기도 한다. 내향인의 심리 상태는 강화된 형태가 아닌 확장된 형태를 띠며, 대체로 합리적이며 차분하다. 따라서 내향성의 정동은 성찰을 인도하는 긍정적 고통을 야기한다. 반면에 외향성의 정동은 자아를 압도함으로써 심리적 부담을 가중시킨다(CW 6, par. 138).

정서중심치료를 강조하는 그린버그와 파이비오(Greenberg & Paivio, 2008)는 정서를 일차적, 이차적, 도구적 정서로 구별한다. 이들 각각의 정서를 다시 적응적 정서와 부적응적 정서의 하위 정서로 나눈다.

첫 번째 형태인 일차적 정서(primary emotion)는 외부 자극에 대한 반응으로 가장 먼저 출현한다. 일차적인 적응적 정서(primary adaptive emotion)는 상실에 대한 슬픔이나 위반에 대한 분노, 위협에 대한 두려움 같은 정서로서 적응적인 가치가 분명한 기본적 정서 상태다. 이런 정서 반응은 대체로 외부의 침범에 대해 자신의 영역을 보호하기 위한 반응으로 나타난다. 반면에 공포증이나 위로와 접촉에 대한 두려움처럼 외부 자극에 대한 부적응적인 일차적 정서 반응도 있다. 그린버그와 파이비오에 의하면, 이런 일차적인 부적응적 정서에는 자기가 외부에 노출되는 것에 대한 수치심, 다른 사람이 자신에게 관심을 보이거나 배려하는 것에 대한 분노, 자기나 타인을 고통스럽게 만드는 데서 즐거움을 느끼는 것, 무가치감이나 불안전감 같은 것들이 있다.

두 번째 형태인 이차적 정서(secondary emotion)는 보다 일차적이고 내적이며 확인 가능한, 정서적인 혹은 인지적인 과정에 대한 반응으로 나타난다. 그래서 내적 과정의 결과로 나타나거나 내적 과정에 비해 시간적으로 뒤늦게 나타나는 경향이 있다. 예를 들면, 성역할 고정관념이 강한 남자들이 두려움을 느낄 때 뒤이어 분노를 드러내거나, 여성들이 화가 나면 울음을 터뜨리는 경우가 그 전형적인 예다. 이차적 정서는 나쁜 감정(bad feelings)과 복합적 감정(complex feelings)으로 구분할 수 있다.

세 번째 형태인 도구적 정서(instrumental emotion)는 특정한 목표를 달성하기 위해 의도적으로 이용되거나, 인식하지 못한 상태에서 학습되어 습관적으로 작용하는 정서다(pp. 67-71).

그린버그와 파이비오(2008)에 의한 정서 구분은 유익한 통찰력을 제공한다.

외부 자극이나 강한 충격에 반응하는 일차적 정서와 그에 상응한 이차적 정서, 그리고 효율적 대처를 위한 도구적 정서는 정서양식의 형성 배경과 그 심리작용을 잘 설명해 준다. 그럼에도 불구하고 심층심리학 관점에서 볼 때, 그의 이론은 몇 가지 문제점을 지니고 있다. 우선 정서를 야기하는 요인에는 외부적 사건뿐만 아니라 내부적 충동과 욕동, 본능적 혹은 원형적 감정의 폭발적 출현이 있을 수 있다. 또한 그린버그와 파이비오는 일차적 정서를 적응적 정서와 부적응적 정서로 구별함으로써 정서에 대한 사회적 · 윤리적 · 규범적 판단을 하고 있다. 그러나 정서에 대한 중립적인 태도만이 정서양식의 형성 배경을 편견 없이 바라볼 수 있게 한다. 일단 부적응적 정서로 보일지라도 자신의 안전을 위한 조치로 나타나는 경우가 대부분이기 때문이다. 이차적 정서 또한 '나쁜 감정'과 '복합적 감정'으로 나눌 경우 이차 감정에 대한 섣부른 판단으로 중립성을 상실하게 할 우려가 있다. 심층심리학적 관심은 일단 모든 정서의 형성 배경에 그럴 만한 의미와 가치가 있으며, 그것을 진지하고도 편견 없이 바라볼 때 그 본래의 모습을 드러낸다고 본다. 의식적인 시각에서 볼 때 정서의 외부적 표현이 다소 부적응적이거나 바람직하게 나타나지 않더라도, 그것은 보다 긍정적인 방향으로 나아가고자 하는 일종의 증례이자 내적 욕구의 간접적 표현이라고 볼 수 있다.

제이콥스(Jacobs, 2008)는 일차적 감정과 이차적 감정의 특성을 잘 설명해 준다. 우리는 감정이 복잡하게 얽혀 있을 때 혼란에 빠지게 된다. 이때 일차적 감정과 이차적 감정을 구별하는 능력이 필요하다. 일차적이거나 직접적인 감정은 단순하고 쉽게 알 수 있는 반응이다. 일차적 감정은 또한 원초적 감정으로서 선천적이고 적용하기 쉬운 감정이다. 이러한 일차적 감정은 우리를 보호하고 우리에게 경고하며 주변의 정보를 제공함으로써 안전한 지대로 인도한다. 이와 대조적으로, 이차적 감정은 변형된 감정으로서 원래의 상황을 모호하고 알아볼 수 없게 만든다. 그것은 대개 일차적 감정에 대한 비판적이고도 부정적인 반응을 통해 형성된다. 예를 들면, 갑작스럽게 사나운 개를 만났을 때 두려운 감정을 느끼는 것은 지극히 자연스러운 일차적 감정이다. 그러나 하찮은 개를 두려워하는 자신의 모습에 대해 수치감을 느끼는 것은 이차적 감정으로서, 일차적 감정에 대한 부정적인 왜곡의 결과로 나타난다. 강한 사람이든 약한 사람이든 사나운 개를 보고 두려움을 느끼는 것은 정상적인 반응이다. 하지만 두려운 감정에 대한 부정적인 시각을 지닌 사람은 부정적인 감정을 느낄 때마다 그것을 수치심이나 다른 감정으로 바꾸어 버린다. 이 경우 일차적 감정과 이차적 감정 사이에 어떤 인과관계도 없을 뿐 아니라 심리적 에너지를 낭비하게 된다. 여기에는 대체로 일차적 감정을 불합리한 이차적 감정으로 바꾸게 된 계기가 있다. 예를 들면, 어릴 때 개를 보고 무서워했던 소년에게 아버지가 '남자가 개를 무서워하는 것은 수치스러운 일'이라고 가르쳤거나, 그 지역의 사회문화적 정서가 그런 방향일 때 일차적 감정은 숨고 이차적 감정이 일차적 감정을 대신하게 된다. 이런 이차적 감정을 줄이기 위해서는 '부당한 감정은 없다'는 사실을 기억할 필요가 있다. 감정은 단지 감정일 뿐이다. 감정을 있는 그대로 경험하지 않고 정당화하려고 노력할 때 최악의 위기가 발생한다. 자연스럽게 분노를 표현하지 못한 사람은 그럴 상황이 아닐 때 폭발적으로 분노를 일으키는 경우가 많다(p. 77). 제이콥스의 견해는 원초적 감정과 변형된 감정을 구별하는 데 도움을 준다. 일차적 감정은 대개 쾌나 불쾌, 혹은 수용과 거부 차원에서 느끼는 감정(feeling)이며, 이차적 감정은 일차적 감정에 자신의 심리적 요인이 작용하여 발생된 정서(emotion)나 정동(affect)에 해당된다.

컨버그(Kernberg, 2008)는 정동을 원시적(primitive) 정동과 파생적(derived) 정동으로 구분한다. 원시적 정동은 출생 후 2~3세에 강렬하고 포괄적으로 나타나며, 산만하고 명확히 분화되지 않은 인지적 요소들을 갖는다. 반면 파생적 정동은 원시적 정동의 조합으로 구성되어 있어 더욱 복잡하며, 인지적으로 매우 정교화되어 있다. 원시적 정동이 미분화된 정동이라면, 파생적 정동은 분화된 정동에 해당된다. 파생적 정동의 심리적 측면은 차츰 얼굴 표정을 통한 의사소통적 측면이나 심리생리학적 측면을 지배하게 된다(p. 18).

이에 반해 스턴(Stern)은 정서에 대한 정적인 정의를 거부하면서 정서의 역동적 측면을 중시한다. 사람과의 직접적 만남에서 발생하는 소위 '역동적 정동(vitality affect)'은 정서의 '분출(surging)' '사라짐' '덧없음' '폭발적임' '점점 커짐' '점점 작아짐' '터짐' '빠져나감' 등의 표현으로 정서의 질적 표현을 강화할 수 있다. 정서의 수준과 강도 및 그 형태를 종합적으로 고찰할 때 정서의 심리작용이 포괄적으로 드러난다(Alvarez, 2006, pp. 121-122).

2. 유아기적 정서양식

유아는 생후 가장 초기에 보낸 시간 동안 부모나 다른 양육자들과의 정서적 교감을 통해 정서양식을 형성하게 된다. 치명적인 외상으로 인해 형성된 정서양식은 아동의 정서적 성장을 방해할 수 있다. 양육자의 적절한 응답이 없을 때, 유아는 내면에 열등감, 혼돈감, 적개심을 축적하게 된다. 아동의 정서양식은 출생부터 대략 6~7세에 걸쳐 확립된다. 아동은 2~3세경에 엄마로부터 분리되는 경험을 통해 다양한 정서적 체험을 하게 되며, 학령기의 시작 시점인 6~7세에 이르러 사회의 일원이 되면서부터 가족 중심의 정서구조로부터 벗어나 집단의 정서구조에 편입하게 된다.

정신분석적 관점에서 사울(Saul, 2006)은 아동의 정서양식이 기질에 의한 것이 아니라 철저하게 부모의 정서적 태도에 달려 있다고 주장한다. 애정이 담긴 부모의 양육태도가 유아의 건강한 정서양식을 형성한다. 그는 아동기 정서양식에 관한 두 가지 주목할 만한 사실을 소개한다. 첫째, 아동은 부모에 의해 정해진 상태로 유지되지는 않는다. 일단 아동이 정서양식을 형성하면, 그들은 다른 사람들에게 정서를 전이한다. 매사에 비판적인 부모의 영향을 받은 아동은 비판을 수용하기보다는 자신 또한 타인에게 비판적인 시각을 지닌다. 부모로부터 전수받은 정서 양태를 다른 사람에게 전가함으로써 억압된 정서를 방출한다. 둘째, 한번 형성된 아동기 정서양식은 개인의 일생 동안 유지된다(pp. x-xi).

정서의 터널(한정규, 2013)
유아기, 청소년기, 성인기의 흔적을 담고 있는 정서는 삶의 역사를 보여 준다. 우리는 오직 그 뒷모습을 볼 수밖에 없다. 정서의 무의식성은 예측 불가능한 정신세계를 보여 준다. 소녀는 문틈에서 정서의 터널을 지나는 이들을 호기심과 함께 불안한 마음으로 엿본다.

사울의 주장은 대체로 고려할 만하다. 그러나 사울의 두 번째 견해는 재고해야 한다. 한번 형성된 인간의 정서는 고정불변의 것이 아니라 흐르는 물과도 같다. 정서의 흐름이 퇴로를 찾지 못할 때는 고착화되며 일정한 형태를 지닌 채 내재화된다. 내재화된 정서 양태는 사고방식이나 생활 패턴, 관계 패턴을 지배하게 된다. 융 역시 유아적 정서태도는 어린 시절의 세계관에 고착되어 있을 때 성인기에도 발생한다고 말한다. 대상과의 갈등이 내사되면 내적인 불일치가 생기고, 대상에 대항하는 힘이 약해지며, 정동을 이완시킨다(CW 4, par. 312; CW 6, par. 137). 그럼에도 불구하고 인간의 정서양식은 일생 동안 형성되고 변화된다. 편안하고 안정적인 치료적 환경에서 정서는 순화되며 건강하게 표출될 기회를 얻게 된다.

유아기의 감정이 어떤 환경에서 어떤 형태로 구체화되는가를 살펴보자. 클라인(Klein)의 이론은 편집-분열적 자리에서 우울적 자리로의 이동이 개인의 불안 유형과 대상관계 특성의 변화를 알려 주는 신호라는 관점에서 출발한다. 편집-분열적 자리에는 자기(self)를 위한 공포가 있는 반면, 우울적 자리에는 대상을 위한 관심이 있다. 편집-분열적 자리에서 유아는 자신의 안전을 위해 좋은 대상에 대한 사랑과 나쁜 대상에 대한 증오를 분리한다. 이때 좋은 대상(좋은 젖가슴)과 나쁜 대상(나쁜 젖가슴)은 유아에게 전혀 다른 존재로 인식된다. 유아에게 나쁜 대상은 생명을 위협하는 존재이자 공포를 불러일으키는 원인이 된다. 편집-분열적 자리에서 유아는 사랑하는 감정과 공포스러운 감정을 개별적으로 경험한다. 이 단계에서 유아는 공포가 자신이 사랑하는 대상으로부터 나온다는 것을 결코 수용할 수 없다. 이 공포의 감정은 유아에게 불안감을 제공하며, 불안은 우울적 자리에서 우울 감정으로 변화한다. 우울적 자리로 이동하면서 유아는 이전의 양분된 감정을 하나의 전체 대상 안에 통합한다. 이런 통합은 유아의 성장에 중요한 분기점이 된다. 통합의 힘은 대체로 대상을 사랑하는 감정이 증오하는 감정을 극복할 정도로 강할 때 발생한다. 대상에 대한 사랑은 증오를 억제하는 역할과 이미 이루어진 손상을 회복하려는 보상적인 역할을 수행한다(Alvarez, 2006, pp. 215-216; Klein, 1935, 1937, 1940). 이런 관점에서 시걸(Segal, 1964)은 유아가 우울적 자리를 극복하기 위해서는 보상능력이 풍부해야 한다고 역설한다.

> 정상적인 발달에서 우울적 자리의 극복과정은 보상능력에 달려 있다. 유아가 증오를 느끼는 순간에 좋은 외적 및 내적 대상을 파괴했다고 느낄 때, 그는 강력한 죄책감과 상실감을 경험할 뿐만 아니라 사랑하는 상실한 외적 및 내적 대상을 회복하고, 잃어버린 평화와 안전을 재창조하고 싶은 열망과 동경을 경험한다. 따라서 그는 자신의 사랑과 창조성 모두를 활성화한다. 클라인학파의 견해에서는 이런 보상 욕동이야말로 정신의 성장과 창조성의 발달을 위한 가

장 중요한 원천이다(p. 15; Alvarez, 2006, p. 218에서 재인용).

클라인의 이론에 의하면, 우울적 자리에서 유아는 증오의 대상을 사랑의 대상 안으로 통합할 능력을 지닌다. 사랑의 대상과 증오의 대상이 한 사람이라는 사실을 깨닫게 된 순간, 유아는 혼란과 함께 당황스럽고 우울한 감정에 휩싸이게 된다. 살아남아야 하는 생존 본능이 유아로 하여금 분열된 두 대상을 싫든 좋든 하나의 존재 안에 통합해야 할 실존적 요구에 직면하게 한다. 우울적 자리에서 우울감과 함께 유아에게 다가온 감정은 죄책감과 상실감이라는 사실을 주목할 필요가 있다. 생명의 공급자인 엄마를 증오한 사실에 대한 죄책감은 일종의 본능적(원형적) 죄책감이라고 할 수 있다. 유아는 사회적 · 윤리적 · 공동체적 규범을 어긴 것에 대한 일반적인 죄책감을 알지 못한다. 학습에 의한 죄책감이라기보다는 태생적으로 획득된 원형적 죄책감이 자신과 공생관계에 있는 엄마를 부인하게 하며, 결국 자신을 부인하는 결과를 초래한다. 자신을 존재하게 한 근원적 존재에 대한 부인과 증오는 마치 믿음의 대상을 부인하는 것과도 같다. 종교인이 신의 존재를 부인함으로써 경험하는 죄책감은 유아가 전능한 신과도 같은 엄마를 부인하면서 느끼는 죄책감과도 같을 것이다. 증오로 인한 상실감 역시 공생관계를 파기함으로써 발생하는 분리의 경험이다. 갑작스러운 분리의 경험은 유아에게 마치 사막 한가운데 홀로 남겨진 정서 상태를 제공한다.

이처럼 유아가 우울적 자리에서 경험하는 사랑, 죄책감, 증오, 불안, 우울감 등은 성인기에도 발생한다. 대상관계 정신분석학자들이 제시한 유아의 대상관계 경험은 이런 차원에서 매우 유익한 통찰력을 제공한다. 유아기의 정서 체험은 성인기에 같은 유형으로 반복되거나 그대로 재현되는 경우가 드물다. 성장과정에서 사회문화적 환경의 변화로 말미암아 유아기에 경험한 감정은 다른 형태로, 혹은 간접적이거나 상징적인 방식으로 삶 속에 나타난다. 예를 들면, 자신이 좋아하는 일이나 믿고 의지하는 대상에 대해 지나치게 집착하는 사람은 클라인이 말하는 편집-분열적 자리에 머물러 있다고 볼 수도 있다. 분리와 상실에 대

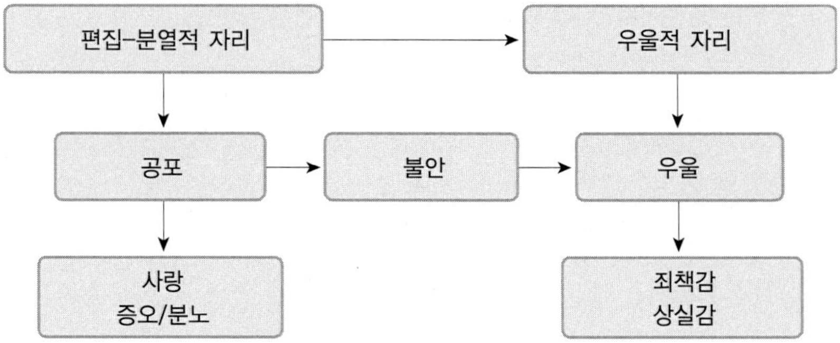

[그림 2-1] 발달단계와 정서(Klein)

한 두려움은 자아의 독립을 방해하며 고독과 우울의 과정을 제공하지 못한다. 심리분석 과정에서 대체로 전이를 통해 유아기적 경험이 성인기에 재현되는 방식이 드러난다. 이를 통해 내담자는 자신에게 고착된 정서양식을 되돌아보고 그것을 창조적으로 승화하는 과정을 경험한다.

우울적 자리는 유아에게 또 다른 기회를 제공한다. 이전의 단순한 이분법적인 논리에서 벗어나 다차원적인 사고를 할 기회를 얻는다. 비록 복잡한 인지과정을 거쳐서 통합을 이루고자 하지만 그 과정은 유아에게 상당히 힘든 과정이다. 한 존재 안에서 사랑과 증오를 같이 경험해야 하며, 가질 수도 버릴 수도 없는 양가감정에 빠지기도 한다. 일관성이 없는 부모는 이런 시기에 있는 유아에게 혼란성을 가중시킬 것이다. 하지만 시기적절한 응답으로 유아의 존재를 확인해 주는 부모는 유아로 하여금 사랑과 증오의 대극적 감정을 통합할 힘을 제공한다. 유아에 대한 일관된 애정과 보살핌은 유아의 일시적인 증오와 불신을 극복하게 한다. 결국 유아는 엄마에 대한 극단적 양가감정을 통합하여 인격의 성장으로 나아간다. 이것이 엄마와 유아의 건강한 분화로 이어진다. 죄책감과 상실감을 스스로 극복하고자 하는 유아의 본능적 보상심리가 분열된 인격을 통합으로 이끈다. "보상 욕동은 죄책감에서 절망이 발생하지 않도록 막아 주고, 희망이 우세해지도록 도와준다. 사랑하고 보상하려는 유아의 욕망은 새로운 사랑과 관심의 대상들에게로 옮겨 간다." (Alvarez, 2006, pp. 215-218; Klein, 1937, p. 342)

이것은 융이 말하는 결핍과 보상 원리와 유사하다. 의식적 결핍은 반드시 무의식적 보상을 요구한다. 중요한 양육자나 환경에서 발생한 결핍으로 인해 위축된 자아(ego)는 전체 정신인 자기(self)의 보상적 기능을 통해 강화된다. 유아 역시 잠재적 보상능력은 온전한 자기의 기능을 통해 발현된다. 부정적 엄마로 인한 결핍은 모성 원형의 긍정적 측면(좋은 엄마상)에 의해 보상된다. 그것은 본능적으로 내재된 원형의 자율적 보상기능에 근거한다.

제이콥스(2008)는 아동이 중요한 대상으로부터 거절당할 때 정서 발달에 혼란이 초래되는 것을 지적한다. 아동은 성장과정에서 다양한 방식으로 감정 표현에 대한 제약을 받으며 성장한다. 부모의 성향이나 사회적 분위기에 따라 그 양상은 달라진다. 슬픔, 분노, 두려움 등을 표현하는 것이 금기시되는 분위기에서는 감정이 억제되고 왜곡되며, 때로는 엉뚱한 방향으로 전가되어 사회적 문제로 대두되기도 한다. 감정이 언어화되지 못하고 행동으로 표출될 때는 품행장애나 반사회적 행동장애로 나타나기도 한다. 아동이 엄마를 거절할 때 죄책감을 느낀다면, 반대로 거절당할 때는 수치심을 느낀다. 이처럼 수치심과 죄책감은 종종 동전의 양면처럼 함께 작용한다(p. 32). 거절당한 엄마의 수치심이 아동에게 전가될 때, 아동은 죄책감과 더불어 엄마의 수치심을 동시에 느낀다. 제이콥스(2008)는 아동의 수치심이 끼치는 영향을 다음과 같이 기술한다.

> 거절을 당한 것 때문에 생긴 수치심은 그 감정이 부적절하게 또는 효과적이지 않은 방법으로 표현되고, 이것은 다시 한 번 거절을 당하기 쉬운 상황을 초래한다. 이것이 가정 안에서 정서적인 역학관계를 굉장히 폐쇄적이고 파괴적으로 만들기 쉬운 하나의 경로다. 좋지 않은 정서조절 능력은 악화되기가 쉽다. 아동이 자신의 감정이 '나쁘다'고 배우게 되는 주요 원인 중 하나는 보호자가 스스로 자신의 감정을 조절하지 못하고 있기 때문이다. 거절감도 학습된다. 즉, 우리의 부모님과 다른 성인이 자신의 감정을 다루는 모습을 보면서 배

> 우게 된 함축적인 메시지가 우리에게 강한 영향력을 미친다. 우리는 성인의 모습을 모델로 삼든지, 아니면 반항적인 태도로 그에 반대되는 모습으로 자라게 된다. 분노가 많은 부모의 아동은 스스로 분노를 참지 못하는 사람으로 자라거나, 남의 분노가 너무 무서운 나머지 지극히 소극적이고 감정을 표현하지 못하는 사람으로 성장할 수 있다. 우리는 정서 조절에 있어서 유아기의 모델에 어느 정도 영향을 받게 된다(p. 32).

페어베언(Fairbairn, 2003)은 유아의 최초 정서가 엄마에 대한 양가감정이라고 말한다. 유아는 사랑이 결핍되거나 엄마로부터 정서적으로 거절당할 때 좌절을 경험한다. 이때 유아는 엄마를 증오하게 되며, 이것은 자신에게 대단히 위험한 일로 간주된다. 이전에는 사랑의 대상이었지만, 이제는 거절하는 엄마에게 더 이상 사랑을 표현할 수 없다. 그것은 마치 진공 속으로 자신의 리비도를 방출하는 것과 같으며, 이로 인해 대단히 공허하고 황폐해지기 때문이다. 이런 상황을 극복하기 위해 유아는 엄마 상을 좋은 대상과 나쁜 대상으로 분열시키고, 나쁜 대상을 통제하기 위해 일단 자신 안에 내재화한다. 유아는 내재화된 나쁜 대상을 흥분시키는 대상(필요한 대상)과 거절하는 대상으로 분열시키고 이 두 대상을 모두 억압한다. 이 과정에서 일정량의 공격성이 사용된다. 페어베언은 클라인의 편집-분열적 자리 개념을 확대하여 자신의 고유한 이론을 전개한다. 유아는 나쁜 대상을 외면하는 데 그치지 않고 그것을 내면화하여 자신의 통제 아래 둔다는 것이다. 페어베언에 의하면, 좋은 대상과 나쁜 대상을 분열시키고 나쁜(위험한) 대상을 내재화해 통제하는 기술은 유아가 엄마와의 관계에서 생긴 좌절 경험과 엄마에 의해 거절당한 경험으로 인해 생긴 상처를 완화시키기 위함이다. 이것은 유아가 외부 대상은 통제할 수 없지만, 내부 대상은 어느 정도 통제할 수 있다고 믿기 때문이다. 그럼에도 불구하고 이런 수단은 유아로부터 엄마를 영원히 제거할 수는 없다(pp. 150-153).

페어베언(2003)은 '나쁜 엄마'로부터 경험한 유아의 좌절감은 이후 굴욕감, 무가치감, 해체감, 우울감 등 다양한 정동적 상태를 초래한다고 주장한다.

좀 더 큰 아이에게서 이런 경험(좌절과 소외)은 그의 사랑이 가치절하되는 심각한 굴욕의 경험이 된다. 좀 더 깊은 수준에서(또는 좀 더 초기 단계에서) 그 경험은 욕구의 표현이 무시되거나 과소평가되는 것에 대한 수치의 경험이다. 이런 굴욕과 수치의 경험으로 인해 그는 무가치감과 결핍감을 느낀다. 그 자신에 대한 가치감(sense of value)은 위협받는다. 그리고 그는 자신을 '열등하다'는 의미로 나쁘다고 느낀다. ……더 깊은 단계에서 (또는 훨씬 더 초기 단계에서) 아이의 경험은 소위 무익하게 폭발하는 것과 리비도가 완전히 텅 비워지게 되는 것이 된다. 그리고 그것은 해체의 경험이요 절박한 심리적 죽음의 경험이다. 따라서 우리는 엄마에 의한 거절에 직면하게 될 때 엄마를 향해 공격적이거나 리비도적인 정서를 표현하는 것이 아이에게 얼마나 위험한 문제인지를 알 수 있다. 간단히 말해서, 그는 한편으로 그가 공격성을 표현한다면 좋은 대상을 상실하게 되고, 다른 한편으로 그가 리비도적 욕구를 표현한다면 (그 자신의 좋음을 구성하고 있는) 리비도와 궁극적으로 그를 구성하고 있는 자아구조를 상실하게 되는 상황에 처하게 된다. 아이가 느끼는 이 두 가지 위협 중에서 전자(좋은 대상의 상실)는 우울한 정서를 일으키며, 이는 후에

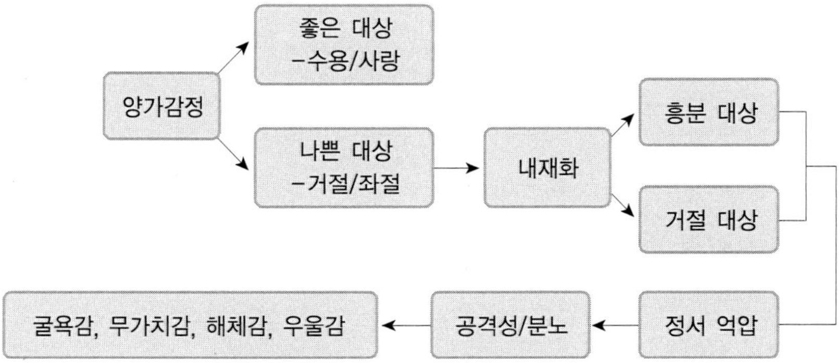

[그림 2-2] 유아의 최초 정서(Fairbairn)

> 우울적 상태의 기초가 된다. 그런 개인에게는 공격성의 처리가 리비도의 처리보다 더 어려운 것으로 경험된다. 다른 한편 후자의 위협(리비도와 자아구조의 상실)은 허망감을 일으키며, 나중에 분열성 상태의 기초가 된다. 그런 개인에게는 리비도의 처리가 공격성의 처리보다 더 어려운 것으로 경험된다(pp. 151-152).

유아에게 좌절시키는 엄마를 사랑하는 것은 증오하는 것보다 더 어렵다는 페어베언의 주장은 많은 통찰력을 제공한다. 좌절시키는 대상에 대한 증오와 공격성은 방어적 측면에서 자연스러운 현상이다. 그러나 자신을 거부하고 좌절시키는 대상을 사랑해야 한다는 것은 자신의 존재감을 약화시키는 요인이 된다. 좌절시키는 엄마 외에도 유아에게 예고 없는 외적 스트레스나 충격적 외상이 발생할 수 있다. 성인에게는 별 충격이 아닌 것이라고 할지라도 유아에게는 심각한 외상이 될 수 있다. 외상적 정서는 자신의 정서적 능력을 초과함으로써 심리적 고통과 상처를 입힌다.

뮤직(Music, 2001)은 엄마의 적절한 응답과 보살핌이 아이의 외상적 충격을 치유한 사례를 소개한다. 8개월 된 로버트는 전속력으로 돌아가는 드라이기에서 나온 큰 소음을 처음으로 들었을 때 크게 울부짖기 시작했다. 엄마는 아기가 스트레스를 받자 걱정하면서 아이를 안아 주고 별일 아니라고 안심시켰다. 엄마가 아이에게 한 말을 아이가 잘 알아들었다고 볼 수는 없지만, 아이는 엄마의 따뜻한 감정이 전달되어 곧 달라졌다. 아이에게 두려움의 대상이었던 드라이기는 곧 놀잇감으로 변했다. 아이는 드라이기를 혼자 켜고 끄면서 놀기 시작했다. 이런 상호작용을 통해 엄마는 로버트에게 정서적 방패 역할을 수행했다. 엄마가 아이에게 정서적 방패 역할을 잘 수행할 때, 아이는 자신의 감정을 다스리고 세상에 적응하는 계기를 마련한다(pp. 23-24, 54). 정서적 방패 역할은 유아에 대한 엄마의 역할뿐만 아니라, 내담자에 대한 상담자의 정서적 보호 조치에 필수적이다. 편안하고 안전한 치료관계는 내담자의 정서적 대상항상성을 제고하는 데 도움이 된다.

유아는 엄마와의 공생기를 거쳐 분리-개별화 과정을 거친다. 말러 등(Mahler, Pine, & Bergman, 1997)은 분리-개별화 과정을 다음과 같이 네 단계로 설명한다.

- 1단계: 분화와 신체 이미지의 발달
- 2단계: 연습기
- 3단계: 재접근기
- 4단계: 개성의 공고화와 대상항상성의 시작

첫 번째 분화와 신체 이미지 발달과정에서 유아는 자신과 엄마 사이의 몸을 구별하기 시작한다. 두 번째 단계인 연습기에서 유아는 대상(엄마)으로부터 멀어지기 위해 기거나 걷기를 시작한다. 세 번째 단계의 재접근기는 유아가 엄마의 소재를 확인하고 다시 접근하는 시기다. 분리-개별화 과정의 네 번째 단계의 대상항상성은 정서적 개념에서 출발한다. 바람직한 분리-개별화는 자신의 주체성을 수립해 가는 개성화와 함께 '정서적' 대상항상성을 획득하는 일이다.

말러 등(1997)에 의하면, 정서적 대상항상성은 아동의 지속적이고도 긍정적인 리비도가 집중된 어머니상이 점차 내재화됨으로써 확립된다. 정서적 대상항상성이 확립된 아동은 어느 정도의 긴장과 불편함에도 어머니로부터 분리되어 기능할 수 있게 된다. 예를 들면, 놀이방에서 아동은 엄마가 자신의 시야 안에 있을 때 안심하고 놀이에 집중한다. 정서적 대상항상성은 '좋은' 대상과 '나쁜' 대상 표상을 하나의 전체적 표상으로 통합한 결과로 나타난다. 이러한 정서적 대상항상성이 확립되면, 아동은 공격적 욕동과 리비도적 욕동의 융합을 촉진시키고 대상에 대한 증오를 완화시킨다. 아동이 일단 대상항상성을 성취하면, 부모가 더 이상 만족시켜 주지 못하더라도 그 애정 대상을 거부하거나 다른 것으로 대체하지 않는다. 정서적인 대상항상성은 아동으로 하여금 안정된 내적 이미지를 유지하게 함으로써 차분한 상태에 있게 한다(pp. 65-184; Hamilton, 2007, p. 86).

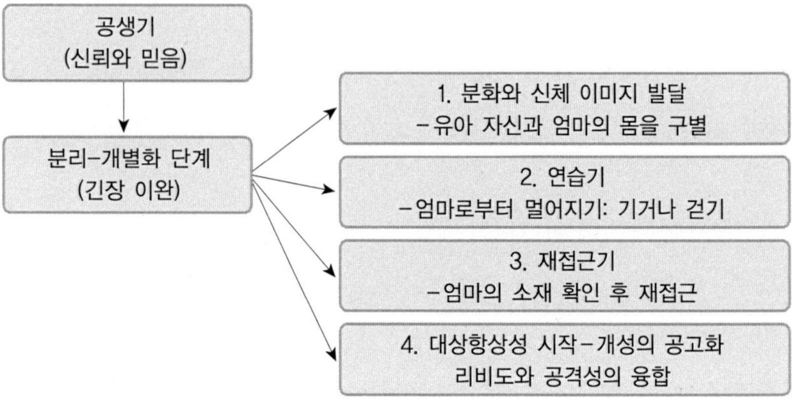

[그림 2-3] 아동 발달단계(Mahler et al.)

말러 등(1997)은 아동으로 하여금 건강한 정서적 대상항상성을 형성하도록 하기 위해 고려해야 할 두 가지 본질적인 요인을 제안한다. 첫째, 공생단계에서 돌보는 사람이 제공하는 긴장이 규칙적으로 이완됨으로써 아동이 신뢰와 믿음을 형성하는 것이다. 분리-개별화 과정의 단계에서 이러한 긴장의 이완은 점차적으로 욕구를 충족해 주는 전체 대상(어머니)의 덕으로 돌려진다. 그 후에 내재화 과정에 의해 그것은 어머니 표상으로 전이된다. 둘째, 피아제(Piaget)가 말하는 항구적인 대상이나 중요한 애정 대상, 즉 어머니의 상징적인 내적 표상에 대한 인지적 획득이 필요하다. 여기에는 선천적인 욕동의 성향과 성숙, 욕동 에너지의 중립화, 현실 검증, 좌절과 불안에 대한 내성 등의 다른 많은 요인이 관련되어 있다(pp. 169-171).

위니컷(Winnicott, 1973)에 의하면, 충분히 좋은 엄마는 유아에게 처음에 육체적 욕구를 채워 줄 수 있어야 하며, 다음으로는 정서적 욕구를, 그다음으로는 통합과 자아 발달을 허용할 수 있어야 한다. 충분히 좋은 엄마는 의식적·무의식적으로 유아에게 성장단계에 따른 적절한 육체적·정서적 조율을 이룬다. 엄마는 유아가 독립된 존재로 성장하기 위한 희망적인 환경을 제공함으로써 결국 성숙한 대상관계를 수립할 수 있는 능력을 키워 준다. 좋은 엄마는 유아로 하여금 조절능력, 주관적 전능감, 엄마와의 연결을 통한 편안함 등을 제공한다. 엄마는 유아의 나쁜 대상까지도 담아내는 용기(container)가 되어 유아의 나쁜 대상이 엄마에게 투사되는 것을 허용해야 한다. 이런 안아 주는 환경이야말로 유아가 보다 자율적인 지점으로 이동하는 것을 돕는다(pp. 86-87, 194; Freshwater & Robertson, 2002, p. 26).

클라인이 말하는 우울적 자리에서 발생한 좋은 정서와 나쁜 정서의 분화는 욕동이 사랑하는 대상에 대한 리비도와 증오하는 대상에 대한 공격성으로 조직화되는 것을 보여 주는 최초의 표현이다. 동시에 이러한 최초의 욕동 표현은 최초의 내재화된 대상관계로 투사된다. 컨버그(2001)의 주장에 의하면, 본능과 욕동을 연결시켜 주는 정서는 어느 정도 타고난 소인으로서 리비도와 공격성을 통해 드러난다.

> 욕동은 정서 상태가 리비도와 공격성의 군집으로 위계적으로 조직화되는 데서 비롯된 전체 동기체계다. 생물학적 본능과 심리적 욕동 간의 관계는 타고난 정서 소인이 '좋거나' '나쁜' 정서 상태를 대상관계로 통합해서 전체 욕동체계를, 혹은 넓은 의미에서 리비도와 공격성의 위계적 조직을 결정하는 데서 나타난다. 앞서 제안하였듯이(1976a), 나는 공격성과 리비도를 그것들 자체의 조직 안에 정서와 대상관계 모두를 통합하는 기본적 동기체계(basic motivational systems)라고 생각한다. 나는 욕동은 생물학적으로 결정된 타고난 정서적 소인에서 비롯되는 것이며, 이러한 정서적 소인은 초기 대상관계라는 맥락에서 타고난 지각적 · 행동적 유형에 의해 정서 상태로 활성화된다고 생각한다(p. 147).

강렬한 정서적 경험을 통해 내재화된 대상관계는 자기표상과 대상표상을 중심으로 재조직된다. 이러한 정서는 특별한 대상관계에 반영된 역동을 드러낸다. 대상관계의 맥락에서 활성화되는 정서는 두 축을 이룬다. 한 축은 긍정적이고 보

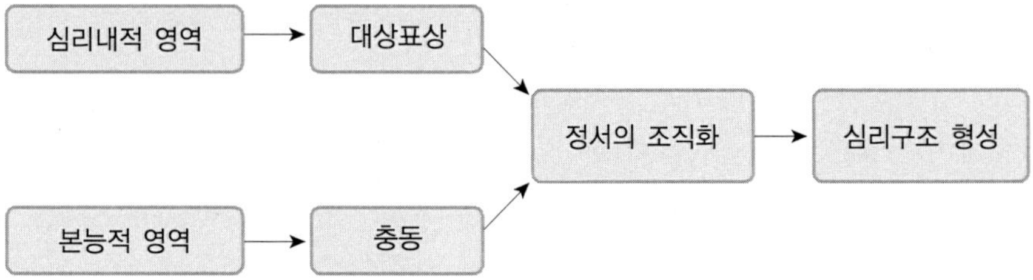

[그림 2-4] 정서의 조직화(Kernberg)

상을 주고 만족을 주는 대상관계이며, 다른 한 축은 부정적이고 혐오스럽고 좌절을 주는 대상관계다. 이에 기초하여 유아는 각 대상관계에 '좋은' 혹은 '나쁜' 기본적 성질을 부여한다(Kernberg, 2001, pp. 146-148). 좌절로 인해 발생하는 초기 절정-정동 상태는 좌절시키는 대상들에 대한 원시적 환상을 활성화하며, 그런 대상들을 축출하고자 하는 노력과 그것들을 파괴하고자 하는 강렬한 소망을 상징화하게 된다. 이런 좌절 경험은 자신이 공격받고 위험에 처해 있다는 환상으로 변형된다. 원시적 환상과 연결된 무의식적 방어와 그 후 억압을 강화시키는 이차적 방어가 결국 정서적 대상관계들로 이루어진 가장 깊은 무의식의 층, 즉 원본능의 내용을 구성한다는 것이 컨버그의 주장이다(Kernberg, 2008, p. 37).

오이디푸스기에 아동은 이성 부모에 대한 다양한 감정을 경험한다. 프로이트(Freud)가 주장하는 오이디푸스 콤플렉스는 단순히 이성 부모에 대한 아동의 성적인 감정만을 의미하지 않는다. 그것은 오히려 중요한 정서적 변화를 경험하는 시기에 발생하는 심리적 경험을 반영한다. 오이디푸스 상황은 아동이 엄마로 대변되는 한 사람의 부모에서 두 사람의 부모에게로 관심이 달라지는 계기가 된다. 새로운 대상인 아버지를 만나면서 아동은 이전에 엄마와 수립한 관계 패턴을 적용한다. 이 과정에서 아동은 엄마에게서 느낀 것처럼 좋은 아빠와 나쁜 아빠에 대한 양가감정을 지니게 된다. 수용적이고 애정을 제공하는 아빠에게는 사랑의 감정을, 거부하는 아빠에게는 좌절을 경험한다.

페어베언(2003)에 의하면, 아동은 좌절시키는 아빠를 극복하기 위해 이전의 엄마에게 적용했던 방식을 적용한다. 일단 아버지상을 좋은 대상과 나쁜 대상으로 분열시키고, 나쁜 대상을 조절하기 위해 내재화한다. 내재화된 나쁜 대상을 리비도적 자아와 연관된 흥분시키는(필요한) 대상과 내적 파괴자와 연관된 거절하는 대상으로 분열시킨다. 엄마와 마찬가지로 자신의 욕구를 부추겨 흥분시키는 아빠 역시 나쁜 대상의 개념에서 출발한다. 새롭게 형성된 흥분시키는 아빠 역시 이전에 자신을 흥분시켰던 엄마의 이미지와 융합된다. 여기서 우리가 눈여겨보아야 할 점은 아빠와의 관계에서는 정서적 측면에서 엄마와의 관계보다 더 큰 변화가 발생한다는 점이다. 페어베언은 아동이 새로운 부모 대상인 아빠와의 좋은 관계를 유지하기 위해서는 특별한 정서적 배려가 있어야 함을 강조한다. 아동에게 아버지의 정서적 배려는 엄마의 젖을 대체할 만큼 중요하다. 이런 점에서 아빠와의 관계는 엄마와의 관계보다 훨씬 더 정서적인 요소가 요구된다(pp. 160-161).

> 아버지와의 관계에서 아이에게 요구되는 조정은 이전에 엄마와의 관계에서 요구되었던 것과 한 가지 점에서 중요하게 다르다. 그것은 그 조정이 정서적인 수준에서 이루어져야 한다는 점이다. 새로운 조정은 거의 전적으로 정서적인 것이어야 한다. 왜냐하면 아버지와의 관계에서는 아이가 젖을 먹는 경험을 할 수가 없기 때문이다(p. 161).

3. 가족의 정서체계

아동은 부모의 심리체계를 여과 없이 수용해야 하는 환경에서 살아갈 수밖에 없다. 이런 현상은 일방적인 부모를 두거나 아직 개별화가 덜 된 아동에게 현저하게 드러난다. 사회화가 촉진되는 학령기 전의 아동은 부모에게 거의 전적으로 의존하게 된다. 유아는 출생 이후 2~3년까지는 본능이 지배하는 무의식 상태에 있게 된다. 마치 태아가 엄마 몸의 일부로 경험되듯이, 유아기의 정신은 엄마 정신의 확대된 영역에 해당된다. 이후 아동은 점차적으로 아버지 정신의 일부가 된다. 어린아이들이 자신보다는 부모에 대한 꿈을 더 많이 꾼다는 것은 아동의 심리가 부모의 정신세계에 대부분 밀착되어 있다는 사실을 보여 준다. 학령기 이전 아동의 심리적 장애는 대체로 부모의 정신세계에 문제가 있을 때 발생한다(CW 17, pars. 98-107). 융은 이런 관점에서 부모의 심리 상태가 아동에게 끼친 영향은 실로 막대하다고 주장한다.

> 아동에게 주목할 만한 심리적 조건 가운데 하나는 부모 심리와의 융합이다. 아동 개인의 심리는 오직 잠재적으로 드러난다. 따라서 아동의 신경증이나 정신적 장애는 학령기에 이르기까지는 대체로 부모의 정신세계에 존재하는 혼란성에 그 원인이 있다. 부모의 모든 어려움은 아동의 정신세계에 그대로 반영되어 종종 병리적 결과를 초래하기도 한다(CW 17, par. 106).

가족마다 독특한 정서적 문화를 지니고 있다. 어떤 가정에서는 슬픔은 허용되지만 분노나 격분은 허용되지 않는다. 우울증을 앓고 있는 엄마나 항상 짜증만 내는 아빠 앞에서 아동은 즐거움에 대한 감정을 표현할 수 없다. 이런 아동들은 자신이 잘한 것에 대해 벅차오르는 감정을 경험하기보다는 행복감을 표현했을 때 뒤이어 찾아오는 죄책감을 느낀다. '부모는 행복하지 않은데 자신이 행복하다는 것은 죄'라는 인식을 스스로 학습해 나간다. 사실 아동 스스로 이런 감정을 학습한다기보다는 부모의 여유 없는 심리가 아동으로 하여금 항상 불안 속에 살아가게 하는 데서 연유한다. 불안은 모든 감정을 삼켜 버리거나 왜곡시키는 경향이 있다.

가족의 심리체계는 대체로 지배적인 정서적 분위기에 의해 드러난다. 시기와 질투가 지배적인 가족 분위기에서 성장한 사람은 자신의 감정을 숨기기 위해 더욱 열심히 일한다. 그런 사람은 아내가 다른 남성과 말하고 있을 때 문을 쾅 하며 닫거나 소리를 내면서 대화를 방해한다. 의식적으로 그런 행동을 하는 사람도 있지만, 대개는 자신에게 질투심이 존재한다는 사실조차 모른 채 그와 같은 행동을 무의식적으로 반복한다(Music, 2001, p. 36). 아이건(Eigen, 2005)은 그의 책 『정서적 폭풍(*Emotional Storm*)』에서 가족 사이의 주기적 공황 상태로 인한 정서적 분위기를 전한다. 엄마는 파국으로 치닫고, 아빠는 죽으려 하며, 딸은 재앙으로 치닫는다. 딸은 아버지의 불같은 감정에 폭발적인 공황발작을 일으킨다. 딸의 분노는 조용히 가라앉은 형태이나 비통한 태도를 견지한다. 부모가 아동을 정서적으로 학대하면 아동은 무감정 상태가 된다. 특히 엄마가 자녀에게 칙칙하다거나 경멸적인 시선을 보낼 때, 아동은 정서적으로 매우 취약하게 된다(pp. 47, 64).

볼라스(Bollas, 2010)는 피상적인 가족관계가 특정한 증오를 불러일으킨 사례를 소개한다. 가족 개개인이 지닌 정서의 핵심에 이르지 못하고 항상 대충 넘어가거나 눈에 보이는 측면만을 중시하는 가족은 행복을 추구하지만 정작 핵심적인 문제들은 피해 간다. 아이가 뭔가를 말하려고 할 때, "지금은 안 돼! 여기선 안 돼! 그렇게 해서는 안 되는 거야!" 혹은 "당장 그만두지 못해!"라는 말로 아이의 말을 막는다. 부모가 아이의 마음을 알려고 노력하지 않기 때문에, 아동의 정서는 상징적인 정교화를 할 수 있는 기회를 박탈당한다. 이런 아동에게 느낌을 물으면 대개는 "모르겠어요."라는 단순한 대답으로 일관하거나 당황해한다. 감정이 언어로 표출되지 않는 아동은 돌발적인 행동을 통해 의사 전달을 하거나, 사람들과의 관계를 단절함으로써 문제를 해결하려고 한다. 정서적인 의사소통의 경험이 없는 사람은 쉽사리 대상을 교체하거나, 아무런 관계도 없었다는 듯이 이전의 관계 역사를 지워 버린다. 가족관계에서 형성된 이런 정서양식은 대상에 대한 진정한 사랑을 경험하지 못하게 한다(pp. 176-178).

아동의 감정을 존중하지 못한 부모는 일종의 거짓 제스처나 언어로 아동의 감정이 자연스럽게 표출되는 것을 방해한다. 아동이 잘못을 저질렀을 때, 존댓말을 써 가며 매우 조용하게 말하더라도 그 안에 독기 서린 혐오감이나 무시하는 마음이 있다면 아동은 매우 혼란스러워할 것이다. 아동은 겉으로 보기에 매우 예의 바른 것 같지만 그 안에 진실성이 없다는 것을 부모를 통해 배우게 되고, 그것을 다른 사람과의 관계에서 재현한다. 엄마에 대한 부정적 감정은 아동에게 죄책감을 유발시키고 감정적인 상처를 준다. 이로 인해 아동의 성장이 방해되며 신체화 증세로 음식을 자주 토하게 되는 경우도 있다(Eigen, 2005, pp. 81-82). 이런 아동은 자신이나 타인에 대한 호기심을 가질 기회가 없었기 때문에 일상적인 통찰을 하지 못하며 자기 자신에 대한 성찰도 부족하게 된다.

그러나 피상적이고 진실하지 못한 가족의 정서 문화에서 부모의 갑작스러운 감정 분출은 부모와 자녀가 감정적 교류를 하게 되는 계기가 되기도 한다(Bollas, 2010, pp. 176-179). 이런 일은 청소년기에 자주 발생하며, 자녀들 역시 부모와의 정서적 교감을 위해 돌발적인 행동과 노골적인 증오를 표출한다. 볼라스(2010)는 엄마의 격분이 딸과 엄마 사이의 막힌 감정을 여는 계기가 된 사례를 소개한다.

> 예를 들어, 열한 살의 한 소녀는 반항하는 행동을 통해서 어머니를 화나게 했다. 어머니는 그녀를 '이기적인 나쁜 년'이라고 부르면서 격분했는데, 이것은 소녀를 놀라게 한 동시에 흥분시켰다. 이럴 때 소녀는 어머니를 평상시의 자기 상태로부터 끌어냈다. 그녀는 어머니를 조금 더 밀어붙이면 어머니의 좀 더 많은 것을, 그리고 딸로서의 어머니 자신의 경험에 대해 더 많은 것을 얻어 낼 수 있다는 것을 알고 있었다. 어머니가 화를 내는 이유를 모르는 척하는 순진함의 가면을 쓴 채, 소녀는 자신이 어머니를 화나게 했던 이전의 많은 사건을 떠올리도록 자극했다. 다시금 소녀는 혼합된 감정과 함께 이러한 상호 교환을 경험했다. 어머니의 반응은 다소 두려우면서도 흥분되는 것이었고, 또한 재미나는 것이었다. 딸에게 비판적이었던 모든 순간을 일일이 열거하고 있는 어머니 안에서 소녀는 자신의 이미지들을 발견하고 있는 것이다 (pp. 178-179).

가족의 정서체계는 주고받는 관점에서 건강하게 형성되어야 한다. 감정의 교류가 진실하고 활발하게 일어날 때 가족의 심리적 에너지는 자유롭게 흐른다. 만약 아동이 정서적으로 박탈당하거나 지나치게 부모의 보호를 받고 자란다면, 받는 것(getting)에 지나치게 집착하여 주는 능력을 충분히 발달시키지 못할 것이다. 주는 것(giving)의 즐거움을 누리지 못한 아동은 결국 혼돈과 분노를 느끼게 된다. 사울(2006)은 정서적 혼돈이 아동 신경증의 원인이 되며, 사랑받는 경험이 아동을 성숙으로 인도한다고 주장한다.

> 정서적 혼돈은 아동으로 하여금 불행감을 갖게 하여 투쟁-도피 반응, 분노, 억압 및 과잉 반응을 일으키게 한다. 그리고 이는 우울증, 알코올중독을 비롯한 각종 신경증적 반응, 불안과 반사회적 행동의 기초가 된다. 아동은 점차 자신의 적개심, 성적 호기심, 기타 충동들을 조절하는 법을 배우고 사랑받은 경험으로부터 동기를 얻어 성숙을 지향하며 발달한다. 만약 아동이 사랑받지 못하는 느낌을 계속 갖게 되면 자기 자신을 스스로 관리하는 능력을 발달시키지 못하고, 그로 인해 그들의 사회화와 완만한 정서적 성장에 장애가 발생한다. ……사랑하고 사랑받는 것, 주고받는 것, 일하고 놀고 쉬는 것, 이것이 정서생활의 기초다(p. 9).

정서적으로 결함이 있거나 감정 표현을 하지 못하는 부모를 둔 아동은 자신의 감정을 조절하지 못하게 되며, 때로는 원초적 감정에 자신을 내맡기게 된다. 뮤직(2001)은 홀어머니와 함께 불안한 어린 시절을 보낸 제니의 사례를 소개한다. 제니의 엄마는 정서적으로 부재 상태였다. 그녀는 제니가 원하는 것을 줄 때 항상 죄책감이 들게 했다. "내가 누구 때문에 고생하는데!" "내가 이 돈을 마련하기 위해 얼마나 애먹었는지 너는 알기나 하니?" "너도 엄마에게 이렇게 잘해 줄 수 있니?" 이런 유형의 말들은 자녀로 하여금 죄책감 속에서 살게 한다. 제니 역시 성장하면서 자신이 원하는 것을 얻으려면 제공자로 하여금 죄책감을 느끼게 함으로써 목적을 이룰 수 있다는 것을 배웠다. 자신의 요구를 관철하기 위해 이유도 없이 화를 내거나 다른 사람을 조정하면서 위협하는 방식으로 일관했다. 다른 사람이 자신의 요구를 들어주지 않으면 죄책감을 느끼게 하면서 그들의 정서를 지배하는 방식을 취했다. 이와 같은 사람들은 과도한 정서에 의해 지배당하며 대개 히스테리 성향을 보인다. 정제되지 못한 원초적 정서(raw emotion)는 마치 무의식의 범람과도 같이 자아의식을 지배하게 된다. 아동기에 형성된 정서는 대개 부모의 부적합한 정서로부터 자신을 보호하기 위해 형성된다. 제니는 너무 일찍 자신의 감정을 조절하는 법을 터득했다. 그것은 진실한 감정을 감추고 왜곡하는 방식으로 표출되었다. 그녀는 후회스러운 감정 대신에 분노하였으며, 걱정해야 할 때에 격분함으로써 자신의 감정을 감추었다. 이런 과정이 반복되면서 제니는 진실한 감정을 표현할 기회를 얻지 못했다(pp. 50-53). 제니의 정서를 담아 줄 그릇이 없었던 것이다. 비온(Bion, 1970)은 담아 주는 공간이 없는 정서는 마치 광활한 공간에 떠다니는 무의미한 쓰레기 조각 같다고 말한다.

> 담아 주는 그릇이 없는 공간에서 개인의 정신적인 내용(생각, 이미지, 말)은 진정한 의사소통적 가치를 상실하고 광활한 공간 안에 떠다니는 일종의 무의미한 조각, 쓰레기, 모방된 말과 진정성 없는 정서의 조각으로 바뀐다. 그 공간은 너무 광활해서 그 안에는 시간적 및 공간적 경계가 존재하지 않는다(p. 13; Eigen, 2009b, p. 239에서 재인용).

융은 지적인 엄마 아래서 성장한 한 소녀의 정서 억압 사례를 소개한다. 매우 지성적인 13세 소녀는 반항적이며 반사회적인 성향을 보이면서 학교생활에 적응하지 못했다. 신체적으로 조숙했던 그녀는 자신의 성적 호기심과 자위 행위에 대한 욕망에 놀라곤 했다. 엄마는 매우 지성적이고 권력에 대한 강한 의지를 보였으며 딸의 정서적 성장을 억압했다. 다른 아이보다도 일찍 딸을 학교에 보낸 엄마였다. 아빠는 사업으로 자주 집을 비워 딸의 상태를 모르고 있었다. 사춘기 소녀는 정서적으로 엄청나게 울적한 상태에 있으면서 동성애적 환상에 더욱 빠져들었다. 그녀는 집에서 아무것도 할 수 없었다. 오직 치료 현장에서의 솔직한 대화만이 그녀를 상당히 호전시킬 수 있었다(CW 17, par. 221).

이 사례는 사업상 바쁜 아버지, 그리고 자녀를 통해 사회적 지위를 얻고자 하는 야심 찬 엄마를 둔 전형적인 가족의 정서 상태를 보여 준다. 자녀는 부모의 기대를 만족시키기 위해서 과도한 에너지를 소모하게 되며, 결국 자신을 위한 심리적 에너지는 고갈된다. 남성화된 여성, 아니무스에 사로잡힌 여성, 소위 지성을 중시하면서 감성을 억압하는 여성들은 감정을 경험하지 못할 뿐 아니라 자녀의 정서생활에도 매우 부정적인 영향을 끼친다. 이런 양육 상태에서 자녀는 엄마를 위해 예쁜 옷으로 단장해야 하는 인형에 불과하다. 13세 소녀의 애정 결핍이 조숙한 성적 호기심과 동성애적 환상을 초래한 것이다.

4. 여성과 남성의 정서양식

여성과 남성을 구별해 줄 수 있는 감정양식이 존재할까? 이에 대한 의견은 저마다 다를 수 있다. 우선 감정의 보편적 특성을 주장하는 이들의 입장은 남녀노소를 불문하고 인간의 감정은 거의 생득적인 것으로서 사람마다 별 차이가 없다고 본다. 우리는 감정의 보편적 성향을 부인할 수 없다. 다만 사회문화적 관습에 따라 감정 표현은 달라질 수 있다. 감정의 양태에는 커다란 차이가 없다고 할지라고 그 표현 방식이나 강도는 성별과 나이에 따라 차이가 날 수 있다.

융은 아니마/아니무스 개념을 통해 남성과 여성 사이의 감정과 사고기능의 차이점을 설명한다. 융은 집단무의식 영역에 있는 내적인 인격을 아니마 혹은 아니무스로 불렀다. 아니마(anima)는 라틴어로 '영혼'을 의미한다. 페르소나(persona)가 사회 적응을 위한 외적 인격이라면, 아니마와 아니무스는 의식과 무의식을 연결하는 내적 인격이다. 남성에게는 여성적 요소인 아니마(anima)가, 여성에게는 남성적 요소인 아니무스(animus)가 내적 인격으로 작용하여 인격의 성숙을 유도한다(박종수, 2009, p. 247). 의식과 무의식을 중재하는 아니마/아니무스는 내부세계와 외부세계, 자아와 대상 사이의 교류를 가능하게 하는 정서적 기능을 포함하고 있다. 융에 의하면, 아니마는 남성에게 여성적 에로스(Eros)를, 그리고 아니무스는 여성에게 남성적 로고스(Logos)를 보상한다.

> 여성은 남성적 요소에 의해 보상받는다. 따라서 여성의 무의식은 소위 남성적 흔적을 지니고 있다. 이것은 남성과 여성 사이의 상당한 심리적 차이점을 초래한다. 따라서 나는 여성 안에서 투사를 창출하는 요소를 아니무스라고 불러 왔다. 그것은 곧 마음(mind) 혹은 영(spirit)이다. 아니무스는 아버지 로고스로 비유될 수 있는데, 이는 마치 아니마가 어머니 에로스와 동일시되는 것과 같다. 그러나 나는 이런 두 종류의 직관적 개념에 지나치게 특정한 정의를 부여하고 싶지 않다. 나는 에로스와 로고스를 단순히 다음과 같은 사실을 묘사하기 위한 개념적인 수단으로 사용한다. 그것은 여성의 의식이 로고스와 연합하는 차별성과 인식력보다는 에로스의 연대적 성격에 의해 보다 더 특성화된다는 사실이다. 남성에게는 관계의 기능인 에로스가 로고스보다는 대개 덜 발달되어 있다. 반면에 여성에게는 에로스가 그들의 진정한 본성의 표현인 반면, 로고스는 가끔 후회될 만한 사건에 불과하다(CW 9ii, par. 29).

남성과 여성의 정서적 기능은 아니마와 아니무스가 활성화될 때 서로 다른 양상을 띨 수 있다. 예를 들면, 불안과 공포에 대한 일차적 감정은 성별에 따라 별 차이 없이 나타날 수 있다. 그러나 일차적 감정이 변화된 이차적 감정은 성별에 따른 특별한 콤플렉스와 결합하여 다른 정서나 정동으로 변할 수 있다. 시기심과 질투가 성별에 따라 서로 다르게 나타나는 현상은 이를 대변한다. 동성 간의 시기는 대개 경쟁 상황에서 자연스러운 현상으로 나타나지만, 이성 간의 시기는 동성애적 감정이나 성적 혼란성에서 기인하는 경우가 있다. 이것은 융심리학 관점에서 볼 때, 아니마와 아니무스의 심리작용에 따라 개별적 정서가 드러나기 때문이다. 예를 들면, 여성이 남성적 본성을 시기할 때는 자신도 모르게 남성화되어 아니무스의 지배를 받게 된다. 그와 같이 남성이 여성의 본성, 즉 자궁에 대한 선망이 있을 때는 여성화되는 경향이 있다.

융에 의하면, 여성은 정서가 항상 목적을 동반하며, 반대로 남성은 목적을 위한 정서를 지니지 않는다.

> 여성은 정서를 지녀야 한다. 그렇지 않으면 아무것도 볼 수 없다. 지루하거나 지치거나 화가 나거나 질투심이 생기는 등의 일로 인해 여성은 울 수 있다. 그러나 반드시 슬퍼서만은 아니다. 여성의 정서는 항상 어떤 목적이 있다. 그녀는 자신의 정서와 더불어 일한다. 그 정서를 수용할 것인가 말 것인가는 별개의 문제다. 남성은 결코 목적을 위한 정서를 지니지 않는다. 그는 자기 정서를 통해 분석될 수 없다. 남성이 정서와 함께 일한다면 어리석은 일이며 파괴적이다. 여성은 자신의 정서를 통해 분석될 수 있는 동안 그런 열매 맺는 방식으로 정서에 몰입한다. 우리가 여성의 정서에 접근하지 못한다면 아무것도 얻을 수 없다. 단지 그녀의 생각에 대고 마치 도서관을 대하는 것처럼 완전히 건조하게 말할 뿐이다. 그녀의 실제 존재는 에로스다(DA, p. 14).

융은 감정을 여성적 덕목으로 여긴다. 여기에는 다분히 오랫동안 남성 중심적 인류 문화의 잔재가 남아 있다. 동서양을 막론하고 전통적으로 남성은 소위 '남성다움'을 얻기 위해 자신의 내면에 있는 여성적 성향을 부인하거나 억압해 왔다. 남성은 내면의 인격인 아니마를 자신의 일부로 여기기보다는 여성적인 연약함으로 간주한다. 그 결과로 내면에 여성적 연약함과 민감성을 쌓아 간다. 아니마에 사로잡힌 남성은 감정에 민감해지며, 상황에 걸맞지 않은 감정적 분위기(mood)에 사로잡히기도 한다. 남성의 자살은 대부분 이런 감정을 조절하지 못한 결과에서 비롯된다. 이를 극복하기 위해 남성은 자신의 정서를 인식하고, 정서의 지배를 받고 있는 가장된 인격을 재건해야만 한다. 이때 비로소 남성은 아니마와의 진정한 대면에 이를 수 있다(CW 10, par. 79). 그러나 의식화되지 않은 아니마는 종종 남성으로 하여금 정서적으로 격한 상태에 이르게 하는 주요인이 된다.

> 아니마는 정서와 정동이 작용하는 곳에서 남성심리학 가운데에서 가장 중요한 요인 중 하나다. 아니마는 격렬하고 과장하고 오류에 빠지게 하며, 자신의 일 혹은 남녀 구별 없이 다른 사람들과 관련된 모든 일을 신화화한다. 그 결과 발생하는 환상과 혼란은 모두 아니마의 작업이다. 아니마가 강하게 배치되면 남성의 성격은 유해지고, 예민해지며(touchy), 쉽게 흥분하거나 감상에 젖고, 시기심이 많아지며, 공허하고 적응력이 떨어진다. 이때 그는 불만 상태에 있게 되며 자기 주변에 불만을 확산시킨다. 가끔 그 남성의 아니마를 포착한 여성과의 관계성은 이런 증세를 설명해 준다(CW 9i, par. 144).

아니마가 비합리적 감정이라면, 아니무스는 비합리적 이성이다. 아니무스가 여성에게 활성화되면 여성의 본래적 감정기능은 사라지고 그 자리를 비합리적인 사고가 차지한다. 아니무스의 지배 아래 있는 여성은 본래 지닌 감성적 눈으로 사건을 보지 않고 아니무스의 지시대로 논쟁하고 합리화하기 시작한다. 남성의 아니마 감정(anima-feelings)이 임의적이고 변덕이 심한 것처럼, 이런 여성의 공격적인 논쟁은 비논리적이며 비합리적이다. 여기에 여성적 모성은 찾아볼 수 없다. 이때 여성의 경쟁자는 남성이 되거나 아니무스에 사로잡힌 또 다른 여성이 될 것이다. 여성이 아니무스 사고(animus-thinking)로 대변될 때, 여성적 정감은 사라지고, 자신은 항상 옳아야 하며, 투쟁적으로 막말을 하고, 대부분 합리적 논증으로 끝난다(CW 10, par. 80).

남성은 일반적으로 지성의 영역에서 자유롭다. 반면에 여성은 감성의 영역에서 열광한다. 하지만 집단적 감정인 아니마가 남성을 지배할 때, 그 남성은 다른 사람의 감정적 분위기에 쉽게 동화되어 정작 자신은 붕괴된다. 이와 마찬가지로 여성이 아니무스 의견(animus-opinion)의 지배를 받을 때는 평소에 자신에게 익숙하지 않은 거짓 지성이 여성 본래의 감성을 죽이고 갑자기 냉철한 사고자로 변모시킨다(VS, p. 1146). 아니무스의 지배를 받는 남성화된 여성은 정서적 교감을 하지 못하고 오직 권력에만 집착한다. 융에 의하면, 그녀의 모든 사랑은 야망과 권력에의 의지로 향한다(CW 17, par. 222). 결국 아니마/아니무스는 부분 인격으로서 전체 인격에 영향을 주며 다른 부분 인격들과 동화되어 쉽게 인격화될 수 있다. 자율적 성격을 지닌 정동은 사람들로 하여금 일상적 태도와는 전혀 다른 생각이나 행동을 연출하게 한다(CW 13, par. 58).

이처럼 남성의 아니마는 정서적 측면을, 여성의 아니무스는 지적인 측면을 드러낸다(CW 13, par. 60). 그럼에도 불구하고 남성의 아니마와 여성의 아니무스는 모두 집단무의식의 원형적 속성에서 비롯된 것임을 주목할 필요가 있다. 아니마 무드(anima-mood)의 지배를 받고 있는 남성의 정서는 병리적 감정 상태가 되며, 아니무스 사고의 지배를 받고 있는 여성 또한 감정의 무딤과 억압으로 나타남으로써 심리적 부담으로 다가온다. 이처럼 강한 정서는 자아기능을 방해하여 투사와 내사, 분열 등의 방어기제를 형성하는 요인이 된다(Hamilton, 2007, p. 95). 정서의 결핍은 강한 정서만큼이나 위험하다. 정서가 결핍될 때 우리는 의지로 정서를 가져올 수 없으며, 의지로 정서를 몰아낼 수도 없다(VS, p. 56). 융에 의하면, 아니마는 남성으로 하여금 매사에 민감하게 반응하게 하며 항상 원한 감정을 지니게 한다. 반면에 여성의 아니무스는 의견으로 드러나는 해석과 암시 그리고 곡해로 일관된다.

> 긍정적이며 부정적인 양 측면에서 아니마/아니무스 관계는 항상 '적개심(animosity)'으로 가득 차 있다. 예를 들면, 아니마/아니무스는 정서적이며 따라서 집단적이다. 정동은 그 관계의 수준을 하향화하며 보통의 본능적 기초에 가깝게 인도한다. 이런 상태는 더 이상 개인적인 것과는 거리가 멀다. 그 관계는 매우 흔히 인간 행위자들의 부주의한 과정으로 치닫는다. 그들은 이후 자

> 신에게 어떤 일이 발생했는지 모른다. 남성 주변에 있는 적개심의 구름은 주로 민감성(sentimentality)과 원한(resentment)으로 구성된 반면, 여성에게 적개심은 의견으로 제시된 관점, 해석, 암시 그리고 곡해 형태로 나타난다. 이 모든 것은 두 사람 사이의 관계를 심각하게 하는 목적을 지닌다. 여성은 남성처럼 자신의 악마 같은 존재에 의해 환상의 베일 안에 감싸여 있다. 그리고 자신만 홀로 아버지를 이해하는(즉, 모든 면에서 영원히 옳은) 딸처럼, 그녀는 양의 땅(the land of sheep)으로 번역된다. 거기서 그녀는 자신의 영혼의 목자, 즉 아니무스에 의해 방목에 던져진다(CW 9ii, pars. 31-32).

여성이 지성의 매력(아니무스)에 사로잡힐 때 자신의 고유한 감정을 죽이듯이, 남성 또한 더욱더 이성적이 되기 위해 가끔 자신의 감정에 상처를 준다. 남성은 일단 감정을 억압한 다음에 논쟁에 임한다. 융은 논쟁을 위해 감정을 죽이는 일은 '난센스의 극치'라고 비판한다(VS, p. 1104). 사회문화적 분위기 속에서 자신의 의지와는 상관없이 남성다움을 유지하기 위해 감정을 억압하는 일이야말로 인격의 통합을 방해하는 일이다. 아니마의 취약한 감정(mood)이 아니라 본래의 감정이 살아날 때, 남성은 보다 유연한 존재가 된다.

감정이 남성에게서 활성화되기 위해서는 그림자 인식이 요구된다. 우리가 혐오하는 것은 열등기능으로서 주로 인격의 어두운 면이다. 인격의 어두운 면은 우리를 무의식으로 인도함으로써 퇴행의 길을 가게 할 뿐만 아니라 꿈이나 환상에 빠지게 한다. 그림자에 사로잡힌 사람은 항상 자신의 입장만을 옹호하며 자신이 만든 덫에 빠져든다. 할 수만 있다면 그는 다른 사람에 대한 나쁜 인상을 만들어 낸다. 결국 그는 행복한 삶을 영위하지 못한다. 왜냐하면 그는 자신의 한계를 극복하지 못하며 기껏해야 자신에게 불리한 것만을 만들어 내기 때문이다(CW 9i, par. 222). 사고 지향적인 남성은 자신의 열등기능인 감정을 살려 냄으로써 아니마의 지배로부터 자유롭게 된다. 건강한 감정은 남성을 병약하게 하는 아니마 무드와는 전혀 다른 생동력과 관계능력을 증진시킨다. 여성 역시 자신의 그림자를 인식하지 못할 때 분별력은 사라지고 쉽게 아니무스에 동화된다. 융은 아니마/아니무스가 그림자와 연합하게 될 때 대단히 위험한 상황에 빠지게 된다고 주장한다.

> 아니무스는 그림자와 함께 남겨져서는 안 된다. 그때 아니무스는 그림자와 결혼하게 되고 하나에 대항하는 둘이 존재하기 때문이다. 그것은 이론적으로 대단히 위험한 상황이다. 인간 인격의 작은 부분, 즉 그림자는 아니무스 아래로 떨어져 그 자신의 모든 특별한 에너지를 아니무스에게 주기 때문이다. 그와 똑같은 일이 자연적으로 남성에게도 발생한다. 그의 그림자는 그런 강력한 여성, 즉 아니마의 먹이가 될 수 있기 때문이다. 그때 그것은 사로잡힌 경우가 된다. 우리는 그림자를 아니무스나 아니마로부터 분리해야 한다. ……남성이 완전히 자신의 아니마와 동일시된다면 아니마에 의해 삼켜지고, 유아처럼 행동하며, 정서적이고 무드에 사로잡히거나 그와 유사한 상태에 빠지게 된다 (VS, p. 890).

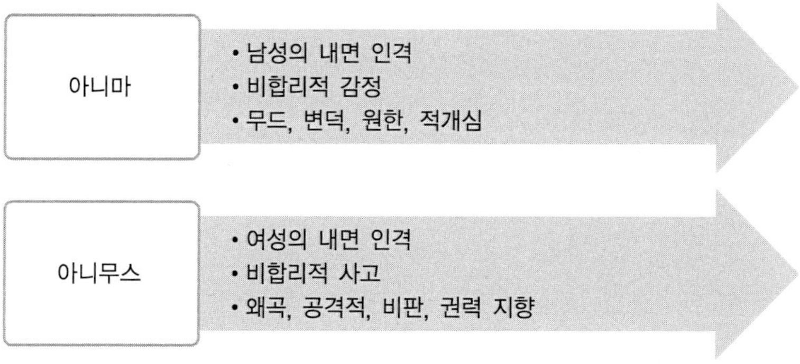

[그림 2-5] 아니마/아니무스의 심리작용

5. 꿈에 나타난 정서양식

프로이트와 융은 꿈이야말로 무의식의 내용을 이해하는 데 가장 좋은 방법 가운데 하나로 인식했다. 이후 정신분석학파와 융학파 모두 꿈분석을 심리치료의 유용한 도구로 활용하고 있다. 꿈에 대한 접근은 사회문화적 배경과 학문적 배경에 따라 달라진다. 융학파의 꿈분석은 대체로 꿈에 등장하는 이미지들에 대한 객관적 해석과 주관적 해석을 병행한다. 객관적 해석은 이야기 속에 등장하는 사건을 현실 속에서 발생한 사건으로 간주하는 방식이다. 꿈속 인물들을 실제 인물로 간주하거나, 현실 대상의 상징적 표현으로 해석한다. 비록 공상적 요소가 있다고 하더라도 그것은 현실에서 실현 가능한 사건의 은유적 혹은 상징적 표현이 된다. 주관적 해석은 꿈속의 등장인물 모두를 꿈꾼 사람의 부분적 인격으로 간주한다. 정신분석학파가 꿈에 대한 객관적 해석을 중시한다면, 융학파는 객관적 해석과 더불어 집단무의식의 내용을 탐색할 수 있는 주관적 해석을 중시한다. 개인무의식의 내용이 주로 현실적 경험과 관련된다면, 집단무의식의 내용은 인류 문화의 원형적 정서를 대변한다.

> 어느 정도 표면에 있는 무의식 층은 명백히 개인적이다. 우리는 그것을 개인무의식이라 부른다. 그러나 이 개인무의식은 개인의 경험이나 습득에 의하지 않고 태어날 때부터 있는 더 깊은 층의 토대 위에 있다. 이 더 깊은 층이 소위 집단무의식이다. 나는 '집단적(collective)'이란 표현을 선택했는데, 그 이유는 이 무의식이 개인적이 아닌 보편적 성질을 가지고 있기 때문이다. 즉, 그것은 개인적 정신과는 달리 모든 개인에게 어디서나 똑같은 내용과 행동양식을 가지고 있는 것이다. 달리 표현하자면, 그것은 모든 인간에게 동일하며 모든 사람에게 존재하는, 초개인적 성질을 지닌 보편적 정신의 토대를 이루고 있다(CW 9i, par. 3; KGW 2, pp. 105-106).

꿈에 대한 객관적 해석은 일단 현실에서 겪은 개인의 경험과 관련된 자료에 근거한다. 꿈분석은 일단 꿈 이미지들에 대한 연상을 통해 얻어진 정보들을 토대로 전체적인 내용을 재구성한다(CW 16, p. 319). 개인적인 상황과 관련이 깊은 꿈(작은 꿈)은 꿈꾼 사람의 연상을 통해 어느 정도 그 맥락을 추정할 수 있다. 하지만 원형상을 담지하고 있는 중요한 꿈(큰 꿈)일 경우, 우리는 주관적인 방법으로 꿈의 상이 지닌 신화적 · 상징적 의미를 추적해야 한다. 집단무의식에 내재된 원형은 개인적 생성과 소멸로부터 벗어나 있는 영원한 현존으로서 인류 문화가 담지해 온 태곳적 유산이다. 이러한 이미지들은 개인적 연상에 의해 그 의미가 드러나기보다는 원형상들의 본래적 의미를 찾아가는 확충법에 의해 구체화된다(CW 7, par. 122). 예를 들면, 꿈에 지하 동굴에서 황금접시를 지키고 있는 커다란 뱀을 보았다고 할 경우, 우리는 확충(amplification)을 통해 뱀이나 용, 보배, 동굴을 묘사하고 있는 신화소를 분석함으로써 꿈속에 나타난 원형상의 의미를 추적해야 한다. 여기에 집단무의식이 관계한다(CW 8, pars. 555-569). 이것은 꿈에 대한 주관적 해석방법에 해당된다. 이런 작업을 위해 상담자는 비교상징학과 비교종교학, 비교신화학 등의 연구를 통해 원형상에 대한 보다 폭넓은 지식을 갖출 필요가 있다. 확충법은 에너지를 변화시킬 상징의 능력을 탐색하거나 무의식의 초월적 기능이 활성화되는 가능성을 열어 준다(박종수, 2009, pp. 410-423; Dieckmann, 1979, p. 130). 연상, 확충과 더불어 적극적 상상(active imagination) 또한 꿈에 드러나지 않는 정서적 흐름을 경험할 수 있는 유용한 도구가 될 수 있

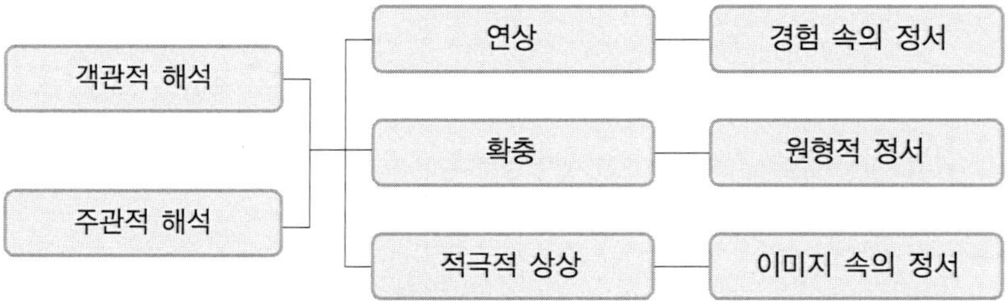

[그림 2-6] 꿈분석과 정서

다. 적극적 상상은 무의식을 향한 의식의 적극적인 노력이라고 말할 수 있다. 이것은 수동적인 명상(contemplation)과는 다르다. 명상이 마음속의 상념을 제거함으로써 새로운 경지에 이르는 수련법에 해당된다면, 적극적 상상은 무의식적인 정서에 이르고자 하는 의식적 노력의 일환이다. 꿈에 나타난 이미지의 변화를 관찰하거나, 꿈 이미지들과의 대화를 통해 콤플렉스의 성향을 파악하는 것이 적극적 상상법이다(CW 14, par. 706).

객관적 차원뿐만 아니라 원형적(주관적) 차원에서 꿈분석의 효율성을 높이기 위해서는 상징에 대한 광범위한 지식과 경험이 필요하다. 그럼에도 불구하고 꿈분석 과정에서 종종 혼란에 빠지게 되는 이유는 상징이 하나 이상의 의미를 동시에 내포하고 있기 때문이다. 융에 의하면 상징이야말로 종종 의식을 통해 얻을 수 없는 내용이나, 우리가 생각한 것과 전혀 반대되는 의미를 지니고 있다.

> 우리가 꿈 때문에 혼란에 빠지는 것은 꿈의 내용이 상징적이고, 상징이라는 것은 하나 이상의 의미를 지니기 때문이다. 상징은 우리가 의식을 통해 파악하는 것과는 전혀 반대되는 방향을 제시하기도 한다. 바로 이 때문에 상징은 무의식적인 것 혹은 전적으로 의식적이지는 않은 것과 관련되어 있다. 과학적으로 따지는 사람에게 상징이라는 이 현상은 대단히 성가신 존재다. 상징 해석은 지적 · 논리적으로 만족할 만한 공식화가 불가능하기 때문이다. 그러나 심리학에서 볼 때, 지적 · 논리적인 공식화가 불가능한 것은 상징뿐만이 아니다. 마찬가지로 해석의 장애는 감정이나 정서 현상에서도 언제든지 가능하다. 그래서 심리학자들은 이런 것들을 결정적인 정의로 파악하려 하지만 뜻대로 되지 않는다. 그러나 이 둘 중 어느 경우든 정의가 어려운 까닭은 같다. 무의식이 개입하고 있는 것이다(Jung et al., 2009, p. 132).

꿈분석은 단순히 꿈 이미지들에 대한 관계적 · 상징적 의미를 해석하는 것만으로는 충분하지 않다. 오히려 꿈분석은 꿈속에 흐르는 정서적 흐름에 주목해야 한다. 꿈의 이미지들은 지성적 측면에서 볼 때 유사한 의미를 지니더라도 정서적으로는 꿈꾼 사람에 따라 항상 다른 의미를 지닐 때가 많다. 따라서 꿈의 내용은 전체적 맥락에서 항상 새롭게 이해되어야만 한다(von Franz, 1996, p. 12). 꿈의 이미지들은 또한 한 개인의 정서적 역사뿐만 아니라 인류가 공유하는 보편적 감정, 즉 원형적 감정을 담고 있다.

예를 들면, 최근에 생각해 본 적이 없는 초등학교 동창생이 꿈에 나타났다면, 그것은 꿈꾼 자의 초등학교 시절 정서적 분위기, 특히 꿈에 나타난 동창생과의 정서적 관계를 보여 준다. 꿈은 초등학교 때 관계를 맺었던 동창생과의 감정을 활용하여 최근의 감정 상태를 드러낸다. 분석가는 꿈에 나타난 감정의 흐름을 중시하면서 그 정서적 배경을 탐색하다 보면 내담자의 콤플렉스와 그 배경이 되는 정서의 역사를 추적할 수 있다. 이런 점에서 융학파 분석가인 카스트(Kast, 2007b)는 꿈의 이미지가 내포한 감정의 가치를 중시할 것을 주문한다. 분석가는 꿈이 전달하거나 변화시키는 감정에 주목하면서 꿈이 남기는 전체적 분위기를 파악해야 한다. 꿈이 이야기 공간 안에서 재현될 때 꿈속에서 느꼈던 감정을 다시 한 번 체험하고, 꿈과 관련된 갈등에 대해서도 감정적으로 작은 변화가 일어난다. 공감능력이 풍부한 상담자가 꿈에 대한 자신의 감정을 풍부하게 표현해 주면, 내담자 또한 꿈속에서 느낀 자신의 감정을 더욱 쉽게 표현하게 된다(pp. 51-57).

정서분석을 강조하다가 꾼 필자의 꿈을 보자.

> 대통령을 모시고 여러 일행이 점심을 먹으러 간다. 한식당이 밀집해 있는 동네의 한 음식점을 예약한 후에 그곳으로 가서 점심을 먹으려고 한다. 그때 40대 초반의 여성이 다른 식당으로 옮기자고 한다. 그래서 우리는 식당 주인에게 다른 식당으로 옮겨도 되냐고 물었고, 주인은 괜찮다고 한다. 누군가 음식에 문제가 있다고 하자, 대부분의 사람이 식당을 옮기기를 원한 것 같다. 나는 나서지 않고 분위기를 살핀다. 상황이 긴박하게 돌아가자, 대통령 비서나 주변

> 인들의 의견을 알아보라고 했다. 나는 다소 격앙된 목소리로 음식점 옮기는 것을 반대했다. 대통령과 함께 하는 점심이고 미리 예약을 했는데 갑자기 취소하고 계획을 변경하면 안 된다는 것이다. 대통령의 여비서와 나의 직장 동료로 보이는 한 남성 측근은 내 의견에 동조하는 것 같다. 그때 식당 주인이 자신이 만든 음식을 보여 주는데 사람을 통째로 삶은 것이었다. 그는 마치 돼지고기를 썰듯이 시체를 족발처럼 썰어서 주변 사람들에게 맛을 보라고 한다. 그것을 본 나는 구역질이 날 것만 같았다. 속으로 '이럴 줄 알았으면 음식점을 옮기도록 놔둘 걸 괜히 나서서 반대했다.'는 생각이 든다.

꿈에서 연상되는 것은 전직 대통령의 추모식이 최근에 있었다는 것, 그리고 상담 중에 내담자의 의견에 조목조목 반대함으로써 상처를 준 것에 대한 미안함이었다. 꿈속에서의 대통령은 집단적 차원에서 보면 집단 원리이자 질서와 규범을 상징한다. 이 꿈은 객관적 측면보다는 주관적 측면이 더 강하게 드러난다. 대통령의 출현이나 혹은 시체가 음식물로 나오는 것은 현실적 차원에서 동떨어져 있기 때문이다. 그럼에도 불구하고 꿈꾼 자의 개인적 연상은 꿈의 원형적 의미와 연결되어 있는 경우가 많다. 자세히는 모르지만 음식에 뭔가 문제가 있는 것 같으니 식당을 옮기자는 의견은 여성에게서부터 제기되었고, 그것은 다분히 직관적이며 감정적인 측면이 있다. 그에 반해 '대통령과 함께 하는 식사이고 미리 예약했기 때문에 다소 문제가 있더라도 식당을 옮겨서는 안 된다.'는 것은 꿈을 꾼 남성의 신념이었다. 여성의 에로스(감성)와 남성의 로고스(지성)가 갈등을 일으키는 모습이다.

꿈꾼 이는 최근에 정서의 중요성에 대해 강조하고 있는 가운데 이 꿈을 꾼 것이다. 사고기능이 발달한 꿈꾼 사람의 아니마는 40대 여성으로 나타나 감성의 중요성을 말해 주고 있다. 논리적으로 증명할 수는 없지만 감성과 직관과 기분으로는 음식점을 옮겨야 할 것 같다는 것이다. 하지만 사고형은 합리적인 이유가 분명하지 않을 때는 이미 설정된 계획을 변경하기 어렵다. 사고형에게는 감정이 열등기능으로 작용한다. 합리적인 것은 눈에 보이는 것을 중시하지만, 감성은 눈에 보이지 않는 면을 보려고 한다. 이 두 측면은 어느 쪽이 더 우세하거나 바람직하지는 않다. 오히려 두 기능이 균형과 조화를 이룰 때 인격은 통합된다. 식당 주인은 누구일까? 사람이 먹을 수 없는 음식, 그것은 곧 시체다. 시체를 음식으로 제공한 식당 주인은 마치 그림자로서 인격의 어두운 그늘을 암시한다. 지성을 중시하는 사람에게 감성적인 일은 도저히 할 수 없는 일처럼 느껴질 때가 있다. 꿈은 지성과 합리주의 그리고 감정을 배제한 채 명분을 중시하는 한 남성의 정서양식을 보여 준다.

이처럼 꿈은 한 개인의 삶의 역사나 행동양식과 관련된 많은 정보를 제공한다. 특히 꿈은 기본적인 정서양식을 파악하는 데 유용하다. 삶에 대한 자신만의 방식은 일정한 형식을 띠게 되고, 그것은 대개 일방적 신념, 언어양식, 고정된 행동방식, 습관 또는 정형화된 정서적 반응으로 나타난다. 꿈은 일생 동안 형성된 생존 전략의 틀을 보여 준다. 사울에 의하면 이런 생존 전략은 핵심 감정과 핵심 동기에 의한 가장 깊은 감정 속에서 결정된다. 예를 들면, 아동기에 항상 빼앗기고도 자신의 주장을 할 수 없었던 사람들은 성인이 되어서도 꿈속에서 욕구를 채우지 못해 헤매는 경우가 많다. 아동기에 겪은 정서 상태와 유사한 상황이 성인기에 재현될 때, 어릴 적 감정이 폭발적으로 되살아나는 경우가 허다하다. 현실 속에서 이런 감정이 드러나지 않을 때, 꿈은 보상적으로 억압된 감정을 드러낸다.

한 젊은 남성은 꿈에서 어머니가 아이와 아내를 도와주었는데, 그가 음식을 먹으려 할 때 메스꺼움을 느꼈다. 그의 핵심 문제는 어머니에 대한 의존으로부터 벗어나기 위해 발버둥을 치는 것이었다. 동시에 그는 어머니로부터 도움을 받는 것을 즐기고 있었다. 꿈은 어머니에 대한 통합되지 못한 양가감정을 보여 주며, 그 증상은 메스꺼움으로 드러난 것이다. 꿈이야말로 오랫동안 형성된 정서양식이 어떻게 삶을 지배하고 있는지 잘 나타내 준다. 꿈이 제공하는 정서적 힘의 내적 작용과 동기를 이해하지 않을 때 치료 효과는 반감될 것이다(Saul, 2006, pp.

282-283).

아이건(2005)에 의하면, 꿈에 살인자, 강간자, 유괴범이 그림자로 나타나는 경우, 그것은 가끔 초자아의 정서에 대한 반응으로 출현한다. 격렬한 정서가 삶을 대표하는 한, 그것은 삶에 역행하는 형태가 된다. 동시에 강화된 정서는 삶을 죽음으로 몰아가며 진행 중인 모든 것을 제거해 버린다(p. 143). 꿈은 단순히 무의식을 탐색하는 수단만은 아니다. 의식과 무의식의 합작품, 즉 인격 전체(self)가 만들어 낸 작품이다. 따라서 꿈은 정서적 하층토(subsoil)로 깊숙이 들어가 우리 내면의 일부가 되며 중요한 실제가 된다(p. 142). 꿈에 나타난 감정의 흐름에 따라 상담자와 내담자는 의식과 무의식의 세계를 넘나들면서 해결해야 할 과제를 찾아낸다.

CHAPTER 03

심리분석 도구로서의 정서

1. 정서과정과 기능

정서는 어떤 과정을 통해 형성되며 그 기능은 무엇인가? 감정(feeling)이 자연발생적이라면, 정서(emotion)와 정동(affect)은 신체작용을 동반하는 강한 감정으로서 외부적 자극이나 내부적 충동이 자신의 한계를 초월할 때 발생한다. 정서는 다분히 정신신체적 작용이라는 점에서 심리분석의 중요한 요소가 된다. 쾌락과 고통의 감정에 대한 주관적 경험은 생후 첫 몇 주부터 고도로 발달한다. 유아에게 지각적 · 운동적 도식뿐만 아니라 정동적 양식 또한 출생 직후부터 형성된다는 것이 컨버그(Kernberg, 2008)의 주장이다. 유아는 쾌락이나 고통을 통해 정동의 심리생리학적 · 행동적 · 의사소통적 측면을 통합한다. 에너지의 원천이 되는 정동은 유아가 극도로 쾌락적이거나 불쾌한 정동적 상태(절정–정동 상태)에 있을 때, 곧 유아의 기민성과 주의력이 최대화되는 순간에 드러난다(pp. 33-34).

융(Jung)에 의하면, 정동을 통해 주체(내부세계)와 객체(외부세계) 사이의 상호작용이 발생한다(CW 6, par. 403). 정신분석 차원에서 이해하면, 자기표상과 대상표상은 정서에 의해 관계를 맺는다(Kernberg, 2008, pp. 17-18).

그린버그와 파이비오(Greenberg & Paivio, 2008)의 관점에서 보면, 정서는 합리적이지도 않고 비합리적이지도 않다. 오히려 정서는 '적응적(adaptive)'이다. 생물학적 차원에서 정서는 인지기능보다 더 오래된 행위체계이며, 생존을 강화하기 위해 고안된 체계다. 정서의 일차적 기능은 생존 본능을 외부세계와 연결시켜 살아남는 일에 즉각적으로 반응하게 하는 것이다. 정서는 외부세계의 위협에 대처하기 위해 환경을 감시하며, 위험한 일들이 발생하면 의식으로 하여금 경각심을 갖게 한다. 예를 들어, 두려움은 위험하다는 경고를 보냄으로써 더 큰 위험에 빠지는 것을 방지한다. 혐오감은 역겨운 것이나 썩고 부패한 것으로부터 물러서게 만든다. 반면 연민은 다른 사람의 고통에 대한 위로의 감정과 애정을 부추긴다. 분노는 정당한 것을 수호하려는 용기를 주거나 자신을 방어하게 한다. 두려움을 통해 위험을 미리 인식하며, 슬픔과 사랑을 통해 사람들과의 관계를 친밀하게 한다. 그리고 수치심이나 죄책감 같은 정서는 자신을 성찰하게 하거나, 반대로 자기비하에 빠지게 할 수도 있다. 상황에 따라 각기 다른 정서가 일어나며 그것들은 서로 다른 기능을 수행한다(p. 33).

이러한 정서가 누구나 경험할 수 있는 보편적이고 자연스러운 과정을 통해 발생하기보다는 개인의 특수한 상황에서 발생할 때 문제가 된다. 다른 사람들과는 달리 자신만이 두려워한다거나, 약간의 미안한 마음이 들 정도의 실수나 결례에 대해 수치심이나 죄책감을 심하게 느낄 경우, 그것은 대체로 자신의 콤플렉스와 관련이 있다. 슬픔과 사랑은 자연스러운 상황에서 건강한 감정으로 분출된다. 하지만 슬픔에 빠져 일정 기간이 지났음에도 회복되지 않는 것이나 편집증적인 사랑과 집착은 인격을 황폐하게 만든다. 치료 현장에서의 정서분석은 자연스러운 반응보다는 자신만의 고유한 정서양식을 발견하는 것을 목표로 한다. 정서가 억압되어 아예 표출되지 않거나, 다른 감정으로 대체되거나 위장될 때 부분적

인격들은 전체 안에 통합되지 못하고 마치 해리 상태가 된다. 이런 관점에서 볼 때, 정동은 항상 적응(adaptation)이 실패하는 곳에서 발생한다(CW 6, par. 808). 융은 정서를 속일 때 그것이 특별한 감정 상태로 드러난다고 주장한다. 정서의 억압은 대체로 의식적으로 발생하지만, 때로는 철저하게 무의식적 차원에서 진행되기도 한다.

> 정서를 속이는 것은 항상 매우 특별한 태도, 즉 어떤 특별한 감정 상태에 의해 확인된다. 의식적인 비난(censure) 없이 드러난 콤플렉스 부분은 속이지 않은 방향으로 가고자 하는 감정에 의해 억압된다. 그것은 양심 안에서 현존하며 그로부터 특별히 조율된 금지가 발생한다. 물론 억압의 과정은 더욱 상당한 의식적 수준에서 발생할 수 있다(혹은 히스테리의 경우처럼 더욱 무의식적일 수 있다). 억압된 콤플렉스 이미지 대신에 이끌리는 느낌에 부합하는 또 다른 연합(association)은 그곳에 놓이며 외향화된다(CW 2, par. 417).

그린버그와 파이비오(2008)에 의하면, 정서는 자연 상태에서 일반적으로 출현, 자각, 보유, 표출 그리고 완결(처리)의 단계를 거쳐 진행된다. 이런 자연스러운 흐름이 출현단계에서 방해받거나, 표출단계에서 좌절당하거나 상징화하지 못하거나, 혹은 완결단계에서 적절한 처리방안을 발견하지 못할 때는 혼란스러운 감정이 지속되거나 혹은 아예 감정이 억압되거나 다른 감정으로 대체된다(p. 49). 예를 들어, 실수를 저지른 사람은 일단 자신의 실수에 대해 놀람과 충격을 경험할 것이다(출현). 이어 자신에 대한 분노, 슬픔, 죄책감, 책임감 등을 느낀다(자각과 보유). 그는 이어 실수를 해명할 기회를 얻거나, 다른 치료적 방법으로 실수에 따른 정서를 표현함으로써 심리적 보상을 얻는다(표출). 마지막으로, 그는 평화로운 마음의 회복 등과 같은 정서를 느낄 것이다(완결).

이러한 정서적 과정은 대체로 모든 사람에게서 유사하게 경험된다. 하지만 어떤 이유로 해서 그 과정은 외부의 자극이나 자신의 내적 요인으로 인해 중단되고 변경될 수 있다. 정서적 과정이 자연스럽게 흘러가지 못하고 방해를 받을 때, 우리는 일단 당황해하고 혼란 속에 빠지게 된다. 개인은 자연스러운 감정을 경험하지 못하고 대신에 놀람, 충격, 강한 불안과 공포, 수치심, 숨고 싶음, 두려움과 같은 정서를 경험한다. 때로는 가족의 분위기가 정서과정을 방해하는 요인으로 작용하기도 한다. 부모가 자녀에게서 정서를 박탈하여 자연적 과정을 변경시킬 경우, 자녀의 정서적 삶은 정상적인 발달을 하지 못한다. 부모가 자녀의 수치심을 박탈하여 그것이 분노로 표출될 때, 자녀의 정서는 왜곡되어 심리적 균형이 와해된다(Bollas, 2010, pp. 220-221).

2. 정서와 콤플렉스

콤플렉스는 의식의 의도를 넘어서 과도한 행동과 감정을 불러일으켜 심리적 장애를 일으킨다. 융은 단어연상검사와 콤플렉스 이론을 통해 감정과 정서를 일종의 에너지이자 일정한 형식을 지닌 개념들로 이해했다. 콤플렉스는 흔히 자신이 감당할 수 없는 외상, 정신적 충격 혹은 도덕적 갈등에 의해 정신의 일부가 떨어져 나간 것으로 간주되는 해리된 인격이다. 콤플렉스는 생각이나 기억의 이미지와 관련이 있는 정서적 특성을 지닌다(Hillman, 1960, p. 60). 감정이 고조된 콤플렉스는 높은 수준의 자율성을 지닌다. 긍정적이든 부정적이든 모든 콤플렉스는 하나의 인격이 되어 자아를 자신의 노예로 삼는다. 이런 관점에서 융은 "우리가 콤플렉스를 소유한 것이 아니라 콤플렉스가 우리를 소유한다."라고 말한다(CW 8, par. 200).

> 그렇다면 학문적으로 '감정이 고조된 콤플렉스'란 무엇인가? 그것은 감정적으로 강조된 특정한 심리적 상황의 이미지, 즉 상으로서 습성화된 의식 상황이나 태도와 상응할 수 없는 것이다. 이러한 상은 강한 내적인 응집성

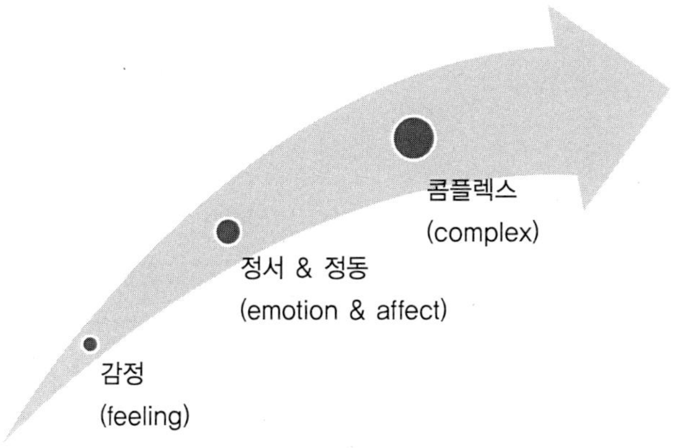

[그림 3-1] 정서와 콤플렉스

(coherence)을 지니고 있고, 그 자체로서 전체이며, 비교적 높은 수준의 자율성을 지니고 있다. 말하자면, 의식적 계획의 지배를 거의 받지 않으며, 마치 의식의 영역에서 하나의 살아 있는 이물체처럼 존재한다. 일반적으로 콤플렉스는 강한 의지에 의해서 억압될 수 있지만 제거할 수는 없으며, 적절한 기회가 오면 본래 가지고 있던 힘을 가지고 다시 등장한다. 어떤 실험적 연구에 의하면, 콤플렉스의 강도 곡선 혹은 활동 곡선은 물결 모양의 특징을 보이고 있으며, 한 파장은 몇 시간, 며칠 혹은 몇 주에 걸쳐 지속된다. 그러나 이러한 문제가 아직 완전히 밝혀진 것은 아니다(CW 8, par. 201; KGW 1, p. 232).

고조된 감정으로 표출되는 콤플렉스는 일종의 분열된 정신으로서 정서적 충격이나 외상에 의해 발생한다. 콤플렉스는 대체로 인격의 열등한 면을 드러내거나 부정적으로 표출되지만 반드시 그렇지는 않다. 아직 의식화되지 않은 무의식의 내용이 콤플렉스가 되어 새로운 가능성을 열어 주는 요인이 되기도 한다. 모든 콤플렉스는 자아 콤플렉스와 관련이 있다. 예를 들면, 모성 콤플렉스는 현실적 모친과의 관계와 모성 원형 사이의 역동적 관계에서 발생한다. 따라서 콤플렉스의 핵심에는 원형이 있다. 무의식에 내재된 콤플렉스는 자아 콤플렉스와의

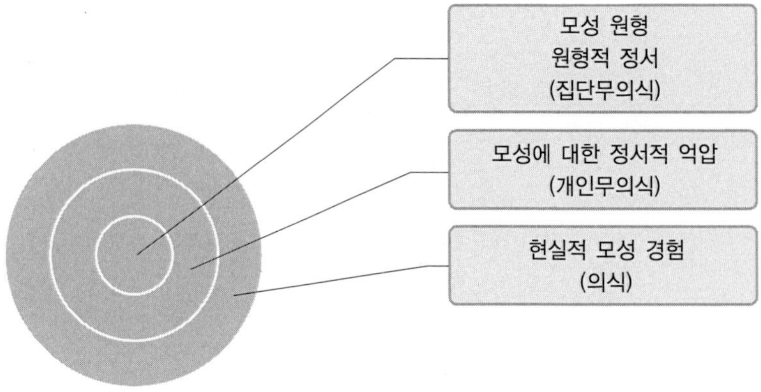

[그림 3-2] 모성 콤플렉스와 정서

연관성 안에서 자아와 무의식 사이 혹은 자아와 외부세계 사이를 중재하는 수단이 된다(CW 8, pars. 200-210; CW 6, par. 925). 주체와 객체를 연결하는 콤플렉스는 결국 내부세계와 외부세계를 잇는 정서의 기능과 일치한다(CW 6, par. 403). 정동을 통해 주체는 현실적 문제에 대응한다(CW 9ii, par. 61). 콤플렉스는 정서 상태를 보여 준다. 역으로 콤플렉스는 정서를 통해 자신의 모습을 드러낸다. 콤플렉스는 현실적 관계와 원형적 감정을 함께 드러낸다. 그것은 일종의 강렬한 정서로서 우리로 하여금 우울과 불안, 낙심과 후회 속에 살게 한다. 과거의 경험과 역사를 담지하고 있는 콤플렉스는 성장과정에서 자동적으로 반복되는 패턴을 형성하며, 우리는 그 패턴에 따라 사고하고 행동하며 세상을 이해하게 된다. 그것은 결국 우리의 창조적 적응력을 저하시키며, 일방적 사고 속에 가둔다 (Johnson & Ruhl, 2009, p. 95).

정서적 핵심으로서의 콤플렉스는 고통스럽지만 의미 있는 만남이나 경험을 통해 형성된다. 특히 초기 유년기는 콤플렉스가 생성되는 민감한 상황이다. 대부분의 콤플렉스는 유아와 양육자 사이의 상호작용에서 형성된다. 그와 동시에 유아와 엄마뿐만 아니라 성장과정에서 만나는 모든 사람과의 관계에서 콤플렉스가 형성될 수 있다는 주장은 융학파에서 끊임없이 제기되고 있다. 이런 관점에서 후기 융학파에 속하는 사무엘스(Samuels, 2012)는 콤플렉스를 "여러 가지 원형적 유형에 따른 행동에 개인적 체험과 감정이 뒤섞여서 만들어진 집합체"로 간주한다(p. 120). 콤플렉스와 더불어 정서를 분석하는 작업이 심리치료 과정에서 필수적인 이유가 바로 여기에 있다. 카스트(Kast, 2007a)는 정서적 핵심인 콤플렉스에서 한 개인의 역사를 읽을 수 있다고 주장한다.

> 콤플렉스 상황들은 부모에게서 벗어나지 못하고 부모와 동일시함으로써 자신에 대한 소외를 야기했던 삶의 감정적 매듭으로도 이해될 수 있다. 그러나 콤플렉스 상황은 매우 특별한 능력을 활성화하고, 그러한 능력이 유발하는 상상 속에는 삶에 대한 발전 가능성이 감춰져 있다. 이 발전 가능성은 콤플렉스의 중요한 관점들이 의식 표면으로 올라올 때 나타나는 원형적인 상들 속에서 특히 잘 드러난다(p. 45).

카스트는 콤플렉스가 반드시 부정적인 기능을 담당하는 것은 아니라고 말한다. 오히려 콤플렉스에는 인간 사이의 다양한 관계 패턴과 미래에 대한 기대감 및 생존 전략이 숨어 있다. 정서에는 콤플렉스와 마찬가지로 단순히 현실적인 경험만 담겨 있는 것이 아니다. 삶 속에서 실제로 경험한 것, 마음속으로 상상한 것, 좌절된 기대, 본능적 욕구 및 환상 등이 복합적으로 혼합된 것이다. 따라서 정서에 가까이 가는 것은 곧 자신의 역사에 가깝게 가는 작업이며, 이를 통해 삶은 더욱 활기를 얻는다. 정서를 억압하거나 그것이 파괴적이라고 해서 제거해 버린다면 우리는 삶의 역동성을 상실하게 될 것이다(von Franz, 1990, pp. 96-97). 정서는 또한 정체성 형성에 도움을 준다. 정체성의 토대는 생명력 있는 감정과 이에 수반되는 자아 활동력에 의해 형성된다. 자아를 실현하는 것은 살아 있다는 감정이다.

융은 자아(ego)와 자아 콤플렉스(ego-complex)를 구별함으로써 자아 콤플렉스의 감정적 측면을 강조한다. 자아는 의식의 중심으로 알려져 있지만, 우리가 알고 있는 '나'는 사실상 베일에 감춰져 있다. 내가 알고 있는 나는 고작해야 사회적 직업이나 지위와 연관된 것들이다. 그것들은 일종의 페르소나로서 자아를 대신할 수 없다. 우리의 정서는 대개 아니마와 아니무스의 지배를 받고 있는 페르소나에 의해 외부로 표출된다. 사회적 명분과 지위가 특별한 정서를 불러일으키는 요인이 될 때, 그것은 자아의 진정한 정서와는 거리가 멀다(CW 7, par. 308 참조). 따라서 의식 속에서 우리의 정서를 대변하는 것은 자아 콤플렉스다. 우리는 오직 자아 콤플렉스에 가깝게 접근할 수 있다. 융은 자아 콤플렉스를 자아가 경험한 복잡한 감정 상태로 보았다.

> 의식은 자아와 연합된 상태로 이해될 수 있다. 그러나 그 중심점은 자아다. 그렇다면 자아는 무엇인가? 전체 모습에서 보면 자아는 분명히 매우 복합적인 요소다. 그것은 내외적인 자극을 전달하는 감각작용으로부터 기록된 이미지로 구성되어 있다. 더 나아가 자아는 과거의 과정에서 파생된 이미지들의 거대한 집합체로 구성된다. 이런 모든 복합적 요소는 그것들을 한데 묶는 강한 응집력을 필요로 한다. 그리고 우리는 이것을 의식의 자산으로 인정해 왔다. 따라서 의식은 자아를 위해 필요한 전제조건이다. 그러나 자아가 없이는 의식 또한 생각할 수 없다. 이런 확실한 대조는 아마 자아를 하나가 아닌 여러 과정의 반영으로 간주함으로써 해결될 수 있다. 그리고 사실 여러 과정의 상호작용과 그 내용이 자아의식(ego-consciousness)을 이룬다. 그 다양성은 실제로 통일성을 이룬다. 왜냐하면 의식에 대한 그것들의 관계가 일종의 중력으로 작용해서 여러 부분을 한 방향으로 끌어들이기 때문이다. 그것은 사실상 중심으로 여겨질 수 있는 방향으로 모아진다. 이런 이유로 해서 나는 단순히 자아보다는 자아 콤플렉스라고 부른다. 그것은 자아가 유동적인 복합체로서 변하기 때문이다. 따라서 그것은 단순히 자아일 수는 없다(CW 8, par. 611).

융은 또한 자아 콤플렉스와 정동자아(affect-ego)를 구별한다. 자아 콤플렉스가 자아를 대변하는 경험적 용어라면, 정동자아는 자아의 변형(modification)으로서 매우 강한 톤의 콤플렉스와 관련이 있다(CW 3, par. 86). 콤플렉스는 어떤 주제에 대한 생각이나 이미지들이 한데 모인 것으로서 공동의 정서적 강도에 의해 표현되며 원형적 핵에 기반을 둔다(CW 2, pars. 733, 1351). 반면에 정동자아는 강한 수준의 콤플렉스로서 자아의 현실 인식능력을 방해한다. 홀(Hall, 1983)에 의하면, 대부분의 꿈은 정동자아의 상태를 보여 준다. 우리는 꿈에 나타난 자아(dream ego)의 정서적 반응을 살핌으로써 꿈자아가 콤플렉스와 어떤 관계를 맺는지를 알게 된다. 꿈속의 이미지들은 꿈자아가 관계하는 이미지 혹은 대상들의 정서와 콤플렉스를 대변한다(pp. 61-62).

그럼에도 불구하고 융은 콤플렉스와 정동을 거의 동의어로 사용한다. 정동이 실린 모든 사건은 콤플렉스가 된다. 콤플렉스와 결합된 주제나 감정이 자극을 받게 되면 무의식과 관계된 모든 것이 총체적으로 가동되어 갖가지 환상을 불러일으키거나 혼란한 감정에 휩싸이게 한다. 상당 기간 진동하는 정동은 계속해서 새로운 연상들을 불러일으키며, 다시 부메랑처럼 되돌아와 정동의 파도를 부추긴다. 융은 이러한 정동의 반복작용이 강한 감정과 더불어 풍부한 연상을 자아낸다고 주장한다.

> 이러한 정동의 반복 현상은 매우 강한 감정과 짝을 이루어 풍부한 연상 안에서 그에 따른 증가의 원인이 된다. 따라서 커다란 콤플렉스는 항상 감정적으로 강하게 작용하며, 반대로 강한 정동은 항상 뒤로 매우 큰 콤플렉스를 남긴다. 이것은 단순히 다음과 같은 사실에 기인한다. 한편으로 큰 콤플렉스는 수많은 신체적 신경감응(innervations)을 포함하는 반면, 다른 한편으론 강한 정동은 그 자체의 강하고 지속적인 신체 자극으로 인해 수많은 연상을 배치시킨다. 일반적으로 정동은 기약 없이 작용한다(위나 가슴 통증, 불면증, 떨림 등의 형태로). 그러나 점차적으로 정동은 침강하며, 콤플렉스와 관련된 생각들은 의식으로부터 사라진다. 그리고 꿈속에서만 정동은 가끔 다소 위장된

> 힌트로 자신을 드러낸다. 그러나 콤플렉스는 계속해서 특별한 장애 형태로 수년간 자신을 보여 준다. 이런 장애들은 한 사람의 연상 안에서 생산된다(CW 3, par. 87).

정동이 억압될 때는 신체 반응으로 나타나거나 보다 가벼운 콤플렉스로 대체된다(CW 4, par. 32). 어떤 외부적 자극들에 의해 흥분되었을 때, 콤플렉스는 갑작스러운 혼란, 격렬한 정동, 우울, 불안 상태 등을 생산한다. 무의식의 내용을 구성하는 콤플렉스는 흔히 환영(hallucinations)으로 자신을 드러낸다(CW 8, par. 593). 신경증 환자는 대체로 부적절한 정서 상태를 드러낸다. 반면에 정신분열증 환자는 정동이 철저히 손상되었거나 부재한 것처럼 보인다.

> 정신분열적 콤플렉스의 자기파괴는 그 자체로 드러난다. 우선 표현과 의사소통 수단이 통합되지 않은 형태로 드러난다. 이 밖에도 부적절한 정동 상태(affectivity)와 같은 또 다른 분명하지 못한 효과가 있다. 어떤 정서의 부적절성 또한 신경증(예: 과장, 무감정, 우울증 등)에서 관찰된다. 그것은 정신분열증의 경우와는 달리 항상 조직적이며 경험적인 관찰자에게만 분명하다. 일단 지배적인 신경증적 콤플렉스의 모든 양상이 알려지면, 모든 부적절함은 투명하고 이해 가능해진다. 하지만 정신분열의 경우 정동 상태가 철저히 손상된 것처럼 보인다. 콤플렉스의 영역에서 적절하게 정동 상태의 부재나 손상만이 있는 것은 아니다. 그것은 그 자체로 환자의 일상적 행동에 나타난다. 콤플렉스 안에서 정서적 가치는 손상된 정신요소와 똑같은 방식으로 통합되지 않은 비합리적 손상이나 부재로 드러난다(CW 3, par. 547).

융에 의하면, 고대사회에서 종종 악귀로 의인화되는 정동은 빙의(憑依) 현상과 유사하다. 원형적 정동에 사로잡히는 현상은 낯선 영(spirit)에 의해 사로잡히는 것처럼 경험되며, 주변을 정서적으로 오염시킨다(CW 8, pars. 627-629). 대체로 열등한 기능이 자극될 때 우리는 감정이 격화되어 정서에 빠지는 경우가 많다. 그것은 열등기능에 콤플렉스가 있기 때문이다. 사고기능이 발달한 사람은 감정이 열등한 부분이며, 반대로 감정이 발달한 사람은 사고적 측면이 상대적으로 덜 발달해 있다. 감각기능과 직관기능 역시 대극의 관계에 있다.

폰 프란츠(von Franz, 1993)가 경험한 사례를 보자. 감정형인 한 동료 여학생이 자신의 논문을 폰 프란츠에게 보여 주었다. 매우 잘 작성된 논문이었으나 한 부분에서 사고의 전환이 발생할 때 연결점이 부족했다. 감정형이 보기에는 별 문제가 없으나, 사고형인 프란츠가 볼 때는 논리적 비약이 쉽게 발견되는 논문이었다. 그녀는 "매우 잘된 논문이지만 한 페이지에서 논리의 비약이 발견된다." 라고 조언해 주었다. 그러자 논문을 쓴 여학생은 매우 정서적인 상태가 되었다. "오, 그래, 그렇다면 이건 모두 쓸모없어." 그러면서 논문을 빼앗으며, "이게 쓰레기인 줄 나도 알아. 태워 버려야겠어."라고 말했다. 폭풍이 지나가고 나서야 프란츠는 겨우 한마디 할 수 있었다. "너는 다시 타이핑할 필요조차 없어. 그냥 이 문단 사이에 단지 하나의 작은 문장만 삽입하면 돼." 그러자 폭풍은 다시 일었다. 두 번이나 격정을 경험한 프란츠는 포기할 수밖에 없었다! 그날 밤, 그 논문의 주인공은 자신의 집이 타서 무너져 내린 꿈을 꾸었다. 그 불은 지붕에서 시작되었다. 폰 프란츠는 생각했다. "오 하나님, 이런 감정형이라니!" 사고형에게는 단지 작은 수고에 불과한 일이지만, 감정형에게는 논리의 작은 결함까지도 엄청나게 크게 느껴지고 자신의 열등감을 자극한다는 사실을 깨달았다(pp. 45-46). 폰 프란츠의 경험은 심리 유형에 따라 정서의 표현방법이 달라질 수 있음을 보여 준다. 심리 유형의 차이뿐만 아니라, 신경증과 정신증 환자들 역시 보통 사람과 다른 개인만의 독특한 정서양식을 지닌다는 점을 알 수 있다.

3. 부정적 정서로 인한 신경증과 정신증

정서는 대체로 다음 네 유형으로 표출된다.

첫째, 정서는 대개 즉각적이고 자연적으로 표출된다. 콤플렉스와 관련된 강한 감정은 대개 충동적으로 표출되어 한순간에 이성의 기능을 마비시킨다. 그러나 과장되고 상황에 걸맞지 않은 어색한 감정이라고 할지라도 외부로 표출됨으로써 심리적 부담은 경감된다. 또한 외부로 표출된 정서는 콤플렉스의 외적 증세로서 더 나은 방향으로 가고자 하는 목적성을 지닌다. 감정의 강도와 지속성 그리고 변화과정이 가시적으로 포착됨으로써 심리치료의 효율성을 높일 수 있다.

둘째, 정서는 왜곡되거나 변형된다. 정서적 표출이 방해받거나 저지당할 때, 그것은 다른 정서로 대체되거나 변형된다. 어떤 이들은 슬픔을 당해 견딜 수 없는

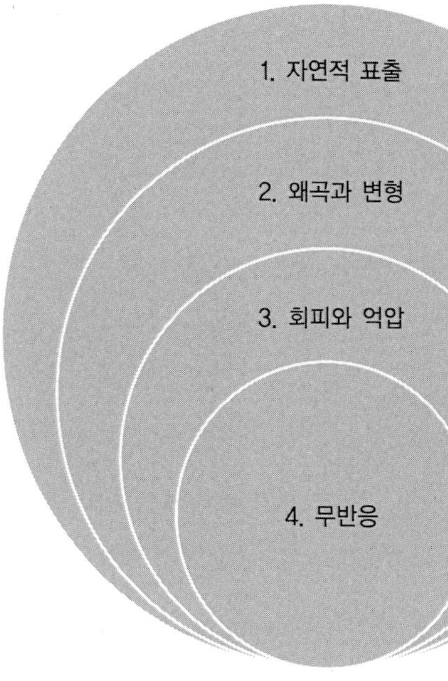

[그림 3-3] 정서의 표출방식

상황임에도 슬퍼하는 대신 당황해하거나 화를 내거나 혹은 수치감을 드러낸다. 특정한 감정에 대한 부정적인 시각이 있을 때 정서의 왜곡과 변형은 발생한다.

셋째, 정서는 회피되거나 억압된다. 상황에 적절한 감정 표현이 저지되거나 방해받을 때 감정 표현을 자제하게 되며, 그것은 내면에 억압되어 무의식의 내용을 이룬다. 정서의 회피나 억압은 일종의 방어기제로서 감정의 표출로 말미암아 돌아오는 피해를 최소화하기 위한 수단으로 작용한다. 일시적인 자기보호 조치로서 정서의 회피와 억압은 종종 이루어진다. 그러나 정서의 회피나 억압이 자주 발생하거나 만성화될 때 그것은 구조화되어 일정한 정서양식을 형성하게 된다.

마지막으로, 정서는 아예 없는 것처럼 보일 때가 있다. 어떤 외부적 · 내부적 자극에도 정서적 반응이 무디거나 아예 정서적 반응을 보이지 않은 경우가 이에 해당된다. 이 상태는 정서의 회피와 억압이 만성화되어 인격의 감성적 부분이 현저하게 약화되었거나 제 기능을 발휘하지 못한 상태로서 정신증에서 주로 나타나는 현상이다.

정서적 이상은 신경증과 정신증의 원인이 된다. 융에 의하면, 정서적으로 결함이 있는 사람은 지적 활동에 지장을 초래하여 부적절한 표현을 하게 된다. 과다한 본능적 욕동이 어려움을 야기하며 윤리적 감정을 둔화시킨다. 도덕 감정의 부족은 사람과의 관계에서 무례함을 초래하기도 하고, 상황을 좋지 않은 방향으로 이끌거나 심지어는 범죄로 이끌기도 한다. 그런 사람은 즐거움을 추구하기보다는 흥분을 잘하고 사회적 규범을 적대시하며 아무 생각 없이 정상적인 궤도를 빗나가거나, 때로는 어리석게 보이거나 천치처럼 무감각해진다(CW 1, par. 220). 중요한 대상에 대한 사랑과 증오가 극단적으로 분리될 때 정서적 동요가 야기된다. 대인관계에 영향을 끼치는 정서는 정서 자체가 아니며 그 강도에 따라 영향의 정도가 결정된다(CW 6, par. 329). 정서적 상태가 강화될수록 자신뿐만 아니라 상대방에게도 심각한 영향을 준다. 강화된 정서는 환상이나 망상을 불러일으킴으로써 무의식의 세계에 빠지도록 하는 결과를 초래한다. 강화된 정서는 또한 전염성이 크다. 정서는 공감적 구조에 깊이 뿌리박고 있기 때문에 전염성이 있다. 아무리 가벼운 수준의 정서라고 할지라도 상대방에게 즉시 동일한 정서 상태를 유발시킨다. 집단 구성원 가운데 어느 한 사람이라도 심각한 정서 상태에 있게 되면 그와 유사한 정서 경험을 하게 된다. 예를 들어, 어떤 사람이 부모의 죽음으로 인한 상실감을 겪으면 주변 사람들도 그와 유사한 정서 상태에 있게 된다. 또한 별로 웃길 일도 아닌데 다른 사람들이 다들 깔깔대고 웃으면 멋쩍은 웃음을 띠게 된다. 집단의 정서에 대해 개인은 최소한 그와 유사한 반응을 보이게 된다(CW 18, par. 318).

정서적 전염성은 라포 형성과 무관하지 않다. 대체로 신경증 환자와는 정서적으로 라포 형성이 쉽게 이루어진다. 그러나 정신증 환자와는 정서적 라포 형성이 잘 이루어지지 않는다. 대부분의 정신증 환자는 정서가 무디거나 없는 것처럼 보이기 때문이다. 콤플렉스가 비교적 안정적인 정신증 환자에게서 잠깐 동안 정서적 라포를 형성하기도 하지만, 대부분의 정신증 환자에게는 정서적 라포가 형성되기 어렵다. 히스테리 환자에게도 가끔은 정서의 부재 현상이 나타나기도 하지만 그것은 일시적인 현상이다(CW 3, par. 152). 치료 현장에서 정서적 라포는 치료자와 내담자를 연결시켜 주며, 내담자의 콤플렉스를 이해하는 데 많은 정보를 제공한다. 내담자와 함께 정서를 공유함으로써 전이와 역전이의 내용이 밝혀지고, 그 과정에서 치료적 통찰력이 획득된다.

의식의 억압적 태도는 정서적 양태로 나타난다. 그것은 대체로 간접적이며 증세로 표출된다. 압도적인 정동 상태에서 무의식의 파편들은 불합리한 사고나 어색한 행동으로 드러난다. 의지에 따라 조절이 불가능한 정서의 폭풍은 우리를 무의식에 사로잡히게 한다. 집단무의식의 파도는 정서를 통해 전달된다. 그때 우리는 파도 속에 몸을 내맡긴 채 물속에 잠기고 몸의 반만 내놓게 된다(VS, p. 1073). 융은 이런 정동 상태에서는 자신과 소통하는 법을 배워야 한다고 역설한다. 우리의 이성적 능력과 관계없이 자율적으로 발생하는 정동을 통해 무의식의 내용을 탐색하고, 그것을 의식에 통합하려는 노력이 있어야 한다(CW 7, par.

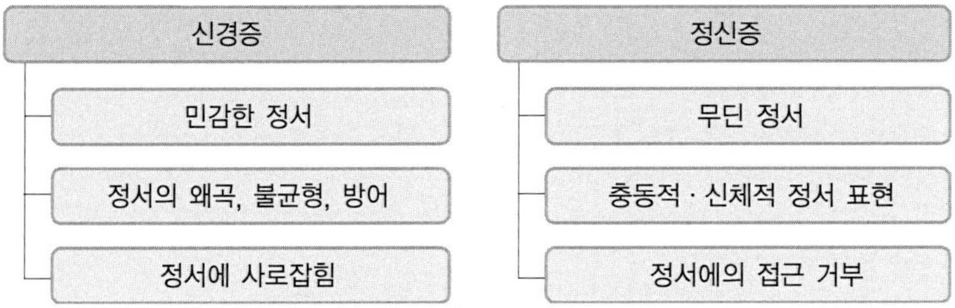

[그림 3-4] 신경증과 정신증의 정서

323). 우리가 정서적 현실에 능동적으로 개입하지 못하면 감정이 자신을 공격하는 무기로 경험된다. 그 예로, 우울증은 정서적 폭력에 무기력하게 반응한 결과로 나타난다(Eigen, 2005, p. 21). 밀려오는 불안이나 공포를 언어화하지 못하고 억압하거나 회피할 때 심리적으로 위축되고 퇴행적인 우울증에 이른다. 크리스테바(Kristeva, 2004)에 의하면, 우울증적 정동은 언어의 상징성을 무효화하고, 자신이 무너질 것에 대한 두려움 때문에 자살을 범하게 한다(p. 65).

융은 정서적인 상태를 비도덕적으로 생각함으로써 내면의 진실을 왜곡하고 숨기려는 경향이 있다고 주장한다. 정서를 죄악시하는 경향은 곧 무의식에 대한 두려움의 반영이다. 정서는 소유의 대상은 아니지만, 정화를 통한 긍정적 에너지의 회복이라는 점에서 유용하다.

> 당신은 정서적이어서는 안 된다고 생각한다. 그때 당신은 정당하지 못하며 어떤 의미에서 비도덕적이라고 생각하기 때문이다. 특별히 당신이 정서를 찾아 그것을 자신의 것으로 만들 때 더욱 그렇다. 당신은 결코 정서를 수용하지 못한다. 그러나 당신의 가슴 한구석에서 당신이 그것을 일으킨 것을 알고 있다. 그러고 나서 당신은 나쁜 양심을 가진 다음 전체적인 주술적 과정이 비도덕적으로 보인다. 마치 마녀가 부도덕한 것처럼, 당신은 자신이 썩은 것처럼 느낀다. ……그러므로 사람들은 대체로 무의식을 두려워하는데, 그것이 정서

> 를 불러일으키기 때문이다. 그리고 그들은 정서를 원하지 않는다. 그것은 비도덕적이다. 우리는 정서를 소유해서는 안 된다. ……하지만 당신이 자신의 정서를 억압한다면 결코 그것을 나무래서 정화하지 못한다(VS, p. 1060).

1) 신경증적 정서

신경증적 정서는 대체로 다음과 같은 성향이 있다. 첫째, 감정에 민감하고 이를 해결하기 위해 빠른 감정 해소나 정화 방식으로 고통에서 벗어나고자 한다. 둘째, 감정의 왜곡과 방어가 심하고 대체로 분화되지 않은 복합적인 감정을 지닌다. 이로 인해 심리적 불균형과 혼란 속에 있게 된다. 셋째, 신경증적 정서에 사로잡힌 사람은 격한 감정에 자신을 내맡김으로써 정서의 심층에 이르지 못한다. 정서를 직접 대면하지 못함으로 인해 정서가 의도하는 목적과 의미를 발견하지 못한다.

우리는 대체로 정서와 정동의 심리작용을 은폐하려는 경향이 있다. 그것들은 내적 · 외적으로 자신의 열등한 면이나 아픈 역사를 지니고 있기 때문이다. 어떤 정동이 철수되는 현상은 마치 집단으로부터 고립되거나 은밀하게 죄를 짊어지는 것과 같다. 억압된 정서는 비밀의 형태로 무의식에 잠재되어 신경증의 원인이 된다. 융에 의하면, 비교적 자신의 감정에 매우 자유로운 히스테리 환자는 일반적으로 비밀의 소유자다. 반면에 이로 인해 심리적 장애가 강화되면 정서적 소화불량으로 인해 고통을 당한다(CW 16, par. 130-131). 정화되지 못한 정동은 히스테리를 유발한다. 히스테리 환자의 강한 정동은 의식화를 방해하며, 종종 무아지경에 이르거나 환상에 사로잡히게 한다(CW 1, pars. 11, 245, 298).

정동은 특별한 관념에 대해 지나치게 강조하는 경향이 있기 때문에 의식의 해리(dissociation)를 초래한다. 이로 인해 주의력이 감소되어 멍한 상태에 있게 된다(CW 1, par. 339). 강한 정동은 일상생활의 모든 면을 과도하게 하거나 어색한 상태로 인도한다. 정동 상태는 비정상적으로 강렬해서 일반적인 감정에서는 볼 수 없을 정도로 육체기능에 현저한 영향을 미친다. 이상하고 갑작스러운 행동 변화는 대체로 정동 상태에서 발생하며, 이로 인해 거짓 행동(simulation)을 연출하기도 한다. 정동으로 인한 가장 인격(simulated personality)은 특별히 자아구조가 취약한 사람에게서 극단적인 바보 형태로 나타난다(CW 1, par. 357). 정동의 폭발로 인해 정신적 수준은 저하되며, 자신감과 탐험정신이 감소된다. 그 결과, 이기심으로 대변되는 자아중심성이 증가하며 정신 영역은 협소해진다(CW 9i, par. 214). 융에 따르면, 이러한 정신적 공황 상태는 마치 화산과도 같다. 화산의 불은 모든 것을 태워 버린다. 공황(panics), 흥분(ferment), 혼란(tumult) 그리고 깊은 수난(passion)의 정서적 세계는 마치 위대한 어머니인 태모(Great Mother)와도 같다. 태모는 모든 것을 제공함과 동시에 모든 것을 거두어 간다. 인도의 요가신인 쿤달리니 구조에 의하면, 그 영역은 복부에 위치한다. 그곳은 세 번째 장소로서 태양망(plexus solaris)에 일치하는 불 중심적인 분화구다(VS, p. 604). 화산처럼 강화된 정서는 게임이나 도박에 나타난 극단적인 열정과도 같다(CW 13, par. 341). 정서가 강화될 때, 부정적인 에너지가 한곳에 모여 도박과 같은 중독 현상을 보인다. 융은 폭력적 정서의 결과가 신경증으로 이어지는 혼란을 드러낸다고 주장한다.

> 폭력적 정서(violent emotion)의 결과가 얼마나 극심한지 가끔은 사고나 충격, 신경증으로 이어지는 혼란(disturbance)을 통해 드러난다. 오랜 기간에 걸친 정동의 결과 외에도, 정동 자체의 순간에 보다 길거나 짧은 기간 동안 지속되는 특정한 혼란이 발견된다. 나는 '시험공포' '무대공포' 혹은 '정서적 마비'로 알려진 정서적 혼동을 언급한다. '정서적 마비'는 바에츠(Baetz)로부터 유래했는데, 그는 일본에서 지진이 있는 동안 통각이 완전히 손상되지 않았는데도 자신 안에서 동작과 감정의 일반적 마비를 발견했다. 이것은 격렬한 정동이 발생하는 동안이나 직후에 관찰되는 수많은 다른 현상과 일치한다. 우리는 모두 화재가 나는 동안 사람들에게서 발견되는 희비극적인(tragicomic) 혼동을

> 알고 있다. 그때 베개와 매트리스들이 아래층으로 던져지며 등과 도자기들이 창문 밖으로 던져진다(CW 1, par. 307).

정서적 흥분으로 인한 중독 역시 이와 유사한 현상이다. 융은 정서적 변화의 본질을 보여 주는 한 히스테리 환자의 사례를 소개한다. 결혼한 여성 내담자는 정서적 흥분에 사로잡혀 주기적 우울, 성적 외상으로 인한 히스테리 증세와 알코올중독으로 고통을 받고 있었다. 그녀의 아버지는 신경쇠약증과 알코올중독 그리고 간경변(cirrhosis)으로 사망했다. 그녀의 어머니 또한 심장질환을 앓았으며 정신질환과 미친 상태의 마비 증세로 사망했다. 내담자는 영리하고 이상하리만큼 활발했으며 착한 학생이었다. 내담자의 어린 시절에 발생한 심각한 질환은 알려지지 않았으나, 그녀는 부모의 갈등으로 인해 고통받았다. 아버지는 부적절한 외도를 하고 있었다. 18세 때 내담자는 아버지가 고용한 직원으로부터 두 차례나 성폭행을 당할 뻔했으나 이를 부모에게 발설하지 못했다. 계속적인 성적 위협으로 인해 그녀는 히스테리성 발작을 일으켰고, 이 일로 인해 우울증에 시달렸다. 22세에 결혼한 그녀는 행복하지 못했으며 자신이 사회적 예의범절에 결코 적응할 수 없다고 여겼다. 이후 계속해서 술을 과다하게 마셨다. 그녀의 처음 정서는 우울감으로 나타났으나 곧 사라졌다. 이후 그녀는 순간적인 감정적 분위기에 사로잡혀 마치 '무드의 피조물(creature of mood)'처럼 보였다. 극단적으로 활동적인가 하면, 항상 기분 나쁜 농담을 할 준비가 되어 있었다. 가끔 나쁜 기질이 돌출했으며, 민감하게 반응하기도 했다.

1896년 38세 되는 어느 날, 그녀는 갑자기 알코올중독 환자와 약혼을 하고 그해 7월에 그 약혼을 파기해 버렸다. 그녀의 알코올중독은 우울한 무드에서 비롯된 것이었다. 그녀의 정서적 상태는 이제 더욱 고르게 균형을 유지했으나 여전히 감정적 분위기에 사로잡혀 있으며 정서적 흥분 상태에 있다. 그 후 그녀는 애인과의 교제로 인한 죄책감 속에서 살고 있다. 그리고 다시 알코올중독에 빠져 있다. 히스테리 발작, 우울, 성적 정동은 그녀의 사춘기 시절의 성적 상처로 인한 것이었다. 결혼 이후에 형성된 피상적인 태도(superficiality)와 정서적 이상은 알코올중독과 도덕적 불감증으로 이어졌다. 이제 정서적 이상이 안정적으로 자리를 잡아 가면서 주기적 우울이 만성화되는 단계에 이르렀다. 그녀의 광적인 과잉행동은 극단적인 쾌활함과 수다로 표출되고 있다. 알코올중독, 도덕적 해이 등은 모두 정서적 이상에서 온 것들이었다(CW 1, pars. 196-204).

융의 내담자는 성적 외상으로 인해 형성된 다양한 정서적 반응을 보여 준다. 아버지가 고용한 사람으로부터 지속적으로 성적 학대를 받아 왔음에도 부모에게 말을 하지 못한 것은 이미 그들로부터 도움을 받지 못할 것이라는 내적인 신념이 형성되어 있을 가능성이 있다. 알코올중독인 아버지와 병약한 어머니가 자신을 위기로부터 구해 줄 것이라고 기대하지 않았기 때문에 아예 말을 하지 않은 것이다. 불안과 공포 그리고 수치심과 분노로 가득 찬 그녀는 처음에는 히스테리와 우울증 등으로 자신의 감정을 감추었다. 시간이 흐르면서 민감한 정서적 반응과 함께 거짓 감정으로 자신을 위장하면서 버티어 오다가 결국 알코올중독에 빠지는 결과를 초래하였다. 진실한 감정 표현이 억압되고 왜곡될 때 그것은 먼저 신체화 증세로 나타나며, 더 나아가 정신적인 황폐화로 이어져 인격이 파괴되는 과정을 보여 준다.

융의 내담자 사례에서 본 바와 같이 정서적 혼란, 불안, 통제력 상실 등을 경험하게 되면 소위 '투쟁-도피 반응'을 보이게 된다. 사람들은 박해자에 대한 투쟁을 통해 자신을 지키는 투쟁방식과 감당할 수 없는 상황에서 철수해 버리는 도피 반응 사이에서 생리적 · 심리적으로 전시체제를 가동한다. 전시체제가 일단 가동되면 분노나 두려움을 느끼게 되고, 박해자에 대한 공격적 행동이 나오면서 조급하고 불안해진다. 그와 반대로 투쟁 충동이 내부로 향하게 되면 도피 반응과 연합하여 불안, 편집 성향, 심계항진에 대한 공포, 그 밖의 여러 가지 신체 증상을 포함한 심리적 · 생리적 증상이 유발된다(Saul, 2006, pp. 4-5). 융의 내담자는 적대자에 대한 투쟁을 포기함으로써 히스테리와 우울증 그리고 알코올중독으로 이어지는 고통을 겪었다. 이처럼 약화된 자아구조에 동반되는 리비도의 내향화는 성찰보다는 우울증을 유발하며, 박해자에 대한 공격 대신에 자신을 공격함으로써 심리적으로 위축되게 한다.

2) 정신증적 정서

신경증적 정서와는 달리 정신증적 정서는 감정이 무디거나, 자극적인 사건에 직면해서도 무표정인 경우가 대부분이다. 때로는 예측 불가능한 방식으로 충동적인 감정 표현이 정신증 환자에게서 발견되기도 한다. 그것은 감정의 자연스러운 표출이라기보다는 본능적이고 무의식적으로 억압된 감정이 느닷없이 파괴적으로 분출된 것이라고 보아야 한다. 정신증적 환자는 대체로 정서 자체에 대한 거부감을 보이거나 정서에 접근하려는 어떤 시도도 허용하지 않는 경향이 있다.

융은 오늘날 정신분열증이라고 일컬어지는 조발성 치매 환자의 정서 상태를 자세하게 언급한다. 조발성 치매 환자에게서 두드러지게 나타나는 현상은 정서적 무관심이다. 그들은 불만이 있을 때라도 평온한 미소를 띠는가 하면, 깊이 다루어야 할 심각한 문제에 직면해서도 의외로 차분한 어조를 유지한다. 분석과정에서 그들의 정서적 무관심과 연결된 콤플렉스가 드러난다. 이때 상황에 부적절한 정서적 표현의 배경을 알게 된다. 정신증 환자들은 주목해야 할 콤플렉스 내용이 의식되지 못할 때 비교적 안전하게 말한다. 그들은 의도적으로 감정을 배제한 채 가볍게 얼버무리며 말하기도 한다(CW 3, par. 145).

조발성 치매 환자의 경우 어떤 정서적 변화도 감지되지 않거나 의미 없는 정동 상태를 유지한다. 그러나 정신증 환자라고 하더라도 정서의 완전한 철수는 이루어지지 않는다. 경악(fright), 불안, 쾌락, 분노, 당황, 수치심 등과 같은 기초적 정동은 대개 유지된다. 다만 이런 정서가 시기적절하게 표출되지 못하고 마치 없거나 무딘 것처럼 작용할 뿐이다. 그들에게 증가된 정동 상태나 예민한 민감성이 드러나기도 한다(CW 2, par. 1066). 정신증 환자에게도 가끔은 갑작스러운 정동의 폭발이 일어난다. 강한 정동은 강력한 콤플렉스를 동반하여 이상한 행동, 성적 환상, 자기애적 성향 및 기타 환시와 병리적 현상을 드러낸다(CW 3, pars. 110, 149-150). 반면에 정동 부재 현상은 정동이 피상적이며 의미 없는 상태에 놓여 있으며, 그 결과 원시적이며 미분화된 유아 상태에 머물게 한다(CW 6, par. 262). 융에 의하면, 조발성 치매 환자는 대체로 자기조절 능력이 부족하며 무질서한 정동 상태를 보인다.

> 조발성 치매의 전형적인 특성은 자기조절 능력의 부재 혹은 정동의 무질서로 나타난다. 우리는 이런 현상을 정서 상태가 병리적으로 강화된 곳이라면 어디서나, 무엇보다도 히스테리나 간질 환자에게서 발견한다. 그 증상은 자아종합능력(ego-synthesis)이 심각하게 손상되었다는 사실을 단순히 보여 준다. 예를 들면, 거기에는 더 이상 자아 콤플렉스에 적합하지 않은 매우 강력한 자율적 콤플렉스가 존재한다는 사실이다(CW 3, par. 151).

독일의 정신분석학자인 리만(Riemann, 2010)에 의하면, 분열적인 사람은 감정관계에 익숙하지 못하기에 감정을 지성으로 대체한다. 항상 지적으로 깨어 있으며, 레이더처럼 민감한 감각기관이 탁월하게 작용한다. 그들은 극복할 수 없는 부담감과 심리적 갈등을 내면화함으로써 피부와 소화기관 및 호흡기 계통의 신체적 고통을 겪는다. 아동기의 천식 증상이나 아토피와 같은 피부염 등이 이에 속한다. 피부는 대상과의 경계를 이루는 접촉 지점으로서 자아의 심리 상태를 드러내는 감각기관이다(p. 76). 앙지외(Anzieu, 2008)는 '피부자아'의 개념을 다음과 같이 소개한다.

> 피부자아라는 개념은 일종의 정신적인 형상을 가리킨다. 이것은 발달의 초기 단계에서 아기의 자아가 신체 표면의 경험을 바탕으로 심리적 내용물들을 담아 주는 자아로서 스스로를 나타내기 위해 사용하는 형상이다. 이러한 초기 단계에서 심리적 자아는 작용에서는 신체적 자아로부터 분화되었지만 형태의

> 측면에서는 아직 신체적 자아와 혼동된 채로 남아 있다(p. 83).

페어베언(Fairbairn, 2003)은 정신분열증이 구강기와 항문기의 정서와 관련이 있음을 보여 준다. 대상에 대한 구강 함입적 태도는 대상을 가치 있는 것으로 여기는 반면(구강기), 대상에 대한 배설적 태도는 대상에 대한 거절과 가치절하를 의미한다(항문기). 구강 함입적 태도는 대상으로부터 정신적 가치를 얻고자 하는 것이며, 대상에 대한 배설적 태도는 신체적 쾌락을 얻고자 하는 것이다. 정신과 신체는 작용하는 방식은 다르지만 정서적 차원에서는 동등한 가치를 지닌다. 그럼에도 불구하고 분열성 환자는 항문기의 신체적 가치보다는 구강기의 정신적 가치에 과도한 가치를 부여한다. 그들은 신체 반응을 동반하는 정서적 가치를 억압하고 지적 내용에 치중함으로써 다른 사람들에게 감정을 표현하기를 거부한다. 감정을 표출하는 것은 일종의 주기(giving)로서 항문기의 배설작용과도 같다. 분열성 환자들은 주기(배설)보다는 얻기(먹기)를 통해 주지화에 빠지게 되며, 감정의 교감으로 이루어지는 사회적 접촉을 피곤한 일로 간주한다(pp. 24-25).

> 분열성 성향이 두드러지게 나타나는 사람의 경우 정서적 상실에 대한 방어는 감정을 억압하고 정서적 거리감을 유지하는 태도를 야기하는데, 이는 그로 하여금 다른 사람들을 자신과 멀리 떨어진 존재로, 심지어는 인간이 아닌 존재로 취급하게 만든다. 이러한 개인은 흔히 '닫힌 성격'으로 묘사되는데, 그가 정서를 닫아 놓는다는 점에서 이 표현은 매우 적절하다. 정서적 상실에 대한 불안은 때때로 기이한 방식으로 드러난다(Fairbairn, 2003, p. 25).

알바레즈(Alvarez, 2006)에 의하면, 많은 정신증 아동은 이야기의 개념이나 시간과 공간의 개념을 갖고 있지 않다. 그들의 생각이나 창작놀이 등을 살펴보면 개체들 사이의 인과관계가 잘 드러나지 않으며, 심지어는 자신이 무엇을 의도하는지도 잘 모른다. 그런 아이들은 공포로 떨고 있지만 자신이 무엇을 두려워하는지 알지 못하며 표현하지도 못한다. 치료자는 아이가 자신의 결핍을 어떤 방식으로 보상하는지를 관찰해야 한다. 그들은 대개 정서를 방어적이거나 파괴적으로 사용한다. 치료자는 아동으로 하여금 새로운 경험을 하게 함으로써 가족구조 안에서 형성된 정서양식을 변화시킬 수 있다. 자폐증 환자 역시 정신증 환자의 경우처럼 환경과 정서적 요인의 결합을 지니고 있으며, 그것은 감각-운동-정서적 행동과 경험의 협응능력이 결핍된 현상으로 나타난다(pp. 148-149, 297).

정서적 발달을 이루지 못한 아동들은 언어능력 또한 현저히 떨어진다. 크리스테바(Kristeva, 2001)에 의하면, 부정적 정서는 언어를 분열시킨다. 경계선적 환자가 말할 때 그의 언어 행위는 이상해진다. 분석가는 그의 언어 표현에 주목함으로써 그 언어에 나타나는 정서를 이해할 수 있게 된다. 이때 정서의 표현은 주로 가장 고통스럽게 각인된 전신 감각적인 이미지로 나타난다(pp. 87-88).

4. 정서의 긍정적 효과

콤플렉스와 관련된 격렬한 감정으로 나타나는 정서는 일단 부정적으로 경험된다. 자율적 인격처럼 작용하는 정서는 일상적인 조절능력을 훨씬 초월하는 방식으로 나타나기 때문에 의식을 순간적으로 마비시킨다. 그러나 건강한 자아는 정서나 정동에 휩싸이지 않는다. 정동을 무시하지도 않고 정동 상태를 거스르지도 않는다. 다만 있는 그대로 경험할 뿐이다. 융에 의하면, 정동에 사로잡힌 사람들은 보다 좋은 인격의 소유자가 될 수도 있다. 상대방에 대한 지극한 애정이 자신을 희생하는 이타심으로 발현되기도 하고, 지나친 소유욕과 욕망이 자신을 희생시키는 원동력이 되기도 한다(CW 6, par. 890).

라자러스 부부(Lazarus & Lazarus, 1997)가 제시한 정서의 생존법칙은 정서기능의 긍정적 측면을 잘 보여 준다. 첫째, 정서를 통해 우리는 위기 상황에 대처할 방법을 찾게 된다. 위협에 직면하여 두려움을 느낄 때, 이전의 모든 관심을 끊고 새롭게 대두된 위협에 대처하기 위해 모든 정신적·신체적 자원을 활용하는 에너지 집중 현상이 발생한다. 둘째, 정서는 인간의 마음 상태를 다른 사람들에게 알려 준다. 얼굴 표정이나 몸의 반응을 통해 다른 사람들로 하여금 자신의 정서 상태를 감지하게 함으로써 자신의 의견을 전달하게 된다(pp. 254-256).

불안, 두려움, 분노, 수치심 등의 다양한 정서는 인간을 다차원적으로 이해하는 동기를 부여한다. 단순하고 무덤덤한 정서는 인간 이해에 걸림돌이다. 깊이 있는 관계 형성에는 반드시 고통스럽지만 의미 있는 정서적 경험이 뒤따른다. 특히 남녀 간의 사랑은 강렬한 정서적 반응을 동반한다. 그것이 때로는 긍정적으로, 때로는 부정적으로 작용할지라도 인격 전체의 측면에서는 통합을 위한 일련의 과정 중에 발생한 것임을 알 수 있다. 무의식의 심층에 이르는 정서를 통해 창조적 세계가 떠오른다(CW 13, par. 452). 그러나 그와 반대로 인식되지 못한 채 인격에 통합되지 못한 정서는 생명력을 앗아 가는 주범이 된다(VS, p. 1129).

정서의 원형성은 정서의 두 측면을 보여 준다. 대극의 쌍으로 구성된 원형은 정서나 정동을 불러일으키는 원천이 된다. 집단적 정서로서의 원형이 의식에 통합될 때 긍정적 힘이 된다. 융에 의하면, 대극의 양면성을 깨닫는 것은 우리 자신이 아니라 깨달음을 일으키는 정서다(VS, p. 1143). 따라서 정서는 전체 인격의 측면에서 바라볼 때 그 실체가 드러난다. 부분적 인격으로서의 정서는 전체와의 관계성 속에서 그 삶의 자리가 정해진다. 자아는 자기(self)와의 관계성 안에서 구체화되듯이, 정서 또한 자기와의 관계성 안에서 그 목적을 수행한다. 한쪽에 정서가 있으면 다른 한쪽에는 자기가 있음을 알아야 한다(VS, pp. 1299-1300). 낮은 차원에서 발생한 갈등과 정서적 공황은 보다 높은 차원에서 바라볼 때 해결의 실마리가 보인다. 그것은 부분적 인격인 콤플렉스나 정서의 차원에서 한 개인을 평가하기보다는 인격 전체인 자기의 관점에서 바라볼 필요가 있다. 낮은 계곡에 머무를 때는 정서적 폭풍이 어디로 향하는지 알 수 없지만, 높은 산봉우리에서는 그 움직임을 포착하여 안전한 곳으로 피할 수 있기 때문이다(CW 13, par. 17).

심리적 에너지인 정서는 정신과 몸, 내부 환경과 외부 환경, 주체와 객체를 연결함으로써 적응력을 향상할 뿐만 아니라 모든 인간관계를 위한 기본 요소로 작용한다. 건강한 정서생활은 존재감을 일깨우며, 우리를 살아 있는 영혼으로 만든다. 그것은 정서가 우리의 친구가 될 때 가능한 일이다. 이를 위해 아직 활성화되지 않은 정서를 발견하고 의식에 통합하는 작업이 필요하다. 이전에 느끼지 못했던 감정을 새롭게 느끼고, 정서와 정동에 사로잡히지 않은 채 그와 더불어 생활할 때 우리의 정서는 변화한다. 정서의 왜곡과 부정적인 변형이 이루어질 때, 우리의 인격은 황폐화된다. 그러나 정서의 창조적인 변화는 의식의 확장과 인격의 성숙으로 이어진다. 이전에 경험해 보지 못한 울분과 비참함 그리고 말로 표현할 수 없는 행복감과 자신감을 느낄 때, 우리의 인생은 더욱더 풍요롭게 바뀌며 다른 사람을 보다 잘 이해하게 될 것이다.

CHAPTER 04

정서분석을 통한 심리치료

왜 정서분석인가? 일반적으로 정서는 분석의 대상이기보다는 경험의 대상이다. 상담과 심리치료 현장에서는 내담자와 정서를 교감하는 것이 무엇보다도 중요하다. 상담자는 내담자의 정서에 공감하고 동일한 정서적 체험을 함으로써 인격의 교류를 이룰 수 있다. 인지행동주의 심리학은 대체로 정서를 조절 대상으로 본다. 상담자는 억압되거나 왜곡된 정서를 바로잡고 바람직한 정서를 표출할 수 있도록 내담자를 돕는다. 동시에 정서의 정화(catharsis)를 통해 심리적 부담을 해소하고 치료 효과를 거두는 것은 치료의 중요한 수단이 된다.

이에 반해 정서에 대한 심층심리학적 관심은 정서의 정화보다는 그 형성 배경과 무의식적 동기에 주목한다. 인지 가능한 정서 외에도 자신도 모르는 사이에 도식화되어서 콤플렉스처럼 자아의 활동을 방해하는 정서도 있다. 융심리학이나 정신분석은 정서의 의식적 측면뿐만 아니라 무의식적 역동에 많은 관심을 기울인다. 자연적 감정(feeling)이 그때그때의 느낌을 전달한다면, 정서(emotion)는 목적성이 있으며 한 개인의 심리적 · 신체적 역사로부터 기인한다. 정서는 의식적 내용뿐만 아니라 무의식적 내용까지 포함하여 인간의 거의 모든 면에 광범위하게 영향을 끼친다. 따라서 우리는 정서를 조절하거나 정화시키기에 앞서 정서의 역사를 살필 필요가 있다. 정서의 역사가 드러나면 치료의 방향이 설정된다. 정서는 개인의 가장 사적인 정보를 제공한다는 점에서 그에 대한 심리분석이 요구된다(Spezzano, 1993, p. 53). 분석과 해석은 의식화를 위한 중요한 과정이다. 내담자는 치료자의 분석능력과 그에 따른 해석 작업을 통해 치료과정을 신뢰하게 된다.

정서분석은 대체로 다음 세 단계를 통해 이루어진다.

첫째, 인식과 분화 단계에서 치료자는 내담자로 하여금 정서적 상태를 인식하도록 도와야 한다. 자신이 어떤 정서 상태에 있다는 것을 깨닫는 것은 무엇보다도 중요하지만 모든 사람에게 쉬운 작업은 아니다. 상실을 경험할 때 나는 슬퍼하는가? 어느 정도 슬퍼하는가? 거의 슬픈 기색이 없거나 지나치게 과도한 슬픔에 잠기지 않는가? 슬픔 대신 복잡한 다른 감정에 사로잡혀 있는가? 이처럼 정서 상태를 인식하는 작업이야말로 정서분석의 첫 관문이다. 정서의 가치에 대한 인식 또한 정서에 대한 특별한 애정을 갖게 한다.

정서에 대한 인식과 함께 분화 작업이 이루어진다. 한 가지 감정보다는 여러

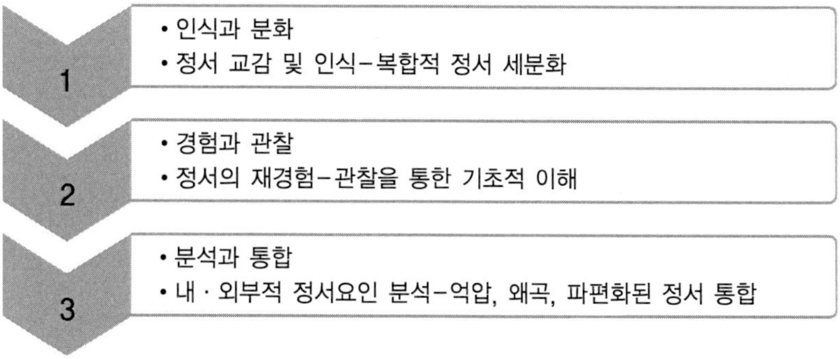

[그림 4-1] 정서분석 3단계

가지 감정이 복잡하게 뒤섞여 혼란을 경험할 때가 많기 때문이다. 슬퍼해야 할 때 여러 가지 복합적인 감정을 느낀다면 그 다양한 감정을 분류할 필요가 있다. 슬픔과 함께 오는 감정은 무엇인가? 어떤 사람은 슬픔과 함께 두려움이 느껴지는가 하면, 어떤 사람은 슬픔과 함께 수치심이 느껴지기도 한다. 슬픔과 함께하는 불안, 두려움, 분노, 수치심과 죄책감 등이 형성된 배경을 하나하나 살피다 보면 개인사가 드러남과 동시에 내담자는 자신의 정서적 정체성을 구체화하게 된다. 정서의 분화는 정서를 구체적인 언어로 표현하는 작업(언어화)과 정서 속의 다양한 의미를 이미지로 담아내는 작업(상징화)을 포함한다. 정서에 대한 인식과 분화는 또한 정서에 대한 객관화 작업을 요구한다. 이미 인격의 일부가 된 정서를 있는 그대로 인식하고 수용하는 과정을 거친 다음에 정서와 거리감을 유지함으로써 그 실체를 파악하는 것은 정서 분화를 위해 필요한 작업이다.

둘째, 경험과 관찰 단계에서 치료자는 내담자의 정서적 경험을 함께 나눌 수 있어야 한다. 정서에 대한 판단을 유보한 채 내담자로 하여금 정서 자체를 있는 그대로 경험하게 하는 것이 중요하다. 정서를 긍정적 혹은 부정적으로 양분하여 이해한다든지, 개인 정서에 대한 유익함과 유해성을 성급하게 판단하는 것은 정서의 역사를 파악하는 데 장애물이 된다. 어떤 정서도 근본적으로 유해한 것은 없다. 다만 그 존재 이유와 목적만이 있을 뿐이다. 사회문화적 관점에서 어떤 정서는 유해하거나 비윤리적으로 비추어질 수 있다. 하지만 개인의 입장에서는 정서마다 특별한 형성 배경이 있으며 그것은 대체로 살아남기 위한 전략에서 나온 것들이다. 생존 본능이 만들어 낸 정서를 있는 그대로 경험한다는 것은 결코 쉬운 일이 아니다. 그동안 억압되거나 변형된 정서를 분화시켜 원래의 감정을 다시 경험하는 일은 커다란 고통을 동반한다. 정서의 재경험은 자신의 심리구조를 형성한 정서에 대한 재해석을 가능하게 한다. 정서 경험에 대한 재해석은 내부적인 심리적 요인뿐만 아니라 외부적 요인까지도 비교적 객관적으로 바라볼 수 있는 기회를 제공한다. 최초의 정서 경험과 치료 상황에서 다시 경험된 정서는 원래의 것과 차이가 날 수밖에 없다. 과거와 현재의 경험 두 측면 모두를 살핌으로써 내담자는 자신의 정서양식을 발견하게 된다.

그러나 정서에 대한 경험만으로는 부족하다. 정서에 대한 진솔한 경험과 함께 관찰능력이 요구된다. 특정 정서를 경험할 때 어떤 심리적 · 신체적 반응이 있는가? 격한 감정은 내부적 요인인가, 아니면 외부적 자극에 의해 발생한 것인가? 외부적 자극에 과민하게 반응하는 내부적 요인이 있는가? 관찰단계에서 이런 사항들을 개략적으로 살피면 그 과정에서 정서와 관련된 콤플렉스의 배경에 가까이 갈 수 있게 된다. 정서를 경험하기 위해서는 진솔한 고백이 필요하다. 우리가 소유한 비밀은 정서에의 접근을 방해한다. 자신이 인식하지 못한 비밀은 무엇보다도 위험하다. 은밀한 콤플렉스는 의식화를 방해할 뿐만 아니라 정서가 의식에 통합되지 못하게 가로막는다. 정서를 경험하기 위해서는 정서와 함께 머물러 있을 수 있는 인내가 필요하며, 동시에 심리적 에너지인 정서로 하여금 자신의 길을 자연스럽게 흘러가도록 놓아주는 작업이 필요하다. 이 모든 과정은 경험과 함께 관찰이 뒤따를 때 보다 효율적으로 전개된다.

셋째, 분석과 통합 단계야말로 심리치료의 핵심과정이다. 심층심리학에 바탕을 둔 정서분석은 무의식의 역동에 주목한다. 물론 정서의 무의식적인 측면보다는 우선 현실 속에서 드러난 내용들에 역점을 두어야 한다. 그럼에도 불구하고 정서의 무의식적 측면을 고려해야 하는 것은 자신도 모르게 작용하는 비밀스러운 정서의 정체를 밝혀내는 것이 무엇보다도 중요하기 때문이다. 분석과정은 관찰단계에서 대략 파악된 내부적 · 외부적 요인을 구체화할 필요가 있다. 정서는 콤플렉스의 경우처럼 외부적 자극과 내부적 요인이 함께 작용하는 경우가 대부분이다. 우리는 그 가운데 어느 쪽이 더 우세하게 작용한 것인가를 파악해야 한다. 정서의 형성 배경을 추적하는 과정에서 어린 시절의 외상이나 부정적인 환경과 신체적 혹은 기질적 요인들을 발견하게 된다. 최초에 형성된 정서양식이 삶에 어떤 영향을 끼치게 되며, 정서양식의 변화는 어떤 과정을 거쳐서 이루어지는가를 탐색한다. 최초의 정서가 표출되는 상황과 이에 대한 반응의 역사, 즉 정서에 대한 억압, 왜곡 및 변형 그리고 철수나 방어기제가 어떤 양상으로 나타나는지를 살펴볼 필요가 있다. 특히 치료자와의 관계에서 내담자의 정서가 어떤 형태로 재현되는가를 분석한다. 이 과정에서 정서의 교감으로 인해 발생한 전이와 역전이의 분석이 필요하다.

정서에 대한 개인사가 인식되고 재평가되며 해석되는 과정에서 의식화가 이루어지며, 내담자는 자신의 정서를 인격의 일부로 통합하게 된다. 이 과정은 융이 말하는 개성화 과정과 일치한다. 고통스러운 정서를 긍정적인 에너지로 변화시키는 작업은 정서를 자신의 일부로 수용할 때만 가능하다. 그 어떤 부정적인 정서라도 존재 가치가 인정될 때는 그것이 악의 화신에서 선의 가능성으로 급변한다. 정서는 마치 '병 속에 갇힌 거인(Mercurius)'처럼 인간을 죽이기도 하고 살리기도 하는 괴물이자 구원자와도 같다(CW 13, par. 239 참조). 이런 점에서 정서 또한 인격적 요소로서 자기(self)의 일부라고 할 수 있다. 정서에 대한 분석과 통합 과정은 정서의 발생 배경과 원인을 밝히는 데 그치는 것이 아니라 그 의미와 목적을 발견하는 작업이다. 정서가 자신의 역할을 정당하게 수행하게 될 때, 그것은 놀라운 역동과 생명력을 불러일으킬 것이다.

1. 정서의 인식과 분화

1) 정서의 인식

우리의 몸과 마음을 움직이는 경험은 대체로 정서적인 것이다. 너무 큰 두려움이나 견딜 수 없는 수치심이나 감당할 수 없는 감정이 우리의 몸과 마음을 뒤흔든다. 이런 정서의 인식은 감정에 대한 가치와 그 중요성을 인정할 때 효과적으로 이루어진다. 인간은 언어뿐만 아니라 다양한 방법으로 의사소통을 한다. 감정은 의사소통 수단 가운데 중요한 요소다. 다만 문제가 되는 것은 언어나 행동은 상대방이 알아차리기 쉽지만, 감정은 세심한 주의를 기울이지 않으면 간과하게 된다는 점이다. 감정이 행동으로 표출되면 투박하고 절제되지 못한 공격성으로 드러나지만, 언어로 표출될 때는 정화된 양태로 나타난다. 감정은 마치 마법사와 같아서 언어로 그 주문을 풀어야 한다. 숨겨진 의미가 언어로 표현될 때 그 강력한 힘은 훨씬 줄어든다(Brazier, 2012, p. 162). 물론 격한 감정이 실린 언어는 곧바로 언어폭력으로 이어지는 경우도 허다하다. 감정의 언어화가 반드시 바람직하지 않다는 점이 바로 이것이다. 감정이 외부적으로 표출될 때는 그나마 다행이다. 사람들로 하여금 상대방의 의도를 알고 사고를 미연에 방지할 수 있는 기회를 제공하기 때문이다. 그러나 감정의 내향화는 은밀하게 진행되기 때문에 상대방이 눈치채지 못한 상태에서 이루어지는 경우가 대부분이다. 고통스러운 감정이 내면화될 때, 그것은 콤플렉스가 되어 무의식의 일부로 남는다. 무의식은 외부로 드러나는 증상, 행동, 의견, 정동, 환상이나 꿈, 언어나 신체 반응 등을 통해 부분적으로 표현된다(CW 7, par. 272).

무의식적인 정서는 격한 감정의 소용돌이가 내재화된 상태로서 한 개인의 역사를 담고 있다. 자신의 역사를 돌아보고 새롭게 재해석하는 작업을 통해 심리적 부담은 경감된다. 정서에 대한 인식은 이처럼 감정의 흐름과 역할에 대한 소중함을 깨닫고 정서와 함께하고자 하는 의식이 있을 때 시작된다. 개인의 콤플렉스와 관련이 있는 격렬한 정서는 현실 속에서 악(evil)으로 경험되는 경우가 많다. 성적인 콤플렉스가 있는 사람들은 성과 관련된 사소한 말에도 격한 반응을 보인다. 성적 충동이나 쾌락을 추구하는 욕망을 악으로 간주하는 경우도 있다. 융(Jung, 2012)은 어둠과 악에 대한 인식만이 악의 고통으로부터 해방시킬 수 있다고 주장한다. 이와 마찬가지로 정서 역시 인식되고 수용될 때 정서의 노예 상태에서 자유롭게 된다.

> 사람이 자신의 어둠을 받아들이지 않을 때, 신은 고통을 당한다. 따라서 악으로 인해 고통을 받는 한, 사람들은 고통받는 신을 가질 수밖에 없다. 악으로 인해 고통을 받는다는 것은 곧 당신이 여전히 악을 사랑하는데도 그것을 더

> 이상 사랑하지 못하게 되었다는 뜻이다. 당신은 여전히 뭔가를 얻길 바라고 있다. 그러나 당신은 자신이 여전히 악을 사랑하고 있다는 것을 발견하게 될까 두려워 면밀히 들여다보려 하지 않는다. 신이 고통을 당하는 것은 당신이 악을 사랑하는 까닭에 계속 고통을 받고 있기 때문이다. 당신이 악을 인지하는 까닭에 고통을 받지는 않는다. 악이 당신에게 은밀한 쾌락을 주고 악이 미지의 쾌락을 약속한다고 믿기 때문에 당신이 악으로 고통을 받게 된다(p. 219).

치료자와의 정서적 교류를 통해서 내담자는 정서의 중요성을 인식하게 되고 잊힌 감정을 되살려 낸다. 되살린 감정은 생기를 불어넣어 삶의 원동력이 된다. 치료자는 가능한 한 덜 자극적인 방법으로 상담과 치료에 임할 필요가 있다. 정서가 삶의 일부라면, 상담을 통한 정서의 재발견 역시 자연스럽게 이루어져야 한다. 무방비 상태에서 고통스러운 정서에 갑작스럽게 직면하게 될 때, 내담자는 치료보다는 오히려 충격과 당혹감에 사로잡혀 정서의 출구를 영원히 닫아 버릴지도 모른다. 이 점에서 "치료는 말해지거나 행해지는 어떤 사건이 아니라 그 안에서 삶에 대한 다양한 느낌을 서로 재조정하는, 감정-태도가 상호적으로 침투되는 장(field)이다."(Eigen, 2009b, p. 317)

제이콥스(Jacobs, 2008)에 의하면, 정서를 인식한다는 것은 아주 짧은 순간에라도 그 감정을 느낄 수 있고, 자신이 느끼고 있다는 사실을 의식하는 작업이다. 인식은 "내 느낌은 이래." 혹은 "나는 지금 불안해."라는 단순한 문장으로 표현될 수도 있다. 갑작스러운 신체 반응이 정서를 인식하는 기회를 제공하기도 한다. 리비도의 경우와 마찬가지로, 감정의 흐름은 마치 흐르는 강물과 같아서 제 갈 길을 가지 못하면 범람하거나 지하로 스며든다. 의식적으로 인식되지 못하고 느껴지지 않은 감정은 내면화되어 반복적으로 순환한다. 어떤 사람은 불안을 떨쳐 버리기 위해서 온갖 노력을 기울이지만 항상 불안에 사로잡혀 있다. 이런 현상은 감정을 있는 그대로 받아들이지 않기 때문에 발생한다. 하지만 정서를 인식하는 것 자체가 곧 정서로부터의 해방을 의미하지는 않는다. 정서의 인식은 곧 감정에 대한 이름 붙이기와 같다. 감정의 정체를 파악하고 그 감정을 인격화함으로써 대화가 가능해진다. 자신에게 찾아온 감정을 당당하게 대할 때 감정은 덜 위협적이다. 정서에 함몰되지 않기 위해서는 한편으로는 그 정서에 둔감해지는 것이고, 다른 한편으로는 스스로에게 정서를 느끼고 알 수 있게 허용해 줌으로써 그 정서를 다스리게 되는 것이다(pp. 94-95).

정서를 인식한다는 것은 정서와의 대화를 할 준비를 하는 것과 같다. 정서와의 대화는 정서를 마음껏 분출함으로써 이루어지는 것이 아니다. 자아와 정서 간의 상호 주관적인 만남으로 대화는 형성된다. 정서를 목적성이 있는 인격체로 인정하는 일이 정서 인식의 출발점이다. 정서의 분출로 인한 긴장 해소는 어느 정도 치료 효과가 있다. 하지만 정서의 분출만으로 정서의 흐름을 완전히 제어할 수는 없다. 정서와의 인격적인 만남이 필요한 것도 바로 이 때문이다. 정서의 조절 역시 자아의 일방적인 노력만으로는 불가능하다. 자율적 콤플렉스인 정서가 스스로 자신을 양분으로 바꿀 수 있는 기회를 제공해야 한다. 그것은 정서에 대한 자아의 겸손한 미덕으로 가능해진다.

융심리학 관점에서 보면, 인격의 일부로서 정서는 자기(self)의 전령이다. 그림자를 포함한 그 어떤 인격적인 요소도 자기의 심부름꾼이 되어 자아의 길을 인도한다. 우리는 화가 많이 날 때 산책을 하거나, 운동장에서 땀을 뻘뻘 흘리며 운동을 하거나, 수다를 떨거나, 놀이를 하면 분노가 어느 정도 풀리는 것을 경험할 것이다. 그러나 자신에게 찾아온 분노의 정체와 그 의미를 모른다면 수면 아래에 있는 분노는 금방 쉽게 점화되어 다시 떠오를 수 있을 것이다(Jacobs, 2008, p. 95). 정서에 대한 인식은 정서가 지닌 목적과 의미를 발견하는 것과 같다. 단순한 쾌·불쾌의 감정을 넘어서 심리적인 의미를 담고 있는 정서는 우리에게 무언가를 말하고자 하는 의도를 포함하고 있다. 이런 점에서 정서는 그것이 긍정적이든 부정적이든 생존과 적응을 위한 충분한 가치가 있다고 인정될 때 인격의 일부가 된다.

거울 속의 자아(한정규, 2013)
정서의 인식은 그 안에 내재된 사자, 유인원, 인간의 모습이 분화되면서 서서히 진행된다. 원초적 불안과 낯선 감정이야말로 자아를 원인 모를 두려움에 사로잡히게 한다.

본드(Bond, 2012)는 정서적 차원에서 대상을 강렬하게 인식할 때 진정한 만남이 이루어짐을 강조한다. "강렬하게 인식하면 할수록 대상물은 별개의 생명력을 지닌 존재로 받아들여질 가능성이 커진다."(p. 24) 강렬한 정서적 만남은 동시에 내담자의 정서를 존중하는 마음에서 출발한다. 정서를 인식하기 위해서는 내담자의 무드와 함께 상당한 시간을 보내는 것이 필요하다. 따라서 상담자는 서서히 내담자의 정서적 분위기에 젖어들어 갈 필요가 있다. 때이른 도전은 내담자를 당황스럽게 한다. 볼라스(Bollas, 2010)는 내담자로 하여금 무드와 함께함으로써 참자기에 접근하도록 허용하는 것이라고 주장한다. 초기 아동기에 부모로부터 느꼈던 참자기와 접촉할 기회를 다시 얻기 위해 무드를 사용할 필요가 있다. 환자가 무드에 젖어드는 것을 방해하는 것은 마치 부모와의 특별한 관계를 방해하는 것으로 느껴질 수 있다(pp. 152-154).

정서가 인격의 일부로 작용할지라도, 정서적 인격은 실제 인격과 구별된다. 지적인 능력이 있더라도 비정상적인 행동을 보일 경우, 그것은 정서나 정동에 의한 것일 수 있다(CW 1, par. 221). 그린버그와 파이비오(Greenberg & Paivio, 2008)는 어머니의 분노로 인해 항상 두려움에 젖어 있던 내담자의 정서인식 과정을 소개한다. 그녀는 어머니의 정서 상태로 인해 발생한 분노 감정을 두려워함으로써 다른 감정조차 있는 그대로 경험하지 못했다. 만성적인 우울, 상처, 무기력감에 빠져들면서, 그녀는 대인관계의 경계선을 설정하지 못하였다. 치료자는 내담자로 하여금 먼저 화가 난 어머니의 행동을 목격하면서 내담자 자신이 분노를 어떻게 인식하고 경험하는지를 깨닫게 했다. 내담자는 분노를 파괴적인 수단으로 바라보게 되었고, 그 결과 분노를 두려워할 수밖에 없었다(p. 47). 내담자가 치료자와 함께 분노에 대한 긍정적 · 부정적 두 측면을 객관적으로 바라보게 되면 이후 분노에 대한 조절능력을 키우게 된다. 자신이 경험한 분노가 정당한 정서적 반응인지, 아니면 정서적 외상으로 인한 두려움인지를 인식할 필요가 있다. 이 사례는 정서의 인식과 함께 분화가 발생하는 과정을 보여 준다. 분노와 두려움 그리고 자연적인 분노 감정과 콤플렉스와 결합된 분노 감정을 구별하는 작업은 내담자로 하여금 정서의 폭력에 굴복당하지 않고 적극적으로 대처할 수 있게 한다.

정서의 경험을 회피하는 것은 정서에 대한 올바른 인식을 방해한다. 이것은 정서를 직접적으로 경험하는 것을 두려워하거나 거부하는 데서 발생한다. 치료자는 내담자가 어떤 방식으로 정서를 회피하는지 자각할 수 있도록 도와야 한다. 슬퍼해야 할 때 슬퍼하는지, 분노해야 할 때 화를 내는지 스스로 인식할 필요가 있다. 적절한 감정 표현을 할 수 없다면 그 이유를 따지기보다는 우선 자신이 감정에 무디거나 회피하고 있다는 사실을 인식할 필요가 있다. 그때야 비로소 자신의 정서적 자아의 현주소를 바라볼 것이다. 어떤 사람은 분노 감정을 느낄 때마다 그것을 억제하거나, 무표정이거나, 다른 감정으로 바꾸어 버린다. 어떤 이들은 분노를 억제하기 위해 방어기제를 활용하기도 한다. 그린버그와 파이비오(2008)는 한 내담자로 하여금 현재 느끼는 감정에 집중하면서 분노가 엄습할 때마다 마룻바닥의 얼룩에 주의를 돌리거나 숨을 멈춘다는 것을 자각하게 하였다. 이와 함께 분노에 대한 두려움과 통제력 상실에 대한 두려움도 탐색하였다. 내담자는 또한 감정을 회피한 결과, 소외감과 불안을 경험하고 있었던 것을 인식할 수 있었다(p. 92). 정서의 인식과 함께 정서의 분화가 이루어질 때, 복합적인 감정은 제자리를 찾게 되고 심리적 동요의 원인을 알게 된다.

융은 정서적 에너지를 연금술의 불로 비유한다. 연금술의 불은 몸(body), 영(spirit), 영혼(soul)을 결합한다. 이 셋은 곧 태양, 메르쿠리우스 그리고 영혼을 의미한다(CW 9ii, par. 200). 정서는 모든 의식화의 주된 원천으로서, 정서의 인식 없이는 어떤 변화도 발생하지 않는다.

> 갈등(conflict)의 자극은 단어의 본래적인 의미로 보면 악마(Lucifer)의 덕행이다. 갈등은 정동과 정서의 불을 일으키는데, 모든 불이 그러하듯이 두 측면을 가지고 있다. 즉, 이른바 타 버리는 것과 빛을 발하는 것이다. 한편으로 정서는 연금술의 불로서 그 따스함이 모든 것을 드러내고, 그 열기는 '넘쳐나는 모든 것을 태워 없애 버리는 것이다.' 다른 한편으로 정서는 강철이 돌과 부딪쳐서 불꽃을 만드는 순간이다. 즉, 정서는 모든 의식화의 주된 원천이다. 정서 없이는 어둠에서 빛으로의 변환도 없고 처져 있는 상태에서 움직임으로 나아가지도 못한다(KGW 2, p. 220; CW 9i, par. 179).

정서에 대한 인식과 자각이 없으면 그 정서는 다른 사람에게 전이되거나 그것의 무의식적 측면이 투사되기도 한다. 연상과 환상을 불러일으키는 정서는 콤플렉스와 마찬가지로 일상의 관계 경험 속에서 작용한다. 예를 들면, 먹고 싶은 순수한 욕망과 탐욕을 구별하지 못하게 하는 정서가 있다. 클라라는 케이크를 보고 먹고 싶은 욕구만 느꼈다. 그러나 그녀는 이런 욕구를 스스로 용납하지 못했다. 아마 어린 시절에 누군가에 의해 먹고 싶은 욕망이 탐욕으로 비추어지면서 비난을 받았거나 저지당한 상처가 있었는지도 모르겠다. 이런 정서적 경험은 그녀의 삶에서 콤플렉스가 되어 마음껏 먹지 못하는 고통이 되었다. 자연적인 식욕이 탐욕으로 인식되면서, 그녀는 삶의 즐거움을 누리지 못했다. 클라라는 자신의 정서양식을 의식한 다음부터 자연스러운 식욕과 탐욕을 구별하면서 비로소 거리낌 없이 케이크를 볼 수 있게 되었다(Kast, 2007b, p. 99). 이처럼 그동안 무시했거나 모르고 있었던 정서를 인식하게 되면 정서를 지배하고 있었던 자신의 콤플렉스와 직면할 수 있는 힘을 얻게 된다.

> 자아가 콤플렉스적인 사건과 접촉하고 그에 대한 책임을 떠맡으며 이 상황에 대한 감정이입 능력을 발전시킬 수 있다면, 콤플렉스를 표현하는 상징은 관찰되고 체험될 수 있다. 경우에 따라서는 이러한 상징으로 전이된 육체적인 반응까지도 체험될 수 있다. 우리는 다양한 감정을 육체적으로 체험하지만, 그 감정은 언제나 의미의 배후를 가리키기도 한다. 이런 상징들과 그와 결합된 상상이 체험되고 형상화될 수 있다면, 콤플렉스 속에 묶여 있는 힘은 한 인간 전체에 활력을 불어넣고 새로운 태도의 가능성을 모색하게 하는 힘으로 변하게 된다(Kast, 2007a, pp. 53-54).

꿈분석은 정서 인식에 대단히 유용하다. 꿈속에 나타난 이미지는 지성적으로는 동일한 의미를 지닐 수 있으나, 정서적인 측면에서는 그 의미가 각 개인마다 다르게 경험된다(von Franz, 1996, p. 12). 이 점에서 꿈 이미지에 대한 보편적 의미는 이차적으로 고려되어야만 한다. 예를 들면, 색상에 대한 보편적이며 사전적인 의미보다는 그에 대한 개인의 경험과 정서적 의미를 발견하는 것이 우선되어야 한다. 융은 꿈분석에서 상징에 대한 보편적 지식뿐만 아니라 개인의 감정에 대한 분석이 중요함을 강조한다.

> 꿈분석의 실제적 작업을 위해서 우리는 한편으로는 특별한 기교와 직관적

인 이해를, 다른 한편으로는 역사적 상징에 대한 상당한 지식을 요한다. 심리학에서는 모든 실제 작업에서와 마찬가지로 단순한 지성은 충분하지 않다. 우리는 또한 감정을 필요로 한다. 그렇지 않으면 꿈에 대한 무척이나 중요한 감정 가치가 무시되기 때문이다. 이런 것들 없이는 꿈분석은 불가능하다(CW 17, par. 198).

2) 정서의 분화

정서는 대체로 여러 감정의 혼합물 상태로 존재한다. 혼합된 감정은 주체와 객체, 전체 인격과 부분 인격 사이의 구별을 없앰으로써 동일시의 함정에 빠지게 한다. 신체적 결함을 동반하는 감정의 복합체는 우리를 위험에 빠트리며 언제라도 부분 인격이 전체 인격을 대변하여 자신의 의지와는 다른 사고와 행동을 유발한다. 예를 들면, 사랑은 맹목적일수록 더욱 본능적이 되며, 이는 무의식적으로 자아의 상실과 같은 파괴로 이어진다. 이런 관점에서 폰 프란츠(von Franz, 1999)는 정서의 분화가 필요함을 역설한다(p. 51).

정서의 분화는 정서에 대한 인식과 함께 작업되기도 하고 별도로 수행되기도 한다. 내담자의 정서적 상태에 따라 그 수위는 결정될 것이다. 정서는 대개 여러 감정이 복합적으로 얽혀 있거나 애매하다. 정서는 가끔 혼란을 부추기고, 사람들로 하여금 판단력을 흐리게 하기도 한다(DA, p. 335). 우선 여러 감정 가운데 핵심 감정을 찾아내는 작업이 필요하다. 핵심 감정은 개인에 따라 다르게 나타나며 대체로 적응하는 과정에서 형성된 것들이다. 아동기의 정서양식은 매우 단순하기도 하고 동시에 매우 복잡하기도 하다. 아동기의 핵심 정서를 살펴보면 성장 배경과 정서적 문제를 이해하게 된다. 사울(Saul, 2006)에 의하면, 아동이 특정한 상황에서 정서적 장애를 일으킨다면 그 배경에 깔린 핵심 양식을 찾아야 한다.

> 핵심 양식은 그 사람의 정서적 구조이고, 그가 자신의 증상에 대해서 예전에 기능해 온 방식이며, 정서적인 취약점과 이 현실 상황을 초래한 그 스트레스에 반응해 온 방식이라고 할 수 있다. 그리고 핵심 양식에는 성격과 모든 정서적 장애의 동기가 되는 공식이 있다. 치료와 이해를 위해 그것을 가능한 한 빨리 반드시 찾아야 한다(p. 273).

정서양식은 대개 주요 감정과 부수적 감정으로 구성되어 있다. 예를 들면, 불안이 주요 감정이라면, 질투나 시기심은 부수적 감정으로 뒤따라오거나 불안 속에 감추어져 있는 경우가 있다. 여러 감정 가운데 어느 감정이 우세하게 작용하며, 어느 감정은 억제되거나 은폐되었는지를 선별해 냄으로써 개별 감정의 형성 배경과 역사를 추적하게 된다. 사람들은 겉으로 보기에 주 감정만 드러나지만 그 안에 다양한 감정이 섞여 있을 때 혼란을 경험한다. 감정의 분화는 자아구조를 확립해 주고 분별력을 키워 주며 지성과 감성의 통합을 위해 매우 유익한 작업이다. 비온(Bion, 1992)에 의하면, 강력한 정서는 명료하게 생각하는 능력을 손상시킨다. 치료자가 특정한 정서에 사로잡혀 있다면 분별력의 저하로 인해 내담자가 고요하게 생각할 수 있는 분위기로 인도하지 못한다(p. 365).

정서의 분화는 또한 정서를 구체화함으로써 그 형태와 색깔을 명료하게 드러내는 작업이다. 이런 관점에서 맥윌리엄스(McWilliams, 2007)는 치료과정에서 모호하고 혼란스러운 정서를 언어를 통해 분화하는 작업이 무엇보다도 중요함을 강조한다.

> 치료에서 많은 내담자가 배우게 되는 한 가지 교훈은 모호하고 혼란스러운 감정 상태가 명명되면서 서서히 자각 속으로 통합될 수 있다는 점이다. 치료자들은 자신이 방어에 의해 숨겨져 있던 감정을 발굴하는 일을 하고 있다고 생각할 때가 종종 있는데, 사실 그들은 내담자의 기억 속에 묻혀 있는 감정을 처음으로 찾아내어 이름을 붙여 주고 있는 것이다. 임상가가 반영(mirroring)

이라고 생각하는 것이 환자에게는 새로운 지식으로 받아들여질 수 있다. 즉, 치료자는 내담자가 표현한 것을 단지 정서적 측면을 강조하여 다시 말해 주고 있다고 생각할지 모르지만, 내담자는 과거에 잘 알지 못했던 것에 형태와 색깔이 주어지는 것으로 인식하게 된다. 한 사람의 경험은 그렇게 쉽게 자각되는 것이 아니라 혼돈 상태에서 명료한 형태를 갖게 하는 언어의 힘에 의해서 인식되는 것이다. 볼라스(1987)가 '생각되지 않은 인식(unthought known)'이라고 부른 것이 비로소 인식되고 언어화되며 정서적으로 통합되는 것이다(pp. 344-345).

볼라스(2010)는 내담자의 강렬한 정서로 인한 전이와 역전이뿐만 아니라 그 과정에서 발생한 정서의 분화 작업을 소개한다. 동유럽 태생인 40대 후반의 제인은 악성 히스테리 환자로 알려졌다. 이 여성은 수년간 자신의 정동을 다른 사람들을 복종시키기 위한 전략적 도구로 사용해 왔다. 예를 들어, 그녀는 남자친구로부터 상처를 받았다고 느꼈을 때 오히려 그런 상황이 자신을 유리하게 만든다고 여겼다. 자신이 받은 상처를 크게 부풀려서 남자친구로 하여금 과도한 걱정을 하게 만들었다. 누군가에게 한 행동에 대해 죄책감을 느낄 때, 그녀는 목소리를 높여 엄청난 정서적 폭풍에 휘말린 채 자신을 꾸짖었다. 치료 초기에 치료자는 제인의 말을 듣기보다는 그저 바라만 보았다. 그것은 제인의 미모에 대한 치료자의 역전이에서 비롯된 것이었다. 제인은 치료자를 마비시키는 도구로 치료자의 역전이를 활용했다. 그녀는 치료자를 정서적으로 마비시킴으로써 자신의 내면에 있는 정서가 노출되지 않게 했던 것이다. 상담실에서 보여 준 그녀의 광기 어린 장면들은 너무 강렬한 것이어서, 치료자는 차츰 거리를 두고 그 전이의 강렬함을 피하려고 애썼다. 치료자가 정서적으로 마비되는 현상은 심한 히스테리 환자들과 작업하는 과정에서 흔히 경험하는 현상이다. 히스테리 환자의 경우, 역전이 안에서 무력감을 느끼는 사람은 치료자 자신이다(pp. 301-303).

히스테리성 신경증 환자의 정동은 너무나 강렬해서 온갖 투사와 투사적 동일시로 인해 치료자가 정서의 혼란 속에 빠지는 경우가 있다. 이때 치료자는 전이와 역전이를 분석할 필요가 있다. 이를 통해 내담자의 정서에 동참하더라도 치료 현장에서 그로 하여금 자신의 정서를 인식하고 분화하도록 안내하기는 쉬운 작업이 아니다. 왜냐하면 대개 심각한 신경증 환자들은 자신의 콤플렉스가 담긴 정서의 세계로 들어가기를 두려워하기 때문이다. 그들은 소위 '정서의 언저리'에서 그 폭력성을 자신에게 유리한 방향으로 이용할 궁리만 한다. 이런 환자들은 적당한 거리감을 유지하면서 서서히 정서의 건강한 측면을 경험하도록 인도할 필요가 있다.

다른 사람을 자신의 정서 안으로 끌어들이는 또 다른 사례를 보자. 35세 여성인 힐러리는 상처받고 거절당하는 감정을 불러일으키는 대인관계로 고통을 받고 있었다. 어릴 적에 정당한 대우를 받지 못한 경험이 그녀를 대인관계에서 불편하게 했다. 남성 치료자에 대한 불신이 시작되자, 처음에는 깔끔하고 편안하게 대했으나 그 이면에 복잡한 감정이 얽히게 되었다. 그녀는 치료자에게 자신이 이용당하고 무시당하고 있다고 느꼈다. 자신이 말한 것 가운데 어떤 것은 거절당한다는 느낌도 있었다. 이러한 반복적인 정서 패턴은 이전에 경험한 외상적 기억에 기초한다(Music, 2001, pp. 30-31). 어린 시기에 중요한 대상을 상실했거나, 거부당한 경험이 있거나, 원하지 않은 아이였거나, 버림받은 경험이 있는 사람에게 공통적으로 나타나는 현상은 대상에 대한 집착과 불신이다. 친밀한 대상관계를 너무도 원하면서 동시에 그 어떤 대상도 믿을 수 없는 심각한 양가감정에 시달린다. 그들은 자신이 원하는 것이 충족되지 않을 때 대상에 대한 증오와 분노를 합리화한다. 끊임없이 대상에 대한 불신을 통해 자신을 정당화하고, 이를 통해 자신의 존재감을 강화시킨다. "혼자서도 잘해요."라고 말로만 떠들면서 대상에 대한 집요한 집착으로 주변 사람을 혼란의 도가니에 빠트린다.

정서의 의식화는 인식과 분화로부터 출발한다. 분화되지 않은 정서는 혼란을 초래하며 분별력을 떨어뜨린다. 그러나 분화된 정서는 매력적이며 유익한 에너지로 변화한다. 정서의 분화과정은 감정과 사고의 통합을 의미한다. 감정의 색깔을 분류해 냄으로써 그 성향과 의미를 파악하는 일은 어느 정도 짜임새 있는 구조화가 필요하다. 여기에는 정서의 내용을 언어화하거나 상징화하는 작업도 포함된다. 정서가 의식 속에 떠올라 자각되고 종합될 때만이 정서와 사고의 온전한 통합이 가능하다. 이때 신체가 느끼는 감각에 주의를 기울이고 이를 상징화할 때, 정서는 새로운 의미를 창조하고 분별력을 증가시켜 올바른 결정을 하도록 인도한다(Greenberg & Paivio, 2008, p. 24).

우리는 정서를 배제한 채 대상관계를 맺을 수 없다. 정서적 유대는 매우 중요하지만 여전히 투사를 포함하고 있다. 정서관계는 욕동의 관계로서 우리에게 강박성과 부자유스러움을 안겨 준다. 따라서 부정적 정서로 얽힌 대상관계는 스스로 객관적 입장에 서지 못하게 한다. 정서에 대한 진정한 객관적인 인식을 통해서 인격의 통합은 이루어진다(MDR, pp. 327-328). 본드(2010)는 이 과정을 사고의 세 유형으로 설명한다. 객관적 사고에 기초한 합리적 이성은 주관적 정서의 세계로 들어가는 것을 방해한다. 동시에 주관적 사고만으로 정서에 접근할 때, 그 정서에 대한 객관적 평가는 어려워진다. 본드는 이러한 사고의 두 대극은 소위 '상징적 사고'를 통해 극복된다고 주장한다. 그에 의하면, "상징은 '둘 다/그리고' '그것이다/그것이 아니다' '하나/여럿'과 같은 긴장 상태를 통해 살아간다. 긴장은 상징을 생명력 넘치게 만드는 역할을 한다."(p. 157) 본드가 말하는 긴장은 역동적 긴장으로서 대극의 합일을 통한 창조적 생명력을 의미한다. 정서에 대한 역동적 · 상징적 · 창조적 접근은 정서를 충분히 주관적이면서 충분히 객관적으로 경험하게 한다. 그러나 우리는 또한 정서에 사로잡힐 때 객관적 실체를 보지 못하며 자신에 대해 고려하지 못한다. 정서가 순화되면 대상관계에서 더 이상 자아중심적이거나 질투의 화신이 되지 않는다(Birkäuser-Oeri, 1988, p. 40).

케이건(Kagan, 2009)은 정서의 분화를 위해 온전한 문장으로 정서과정을 서술할 것을 권장한다. 정서의 의사소통적 · 행동적 · 심리생리학적 측면을 구체적으로 서술하기 위해서는 공포, 분노, 기쁨과 같은 단일체로 정서를 서술하기보다, 구체적으로 누가, 누구에게, 왜, 무엇을 하는 과정에서 정서작용이 발생했는지를 자세히 서술해야 한다(pp. 308-309). 정서는 의식적 요인뿐만 아니라 무의식적인 다양한 자원에 의해 활성화된다. 그러나 치료적 차원에서 주목해야 할 정서는 의식적 사고에 의해 발생한 정서가 아니라 대개는 무의식적으로 형성된 복합적인 정서다(Greenberg & Paivio, 2008, p. 42).

정서의 언어화는 혼란한 정서에 대해 질서를 부여하는 작업이다. 정서가 언어로 표출될 때 정화가 발생함과 동시에 그 폭발적 힘은 약화되고 의식화의 과정으로 진입한다. 정서의 언어화는 정서를 상징화하는 작업을 포함한다. 많은 경우에 정서와 상징은 실제로 하나이며 같은 것이다. 꿈과 환상에서 정서는 이미지로 드러나며, 콤플렉스 또한 상징적 이미지 안에 담겨 있다(CW 18, par. 570). 따라서 꿈속의 이미지들을 분석하면 콤플렉스와 결합된 정서를 뚜렷하게 경험하게 된다. 이 과정에서 콤플렉스 사이의 상호작용과 그와 결합된 모호한 감정도 관찰할 수 있다. 이런 현상은 현실 속에서도 관찰된다. 특별한 의미를 담고 있는 언어나 상징적인 표현 속에서 콤플렉스를 일으키는 요인을 발견하면 콤플렉스와 정서양식이 형성된 배경을 알게 된다.

융심리학에서 상징은 영혼의 언어다. 그것은 삶 속에서 해결되어야 할 과제나 꿈을 통해 드러난 심리적 부담감을 암시한다. 상징은 아직 사용되지 않은 잠재력을 내포한다. 억압된 콤플렉스가 자연스럽게 흘러가도록 길을 터 주거나, 정동에 동반된 꿈이나 환상을 지각하고 그것들을 구체화해 상징들로 나타낼 때 새로운 삶의 변화가 발생한다. 카스트(Kast, 2007b)에 의하면, 상징은 또한 정동과 더불어 콤플렉스의 표현인 동시에 가공소이기도 하다(p. 100). 콤플렉스는 상징을 통해 형태를 갖추며 그 속에서 드러난다. 상징은 본질을 담고 있다. 실존이 인간의 한계성을 드러내는 존재의 현 실태를 의미한다면, 변하지 않는 본질은 상징에 내재함과 동시에 상징을 통해 자신을 계시한다. 어느 정도 의식에 비해 초월적이며 원형적 이미지를 담고 있는 상징의 배후는 비밀로 가득 차 있다. 아직 알려지지 않고, 아직 의식되지 않으며, 잊힌 지 오래되어 마치 타자의 것으로 인식되는 신비한 영원성이 상징을 통해 드러난다.

상징은 하나의 의미만을 담고 있지 않다. 그것은 마치 원형과 원형적 이미지의 관계를 보는 것 같다. 원형이 본질적 요소라면, 상징은 원형적 이미지다. 예를 들면, 모성 원형은 꿈이나 환상 혹은 신화 등에서 나무, 뱀, 땅, 물 등의 다양한 원형적 이미지로 표현된다. 원형적 이미지로서의 "상징은 베일을 씌우고 드러내며, 감추고 벗기며, 퇴행하고 전진하며, 기억하고 구상한다. 상징에는 회상과 예상, 기억과 기대가 담겨 있다. 이런 점에서 상징은 분명 콤플렉스의 표현이며, 콤플렉스에 속하는 것은 상징에도 속한다는 것을 알 수 있다."(Kast, 2007b, p. 104) 결국 원형적 상징을 통해 드러난 콤플렉스는 밝은 면과 어두운 면 모두를 동시에 지니고 있다. 이런 관점에서 융(2012)은 상징이 창조되기 위해서는 선과 악이 함께 결합되어야 함을 역설한다.

> 맨드레이크(mandrake)를 발견하려면 검은 개가 필요하다. 그 이유는 상징이 창조되려면 먼저 언제나 선한 것과 악한 것이 결합되어야 하기 때문이다. 상징이란 것은 떠올려질 수 있는 것도 아니고 발견될 수 있는 것도 아니다. 그것은 만들어질 뿐이다. 상징이 되어 가는 과정을 보면 자궁 안에서 인간의 생명이 자라는 것과 비슷하다. 임신은 자발적인 성교를 통해 이뤄진다. 그런 다음에는 세심한 주의를 통해 새 생명이 커 간다. 그러나 만일 깊은 곳이 임신을 했다면, 그 상징은 자신의 껍질을 깨고 마음으로부터 태어날 것이다. 신의 탄생에 어울리는 과정이다(p. 335).

콤플렉스는 의식되지 않을 경우 외부로 투사된다. 마찬가지로 정서는 의식되지 않을 경우 다른 사람에게 전이되어 심리적 혼란을 부추긴다. 자아가 콤플렉스와 관련된 사건에 접했을 때, 그 일에 대한 책임 있는 태도가 인격의 성숙을 돕는다. 동시에 감정이입 능력을 발달시킴으로써 다른 사람들과의 공감적 유대를 통해 얽힌 매듭을 풀게 된다. 상징은 또한 언어나 행동 혹은 신체적인 반응이나 예기치 못한 사건으로 나타날 수도 있다. 카스트(2007b)는 정서가 상징과 마찬가지로 항상 배후의 의미를 암시한다고 주장한다.

> 실제로 우리는 신체를 통해 정서를 체험한다. 그러나 정서는 항상 배후의 의미를 암시한다. 이러한 상징, 그리고 이와 결합된 판타지가 체험되고 형태화될 때, 콤플렉스에 구속된 에너지는 인간에게 생기를 불어넣고 새로운 태도의 가능성을 가르쳐 주는 에너지로 변할 수 있다(pp. 116-117).

정서의 상징화 작업은 정서를 구체화하고 그 안에 담긴 의미를 분석하기 위해 필요한 과정이다. 감정에 이름을 붙인다거나, 시적 표상으로 그려 내거나, 놀이나 예술작품을 통해 감정을 보다 풍요롭게 표현할 수 있다. 감정은 상징과도 같아서 그 안에 다양한 의미를 동시에 내포하기 때문에 어느 한 가지 개념이나 단어로는 설명이 부족하다. 그래서 가끔 감정 표현이 안 될 때 "미치고 나자빠지겠다!" "아무 말도 못하겠다."라고 하거나 멋쩍은 웃음 또는 눈물로 감정을 대변하기도 한다. 이때 사용된 언어와 신체 반응은 모두 상징적 행위와 표현들이다. 그러나 상징화 작업은 구체적인 언어활동을 통해 보다 효율적으로 전개된다. "나는 마치 한 번도 가 보지 못한 정글 속에 혼자 내동댕이쳐진 느낌입니다." 혹은 "나는 아무 이유도 없이 누군가로부터 심하게 구타를 당하고 감옥에 갇힌 억울한 죄인 같아요."와 같은 은유적 표현은 정서의 상징화에 많은 도움이 된다. '정글' '내동댕이쳐짐' '구타' '감옥' '죄인' 등은 일종의 상징들로서 자신의 정서를 표현하는 도구가 된다. 이처럼 정서에 단어를 부과하여 재경험할 때 새로운 의미를 획득한다.

쾨벡세스(Kövecses, 2009)는 대부분의 감정 영역에 적용되는 근원 영역을 소개하면서 감정에 대한 상징화 작업을 보여 준다. 예를 들면, 그릇은 감정에 대한 은유적 근원 영역으로서 인간의 몸을 상징한다. 바람, 폭풍, 홍수와 같은 자연력 개념은 감정을 개념화할 때 사용되는 상징적 표상들이다(pp. 79-80). 우리는 정서에 대한 상징화를 통해 정서 형성의 배경과 변화과정 그리고 고착된 정서양식을 발견하게 된다. 정서의 상징화를 통해 자아는 정서를 객관적으로 평가할 수 있는 기회를 얻는다(Greenberg & Paivio, 2008: pp. 19, 148). 내담자는 정서를 상징화하면서 감정에 압도당하지 않는 법을 배우게 되고, 이를 통해 자신을 진정시키는 법을 배워 나가게 된다.

터스틴(Tustin, 2001)에 의하면, 상징화 능력은 주체가 외부세계로부터 분리되는 것을 견디는 능력과 유비를 사용할 수 있는 능력에 달려 있다. 또한 유비를 사용할 수 있는 능력은 한 대상으로부터 다른 대상을 구별해 낼 수 있는 능력에 달려 있다(p. 133). 상징화되고 분화된 대상이야말로 진정한 자의식과 의사소통이 가능하다(Kavaler-Adler, 2009, p. 100). 그럼에도 불구하고 상징화 작업은 의식적 노력만으로는 불가능하다. 상징은 본질적으로 무의식의 보상기능에 의해 탄생되기 때문이다. 따라서 우리는 무의식적으로 떠오르는 상징적 이미지를 포착하려는 세심한 노력이 요구된다. 강한 정서가 발생할 때 동반되는 환상이나, 명상 또는 적극적 상상을 통해 경험되는 이미지들은 정서의 상징화를 위한 좋은 표상이 된다.

폰 프란츠(1995)가 소개한 동화 『화내기(*Getting Angry*)』는 정서의 상징화 과정이 동화 속에서 자연스럽게 표출되는 과정을 소개한다. 동화 내용은 다음과 같다.

> 매우 부유하면서도 매우 인색한 한 농부와 아내가 있었다. 아쉽게도 그들에게는 자녀가 없었다. 그들은 너무 인색해서 일꾼들에게 임금을 주는 것조차 꺼렸다. 그 농부가 하루는 가난하게 살고 있는 동생에게 가서 그의 아들 셋을 보내 자신의 농장 일을 하도록 부탁했다. 단 조건은 주인이건 일꾼이건 누구든지 먼저 화를 내면 그 대가를 치르는 것이었다. 주인이 먼저 화를 내면 농장을 내놓고 귀가 잘리거나 자신의 모든 돈을 내놓아야 한다. 만약 일꾼이 먼저 화를 내면 반대로 귀가 잘리거나 임금을 포기해야 한다.
>
> 이런 조건 아래 첫째 조카 한스가 일을 시작했다. 그는 별 어려움이 없었지만 거의 먹지 못한 채 일을 했다. 때가 되자 농부는 그를 속여 임금을 주지 않

을 속임수를 생각해 냈다. 그에게 소를 목초지에 끌고 가면 아내를 시켜 저녁을 가져가게 한다고 했다. 그러나 아무리 기다려도 음식은 오지 않았다. 농부는 한스가 화를 내면서 농장에 올 것이라고 생각했던 것이다. 한스는 저녁 먹을 시간이 되자 화가 나서 도축장 인부를 불러 소를 팔고 꼬리를 잘라 가까운 곳에 묻은 다음 농부를 불렀다. 이를 본 농부는 농장을 잃게 될까 봐 그를 이전보다 더 부드럽게 대했다. 둘은 집으로 돌아왔다. 그러나 농부의 아내가 한스에게 저녁을 주지 않자 농부에게 격노한 한스는 결국 귀를 잘리고 말았다.

둘째 조카 역시 농부의 말대로 말을 몰고 숲으로 갔으나 저녁 먹을 음식이 오지 않자 화가 나서 지나가는 행인에게 말을 팔고는 사자에게 먹혔다고 했다. 농부는 속아 넘어가는 척하고 아내에게 아무것도 먹을 것을 주지 말라고 했다. 화가 나서 농부로부터 밥그릇을 뺏으려는 둘째 조카 역시 귀가 잘리는 신세가 되었다.

다음 날 셋째 조카가 왔다. 그는 매우 단순한 사고를 지닌 사람이었다. 형들은 동생이 배고플 것을 염려하여 날마다 음식을 가져다주었다. 농부는 아내에게 숲으로 가서 뻐꾸기 울음소리를 세 번 내라고 했다. 그는 또한 셋째 조카에게 "뻐꾸기 울음소리가 세 번 울리거든 약속 기한이 되었다."라고 했다. 셋째 조카가 낡은 총을 빌려 달라고 하자, 농부는 오래되어서 폭발할지도 모르는 총을 흔쾌히 빌려 주었다. 때가 되자 농부의 아내가 자신의 역할을 수행하기 위해 나무에 올라가 뻐꾸기 소리를 내려고 할 때 셋째 조카는 총을 겨누어 뻐꾸기를 향해 방아쇠를 당겼다. 실수로 농부의 아내가 죽을 뻔한 순간이었다. 가까이에 숨어 있던 농부는 놀람과 분노로 이글거리면서 조카에게 달려왔다. "삼촌, 화를 내고 있는 건가요?" "그런 상황이라면 어떤 악마도 화를 내지 않을 수 없었을 것"이라고 농부는 대답했다. 농부의 집은 결국 셋째 조카의 손에 들어갔고, 그의 귀는 언제라도 잘려 나갈 판이었다(pp. 215-217).

폰 프란츠가 제시한 동화 『화내기』는 우리에게 많은 시사점을 준다. 우선 분노는 의식적 노력으로 조절하는 것이 매우 어렵다는 것, 그리고 일단 분노에 사로잡히면 쉽게 격분 상태로 이어진다는 것을 주목할 필요가 있다. 농부는 의식적으로 정서를 조절하거나 통제하려고 하며, 그것은 어느 정도 효과가 있었다. 첫째 조카와 둘째 조카는 의식적 사고를 동원하여 나름대로 분노를 조절하려고 했으나 본능적 식욕의 결핍은 이성으로 견딜 수 없는 것이었다. 이것은 정서가 결핍된 신체조건과 결합할 때 쉽게 격분으로 변화된다는 사실을 보여 준다.

정서가 의식적 사고나 지성에 의해 조절되기보다는 자연스러운 흐름에 맡겨질 때 제 갈 길을 간다는 원리는 지극히 단순한 셋째 조카에게서 나타난다. 계획된(의식적) 정서는 계획하지 않은(무의식적) 정서를 이기지 못한다. 아무런 계획도 세우지 않은 채 단순히 자신의 일을 했던 조카에게는 결핍이 스스로 보상구조를 창조한다. 형들이 음식을 제공하며, 위험하고 낡은 총은 자신을 보호하는 수단이 된다. 철저하게 계획하고 준비한 농부는 자신이 파 놓은 지성의 함정에 빠지게 된다. 셋째 조카는 자신의 분노를 낡은 총의 방아쇠를 통해 분출한다. 그것은 뻐꾸기를 잡으려는 지극히 단순한 시도에 불과하다. 그 이면에 사악한 농부를 향한 무의식적 분노가 숨어 있을 뿐이다. 셋째 조카는 분노의 함정에 빠지지 않은 채 상징화된 분노를 통해 정서의 흐름에 자신을 내맡긴 것이다. 폰 프란츠(1995)에 의하면, 폭발적 분노의 변형인 낡은 총은 일종의 상징적인 제스처이며 삼촌의 악한 행동에 대한 무의식적 방어다(pp. 217-220). 동화 『화내기』는 의식적 노력으로 정서의 흐름을 왜곡하는 위험성을 경고함과 동시에, 정서의 상징화는 정서의 흐름을 원활하게 하는 중요한 요소가 됨을 알려 준다.

정서는 언어화와 상징화를 통해 어느 정도 구체화된다. 그러나 정서는 항상 언어를 바탕으로 형성되지는 않는다. 사고를 기반으로 하는 언어는 관념과 연결되어 있기 때문에 정서와 항상 연결되지는 않는다. 따라서 정서의 언어화와 관념의 언어화는 구별되어야 한다. 정서의 내용을 언어로 완벽하게 표현할 수는 없을지라도, 언어는 정서에 어느 정도 질서를 부여함으로써 그 의미와 지향성을 파악하게 한다. 이런 관점에서 크리스테바(Kristeva, 2004)는 문학 속에서 정서는 충동적인 인물들과 행위들을 통해 무의식의 내용을 펼쳐 보인다고 주장한다. 프로이트(Freud)에게는 문학이 히스테리나 하나의 '변형된 예술작품'이었던 것처럼, 등장인물들의 상호 주관적인 차원에서 그리고 문체에 드러나는 언어 내적인 차원에서 다양한 정서의 무대가 펼쳐진다(pp. 225-226). 언어가 구조화되어 나타나는 글쓰기는 정서의 효율성을 높인다. 글쓰기는 다양한 정서를 운반하고, 그것을 자연스럽게 흘러가도록 돕는다. 글쓰기는 정서가 승화할 수 있는 출구를 제공하고, 정서를 상징적인 제3의 영역으로 옮겨 놓는다(p. 275). 제이콥스(2008) 또한 정서를 인식하고 분화하기 위한 글쓰기를 권장한다.

> 저널은 정서적으로 부정적이었던 시간의 과정을 알기 쉽게 보여 준다. 저널은 특히 건강의 위기나 이사, 또는 인간관계의 변화가 있을 때 오는 불안정한 정서 상태에서 유용하다. 그럴 때 저널을 통해 사람들은 자신의 정서의 굴곡을 정리함으로써 정서를 다스릴 수 있다. 극단적이거나 다양하게 변화하는 감정을 기록하다 보면 그 변화과정이 보일 것이다. ……감정은 유기적인 절차로서 하나의 과정을 거친다. 그 과정이 느리거나 반복적일 수 있겠지만, 감정의 흐름 속에서 변화가 일어날 만한 가능성은 언제나 존재한다(p. 48).

연상 작업을 통해 드러난 정서의 인식과 분화 과정을 살펴보자. 40세 중반의 여성과 상담하는 도중 침묵이 흘렀다. 10여 분 흘렀을까? 내담자는 침묵과 고독 그리고 혼자 있는 것이 매우 어렵다고 말하면서, 그래도 상담자와 함께한 침묵은 나름대로 좋은 경험이 되었다고 토로했다. 상담자 역시 침묵하는 시간이 쉽지만은 않았다. 그동안 상담자는 내담자를 살피면서 테이블 중앙에 놓여 있는 작은 화분을 주목했다. 내담자 역시 그 화분을 바라보고 있었다. 내담자는 화분의 아랫부분에 시선을 고정했다. 나중에 안 일이지만 내담자가 본 화분의 모양과 상담자가 본 화분의 모양은 전혀 달랐다. 상담자 측면에서 본 화분은 그야말로 새순의 약동이 느껴졌다. 반면에 내담자 쪽에서 바라본 화분은 중앙이 거의 비어 있었고 오래된 줄기 하나가 바닥에 꽂혀 있었다. 마치 누군가 죽은 가지를 화분 중앙에 꽂아 놓은 것 같았다. 상담자가 “이 모습을 보고 생각나는 것이 있나요?”라고 묻자, 내담자는 “자궁에 남성 성기가 있는 것처럼 보이네요.”라고 대답했다. 이어 정서적 차원의 질문이 이어졌다.

상담자: “지금 어떤 느낌인가요?”
내담자: “지저분한 느낌이에요.”
상담자: “그 느낌은 좋은가요, 나쁜가요?”
내담자: “불쾌한 느낌이네요.”
상담자: “그와 같은 느낌을 언제 느껴 본 적이 있나요?”

이때 내담자는 잠시 머뭇거리다가 이전의 기억을 떠올렸다. 사춘기 시절에 가까운 친척으로부터 성적인 모멸감을 느꼈다는 것이다. 저항할 수 없는 상태에서 자신의 몸을 만지는 것에 대해 항의 한 번 하지 못하고 불쾌한 감정을 억누르고 있어야만 했다. 그 감정은 불쾌하고 지저분하고 수치스러운, 말로 표현할 수 없는 복잡한 감정 덩어리였다. 그 남자의 아내에게 죄를 짓고 있다는 죄책감과 더불어 저항 없이 남성의 폭력을 수용했다는 점이 자신을 수치심으로 인도했다. 그 이후 결혼한 지금도 남편을 비롯하여 심지어 자녀와도 피부 접촉을 꺼린다는 것이다. 접촉에 대한 불신과 불안, 죄책감, 수치심 등이 한데 어우러져 일상생활에 막대한 지장을 주고 있었던 것이다. 전혀 예상하지 못한 연상 작업을 통해 내담자는 잊힌 정서가 수면 위로 떠오르면서 자신의 성에 대한 감정을 인식하게 되었고, 그 과정에서 한데 얽힌 복잡한 정서가 하나하나 분화되는 경험을 할 수 있었다. 정서의 분화과정에서는 일단 연상과정에서 떠오른 사건에 대한 감정을 파악한다. 유쾌함 또는 불쾌함의 판단기능인 감정은 정서를 형성하기 이전의 원초적 느낌에 해당된다. 콤플렉스와 결합된 불쾌한 감정을 다시 세분화함으로써 정서가 형성된 과정을 추적할 수 있다. 정서적 반응은 대체로 감정이 온 다음에 오기 때문이다(CW 18, par. 49 참조).

스페자노(Spezzano, 1993)가 소개한 사례에서 우리는 정서분석의 과정을 살펴볼 수 있다. 한 여성 내담자는 성적 흥분을 피하기 위해 자신의 분노를 활성화한다. 성적 흥분 상태를 조절하지 못하는 당황스러운 감정은 자신을 화나게 하는 다른 남성들에 대한 부정적 생각과 맞물려서 곧 분노로 변한다. 내담자가 분노를 종종 느낀다고 말하자, 치료자는 분노 이상의 다른 감정을 느낄 수도 있고, 분노 이전에 다른 감정이 있는데 그것을 느끼지 못할 수도 있다는 사실을 환기시킨다. 치료과정에서 그 내담자는 남성들이 자신에게 성적인 관계를 원한다는 생각에 분노에 휩싸이곤 했다. 그녀는 자신의 흥분된 성적 감정을 남성에 대한 분노로 위장하고 있었다. 치료자는 그녀로 하여금 자신의 성적 감정을 스스로 드러내기를 강요할 수 없다. 대신 정신역동적 차원에서 치료자는 그녀 스스로 전이를 통해 자신의 성적 감정을 드러내기를 기다려야만 한다. 그때 치료자는 내담자의 성적 감정을 공유하면서 정서의 실체를 경험하게 된다.

내담자가 인식하지 못하는 정서를 치료자가 전이를 통해 인식하고, 그 결과를 내담자와 함께 나눔으로써 정서의 인식이 가능하게 된다. 치료과정에서 특별한 정서를 경험할 때, 그것이 치료자 자신의 것인지 혹은 내담자로부터 온 것인지를 구별할 필요가 있다. 종종 치료자의 정서와 내담자의 정서가 맞물려 두 사람 사이의 정서를 구별하지 못할 때도 있다. 그것은 전이와 역전이가 혼합된 혼돈의 상태에서 경험된다. 일단 특별한 정서가 내담자로부터 온 것이라면, 치료자는 적절한 시기에 내담자로 하여금 자신의 정서를 인식하도록 도울 수 있다. 대인관계에서의 정서는 상호 침투적이고 전염성이 강하기 때문에 신체 반응과 함께 정서의 변화에 주목한다면 대인관계에서 어떤 정서 상태가 지배적인 것인가를 분별하기란 그리 어렵지 않다.

정서의 분화는 대체로 상징적 표상을 통해 드러난다. 치료자인 실버먼은 내담자로부터 미용사의 가위와 손가락에 대한 말을 듣자 이렇게 말한다. "내가 당신에게 미용사의 가위와 손가락에 대한 말을 들었을 때, 나는 나 자신이 성적으로

홍분되는 것을 느꼈습니다. 당신 또한 그런 감정을 느끼지 않나요?" 내담자는 치료자의 제안에 쉽게 동의하지 않았다. 내담자의 저항은 종종 더 이상 상황이 나빠지는 것을 방지하기 위한 방어기제로 작용하는 경우가 있다. 가위와 손가락에 대한 내담자의 연상은 자위 환상으로 이어졌다. 결국 내담자는 자신이 피학적인(masochistic) 성적 환상에 의해 흥분되는 사실에 대해 말하기 시작했다. 심지어 내담자는 치료자의 강요와 자신에게 상처를 주는 일까지도 흥분된다고 하였다. 이런 성적 흥분 상태에서 내담자는 죄책감과 수치심을 느꼈다. 치료자는 내담자의 정서 패턴에 대해 설명하거나 논증하는 것을 피하면서 내담자와 함께 그런 감정을 경험하고 정서의 흐름을 세밀하게 관찰했다(Spezzano, 1993, pp. 39-49). 이처럼 정신역동적 정서분석은 치료자와 내담자가 함께 경험하는 정서과정과도 같다. 전이와 역전이를 통해 서로의 감정을 인식하고 세밀하게 분화하는 과정에서 무의식적인 내용이 자연스럽게 수면 위로 떠오르게 된다. 최종과정인 정서분석은 이미 경험된 정서적 교감을 확인하는 차원에서 이루어지며, 그것은 인격의 통합으로 이어진다.

정서의 인식과 분화는 심리치료의 기본이자 출발점이다. 정서의 인식과 분화를 통해 상담자는 내담자의 감정과 경험에 보다 가깝게 접근하여 적절한 응답을 할 수 있게 된다. 그럼에도 불구하고 우리는 복잡하게 얽힌 정서를 완벽하게 해독하거나 분류해 낼 수는 없다. 정서는 본질적으로 감정에 기초하며, 감정은 지적 능력을 능가하기 때문이다(CW 6, par. 728). 제한적이나마 정서에 질서를 부여하는 작업이 정서에 대한 자각이며 분화 작업임을 염두에 두어야 한다. 정서의 무한정성은 마치 인간의 정신세계와도 같다. 정신세계를 어떤 하나의 구조나 몇 개의 단어로 설명할 수 없듯이 정서 또한 그러하다. 정서는 인간 지성의 범주를 크게 뛰어넘어 마치 영혼의 세계를 구성하고 있는 것처럼 보인다. 쉽고 간단하게 정서를 정의하고 분류해 내는 작업이야말로 인간의 정신세계에 대한 폄하일 것이다.

정서의 분화는 정서분석을 위한 기초 자료가 되며 의식화를 위한 중요한 수단이 된다. 그 과정은 대체로 다섯 단계로 진행된다.

첫째, 현재의 느낌이 좋은가 나쁜가? 혹은 좋지도 않고 나쁘지도 않거나 좋고 나쁨이 섞여 있는 미묘한 느낌인가? 감정은 대체로 외상적 기억이나 콤플렉스와 결합할 때 정서로 발전한다. 따라서 복잡한 감정일수록 좋고 나쁨을 판단할 수 없는 경우가 많다. 정서 또한 단일한 상태로 표현되기보다는 복잡하게 얽혀 있는 경우가 대부분이다. 따라서 일차적으로 감정 상태인지, 정서 상태인지를 판단하고, 그것이 비교적 단순한 감정인지 혹은 여러 가지 감정이 복잡하게 얽혀 있는지를 판단하는 것이 중요하다.

둘째, 현재의 감정과 함께 신체 반응이 따라오는가? 머리가 아프거나 소화가 되지 않는가? 가슴이나 위장에 통증이 오는가? 숨이 가빠지거나, 허리나 팔다리 혹은 다른 신체의 일부에 현저한 통증이나 이상한 반응이 오는가? 신체는 정신세계의 상징이자 가시적 표현이라는 점에서 주목할 만하다. 예를 들면, 머리가 아프면 이성적 판단과 관계가 있을 수 있고, 위장이 아프면 이해나 적응 능력과 관계가 있을 수 있다. 가슴이 아프거나 숨이 가빠 오면 심리적 억압이 심하거나 위기에 노출되었을 가능성이 있다. 허리가 아플 때는 지탱할 힘이 없거나, 지지세력의 부재로 인한 무기력증을 고려해 볼 수 있다.

셋째, 현재의 정서는 외부의 자극으로부터 온 것인가, 아니면 내부의 욕구나 충동으로부터 온 것인가? 내부세계와 외부세계를 연결해 주는 정서는 대체로 외부 자극으로부터 촉발된다. 그럼에도 불구하고 성적 본능이나 충동과 같은 내부 자극으로부터 유래되는 정서도 있다. 외부 자극에 의해 유발된 정서는 대인관계나 적응 패턴을 반영하며, 내부로부터 발생한 정서는 원형적 기질이나 오랫동안 형성된 정서 패턴이 고착되어 거의 무의식적으로 발생하는 경우가 있다. 내부 인격 사이의 부조화로 인한 정서는 대체로 억압을 심화시키거나 폭발적 정동으로 발전하기 쉽다. 예를 들면, 자신의 그림자가 아니마나 아니무스의 부정적인 측면을 자극하거나 다른 인격적 요소들의 기능을 방해할 때, 그로 인한 정서는 가속화되어 자아의 적응력을 약화시킨다.

넷째, 현재 가장 현저하게 드러난 핵심 정서는 무엇이며, 그와 동반된 부수적 정서는 무엇인가? 개인마다 정서적 표현은 다르게 표출된다. 어떤 사람은 슬플 때나 죄책감을 느낄 때나 수치심을 느끼거나 시기심을 느낄 때 그것을 모두 분노를 통해 표출한다. 이 경우 핵심 정서는 분노가 되며, 그 이면에 수치심이나 시기심과 같은 다른 정서가 스며 있다. 현재 자신의 감정을 얼마나 진솔하게 경험하고 있는가? 원래적 감정은 무엇이며, 다른 감정으로 발전되거나 왜곡·변형된 내용이 있는가? 그 과정은 어떻게 드러나는가? 치료자는 이와 같은 질문을 염두에 두면서 내담자의 정서 패턴을 살펴야 한다.

다섯째, 현재 억압하고 있거나 그동안 감추어진 정서가 새롭게 드러난 것이 있는가? 정신증 환자의 경우 대부분 자신의 정서를 억압하거나 거의 표현하지 못한다. 그들은 대개 상황에 적합하지 않은 언어나 행동을 통해 자신의 정서를 간접적으로 표현한다. 정서가 표출되지 못할 때는 그에 따른 신체 변화 역시 감추어져 있다. 따라서 치료자는 마음속 깊이 숨어 있는 정서를 찾아내기 위해 자신의 정서능력을 개발해야 한다. 의식적으로는 느끼지 못하지만 꿈이나 환상을 통해 정서가 표출되는 경우도 있다. 따라서 치료자는 꿈과 환상 등을 분석함으로써 무의식에 내재된 정서 상태를 파악하게 된다.

2. 정서의 경험과 관찰

1) 정서의 경험

정서의 경험은 일단 고백으로부터 출발한다. 이 고백은 성당에서 신도가 자신의 죄를 신부님에게 고백하는 고해성사와는 전적으로 다르다. 오히려 치료현장에서의 고백은 자기(self)에게 자아(ego)의 참모습을 드러내는 중요한 결단의 행위다. 상담자는 내담자와 동일한 심정으로 그 고백에 동참한다. 브래지어

(Brazier, 2012)는 "비밀을 말로 표현하는 것은 우리 자신을 자비로 초대하는 일"이라고 주장하면서, 우리는 비밀을 털어놓는 과정에서 자신의 이야기를 미묘하게 바꾸고 정서의 흐름을 조정하며 세부 사항을 다듬게 된다고 한다. 그는 솔직한 고백만이 비밀의 파괴성으로부터 우리 자신을 보호하며, 평화와 화합으로 가는 고결한 방법임을 역설한다(p. 207). 자기 자신에게 스스로 진실을 밝힘으로써 우리는 정서적으로 안정감을 얻고 부정적 정서에 함몰되지 않는다.

개인의 사적인 비밀을 담고 있는 정서는 매우 주관적이다. 동일한 장소에서 동일한 시간에 동일한 사건을 경험한 사람들의 정서 경험은 제각기 다르다. 왜 그럴까? 그 사건에 대한 지성적 판단은 몇 개의 범주로 나눌 수 있다. 그러나 정서적 판단은 그렇지 않다. 제이콥스(2008)는 9 · 11 테러 사건을 목격한 사람들의 다양한 반응을 다음과 같이 소개한다.

> 모두가 그 사건을 자신만의 고유한 각도에서 바라봤다. 어떤 사람은 아주 분노했고, 어떤 사람은 두려워했으며, 어떤 사람은 죄책감을 느꼈다. 테러 사건의 세부 내용에 큰 관심을 가지는 사람이 있는 반면, 어떤 사람은 자신의 삶 가운데 있었던 끔찍한 폭력이나 갑작스러운 재난의 경험을 기억해 내는 데 집중하고 있었다. 어떤 사람은 정서적으로 주변 사람과 이전보다 더욱 강한 유대관계를 느낀 반면, 어떤 사람은 소외감 또는 무시되는 느낌을 받았다. 모두가 동일한 하나의 사건을 비극이나 재난에 대해 자신만이 갖고 있는 정서적 패러다임에 맞추기 위해 노력했으며, 그런 패러다임은 그들의 일생 동안 이루어진 감정생활에 의한 결과물이었다(p. 62).

정서의 주관성은 개개인의 정서를 일반화할 수 없다는 의미를 담고 있다. 다른 사람들이 웃고 있을 때 어떤 사람은 슬픈 감정을 느낀다면, 그것은 잘못된 것이 아니라 그럴 만한 이유가 있다는 뜻이다. 개인의 독특한 정서적 반응은 평범하지 못했던 과거의 기억이 외부로 표출되는 증세이자 앞으로 해결해야 할 과제의 상징적 표현이다. 즐거움을 슬픔으로 표현할 수밖에 없는 한 인간의 고통에 동참할 때, 정서는 의사소통의 수단이 되고 흘러갈 곳을 찾게 된다. 정서의 경험은 누군가와 함께할 때 그 모습이 구체화된다. 고백을 통해 정서는 외부로 표출되며 새로운 차원에서 재경험된다. 그러나 준비되지 않은 내담자에게 정서에 직면하기를 일방적으로 강요해서는 안 된다. 이런 관점에서 코헛(Kohut, 2007)은 직면보다는 내담자에게 자기대상 전이에 대한 일관된 해석을 견지하기를 주문한다.

> 나의 임상 경험—내가 새로운 관점을 갖기 이전 시절과 그 이후 시절의 것을 모두 포함한—에 따르면, 직면은 자주 사용되어서는 안 된다. 직면에 의해 충격을 받고 놀라는 환자를 보면서 분석가는 순간적으로 자신이 자존감이 높아진다고 느낄 수 있을 것이다. 그러나 직면은 성인의 삶의 현실이 이미 제공해 준 것 이상의 것을 주지는 못한다. 직면을 사용해서 환자를 교육시키는 것이 분석가의 과제가 아니다. 분석가의 과제는 자기대상 전이에 대한 일관된 해석을 통해서 환자의 자기 결함을 치료하는 것이다. 분석의 후반부에 어린 시절에 발생한 심리적 현실에 대한 극복과정이 완성되면서, 환자는 오랜 기간에 걸쳐 서서히 획득한 심리구조로 인해 삶 자체로부터 오는 현실주의적 교훈을 얻게 된다(p. 251).

원초적이고 일차적인 감정을 있는 그대로 경험하는 일은 인간의 자연적 본성 회복을 위해 매우 중요하다. 이런 감정은 그 자체로 치료적이다. 두려움을 수치심으로 위장한 채 살아온 사람에게 두려움을 있는 그대로 경험하는 일은 그 자체가 모험이며 새로운 세계를 경험하는 것이다. 그 새로움은 사실 아직 한 번도 누려 보지 못한 채 내면에 잠자고 있던 자신의 귀한 생명력이다. 치료자는 슬픔, 불안, 분노, 사랑과 증오, 행복과 불행감 등의 원초적인 감정을 내담자가 경험할 수 있도록 도와야 한다.

과거의 외상과 관련된 정서만을 경험하게 하는 것이 최선의 방법은 아니다. 자신에게 고통을 준 상처를 빨리 아물게 하기 위해 그 고통을 제거하거나 직면해서 싸운다면 그 상처는 쉽게 물러가지 않는다. 오히려 외상적 정서에 또 다른 상처를 주지 않은 채 원초적인 감정을 서서히 경험하는 것이 도움이 된다. 자연적인 감정을 있는 그대로 경험하다 보면 외상적 정서에도 서서히 다가갈 수 있는 용기와 힘을 얻게 된다. 정서에 대한 상징화 작업은 인식과 분화 과정뿐만 아니라 치료의 전 과정에서 유효하다. 원초적 감정을 상징화함으로써 내담자의 심리적 내용이 보다 광범위하고 구체적으로 드러날 수 있다. 정서를 경험하는 과정에서 상징화된 정서를 통해 내담자는 자신의 요구와 목표, 관심사에 접근하게 되고, 궁극적으로는 미래에 대한 희망적 대안을 발견하기도 한다. 한 내담자는 자신도 모르게 치밀어 오르는 분노 속에 깊은 상처가 있다는 것을 발견했다. 그 내담자는 치료과정에서 자신에게 필요한 것은 편안한 감정이라는 것을 깨닫고 이를 추구했다(Greenberg & Paivio, 2008, p. 18).

정서의 경험은 대체로 다음 사항을 포함한다.

첫째, 과거의 정서적 경험이 현재적 경험이 되도록 정서에 대한 개방적 자세가 필요하다. 억압되었거나 잊힌 정서, 그리고 자신 안에 있는 비밀스러운 정서를 경험하기 위해서는 정서의 흐름에 자신을 내맡겨야 한다. 정서는 흐르는 물과 같다. 물꼬만 터 주면 홍수라도 지나가듯이 정서 또한 그러하다. 처음에는 광범위하고 복잡하게 얽힌 정서를 있는 그대로 유지하고 그 혼란한 상태를 경험해야 한다. 미분화된 정서가 급하게 구체화될 때 현재의 심리 상태를 정확하게 파악하지 못하게 된다. 진솔한 고백과 자신을 성찰하고자 하는 강한 의지는 정서에 보다 친근하게 다가갈 기회를 제공할 것이다.

둘째, 자신 안에서 면면히 흐르고 있는 미세한 정서의 흐름을 감지해야 한다. 정서 발생의 출발점과 진행과정 그리고 현재의 정서 상태를 따라가면서 미세한 부분까지 경험하기 위해서는 정서의 분화가 전제되어야 한다. 정서의 미세한 부분과 함께 깊은 차원의 정서도 함께 경험하도록 노력한다. 꿈에 나타난 정서의 흐름에 주목함으로써 원형적 차원의 정서를 경험하기도 한다.

셋째, 인간, 자연, 초월적 존재까지도 포함하는 모든 대상과의 관계 속에서 발생하는 정서를 통합적으로 경험하도록 노력해야 한다. 산천초목과 동식물까지도 정서적 교감의 대상이 될 때, 공감능력은 향상되며 자신의 정서적 인격은 통합된다. 융학파의 신화, 동화, 민담 연구는 이런 면에서 많은 도움을 준다. 이야기 속의 대상을 살아 있는 대상으로 창조하면 정서적 교감능력이 길러진다.

넷째, 정신역동적 정서분석은 의식과 무의식 사이의 정서적 역동에 주목한다. 의식적 현실에서 경험하는 정서와 무의식적 차원에서 진행되는 정서를 있는 그대로 경험함으로써 의식과 무의식의 역동이 주는 의미를 발견할 수 있다. 예를 들면, 의식적으로는 행복한데 왠지 모르게 불안이 밀려온다면 무의식의 근저에 흐르는 정서에 주목함으로써 현재의 심리 상태를 진단하게 된다.

2) 정서의 관찰

정서의 경험과 함께 치료과정에서 주목해야 할 점은 정서에 대한 세밀한 관찰이다. 우리는 내적 욕구와 외적 자극에 대한 반응을 관찰함으로써 정서가 표출되는 방식을 구별할 수 있다. 세밀한 정서 관찰은 심리분석을 위한 기본 정보를 제공한다. 정서의 관찰이 효과적으로 이루어지기 위해서는 정서에 대한 분화 작업이 선행되어야 한다. 정서적 충격이 다가올 때, 우리는 대개 그것을 피하거나 빨리 억압하려고 한다. 오히려 우리는 그 이후에 어떤 정서가 발현되는지 관찰할 필요가 있다. 폰 프란츠(1980)에 의하면, 부정적인 정동일수록 그것을 통해서 많은 것을 얻을 수 있다. 아무리 부정적인 정동이라고 할지라도 그것을 가볍게 여길 때 더 큰 재앙이 뒤따른다. 정동에 대한 따뜻하고 미세한 관찰을 통해 우리는 정동과 더욱 친밀한 관계를 형성하게 된다.

자신의 정동을 '우정의 선물'이 되도록 허용하는 것이 현명하다고 생각한

> 다. 왜냐하면 당신이 동료에게 부정적인 정동을 제공할 때 기본적으로 그것은 일종의 친절한 행위이기 때문이다. 그러나 그것은 단지 당신 자신이 그 정동에 의해 압도되지 않을 경우에 유효하다! 만약 분석가가 그 정동에 의해 압도당한다면 그것을 경험하는 장점은 없다. 그러나 당신이 당신의 부정적인 정동을 바로 가볍게 할 수 있다면 그때에는 어떤 윤리적 문제가 있게 된다. 우리는 분리될 수도 있다. 그러나 그렇게 될 경우에 상대방은 낮은 동물적 수준의 참여에 대한 즉각적인 따스함을 빼앗기게 된다. ……우리는 더욱 미세한 유형의 따스함이 필요하다. 왜냐하면 우리의 즉각적인 정서가 허용되고 다른 사람들에게 정동과 우리가 느끼는 정서적 참여를 제공할 때 우리는 더욱 관계적이고 더욱 겸손하게 되기 때문이다(pp. 65-66).

융은 정서의 관찰을 위해 적극적 상상법의 유용함을 소개한다. 융 자신은 너무나 자주 흥분되어 정서를 요가로 정지시켜야 했다. 그러나 융의 목표는 요가 자체에 있지 않았다. 융에게 인도의 요가는 다양한 정신적인 내용과 상을 완전히 제거하는 목적으로 사용하고 있는 것처럼 보였다. 요가는 마음을 비우고 편안한 상태를 유지하기 위해서 필요했지만, 그가 진정 원하는 것은 무의식의 내용을 경험하는 것이었다. 요가를 통해 안정감을 얻은 다음 무의식과의 작업을 다시 시작하게 될 때, 융은 자신으로 다시 돌아왔다는 느낌을 갖게 되었다.

적극적 상상의 첫 단계로, 깊은 심호흡을 몇 차례 한 후 긴장을 제거한다. 두 번째 단계로, 의식적인 모든 조절을 풀고 무의식의 상과 안에서 나오는 소리로 하여금 새롭게 말하도록 한다. 이때 모든 의식적인 판단과 사고과정이 무의식의 내용을 임의로 조작하거나 상상해서 그려 내지 않아야 한다. 대신 무의식의 상에 주목하면서 그 상이 말하는 내용에 귀를 기울이는 의식의 열린 자세가 필요하다. 세 번째 단계는 정서를 상으로 번역하는 작업(상징화)이다. 아동은 대개 엄마에 대한 정서를 무시무시한 마녀 상으로 번역하고 그 마녀에 대항해서 승리하는 것을 즐거워한다. 융은 감정 속에 숨어 있는 상들을 성공적으로 발견함에 따라 그만큼 내적인 안정이 생겼다. 만일 그가 정서의 폭력에 자신을 그대로 맡겼더라면 무의식의 내용에 의해서 산산조각이 났을지도 모른다. 정서와 함께 밀려오는 무의식의 내용은 오직 의식의 겸손한 수용성에 달려 있다. 그 어떤 인위적인 조작이나 조절도 무의식의 자율성을 침해할 수 없다. 무의식의 흐름을 차단하는 것은 곧 신경증의 시작을 의미한다. 융은 적극적 상상을 통해 정서 뒤에 숨은 상을 의식화함으로써 자신의 정서에 보다 가깝게 접근할 수 있었다(MDR, pp. 201-202).

무의식과의 대면이 얼마나 어려운 일인가는 융의 고백에 잘 드러나 있다. 그는 무의식과의 대면을 자신에게 부과된 학문적 실험으로 인식하고 있었다. 그 여정에서 가장 힘들었던 것은 부정적인 감정을 극복하는 일이었다. 감정은 대체로 불합리하게 보이는 경우가 많다. 감정은 가끔 지성의 눈으로 볼 때 비합리적이고 타당성이 없는 것으로 치부된다. 융은 이런 불합리한 감정에 자신을 맡기는 도전을 했다. 그는 아무 의미도 없는 것처럼 보이면서 저항감을 느끼게 한 환상을 글로 표현했다. 정서가 언어로 표현될 때 객관화되고 다른 사람과의 의사소통이 가능해지기 때문이다. 마음속에서만 움직이던 환상을 붙잡기 위해 융은 환상 속으로 들어가야 했지만, 이에 대한 강한 저항과 불안함이 있었다. 자기조절 능력의 상실에 대한 두려움이 엄습했지만, 그는 무의식과의 대면을 회피하지 않음으로써 무의식의 상이 자신을 압도하는 위험을 피할 수 있었다(MDR, p. 202). 카스트(2007b)는 적극적 상상을 통해 무의식과 대화하는 과정을 소개한다.

> 우리는 스스로 판타지 속으로 들어가야 하며 그 속의 인물들에게 해명을 요구해야 한다. 무의식은 이를 통해 비로소 의식과 통합된다. 변증법적인 방식을 통해, 다시 말해서 당신과 무의식적인 인물들과의 대화를 통해 판타지 속에서 일어나는 일이 당신에게도 일어나야만 한다. 판타지가 당신을 대변하도록 해서는 안 된다. 자아는 보존되어야 하며, 무의식은 그것을 변화시키는 역할만 하도록 해야 한다. 하지만 무의식은 인정되어야 한다. 무의식이 제지되어야 할 때는

그것이 자아를 억압하고 동화시키려 할 때뿐이다(pp. 206-207).

융은 적극적 상상 속에서 무의식의 상들(images)과의 대화를 대단히 중요하게 보았다. 상과 정서는 동일한 근원에서 파생된 두 측면이다. 따라서 무의식에서 파생된 상들과 대면하는 작업은 곧 정서와의 대면을 의미한다(Hillman, 1960, p. 182). 꿈, 환상, 신화, 동화, 민담 등에 표출된 원형적인 상들이 모두 자율성을 가지고 있다는 점을 고려할 때, 이 상들을 인위적으로 변화시키는 것은 거의 불가능하다. 그것들은 대화를 통해 스스로 변화한다. 무의식에 내재된 원형상들이 서로 관계를 맺고 소통하기 위해서는 일단 인격의 일부로 수용되어야 한다. 그것을 가능하게 해 주는 작업이 바로 적극적 상상이다. 의식과 무의식의 대화는 오직 무의식의 전언에 대한 의식의 겸손한 수용이 있을 때 가능하다. 이로 인해 상들이 변화하고, 상들의 변화는 정서의 변화를 초래한다. 그것은 곧 의식적 태도의 변화로 이어진다. 이전에는 도저히 받아들일 수 없는 것들도 새로운 자아의식에 의해 수용된다. 이 과정은 꿈이나 환상을 통해 드러나기도 한다. 적극적 상상은 정서적으로 어려운 상황과 대면하도록 부추긴다. 이를 통해 우리 마음의 다양한 측면과 접하게 되며, 그것은 마음을 생동적으로 만들고 다른 사람들과의 관계를 새롭게 한다(Kast, 2007b, pp. 206-207).

정서의 관찰은 신체 공감을 통해 이루어지기도 한다. 내담자의 정서가 전이되어 치료자의 신체 반응을 초래할 수도 있다. 그와 반대로 치료자의 정서적 반응을 통해 내담자가 자신의 정서를 발견하기도 한다. 정서적 의사소통은 치료과정에서 발생하는 투사적 동일시에 의한 정서의 전염과 전이 · 역전이를 통해 이루어지며, 의미 있는 대상이 자신의 정서를 대신하여 표출하기도 한다. 이것을 케이건은 '대리정서'로 기술하기도 한다(Kagan, 2009, p. 87). 정서적 의사소통은 "어투나 말의 빈도나 길이, 은유적인 언어, 용어 선택에 들어 있는 미묘한 함축적인 의미, 옷차림, 얼굴 표정, 자세, 심지어 근육의 톤, 눈빛의 반짝거림이나 흐릿함을 통해 이루어진다."(Hamilton, 1960, p. 275) 치료자와 내담자 사이의 공감적 친밀감은 정서적 의사소통을 원활하게 한다.

코헛(2007)에 의하면, 공감은 자기대상 환경과의 물리적 융합이 자기대상과의 공감적 유대로 대체되면서 건강한 거리감을 유지할 수 있다. 아동기와 마찬가지로, 성인 역시 치료과정에서 이해단계에서 설명단계로 옮겨 가는 동안 공감적 친밀감은 유지되는 한편, 자기와 자기대상 사이의 물리적 거리는 증가한다(p. 268). 김병훈(2009)은 이런 관점에서 유아기 수준에서 성인기 수준으로 변화하는 과정이 바로 인간의 정서적 발달이라고 주장한다(p. 299). 고립된 정서는 홀로 화가 난 것과 같은 상태다. 그러나 공감적 정서(sympathetic emotion)는 마치 많은 사람과 함께 고통을 당하는 것과 같이, 혹은 전체 세계와 연결되어 있는 것처럼 거의 우주적 성격을 지닌다. 여기서 융이 말하는 '공감적'이란 단어는 일종의 고태적 직관으로서 동물을 포함한 인간의 전체 역사와 관계가 있다. 그것은 개인을 벗어난 집단적인 정서로서, 이러한 정서가 지배적일 때 마치 낯선 것에 의해 사로잡히는 현상과도 같다(DA, p. 335).

정신분석학자인 아이건(Eigen, 2009b)의 책 『독이 든 양분(*Toxic Nourishment*)』에서 제시된 사례는 정서의 경험과 관찰 과정을 자세히 보여 준다. 내담자 루시아는 30대 중반 여성으로서 결혼 이후 두 번의 자연유산 경험이 있다. 전문직을 가진 그녀는 어머니가 되기 위해 일을 줄였다. 그녀는 남편 잰이 사업상 자주 집을 비우기 때문에 몇 달씩 혼자 지내야 했다. 남편은 청결한 환경과 잘 준비된 음식을 중시했고, 그와 달리 감정과 기분을 중시하는 루시아는 실질적인 잔일에는 관심이 없었다. 잰은 루시아가 가사를 돌보기를 원했지만, 루시아는 그럴 의향도 경험도 없었다. 루시아가 심리분석가를 찾을 때는 임신이 또다시 실패할 것에 대한 두려움 때문이었다. 타인을 힘들게 하면서 감정을 철회하거나, 격분함으로써 자신의 감정을 회수하는 것이 그녀의 정서양식이었다. 루시아는 부정적인 감정이 일어나거나 좌절하는 순간에 대한 반응으로 남편 잰을 비난하거나 스스로를 지나치게 탓하는 습관에 빠져 있었다. 결혼생활에 대한 불만과 함께 통제할 수 없는 그녀의 감정은 우울한 불평, 폭발하는 분노, 불만에 가득 찬 침묵으로 나타나 남편을 비롯한 그 누구도 견딜 수 없을 정도였다. 치료과정에서 루시아는 자신의 감정을 있는 그대로 경험했다. 격노와 자기증오로 스스로를 차단하기보다는 감정과 상황에 그대로 머무르는 것이 얼마나 어려운 일인지 깨닫게 되자, 그녀는 오히려 마음이 놓였다. 자신의 감정에 주목하게 되자, 그녀는 너무 우울하고 상처 입고 두려워하고 분노하고 있었기 때문에 내면의 더 큰 바다를 향해 마음을 열 수 없었음을 알게 되었다. 루시아는 치료자의 지지와 노력에 힘입어 자신의 감정에 좀 더 오래 머무를 수 있었다. 그 결과, 그녀는 정체성이 점점 확립되면서 감정을 경험하는 능력을 키울 수 있었다.

감정을 찾아내고 그에 초점을 맞추면, 우리는 감정의 흐름을 보게 된다. 이후 감정의 변화를 관찰하면서 그 배경과 의미를 발견하게 된다. 이를 위해서 단순히 감정을 느끼고 마시는 경험과 그것을 최대한 활용해야 할 필요도 있다. 치료자는 내담자에게 감정을 허용하는 공간과 분위기를 제공함으로써 내담자로 하여금 정서의 바다에 몸을 담게 해야 한다. 치료자와 함께 정서의 바다에 뛰어든 그녀는 자신을 소진시켰던 거대한 수치심으로부터 해방될 수 있었다. 이 과정에서 루시아는 수많은 감정이 오고 갔다. 수치심, 죄의식, 두려움, 격노, 의심, 비난, 쾌락, 기쁨 등의 감정을 스스로 경험했으며 그 감정과 친숙해졌다(pp. 72-103). 억압되거나 혹은 왜곡되거나 변형된 정서는 안전하고 편안한 치료 환경에서 다시 경험되고 공감적으로 수용될 때 긍정적인 인격의 일부로 통합된다. 이런 관점에서 리코(Richo, 2008)는 감정을 유지하고 흘러가게 함으로써 감정의 지배로부터 벗어날 수 있다고 주장한다.

> 두려움이나 어떤 감정이 느껴지면 억누르지 말고 잠시 멈추어 그 감정이 스스로 일어나도록 하라. 번개가 피뢰침을 통과하는 것과 같이 온전히 우리를 통과하게 하라. 움직여서 지나가는 것은 결코 우리를 해치지 않는다. 그러나 그것이 우리 안에서 멈춘다면 그것은 곪아서 결국에는 우리를 파괴할 것이다. 만약 우리가 그것으로 하여금 우리를 통과하여 지나가게 한다면 그것은 땅으

로, 즉 자연으로 돌아갈 것이다(p. 100).

3. 정서의 분석과 통합

왜 정서를 분석해야 하는가? 그동안 정서에 대한 분석과 해석은 감정의 경험과 정화에 비해 덜 강조되어 왔다. 사실 정서는 분석의 대상이라기보다는 치료과정에서 발생되는 경험적 자원이다. 따라서 정서에 대한 분석 역시 치료를 위한 과정에 해당될 뿐이다. 그럼에도 불구하고 정서분석이 중요한 것은 정서가 심리치료의 핵심이자 개인의 정신신체적인 모든 역사를 담고 있기 때문이다. 정서분석은 정서 자체를 평가하기 위한 것이 아니라 인간을 이해하기 위한 가장 좋은 방법 가운데 하나다. 정서분석은 콤플렉스 분석과 거의 그 맥락을 같이한다. 콤플렉스를 구성하는 핵심 요소가 정서라면, 정서 역시 개인적 차원과 원형적 차원 모두를 고려해야 한다. 이 점은 꿈분석에서 객관적 해석과 주관적 해석 모두가 요구되는 경우와 같다. 오랜 세월에 걸쳐 형성된 정서양식은 점차 시간이 지나면서 무의식화되는 경향이 있다. 따라서 무의식의 내용을 탐색하는 정신역동적 치료는 정서를 분석의 대상으로 삼을 수밖에 없다. 그것은 치료의 핵심인 콤플렉스 분석과도 같기 때문이다. 심층심리학적 심리치료는 무의식의 심리과정과 정동의 배치과정이 우리의 삶과 인식 및 행동에 어떤 영향을 주는가를 관찰하는 것이다(Music, 2001, p. 69).

융은 정동이 여러 의식화 수단 가운데 하나임을 강조한다. 정동이 인간 정신을 구별하는 유일한 수단은 아니다. 정동에서 발생된 특징적인 자료들은 다른 심리현상들로부터 드러나기도 한다. 그럼에도 불구하고 정동은 표면에서 보일 수 있다는 점에서 의식화를 위한 중요한 자료가 된다(CW 6, par. 885). 무의식의 내용이 의식에 동화되지 못할 때, 심리적 에너지는 정동과 본능의 영역으로 빠진다. 이것은 정동의 폭발, 초조함(irritation), 나쁜 기분과 성적인 흥분을 생산한다. 그 결과, 의식은 완전히 방향을 잃는다. 이런 상태가 만성화되면 일종의 해리가 된다. 따라서 정동으로 인해 발생한 해리의 배경을 살피는 것은 치료적으로 대단히 중요하다(CW 13, par. 108). 이런 관점에서 홀리스(Hollis, 2006)는 의식화 과정이야말로 스스로의 행동양식에 대한 비판적 통찰력을 요구한다고 주장한다.

> 무의식을 의식으로 끌어올리는 것, 어떤 에너지로 충전된 면을 내가 알고 있는 내 것으로 만드는 것, 그것은 아무리 의욕을 불태우며 노력하더라도 엄청나게 어려운 작업일 수밖에 없다. 우리는 자신의 행동양식을 살펴봄으로써 무의식을 의식으로 변화시킨다. 여기서는 현재뿐 아니라 관계에 관한 경험의 역사 전체를 살펴보아야 한다. 언제, 어디에서 우리가 제일 많이 충전되는지, 다시 말하면, 콤플렉스가 대체로 표면화되는 것이 언제인지를 주의 깊게 살펴야 한다. 우리는 강렬한 정서 반응을 보이고 많은 방식으로 이를 합리화할 때 콤플렉스가 모습을 드러냈다는 것을 확실히 알 수 있다(p. 128).

정서에 실린 에너지는 무의식의 내용이 담긴 한 폭의 그림과도 같다. 정서의 의식화 과정은 이미지에 담긴 정서를 확장하고 보다 명확히 하는 것이다. 정서의 확장은 정서 주변의 여러 감정을 세밀하게 살핌으로써 가능하다. 핵심 정서와 관련된 부수적 정서의 심리작용을 구체화할 때, 정서의 영역은 확장되면서 이전에 불분명했던 정서가 경계선을 드러낸다(CW 8, par. 167 참조). 정서의 명확화는 인식과 분화를 통해 가능해지며, 경험과 관찰을 토대로 세밀한 분석과 해석을 통해 이루어진다. 치료자의 해석능력은 내담자에게 신뢰를 주고 치료적 효과를 높인다. 정서의 확장과 구체화로 인해 그 내용들은 의식에 더욱 가깝게 도달한다. 이때 정서는 보다 인상적이고 의식적 차원에서 이해 가능한 내용이 된다. 그럼에도 불구하고 임상 현장에서의 해석은 최대한 절제될 필요가 있다. 성급한 해석은 내담자에게 또 다른 상처를 남기며 의식화에 대한 저항으로 표출될 수 있기 때문이다. 치료자의 해석능력은 아무리 강조해도 지나치지 않지만, 물리적인 해석은 매우 조심스럽게 이루어져야 한다는 당위성이 바로 여기에 있다.

융에 의하면, 정동은 억압된 리비도의 양과 같다(CW 6, par. 455). 적어도 개인 무의식의 상당 부분은 억압된 정동으로 구성되어 있다는 말이다. 모든 개인적 정동과 원한은 꿈을 만드는 데 참여하고, 꿈의 이미지는 정동을 담아내는 그릇이 된다. 치료 초기에 나타나는 정동은 대개 콤플렉스와 관련된 개인적인 내용들로 구성되어 있다(CW 13, par. 478). 따라서 치료 초기에 이루어지는 꿈분석은 대개 객관적 차원에서 이루어지며, 현실 상황에서 발생한 감정과 정서로 가득 차 있다. 점차 시간이 흘러가면서 개인적인 콤플렉스의 내용들이 밝혀지면 보다 깊은 원형적 차원의 정동이 서서히 모습을 드러낸다.

정서에 대한 분석과 통합 과정은 대개 치료자와 내담자 사이에 발생하는 전이와 역전이를 분석하는 과정에서 이루어진다. 내담자는 치료과정에서 자신의 정서를 치료자에게 전가하거나 개인의 정서적 분위기로 초대한다. 전이와 역전이는 일종의 투사이며, 대체로 정서적이고 강박적인 성향을 띤다. 정서는 그 자체로 압도적이다. 왜냐하면 정서는 자아의 의도를 넘어서는 비의지적인 조건이며 무의식의 내용을 담고 있기 때문이다. 자아가 감당할 수 없는 정서는 대부분 대상에게로 투사된다. 이로 인해 투사하는 사람과 투사 대상은 정동적으로 연합함으로써 부메랑이 되어 주체에게 다시 강박적인 영향을 끼친다(CW 18, par. 316).

내담자가 치료자에게 투사한 정서적 내용이 치료자 자신의 무의식 내용과 일치할 때 그 정서는 매우 전염성이 있다. 이때 두 사람은 무의식의 동일한 어둠 속에 빠지며 동일시 상태로 들어간다. 그것은 쌍방 간의 투사로 구성되며 상호적 무의식에 의해 서로 묶이는 현상이다. 융에 의하면, 심리적 동참(participation)은 주체와 대상 간에 어떤 의식적 구별도 없는 심리적 특성이다. 상호적 무의식은 분석가나 환자에게 모두 혼란스럽다. 정서의 전염성이 치료자와 환자를 무기력하게 만들 때, 모든 방향(orientation)은 상실되고 이후 진행되는 분석은 오히려 재앙이 된다(CW 18, par. 322). 전이에 대한 치료자의 일방적인 해석이 치료에 방해될 때가 있다. 전이는 그 자체로 정감이기 때문에 내담자의 경험이 중요하다. 전이에 대한 해석은 가능한 한 내담자의 언어로 번역되어야 한다(Sedgwick, 2001, pp. 83-84). 융은 환자로부터 파생된 전이를 분석하는 치료자의 태도를 다음과 같이 지적한다(박종수, 2009, p. 392).

> 적절하게 훈련된 분석가는 환자를 위해 초월적 기능을 중재한다. 예를 들면, 그를 도와 의식과 무의식을 통합하여 새로운 태도에 이르도록 한다. 전이의 수많은 중요한 의미 가운데 하나는 이런 분석가의 기능 안에 놓여 있다. 환자는 전이에 의해 자신에게 태도의 갱신을 약속하는 것처럼 보이는 사람에게 매달린다. 그것을 통해 환자는 비록 자신도 모르는 사이에 진행되는 이런 변화를 추구한다. 따라서 환자를 위해 생명에 절대적으로 필요한 필수불가결한 인물의 성격을 지닌다(CW 8, par. 146).

컨버그(Kernberg, 2001)는 정신분석적 차원에서 정서의 전이 현상을 설명한다. 정신분석 또한 격분이나 성적 흥분과 같은 원시적 정동에서부터 인지적으로 차별화되고 복합적인 정동에 이르기까지 거의 모든 정동을 탐색한다. 겉으로 보기에 동일한 정동이라고 할지라도 사회문화적 환경, 개인의 주관적 경험 그리고 그 강도에 따라 정서는 질적 · 양적으로 다르게 표출된다. 그 양상은 대체로 생리학적 방출양식이나 심리운동적 행동을 통해 관찰된다. 임상 현장에서 정동의 의사소통적 기능은 전이에서 핵심적인 역할을 하며, 치료자로 하여금 환자의 경험에 공감하고 정서적으로 반응할 수 있게 한다. 정동은 인지적인 내용뿐만 아니라 관계적 측면을 지니고 있다. 컨버그는 정동이야말로 자기표상과 대상표상 사이의 관계를 표현한다고 주장한다.

> 우리가 정신분석적 상황에서 관찰하게 되는 정동은 항상 인지적 내용뿐만 아니라 대상관계적인 측면도 갖고 있다. 나는 이것이야말로 중대한 발견이라

> 고 생각한다. 즉, 정동은 환자의 자기표상들과 다른 대상표상들 사이의 관계를 표현한다. 더욱이 정신분석적 상황에서의 정동은 재활성화된 내적 대상관계를 반영하거나 보완하는 역할을 한다. 전이 안에서 하나의 정동 상태는 환자의 과거 중요한 대상관계를 반복한다. 실제로 전이에서 실현되는 모든 대상관계는 일정한 정동 상태를 담고 있다(pp. 25-26).

컨버그(2008)는 자신의 환자에게서 발생한 전이를 분석한 사례를 소개하면서 정동의 관계적 기능을 설명한다. 치료자를 박해자로 보는 한 피학적 환자에게 컨버그는 다음과 같은 점을 지적했다. 그녀는 치료자를 어머니와 동일시함으로써 자신을 공격했던 어머니처럼 치료자를 공격적으로 대했다. 동시에 환자는 내재화된 어머니 이미지에 암묵적으로 복종하는 방식을 치료자에게도 적용했다. 그녀는 또한 아버지로 생각되는 치료자와의 성애적 관계에 대한 무의식적 죄책감을 드러냈다(pp. 146-152). 컨버그는 또한 전이에서 활성화되는 압도적인 정동은 자기와 대상 사이에 박해적인 관계가 활성화되었음을 보여 주는 증거라고 보면서, 이러한 현상은 자기표상과 대상표상이 통합되지 않았음을 보여 준다고 주장한다.

> 이 환자들의 전이에서 활성화되는 것은 황홀경적(ecstatic) 성질을 지닌 강렬하고 광범위하며 압도적인 정동 상태의 영향 아래 극도로 이상화된 부분 대상관계 또는 자기와 대상 사이의 공격적이거나 박해적인 관계가 활성화되었음을 말해 주는, 똑같이 강렬하고 고통스럽고 두려운 원시적 정동 상태일 수 있다. 환자가 자기표상과 대상표상의 역할을 순식간에 맞바꾸는 경향은 그의 내재화된 대상관계가 통합되지 않았다는 것을 말해 준다. 동시에 환자는 치료자에게 상보적인 자기표상 및 대상표상을 투사할 수도 있는데, 이것은 더욱 강렬한 정동의 활성화와 함께 혼란스러운 전이의 발달로 이어질 수 있다. 이렇게 혼란스러운 동요와 함께 동일한 대상과의 관계에서 사랑하고 증오하는 측면들

> 이 급격하게 해리되는 현상은 동일한 원시적 정동 아래 몇몇 대상관계가 방어적으로 응축되면서 더욱 악화될 수 있다. 그렇게 되면 이미 결합되어 있는 아버지-어머니 이미지에는 두 부모에게서 인지된 공격적 측면들이 더욱 혼란스럽게 응축될 수 있다. 그리고 이상화되거나 폄하된 자기의 측면들에도 이와 유사하게 다양한 수준의 과거 경험들이 응축될 수 있다(p. 151).

알바레즈(Alvarez, 2006)는 자폐 아동에 대한 치료자의 역전이에서 발생하는 정서에 대해 언급한다. 자폐 아동에 대한 치료자의 역전이는 공포, 불신, 고문처럼 느껴지는 지루함으로 나타날 수 있다.이런 정서 상태는 치료자를 당황하게 한다. 그러나 역전이에서 생기는 정서과정을 세밀하게 분석하면, 자폐증후군을 정확하고 상세하게 관찰하는 데 도움이 된다. 알바레즈는 이를 위해 정서적 언어를 허용할 것을 주장한다. 치료자는 자폐증 환자가 지루함과 공포를 느끼지 못한다는 사실을 간과하는 경향이 있다. 자폐증 환자의 내면화된 정서, 즉 지루함과 공포와 불신 등이 치료자에게 전염되어 치료자를 지루하게 만드는 경우도 있다. 이런 성향을 치료자가 깨달으면 진정으로 환자의 정서 상태를 알 수 있다. 무감각, 무정서 상태로 보이는 자폐증 환자는 가끔 돌발적이고 충동적이며 본능적인 행동을 드러낼 때가 있다. 그것은 순화된 정서의 경험이 상대적으로 적기 때문이다. 자폐증 환자들에게서 발견되는 도착적 흥분, 스릴이나 광란에 빠지기, 그리고 보다 가학적이고 파괴적인 동기는 때때로 엄청난 혼돈을 야기한다(pp. 304-306). 진실한 정서적 의사소통은 자폐증 환자의 감정을 살려 내고 생기를 불어넣는다. 치료자가 환자로부터 전해진 정서의 신호를 주의 깊게 관찰하고 그에 동참할 때 치료관계는 활성화된다.

융은 신경증의 역사적 과정을 추적하기 위해 2차 면역분석(anamnestic analysis) 방법을 적용하곤 했다. 2차 면역분석은 환자의 신경증에 대한 역사적 발전과정을 재건하는 작업으로서, 우선 의식적인 내용 혹은 비교적 용이하게 재건될 수 있는 내용을 다룬다. 의사 혹은 심리치료사의 진단 기록이나 환자의 기억을 참고로 하여 환자의 병력을 조사한 다음, 치료자는 연상 작업을 통해 환자가 기억한 단편들이 온전한 내용을 갖추도록 돕는다. 이런 과정 자체가 곧 치료 효과를 높인다. 2차 면역분석을 통해 환자는 자신의 신경증에 대한 주요 원인을 알게 되며, 결국 결정적인 태도 변화를 보인다. 치료자는 환자에게 질문을 던질 뿐만 아니라 때로는 힌트를 주거나 설명을 해서 환자가 모르고 있는 내용들이 연결점을 갖도록 돕는다. 아동 신경증 환자의 경우 질환과 관련된 부모나 혹은 가족의 병력을 살펴봄으로써 그 원인을 분석하게 된다(박종수, 2009, p. 385; CW 7, par. 177-179).

융이 스위스 군병원에서 경험한 2차 면역분석 과정에서 내담자의 정서 상태에 주목한 사례를 살펴보자. 19세의 한 신병은 신장염으로 고통을 받고 있었다. 그의 삼촌도 그와 동일한 질병을 앓은 적이 있으며 등에서 동일한 통증을 느꼈다. 그러나 검사해 본 결과 신체적 질병의 흔적은 없었다. 그의 이전 역사에 대해서 묻자, 주요인은 상당히 이른 시기에 부모를 잃고 지금은 삼촌과 함께 산다는 데 있었다. 그가 좋아하는 삼촌은 양부나 다름없었다. 삼촌이 다시 신장염으로 드러눕게 되었다는 소식을 듣고 불편해지자, 그는 편지를 집어던지고는 아무 일도 없었다는 듯이 회피했다. 그는 자신이 이렇게 정서를 억압하고 있음을 알지 못했다. 사실 그는 양부가 죽을까 봐 두려워하고 있었던 것이다. 이 사건이 그 신병으로 하여금 어린 시절에 상실한 부모에 대한 슬픔을 다시 겪게 했다. 이 사실을 깨닫자 그는 엄청난 울음을 쏟아 냈다. 다음 날 그는 부대의 대열에 합류할 수 있었다. 그는 억압된 정서가 의식화됨으로써 놀라운 치료 효과를 거두었다(CW 17, par. 177).

아이건(2005)이 치료관계에서 성적 감정을 다루었던 다른 사례를 보자. 이바는 20년 동안 심리분석을 받고 있었다. 이바는 해가 갈수록 분석가가 실패를 거듭하고 있다고 느꼈다. 분석가에 대한 죄책감, 증오 그리고 분노가 그녀의 주된 감정이었다. 생존에 대한 죄책감, 존재감이 없는 것에 대한 죄책감, 개성화나 정체성에 대한 죄책감, 무엇을 하거나 하지 않는 것에 대한 죄책감 등 그녀는 수많은 죄책감에 대한 환상을 지니고 있었다. 다른 분석가를 생각하는 것조차도 그녀에게는 죄책감을 가중시켰다. 이 모든 것은 강한 성적 감정을 불러일으켰다. 이바는 성적 증오에 대해서 말하면서 동시에 다른 사람과 함께하기를 원했다. 그녀의 성적 모험은 가끔 놀라울 정도였다. 상담실의 공기가 뜨거워졌으며, 성기는 달아올랐다. 분석가의 몸을 과도하게 펌프질하기도 했다. 그녀는 성과 관련된 일이라면 무엇이라도 할 것 같았다. 분석가는 잠시 공포에 질리기도 하고 치료를 망칠 것만 같은 생각이 들기도 했다. 치료를 중단하고 싶었던 것이 당시 분석가의 정서였다. 그녀는 모든 것을 표현하고 모든 것을 말했지만, 정작 원했던 것은 진정한 치료를 경험하는 것이었다. 분석가의 역전이는 이바와 함께 성적 환상에 젖는 방식으로 나타나, 결국 두 사람은 신체적 접촉을 하게 되었다. 정서적 음미(emotional taste)는 박탈(deprivation)의 가장자리로 내몰았다. 정신적 음미의 싹이 난 것은 치료의 결과였다. 육체적 문제가 제기되자 이바는 퇴보하는 듯했다. 무언가 그녀에게 위해를 가하자 더욱 놀랐다. 이바의 몸은 증세로 몸살을 앓았고 정신은 분노로 가득 찼다. 자신에 대한 두려움으로 인해 조급하게 분석가를 바꿀 계획을 하게 되었다. 고통과 분노가 그녀의 성적 열정 안에 있었고, 비탄은 극에 달했다. 아무리 성에 매달려도 이 상황을 타개할 수는 없었다. 성은 이제 그녀에게 실망과 고통의 수단이 되었다. 분석가를 '훈련용 바퀴(training wheel)'라고 한 이바의 말은 정서적 교감이 없는 기계적인 관계를 의미했다. 이후 분석가의 끊임없는 정서적 교감은 내담자로 하여금 성적 열정을 극복하게 하고 일상적인 감정을 경험하게 했다(pp. 154-167).

아이건의 사례는 많은 논쟁점을 불러일으킨다. 내담자의 전이사랑과 분석가의 역전이가 융합되어 신체적인 접촉까지 하게 된 것은 분명히 치료윤리에 어긋나는 일이다. 심리분석 과정에서 발생한 전이사랑은 대체로 분석가에 대한 내담자의 저항으로 드러난다. 겉으로는 분석가를 사랑하지만, 내적으로는 분석가를 궁지에 빠뜨리려는 음모가 숨어 있다. 그것은 부정적인 내적 표상에 대한 증오를 분석가에게 전가하는 경우에 해당된다. 그럼에도 불구하고 환자에 대한 분석가의 일관성 있는 태도가 결국 치료 효과를 거둔 점은 주목할 만하다.

정서의 분석과 통합은 대극의 쌍을 인식하고, 서로 대립되는 것들을 통합하여 균형과 조화를 이루는 데 그 목적이 있다. 콤플렉스와 연계되어 폭발적 감정을 드러내는 정서와 정동은 그 원형적 성향으로 인해 양가적이다. 모든 정서는 대개 자신을 지키려는 방어적 차원에서 발생한다. 처음에는 긍정적으로 형성된 정서가 나중에는 자신을 해치는 무서운 무기로 변하는 것이 일반적인 경향이다. 그럼에도 불구하고 정서는 그 자체로 원형적이다. 사랑과 미움, 기쁨과 슬픔, 쾌와 불쾌, 매력과 혐오, 수용과 거절이 혼합되어 있다가 점차 분화되면서, 그 대립은 전체성을 위한 중요한 요소가 된다. 대립의 쌍이 더욱 긴밀하게 협조할 때 자아는 질서를 잡는다(Neumann, 2010, p. 147).

4. 정서와 심리치료

정신을 황폐화하는 부정적 정서에 대한 치료적 개입은 다음 세 단계로 구분될 수 있다. 첫째, 치료과정에서 콤플렉스와 함께 부정적 정서를 인식하고 분화함으로써 구체적인 정서 경험을 위한 토대를 마련한다. 둘째, 안전하고 편안한 치료 환경에서 외상적 정서를 재경험하고 관찰함으로써 정서의 실체를 이해한다. 셋째, 정서에 대한 분석과 통합을 위해서 객관적이고도 구체적인 정서의 역사를 파악할 필요가 있다. 정서에 대한 억압과 왜곡 및 회피 방식을 발견하고 새롭게 재해석하는 것은 부정적인 정서가 긍정적인 정서로 통합되게 한다. 정서의 통합은 일단 우리가 정서에 사로잡히는 가능성을 인정하면서도 정서에 사로잡히지 않아야 한다는 긴장감을 유지할 때 가능하다. 자율적인 인격과도 같은 정서의 침범은 의지에 따라 조절될 수는 없다. 그럼에도 불구하고 우리는 정서에 젖은 상태를 경계함으로써 무의식에 빠지는 위험을 제거할 수 있다.

사람들은 대체로 자신의 감정 상태를 인식하지 못할 때가 많다. 대인관계나 외부 자극에서 느껴지는 감정은 비교적 쉽게 인식되지만, 내부에서 은근하게 자신을 지배하는 정서에 대해서는 거의 의식하지 못한 채 살아간다. 심리치료 현장에서 이런 상황은 종종 목격된다. 우울증 환자들은 이유도 모른 채 슬픔에 잠기거나 고독과 절망에 빠지곤 한다. 어떤 이들은 자신도 모른 채 분노에 휩싸여 있다. 모든 것이 마음에 안 들고 짜증나지만 왜 그런지 자신도 알지 못한다. 세밀한 관찰을 하지 않는다면, 자신이 어떤 정서 상태에 있는가를 아는 것은 의외로 쉬운 일이 아니다.

정서와 감정은 믿음체계와 사고구조와 더불어 서로 밀접하게 연결되어 있다(Music, 2001, p. 26). 특정 감정에 대한 부정적 인식과 사회문화적 편견이 감정의 세계에 머물지 못하게 한다. 표현되지 못한 감정은 억압되어 무의식의 내용을 이룬다. 콤플렉스와 결합된 정서는 예고 없이 폭발한다. 정서의 폭풍을 다루기 위해서는 우선 정서를 존중하고 보호하며 자신의 일부로서 애정을 가질 필요가 있다. 정서에 대한 수용적 감각, 자연스러운 표현, 주의력 집중, 정서의 발견과 양육, 정서를 가슴으로 대하는 것은 정서와의 친밀감을 유지하기 위한 대안이 될 수 있다(Eigen, 2005, p. 220).

정서분석은 정서의 의미와 목적을 발견할 때 이루어진다. 정서의 발생 배경과 흐름 그리고 구조화되는 과정을 살펴보는 작업은 마치 인격의 성장과정을 돌아보는 작업과도 같다. 정서적 자아구조의 형성 배경, 그로 인한 콤플렉스와 그림자 형성, 원형적 정서의 배치 등을 분석하는 과정에서 부분 인격들 사이의 관계를 보게 된다. 이런 차원에서 정서분석은 일단 정서를 자신의 일부로 인정함으로써 그 정서와 대화할 여지를 만든다. 이 과정은 정서를 인격의 일부로 수용함과 동시에 정서에 대한 객관적 평가를 기초로 하여 이루어진다. 이렇게 함으로써 이미 부분 인격이 된 정서는 전체 인격에 통합된다. 이것은 융이 말하는 개성화 과정과 일치한다(CW 16, par. 448 참조). 정서에 대한 인격화(주관적 관점)와 탈인격화(객관적 관점)가 역동적으로 경험될 때, 그것은 인격의 통합과 개성화로 이어진다. 이것은 마치 고대사회에서 죄인을 다루는 방식과 유사하다. 그들은 공동체에서 발생한 죄인에게 일단 일탈자(deviant)라는 낙인을 찍는다. 그런 후에 일정한 치료과정과 제의과정이 지나면 다시 공동체의 일원으로 받아들인다 (Mendonsa, 1982, pp. 149-210). 공동체로부터 일탈한 사람에게 낙인을 찍고 (labeling), 그 낙인을 제거한 다음(delabeling)에 다시 공동체의 일부로 받아들이는 과정은 정서의 수용과정과 유사하다. 정서를 객관적으로 인식하고 분화한 다음에 다시 인격의 일부로 받아들이는 과정, 즉 정서에 대한 주관적 · 객관적 이해가 역동적으로 작용하는 이치와도 같다.

PART 02
정서의 특성과 심리작용

Jung

CHAPTER 05

불 안

1. 영화 〈블랙 스완〉에 나타난 불안 심리

영화 〈블랙 스완(Black Swan)〉은 불안한 정서로 인해 한 인간이 어떻게 파멸되는가를 적나라하게 보여 준다. 가냘프고 연약해 보이는 주인공 니나의 최고를 향한 처절한 투쟁은 비난하기에 앞서 도대체 무엇이 한 인간을 저토록 몰입하게 만드는가를 생각하게 한다. 자신은 모든 것을 할 수 있으며, 자신만이 최고의 자리에 있어야 한다는 강박적 신념은 어디로부터 왔는가? 그 결과는 어떠한가? 이 영화는 우리 마음속에 있는 백조와 흑조 사이의 갈등이 통합되지 못할 때 찾아오는 비극을 그리고 있다. 여주인공 니나(나탈리 포트만)는 뉴욕 발레단의 최고 수준의 발레리나다. 감독 토마스(뱅상 카셀)는 새롭게 각색한 〈백조의 호수〉 공연을 위해 니나를 백조와 흑조라는 1인 2역의 주역으로 발탁한다. 그녀는 순수하고 우아한 백조 연기는 거의 완벽하게 해냈지만, 백조에 대항하는 공격적이고 사나운 흑조 연기에는 적합하지 않았다. 이런 상황에서 흑조 연기를 할 수 있는 인물이 출현한다. 새로 입단한 릴리(밀라 쿠니스)는 아직 세련되지는 못했지만 무대를 압도하는 카리스마와 관능적인 매력을 뿜어낼 수 있는 잠재력이 있다. 릴리를 보는 니나는 감독을 사이에 두고 질투심을 드러내 보임과 동시에 선망의 대상으로 여긴다. 최고의 스타가 되어야 한다는 압박감과 무언가에 쫓기는 불안감이 그녀를 지배하고 있다. 게다가 그동안 헌신적으로 자신을 도와주었던 엄마까지 위협적인 존재로 변하면서 마치 불나방이 자신이 좋아하는 불 속으로 뛰어들면서 최후를 맞이하듯이 그렇게 죽어 간다.

니나에게 백조와 흑조의 이중 역할은 마치 준비되지 않은 상태에서 대극의 연합을 시도하려는 불안한 심리 상태를 보여 준다. 백조와 흑조로 대변되는 극단적 양가감정은 엄마와의 관계를 암시한다. 그녀의 엄마인 에리카는 전직 발레리나였으며, 원하지 않은 임신으로 인해 발레를 중도에 하차할 수밖에 없었다. 자신이 못다 이룬 꿈을 딸을 통해 이루고자 하는 그녀의 욕망이 딸에 대한 헌신과 지배욕이라는 이중적 구조를 형성하고 있었다. 엄마와의 공생관계 속에서 자신의 존재감을 소유하지 못한 니나는 자신을 위해 발레를 하기보다는 엄마의 역할을 대신하는 꼭두각시에 불과했다. 양육하는 엄마와 모든 것을 삼켜 버리는 엄마 사이에서 니나는 정체성의 혼돈과 함께 실존적 불안(existential angst)을 느끼고 있다. 실존적 불안은 보호적 자궁으로부터의 분리에서 발생한다. 이것은 유아가 살인적인 현실로 추방되는 것과 같다(Hollis, 1996, pp. 41-42).

태어나면서부터 '원하지 않는 아이'였던 그녀는 생존을 위해 본능적으로 양육자의 기대에 부응해야 한다. 자신의 존재 가치를 느끼지 못하는 사람은 외부 자극에 민감하며 언제 버려지거나 내동댕이쳐질지 모른다는 불안과 공포에 사로잡힌다. 니나가 그랬다. 니나의 삶과 명성, 심지어는 재능까지도 자신의 것이 아닌 엄마의 것이었다. 공생관계에서 유아가 느끼는 대양감과 전능감은 신처럼 완벽한 엄마를 흉내 내는 것으로 귀착된다. 백조 연기에 만족하지 않고 흑조 연기까지도 완벽화게 소화해 내려고 한 그녀의 욕망은 겉으로 보기에는 야망의 화신처럼 보이지만, 내적으로는 엄마의 욕망에 의해 희생당하는 딸의 처절한 몸부림이다. 자기애적 성향과 경계선적 인격장애는 분열성 환청과 환상을 동반하며, 그것은 현실과 교묘하게 혼합된다. 경쟁 상대인 릴리와 함께 동성애에 빠지고 마지막 부분에서 화장실에서 그녀를 죽이는 장면은 영화에서 현실과 환상의 경계가 모호한 것으로 묘사된다.

융심리학 관점에서 보면, 니나는 이중 엄마(dual mother)로 인한 모성 콤플렉스의 희생자로 보인다. 자아(ego)가 아직 엄마로 대변되는 자기(self)로부터 분화가 이루어지지 않은 상태에서 성장해 버린 것이다. 즉, 내재된 유아 상태와 심리적으로 성인이 되려고 하는 욕구 사이의 극단적 갈등이 강박적 집착으로 나타난다. 유아기 상태에 머무르게 하는 원초적 그림자는 백조로 하여금 아름답고 우아한 백조가 되지 못하게 하면서, 그 반대인 흑조가 되고 싶은 열망에 사로잡히게 한다. 자신의 그림자인 흑조는 정복이나 열망의 대상이 아닌 통합의 대상이다. 흑조로의 변신은 보다 열등한 동물적 본능으로의 하강을 의미한다. 그것은 그림자와의 연합으로서 무의식에 자신을 내맡기는 것과 같다. 그림자의 어두운 면에 대한 긍정적 수용이야말로 의식화의 첫걸음이다. 엄마와 딸 사이의 모성 콤플렉스는 동성애적 성향으로 이끌며, 그것은 결국 여성성의 파괴로 이어진다. 그 심리적 기저에 불안이라는 정서가 도사리고 있다. 그녀는 불안을 감추거나 회피하는 수단으로 사회적 명성을 위해 온몸을 던진다. 그 과정은 엄마에 대한 분노와 공격성을 자신에게 돌리는 자기파괴로 이어진다.

2. 정의 및 특성

국립국어원의 표준국어대사전은 심리적 차원에서 불안(anxiety)을 "특정한 대상이 없이 막연히 나타나는 불쾌한 정서적 상태, 혹은 안도감이나 확신이 상실된 심리 상태"라고 정의한다. 두려움은 인식 가능한 위협에 직면해서 발생하는 반면, 불안은 대체로 조절할 수 없거나 피하기 어려운 불편한 심리 상태를 말한다. 융(Jung)은 무언가 알 수 없는 운명적인 일이 발생하려는 순간에 불안을 느꼈다고 회고한다. 그는 자신이 근무하는 병원으로 향하는 긴 언덕을 느릿느릿 올라가는 전차를 타고 있노라면 무언가 알 수 없는 '모호한' 불안에 사로잡히곤 했다. 융은 또한 프로이트(Freud)를 만나기까지 몇 달, 몇 년 동안 뭔가 무의식적으로 피할 수 없는 운명적인 일이 발생할 수밖에 없다는 불안한 느낌을 받았다(Bair, 2008, p. 179). 이런 관점에서 불안을 현재와 미래의 시간적 차이에서 보려는 시도가 있다. 발로(Barlow, 2002)에 의하면, 불안은 다가오는 부정적 사건에 대비하기 위한 미래 지향적 감정 상태다. 따라서 불안이 미래적이라면, 두려움은 현재적인 심리적 위협 상태다(pp. 1247-1263). 불안과 두려움을 시간적 차이로 볼 수는 없지만, 불안이 보다 간접적이고 실존적이라면, 두려움은 보다 현실적이고 직접적인 정서라고 볼 수 있다.

키에르케고르(Kierkegaard, 2011b)는 아무것도 없는 상태(無)가 불안을 자아낸다고 주장한다. 이러한 불안은 본질적으로 어린아이에게 속해 있다. 어떠한 조건 아래에서도 살아남아야 한다는 어린아이의 불안은 가장 무서운 적이면서 동시에 친구다. 불안으로 인해 아이는 생존 전략을 세운다. 불안은 어린아이를 긴장하게 할지라도 그 달콤한 매력으로 어린아이를 사로잡는다(pp. 76-78). 이런 관점에서 홀리스(Hollis, 1993)는 5세 이하의 실존적 불안(existential angst)은 자기보호 본능에서 파생된다고 말한다. 아동기의 불안은 일시적(provisional) 인격처럼 일련의 생존 전략이다. 그것은 실존적 불안을 다스리려는 아동에 의해 선택된 것이다. 그런 행동과 태도는 전형적으로 5세 이전에 축적되고 전략적으로 변형되어 놀라울 정도로 정교화된다(p. 10).

실존주의 철학자인 하이데거(Heidegger, 1992)는 불안과 공포를 구별한다. 두려움과 공포는 어떤 확실한 대상, 즉 세계 내부에 나타나는 어떤 존재자에 대해서 발생한다. 그러나 불안에는 확실한 대상이 없다. 하이데거 역시 키에르케고르의 관점에서 불안을 이해한다.

> 불안의 대상은 세계 안에 나타나 도구적 · 사물적으로 존재하는 무언가가 아니며, 또한 어디에도 없다. 바꾸어 말하면, 불안의 대상은 무(無)라고 할 수 있다. ……따라서 현상학적으로 불안의 대상은 세계 자체라고 해도 좋다. 그러나 세계란 존재론적으로는 현존재의 존재에 속하며, 그러므로 현존재가 불안해하는 대상은 다름 아닌 '세계-나-존재' 자신, 우리가 이유도 모르고 세계 속에 던져져서 존재하고 있다는 것이다(p. 634).

신학자 틸리히(Tillich, 1952)는 실존적 불안을 "비존재(nonbeing)가 될 수 있다는 가능성을 깨닫는 상태"로 정의하면서, 불안을 초래하는 세 유형을 제시한다. 즉, 운명과 죽음의 존재론적(ontic) 불안, 죄와 정죄의 도덕적 불안, 그리고 공허와 의미 없음의 영적 불안이다. 이 세 가지 유형 가운데 현대인에게 마지막의 영적 불안이 편만해 있다는 것이다. 틸리히에 의하면, 이런 불안은 인간 조건의 일부로 수용될 수 있다. 다만 불안이 거부될 수 있을 때 그것은 나쁜 결과를 초래할 것이다(p. 197).

프로이트는 실존적 불안(angst)을 가장 기본적인 정서로 간주했다. 그에 의하면, 모든 정동은 불안으로 변화할 수 있다. 불안은 모든 신경증의 주요인이 된다. 불안(anxiety)은 자아(ego)가 원초아(primordial id)로부터 분리되면서 초래되는 소외로부터 발생한다. 동시에 출생은 모든 인간의 원형적 불안을 야기한다고 보는 것이 전통적 정신분석의 관점이다(Hillman, 1960, p. 162). 프로이트에게 불안은 관념(ideas)이나 사고(thoughts)와 관련되는 것이 아니라

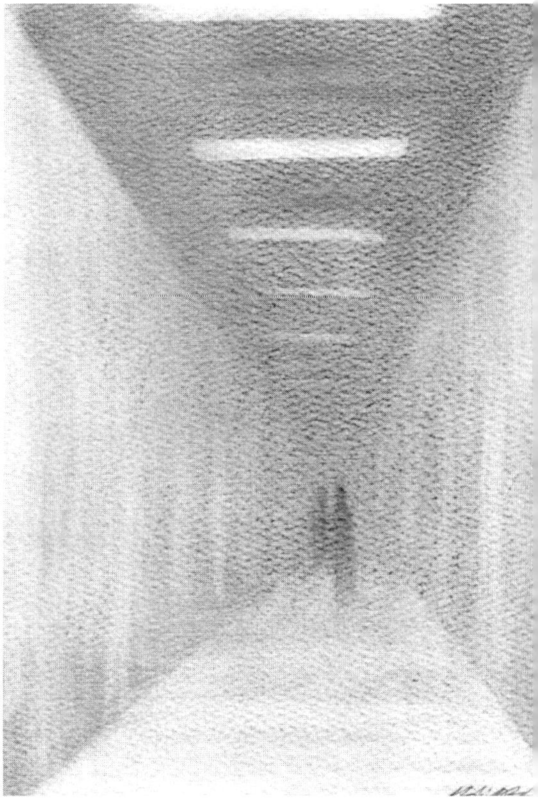

불안의 동행자(한정규, 2013)
차가운 형광등 불빛이 점차 어두워지면서 불안의 동행자는 희미한 어둠 속으로 사라지고 있다. '홀로 있음'의 불안과 '함께 있음'의 불안이 짝을 이루어 심층으로 들어간다.

절제나 소진되지 않은 성적 흥분에 의해 생산된 성적 에너지나 리비도가 축적된 결과로 이해된다. 따라서 정규적인 성행위는 심리적 억압과 긴장을 이완시키고 불안을 해소한다. 본능적 긴장은 불안을 창조한다(Emanuel, 2000, pp. 7-8). 본능적 욕동인 성욕에 대한 억압은 성적 친밀감에 대한 불안으로 나타난다. 경계선적 성격장애자들에게서 전형적으로 나타나는 현상 가운데 하나는 어린 시절의 연인과 결혼하여 안전한 삶을 유지하고자 하는 것이다. 어린 시절에 알고 지냈던 연인과 결혼하면 낯선 환경에 적응해야 하는 부담도 줄이고 예전의 가족과 주변 환경을 오래 유지할 수 있다고 믿기 때문이다. 이렇게 함으로써 그들은 독립적인 성인이 되는 것을 피하고 영원히 어린아이로 남을 수 있다.

융의 관점에서 볼 때, 불안은 자아가 자기로부터 소외될 때 경험된다. 부분 인격인 자아가 전체 인격인 자기로부터 분리될 때 오는 불안은 비온(Bion)이 말하는 궁극적 실재인 'O의 고아가 되는 것에 대한 두려움'이다(Grotstein, 2012, p. 176). 그러나 대체로 불안은 자극을 촉발하는 요인이 불분명한 상태에서 발생하는 일반화된 정서적 분위기로서 두려움과 구별된다. 외만(Öhman, 2000)에 의하면, 두려움이 인지 가능한 위협에 대한 정서적 반응이라면, 불안은 조절할 수 없거나 피할 수 없는 것으로 인식되는 상황과 관련된다(pp. 573-593). 예를 들면, 개에게 물린 경험이 있는 사람은 개를 두려워한다. 반면에 불안(anxiety)은 어떤 자극이나 특별한 것에 의해서도 발생하는 일종의 자유롭게 떠다니는 질병과도 같다.

불안은 삶에서 느낀 일반적인 불안전성에서 유래한다. 불안은 대체로 환경이나 가족 배경과 관련된 개인사를 반영한다. 사회문화적 배경에 따라 불안의 강도나 그 반응양식은 달라질 수 있다. 반면에 실존적 불안(angst)은 우리 모두에게 현존하며 깨지기 쉬운 인간 조건의 기능으로 작용한다(Hollis, 1996, p. 103). 홀리스(1996)는 개인사와 관련된 불안(anxiety)과 실존적 불안(angst)의 차이점을 보여 주는 사례를 제시한다. 릴리에게는 심각한 모성 콤플렉스가 있었다. 매우 침범적이고 자기애적 성격장애가 있었던 엄마를 살해하려는 정서가 일자, 그녀는 죄책감으로 인해 우울증이 생겼으며 이후 격분이 뒤따랐다. 엄마를 공격해서 머리를 잡아당긴 자신의 행동에 대한 충격으로 그녀는 엄마 집을 떠났다. 우리는 여기서 특별한 모성 콤플렉스와 관련된 불안(anxiety)이 부모와의 분리에서 오는 실존적 불안(angst)을 자극하여 죄책감과 분노 등의 다양한 정서적 형태로 나타나는 현상을 볼 수 있다(p. 106). 즉, 이미 내재한 실존적 불안이 보다 심층적이고 원형적이라면, 일반적인 불안은 개인적 경험과 주로 관련된다고 볼 수 있다.

3. 유 형

1) 위협에 대한 방어기제로서의 불안

위협적인 상황은 사람을 불안하게 한다. 달리 말하면, 불안은 위협적인 상황에 대처하기 위해 본능적으로 발동하는 일종의 방어 전략이다. 누군가에게 공격을 받으면, 대체로 위협은 느끼지만 불안을 구체적으로 표출하는 경우는 의외로 드물다. 불안이 일단 외부로 표출되면 자신의 약점을 노출함으로써 더욱더 심한 공격을 받을 수도 있다는 생각이 들기 때문이다. 위협에 직면해서 불안감을 드러내거나 분노를 표출하는 경우 외에도 어떤 사람은 무력감을 느끼기도 한다. 이런 반응은 사회문화적 혹은 개인이 지닌 정서양식에 따라 달라진다. 외부의 공격으로 인해서 위협을 느낄 때는 일반적으로 세 가지 반응을 보인다. 공격자에게 맞서서 싸우든지, 도망을 가든지, 혹은 그 자리에 꼼짝하지 않고 가만히 있든지 할 수 있다. 불안에 대한 반응은 대인관계에서도 비슷하게 나타난다. 박해자에 대한 태도가 어떤 방식으로 표출되는가에 따라 개인의 정서적 역사는 달라진다. 불안을 느낄 때의 신체 반응은 대체로 심장박동수가 증가하거나, 호흡이 거칠어지거나, 손바닥에 땀이 나는 것이다. 이런 과정은 거의 무의식적으로 발생하므로 통제가 불가능하다. 호흡은 어느 정도 조절함으로써 외부에 노출되는 것을 막을 수는 있지만, 맥박이 빨라진다거나 순간적으로 땀이 나는 현상은 제어가 불가능하다(Collett, 2004, pp. 256-257).

불안은 외부적인 자극이나 위협에 대처하기 위한 전략이기도 하지만, 동시에 내부적인 충동이나 다른 위협적인 정서에 압도되지 않기 위해 보내는 신호로 작용하는 경우가 있다. '정서의 전조'로서의 불안은 정서가 과도하거나 외상을 일으키는 요소가 될 수 있다는 것을 암시한다. 격분이나 심각한 수치심 등의 폭발적 정동이 다가오기 전에 발생한 불안은 일종의 방어적 태도로서 더 큰 불안을 감소시키려는 전략으로 발현된다(Emanuel, 2000, p. 19). 불안은 결국 주변 환경에서나 자신 안에서 아직 확인되지 않은 요인에 대한 반응이다. 그 반응은 의식적이거나 무의식적인 요소로부터 발생한다.

2) 흥분되거나 불확실한 상황에서의 불안

위협적인 상황뿐만 아니라 흥분된 상황이나 불확실한 상황에서도 불안하다. 불안은 미래에 대한 불확실성이 자신의 안정감을 해칠 때 발생한다. 예를 들면, 대인관계에서 상대방에 대한 정체를 알지 못할 때는 예상하지 못한 사고를 미연에 방지할 수 없다는 불안감에 사로잡힌다. 다른 사람이 너무 친밀하게 다가올 때 불안한 사람이 있다. 자신의 정서적 분위기와 다른 외부 침범이나 접촉이 이루어지는 것은 안정감을 위협한다. 안정성에 대한 위협은 불안의 최대 요소다. 그것은 생존의 제1 근거이기 때문이다.

어떤 사람은 불안이 흥분으로 표출되기도 한다. 무대에 오르는 두려움을 어떤 사람은 불안으로 느끼는가 하면, 어떤 사람은 흥분으로 느낀다(Greenberg & Paivio, 2008, pp. 273-274). 이전에 경험하지 못한 새로운 일을 하게 될 때나 새로운 환경에 접했을 때 어떤 사람은 불안을 느끼지만, 어떤 사람은 흥분과 설렘과 기대감으로 가득 찬다. 이 두 유형 모두 내면에 실존적 불안감은 존재한다. 새로운 환경은 일단 안정감을 위협한다. 미지의 세계에 대한 불안감은 자신을 보호하기 위한 본능적 반응이다. 이런 실존적 불안은 사람들에 따라 다양하게 다른 정서 형태로 표출된다. 어떤 이들은 새로운 세계나 주제에 대해 흥분을 감추지 못하는가 하면, 어떤 이들은 무관심하고, 또 어떤 이들은 불안에 떨면서 아무 일도 하지 못한다. 이런 다양한 반응은 개인의 정서적 삶과 관련되어 있다. 새로운 환경에 대한 과도한 반응이나 심각한 위협감을 느낀다면 그것은 과거의 외상적 경험과 무관하지 않다. 외상(trauma)은 강한 정서적 충격으로서 주로 억제(repression)나 인격의 분열을 초래하는 요인이 된다. 융에 의하면, 외상은 심리적 상처뿐만 아니라 신경체제의 육체적 손상을 초래한다(CW 8, par. 499).

3) 공전(의존)과 자전(독립)에서 오는 불안

인간은 스스로 존재하거나 스스로 출생할 수 없으며 누군가의 도움에 의해 상당 기간 생명을 유지할 수밖에 없는 실존적인 존재다. 그래서 인간은 관계의 존재이며 중요한 대상의 돌봄을 통해 성장한다. 그러나 서서히 성장하면서 자신만의 세계를 추구하고자 한다. 부모로부터의 의존 상태에서 자아의 독립을 선포하는 것은 누구나 거쳐야 할 필연적 과제다. 의존과 독립 사이의 긴장은 언제나 불안을 야기한다. 리만(Riemann)은 지구(자아)와 태양(양육자) 사이에 작용하는 힘의 원리에 착안하여 불안을 네 종류로 분류한다.

첫째, 공전에서 오는 불안은 종속성으로 인한 자아 상실에 대한 불안이다. 지구는 정해진 리듬에 따라 태양의 주위를 돈다. 이와 마찬가지로 아이는 엄마나 중요한 양육자의 주위를 맴돌 수밖에 없다. 융의 개념에서 이 상태는 자아가 자기 안에 있는 상태로서, 자아가 아직 분화하지 못한 단계다. 이처럼 공전만 존재하고 스스로 자전하지 못할 때 인간은 존재감의 상실로 인해 불안에 빠질 수밖에 없다.

둘째, 자전에서 오는 불안은 안정감의 상실과 고립으로 인한 불안이다. 지구는 자신의 축을 돌며 자전을 수행한다. 지구를 중심으로 볼 때, 태양의 주위를

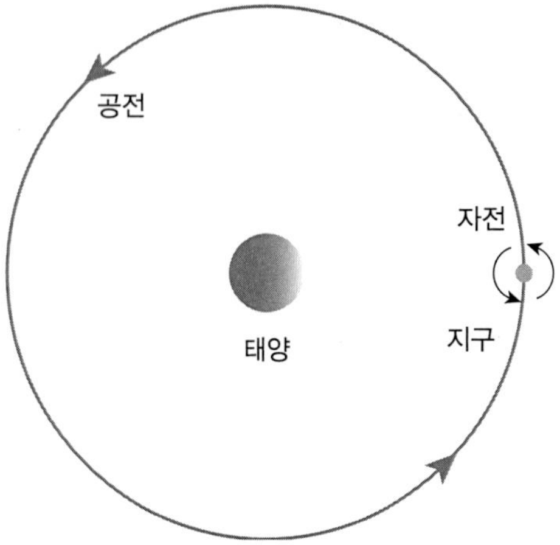

[그림 5-1] 공전과 자전

맴도는 것은 단순한 의존만은 아니다. 그것은 상호 주관적인 관계의 형성이다. 공전에서 오는 안정감을 깨트리고 자신의 길만을 고집한다면 공전이 없는 자전이 되고 만다. 사회적 동물이자 관계적인 존재로서의 인간은 공전과 자전이 균형과 조화를 이룰 때 안정적 토대를 마련한다. 자전의 욕구가 지나치게 강할 때나 고립될 때, 지지자의 상실과 관계성의 상실로 인해 불안하게 된다.

셋째, 원심력에서 오는 불안은 외부로 향하는 끝없는 변화에 대한 불안이다. 원심력은 중심을 피하여 바깥쪽으로 향하고 넓은 곳으로 나아가려는 힘이다. 인간은 희망을 먹고 산다. 미래에 대한 기대가 없다면 무기력감에 빠지고 삶의 의미를 느끼지 못한다. 미래는 우리가 바라는 실상의 담보물이다. 미래는 또한 변화에 대한 기대를 반영한다. 변화야말로 생명이 성장하는 가장 확실한 증거다. 그러나 예측할 수 없는 무한한 변화는 인간을 불안하게 한다. 그와 동시에 미래는 희망이자 우리를 불안하게 하는 불확실성이다. 안정감을 위협하는 변화 역시 우리를 불안하게 한다. 현실과 환상적 기대가 절묘하게 조화될 때 우리의 삶은 활기를 얻는다. 하지만 외부세계에 대한 지나친 집착과 망상적 열정은 우릴 더욱 더 불안에 빠지게 하고 변화에 대한 능동적인 대처를 불가능하게 만든다.

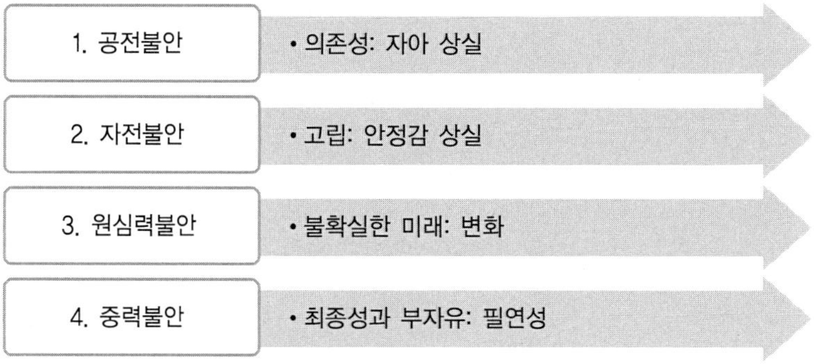

[그림 5-2] 불안의 네 종류(Riemann)

넷째, 중력으로 인한 불안은 내부의 중심으로 귀착되는 필연성에 대한 불안이다. 중력은 세계를 지탱하고 그 구심점은 지구 중심을 향한다. 끌어당기는 중력으로 인해 지구는 파편화되지 않고 단단한 구조물이 된다. 뉴턴의 만유인력은 우연히 떨어지는 사과를 보고 발견한 것이다. 사과가 떨어질 때 아래로 떨어지지 않고 공중을 떠돈다면 누군가는 그 사과에 맞아 피해를 볼 것이다. 중심을 향하는 것은 마치 우리가 마음의 중심을 찾아 떠나는 내면 여행과도 같다. 하지만 중력은 원심력이 함께 있을 때 그 존재 가치가 있다. 밖으로 향하고자 하는 원심력이 없이 중력만 있다면 마치 죽음의 최종 목적지로 끌려가는 것과 같다. 불가항력적인 힘에 의해 정해진 곳으로 끌려가야만 하는 필연성은 우리를 자유롭지 못하게 할 뿐만 아니라 불안에 사로잡히게 한다(Riemann, 2010, pp. 11-30).

리만이 제시한 불안의 네 가지 근본 형태는 많은 통찰력을 제공한다. 그의 견해는 대극의 균형과 조화가 깨지면 불안이 온다는 단순하면서도 확고한 선언이다. 그럼에도 불구하고 동시에 단순한 범주화로 인해 불안에 대한 보다 심층적인 접근을 어렵게 한다.

4) 생애 초기의 불안

인간은 나면서부터 불안을 안고 태어난다. 편안하고 안전한 엄마의 자궁 안에서 세상 밖으로 나오는 것은 유아에게 그야말로 죽음의 경험과도 같다. 유아에게 출생과 함께 오는 두려움과 공포가 원초적 불안과 함께 온다. 유아는 불안을 어떻게 표출하고 극복할까? 유아는 소리를 지르거나 발 구르기와 버둥거리기 등의 운동을 통해 부담을 덜고 불쾌감을 처리한다.

리만(2010)에 의하면, 유아기에는 나와 너의 구별이 없기 때문에 이러한 공격성은 특정 대상을 향하는 것이 아니라 불안과 불쾌를 처리하기 위한 단순한 행동으로 나타난다. 불특정 다수인에 대한 무차별 공격을 자행하는 사이코패스 증상들은 유아기의 미분화된 공격성이 고착되어 성인기에 나타난 것이라고도 볼 수 있다. 유아기의 원초적 공격성은 불가항력적이고 우발적이며 제어할 수 없는 상태로 불특정한 대상을 향한다. 따라서 그에 따른 죄책감이나 책임감도 없다. 유아의 원초적 불안의 강도는 상상할 수 없을 정도로 크다. 누구의 도움 없이 단 한순간도 생명을 유지할 수 없는 유아는 전적으로 무력하기 때문에 외부의 위협이 곧 생명의 위협으로 다가온다. 따라서 그에 따른 불안, 분노와 공격성 또한 전면적으로 그리고 무차별적으로 표출될 수밖에 없다(p. 51).

클라인(Klein, 2011)은 자아 발달이 시작되면서 불안이 시작된다고 주장한다. 클라인의 견해 또한 불안이 정신구조 사이의 긴장과 갈등에서 비롯된다는 프로이트의 견해를 따르고 있다.

> 자아 발달이 시작될 때, 자아는 초기 불안 상황의 압력을 받게 된다. 아직 연약하기만 한 자아는 한편으로 이드(id)의 폭력적인 요구에 노출되고, 다른 한편으로 초자아(super ego)의 잔혹한 위협에 노출되며, 그 둘 모두를 만족시키기 위해 안간힘을 쏟는다. 프로이트가 자아(ego)를 "세 주인을 섬겨야만 하는, 따라서 세 가지 위험에 위협받는 안쓰러운 존재"라고 묘사한 것은 자신을 짓누르고 있는

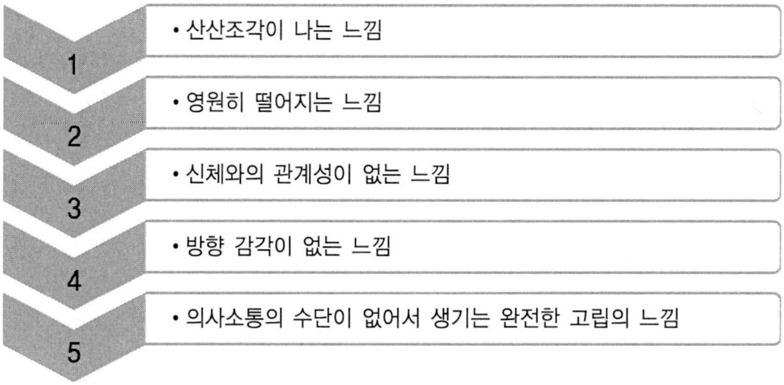

[그림 5-3] 생애 초기 존재의 멸절에 대한 불안 양태(Winnicott)

불안의 압력을 다스리는 것이 주요 임무인 어린아이의 연약하고 미성숙한 자아에 잘 들어맞는다(pp. 303-304).

위니컷(Winnicott)에 의하면, 생애 초기에 발생하는 심리적 상처로 인해 겪는 극심한 불안 상태는 존재의 멸절 위협과 관련된다. 존재의 멸절은 위니컷이 '원초적 고통' 또는 '극심한 불안' 이라고 부른 다음 목록 속에서 경험된다. ① 산산조각이 나는 느낌, ② 영원히 떨어지는 느낌, ③ 신체와의 관계성이 없는 느낌, ④ 방향 감각이 없는 느낌, ⑤ 의사소통의 수단이 없어서 생기는 완전한 고립의 느낌 등이다.

유아에게 불안을 초래하는 요소는 예측 불가능한 침범을 들 수 있다. 침범에는 외적인 환경에서 오는 침범(외부적 요인), 또는 유아의 능력 범위를 넘어서는 내적인 충동(내부적 요인)이 있다. 침범이 일어날 때는 반사적이며 화학적인 몸의 반응이 일어난다. 침범을 막기 위한 자아의 방어가 조직화되기 이전에는 순간적으로 '형언할 수 없을 정도로' 강렬한 원초적 고통을 경험한다. 침범으로 인한 심리적 상처를 견딜 수 없을 때, 유아에게는 보상적인 환상이 발생한다. 이러한 환상은 나중에 정신병적 불안으로 나타날 수 있다. 유아에게 존재의 연속성을 방해하는 침범이 계속 반복된다면, 거의 초기부터 정신병리 쪽으로 발달할 위험이 있다(Davis & Wallbridge, 2002, pp. 61-62).

위니컷은 아동기에 불안을 느끼는 것은 정상적인 현상이라고 주장한다. 한 어머니가 두 달 된 사내아이와 두 살 된 여자아이를 데리고 위니컷에게 찾아왔다. 여자아이는 놀란 표정으로 그에게 "선생님은 아기의 목을 찌르지 않을 거죠?" 라고 물었다. 그 아이는 위니컷이 남동생의 목을 찌를까 봐 염려하고 있었다. 사내아이는 목 부위에 궤양을 앓고 있었는데, 치료자는 목에 상처를 줄 수 있는 고무젖꼭지를 사용하지 말도록 권고하였다. 예전에 어머니는 여자아이의 고무젖꼭지에 대한 애착을 끊기 위해 "엄마 말을 듣지 않으면 네 목을 찔러 버리겠다." 라고 위협한 적이 있었다. 그래서 그 여자아이는 치료자가 아기의 목을 찌를지도 모른다고 생각했던 것이다. 위니컷의 호의적인 태도에 잠시 안심했던 아이는 다시 공포에 질리면서 "선생님은 아기의 목을 찌르지 않을 거죠?" 하면서 재차 확인했다. 그 사이 엄마는 "그래, 하지만 네가 그렇게 말하는 것을 당장 그만두지 않으면 선생님이 네 목을 찌를 거야."라면서 또다시 위협했다. 이에 대해 별다른 반응이 없던 아이는 "쉬 마려워요." 하면서 급히 화장실로 갔다.

위니컷(2011)에 의하면, 새로 태어난 동생에 대한 질투는 그가 상처 입기를 바라는 소망으로 나타났고, 그와 마찬가지로 자신이 상처 받는 것에 대한 불안이 공포로 표출된 것이다. 급하게 화장실에 가는 것은 그 아이의 불안이 신체 증상으로 나타난 것이다. 이처럼 어린 시절에 발생한 형제간의 시기와 질투로 인한 불안은 일종의 '정상적인 아픔'에 의해 생겨난 것들로서 발달과정에서 흔히 발생하는 현상이다(pp. 80-81).

5) 분리불안

성장과정에서 유아에게 다가오는 심각한 사건은 분리불안일 것이다. 클라인의 이론과 사상을 상당 부분 물려받은 페어베언(Fairbairn, 1963)은 불안의 근원적인 형태가 분리불안이라고 주장한다. 분리불안은 어머니와의 일시적인 분리나 좌절이 발생할 때 활성화된다. 이러한 좌절로 인해 대상에 대한 내재화와 양가감정이 생긴다. 유아는 좌절로 인해 내재화된 대상을 두 측면, 곧 흥분시키는 대상(리비도적 대상)과 좌절시키는 대상(반리비도적 대상)으로 분열시키고 억압한다. 그 과정에서 억압되지 않은 내재화된 대상의 주된 핵심 부분은 이상화 대상 또는 자아 이상이 된다. 이처럼 분리불안은 유아의 자아를 세 개의 구조로 분열시킨다. ① 이상화 대상(자아 이상)에 부착되어 있는 중심(의식적인) 자아, ② 흥분시키는(리비도적) 대상에 부착되어 있는 억압된 리비도적 자아, ③ 거절하는(반리비도적인) 대상에 부착되어 있는 억압된 반리비도적 자아로 분열된다. 이렇게 분열된 감정은 불안을 야기한다. 이러한 불안은 심리내적인 갈등에서 기인한다. 불안은 흐르지 못하고 가로막힌 에너지, 즉 리비도적 자아와 리비도적 대상 사이의 억압된 관계를 반영하는 가로막힌 리비도적 욕구를 반영한다(p. 224).

페어베언은 인간을 다른 대상과 관계를 맺고자 하는 중요한 목표를 가진 리비도적인 '나'라고 보았다. 그는 프로이트와 클라인의 주장처럼 인간은 욕망을 채우기 위해 대상을 선택하는 것이 아니며, 대상 추구 자체가 인간의 기본적인 욕망이라고 간주했다. 신체적 · 정신적 생존을 위해 의지하고 있는 대상을 상실할지도 모른다는 불안, 즉 분리불안이야말로 스스로 생존할 수 없는 유아에게는 피할 수 없는 숙명과도 같다(Gomez, 2008, p. 100).

사람들은 대체로 실제적인 분리 경험이 불안을 야기한다고 생각한다. 어렸을 때 부모와 오랫동안 떨어져 지낸 경험이 있는 사람들은 대부분 분리불안 장애로 시달린다. 그러나 분리불안은 실제적인 분리 경험 없이도 발생할 수 있다. 반델로우(Bandelow, 2008)는 어렸을 때 부모와 헤어진 적이 없는데도 분리불안에 시달리는 사람들은 아마 선천적으로 분리불안에 걸리기 쉬운 기질을 타고났기 때문으로 여긴다(pp. 134-135). 그러나 원인 모를 분리불안을 기질적인 요인으로 간주하는 그의 주장은 재고해야 한다. 분리불안은 어렸을 때뿐만 아니라 발달과정에서 언제라도 발생할 수 있다. 주요한 대상으로부터의 헤어짐이나 집단으로부터의 따돌림에 대한 심각한 불안은 전 생애에 걸쳐 발생할 수 있기 때문이다. 야코비(Jacoby, 1999)에 의하면, 우울감, 실의, 자존감 부재, 강한 불안, 내적 공허, 완전한 의미 부재는 인격의 구조적 결함의 증상으로 나타난다. 그것은 어린 시절의 복잡한 분리나 순조롭지 못한 발달과정에 뿌리를 둔다(p. 31).

아동기의 분리는 성장과정에서 자연적으로 발생한 발달적 충동과 자율적인 자아상의 정립을 위한 소망으로부터 생겨난다. 엄마로 대변되는 중요한 양육자로부터의 분리는 곧 죽음을 의미할 수 있다. 생명 에너지의 공급원인 엄마로부터의 분리는 유아에게 심각한 위기이자 독립적 인격체로의 성장을 위한 필연적 과제다. 세상 밖으로 나가고자 하는 욕구와 엄마 안에서 안전하게 지내고자 하는 극단적 양가감정은 아동에게 다양한 정서적 경험을 제공한다. 불안, 두려움과 공포, 죄책감, 우울감 등이 분리과정에서 생겨나는 감정이다. 분리과정에서는 대체로 세 가지 반응이 나타난다.

첫째, 분리를 포기하고 엄마와의 공생관계를 유지하고자 한다. 공생관계의 연장은 외부 환경이나 아동의 자아구조가 취약함으로써 독립된 상황을 수용하기 어렵거나, 양육자의 지나친 유대감이 자녀의 길을 방해할 때 이루어진다. 이때 아동은 분리에 대한 불안과 두려움 그리고 죽음에 대한 공포를 경험할 것이다.

둘째, 양육자로부터 무조건 탈출하고자 하는 투쟁-도피 반응으로 분리가 이루어진다. 엄마가 박해자로 인식되거나 증오 대상이 될 때, 아동은 극단적인 분리를 추구하면서 양육자에 대한 증오 감정과 함께 죄책감을 느낀다.

셋째, 건강한 거리감을 유지한 분리는 공생관계를 상호 주관적 관계 패턴으로 바꾸고자 하는 본능적 욕구에서 발현된다. 이 상태는 절대적 의존관계에서 상대적 의존관계로의 변화를 지향한다. 온전한 공생도, 완전한 자립도 정신적 건강을 위협한다. 사회적 존재로 성장해야 하는 아동은 적절한 의존과 자아실현의 갈등과 긴장 속에서 건강한 발달과정을 거칠 때 통합된 인격체로 성장한다.

분리를 통한 성장은 모성적 인물의 반응에 따라 그 성패가 결정된다. 자율성을 추구하는 아동의 욕구를 엄마가 과도하게 거절하거나, 아동이 누리고 있었던 편안한 모성적 환경에서 갑자기 밀어내려고 하면 이 두 가지 모두 심각한 위협이 된다. 아동으로 하여금 지나치게 빠른 독립의 길을 촉구하거나, 그 반대로 아이를 자신의 부속물로 여기거나 자신의 희망과 꿈을 실현해 주는 대리자로 여길 때, 아동은 분리할 수 있는 기회를 상실하게 된다. 분리과정이 원만하게 이루어지지 않을 때, 아동은 다양한 방식으로 투사와 내사의 상호작용에 영향을 미칠 수 있다(Meissner, 1998, pp. 56-57).

이러한 왜곡은 방어적 압력을 만들어 내며, 아동의 발달이 방어 유형과 과도하게 얽히는 방식으로 이러한 기제들을 이용하고 그 방어 유형들에 과도하게 의존하게 만든다. 따라서 과도한 분리불안은 아동의 욕구 충족과 의존 욕구를 만족시켜 주는 대상과의 접촉을 보존하는 방어 수단으로서, 그리고 자기애적 통합성을 보존하는 수단으로서 부모 이미지에 대해 과도하게 퇴행적이고 우주적인 내사에 의존하도록 이끌 수 있다. 이러한 수준에서의 분리불안의 기본적인 위협은 결국 대상의 상실이다. 그 대상은 또한 유아의 자기애적 통합감 및 전능감의 보존에 있어서 본질적이다. 만일 유아가 분리불안의 과도한 흥분 없이 모성적 궤도로부터 분리된다면 그때 내사가 일어날 것이지만, 그

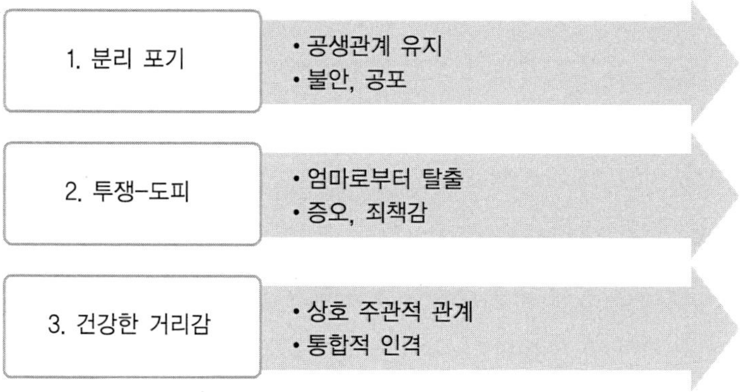

[그림 5-4] 분리에 수반되는 반응(Meissner)

> 내사는 자기애적 욕구와 방어적 긴급성의 심한 압력하에서 일어나지는 않을 것이다(Meissner, 1998, p. 57).

분리가 이루어짐에 따라 아동의 의존성은 감소한다. 절대적 의존이 감소함에 따라 아동은 자신의 욕구를 자각하고 양육자와의 관계를 설정하게 된다. 아동은 단순히 환경에 반응하는 존재가 아니라 분리와 더불어 환경에 영향을 주는 존재로 바뀌게 된다. 분리과정에서 유아가 겪는 혼란과 불안은 엄마에 대한 이해의 변화에서 출발한다. 공생단계에서 유아는 자신과 엄마를 분리하지 않고 통합체로 이해한다. 아이의 생각과 느낌은 엄마의 그것과 동일하다고 여긴다. 엄마로부터의 분리는 아동의 욕구와 충동에 의해서만 발생되는 것은 아니다. 오히려 엄마의 욕구가 아동의 분리를 촉진하는 경우가 대부분이다. 엄마에 대한 아동의 욕구는 절대적인 반면, 자녀에 대한 엄마의 욕구는 상대적이다. 공생단계에서 아동은 자신과 동일시된 엄마를 절대적으로 믿고 의지하는 반면, 엄마는 자신의 욕구와 처지에 따라 아이를 대한다는 것이다.

직업을 가진 엄마가 아이를 아동보호소나 조부모에게 맡기는 현상은 아이와 엄마의 기대 차이를 분명하게 보여 준다. 엄마에게 온전한 사랑을 주는 아이와 이미 성인이 되어 상대적인 애정을 줄 수밖에 없는 엄마 사이의 긴장과 갈등은 아동의 혼란을 부추긴다. 이 혼란은 아이에게 새로운 길을 모색하게 한다. 혼돈으로부터 새로운 인식과 창조가 시작된다. 엄마와 아이는 본질적으로 다르다는 최초의 인식은 아동에게 실망과 좌절감을 준다. 엄마를 잃게 될지도 모르는 불안함과 상실감 그리고 엄마를 떠나야만 하는 죄책감은 유아의 자아 발달을 촉진하며, 이전과는 다른 대상에 대한 사랑으로 인도한다. 이런 관점에서 초도로(Chodorow, 2008)는 유아의 분리불안이 좌절과 불일치에서 출발했다고 하더라도 결국 자아 경계를 조성하고 자아능력의 발달을 촉구한다고 주장한다(pp. 115-118).

> 유아는 일차적 사랑에 대한 기대가 좌절되는 경우에 한에서만 자기의 식별을 달성한다. 좌절되지 않는다면, 유아는 다른 사람을 분리된 존재로 받아들이는 것을 시작하지 못한다. 좌절과 양가감정은 불안을 낳는다. ……나의 요점은 이 불안, 갈등, 양가감정의 많은 부분이 유아의 발달을 통해서 산출되는 내생의 것이 아니라 어머니와의 관계에서 경험하는 좌절과 불일치에 대한 유아의 반응이라는 것이다. 다시 한 번, 이 일차적 대상관계는 유아의 경험에 근본적인 중요성을 가진다. 예를 들어, 유아는 어머니를 향한 양가감정과 무력감에 대한 방어로서 어머니에 대한 지각을 분열시키고 그들 관계의 부정적 측면만을 내면화한다. 혹은 전체 관계를 내면화하고 그것의 부정적인 측면만을 분열시키고 억압한다(p. 118).

분리불안은 양육자에 대한 상실감에서 유래한다. 대상관계에서의 긴장, 대결, 갈등의 경험은 상실불안을 야기한다. 이성관계에서 이런 경험을 하게 되면 파트너를 잃을지 모르는 불안에 휩싸이게 되고, 상실불안을 해소하기 위해 다양한 방법을 동원한다. 우울증 상태에서 상실에 대한 불안을 느낄 때는 상대방을 협박하거나 자살하겠다고 위협하거나 심지어는 자살을 시도하기까지 한다. 파트너가 이런 상황을 벗어나기 위해 더욱 멀어지려고 하면 깊은 우울과 절망에 빠져 상대방에게 죄책감이 들게 한다. "네가 없으면 나는 더 이상 살 가치가 없다!"는 식의 협박과 하소연을 동원하여 상대방을 지배하려 든다. 상실불안에서 오는 대상에 대한 끝없는 소유욕과 지배욕은 결국 비극적인 파국을 몰고 오는 경우가 많다(Riemann, 2010, pp. 112-115).

크리스테바(Kristeva, 2004)는 죽음의 세계를 떠도는 우울증 환자의 불안에 대해서 소개한다. 대양(ocean) 같은 완전한 죽음은 엘렌의 세계와 인격을 짓눌렀다. 그녀의 우울증은 자립심이 결여된 움직이지 않는 수동성에 빠져들게 했다. 죽음의 대양은 불안의 물결로 바뀌었다. 그런데 엘렌의 삶을 유지시키는 것은 바로 그 불안이었다. 불안은 살아 있다는 존재감과 살아야 한다는 생명력을 일깨운다. 병적인 마비 상태에서 겪어야 하는 불안은 고통스럽다. 하지만 불안은 그녀에게 생명의 춤이었다. 불안 속에서 그녀는 어떤 현실에 접근할 수 있었다. 그녀가 죽여야 했던 얼굴들은 특히 어린아이들의 얼굴이었다. 이러한 참을 수 없는 유혹은 그녀를 공포에 떨게 했다. 자기가 어린아이를 죽이는 괴물 같지만 존재한다는 사실, 즉 무(無)에서 벗어난다는 느낌을 갖게 해 준 것이 바로 불안이었다(pp. 96-97).

6) 성적 친밀감에 대한 불안

전통적으로 정신분석학자들은 정서와 성(sex)의 관련성을 강조해 왔다. 컨버그(Kernberg, 2008)는 욕동을 구성하는 기본 재료인 정동은 리비도(성적 에너지, 사랑)와 공격성으로 나누어진다고 본다(pp. 23-24). 융 역시 "성(sex)은 가장 중요한 본능 가운데 하나로서 우리의 언어활동에 지속적으로 영향을 미치는 수많은 정동의 제1 원인이 된다."라고 주장한다. 그럼에도 불구하고 융은 성(sex)과 성행위(sexuality)를 구별한다. 갈등 상황에서 쉽게 발생되는 성행위와는 달리, 정서는 자기보존 본능으로부터 파생된다(CW 5, par. 7). 유아기적 정서태도는 어린 시절의 세계관에 고착되어 있을 때 성인기에도 발생한다. 그 가운데서도 아동기의 강한 성적 정동은 성인기까지 지속되는 경우가 많다(CW 4, pars. 312, 344).

뮤직(Music, 2001)은 성과 관련된 성인기의 정서양식이 아동기의 정서적 환경에서 유래한 사례를 보여 준다. 패트릭은 젊은 여성을 유혹하여 즐거움을 취한 다음에 그 여성을 다시 버리는 습관이 있다. 그는 여성과의 관계를 수주일 이상 지속시키지 못했다. 그는 세 살 때부터 헤로인 중독자였던 엄마와 분리되어 대리부모에 의해 길러졌다. 성장과정에서 친밀감을 경험하지 못한 그는 여성으로부터 항상 지나친 친밀감을 추구했다. 친밀감을 원하지만 그러한 경험이 없었던 그는 자신의 결핍된 감정을 다른 사람을 박해하는 방식으로 채우고자 했다. 자신의 힘을 이용하여 다른 사람을 학대함으로써 자신의 감정을 다른 사람에게 전가했던 것이다(Music, 2001, pp. 46-48).

매스터슨(Masterson, 2000)은 성적 친밀감에 대한 불안을 은폐하기 위해 난잡한 성관계를 유지했던 한 사례를 소개한다. 대학생이었던 베키는 자신에 대한 나쁜 감정을 호전시키고 자신의 인생을 책임져 줄 누군가를 찾아야 했다. 그녀는 고등학교 시절의 남자친구 존을 다시 만나 사랑에 빠져 대학 2학년 때 결혼했다. 존의 자기애적 성향이 베키의 이상화된 대상에 대한 환상을 충족시켜 주었다. 이로 인해 그녀는 자신에 대한 감정이 상당히 호전되었다. 그러나 그녀에게는 성적 친밀감을 경험할 기회가 없었다. 치료과정에서 자신의 정서적 상태를 자각한 베키는 이혼을 결심했다. 그녀에게 이혼은 유기 감정에 사로잡히게 했고, 그 스트레스는 대단히 고통스러웠다. 고등학교 시절에 성적인 경험을 해 보지 못한 그녀는 이전에 해 보지 못한 것을 경험해 보고 싶었다. 그녀는 불안을 해소하기 위해 여러 남자와 관계를 맺었으나, 섹스 이외의 그 어떤 의미도 찾을 수 없었다. 마침내 그녀는 한 남자와의 동거를 결정했다. 그러나 그는 자신이나 베키를 책임질 수 없는 취약한 남자였다. 그 남성이 경계선적 장애가 있다는 사실을 알고 난 후에 생긴 분노는 행동으로 표출되었다. 이런 식으로 그녀는 성적 친밀감에 대한 불안을 감추었다. 성적 친밀감은 안전하고 편안한 관계를 통해 형성된다. 그녀의 새로운 환경에 대한 두려움과 성장에 대한 거부는 오히려 안정적 토대를 훼손했던 것이다. 주목할 내용은 베키가 관계한 모든 남자에게 이런저런 성적 문제가 있었다는 점이다. 베키는 그들의 성적 문제에 대하여 지극히 관대하고 수용적인 태도를 보임으로써 자신의 성적 친밀감 능력에 대한 불안을 은폐했던 것이다(pp. 158-159).

성적 친밀감에 대한 불안은 대체로 오이디푸스기에 이성 부모와의 정서적 교류가 원만하지 않은 경우에 발생하거나, 성장과정에서 성적 외상이 있을 때 드러나는 현상이다. 성에 대한 부모의 죄책감이나 수치심이 자녀에게 전염되어 자녀 역시 성적 접촉에 대한 불안에 사로잡힐 수 있다.

7) 죽음에 대한 불안

실존주의 심리치료자들은 치료 현장에서 죽음에 대한 불안을 주요 주제로 삼는 경향이 있다. 죽음불안은 원형적 정동으로서 밝은 면과 어두운 면 모두를 가지고 있다. 죽음불안의 긍정적인 측면은 일단 죽음에 직면해서 모든 인간은 자신의 인생관을 돌아보게 되며, 삶에 대한 가치와 진정한 권위를 인정하게 된다는 것이다. "개똥밭에 굴러도 이승이 낫다."는 우리 속담은 죽음에 대한 불안을 드러내면서도, 고달픈 인생이라도 거기에 충분한 가치가 있다는 의미를 담고 있다. 죽음은 또한 불안을 생성하는 주된 근원이다. 삶에 대한 애착은 실패와 죽음에 대한 불안을 그 이면에 담고 있다. 이런 관점에서 융은 젊은이들에게는 삶에 대한 애착만큼 그 바닥에 공포가 있으며, 반면에 노년층은 죽음에 대한 불안과 두려움이 존재한다고 주장한다(CW 8, par. 797).

뭉크(Munch)의 그림 〈죽은 어머니와 아이(The Dead Mother and the Child)〉는 죽음에 대한 불안과 공포가 어두운 그림자와 함께 잘 묘사되고 있다. 뭉크는 1863년에 노르웨이 뢰텐에서 태어났으며, 누이 셋과 남동생이 한 명 있었다. 5세 되던 해인 1864년에 어머니가 결핵으로 사망하자 그는 이모의 양육을 받았으며, 설상가상으로 1877년에 그가 좋아하던 누이 소피도 15세의 나이에 결핵으로 죽게 된다. 한창 사춘기 나이인 14세에 심리적으로 엄마를 대신해 왔던 누이마저 죽은 이후 그의 내면은 죽음에 대한 불안과 두려움으로 드리워졌다.

그의 연작 〈생의 프리즈〉의 마지막 주제는 죽음이었다. 〈죽은 어머니와 아이〉는 그의 그림 〈임종의 고통〉 〈죽음의 방〉 〈죽음〉 〈삶과 죽음〉 〈죽음과 아이〉 〈병실에서의 임종〉 〈죽은 자의 침대〉 등과 함께 모두 죽음을 주제로 하고 있다. 〈죽은 어머니와 아이〉에서 귀를 막고 있는 꼬마 여자아이는 뭉크보다 한 살 위인 소피로 알려져 있다. 소피는 양손으로 귀를 막고 고통스러운 침묵을 통해 죽음의 불안과 공포를 차단하려 하고 있다. 그녀는 침대에 누워 있는 어머니와 수직의 구도로 서 있다. 하얀 침대 커버에 덮여 있는 죽은 어머니와 주황색 치마를

죽은 어머니와 아이(Munch, 1897~1899)
뭉크의 누이 소피가 죽은 어머니의 모습과 수직으로 서 있다. 죽은 자의 흰색 커버와 소녀의 주황색 치마가 대조적이다. 아이는 귀를 막고 죽음의 절규를 차단하고 있다(Bischoff, 2005, p. 56).

입고 있는 소녀의 모습은 죽음과 생명의 대조를 보여 준다. 비쇼프(Bischoff, 2005)에 의하면, "소녀가 서 있는 그늘진 밤색 바닥은 삶 자체인데, 소녀의 얼굴은 얇고 어두운 녹청색의 '죽음'의 세계에 적나라하게 들어서 있다." (pp. 56-57)

얄롬(Yalom, 2007)에 의하면, 인격구조 형성에 중요한 기능을 담당하는 죽음불안은 인생의 초기에 나타나고, 일생을 통하여 불안을 야기한다. 사람들은 불안을 통해 걱정에 대비하며, 외적 · 내적인 자극에 대한 방어 전략을 세운다. 치료현장에서 우선 고려해야 할 점은 죽음불안이 어떤 특별한 사람에게 있는 것이 아니라 모든 사람에게 편만해 있다는 점이다. 불안이 없다면 우리는 위기 상황에 대처할 능력을 상실하게 될 것이다. 그럼에도 불구하고 불안은 또한 우리를 위축시키는 주요 요인이 된다. 불안은 일단 위협에 대한 적극적 대응보다는 방어나 회피를 목적으로 하는 것 같다. 자신도 모르게 찾아오는 불안은 두려움이나 공포와 달리 구체적인 공격 대상이 없을 뿐더러 그 원인도 모르는 경우가 많기 때문에 일단 방어나 회피가 생존 전략으로 적합하다. 이런 이유로 해서 불안,

특히 누구에게나 존재하는 죽음불안은 겉으로 쉽게 드러나지 않는다. 죽음불안은 인간의 실존과 깊은 관련이 있다. 인간은 태어나자마자 죽어야 하는 운명을 안고 출생한다. 고통스럽게 사라져 가는 죽음에 대한 공포가 불안을 야기할 수도 있다. 그러나 실존적인 차원에서 보면 피하고 싶은데 피할 수 없는 길이기에 불안한 것은 아닐까? 이런 현상은 분리불안에서도 유사하게 경험된다. 분리 역시 수용하기도, 거부하기도 쉽지 않은 어려운 난제다. 죽음 또한 인간을 정해진 길로 인도한다는 점에서 불안의 요소이며, 두려움과 공포의 대상이 된다. 죽음불안에 사로잡힌 사람들은 아마 생물학적인 죽음보다는 존재의 멸절이나 정신적 해체에 대한 두려움이 클 것이다. 치료 현장에서 죽음불안은 이런 차원에서 검토되어야 한다. 죽음불안의 보편적 성향과 더불어, 그와 함께 오는 다양한 정서의 정체를 밝힌다면 치료 방향이 그려질 것이다(pp. 232-234).

8) 유기불안

중요한 대상으로부터 거부당하거나 버려지는 경험은 나이가 어릴수록 그 상처가 크다. 스스로 독립할 수 없는 유아는 거의 본능적으로 유기불안에 노출되어 있다. 엄마의 자궁으로부터의 이탈, 중요한 대상 상실, 성장과 독립을 위해 필연적으로 거쳐야 할 소외감 등은 인간이 필연적으로 거쳐야 할 유기 감정이다. 이런 본래적 유기감에 실제적으로 발생한 유기 사건이나 거부당한 경험이 아동의 자아를 위축시키는 결과를 초래한다. 이런 점에서 유기감은 다음 세 종류로 구별된다.

첫째, 실존적 유기감(existential abandonment)은 출생과 함께 느끼는 버려짐의 경험이다. 탄생은 새로운 인생의 출발이자 모성의 자궁 밖으로 버려짐이다. 모든 인간에게 부여된 실존적 유기감은 중요한 대상으로부터의 소외에서 기인한다. 이때 죽음에 대한 불안과 공포, 죄책감과 수치심이 동반된다. 이와 동시에 불가항력적인 위험에 노출된 자아에 대한 무기력감이 세상을 향한 두려움을 느끼게 한다.

둘째, 실제적 유기감(real abandonment)은 성장과정에서 중요한 대상이나 공동체로부터 거부당하거나 버려진 경험에서 발생한다. 출생하자마자 엄마가 죽었거나, 조부모나 다른 사람에 의해 양육되었거나, 부모의 이혼으로 인한 유기감 등이 이에 속한다.

셋째, 정서적 유기감(emotional abandonment)은 일종의 신경증적 유기감으로서 실제 현실에서 유기당한 경험이 없음에도 심리적으로 유기 감정에 사로잡혀 있는 경우라고 볼 수 있다. 가족이나 공동체로부터 항상 무시당하거나 거부당하는 대상으로 느끼거나, 자신을 소외된 존재 또는 환영받지 못한 존재로 여기는 사람들이 느끼는 감정 역시 유기감이다.

이런 차원에서 볼 때 유기감은 일종의 원형적 정서다. 즉, 유기는 버려짐과 새로운 세계를 향한 여정에서 오는 양가감정이라고 할 수 있다. 따라서 유기감은 그 이면에 있는 긍정적 측면을 발견함으로써 새로운 차원으로 나아갈 수 있다. 유기감은 죽음에 대한 불안과 공포를 초래함과 동시에 창조적 본성의 활성화를 위한 요인이 된다(CW 9i, par. 285 참조).

4. 발생 배경

1) 출생과 대상 상실이 원초적 불안을 유발

무엇이 불안을 일으키는가? 자아가 공중 분해될 것 같은 불안, 존재 자체가 없어질 것 같은 불안은 의미 있는 존재를 지향하는 모든 인간에게서 발견되는 일종의 원시적인 불안이다. 그것은 출생에 대한 외상과 연결된 것 같다. 엄마의 자궁에서 세상 밖으로 나온다는 것은 유아에게 곧 죽음의 공포로 이어진다(Emanuel, 2000, p. 14). 출생에 대한 공포는 이전의 상황이 와해됨으로써 생명의 위협이 되는 상황이 도래할 것에 대한 실존적 불안으로서, 죽음에 대한 불안과도 같다. 인간은 출생과 더불어 죽어야 하는 존재로서 죽음이라는 피할 수 없는 운명 자체에 대한 불안이 있다. 이런 측면에서 볼 때, 원초적 불안은 모든 인간에게 주어진 삶의 일부다. 융 역시 '출생 외상(birth trauma)'을 언급하면서, 모든 인간은 출생 외상을 경험하며 그것은 삶이 언제나 피할 수 없는 숙명적(fatal) 정황에 놓여 있다는 사실에 기인한다고 주장한다(CW 11, par. 842).

프로이트의 제자이면서 전기작가인 어니스트 존스(E. Jones)는 불안에 대한 세 가지 요인으로 ① 외부적 자극과 응답 사이의 불균형, ② 몸과 정신 사이의 부조화, ③ 몸이나 정신 자체 안에서의 내적 부조화를 들고 있다(Ward, 2001, p. 5). 외부로부터 오는 고통과 자극으로부터 자신을 보호하지 못할 때 오는 불안은 어느 정도 의식적으로 감지되는 정서다. 하지만 몸과 정신 사이의 불일치나 혹은 몸과 정신 내부의 내적 부조화로 인한 불안은 거의 무의식적으로 발생하기 때문에 세심한 주의를 기울이지 않으면 인식하기 어렵다. 따라서 불안은 거의 무의식적으로 생성되어 어디로 흘러가는지 모른다. 무의식적인 불안은 대체로 투사되거나 신체화로 나타난다(Hollis, 1996, p. 107).

고메즈(Gomez, 2008)는 프로이트가 제시한 마음의 구조로부터 불안의 발생 배경을 설명한다. 불안은 외부 현실 속에서 적응해야 하는 자아가 원초아의 본능적 요구와 사회적 질서를 우선시하는 초자아의 요구 사이에서 갈등을 극복하지 못할 때 발생한다(pp. 30-31).

> 자아의 임무는 원초아에서 나오는 요구와 초자아 및 외부 현실을 화해시키는 것이다. 이것이 불가능하면 불안이 발생한다. 만약 피할 수 없는 위험이 외부세계에서 오면 현실적인 불안이 발생한다. 초자아의 요구가 무시되면 도덕적 불안이나 죄책감이 일어난다. 그리고 원초아의 욕구가 충분히 인식되지 않으면 신경증적 불안 혹은 신경증적 증상이 발생한다(pp. 31-32).

프로이트는 사랑하는 대상의 상실을 가장 중심적인 불안 상황으로 간주했다. 엄마를 상실하는 데서 오는 분리불안은 아들의 경우 오이디푸스 콤플렉스 시기에 거세불안이나 신체적 통합의 상실에 대한 불안으로 이어진다. 성적 억압에 대한 자극은 성적 본능과 사회적 규범 사이의 갈등으로 인해 불안을 야기한다. 아들은 엄마를 사이에 둔 라이벌인 아버지를 제거하려는 욕망 때문에 불안을 경험한다. 엄마에 대한 수용될 수 없는 성적 욕망은 억압되어 무의식에 잠재된다(Emanuel, 2000, pp. 10-18). 엄마를 차지하려는 음모를 눈치챈 아버지에 의해 남근이 제거될 수 있다는 어린 아들의 불안한 심리는 부모와의 정서적 대상관계가 악화될 때 나타나는 현상이다.

비온(1962)에 의하면, 유아는 자신이 해체되는 원초적 불안을 엄마(혹은 담아주는 자[container])에게 투사한다. 정서적으로 안정된 엄마는 이런 불안을 수용할 수 있고 치료적으로 응답한다. 그것은 유아로 하여금 그 두려운 감정을 수용할 수 있도록 격려하는 방식이다. 그때 두려움은 유아 스스로 다스릴 수 있는 형태로 변한다(pp. 114-115). 위니컷(1998)은 정신분열증이나 정신병 등으로 나타나는 유아의 심리적 방어조직이 원초적 불안에 대한 방어라고 주장한다.

> 심한 학습장애를 가져오는 유아 정신분열증이나 정신병 상태가 사실 고도로 복잡한 방어조직이라는 것은 매우 흥미롭다. 그 방어는 아이가 거의 절대적인 의존단계에서 환경의 실패로 인해 생긴 원시적 · 원초적(생각할 수 없는) 불안에 대한 방어다. 방어가 없었다면 해체, 방향 감각 상실, 몸과 정신의 해체, 영원히 떨어지는 것 같은 느낌, 현실감 상실 및 대상관계 능력의 상실 등의 순서로 정신구조의 붕괴가 있었을 것이다. 그 아이는 방어를 통해서 자신 안에 있는 어떤 것을 고립시켜 상처받지 않는 자리에 도달한다. 이런 극단적인 방어를 통해서 아이는 상처받지 않고 자신을 보호하며 동시에 의존과 취약성 그리고 원초적 불안을 재경험하지 않게 된다(p. 90).

2) 발달동기가 불안을 유발

클라인은 불안에 대한 연구를 정신분석 작업의 중요한 위치에 두었다. 비록 과도한 불안이 발전을 저해하는 요소가 된다고 하더라도, 불안은 일단 발달과정에서 필연적으로 나타나는 현상이다. 유아는 분노나 격분 상태에 있을 때 환상 속에서 엄마의 몸을 공격한다. 이에 따른 엄마의 보복에 대한 두려움과 공포로 인해 유아는 스스로 심하게 박해를 받는다. 클라인에 따르면, 환상에서 아이는 아버지의 남근을 내면에 담고 있는 엄마를 공격한다. 유아에게 자기를 놀라게 하고 불안을 야기하는 나쁜 내적 대상은 자신이 공격했던 방식으로 자신을 공격할 것이라는 두려움이 있다. 엄마에 대한 공격과 그에 대한 보복을 두려워하는 유아는 대상 상실에 대한 초기 불안을 겪게 되는데, 이러한 초기 불안이 성인기의 불안을 지배한다고 보는 것이 클라인의 관점이다. 클라인(2011)은 초기 불안 상황이 여아의 성 발달에 미치는 영향을 다음과 같이 기술한다.

> 오이디푸스 갈등의 초기 단계에서 나는 여전히 풀리지 않은 이 문제의 해결에 기여하고자 여아의 뿌리 깊은 불안은 자신의 몸속이 강탈당하고 파괴되는 것에 대한 불안이라는 견해를 제기하였다. 어머니로부터 경험한 구강적 좌절의 결과로 여아는 어머니에게서 벗어나 아버지의 음경을 만족의 대상으로 삼는다. 이러한 욕망은 여아의 발달에 중요한 진전을 이룬다. 여아는 아버지의 음경을 몸속에 넣고 아버지에게 젖가슴을 내어 주는 어머니에 대한 환상을 발전시킨다. 그리고 이러한 환상은 자신을 좌절시키는 부모에 대해 선망과 증오의 감정을 불러일으키는 초기(여아의 유년기) 성이론의 핵심을 이룬다. 이 발달단계에서 남아와 여아 모두 영양분의 공급원인 어머니가 몸속에 아버지의 음경을 포함해 가치 있는 모든 것을 간직하고 있다고 믿는다. 이러한 성이론은 어머니에게서 받은 좌절감에서 비롯된 어머니에 대한 여아의 증오를 키우고, 어머니의 몸속을 공격해 파괴하고 그 속의 것들을 빼앗는 가학증적 환상

을 만들어 낸다. 이러한 환상은 그것이 불러일으키는 보복에 대한 두려움 때문에 여아의 심층적 불안 상황의 바탕이 된다(pp. 332-333).

클라인(2011)에 의하면, 남아의 성 발달은 최초의 단계에서 여아와 동일선상에 있다. 남아 역시 여아와 마찬가지로 구강적 좌절로 인해 어머니 젖가슴에 대한 파괴적 경향이 강화된다. 구강기의 가학적 충동이 절정에 이르면서, 유아는 어머니의 젖가슴에 대한 구강-빨기 고착 상태에서 벗어나 아버지의 음경에 대한 구강-빨기 고착 상태로 이행한다. 클라인은 이런 고착이 남아의 동성애적 성향의 토대가 된다고 주장한다. 남아는 어머니 안에 있다고 상상하는 아버지의 음경에 대한 파괴적 공격성과 그에 따른 어머니의 보복을 두려워한다. 이것이 남아의 여성에 대한 콤플렉스의 기초를 형성한다는 것이 클라인의 주장이다. 어머니에 대한 유아의 두려움 외에도, 남아는 내면화된 아버지의 음경에 대한 두려움 때문에 어머니와의 동일시를 포기하고 이성애적 위치를 강화한다(pp. 403-406).

클라인이 말하는 편집-분열적 자리에서 유아는 분리불안과 함께 멸절불안을 느끼게 된다. 엄마와의 공생적 관계가 깨짐으로써 생명의 공급원을 상실하고 자신의 존재는 해체될지도 모른다는 멸절에 대한 공포가 있다. 유아는 멸절불안을 해소하기 위해 계속해서 대상을 분열시키지만 다시 줄이는 방법은 알지 못한다. 끊임없이 증식하는 분열은 오히려 자아를 분산시키는 결과를 가져온다. 박해불안, 멸절불안, 분리불안 등에 대처하기 위해 유아가 택한 방식은 우울적 자리다. 리비도(정신 에너지)의 내향화로 이어지는 우울증은 자기를 방어하는 방법이자 스스로를 박해하는 방법이다. 우울적 자리에서 유아는 스스로를 파괴하는 방식으로 멸절불안을 해소하고자 한다. 유아는 멸절불안을 해결하기 위해 투사하는 대신에 내사를 함으로써 스스로에게 그 책임을 부여한다. 모든 게 자신으로 말미암아 생긴 것이라고 자책함으로써 수치심과 죄책감을 느낀다. 엄마가 나를 박해하는 것이 아니라 자신이 엄마를 박해하고 있다고 느낌으로써 엄마에 대한 나쁜 이미지를 내사하게 된다(Eigen, 2009a, pp. 20-22).

클라인이 주장하는 유아의 우울감은 자신의 공격으로 인해 좋은 대상을 상실할 것이라는 불안에서 온다. 유아가 좋은 엄마와 나쁜 엄마가 동일한 사람이라는 것을 알게 될 때, 나쁜 엄마를 향해 느낀 파괴적 충동은 곧 유아가 사랑하는 좋은 엄마로 향한다. 이때 우울한 위기가 발생한다. 유아는 자신이 가장 사랑했던 바로 그 사람에게 상처를 주었다는 것에 대해 죄책감을 느끼게 된다. 유아는 이로 인해 박해불안보다도 더 큰 죄책감과 슬픔에 잠기게 되고 그것을 후회하고 고독해진다. 좋은 대상과 나쁜 대상이 한 인격 안에 통합됨으로써 발생하는 이러한 우울불안은 유아의 성장과정에 필수적인 요소가 된다(Emanuel, 2000, pp. 22-44). 그러나 클라인은 유아의 우울불안이 좋은 젖가슴과 나쁜 젖가슴 사이에서 발생하는 필연적 갈등 때문에 발생한 것이라고 주장한 반면, 건트립(Guntrip)은 유아의 우울적 불안은 결핍과 좌절 때문에 나타나는 반응이라고 주장한다(Gomez, 2008, p. 218).

컨버그(2001)는 클라인의 불안 개념을 잘 설명하고 있다. 클라인은 태어날 때부터 존재하는 자아의 기본 기능에 불안 경험 및 방어, 내사 및 투사 과정, 대상관계, 통합하고 종합하는 기능이 포함된다고 여긴다. 그녀에 의하면, 불안은 죽음 본능의 표출에 대한 자아의 반응이다. 불안은 탄생과 신체적 욕구 좌절에 의해 발생한다. 그리고 양육자와의 분리에 의해 그 불안은 강화된다. 불안은 구체화되면서 시간과 공간 안에서 작용하는 두려움이 되려는 경향이 있다. 유아의 실존적 불안은 박해 대상에 대한 두려움이 되고, 내재화된 나쁜 대상의 공격성이 다시 내사됨으로써 외부와 내부의 박해자에 대한 두려움이 된다. 박해불안이나 편집적인 두려움은 발달단계에 따라 변화한다. 그것은 우선 먹히는 것에 대한 구강기적 두려움으로 나타나며, 뒤이어 통제당하거나 오염되는 것에 대한 항문기적 두려움으로 표출된다. 이러한 초기의 불안과 두려움은 나중에 오이디푸스 콤플렉스와 관련되어 거세불안으로 바뀌게 된다. 이러한 원시적인 박해불안은 정신분열증이나 편집증적 정신병에서 나타나는 박해망상의 기초가 된다. 클라인은 이러한 박해공포가 원시적인 초자아 불안의 기원이라고 생각하였다. 유아의 내사와 투사는 자아의 방어작용일 뿐만 아니라 자아의 성숙을 결정하는 기본적인 정신과정이다. 내적인 긴장 상태나 고통스러운 외부 자극이 투사될 때 편집적 두려움이 발생하는 반면, 유쾌한 상태가 투사될 때는 기본적 신뢰감이 형성된다(pp. 42-44).

클라인학파의 분석에서는 환자의 가장 깊은 무의식적 불안 수준에서 심리내적 갈등을 분석하는 것이 중요하다. 그것은 무의식적 갈등 내용을 포함한 전체 병인을 가장 초기에 형성된 심리적 산물로 간주하는 것을 의미한다. 즉, 치료를 시작할 때부터 편집-분열적 자리 및 우울적 자리와 관련된 원시적 환상과 방어를 해석한다. 이것은 아동기에 경험한 모든 불안 상황이 치료 현장에서 재현될 것이라는 클라인의 신념에 따른 것이다. 클라인학파는 가장 깊은 원초적 불안이 정신병적 불안을 나타낸다고 본다(Kernberg, 2001, pp. 58-59).

『임상적 클라인(*Clinical Klein*)』(2006)의 저자인 힌셸우드(Hinshelwood)는 불안과 관련된 배출 환상에 대한 사례를 소개한다. 주기적으로 동성애에 빠지곤 했던 정신증적 편집증 환자는 흥분한 상태로 아버지의 무릎 위에 올라탄 기억을 떠올렸는데, 그때 그는 자신의 속옷에 배설하는 환상이 떠올랐다. 그는 이 기억이 떠오르기 전에는 종종 어떤 사고와 감정에 관해 불안해하고 우울한 감정에 빠지곤 했다. 힌셸우드는 이 사례를 항문기 기능, 즉 배변과 관련된 심리적 활동

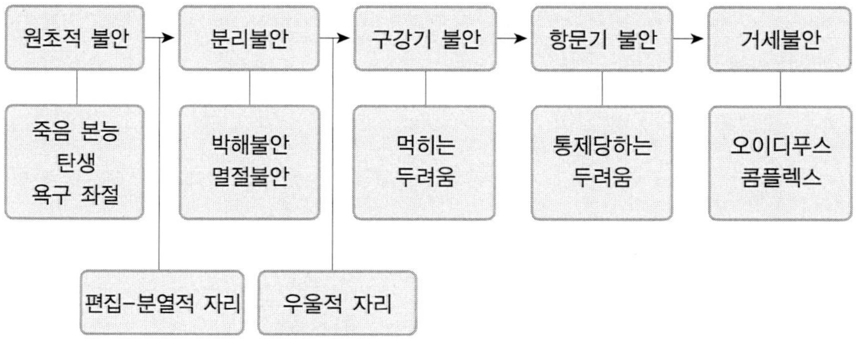

[그림 5-5] 발달단계에서의 불안(Klein)

을 보여 주는 증거라고 생각한다. 여기에서 아버지의 무릎은 변기의 기능을 수행하고 있다. 부분 대상인 아버지의 무릎은 아버지를 대신하는 상징적 이미지로서 전체 아버지를 대변한다. 아버지의 무릎에 오름으로써 아버지를 정복하고 그 위에 배변을 함으로써 해방감과 자신감을 느꼈다는 것이다. 내담자는 아버지 이미지를 치료자에게 전이함으로써 그에게 시원하게 털어놓는 해방감과 어린 시절에 아버지의 무릎에 배설하는 환상을 연결시키고 있다. 억압된 정신의 일부가 배출 환상과 더불어 밖으로 분출되는 것은 불안한 상태로부터의 해방을 의미한다. 내담자는 배변을 통해 자신의 내적 더러움을 치료자에게 전가함으로써 우울증으로부터 해방됨을 느꼈다. 그의 항문기 억압이 이제야 해소된 것이다.

그 환자는 항문기 배설 외에도 자신의 페니스를 치료자의 몸 안으로 밀어 넣는 성적 환상이 있었다. 이 환자가 지니고 있는 강제적인 침입 환상이 배설물을 아버지(변기)에게 강제로 밀어 넣고, 언어(배설물)를 치료자 안으로 밀어 넣으며, 페니스를 치료자의 항문으로 밀어 넣는 동성애적 환상 형태로 나타난 것이다. 그는 무언가를 내보낸 후에 흥분이 고조되는 것을 느꼈다. 그러나 곧 박해불안이 느껴졌고, 그 불안은 그의 목소리를 통해 드러났다. 이후 그는 치료자의 모든 해석으로부터 거리를 유지했다. 그것은 마치 치료자의 끔찍한 배설물이나 페니스가 자신이 그에게 했던 방식으로 밀고 들어오는 것에 대한 두려움과 같았다. 이것은 유아가 자신이 저지른 나쁜 양육자(부모)에 대한 공격이 다시 자신에게로 향하는 것을 두려워하는 것과 같다(Hinshelwood, 2006, pp. 186-188). 힌셸우드의 사례는 전이를 통해 내담자의 정서를 인식하고 분화하는 과정을 보여 준다. 이것은 분석과정에서 발생한 연상과 환상, 그리고 신체 반응 자료와 전이의 내용을 통해 내담자의 정서를 구체화하는 작업이다. 동시에 치료자의 해석은 내담자의 저항을 초래할 수 있다는 점을 상기시킨다.

컨버그(2008)에 의하면, 경계선적 자기애적 인격이나 가학적 혹은 피학적 내담자들의 불안은 오이디푸스 및 전오이디푸스적 갈등에 기인한다. 경계선 수준의 자기애적 성향을 지닌 사람은 대체로 충동적이고, 혼란스럽고, 거만하며, 남을 무시하는 행동을 보인다. 이와 대조적으로 가학적이거나 피학적인 성격은 타인과의 관계에 더욱 많은 에너지를 투자한다. 즉, 자기애적 인격이 타인에게 냉담하고 무관심한 반면, 가학적이거나 피학적인 성격은 타인에게 의존적이고 매달린다. 이런 사람들의 심리적 역동에는 심한 오이디푸스 및 전오이디푸스적 갈등이 포함되어 있다. 특히 그들은 내면적으로 가학적이고, 부정직하며, 통제하는 어머니 표상에 사로잡혀 있다. 이와 같은 부정적인 어머니 표상은 오이디푸스 및 전오이디푸스적 문제들을 내면화한다. 타인에 대한 가학적인 한 남성의 사례를 보자. 그 남성은 치료자를 계속해서 비하하는 동안 심한 불안과 열등감을 느꼈다. 여자친구가 자신을 버리고 더 매력적인 남자를 찾아 떠날 것이라며 심하게 두려워하는 그 내담자는 여자친구에게 더 많은 시간을 할애할 것과 과도한 관심을 요구했다. 여러 여자와 헤어지고 난 후에 그는 병리적인 애도과정을 보였다. 그가 자주 보여 준 강한 편집증적 반응과 자신이 버림받았다는 우울감은 전오이디푸스적 퇴행에서 비롯된 결과였다(pp. 69-70).

코헛(Kohut, 2007)은 오이디푸스 갈등에서 비롯된 거세불안은 이상화된 자기대상으로부터 위로받고 고양받으려는 욕구가 좌절될 때 발생한다고 주장한다. 부모는 대체적으로 아이가 성적 호기심을 드러낼 때 자신의 감정을 억압한 상태에서 아이로부터 후퇴한다. 외상을 받지 않은 가운데 자연스럽게 발생한 정상적인 오이디푸스 갈등은 아동에게 건강한 자기 발달을 촉진한다. 그러나 자극적이고 도전적이며 후퇴하는 방식으로 나타나는 부모의 응답은 아동의 자기를 약화시킨다. 약화된 자기는 파편화되며, 이제는 가시화된 성적 욕동과 적대적 공격성으로 표출된다. 이로 인한 자기의 결함은 응집적 자기의 발달을 저해하고 인생 전반의 과제에 불안하게 응답하게 한다(pp. 31-60; Siegel, 2002, pp. 249-252).

코헛(2007)은 또한 엄마와 아기의 관계는 엄마의 공감능력에 의해 큰 영향을 받는다고 주장한다. 엄마가 공감능력이 부족해서 아기의 불안에 공황으로 반응한다면 갖가지 유해한 일이 발생한다.

> 엄마는 만성적으로 아기의 정서와 벽을 쌓고, 엄마—경미한 불안을 경험하고 다시 침착해진—와의 융합이 주는 유익한 효과를 아기에게서 앗아 갈 수 있다. 또는 정반대로 엄마의 공황이 지속된다면 두 가지 부정적인 결과가 발생할 것이다. 아이는 평생 불안이나 다른 정서가 제어되지 않고 확산되는 어려움을 겪거나, 지나치게 강렬한 외상적 공감 반응으로부터 자신을 지키기 위해 마음의 벽을 쌓게 될 것이다. 왜냐하면 엄마의 무제한적인 공감적 반응은 아이의 심리구조를 황폐하게 할 것이기 때문이다. 그리고 그런 심리구조로는 이후에 공감의 능력, 즉 인간의 경험을 완전히 인간적인 것으로 경험하는 능력을 갖출 수 없을 것이다(p. 128).

유아의 불안은 엄마와의 공생관계를 벗어나지 못할 때 발생한다. 융심리학 관점에서 긍정적인 모성 콤플렉스는 엄마가 좋은 대상일 때 아이가 공생관계에서 벗어나는 것을 두려워하는 방식으로 나타난다. 모성 콤플렉스의 핵심에는 모성 원형이 있다. 아동은 모성 원형의 두 측면에서 갈등한다. 생명을 주고 양육하는 모성과 모든 것을 자궁 안에 삼켜 버리는 모성이 그것이다. 자녀에 대한 지나친 애정은 유아에게 너무 좋음과 동시에 삼켜질 것 같은 숨막힌 감정을 자아낸다. 부정적인 모성 콤플렉스에 사로잡힌 아동은 엄마를 박해 대상으로 여김으로써 분리와 도피를 통해 엄마와 거리감을 유지하고자 한다. 엄마와의 심리적 이별을 통해 공생관계에서 벗어나 개성화로 나아가기 위해서, 아동은 독립적이고 주체적인 인격으로서의 자기 자신에 대한 즐거운 체험을 지향한다. 엄마와의 건강한 이별을 통해 자신의 존재감을 형성하면서 성장과정에서 발생하는 다양한 불안에 대처하는 법을 배운다.

카스트(Kast, 2007a)에 의하면, 우울구조와 다양한 불안 질병도 본래 긍정적인 모성 콤플렉스가 원인일 수 있다. 자기중심적인 태도, 극도의 민감성, 타인으로부터의 과도한 관심 추구, 타인의 관심을 받지 못할 때 발생하는 우울증 등도 대체로 긍정적인 모성 콤플렉스에서 비롯된다(pp. 118-119). 따라서 우리는 발달단계에서 정상적으로 발생하는 정서와 그렇지 못한 정서를 구별할 필요가 있다. 콜라루소(Colarusso, 2011)는 정신분석적 발달이론에 입각하여 정서를 인식할 필요가 있음을 강조한다.

> 어떤 나이대에서는 정상인 행동이 다른 나이대에서는 상당히 비정상적임을 인식하고 있어야 한다. 예를 들어, 2세 아동이 분노발작을 보이는 것은 예상할 수 있지만, 6세 아동이 그런 행동을 보이는 것은 적절치 못하다. 공포증이나 야경증은 오이디푸스기(3~6세)에는 정상이지만, 잠복기(6~12세)에는 그렇지 않다. 3~6세 사이에 공포증이나 야경증을 보이는 것은 아이가 오이디푸스기에 도달했다는 것을 의미하며, 이 단계에서 특징적으로 나타날 수 있는 주제, 갈등, 과제에 얽혀 있음을 알려 주는 신호이기도 하다. 10세 아동이 유사한 공포, 두려움, 야경증을 보인다면 신경증이 있는 것은 아닌지 의심해 보아야 한다. 단계별 특징적 행동을 인식하면 효과적으로 아동을 진단하고 치료할 수 있다. 왜냐하면 진단과 치료의 모든 과정은 아이가 나이에 걸맞게 생각하고 이해하며 의사소통하는 능력을 갖추고 있는지 파악하는 데 기반을 두고 있기 때문이다(p. 27).

우리에게 생애 초기의 대상관계는 인생 전반에 걸쳐 막대한 영향을 끼친다. 그럼에도 불구하고 일관성이 있으며 개별화된 자아구조는 대상으로부터 획득된 에너지만으로는 부족하다. 오히려 자신의 한계를 인식하고 내부의 인격적 요소들과의 원만한 관계를 통해 자아활동이 활발하게 전개될 때 불안으로부터 해방될 수 있다.

3) 거부당함으로 인한 적개심이 불안을 유발

사울(Saul, 2006)은 거부당한 원초적 감정으로 인한 적개심이 두려움과 불안을 초래한 사례를 소개한다. 25세 미모의 여성인 한 신경증 환자는 이따금 히스테리적인 발작을 일으키고 무서운 악몽과 막연한 불안으로 괴로워하였다. 그녀는 어렸을 때 부모가 죽은 이후 자신을 길러 준 친척들로부터 별로 환영받지 못한 존재였다. 몇 살 많은 사촌오빠만이 유일한 친구였는데, 그가 결혼한 이후에는 증상이 더욱 심해졌다. 유일한 정서적 연결 고리였던 사촌오빠와의 관계가 단절됨으로써 그녀는 위기에 도달한 것이다. 수용적 애착관계에 있던 사촌과의 관계가 좌절되면서 버림받았다는 느낌이 들었고, 이후 그녀의 분노는 훨씬 더 강해졌고 사촌의 아내를 질투하는 방식으로 나타났다. 분노와 적개심으로 인해 환자는 정서적으로 무척 긴장하여 자제력이나 판단력과 이성을 잃게 되는 불안에 사로잡혔다. 그녀의 적개심은 심장병이나 위장장애 등의 신체화 증세로 나타났으며, 가끔 폭력적 행동으로 드러나기도 했다. 그녀는 정기적으로 분노 때문에 부들부들 떠는 히스테리적 발작 증세를 보였고, 과장된 애정 욕구가 충족되지 못함에 대한 적개심이 분노와 불안을 일으켰다. 위협적인 남자를 두려워하며 달아나는 끔찍한 악몽은 그녀가 성적 감정을 억압하고 있음을 보여 준다. 성적 욕망도 내부로 향한 적개심과 섞여 어떠한 성적 접근도 거부했다. 그녀의 적개심은 모든 인간관계를 단절해 버렸다. 사울은 탄탈로스 신화의 비유를 통해 이런 사람의 정서적 역동을 설명하고자 한다. 제우스의 아들로서 신들의 비밀을 누설한 죄로 지옥의 못에 묶인 탄탈로스는 갈증을 해소하기 위해 물을 마시려고 고개를 숙이면 매번 뒤로 물러나서 끝없는 갈증을 느낀다(pp. 74-78).

애정을 과도하게 추구하면 할수록 더욱 애정 결핍을 느끼는 과도한 애착 추구가 더욱더 불안 상태를 초래한다. 유기불안이 있는 사람들은 대상에 대한 집착이 강하면서 동시에 그 어떤 대상도 신뢰하지 못한다. 그것은 실제로 유기당한 경험이 있는 경우, 일시적으로 부모와 떨어져 있는 동안 극심한 정서적 장애 또는 불안한 환상으로 인해 고통을 당한 경우에 발생할 수 있다.

4) 부성 콤플렉스가 불안을 유발

부성 콤플렉스(father complex)가 불안을 야기하는 경우도 있다. 융은 부성 콤플렉스로 인해 발생한 불안 신경증 사례를 소개한다. 장난스럽고 예쁘고 작은 우아한 몸체를 가진 한 유대인 소녀는 무시무시한 불안 신경증을 지녔다. 놀랄 만한 불안발작으로 수년간 고통을 받은 그녀는 융 이외의 다른 분석가와 치료 중에 사랑에 빠진 경험이 있었다. 그 분석가로부터 별다를 도움을 얻지 못하자 그녀는 융에게 오기로 했고, 그 전날 밤 융은 다음과 같은 꿈을 꾸었다

> 나는 한 젊고 아름다운 소녀가 나에게 온 꿈을 꾸었는데 그녀의 증상을 이해할 수 없었다. 갑자기 난 생각했다. '빌어먹을! 그녀는 엄청난 부성 콤플렉스를 가지고 있지 않은가?' 나는 그것이 일종의 계시인 것을 느꼈다. 그 꿈은 나에게 몹시 인상적이었다(CW 18, par. 635).

융은 꿈의 의미가 떠오르지 않았다. 다음 날 그 소녀가 왔을 때 그는 즉시 자신의 꿈을 생각하고 꿈의 주인공이 바로 그녀라고 생각했다. 그녀가 자신의 이야기를 늘어놓았지만 그것이 무엇을 의미하는지 알 수 없었고, 단지 '그건 부성 콤플렉스 아니야?'라는 생각만 하였지 그에 대해 아무런 정보도 얻지 못했다. 하시드 가문 출신인 그녀의 할아버지는 계시를 볼 수 있는 유명한 랍비였다. 그러나 그녀의 아버지는 집안의 신비적 전통과는 거리가 멀었다. 그녀는 완전히 회의적이었으며, 유대인에게서 발견되는 놀라운 지성과 과학적 사고방식을 견지했다. 융은 그녀의 신경증과 심연의 두려움으로 고통받는 이유를 가족의 전통에서 발견했다. 융이 그녀에게 말했다. "자, 너에게 뭔가 얘기할게. 너는 아마 그 말이 모두 어리석다고 생각할 거야. 그러나 너는 너의 하나님에게 진실하지 못했어. 너의 할아버지는 바른 삶을 사셨지." 이어서 융은 말했다. "그러나 너는 이교도보다도 더 나빠. 너는 너의 민족의 신비함을 버렸지. 너는 거룩한 백성에 속

해. 그런데 너는 어떤 삶을 살아가지? 의심할 여지없이 너는 하나님을 두려워해. 그리고 분명한 것은 네가 하나님에 대한 두려움으로 고통을 받고 있다는 사실이지." 이 소녀는 아버지처럼 유대교 전통을 떠나 자유로운 삶을 찾기를 원했지만 정작 그렇게 하지 못함으로써 죄책감과 두려움으로 항상 불안한 상태였던 것이다(CW 18, pars. 635-636).

융은 그녀와의 상담을 통해 이미 인격의 일부로 작용하고 있는 가문의 종교 전통을 전체 인격 안에 통합하는 기회를 제공함으로써 일주일 안에 그녀의 불안 신경증을 치료했다. 그녀는 오랜 기간 동안 분석을 받았지만 그것은 모두 지나치게 지성적인 것들이었다. 그녀는 갑작스럽게 찾아오는 의식화를 통해 신경증을 한순간에 제거할 수 있었다. 그녀는 정서분석을 통해 자신의 두려움을 인식하게 되면서 가문의 종교 전통에 대한 의미를 찾을 수 있었고, 이후에 다시 살아갈 수 있었다. 융의 사례는 불안 신경증이 가문의 전통과 환자 자신의 사고방식의 차이로 인한 갈등에서 비롯된 것임을 보여 준다. 동시에 아버지로부터 영향을 받은 그녀의 지성적 아니무스가 가문의 종교적 정서를 무시하도록 부추겼던 것이다. 부정적 아니무스로 인한 과도한 지성과 여성 본래적인 감성이 조화를 이루지 못할 때, 그것은 불안과 두려움을 야기한다.

카스트(2007a)가 소개하는 노라의 사례를 보자. 노라는 일주일에 한 번 아버지와 단둘이서 저녁을 먹으러 간다. 어머니와 특별히 나쁜 관계도 아닌데, 딸과 아버지 사이에 어머니의 역할은 별로 없다. 노라의 어머니는 노라를 구시대적인 여성으로 생각하는 등 자주 비난했다. 노라는 직장에서뿐만 아니라 사적인 상황에서도 무언가 결정할 때마다 불안감을 느껴 왔다. 긍정적인 부성 콤플렉스를 지니고 있었던 노라는 항상 아버지의 결정에 만족해하며 지내 왔다. 그런데 혼자 스스로 결정해야 하는 상황이 오면 불안해진다. 노라의 로고스는 아버지의 로고스와 동일시되어 자신만의 아니무스가 충분히 활성화되지 못한 것이다. 이런 현상은 노라가 본래 긍정적인 부성 콤플렉스에서 벗어나 개별화를 이루어야 한다는 신호다. 긍정적인 부성 콤플렉스로 인해 발생한 불안감은 그녀로 하여금 나이 많은 남자와 여러 번 사랑에 빠지게 함으로써 남편과의 관계에서는 경험하지 못한 새로운 감정을 경험하게 했다. 심리적으로 아버지를 대신하는 나이 많은 남성과의 연애는 그녀에게 새로운 변화를 경험하게 했으며 자신을 돌아보게 했다. 부성 콤플렉스로 인한 불안은 일단 아버지로부터 분리와 개별화가 이루어질 때 의식화된다(pp. 212-213).

5) 불안에 대한 거부가 불안을 유발

불안은 모든 정서의 원초적 모습이자 다른 감정의 원인이 되기도 한다. 출생과 죽음에 대한 불안과 분리와 상실에 대한 불안은 항상 우리 곁에 있는 운명적 동반자이기도 하다. 모든 정서가 그렇듯이 그것이 적극적으로 수용되고 우리의 인격으로 승화될 때 긍정적인 에너지원이 된다. 그럼에도 불구하고 불안을 허용하지 않음으로써 계속해서 불안에 사로잡힌 경우도 있다. 카스트가 소개한 사례를 보자. 헬마는 세상에 아무것도 두려운 것이 없다는 듯이 행동했다. 속으로는 불안감을 항상 느끼고 있었지만 의도적으로 대범하게 행동함으로써 불안을 떨쳐 버리고자 했던 것이다. 정서를 억압하면 그 정서가 강화되거나 다른 정서로 대치되는 경향이 있다. 헬마는 어려서부터 자립성이 강했으며 어머니를 자주 도왔다. 구청에 가서 동생의 출생신고를 하거나, 동생들의 선생님들과 학교에서 면담을 하는 등 아버지의 역할을 떠맡았다. 어머니는 친밀감이 없었고 자기만의 세계에 갇혀 지냈다. 음악을 좋아했던 헬마가 청소년 오케스트라 단원이 되려고 하자 어머니는 그녀를 비난하면서 반대했다. '잘하지도 못하면서 왜 창피를 당하느냐'는 식이었다. 어머니를 잘 도와주었음에도 지지와 격려를 받지 못했던 헬마는 드디어 엄마의 반대를 무릅쓰고 오케스트라 단원이 되어 전 세계를 여행하게 되었다. 오케스트라 일은 그녀에게 처음으로 존재감과 자긍심을 느끼게 했다.

딸이 부정적인 모성 콤플렉스를 가질 때는 자신이 받지 못한 모성을 타인에게 베푸는 과정을 통해 결핍을 보상하고자 한다. 그녀는 사랑을 받기 위해 무언가를 하고자 했지만, 정작 자신이 원하는 사랑은 받지 못했다. 문제는 타인을 돕는다는 명목으로 자신을 돌보지 않는다는 데 있다. 헬마는 오케스트라에서 탈퇴한 후 심각한 심리적 붕괴에 직면했다. 그동안 그녀에게 모성적 애정을 제공했던 오케스트라와 결별하자 자신이 아무것도 아닌 존재가 되었고 어떤 정체성도 갖지 못했다. 엄마와 분리되는 대신 대체 엄마(오케스트라)와 동일시되었던 헬마는 그 관계가 깨지면서 자신의 정체성마저 상실한 것이다. 이것은 마치 엄마(혹은 중요한 에너지원)를 대신했던 술이나 마약과 결별할 때 나타나는 금단현상과도 유사하다. 헬마는 여러 가지 전염병과 신우염, 전두통염, 심한 설사 등으로 자신의 불안을 표현했다. 대학을 졸업한 후 심리치료를 받았으나 여전히 생각과는 다른 행동을 했고, 마흔 살에 다시 분석치료를 받으면서 불안의 정체를 깨닫게 되었다. 그녀는 이제야 불안을 허용하는 것이 얼마나 중요한지 알게 되었다. 불안을 허용하면서 몸의 존재를 경험하게 되고 '단단한 갑옷을 두르고 있는 상태'에서 벗어나게 되었다(Kast, 2007a, pp. 260-264).

6) 실패에 대한 두려움이 불안을 유발

실패를 두려워하는 강박적인 성격은 항상 불안하다. 간호사였던 줄리는 잘나가는 지붕 설계회사 사장인 배리와 약혼하면서도 결혼에 실패할까 봐 두려워했다. 수십 년 동안 완벽주의자로 살아온 그녀는 집에서 맏이로서 사실상 어머니 역할을 했다. 어머니는 알아주는 모사꾼이었으며, 아버지는 지식인 백수였다. 줄리가 여덟 살 때 바닷가에서 가족 휴가를 보내던 중 사건이 생겼다. 네 살배기 여동생이 물에 빠져서 허둥대고 있을 때 도와달라고 소리를 질렀지만 아무도 오지 않았다. 부모 역시 자신들의 일로 바빠서 어떤 일이 일어났는지도 몰랐다. 그때부터 줄리는 '방심해서는 안 된다'는 신념이 생겼다. 이 신념은 그녀를 강박적인 완벽주의자로 만들었다. 그녀는 소녀가 풀밭을 즐겁게 달리는 꿈을 반복해서 꾸었다. 너무 빨리 달리다가 절벽에서 떨어지는 꿈은 그녀가 얼마나 구속에서 벗어나고 싶은가를 보여 주며, 동시에 강박적 사고가 통제 불가능한 상태까지 와 있다는 것을 암시한다. '세상은 안전하지 않으니 늘 경계심을 늦추지 말아야 한다.'는 그녀의 강박적인 사고는 긴장과 불안 속에 살게 했다(Johnson & Ruhl, 2009, pp. 97-98).

실패를 두려워하는 그녀의 강박적 성향은 여동생이 물에 빠지는 사건을 통해 형성되었다기보다는 이미 그 이전부터 인격의 내면에 자리 잡고 있었다. 무능한 아버지로부터 남성성을 경험하지 못했던 줄리는 그 대신 모사꾼이었던 어머니로부터 남성적 사회성을 배웠던 것이다. 그녀의 약화된 아버지상과 부정적인 모성 콤플렉스는 그녀로 하여금 삭막한 남성적 성향, 즉 부정적 아니무스를 활성화하는 계기가 된 것이다. 여성에게 부정적 아니무스는 여성적 정서를 송두리째 빼앗고 이성적 판단을 중시하는 강박적 인격의 소유자가 되게 한다.

> 아니무스는 아버지들과 고관들의 집합체와 같다. 그들은 여지없이 '이성적이며' 권위적인(ex cathedra) 판단이다. 좀 더 자세히 살펴보면 이런 정확한 판단은 대체로 다소 어린 시절부터 무의식적으로 조각나서 일상적 진리, 정의 그리고 합리주의 속으로 압축된 말들과 의견들로 드러난다. 가끔 이런 의견들은 소위 건강하고 평범한 감각의 형태로 나타난다. 이들은 종종 교육의 모조품과 같은 원리들로 나타난다. "사람들은 언제나 이렇게 해 왔다." 혹은 "누구나 이와 같이 말한다." (CW 7, par. 332)

7) 생각이 불안을 유발

정서는 생각만으로도 폭발성이 있다. 부정적인 생각이 불안을 야기하는 경우가 허다하다. 마틴은 반쯤 비워진 컵과 같은 남성이다. 다른 사람들이 희망을 볼 때, 그는 항상 어두운 면을 본다. 어린 시절에 그는 좋은 측면을 보지 못하고 자랐다. 그는 좋다고 생각되는 것들이 항상 나쁜 결과를 낳는 경험을 했다. 이런 경험이 그의 삶을 어둡게 만들었다. 희망적인 생각이 들 때마다 그는 항상 그 반대의 것을 생각하고 걱정하거나 불안해했다. 그는 자신감이 없었으며, 항상 안전을 추구했으나 실패했다. 그는 치료를 통해 좋은 감정을 소유하는 법을 배울 수 있었다(Music, 2001, pp. 61-62).

마틴의 경우처럼 매사를 부정적으로 생각하거나 자신이 불행하다고 여기는 사람들은 대체로 수동적이다. 이런 수동성은 자기비하적인 행동과 무력감으로 나타난다. 일반적으로 자신이 불행하다고 생각하는 성격은 퇴행하지 않을 때는 상당히 높은 수준의 신경증적인 방어를 한다. 그러나 퇴행적일 때 그들의 방어는 대체로 미성숙하거나 자기애적 방어의 수준으로 변화한다. 매사를 불행하게 생각하는 사람에게 불안은 심각한 분리불안이나 파국적 불안 혹은 멸절불안 형태로 나타나는 경향이 있다. 이런 불안은 생과 사의 심각한 문제로 다가오며, 거세불안과 분리불안 수준에서 더 많이 발생하는 경향을 띤다. 치료과정 중에 발생하는 퇴행을 통해 드러나는 내용들은 사랑의 상실과 대상 상실의 공포와 관련된 것들이 대부분이다. 여기에는 해체와 멸절에 대한 강렬하고 외상적이며 압도적인 공포, 융합이나 삼킴에 대한 공황적 공포, 내적 붕괴와 정체성 상실의 공포가 포함된다(Meissner, 1998, pp. 180-181).

모든 것을 부정적으로 보면서 자신이 불행하다고 여기는 사람들은 자신에 대한 존재감이 결핍된 경우다. 자신이 존재 자체로 받아들여진 경험이 없거나, 어릴 때부터 마치 존재하지 않은 것처럼 숨죽이고 살아가야 했던 사람들은 무엇이든지 그 가치를 인정하지 않는다. 그것은 마치 자신을 스스로 인정하지 않는 것과도 같다. 부정적인 부모상을 내사함으로써 자신을 그들과 동일시한 결과는 모든 대상에 대한 불신으로 이어지며, 항상 불안을 동반한다.

5. 표출방식

1) 낯선 환경에서의 불안이 불안정 애착 반응으로 나타남

생후 8개월 된 유아가 낯선 사람에게 보이는 불안 증세는 정상적인 반응이다. 생후 첫해의 중반에 이르면 유아는 낯선 사람의 존재에 불안을 느끼기 시작하고, 낯선 이들을 보면 외면하거나 울음을 터트린다. 이때 유아가 느끼는 불안은 자신과 타인을 구별함으로써 오는 정상적인 반응이다. 자신과 타인의 구별은 또한 자신과 대상의 관계 형성이 시작됨을 알리는 신호이기도 하다(Colarusso, 2011, pp. 71-72).

불안은 대체로 새로운 환경이나 새로운 도전 혹은 낯선 환경에서 자신의 한계를 느낄 때 경험된다. 아동은 부모로부터의 독립을 요구하는 성장의 필연성과 부모와 함께 공생하려는 의존성 사이에서 갈등한다. 새로운 변화는 항상 두려움과 불안을 초래한다. 부모가 여유를 가지고 기다려 줄 때, 아동은 서서히 홀로서기를 시도한다. 너무 빨리 독립하기를 원한다든지 혹은 지나치게 과잉보호를 할 때, 아동은 이러지도 저러지도 못하면서 불안한 상태에 놓이게 된다. 특히 부모가 자녀의 조기 성장을 과도하게 요구할 때, 아동은 불안에 사로잡힌다(Eigen, 2005, p. 118).

볼비(Bowlby, 1988)의 '낯선 상황 실험(the strange situation)'은 1세 된 아기와 엄마를 대상으로 수행된 관찰 실험이다. 엄마와 아기, 연구자가 놀이방에 들어가 자리를 잡은 다음, 엄마가 몇 분 동안 그 방을 떠난 다음에 다시 돌아왔을 때 엄마와 아기의 반응을 살핀다. 그리고 몇 분이 더 지난 후에 엄마와 연구자 모두 다시 3분 동안 그 방을 떠났다가 다시 돌아왔을 때 아이의 반응을 살피는 작업이다. 안정 애착 집단의 아기는 분리로 인해 마음이 불편해지지만 곧 엄마의 보살핌을 받고 안정감을 찾은 반면, 불안정 애착 집단은 자유롭게 놀지 못하거나 엄마를 밀쳐 내거나 혼란한 상태에 빠졌다(p. 125; Gomez, 2008, pp. 253-254). 이 실험은 낯선 상황에 있을 때 누구나 일단 불안을 느끼지만, 엄마와의 관계나 주변 환경에 따라 불안의 지속 정도와 그 효과는 크게 달라진다는 것을 보여 준다.

2) 의존 상태에서 떠남에 대한 불안감이 분노로 표출됨

사울(2006)은 이미 성인이 되었음에도 부모에게 의존하던 상태에서 떠나는 것에 대한 불안감을 느낀 환자의 사례를 제시한다. 법과대학을 졸업한 젊은 남성은 불안감을 느끼며 하루하루 직장생활을 해 나갔다. 부모로부터 과잉보호를 받은 그는 아동기 동안 집에서 갇혀 지내면서 편안한 생활을 했다. 그는 막연히 모든 사람이 부모처럼 자신을 잘 대접해 줄 것이라고 생각했다. 그는 부모에게 그랬듯이 성장과정에서 사람들로 하여금 자신의 요구를 들어주도록 하는 방법을 자연스럽게 터득했다. 그러면서 그는 무기력감과 함께 뭔가 잘못되어 가고 있다는 것을 느꼈다. 그는 부모에게 의존하던 상태에서 벗어나는 것에 대해 분노했고, 의존적이고 착한 아이를 성인이 되도록 자극하는 것에 대해 불안감을 느꼈다. 그에게는 이미 사랑과 지지를 받으면서도 책임은 떠맡지 않으려는 무의식적이며 자동적인 성향이 인격의 일부로 자리 잡고 있었다. 그의 수동적이고 의존적인 성향은 가정의 보호로부터 떠나는 상황에서 불안을 초래했다. 결혼을 한 후 성생활을 하게 되면서 이런 불안감은 더욱 심해졌다. 그 남성은 성인으로서의 책임을 떠맡아야 하는 압박감을 느낄 때마다 아동기에 경험했던 것처럼 위협받는 느낌과 분노를 동시에 느꼈다. 억압된 분노는 심각한 신경증적 불안을 일으키는 가장 일반적인 원인 중의 하나다. 적개심과 두려움은 불안과 매우 밀접하게 관련되어 있다. 이처럼 정서적으로 성장할 준비가 되어 있지 않은 상태에서 독립과 성장을 강요하는 것은 불안을 가중시키는 요인이 된다(pp. 50-52).

3) 불안으로부터의 탈출 시도가 품행장애로 나타남

위니컷에 의하면, 비행아동에게는 아주 어린 유아처럼 박해와 분열이 거의 사라지지 않는 견딜 수 없는 불안감이 있다. 물건을 훔치거나, 공공기물을 파손하거나, 인터넷 게임에 빠지거나, 가출하여 또래 친구들과 밤거리를 방황하는 아이들은 어른들에게 도전거리를 안겨 준다. 심리적으로 박탈 상태에 있을 때, 아이는 견딜 수 없는 불안 상태에서 탈출하기 위해 갖가지 비행을 저지름으로써 다른 사람이 자신을 잡아 주기를 원한다. 아이의 파괴적인 행동에는 증오나 복수심 없이 자신을 수용해 줄 수 있는 강한 부모를 원하는 내적인 강렬한 소망이 담겨 있다. 애정 어린 강한 부모와 사춘기의 반항을 창조적인 힘으로 바꿀 수 있는 사회야말로 이런 비행청소년의 내적 불안감을 해소할 수 있다(Gomez, 2008, pp. 156-157).

16세의 한 소년은 초등학교 2학년부터 게임에 몰두했다. 직장에서 늦게 귀가한 부모는 아이가 오랫동안 게임에 빠진 사실을 모른 채 수년을 보냈다. 급기야 그는 다른 사람의 물건을 훔치거나, 공공기물을 파손하거나, 게임에 빠져서 학교에 가지 못할 지경에 이르렀다. 그 아이의 절도 행위는 잃어버린 자신의 것을 다시 찾으려는 시도로 보인다. 그것은 원래 자신의 것이기에 그런 행동에 아무런 죄책감 없이 습관적으로 반복한다. 그는 가끔 자신의 잘못을 인정하는 반성적 태도를 보이지만, 그것은 위기를 모면하려는 순간적 방어기술에 불과하다. 그는 사람들에게 자신의 상실감을 인정하고 빼앗긴 권리와 존재감을 되찾아 줄 것을 요구하고 있는지도 모른다.

『정신장애의 진단 및 통계 편람(*Diagnostic and Statistical Manual of Mental Disorders : DSM-IV*)』은 품행장애 아동의 정서 상태를 다음과 같이 기술하고 있다.

> 품행장애가 있는 개인은 다른 사람들과의 공감대가 전혀 없고, 다른 사람들의 감정, 소망, 안녕에 관심이 전혀 없다. 이 장애가 있는 공격적인 개인들은

특히 애매모호한 상황에서 다른 사람의 의도를 실제보다 적대적이고 위협적인 것으로 오해하며, 이에 따라 공격적으로 반응하며, 그러고 나서는 자신이 정당하고 합리적이라고 느낀다. 그들은 냉담하며 죄책감이나 자책감이 결여되어 있다. 이러한 개인들은 죄책감을 표현함으로써 처벌을 줄이거나 처벌을 모면할 수 있음을 알기 때문에, 그들이 표현하고 있는 죄의식이 진실한 것인지 아닌지를 평가하는 것은 어렵다(APA, 1994, p. 124).

4) 만성화된 불안이 꿈이나 환상으로 드러남

불안 증세는 대체로 긴장하거나 당황스러운 모습, 불안을 감추려는 어색한 몸짓이나 행동 혹은 기타 신체 반응을 통해서 드러난다. 그러나 무의식적인 내재적 불안이나 만성화된 불안 상태는 주로 꿈에 나타난다. 융은 밤에 피를 토하는 듯한 악몽에 시달리는 한 불안장애 여성을 소개한다. 그녀는 남편이 자신을 정말 사랑해야 한다고 요구하면서 자기를 떠나지 못하게 하였다. 그녀의 증세는 점점 신경증적 천식으로 발달하여 낮에도 자주 발생했다. 사나운 황소, 사자, 표범 혹은 악한 남성이 자신을 공격하는 꿈을 자주 꾸었다. 분석과정에서 연상된 결혼 전 이야기다. 그녀는 산속의 건강 휴양소에 머물 때 테니스를 즐기면서 편안한 시간을 보내고 있었다. 기타를 잘 치는 한 젊은 이탈리아 남성과 밤에 산책을 하는 도중에 갑자기 돌변한 그의 사나운 얼굴을 보았는데, 그 이후 사나운 동물이 자신을 쫓아오는 꿈을 꾸었다. 그녀는 14세경에 아버지가 사고로 죽었다. 그녀의 아버지는 세계 여기저기를 돌아다니는 여행가였는데, 죽기 얼마 전에 환자를 파리에 데려갔다. 파리의 폴리 베르제르를 방문했는데, 그곳 극장에서 경보가 울릴 때 아버지의 얼굴에서 짐승 같은 눈초리를 본 것이다. 알 수 없는 무언가가 밤낮으로 그녀를 괴롭혔고, 그때부터 아버지와의 관계는 변했다. 가끔 신경질적이 되고 악의에 찬 기분에 사로잡혔으며, 가끔은 아버지를 과도하게 사랑했다. 아무런 이유 없이 울었고, 아버지가 집에 있을 때마다 하루 이틀 동안 말도 못하고 공포에 빠지기도 했다. 그녀는 아버지의 죽음을 접한 후에 통제할 수 없는 슬픔에 쌓였으며 히스테리 반응을 보였다. 그러나 곧 차분해졌고, 상태는 빠르게 호전되어 신경증 증세가 사라졌다.

한동안 잠잠하다가 그 이탈리아 남성과의 경험이 가끔 그녀의 두려움을 자극했다. 수년 후에 그녀는 결혼했고, 둘째 아이의 탄생 후에 첫 번째 신경증이 발생했다. 그때 남편은 다른 여성에게 관심을 가지고 있었다. 신경질적인 그녀의 어머니는 치료를 위해 요양소에서 대부분의 시간을 보냈다. 그녀 역시 천식과 불안 증세로 고통을 받았다. 어머니는 아버지를 이해하지 못했고, 아버지는 오직 자신만이 어머니를 가장 잘 이해하는 사람이라고 했으나 항상 냉정한 태도를 보였다. 이탈리아 남성과의 경험이 아버지와의 경험을 되살렸다. 그녀에게는 불행한 아버지의 결혼생활을 대신해 자신이 적당한 아내가 되려는 환상이 있었다. 첫 번째 신경증 발작은 이런 환상이 심각한 충격을 줄 때 발생했으며, 어머니 역시 이런 충격을 받았다. 아버지가 죽었을 때 의식은 슬퍼했으나 그녀는 히스테리적 미소를 띠었다. 히스테리적 불안 상태는 발달과정에서 형성된 그림자와 관련이 있다(CW 7, par. 69).

그녀의 어색한 웃음은 아버지에 대한 양가감정과 어머니에 대한 죄책감에서 나왔으리라! 이탈리아 남자와 아버지와의 경험이 남편과의 관계에서 재현되었고, 그녀의 신경증적 갈등은 아버지에 대한 유아적 성적 관계와 남편과의 사랑 사이의 갈등에서 초래된 것이었다. 치료과정에서 그녀는 어머니의 신경증의 의미를 알게 되었고, 남편과의 관계가 개선되었다(CW 7, pars. 44-52).

융에 의하면, 꿈에서 살인자나 동물의 학대를 받는 내용은 불안과 성적 갈등을 암시한다.

> 물론 수많은 꿈의 상은 성적인 측면을 지니거나 성애적인 갈등을 표현한다. 그러한 것은 폭력 행위의 모티프에서 특히 뚜렷해진다. 따라서 침입자, 강도, 살인자 그리고 강간 살인범의 모티프는 여성들의 성애적인 꿈에 빈번하게 등

> 장한다. 이 주제는 수없이 변형되어 나타난다. 살인 무기는 창, 검, 단도, 권총, 소총, 대포, 소화전, 물뿌리개다. 폭력 행위는 침입, 추적, 도둑질이고, 혹은 누군가가 옷장 속이나 침대 밑에 숨어 있는 것으로 나타난다. 혹은 야생동물을 통해 위험이 구체화되기도 하는데, 가령 꿈꾸는 여자를 바닥으로 내팽개치고 뒷다리로 그녀의 몸을 차는 말 또는 사자, 호랑이, 긴 코를 가진 코끼리, 그리고 끊임없이 변하는 뱀을 통해서 나타난다. 뱀이 입 속으로 기어들 때도 있고, 클레오파트라의 전설적인 뱀처럼 가슴을 물 때도 있다. 때로는 뱀이 낙원의 뱀 역할을 하거나 프란츠 폰 슈투크(Franz von Stuck)*에 의해 변형된 모습으로 나타나기도 한다(KGW 7, p. 27; CW 5, par. 8).

어린 시절의 불안함은 꿈에 반복적으로 나타나기도 한다. 40대 중후반 여성의 7세부터 주기적으로 반복된 꿈에 나타난 불안을 살펴보자. 유능한 가정에서 태어나 상당히 잘 보호된 환경에서 자란 그녀는 네 살 때 꿈에서 빨간 코르셋을 입은 술 취한 여성에 의해 추격당하고 있었다. 일곱 살 때의 꿈에서는 피로 가득 찬 물통 안에 있는 하얀 천을 빨아야 했다. 그때 이후 반복된 꿈 내용은 다음과 같다. 그녀는 한 개인 주택의 거실 같은 곳에 있다. 그곳 한쪽에 빨리 지나쳐야 할 작은 문이 있다. 그 문은 피해 가야 한다. 그러나 그녀는 그곳에 들어가야 하고 지하실로 향하는 계단으로 내려가야 한다는 것을 알고 있다. 그러고 나서 꿈에서 그 일이 실제로 발생했다. 그녀는 계단에 있고 내려가기를 원한다. 불안이 그녀를 사로잡는다. 희미하게 그녀는 한 유령을 보고 불안한 괴성과 함께 잠을 깬다.

그녀는 영적인 실존을 지향하면서 결혼을 하지 않았다. 45세 때 비로소 이전에 경험해 보지 못한 성적 감정을 가지게 되자 사나운 짐승에 의해 쫓기는 꿈을

* 프란츠 폰 슈투크(1863~1928)는 독일 상징주의 예술운동을 전개한 화가다. 그는 뵈클린(A. Böcklin)의 영향을 받아 신화와 상징을 이용한 풍부한 작품세계를 펼쳤다.

꾸었다. 꿈에서 황소, 사자, 늑대 등이 쫓는다면, 그것은 꿈꾼 이에게 반드시 도래할 필연적인 것이 있음을 암시한다. “부디, 와서 나를 잡아먹어라!” 이것이 융이 제시한 가장 좋은 대처방법이다. 꿈은 일단 수용하면 전혀 다른 내용으로 변한다. 그 불안 꿈은 이런 교훈을 담고 있다. “계단으로 내려가서 그곳에 무엇이 있는지 보라!” 그녀가 이 말대로 한다면 이전에 보지 못한 다른 측면을 볼 것이다. 꿈은 부분에서 전체로 향할 것을 요구하고 있다. 진정한 개성화는 부분에 머무르지 않고 정신의 전체성을 향한 여정이다(Jung, 2008, pp. 19-20).

딕만(Dieckmann, 1996)은 고전적인 신경증을 보여 주는 신화적이며 원형적인 주제가 나타나는 불안한 꿈을 소개한다. 40세 정도 되는 한 여성은 매우 불안한 꿈을 반복해서 꾸었다. 매우 불안한 상태에서 그녀는 바람 속에서 문이 흔들리는 것을 보았다. 깨어 있을 때 또한 그녀는 바람에 문이 흔들리는 것을 참고 견딜 수 없었다. 그녀는 자기 엄마와 이야기하면서 그 원인을 추론할 수 있었다. 그녀가 생후 6개월 되었을 때 베를린에서 어느 아름다운 작은 마을로 이사를 갔다. 어느 날 엄마는 그녀를 나무 아래에 두고 야채가게에 갔다. 엄마가 없는 사이에 폭풍이 몰아치고 그녀는 비명을 지르고 있었다. 그것은 바람 속에서 문이 흔들리는 현상과 유사했다. 아주 이른 시기에 형성된 콤플렉스의 핵심에는 원형적 정동이 있다. 이런 요소들은 기억을 재생해 낼 수 없기 때문에 보통 체계적으로 재건하기가 매우 어렵다. 아동의 콤플렉스에서 비롯된 신경증은 어떤 식으로든 부모와의 정서적 관계로부터 유래된다(p. 28).

홀(Hall, 1983)은 고전적인 불안한 꿈의 세 유형을 제시한다. ① 시험을 준비하지 못한 꿈, ② 어떤 위협적인 사람이나 생물의 추격을 받는 꿈, ③ 꿈자아(dream-ego)에게 육체적 위험을 알리는 꿈이다. 여기에는 높은 곳에서 떨어지는 꿈, 지진, 조수풍랑, 산불 등의 자연적 사건에 의해 위협받는 꿈이 포함된다. 하지만 꿈속 분위기와는 달리 그곳에는 꿈자아에 대한 어떤 악의적인 동기는 없다. 불안은 물론 꿈속에서 다른 많은 형태를 띤다. 그러나 이런 세 가지 유형은 특히 자주 발생한다. 그 가운데 누군가에 의해 쫓기는 꿈은 가장 원시적인 성격을 띤다. 한 여성은 욕탕의 수도꼭지를 틀자 성난 악어가 나와서 집 안 곳곳을 헤집으면서 자신을 쫓아온 꿈을 꾸었다. 그러나 현관문을 열자 악어는 곧 햇볕 속에 있는 친절한 강아지로 변해 자신을 반겨 주었다. 꿈에서 사나운 짐승은 억압된 소망 등의 원시적 속성을 드러낸다. 의식화 과정에서 나타나는 불안한 꿈은 실제로는 불안한 현실을 반영하기보다는 새로운 상황의 도래를 알리는 무의식의 신호이기도 하다(p. 47). 이 꿈은 악어로 출현한 성난 정동이 출구를 찾자 이제는 유익한 정서로 변화하는 과정을 보여 준다. 종종 꿈속의 두려움은 새로운 출발을 의미할 때가 많다.

다음은 정신분석가인 아이건(Eigen, 2005)의 꿈이다.

> 지붕 위에 있는 아이들이 어떤 한 어린 여자아이를 지붕 아래로 던진다. 그 애를 아래로 튕겨 버릴 시간이다. 그 아이는 땅에 살짝 눕는다. 그러고 나서 일어난다. 당신은 새로 시작하기 위해서는 이걸 해야 돼!

아이건은 꿈을 꾼 후 처음에 땅으로 떨어져서 산산조각 나는 두려움을 느꼈다. 창문에 떨어져 죽은 다음 장례식에서 시체조차 확인하지 못할 정도의 처참한 상황이 연상되었다. 그는 이 꿈이 불안과 고통을 뛰어넘어 새로운 출발을 요구하는 꿈이라고 생각되었다. 재생은 출생과 마찬가지로 모든 불안과 고통이 함께 간다(p. 103).

5) 접촉의 욕구가 억압된 분열증 환자의 불안이 고독과 자폐로 표출됨

전형적인 불안 상태를 보여 주는 꿈을 보자. 리만(2010)이 소개한 이 꿈은 고독, 자폐, 불안, 방어, 자율 욕구를 적나라하게 그리고 있다.

> 나는 '악마의 바퀴' 같은 커다란 회전판 위에 서 있는데, 그것은 점점 더 빠르게 회전했다. 나는 나를 거의 지탱할 수 없고, 점점 더 바깥 가장자리로 미끄러지며, 순간순간 무(無) 속으로 내동댕이쳐질 수 있다. 거대한 모래 황야에 조그마한 내다보는 구멍이 있는 콘크리트 장벽으로 된 성채 하나가 있다. 이 성채는 중무장되어 있고 여러 해 쓸 식료품을 갖추고 있다. 그곳에 나 혼자 살고 있다(p. 79).

고독과 자폐는 불안을 일으키는 주요 요소 가운데 하나다. 리만은 접촉에 대한 동경이 억압됨으로써 밀려든 분열증 환자의 불안 상태를 소개한다. 사람들과의 접촉이 거의 없는 고독한 20대 후반의 남성은 콘서트장에서 옆에 있던 어떤 젊은 남성에게 이상하게 끌렸다. 그 남성과 접촉해 보고 싶었으나 사람들과의 교류에 자신이 없는 그는 불안에 사로잡혔다. 처음에 그는 막연하게 불안했으나, 점점 공황 상태로 치닫고 환상에 빠졌다. 그 남성으로부터 나온 형형색색의 원이 주위에 놓여 그를 에워싸는 것처럼 보였다. 그는 식은땀이 솟아 콘서트홀을 도망치듯 떠나야만 했다. 동성애적 접근에 대한 욕망은 억압되어 불안요인이 되었고, 내면의 불안이 접촉 대상에 대한 두려움과 공포로 표출된 것이다. 그가 할 수 있는 일은 오직 도피를 통해 그 위협에서 벗어나는 것뿐이었다. 분열적인 사람은 접촉하고자 하는 욕망을 억압한 채 차가운 거리감을 유지하고, 오만한 태도를 보이며, 감정이 없는 주지적 태도를 보인다. 이런 정서는 모두 자신을 보호하고자 하는 생존 전략에서 나온다(p. 85).

리만(2010)은 강박증 환자의 접촉불안 사례를 소개한다. 40대 중반인 중증 강박증 환자는 날마다 여섯 시간씩 씻었으며, 옷을 입고 벗는 데 한 시간 반이 걸렸다. 남편과 성관계를 할 수 없었고, 자녀들도 그녀 몸에는 손도 댈 수 없었다. 그녀는 무엇을 만지면 불결해지거나 임신이 된다는 두려움에 사로잡혀 있었다. 심지어는 음식도 떠먹여야 했다. 어떤 물건이나 사람과 접촉하게 되면 언제나 "전 더럽지 않아요."라고 말해야 조금 진정되곤 했다. 미국 남부의 청교도 가문

출신인 이 여성의 어머니는 엄했고 도덕적인 요구가 과했다. 아버지는 연약하고 쉽게 모욕감을 느꼈으며, 삶에 두려움을 지니고 있었다. 14세 때 영화관에서 옆에 있던 한 남성이 그녀의 손을 끌어다가 자기 성기에 갖다 댔다. 처음에는 가만있다가 도망쳐 나왔는데, 무거운 죄책감을 느꼈다. 16세 때 자동차 안에서 남자친구와 애무 행위를 하던 중 약간의 정액이 그녀의 손과 외투에 묻는 일이 있었는데, 그것이 그녀의 씻기 강박의 시작이었다. 이후 그녀는 죄책감과 임신불안 때문에 구토와 월경이 끊기는 현상을 경험했으나 부모를 실망시키지 않으려고 노력했다. 그녀는 자기보다 사랑받는 남동생에 대한 질투, 시샘, 증오의 감정을 동생과 부모를 과도하게 사랑하고 존경하는 방식으로 왜곡했다. 엄마에 대한 증오와 멸시는 꿈에 나타난 어머니의 무덤으로 대변된다. 그녀는 자신의 문제를 말하지 않은 채 스스로 고통의 길을 가고 있었다. 집에서도 문을 손으로 열지 못하고 팔꿈치로 내리눌러 열 정도로 접촉불안이 심했다. 결혼한 후에 그녀의 접촉불안과 강박증은 더 심해졌다. 활발한 성적 접촉을 좋아한 남편의 행동이 그녀의 접촉불안과 죄책감을 강화시킨 것이다. 결혼과 성관계는 오직 아이를 낳아 자손을 보존한다는 자신의 가치관에 의한 것이었다(pp. 240-244).

그녀의 강박적인 손 씻기는 죄책감을 털어내려는 상징적인 정화 행위로 보인다. "불안은 성적 에너지인 리비도에서 만들어진다."는 프로이트의 입장에서 드그레고리오(de Gregorio, 2003)는 이렇게 말한다. "만약 그가 손을 씻지 못한다면 불안에 빠지게 될 것이다. 강박적인 행동으로 보이는 것은 하나의 의례 행동이다. 다시 말해서, 강박적으로 손을 씻는 것은 그의 무의식 안의 비극을 통제하기 위한 행동이다. 그의 비극에 포함된 모든 장면이 이 강박적인 손 씻기 행동에 집중된다."(pp. 127-128) 강박장애는 종종 과도한 불안에 대한 방어 수단으로 나타난다. 그러나 불안에 대한 과도한 보상이 섭식장애나 중독, 도박, 훔치기 등으로 나타나는 경우도 있다(Hollis, 1996, pp. 107, 110).

6) 불안감을 제거하기 위해 환상적 대상을 창조함

어린 시절에 감정을 제거함으로써 심각한 위협과 불안 상황을 극복해 왔던 사례를 보자. 40대 초인 한 여성은 강박적 사고로 오랫동안 고통을 받고 있었다. 그녀가 열두 살이었을 때 죽은 아버지는 정신질환자였고, 죽을 때까지 간병인과 더불어 살았다. 그녀는 알코올중독자인 아버지가 술을 마시고 난 후에 일으킨 격분발작과 발광발작을 불안한 상태에서 지켜보아야 했다. 어머니는 매우 불안정했고, 세 살 아래인 남동생을 출산한 후에 "아이들 머리에 바늘을 박아서 끔찍하게 죽여야 한다."며 이상심리를 보였다. 그때부터 그녀의 심한 강박적 사고가 남아 있었다. 그녀가 다섯 살 때 충격적인 사건이 발생했다. 알코올로 격분발작에 사로잡힌 아버지가 그녀와 어머니가 함께 있던 방으로 뛰어 들어와, 그녀 머리에서 겨우 피해 갈 정도로 권총을 쏘고는 다시 밖으로 달려 나갔다. 어머니는 경찰이나 의사를 부르려 했다. 그때 아이가 말했다. "우리, 그래도 아빠한테 얘기를 해요. 아빠는 우릴 도와주실 거예요." 자신을 죽이려 했던 아버지가 자신을 도와줄 것이라는 믿음은 어디서 나온 것일까?

리만(2010)의 분석에 의하면, 아빠에 대한 양가감정이라기보다는 인지적 현실과 감정을 분리함으로써 공포의 위협으로부터 자신을 지켜 낸 것이다. 자신이 경험한 위협과 불안을 아버지와 연결하는 것은 그녀로서는 견딜 수 없는 일이었을 것이다. 자신을 지켜 줄 아버지가 공포의 대상이 될 때, 아동은 안전한 토대를 마련할 수 없다. 그 대안으로 아버지의 위협적인 면을 좋은 아버지 표상과 분리함으로써 마치 그녀를 위협했던 사람을 아버지가 아닌 낯선 사람으로 여기는 것이다. 이것은 마치 동화에서 나쁜 부모를 마녀나 악마로 치환하여 투쟁하는 꼬마 주인공의 모습과 같다. 아버지에게 도움을 청하는 것은 환상 속의 좋은 아버지를 자기 곁에 두고자 하는 무의식적인 소망이 담겨 있다. 현실적인 나쁜 아버지와 무의식적인 좋은 아버지를 분리함으로써 불안과 절망을 이겨 내려고 한 것이다(pp. 156-158).

7) 원인 모를 불안이 공황 상태로 인도함

원인을 알 수 없는 불안은 공황 상태로 인도한다. 10세의 수잔은 밤에 잠을 자지 못했다. 침대 밑에 무언가 있다고 생각했다. 그것은 고양이나 좀비(zombies)일 거라고 여겼다. 수잔은 도처에 불안이 깔려 있다고 여겼다. 그녀는 손가락을 깨무는 버릇이 있었는데, 그것은 아마 불안을 어느 한곳에 지정하려는 시도로 보인다. 불안을 담아내는 수단이 없을 때, 불안은 공황 상태가 되어 공황발작을 일으킨다. 불안 극복에 실패할 경우 히스테리 반응을 보이기도 한다(Emanuel, 2000, pp. 68-70).

원인을 알 수 없는 불안이 공포를 야기하는 현상은 안나 O 양을 치료했던 브로이어(Breuer)의 사례에서 발견된다. 1882년에 치료를 시작할 때 안나는 21세였다. 지능이 높고 사물 인식능력이 놀라울 정도로 뛰어나며 직관력이 특출한 그녀에게는 토론만이 유일하게 영향을 주었다. 정신력이 강하고 완고한 그녀는 동정심에서 우러난 친절함으로 자신의 강력한 본능적 욕구를 만족시키고 있었다. 그녀의 감정 상태는 항상 약간 과장된 상태였으며, 그럼에도 그녀는 놀라울 정도로 성적으로 발달하지 못한 상태에 있었다. 그녀는 지적인 활기로 넘쳐 나고 있었으나 청교도적인 사고에 젖은 가족들과 함께 단조로운 생활을 영위하고 있었다. 그녀는 단조로운 생활에서 벗어나기 위해 자신이 '개인극장'이라고 부르는 백일몽에 빠져들곤 했다. 브로이어는 그녀의 습관적인 백일몽 상태가 정신적 인격의 분열을 일으키는 주된 원인이라고 여겼다. 3개월 정도의 잠재기를 거쳐 병이 외부 증상으로 표출되었는데, 그것은 착어증, 교차성 사시, 심한 시력장애, 근육 마비 등으로 나타났다.

1881년 4월에 안나가 좋아했던 아버지가 흉막 주위 농양으로 인해 죽게 되자, 그녀의 병은 더욱 악화되어 4개월 정도를 침대에 누워 일어나지 못했다. 그녀는 환각에 빠지게 되면서 필름이 끊겼다고 호소하며 의식적 생각의 흐름에 공백이 있다고 말하곤 했다. 그녀는 자신이 미쳐 가고 있다고 호소했지만, 주변 사람들은 그 사실을 부정하면서 진정시키려고만 했다. 몽유병 상태가 되면 정신 상태가 악화되어 모든 생각이 끔찍하고 무서운 환각들로 변해 버렸다. 그녀의 정신적 부재 상태(absence)는 두려움과 공포에 떨면서도 끔찍한 영상을 언어로 재현해 낼 때 완화되었다. 이런 과정을 안나는 '대화치료(talking cure)'라고 했으며, 장난삼아 말할 때는 '굴뚝청소(chimney-sweeping)'라고 불렀다. 하지만 그녀에게 나타난 증상 가운데 히스테리 증상은 주로 '부재' 상태가 아닌 강한 정서 상태를 경험할 때 나타났다. 강렬한 지적인 에너지를 억누른 단조로움이 환각을 불러일으키고, 그 결과 정신적 부재와 분열로 인한 불안이 자아 해체와 멸절에 대한 공포로 이어진 것이다(Breuer & Freud, 1997, pp. 35-67).

8) 불안을 해소하기 위해 사물을 안아 주는 환경으로 만듦

불안은 다른 정서와 함께 나타나는 경우가 많다. 지나친 시기심과 고립감 때문에 치료를 받으러 온 마틴은 집에서 버스 정류장으로 갈 때 사람들이 자신을 쳐다본다고 매우 불안해했으며, 버스가 늦으면 몹시 화가 났다. 버스에서 지하철역으로 갈 때, 그는 누군가가 자신을 향해 오고 있다고 생각했고, 그 순간 불안과 분노가 혼합된 기분을 느꼈다. 열차를 탈 때도 늘 같은 칸에 탔으며, 혹시라도 다른 사람과 마주칠까 봐 신문으로 얼굴을 가렸다. 그는 자신에게 친숙한 사물, 예를 들면 시계, 특정 번호의 버스, 늘 택하는 열차 칸과 직장으로 가는 경로에 대해서는 매우 호의적이지만, 길에서 만나는 사람들은 언제나 짜증나고 침범적인 존재라고 느꼈다.

마틴은 자신의 불안을 처리하기 위해 비인격적인 사물을 안아 주는 환경으로 만들었다. 그의 '안아 주는 환경'은 유아기의 방어적 반응에서 유래된 것으로 보인다. 위니컷에 의하면, "안아 주는 환경의 기본적 기능은 유아가 방어적으로 반응할 수밖에 없고 결과적으로 개인적 존재를 멸절시키는 침범을 최소한으로 감소시키는 것이다. 유아는 좋은 조건하에서 존재의 연속성을 확립하고 전능감의 경험을 통해 침범을 감당하는 세련된 전략을 발달시킨다."(Winnicott, 1960; Davis & Wallbridge, 2002, p. 61에서 재인용)

문제는 마틴이 안아 주는 환경을 만들기 위해 사물과 사람을 분리한다는 점이다. 그는 사물에 대한 태도와는 달리, 인격적인 사람과는 거리감을 유지하는 분열적 방식을 취했다. 그 두 대상은 마치 좋은 젖가슴과 나쁜 젖가슴으로 분열되어 있었다. 그가 만들어 낸 안아 주는 환경에 대한 이상화는 더욱 조직화되어, 항상 이용하는 교통수단이 자신을 환영한다고 느꼈다. 모든 것이 순조롭게 진행된다면, 그는 교통체계와 완벽한 조화를 이루는 행복한 여행자가 된다. 그러나 만일 무언가 걸림돌이 나타나면, 그는 짜증스러운 비판자가 되었다. 그는 예측 가능하고 별다른 일이 생기지 않을 때만 자신이 만든 안아 주는 환경과 공생적인 관계를 수립하고 있었다. 마틴의 사례는 시기, 고립감, 분노로 인한 만성적인 불안을 다스리기 위한 방어 수단으로 인간 대신 사물을 안아 주고 보호해 주는 대상으로 만든 경우다(Bollas, 2010, pp. 70-71). 이와 마찬가지로, 반려동물은 종종 안아 주는 대상이 되어 정서생활에 많은 유익함을 준다. 그럼에도 불구하고 사람들에 대한 증오와 불신 때문에 인간 대신 다른 동물을 이상화하면 사회적 적응력이 떨어지고 그로 인한 불안은 증가할 수 있다.

9) 걱정과 불안이 범불안장애로 나타남

걱정과 불안은 거의 동의어로 사용되는 경우가 많다. 마치 걱정을 위해 태어난 것 같은 사람도 있다. 그들은 모든 것을 걱정하며 항상 이유 없는 불안에 잠겨 있다. 물론 나름대로 이유는 있다. 그러나 다른 사람들이 볼 때 그런 불안은 마치 기우처럼 보인다.

반델로우(Bandelow, 2008)는 범불안장애 환자의 사례를 소개한다. 하루에 반나절 정도 간병인으로 일하는 41세의 자비네는 몇 년 전부터 메스꺼움, 복통, 설사, 잦은 변, 오줌소태, 배가 더부룩함 등의 증세에 시달렸다. 게다가 근육경련,

발열, 발한, 불규칙적인 맥박, 가슴이 조이는 느낌도 자주 겪었다. 이런 증세들이 거의 하루 종일 번갈아 나타났다. "아침에 깨어나자마자 바로 시작이에요. 몸이 떨리고 불안감에 사로잡히죠. 그런데 뭣 때문에 불안해하는지 모르겠어요."라고 그녀는 하소연했다. 젊었을 때는 축구도 하고, 10미터 다이빙도 했던 그녀는 지금은 남편이 10분만 늦게 퇴근해도 흥분한다. 남편이 집으로 돌아오는 길에 사고를 당했을지 모른다는 불안한 생각이 들기 때문이다. 자비네의 불안 증세는 딸이 비행기를 타고 마요르카에 가겠다고 했을 때 극에 달했다. 딸이 무사히 집에 돌아올 것 같지 않아서 거의 매 순간 불안과 초조한 상태에서 일상을 보냈다는 것이다. 범불안장애의 전형적인 증세는 심장이 빨리 뛰고, 맥박이 빠르고, 땀이 나고, 몸이 떨리고, 호흡이 가쁘고, 초조하고, 가슴이 아프고, 속이 메스껍고, 위가 따끔거리고, 손에 감각이 없어지고, 얼굴은 찌릿찌릿 하는 것이다. 그 외에 신열이 오르거나 오한이 들기도 한다. 입안이 마르거나, 목이 조여드는 느낌이 들거나, 삼킬 때 목이 아프기도 한다. 어지럽고, 불안정한 느낌이 들고, 나른하고, 머리가 멍해서 환각 상태로 돌아다니는 느낌이 들기도 한다. 범불안장애 환자는 끊임없이 스트레스를 받기 때문에 두통, 불면증, 만성 통증 등에 시달리기도 한다. 이런 범불안장애 환자들에게는 안마나 마사지 치료 혹은 찜질방이 효과가 있을 수 있다. 그러나 이런 안마나 찜질은 일시적인 도움만 줄 뿐이다 (pp. 65-66).

자비네의 범불안장애는 안정적인 토대를 형성시킬 기회를 얻지 못하고 한동안 불안정한 상태에서 두려움과 공포에 사로잡혀 지낸 적이 있거나, 감당할 수 없는 내적 충동이 허약한 자아구조를 위협하는 상황에서 진행될 수 있다. 범불안장애 치료를 위해서는 불안에 대한 정서적 개입을 통해 모든 것을 불안이라는 하나의 정서로 포장하게 된 배경을 살필 필요가 있다.

10) 불안의 신체화가 건강염려증으로 나타남

불안과 불만이 신체의 일부분과 연결되면 건강염려증으로 나타난다. 코헛에 의하면, 분열불안이 생기면 부재중인 자기대상에 대한 열망으로 인해 자기분열로의 퇴행을 하게 된다. 이 퇴행을 신체의 특정 부위가 담당하게 될 때, 그 신체 부위는 건강염려증의 통로가 된다. 건강염려증의 발달은 자기대상의 부재나 자기대상의 비공감적 태도로 인해 생긴 자기애적 상처에 기인한다. 이로 인해 발생한 분열불안이 건강염려증과 정신적 외상으로 이어진다. 자기대상을 향한 리비도가 철회되면서, 철회된 리비도는 특정한 신체 부위에 투자된다. 이때 철회된 리비도와 관련된 신체 부위는 건강염려증을 불러일으키는 대상이 된다. 이런 사람은 자아기능의 훼손으로 인해 내면의 무력감과 싸우고, 불면증에 시달리며, 성적 활동으로 자신을 보상하고자 한다(Chessick, 2007, p. 160).

11) 환자의 불안이 치료자에게 전가됨

치료과정에서 불안한 심리가 표출되는 경우가 많다. 아이건(2005)은 치료자가 환자의 불안에 과도한 에너지를 쏟음으로써 실패한 사례를 소개한다. 치료과정에서 환자가 극도로 불안한 상태를 보일 때 치료자가 필요 이상의 과도한 에너지를 집중함으로써 치료가 실패로 돌아가는 경우도 있다. 치료자는 환자가 원한 만큼 상담 회기를 허용하거나 전화를 걸 수 있게 했고, 환자의 불안에 마치 부모처럼 대응했다. 이런 상태로 몇 년이 지나자, 치료자는 변화의 필요성을 느끼면서 자주 회기를 놓치거나 상처가 되는 말로 환자를 머물지 못하게 했다. 결국 치료관계는 불행한 결말로 끝맺게 되었다.

신경증 환자는 종종 치료자를 자신의 정서 상태로 끌어들여 혼란스럽게 한다. 환자의 극심한 불안은 치료자를 불안하게 하고, 치료자는 환자의 불안을 제거하기 위해 혼신의 힘을 기울인다. 이처럼 치료관계가 무의식적으로 진행될 때 두 사람 모두 정서의 늪에서 빠져나오지 못하게 된다. 치료관계에서 지나친 유대감은 환자로 하여금 좋은 대상을 상실하게 될지도 모른다는 불안감을 야기한다(pp. 55-59).

6. 분석과 치료

1) 유아의 불안 대처과정

불안에 대처하려는 유아의 반응을 살펴보는 것은 불안장애를 치료하는 중요한 통찰력을 제공한다. 유아의 정서양식이 변화되지 않은 채 성인기에도 지속될 때, 그것은 현실 적응에 심각한 피해를 줄 수 있다. 클라인의 연구 결과에 의하면, 유아는 편집-분열적 자리에서 투사와 내사를 통해 불안을 다루고 사람들과 관계한다. 그러나 일종의 방어기제인 투사와 내사가 과다하게 작용하거나 파괴적으로 사용되면 안정된 자아 형성을 방해할 뿐만 아니라 신뢰할 만한 대상에 대한 감각을 손상시킨다. 특히 좀 더 복잡하고 극단적인 형태의 투사적 동일시는 자기의 전반적인 측면을 타인에게 투사함으로써 불안을 제거하는 수단이 된다. 유아의 불안을 떠안게 되는 투사적 동일시의 대상이 되는 사람은 이러한 유아의 욕구에 빠져드는 압박감을 느끼며, 자신이 원하지 않은 것들을 무의식적으로 수용하게 된다(Gomez, 2008, p. 67).

유아의 불안 대처과정에서 나타나는 두드러진 현상은 부인(denial)이다. 유아의 원초적인 불안 대처법은 부인을 통해 불안요소를 다른 정서로 대체해 버리는 경향이 있다. 예를 들면, 좌절감을 주는 박해 경험을 만족감을 주는 환상 경험으로 바꿈으로써 불안에서 오는 긴장과 두려움과 공포를 외면하고자 한다. 유아의 탐욕 또한 불안에 대한 반응으로 나타난다. 클라인에 의하면, 유아는 엄마의 나쁜 젖가슴이 언제라도 출현할 것이라는 불안에 직면해 있으며, 그것은 좋은 젖가슴을 필요 이상으로 착취하고자 하는 탐욕으로 드러난다. 이러한 탐욕이 시기심의 원천이 된다. 시기심은 외부에 있는 좋은 젖가슴을 파괴하려는 충동에서 발생한다. 이때 유아는 자기 자신의 내부에 있는 좋은 것을 악한 것으로 바꾸어 버린다. 유아는 이에 대한 분노를 외부의 악한 대상에게 투사함으로써 죽음 본능에서 유발된 불안을 해소하고자 한다. 그러나 유아는 생후 3~7개월 사이에 경험하는 우울적 자리에서 좋은 것에 대한 탐욕을 덜 느낀다. 내적 대상과 외적 대상의 통합을 통해 유아는 복구능력을 회복하게 된다.

클라인은 유아의 불안을 치료하기 위해 자발적인 놀이를 강조한다. 기계적인 놀이가 아닌 상상의 놀이를 할 수 있도록 배려할 때, 유아는 자신의 관심사를 외부로 표출하고 자신의 불안을 다루는 자연스러운 방식을 터득하게 된다. 놀이과정에서 드러난 불안에 이름을 붙이고 놀이와 언어를 통해 불안에 대해 작업함으로써 아이는 편안하고 안정된 심리구조를 갖게 된다(Gomez, 2008, pp. 64-83).

2) 놀이를 통해 분리불안을 상징화하기

에마누엘(Emanuel)은 아동이 스스로 불안을 극복하는 과정을 소개한다. 22개월 된 톰은 엄마가 그를 탁아소에 데리고 왔을 때 엄마와의 분리를 경험했다. 그는 탁아소에 와서 엄마와 함께 방에 들어와 장난감 총을 들고 미친 듯이 웃으면서 모든 사람에게 총을 쏘았다. 그는 막무가내였으며 아무도 저지할 수 없었다. 그는 새로운 환경으로 인해 야기된 불안을 제거하기 위해 그런 행동을 보인 것 같았다. 한 선생님이 톰을 데려와 다른 아이들과 함께 자신이 들려준 이야기를 듣게 했다. 그러나 그는 듣지 않고 총을 쏘며 잡음을 일으켰다.

에마누엘과 동료들은 톰이 박해불안이 만연하여 어떤 악인의 위협을 제거하려 한다고 추정했다. 톰은 계속해서 안으로 들어오고 있는 엄마를 외면했으며, 손에 작은 자동차를 쥐고 있는 꼬마 아이에게로 향했다. 그가 갑자기 그 아이의 차를 빼앗자, 그 아이도 자신의 자동차를 되찾으려고 했다. 톰은 소리를 지르면서 울었고, 선생님과 엄마는 두 아이를 떼어 놓았다. 얼마 후에 선생님이 톰에게서 자동차를 돌려받아 그 아이에게 돌려주었다. 선생님이 톰을 꾸짖자, 톰은 결국 울음을 터트렸다. 그는 바닥에 뒹굴면서 필사적으로 울어 댔다. 선생님이 아무리 이해시키려 했지만 막무가내였다. 톰은 계속해서 다른 아이의 자동차에 매달렸고, 이런 현상은 엄마가 떠나려고 할 때 두드러졌다. 그는 자신의 불안을 다른 사람에게 투사했으며, 이것은 박해불안으로 드러났다.

3주 후에 톰은 입에 옷을 물고 빨고 있었다. 이런 행동은 아마 엄마와의 유아기적 연대를 유지하려는 시도로 보인다. 톰은 동물이 서로 떨어지는 게임을 하고 있었다. 엄마가 그와 함께 있다가 미소를 지으며 가야 한다고 말하자, 그는 다시 눈물을 흘리며 엄마에게 좀 더 머물러 달라고 했다. 엄마는 톰의 부탁을 들어주지 못하고 떠났다. 그녀가 떠난 후에 톰은 선생님에게 엄마가 밖에 없는 것을 확인하기 위해 창가로 들어 올려 달라고 부탁했다. 톰은 엄마가 밖에 없는 것을 알고 나서야 다른 아이들과 놀았다. 톰은 자신의 경험을 놀이를 통해 상징화했다. 동물들이 서로 떨어지는 것을 통해 자신이 엄마와 분리하는 것을 재현했다. 그의 불안과 고통은 다른 방식으로 극복되었다. 그의 사고는 불안을 수정했고 새로운 희망을 갖게 했다. 불안은 학습과 성장을 동반한다. 그러면서 새로운 상황에 적응한다(Emanuel, 2000, pp. 54-61).

톰에게는 탁아소라는 새로운 환경에 대한 불안, 적절하게 응답하지 않은 부모의 박해에 대한 불안, 엄마로부터 떨어지는 분리불안이 있었다. 톰은 탁아소에 오자마자 총을 쏘아 낯선 사람이나 박해자를 제거함으로써 안정감을 찾고자 했다. 동물놀이를 통한 분리불안의 극복은 주목할 만하다. 동물가족을 서로 분리함으로써 자신의 분리를 상징화하는 능력이 아동에게 있다는 점이다. 놀이치료를 통한 상징화 작업이 아동 치료에 도움이 되는 이유가 여기에 있다. 아동의 분리불안을 해소하기 위해서는 놀이치료나 미술치료와 함께 부모의 역할도 중요하다. 부모는 아동이 부모의 영역을 편안하게 드나들 수 있도록 허용해야 하며, 아동이 떠나갈 수 있도록 마음의 준비를 해야 한다.

> 사실 부모가 해야 할 일 중 가장 중요한 심리적인 임무는 아이에게 '분리'라는 짐을 가볍게 만들어 주면서 성인이 되었을 때를 위해 완전한 분리를 준비를 시키는 것이라고 말하는 사람도 있다. 이 어려운 과제가 어떻게 충족되는가에 따라 아이 정서의 큰 부분이 형성된다. 점차적으로 아이를 '버리는' 과정 속에서도 부모가 곁에 있다는 확신을 동시에 심어 주어야 한다는 것이 부모의 역설적인 난제인 것이다(Hollis, 2006, p. 24).

중간 현상으로서의 놀이는 다른 예술활동과 마찬가지로 무의식의 내용을 의식화하는 중요한 수단이 된다. 따라서 어떤 종류의 놀이라도 그 자체가 치료적 도구가 된다. 치료자는 놀이와 함께 진행되는 이야기를 통해 내담자의 무의식에 잠재된 콤플렉스와 심리적 질환의 원인을 추적할 수 있다. "심리치료는 내담자의 놀이와 치료자의 놀이가 겹쳐지는 영역 안에서 이루어진다. 만약 치료자가 놀이를 할 수 없다면 그는 이 일에 적합하지 않을 것이다. 또한 내담자가 놀이를 할 수 없다면 그때는 내담자가 놀이를 할 수 있는 어떤 치료적 조치가 취해져야 한다."(Winnicott, 1997, p. 90; 박종수, 2009, p. 114에서 재인용)

놀이는 '목적이 없는 상태'다. 사람들은 성인이 되면 너무나 조건화되어서 스스로 속여야만 자신을 열어 볼 수 있게 된다. 그 속임수 중의 하나가 놀이다. 그 의미는 진지하게 놀고 놀이하듯 일한다는 것이다. 깊은 내면의 무엇, 조건화되지 않은 무엇이 이야기할 수 있도록 자리를 비켜 주어야 한다. 놀이는 창조적인 정신 에너지에서 나오며, 창조적 정신은 자아와 깊은 관련이 있는 대상과 논다. 융은 놀이를 통해 창의적 사고를 개발할 수 있으며, 이것은 무의식에 잠재된 환상적 이미지들의 활성화를 통해 이루어진다고 말한다.

> 모든 좋은 생각과 창조적 작업은 상상의 산물이며, 그 원천은 유아기적 환상(fantasy)을 불러일으키는 즐거움의 원천이다. 예술가뿐만 아니라 모든 창조적인 사람은 자신의 삶에서 가장 위대한 것을 환상을 통해 얻는다. 환상의 역

동적 원리는 바로 '놀이'다. 아동의 특성이기도 한 놀이는 진지한 일과는 다르게 보인다. 그러나 환상과 함께하는 놀이 없이는 그 어떤 창조적인 작업도 현실화되지 않는다(CW 6, par. 93).

3) 유아의 불안을 양육자가 받아 주기

유아의 불안을 양육자가 받아 줄 수 없을 때, 그것은 비생산적이고 비창조적인 불안으로 전개된다. 유아는 거의 모든 것을 양육자인 엄마에게 투사함으로써 스스로 책임감에서 벗어나 안정감을 추구한다. 비온(1962)에 의하면, 투사가 엄마에 의해 수용되지 않으면 유아는 자신이 죽어 가고 있다고 느끼며, 그것은 불안과 공포로 대체된다(p. 116). 클라인의 견해에서 보면, 치료자가 내담자로부터 발생된 투사적 동일시를 받아 주지 못할 때 이미 자신의 불안을 감당할 수 없는 상태에 있는 내담자에게 심각한 장애를 초래하게 된다. 물론 이런 과정은 무의식적으로 진행된다. 내담자로부터 야기된 투사적 동일시를 치료자가 거절함으로써 내담자와 치료자의 공감적 유대감은 상실되고, 내담자는 유아 시절에 겪은 박해불안과 분리불안이 가중될 것이다(Hinshelwood, 2006, pp. 205-206). 치료 현장에서 투사와 투사적 동일시는 무의식적으로 발생한다. 치료자는 자신도 모르게 특정한 역할을 수행하거나 격정적인 정서에 사로잡힐 때 전이와 역전이를 고려해야 한다. 환자로부터 발생한 투사의 내용이 나중에 인식되더라도 치료자가 그것을 긍정적으로 수용하고 함께할 때 환자는 심리적 안정과 신뢰를 경험한다.

4) 자기와 자기대상의 공감적 융합을 통해 평온함을 유지하기

코헛(2006)에 의하면, 유아의 산만한 불안은 자기(유아)와 자기대상(양육자)의 공감적 융합이 실패한 데서 기인한다. 자기대상의 공감적 반향이 없거나 심각하게 무디다면, 아이는 전능한 자기대상과 융합할 수 있는 기회를 박탈당할 것이다. 그래서 아이는 산만한 불안으로 인해 평온한 상태를 유지할 수 없다. 결과적으로 아이는 불안을 다룰 수 있는 심리적 토대를 마련하지 못한다. 이와 대조적으로 자기대상이 아이의 가벼운 불안에 지나치게 반응한다면, 그 또한 아이로 하여금 자기대상과의 융합을 방해한다. 양육자의 지나친 염려나 과잉보호는 일상적인 가벼운 불안이 평온함으로 변화되는 기회를 박탈한다. 이로 인해 아이의 가벼운 불안이 공황 반응으로 바뀌는 경우가 발생한다. 이때 아이는 유해한 자기대상 반응으로부터 자신을 차단하려고 적극적으로 노력할 것이다. 자기대상의 공감적 반응이 없거나 지나친 경우 모두 정상적으로 발생하는 긴장과 그것을 조절하는 능력을 방해한다. 이로 인해 아이는 정동을 격화시키고 공황 상태를 발달시키는 성향을 촉진시킨다. 코헛의 주장에 따르면, 자기대상의 조울증적인 반응을 경험한 아이는 불안에 취약하다(pp. 94-95). 양육자의 우울증과 조증으로 나타나는 양극성 장애가 유아에게 전염되어 유아는 심각한 정동적 장애를 겪게 된다는 것이다.

이처럼 양육자의 정서 상태는 아이에게 결정적인 영향을 미치며, 특히 정신적 · 심리적으로 취약한 부모 밑에서 성장한 아동은 정서적 발달이 원만하게 진행되지 못할 뿐 아니라 충분하게 돌봄을 받지 못함으로써 자신의 존재감에 심각한 손상을 입는다.

5) 공감적 집중과 언어적 상징화를 통해 불안을 식별하기

코헛(2006)은 불안과 공포의 치료과정을 소개한다. 코헛에 의하면, 우리는 대체로 서로 다른 두 부류의 불안을 경험한다. 첫 번째 부류는 비교적 응집적 자기를 형성한 사람들이 경험하는 불안이다. 그것은 특정한 위험 상황들에 대한 공포다. 아무리 건강한 사람이라고 할지라도 특정한 위험에 처하게 되면 불안과 공포를 느끼는 것은 자연스러운 반응이다. 두 번째 부류는 자기가 붕괴된 사람이 경험하는 불안이다. 이런 불안은 내부의 심리적 불안으로서 자기의 해체로 인한 불안정한 상태에 기인한다. 치료자는 치료 현장에서 이 두 유형이 처음에 나타날 때 방향 감각을 잃을 수 있다. 외부적인 위험으로부터 오는 불안인지 혹은 자기의 붕괴로부터 발생한 불안인지는 오랫동안의 공감적 집중을 통해서만 구별할 수 있다는 것이 코헛의 주장이다.

사회적 영역에서 파생된 현실적 불안이든, 아니면 양심에서 기인하는 불안이든 처음에는 감춰져 있을 수 있다. 내담자는 대개 치료 초기에 모호한 연상 자료들을 제시한다. 긴장 상태에서 불안은 아직 구체화되지 못하거나 다른 정서와 혼재된 상태에 있다고 볼 수 있다. 내담자는 편안하고 안정된 치료 환경에서 점차적으로 실제 공포의 중심 내용에 가까이 다가갈 수 있다. 모호하지만 강렬하고 광범위한 불안은 자기의 심한 파편화, 주도성의 심각한 상실, 자존감의 추락, 전적으로 무의미하다는 느낌 등으로 표출된다. 그러나 이런 인식은 시간이 가면서 점진적으로 서서히 드러난다. 내담자는 불안과 공포들을 언어화함으로써 자기 상태의 변화에 대한 자신의 인식을 표현할 수 있다. 저항을 최소화할 수 있는 비유적이고 상징적인 언어는 내담자로 하여금 불안의 중심 내용에 접근하도록 허용할 것이다(pp. 106-107).

6) 불안을 원초적 상태로 경험하기

불안에 직면할 때는 대체로 다음 세 가지 반응이 발견된다.

첫째, 불안에 대한 인식과 자각을 통해 불안을 있는 그대로 경험한다. 이런 반응은 심리적으로 안정된 건강한 사람에게서 발견된다. 불안 자체를 경험하는 것은 마치 음식의 맛을 보는 것과도 같다. 짠맛, 신맛, 매운맛 등을 있는 그대로 경험할 때 그 음식을 계속 먹어야 할지 말아야 할지를 결정하며 보다 건강한 식생활을 즐길 수 있다. 감정을 자연 상태로 경험하는 일이야말로 자신의 존재성을 순수하게 경험하는 일이다. 모든 심리적 · 신체적 사건은 나름대로 그럴 수밖에 없는 정당한 이유가 있다. 불안 역시 낯설거나 위험한 상황을 감지하게 함으로써 위험에 대비하려는 본능적 신호다. 불안을 자연 상태로 인식하고 경험하면 정서적 자아를 확인하게 된다(CW 10, pars. 36-61).

둘째, 방어기제를 통해 불안한 상황을 수정한다. 사람들은 대개 불안한 감정이 발생되는 순간 회피하거나 다른 감정으로 대치함으로써 불안한 상황을 결코 허용하지 않는다. 불안한 상태를 한동안 유지하는 것은 결코 쉬운 일이 아니다. 우리 몸은 즐거운 감정뿐만 아니라 고통스러운 감정 모두를 포함하고 있다. 고통스러운 감정은 마치 그림자와 같아서 두려움과 혐오감을 주기도 한다. 그런 감정은 대개 회피되거나 빠른 시간 안에 조절되어야 하는 대상이 된다. 정서와 더불어 한동안 머물지 못할 때, 정서 조절은 오히려 정서의 내면화를 촉진시킨다. 불안한 상황은 외부에서 발생하거나 내부로부터 발생하기도 한다. 때로는 두려움이나 분노 혹은 수치심과 죄책감과 같은 다른 정서로 인해 불안이 발생하기도 한다. 내부적인 불안을 외부 대상에게 투사하거나 전가하는 방어기제는 불안에 대한 직접적인 경험을 방해하고, 불안을 자신의 인격 안으로 통합하는 것을 불가능하게 한다.

셋째, 불안을 무시하고 백지화하는 경향이 있다. 이런 반응 역시 불안에 대한 일종의 방어기제에서 발생된다. 불안을 무시하는 태도는 마치 등산하는 도중에 위험한 지역을 아무렇지도 않게 생각하는 것과 같다. 모든 것을 긍정적으로 생각함으로써 위기를 극복하고자 하는 사람의 경우 불편한 감정 역시 긍정적인 것으로 쉽게 바꾸고자 하는 성향이 있다. 물론 긍정적인 생활태도는 매사를 부정적으로 보는 것보다 훨씬 바람직하다. 그럼에도 불구하고 고통스럽고 수용하기 어려운 정서는 그 자체로 의미가 있다. 이미 인격의 일부로 자리 잡은 고통스러운 정서가 정당한 대우를 받을 때, 그것은 건강하고 밝은 정서로 바뀐다. 그것은 마치 그림자가 의식화될 때 건강한 자아의 일부가 되는 것과 같다. 불안을 마치 처음부터 없었던 것처럼 무시하거나 백지화하는 것이야말로 자신의 인격에서 발현된 존재 자체를 부정하는 것과 같다(Emanuel, 2000, pp. 52-53).

7) 불안에 대한 탈인격화를 통해 불안을 객관화하기

불안에 대한 홀리스(1996)의 주장 가운데 불안치료를 위한 다음 세 가지 사항을 살펴볼 필요가 있다.

첫째, 불안에 대한 탈인격화 작업이다. 콤플렉스와 결합된 정서나 정동은 인격의 일부가 되어 의식적으로나 무의식적으로 삶에 영향을 미친다. 우리의 육체적 삶은 종종 자아의 조절능력 범위를 초월해서 우리를 늪 속으로 인도하는 경우가 많다. 의도하지 않은 방식으로 어둠 속에 빠져서 고통을 당하는 것은 콤플렉스와 결합된 정서나 정동에 휘말릴 때다. 이런 정서에 사로잡히지 않기 위해서는 정서를 있는 그대로 관찰하는 작업이 필요하다. 우선 오랜 세월을 거쳐 인격화된 불안을 자신의 콤플렉스와 분리하는 작업이 요구된다. 콤플렉스와 결합하여 인격화된 정서로 자리 잡게 된 배경을 추적함으로써 불안 정서의 탈인격화를 이룰 수 있다. 자연적 불안 상태와 콤플렉스가 반영된 불안은 양적으로나 질적으로 차이가 있다. 자연적인 불안은 일시적인 반면, 콤플렉스와 연계된 불안은 만성적이며 다른 감정과 혼재되어 있는 경우가 많다. 불안 상태에 있을 때 그 불안이 외부적 자극이나 내부적 충동에 의한 자연스러운 반응인지 혹은 외상으로 인한 고통스러운 역사를 담고 있는지를 구별함으로써 인격화된 불안과 자연스러운 감정으로서의 불안을 분리해 낼 수 있다(pp. 113, 141). 홀리스가 주장하는 불안에 대한 탈인격화 작업은 먼저 불안을 인격의 일부로 수용할 때 가능해진다. 이것은 콤플렉스의 인식과정과도 같다. 우리는 콤플렉스를 인식하고 인격의 일부로 받아들인 후에야 비로소 그것을 객관화할 수 있다.

둘째, 불안을 객관화함으로써 불안에 사로잡히는 것을 방지할 수 있다. 자연스럽고 보편적인 불안은 시대와 장소 혹은 대상에 관계없이 누구에게나 거의 동일하게 적용된다. 예를 들면, 새로운 일을 추진하거나 낯선 곳에 갔을 때 누구나 불안하다. 물론 새로운 것에 대한 호기심이 많은 사람은 불안하지 않다고 말할 것이다. 그럼에도 불구하고 낯선 것은 일단 위험요소를 안고 있다. 그것은 또한

1. 불안의 탈인격화: 불안과 콤플렉스의 분리

2. 불안의 객관화: 불안의 실체 인식

3. 불안의 의미와 목적 발견: 변화의 창조적 수용

[그림 5-6] 불안의 세 가지 치료 방향(Hollis)

새로운 적응을 요구하는 불안요소를 안고 있다. 사람에 따라 불안의 강도는 다르지만, 낯섬과 새로움은 불안을 야기하는 가장 중요한 요인이 된다. 그런데 자신만이 지닌 특별한 불안감이 있다. 어떤 장소나 대상에 대해서 거의 통제 불가능한 남다른 불안을 느낀다면, 그 불안은 외상이나 콤플렉스와 관련이 있다. 이처럼 콤플렉스가 작용한 불안은 주관적인 불안이라고 할 수 있다. 불안을 자신의 문제나 콤플렉스와 분리해 객관적으로 관찰하면 불안의 형성 배경을 알게 되며, 이로 인해 의식화 작업이 이루어진다(pp. 112-114).

셋째, 불안의 의미와 목적을 찾아냄으로써 불안의 긍정적 측면과 치료적 효과를 높인다. 불안을 통해 정서적 자아를 발견하고 변화를 적극적으로 수용하는 창조적 인격을 개발함으로써 불안의 어둠에서 벗어날 수 있다. 콤플렉스와 결합된 불안이라고 할지라도 그 의미와 목적이 있다. 불안이 각 개인에게 전하고자 하는 의미를 깨닫게 될 때, 불안은 공격자나 박해자가 아닌 친근한 친구로 다가온다. 늪지대와 같은 두려움과 불안에 직면함으로써 이미 인격화된 그 정서가 무엇을 의미하며 어떤 목적을 지니고 있는가를 알게 된다. 불안과 인격적인 대면을 할 때, 그 정서는 현재의 인격에 통합된다(pp. 141-142).

8) 불안의 정서구조와 역사를 살피기

불안이나 기타 정서가 겉으로 드러나지 않은 경우라고 할지라도, 치료과정에서 내담자의 정서구조를 살펴보는 것은 필수적으로 요구된다. 이러한 과정은 피상적으로 드러난 증세나 현상에 기초한 잘못된 진단이나 성급한 결론을 방지함으로써 보다 진지한 치료에 임하게 한다. 프롬(Fromm, 2007)은 자신의 책 『정신분석과 듣기 예술(*Art of Listening*)』에서 겉으로 드러난 동성애적 성향이 뿌리 깊은 불안에서 출발한 것임을 보여 주는 사례를 소개한다. 25세 정도인 멕시코 여성은 18세 이후 이성과 관계를 맺은 적이 없고 여자들과 동성애 관계만을 가져왔다. 치료자를 찾았을 때 그녀는 카바레 여가수와 동성애 관계에 있었다. 그 여가수는 그녀를 함부로 대하면서 놔주지 않았고, 그녀 역시 그 여가수를 떠나는 것이 두려웠다. 겉으로 볼 때 그녀와 그 여가수는 동성애 관계에 있는 것으로 보이지만, 프롬의 견해는 달랐다. 어린 시절부터 끊임없는 불안, 우울감, 목적 없는 삶을 살아온 그녀는 어느 날 우연히 자신에게 호의를 베푼 여성과의 친밀한 관계로 인해 동성애적 성향을 보이게 된 것이었다.

그녀의 엄마는 한 부유한 남자의 정부였다. 그녀는 엄마와 그 정부 사이에서 태어났다. 그 남자는 엄마와 그녀를 경제적으로 보살펴 주었지만 아버지로서의 역할은 하지 못했다. 엄마는 그녀에게 자신의 정부로부터 돈을 뜯어내는 역할을 부여했고, 심지어는 이모의 강요로 어린 소녀일 때 남자 앞에서 옷을 벗는 매춘부 역할을 한 적도 있었다. 동네 아이들로부터 매춘부의 딸이라고 놀림을 당하면서 성장해 온 그녀는 15세가 될 때까지 그 누구와도 신뢰관계를 형성하지 못했다. 그 후 미국에 와서 공부하는 동안 남성이건 여성이건 자신에게 잘해 주는 사람과 성적 교감을 갖는 것은 정상이라고 생각하게 되었다. 그 결과, 자신에게 친절한 다른 여성들과 성적 접촉을 가졌으며, 그것은 그녀에게 불확실함과 수치심을 주었다. 분석치료를 받은 후에 그녀는 동성애 친구를 떠나 얼마 동안 혼자 머물면서 남자친구와 데이트를 시작했다. 그 남성과의 관계에서 성적 불감증을 보이지 않았으며, 그와 진정한 사랑을 하게 되었다. 이런 결과를 통해 프롬은 그녀의 동성애적 성향은 만성화된 불안과 우울증을 회피하기 위한 일시적 수단으로 표출된 것이라고 간주한다(pp. 27-30).

프롬의 견해는 모든 심리적 행동, 사고, 언어, 신체 반응에는 정서적 역사가 있음을 보여 준다. 거의 모든 신경증이나 정신증을 유발하는 외상이나 내부적 자극은 다양한 콤플렉스와 연관되어 강한 정동 상태가 된다. 우리는 오랜 기간 동안 형성된 정서의 역사를 추적하여 정서구조의 배경과 그 의미를 살핌으로써 치료의 핵심에 도달하게 된다.

9) 불안에 대한 긍정적인 측면을 인식하기

우리는 생로병사로 대변되는 인생의 전 과정에서 불안 없이 살아갈 수는 없다. 좋든 싫든 불안과 더불어 살아가야 한다. 그럼에도 불구하고 과도한 불안은 치명적인 상처를 주기 때문에 그 대책을 마련할 필요가 있다. 이런 관점에서 카스트(1993)는 불안을 다루는 세 가지 방법을 제시한다. 첫째, 가능한 한 위험한 요인이나 환경에서 멀어질 필요가 있다. 예측 가능한 위험요소를 미리 방지하거나 그로부터 거리감을 유지한다면 불필요하게 불안에 노출되지 않게 된다. 둘째, 불안과 함께 견디는 과정이 필요하다. 견딜 수 없는 불안일수록 그 의미와 목적은 더욱 강렬하고 시급하다. 불안이 전하는 음성을 듣기 위해서는 그와 함께 보내는 시간이 필요하다. 셋째, 불안에 사로잡히지 않기 위해서는 불안에 대한 인식과 분화 과정을 통해 의식화할 필요가 있다. 무의식에 잠재된 정서가 의식에 통합될 때, 불안은 우리의 친구가 된다(p. 81).

불안을 극복하거나 인격에 통합하기 위해서는 불안에 대한 부정적인 측면과 더불어 긍정적인 측면을 고려해야 한다. 불안은 일단 생존을 보장해 준다. 불안을 느끼지 못하는 사람은 위기 상황에 대처할 수 없다. 교통사고에 대한 불안이 있는 사람은 조심스럽게 운전한다. 도둑에 대한 불안이 있는 사람은 평소에 문을 잘 잠그게 된다. 낙제에 대한 불안 때문에 시험 준비를 철저히 하는 사람도 있다. 이런 불안은 자신을 보호하기 위한 생존 본능에서 발생한다. 그러나 병적인 불안은 보호기능을 하지 못한다. 공포증은 현실적으로 존재하는 실제적인 위험에 근거하는 두려움이 아니다. 공포증 환자가 느끼는 두려움은 대개 비현실적이거나, 너무 지나치거나, 근거가 희박하다. 예를 들면, 독일인들에게는 거미공포증이 많이 발생한다. 하지만 독일에는 위험하거나 사람을 무는 거미가 단 한 종도 없다. 불안은 장애물이기만 한 것이 아니라 기회이고 도전이다. 불안은 생산적인 행위를 하게 만들고, 탁월한 업적을 이루도록 고무하며, 상상력과 창조력을 높여 주는 추진력이 될 수 있다(Bandelow, 2008, pp. 25-27). 모든 정서는 원형적 성향이 있다. 따라서 정서의 밝은 면과 어두운 면을 동시에 경험하고 그것을 긍정적으로 수용할 때, 정서가 추구하고자 하는 의미와 목적이 드러난다.

CHAPTER 06

두려움과 공포

1. 이삭의 두려움과 공포

하나님이 아브라함을 시험해 보시려고 그를 부르셨다. "아브라함아!" 하고 부르시니, 아브라함은 "예, 여기에 있습니다." 하고 대답하였다. 하나님이 말씀하셨다. "너의 아들, 네가 사랑하는 외아들 이삭을 데리고 모리아 땅으로 가거라. 내가 너에게 일러 주는 산에서 그를 번제물로 바쳐라." 아브라함이 다음 날 아침에 일찍이 일어나서 나귀의 등에 안장을 얹었다. 그는 두 종과 아들 이삭에게도 길을 떠날 준비를 시켰다. 번제에 쓸 장작을 다 쪼개어 가지고서, 그는 하나님이 그에게 말씀하신 그곳으로 길을 떠났다. 사흘 만에 아브라함은 고개를 들어서 멀리 그곳을 바라볼 수 있었다. 그는 자기 종들에게 말하였다. "내가 이 아이와 저리로 가서 예배를 드리고 너희에게로 함께 돌아올 터이니, 그동안 너희는 나귀와 함께 여기에서 기다리고 있거라." 아브라함이 번제에

> 쓸 장작을 아들 이삭에게 지우고 자신은 불과 칼을 챙긴 다음에 두 사람은 함께 걸었다. 이삭이 그의 아버지 아브라함에게 말하였다. 그가 "아버지!" 하고 부르자, 아브라함이 "얘야, 왜 그러느냐?" 하고 대답하였다. 이삭이 물었다. "불과 장작은 여기에 있습니다만 번제로 바칠 어린 양은 어디에 있습니까?" 아브라함이 대답하였다. "얘야, 번제로 바칠 어린 양은 하나님이 손수 마련하여 주실 것이다." 두 사람이 함께 걸었다. 그들이 하나님이 말씀하신 그곳에 이르러서 아브라함은 거기에 제단을 쌓고 제단 위에 장작을 벌려 놓았다. 그런 다음에 제 자식 이삭을 묶어서 제단 장작 위에 올려놓았다. 그는 손에 칼을 들고서 아들을 잡으려고 하였다. 그때에 주의 천사가 하늘에서 "아브라함아, 아브라함아!" 하고 그를 불렀다. 아브라함이 대답하였다. "예, 여기 있습니다." 천사가 말하였다. "그 아이에게 손을 대지 말아라! 그 아이에게 아무 일도 하지 말아라! 네가 너의 아들, 너의 외아들까지도 나에게 아끼지 아니하니 네가 하나님 두려워하는 줄을 내가 이제 알았다." 아브라함이 고개를 들고 살펴보니 수풀 속에 숫양 한 마리가 있는데 그 뿔이 수풀에 걸려 있었다. 가서 숫양을 잡아다가 아들 대신에 그것으로 번제를 드렸다. 이런 일이 있었으므로 아브라함이 그곳 이름을 여호와이레라고 하였다. 오늘날까지도 사람들은 "주의 산에서 준비될 것이다."는 말을 한다(창세기 22:1-14).

아브라함이 외아들 이삭을 희생제물로 바친 이야기는 우리에게 충격과 함께 많은 생각을 하게 한다. 아브라함 이야기는 신에 대한 믿음과 헌신을 강조하는 종교적 신념 외에도 인류의 보편적인 정신세계를 보여 준다. 변하지 않은 내용이라고 할지라도 시대와 장소에 따라 다양한 해석을 통해 사람들의 본질적 물음에 응답하고자 하는 것이 원형적 이야기들의 생명력이다. 히브리 민족의 지도자였던 아브라함은 고대사회에서 왕에 버금가는 인물이었다. 절대 권력의 상징인 왕은 종종 신으로 묘사되기도 했다. 생명의 창조자이자 생명의 주관자인 신은 사람들에게 생명의 원천이자 생명을 거두어 가는 죽음의 공포를 불러일으키는 대상이다. 고대사회에서 왕은 신의 이름으로 민중들에게 생명을 주기도 하고 거두어 가기도 하는 절대 권력의 화신이었다. 따라서 왕이 있는 곳에는 불안, 두려움, 공포가 뒤따른다. 그것은 권력의 속성과도 일치한다. 권력은 곧 두려움의 표상이다. 고대 이집트에서는 나일강변에 살고 있는 악어에 대한 두려움이 있었다. 악어 머리의 인간으로 묘사된 소벡(Sobek)은 권위의 상징임과 동시에 생명(ankh)의 상징이기도 했다. 악어신 소벡은 또한 나일강의 풍요와 재생의 신으로서 파라오의 상징이었다.

이집트 악어신 소벡
악어 머리를 한 소벡은 나일강을 관장하는 신으로 다산, 그리고 파라오의 권력과 두려움을 상징한다(Hart, 1986, p. 201).

'사랑하는 아들을 희생제물로 바치라'는 신의 명령은 절대 순종으로 이어지고 두려움과 공포의 감정은 수면 아래로 하강한다. 자신의 아들을 희생제물로 바쳐야 한다는 아브라함의 신념은 곧 하나님의 명령과 동일시된다. 신의 명령은 종종 인간의 신념을 정당화하면서 그에 대한 죄책감을 완화시킨다. 권력의 상징인 하나님 표상과 아브라함의 관계는 아버지 아브라함과 아들 이삭의 관계로 이어진다. 아브라함이 하나님의 명령을 거부할 수 없듯이, 아들 이삭도 아버지 아브라함의 명령을 거부할 수 없다. 이처럼 지배원리는 오직 순종만을 미덕으로 가르친다. 권력에 순종할 때 보상의 선물을 받는다는 것이 지배자들이 보는 이야기의 핵심이다.

민중들이 보는 이야기의 본질은 무엇일까? 피지배자들은 지배자들의 절대 권력과 어떤 관계를 유지했을까? 절대 권력 앞에 선 아브라함과 이삭의 생존 전략은 무엇인가? 겉으로는 복종과 순종으로 위기의 상황을 모면하지만, 내적으로는 침묵과 기다림으로 죽음의 공포를 극복한다. 죽음에 대한 두려움을 상대할 가장 강한 무기는 회피나 저항이 아니다. 죽음은 죽음을 맞이하는 기다림을 가장 두려워할 것이다. 절대 권력 역시 죽음의 공포를 피해 멀리 도망가지 않고 침묵과 기다림으로 맞서는 상대를 가장 두려워할 것이다. 그것은 생명을 위협하는 정서와 직접 대면하는 것과도 같다. 정서 역시 담담하게 수용할 때, 그 파괴적 성향은 축소된다.

이삭의 희생제물은 사람을 제물로 바쳐 왔던 인신공희 제의의 흔적을 보여 준다. 인간을 제물로 바친 흔적은 북아프리카의 카르타고 지역 외에도 세계 곳곳에서 발견된다. 구약성서의 사사기 11장은 사사 입다가 전쟁에서 승리한 것을 기념하기 위해 신에게 인간을 제물로 바치고자 한 내용을 소개한다. 그 제물은 예상치 않게도 다름 아닌 자신의 외동딸이 된다. 그 밖에도 어린아이를 불사르거나 불 가운데로 지나가게 하는 종교적 풍습이 성서에 소개되고 있다(박종수, 2002, pp. 57-59). 한국 설화인 〈심청전〉 역시 아버지가 딸을 제물로 바치는 내용을 소개한다. 비록 아버지가 딸을 직접 제물로 바친 것은 아니지만, 자신의 눈을 뜨기 위해서 딸을 팔아넘긴 것은 인신공희 제의를 전제로 하고 있다. 여기서 공통적으로 발견된 점은 아버지가 자신의 아들이나 딸을 신에게 제물로 바친다는 점이다. 프로이트(Freud)가 말했던 자녀의 부친 살해 욕망과는 대조적으로 부모의 자녀 살해 욕망을 암시하는 원형적 내용이다.

부모, 특히 권력자인 아버지는 언제 자녀를 살해하고 싶은 욕망이 생길까? 동물의 경우 연약한 상태로 태어나거나 장애를 지닌 채 태어난 새끼는 미리 살아갈 기회를 박탈하는 경우가 대부분이다. 생존 가능성이 없거나 자신을 대신해서 후세를 이을 가능성이 없는 요인을 미리 제거함으로써 혈통의 영속성을 추구한다는 점이다. 역시 자신의 권력이나 생명을 위협하거나 종족의 보존에 방해가 되는 자녀를 정신적 · 육체적으로 제거하거나 소외시키는 경향이 있다. 자녀에 대한 살해 욕망은 무의식에 내재되어 분노나 정당한 심판으로 위장되어 자녀를 향한 박해요인으로 작용한다. 그것은 때로 의식 상황에 그대로 재현되기도 한다. 영조의 사도세자 살해가 바로 그 예다. 왕은 절대 권력에 도전하는 사람이나 자신의 권력 승계를 방해하는 대상은 자신의 자녀라도 죽음으로 응징한다. 자녀 살해는 보통 사람에게서도 발견되지만, 고대사회에서 특히 왕이나 절대 권력자의 경우에 발생하고 있다는 사실에 주목할 필요가 있다. 생명의 제공자로서의 절대 권력은 집단의 대변자이며, 개인에게는 그 자체로 죽음을 몰고 오는 두려움의 대상이다. 두려움은 인간을 지배와 피지배 관계로 규정하는 원초적 수단이다. 두려움을 느끼는 대상에게는 복종의 유혹이 따른다. 두려움은 또한 자신을 다른 대상에게 맡기는 위탁행위이기도 하다. 곧 두려움과 공포는 권력과 죽음의 주제와 관련된다. 공격성을 유발하는 분노와는 달리, 두려움과 공포는 회피나 굴복의 형태로 나타난다. 회피된 두려움은 다시 폭력적 정서에 노출될 수 있으며, 복종한 두려움은 내재화되어 불안과 공포의 상황으로 몰아간다.

아브라함과 이삭의 경우를 살펴보자. 아브라함과 하나님의 관계는 이삭과 아브라함의 관계에서 재현된다. 마치 원가족의 가족 역동이 다음 세대에 전수되고 있는 느낌이다. 신의 절대 권력에 굴복하는 아브라함의 모습은 아버지의 절대 신앙에 굴복하는 이삭의 모습과도 같다. 두려움을 주는 대상은 상대방에게 선택의 여지를 주지 않는 특성이 있다. 가해자 측면에서는 시험 삼아 하는 일이 피해자에게는 생명의 위협이 된다. 두려움을 주는 대상과 두려움에 노출되어 있는 대상 사이에는 선택과 자유의지가 허용되지 않는다. 그곳에는 오직 명령과 복종만이 있을 뿐이다. 그것은 살아남을 것인가 혹은 죽을 것인가에 대한 극단적인 갈등으로 이어진다. 외아들을 데리고 모리아 땅으로 가서 제물로 바치라는 명령에는 그 어떤 선택의 여지도 없이 복종만이 뒤따른다. 절대 권력은 항상 순종을 미덕으로 부추긴다. 나귀와 두 종과 이삭 그리고 아브라함이 모리아산으로 가는 여정에는 오직 침묵만이 있을 뿐이다. 가끔 '어리석음'으로 비유되는 나귀는 아무것도 모르는 척 그저 묵묵히 이삭을 태울 나무를 지고 갈 뿐이다. 자신을 태울 나무를 등에 질 정도로 이미 성장한 이삭의 심리 상태는 어떨까? 혼돈, 불안, 두려움, 공포로 인해 몸을 가눌 수 없는 상황임에도 이삭은 애써 태연하게 아버지의 뒤를 묵묵히 따른다. 그것은 절대 권력에 대한 순종이자, 침묵과 기다림을 통해 아직 알지 못하는 또 다른 생명의 길을 가고 있는 것이다. 오직 신이 준비한 것에 대한 소망을 간직한 채 말이다.

의식의 탄생과 관련된 숫자 3은 아직 '상대적 전체성'에 머문다(Abt, 2007, p. 124). 이제 3은 4를 향해 마지막 순간을 준비하고 있다. 3일째 되던 날 오직 아브라함과 아들 둘만 남는다. 완전수 4는 융(Jung)의 이론에 의하면 자기(self)의 상징이다(CW 9i, par. 588).

> 자기는 경험적으로 주체일 뿐만 아니라 객체(대상)로 느껴진다. 자기의 무의식적 요소로 인해 오직 간접적인 방식, 즉 투사에 의해 의식으로 온다. 무의식적 요소 때문에 자기는 의식적 생각으로부터 멀리 떨어져 있고, 인간 대상들에 의해 부분적으로 표현되며, 다른 면들은 객관적이고 추상적인 상징들에 의해 드러난다. 그 인간 대상들은 아버지와 아들, 어머니와 딸, 왕과 여왕, 남신과 여신이다. 동물 가운데 신의 상징으로 표현되는 것들은 용, 뱀, 코끼리, 사자, 곰, 그리고 다른 힘센 동물이나 거미, 게, 나비, 딱정벌레, 벌레로 나타나기도 한다. 식물 상징들은 일반적으로 연꽃이나 장미 등의 꽃들로 나타난다. 이런 것들은 원, 구, 정방형, 사위일체(quaternity), 시계, 창공 등의 기하학적 대상들과 연계된다(CW 9i, par. 315).

신의 상징으로 드러나는 자기는 다른 인격적 요소들은 남겨 둔 채 자아의 결단과 희생을 요구한다. 불과 칼이 생명과 죽음의 대극을 암시한다. 생명의 열정인 불과 죽음의 칼날이 교차하는 순간, 의식을 초월한 무의식의 빛이 새로운 생명을 잉태한다. 자신의 가장 소중한 것을 바치라는 하나님의 유혹과 그 소중한 것을 다치게 하지 말라는 신의 외침 사이에서 아브라함은 경계선상의 안도감을 느낀다. 자식을 향해 칼을 내리치는 그 순간은 키에르케고르(Kierkegaard, 2011a)가 말

이삭의 희생제물(Rembrandt, 1635)
아버지의 손에 가려 앞을 보지 못하는 이삭보다는 오히려 아버지 아브라함의 눈에서 공포의 순간이 느껴진다. 손에서 떨어지는 칼이 여전히 이삭을 향하고 있는 순간, 아버지는 천사(영의 세계)와 제물이 된 아들(현실) 사이에 있다.

한 그야말로 '놀라서 전신이 마비될' 공포와 전율이 지배하는 순간이다(p. 43). 두려움과 공포를 애써 외면해 온 아브라함의 얼굴에 생명의 기운이 감돈다. 신의 대리자인 아버지의 안도감에 이삭 또한 공포에서 해방된다. 아버지와 아들의 동일시는 생명과 죽음까지도 공유한다. 그 둘의 공생관계는 두 사람 모두를 죽음에 빠트리기도 하고 생명의 길로 가게도 한다. 두 사람 사이에 그 어떤 분리(separation)나 분화(differentiation)도 없다. 오직 신의 명령에 순종하는 두 자아가 있을 뿐이다. 하나는 자식을 죽임으로써 영원한 생명을 얻고자 하는 욕망의 자아이고, 다른 하나는 침묵과 기다림으로 승부수를 두는 처절한 젊은이 자아다. 그 둘은 자아의 희생을 요구하면서 동시에 신비한 구원의 능력을 지닌 자기로 인해 생명을 얻는다.

이처럼 자기(self)는 자아(ego)의 이해 범주를 초월하여 무조건적인 복종을 요구한다. 그것은 생명과 죽음의 갈림길을 오가는 두려움과 공포의 분위기에서 진행된다. 선택의 길이 막힌 막다른 골목에서 자아는 자기의 전횡에 굴복하면서 새로운 생명을 얻는다. 그때 신이 준비한 선물이 주어진다. 자기의 구원의지는 자아의 이해 범주를 초월해 있다. 두려움과 공포는 이처럼 퇴로가 막힌 생명과 죽음의 교차 지점에서 발생하는 정서다.

아브라함과 이삭 이야기는 두려움과 공포를 직시하는 과정을 보여 주며, 그것은 침묵과 통찰, 기다림 그리고 내맡김(surrender)을 통해 승화되고 있음을 알 수 있다. 이런 관점에서 바우만(Bauman, 2009)은 대부분의 원형적 교훈담이 공포의 증폭을 통해 효과를 드러내며, 공포는 어떤 방식으로든 해결의 실마리를 제공한다고 주장한다.

> 모든 교훈담은 공포의 증폭을 통해 효과를 낸다. 하지만 고전 교훈담이 구원을 포함했다면 공포에는 결국 해결책이 뒤따르고, 공포를 유발하는 위협을 피할 방법이 있으며, 따라서 공포로부터 해방되는 결말로 이어진다. 그러나 우리 시대의 '교훈담'은 아무런 구원의 약속도 찾아볼 수 없으므로 잔인무도하다고 할 수 있다. 그런 교훈담이 불러일으키는 공포는 예측 불가능하며 해소 불가능하다(pp. 55-56).

2. 정의 및 특성

1) 두려움

그리스어의 포보스(*phobos*)는 두려움(fear) 혹은 공포(phobia)를 의미한다. 알테이드(Altheide, 2002)에 의하면, 두려움은 인지된 위협에 의해 발생하는 괴로운 심리 감각 상태로서, 잠재적 위험에 대응하기 위한 본능적 대응방식이다(p.

223). 불안은 외적인 자극이 없이도 발생하는 반면, 두려움은 고통이나 위협과 같은 어떤 특별한 자극으로부터 살아남기 위한 일종의 생존 전략으로서 위험을 감지하고 그로부터 도피하거나 직면하게 한다. 이때 두려움은 신체 반응을 불러일으킨다. 두려움을 느끼면 심장박동과 호흡이 가속화되고, 근육은 수축되며, 두 손은 떨린다. 손이 차가워지고, 얼굴이 창백해지며, 다리 근육에는 더 많은 혈액이 전달된다. 두려움은 또한 소름이 돋게 만든다. 이러한 신체 반응은 우리가 위험한 환경으로부터 자신을 보호할 기회를 제공한다(Lelord & Andrè, 2008, p. 335).

외만(Öhman, 2000)에 의하면, 불안은 조절이 불가능하거나 회피할 수 없는 위협의 결과로 나타나는 반면, 두려움은 대항하거나 회피하는 식의 특별한 행동양식과 관련된다. 따라서 두려움은 미래의 상황을 더욱 나쁘게 만들거나 통제 불가능한 상황이 지속되는 만성적 두려움의 형태로 남는다(pp. 573-593). 불안과 두려움은 서로 연계되어 나타나기도 한다. 만약 산행 도중에 바람 소리나 낙엽 떨어지는 소리에 놀란다면 이는 불안에 가깝다. 그러나 숲 속에서 산짐승이 갑자기 뛰쳐나온다면 앞서 느꼈던 불안은 두려움과 공포로 변한다. 불안한 상황에서 발생하는 위험요소는 그만큼 두려움과 공포를 증폭시킬 수 있다. 부모의 잦은 싸움을 목격하면서 성장한 아이들은 부모가 이혼할지도 모른다는 불안감을 지니게 된다. 불안은 아직 발생하지 않은 사건에 대한 막연한 불안요소인 반면, 실제로 발생 가능한 부모의 이혼은 아이들의 두려움이 된다(Lelord & Andrè, 2008, p. 339). 퀴나르(Quignard, 2007)는 불안, 두려움, 공포를 다음과 같이 구별한다.

> 공포는 환상의 기호다. 공포(effroi), 두려움(peur), 불안(angoisse)은 동의어가 아니다. 불안은 발생하게 되리라고 여겨지는 위험을 예상한다. 두려움은 그 근원이 알려진 것임을 가정한다. 공포는 아무런 대책도 없는데 위험한 상황에 처할 때 갑자기 찾아오는 상태를 가리킨다. 공포는 놀라움과 관련이 있다(p. 298).

2) 공 포

공포(phobia)는 대체로 실제 두려운 상황에 대한 과도한 반응에서 발생한다. 고통을 주는 어떤 대상이나 환경의 지속적인 두려움이 공포를 유발한다. 개인의 정서적 역사와 연관이 있는 공포감은 완전히 제거되지 않으며, 심한 스트레스와 사회적 장애요인에도 불구하고 참아 내는 경향이 있다(Bourne, 2011, pp. 50-51). 공포가 밀려오면 몸이 뻣뻣해지고 무반응 상태이면서도 동요된다. 메스꺼움을 느끼며, 머리는 급회전하지만 행동할 수 없다. 어떤 것에 놀라지만 그의 관심은 특별한 위험요소에 주목하지 않는다. 불합리한 불안과 두려움, 부조화와 비일관성, 환상, 불안, 갈등, 양가감정이 공포에 수반된다(Ward, 2001, pp. 9-18). 쾨벡세스(Kövecses, 2009)는 자신의 책 『은유와 감정(*Metaphor and Emotion*)』에서 공포 상태에 있는 사람의 심리와 신체 반응을 다음과 같이 묘사한다.

> 갑자기 위험한 상황이 발생한다. 당신은 놀라고 비명을 지른다. 당신은 위험물에 주의를 기울이고 빠져나갈 방법을 궁리하지만, 심장이 두근거리고 사지가 떨리는 것을 느낀다. 머릿속에서 아무 생각도 나질 않는다. 손바닥이 차갑고 땀이 난다. 가슴이 두근두근한다. 당신은 뒷걸음을 치며 달아난다(p. 37).

공포 자체는 특별한 대상이나 상황에 대한 불안을 감소시키기 위한 일종의 묶어 두기 방식이다. 공포는 현실 부적응에 대한 대처 반응으로 나타나며, 이로 인해 의존관계를 유지하게 된다(Ward, 2001, p. 72). 이것은 다시 불안의 근저에서 무기력감을 산출한다. 많은 공포는 이런 방식으로 사용되며 더욱 깊은 불안에 대한 상징들이다. 한 예로, 16세 된 소녀는 내적 긴장으로 인해 불안이 생기자 자신의 팔에 상처를 냄으로써 그 불안을 해소하고자 했다. 이것은 또 다른 정서, 즉 죄책감을 발생시키고 다른 양상의 정신적 문제를 야기한다(Emanuel, 2000, pp. 20-21). 융에 의하면, 정상적 자아는 공포로 인해 집중력을 상실하여 정동자아로 남게 된다.

> 공포(fright)는 일종의 정동이다. 따라서 공포에는 신체적인 변화와 근육의 긴장에 대한 복잡한 조화, 그리고 공감적 신경체계의 흥분이 뒤따른다. 그렇기에 그 인식은 몸의 신경지배로의 방향을 찾으며 결국 콤플렉스로 하여금 보다 높은 차원을 획득하기 위해 그와 동화하도록 돕는다. 그 공포를 통해 셀 수 없는 몸의 감각은 변화하며, 그 대가로 정상적 자아가 기초하고 있는 대부분의 감각은 변한다. 결국 정상적 자아는 그 자신의 주의력 집중을 상실한다(혹은 다른 연상에 대한 그 자신의 명백성이나 자극적이며 금지적인 영향력을 상실한다). 그것은 다른 쪽에 길을 내어줄 수밖에 없으며, 보다 강한 감각들로 하여금 하나의 새로운 콤플렉스와 연결되게 한다. 그러나 그것은 보통 완전히 잠적하지 않고 '정동자아(affect-ego)'로서 뒤에 남게 된다. 왜냐하면 매우 강한 정동이라고 할지라도 자아의 기초에 놓여 있는 모든 감각을 바꿀 수 없기 때문이다. 하루하루의 경험이 보여 주듯이, 이런 정동자아는 약한 콤플렉스로서 배치된 힘을 지닌 정동적 콤플렉스보다는 크게 열등하다(CW 3, par. 86).

하이데거(Heidegger, 1992)는 공포를 세 가지 관점에서 고찰한다. 공포의 대상, 공포 자체 그리고 공포의 이유가 합쳐져서 공포 전체를 이룬다는 것이다. 첫째, 공포의 대상은 그때그때 손안에 있거나, 눈앞에 전개되거나, 공동체의 존재양식을 지닌 세계 내부적으로 만나는 실존적인 것들이다. 이것들은 통제 가능한 영역에 있지는 않지만 서서히 접근해 오는 위협요소들이다. 둘째, 하이데거가 말하는 공포 자체는 "위협적 성격을 자신에게 접근시키면서 그 위협하는 대상으로 하여금 위협하는 일을 가능하게 해 준다." 예를 들면, 우리는 재난이 온 다음에 두려움을 느끼는 것이 아니라 무서움을 통해 재난을 발견한다. 즉, 우리의 공포는 세계 속에서 무서운 것이 접근해 올 수 있음을 미리 내다봄으로써 경험되는 감정이다. 셋째, 마지막으로 공포를 두려워하는 이유는, "무서워하는 존재자

공포(한정규, 2013)
어둠 속의 공포가 밀려나자 깊은 바다 속에서 잠자던 달빛이 서서히 솟아오른다.

자체, 즉 현존재 자체다. 스스로의 존재에 의해, 이 존재 자체로 인해 관련되는 존재만이 무서워할 수 있다."(pp. 180-181) 하이데거가 말하는 현존재(Dasein)로서의 인간은 '세계 내 존재'를 의미한다. 세계 안에서 우리는 사물과 대상에 대한 염려, 관심, 불안(긴장)을 지닌 채 살아갈 수밖에 없는 실존적인 존재다. 따라서 현존재인 인간의 기본 정서는 불안(Angst)과 염려(Sorge)이며, 이들 정서는 다른 정서와 더불어 그 실체를 드러낸다.

두려움과 공포는 또한 다른 정서와 더불어 작용한다. 예를 들면, 사회공포증 환자들은 타인의 시선 앞에서 조롱의 대상이 되는 것을 매우 강하게 두려워한다. 이때 부적합한 감정 표현과 적절하지 않은 행동이 동반된다. 사회공포증 환자들은 사람들이 자신을 부정적으로 판단하는 것에 대해 지속적인 두려움을 호소한다. 두려움과 수치심이 뒤섞여 나타나는 사회공포증 환자들은 대체로 일상적인 상황들로부터 도피하는 경향이 있다. 를로르와 앙드레(Lelord & Andrè, 2008)는 남들 앞에서 얼굴이 빨개지는 강박적 수치심과 두려움을 동반하는 적면공포증(erythrophobia, 赤面恐怖症)을 겪고 있는 환자의 경험담을 다음과 같이 소개한다.

> 누군가의 앞에서 얼굴이 빨개질 때마다 나는 말 그대로 창피해서 죽을 것만 같습니다. 정상적인 행동이 불가능하거든요. 가능한 한 빨리 그 상황에서 도망치고 싶고 다시 그들을 마주할 자신이 없습니다. 나는 실업 상황에서 직업교육을 받은 적이 있습니다. 첫날 다 같이 둘러앉은 자리에서 각자 자기소개를 해야 했습니다. 악몽과도 같은 순간이었지요. 나는 횡설수설했고 사람들의 놀림감이 되었어요. 쉬는 시간이 될 때까지 나는 오전 내내 고개를 숙이고 있었습니다(pp. 270-272).

이 사례에서 보듯이, 공포증은 객관적인 위험 상황이 아닌데도 두려움에 사로잡히는 현상에서 비롯된다. 가능한 한 그 상황에서 벗어나기 위해 제정신을 차리지 못하는 자신만의 공포 상황은 무의식의 정동에 사로잡힌 상태를 보여 준다(CW 14, par. 225). 일반적으로 인식 가능한 두려움은 위협이 되지 않는다. 우리에게 위협이 되는 공포는 공포의 대상과 그 원인이 불분명할 때다. 이런 점에서 바우만(2009)은 포착이 불가능한, 어떤 규칙성도 합리적 이유도 없는 공포가 가장 무시무시하다고 말한다.

> 공포가 가장 무서울 때는 그것이 불분명할 때, 위치가 불확정적일 때, 형태가 불확실할 때, 포착이 불가능할 때, 이리저리 유동하며, 종적도 원인도 불가

> 해할 때다. 어떤 규칙성도 합리적 이유도 없는 공포, 그 낌새가 여기저기서 선뜻선뜻 나타나지만 결코 통째로 드러나지 않는 공포야말로 가장 무시무시하다. '공포'란 곧 불확실하다는 것이다. 위협의 정체를 모른다는 것, 그래서 그에 대처할 방법이 없다는 것이다. 그것에 달려들어 맞서 싸우려 해도 싸워 볼 도리가 없다는 것이다(pp. 11-12).

과도한 두려움은 공포증을 만들어 낸다. 공포증은 매우 널리 퍼져 있는 심리적 질환이다. 동일한 문화권에 거주하는 다른 사람들과 달리 자신만 특별한 상황에서 강도 높은 두려움을 느낀다면 그것은 개인적인 경험이나 내적 요인에 의한 것이다. 가장 흔한 공포증에는 동물이나 자연물에 대한 특정공포증, 사회공포증(대인공포증), 광장공포증 등이 있다. 일부 공포증은 극심한 장애를 유발하지 않는다. 예를 들면, 뱀이나 거미 등에 대한 공포증과 같이 생활환경에서 드물게 나타나는 경우에는 심각한 장애가 되지 않는다. 공포증을 유발하는 환경에서 가능한 한 멀어지면 되기 때문이다. 그러나 일상적인 삶에서 반복되는 사회공포증과 광장공포증은 잠재적으로 심각한 질병이 된다(Lelord & Andrè, 2008, pp. 362-363).

3. 유 형

1) 외적인 두려움과 내적인 두려움

두려움은 대체로 두 유형으로 분류된다. 외적인 두려움은 피하고 싶은 외부 자극으로 인해 발생된다. 갑작스럽게 뱀을 만나면 격렬한 공포(fright)를 느낀다. 이런 반응은 충동적 본능에 해당된다. 뱀에 대한 두려움이나 원숭이에 대한 두려움은 정도의 차이는 있지만 모두 본능적 반응에 해당된다. 이런 본능적이며 선천적인 두려움은 어린아이들에게서도 나타난다. 를로르와 앙드레(2008)에 의하면, 대부분의 아이는 발달기의 어느 순간이 되면 과도한 두려움을 보이는데, 이 두려움은 성장과 더불어 점차 사라지고 교육과 사회생활을 통해 그 수위가 조절된다. 예를 들면, 텅 빈 공간이나 낯선 사람에 대한 두려움은 아이들에게서 운동기능이 나타난 후에야 비로소 발현된다. 유리로 된 빈 공간에 놓인 8세 미만의 아이들은 불안을 느끼지 않는다. 두려움의 징후가 나타나는 것은 오직 어린 아이들이 두려움을 느낄 필요가 있을 때뿐이다. 반응적인 부모는 아이들로 하여금 이러한 절대적인 두려움을 극복하도록 해 주며, 두려움을 조절할 수 있게 해 준다. 보통의 아이들은 지나치게 넓은 장소에 혼자 있거나 의지할 존재가 없을 때만 두려움을 느끼고, 아는 사람이 아무도 없을 때 낯선 어른들을 두려워하는 정도다(p. 357).

내적인 두려움은 불안, 공포, 공황 등과 같은 위협적인 정서와 관련되어 발생한다. 전혀 해가 되지 않는 닭에 대한 공포가 있다면 그것은 정서적 반응에 해당된다. 융은 본능적 반응과 구별되는 정서와 연계된 무의식적인 강박 충동에 대해 소개한다.

> 이런 종류의 다른 많은 무의식적인 강박 충동(compulsions)이 있다. 예를 들면, 강박적 사고, 음악적 강박, 갑작스러운 사고와 기분, 충동적 정동, 우울, 불안 상태 등이 있다. 이런 현상들은 정상적이거나 비정상적인 사람 모두에게 나타난다. 그 현상들이 고립된 상태에서 발생되고 정기적으로 반복되지 않는다면, 그 심리적 기제가 본능적 현상과 일치하는 것처럼 보일지라도 본능적 과정과 구별되어야 한다. 그것들은 병리적 사례에서 쉽게 관찰될 수 있듯이 전부 혹은 전무 형태의 반응에 의해 특징지어질 수 있다(CW 8, par. 266).

내적인 두려움 가운데 가장 두드러진 것으로는 원시적인 두려움이 있다. 원시적인 두려움은 대체로 인간의 한계를 초월하는 자연의 힘이나 신에 대한 두려움으로 나타난다. 신에 대한 두려움은 자신의 잘못에 대한 심판에 대한 두려움으로, 결국 신변의 안전에 위협이 가해질 때 발생한다. 신비한 경험에 대한 두려움은 제의 속에서 신을 찬양하는 형식으로 나타난다. 그것은 통치자에 대한 두려움을 감추고 심판을 회피하기 위해 그를 미화하는 것과도 같다. 결국 두려움의 대상과 찬양의 대상은 동일시된다. 그것은 마치 유아가 엄마를 두려워하면서 동시에 사랑하는 것과도 같다.

뭉크(Munch)의 대표작인 〈절규(Screem)〉는 인간 내면의 두려움과 공포를 너무도 생생하게 드러낸다. 그는 자연을 배경으로 불안과 고독 그리고 두려움을 묘사했다. 〈절규〉를 그리기 1년 전인 1892년에 병을 앓고 있을 때 발견된 메모에는 이렇게 적혀 있다. "친구 둘과 산책을 나갔다. 해가 지기 시작했고 갑자기 하늘이 핏빛으로 물들었다. 나는 피로를 느껴 멈춰 서서 난간에 기대었다. 핏빛과 불의 혓바닥이 검푸른 협만과 도시를 뒤덮고 있었다. 친구들은 계속 걸었지

절규(Munch, 1893)
한 사람이 다리 위를 걷다가 자연의 절규에서 들려오는 두려움을 물리치기 위해 귀를 막고 있다. 붉게 물든 석양과 검게 드리워진 세계가 대조를 이루고 있다.

만 나는 두려움에 떨며 서 있었다. 그때 난 자연을 관통하는 끝없는 절규를 들었다." (Bischoff, 2005, p. 53) 뭉크가 들은 자연의 절규는 인간 내면에 있는 원시적인 두려움으로 느껴진다. 그것이 개인의 두려움과 결합될 때 공포로 밀려온다.

2) 미지의 세계에 대한 두려움과 공포

플라톤은 공포를 아름다움의 첫 번째 선물로 여겼다. 아름다움은 미지의 세계에 대해 느끼는 친숙함이다. 예를 들면, 남성이 여성의 육체에 대한 아름다움과 신비함을 경험할 때 느끼는 감정은 두려움과 공포로 다가온다. 그것은 미지의 세계를 경험함으로써 다가올 변화에 대한 두려움이며, 그 변화에 대한 자신의 한계를 인식할 때 발생한다. 이때의 공포는 피해야 할 것에서 우리를 도망치지 못하게 할 뿐만 아니라 때로는 공포 자체를 숭배하게 하며, 우리는 죽음을 무릅쓰고 그 공포에 매력을 느끼게 된다(Quignard, 2007, pp. 109, 249).

융에 의하면, 어린아이나 원시인은 알려지지 않은 세계에 대한 두려움이 있다. 우리 내부에 있는 어린아이의 두려움은 일종의 정동으로서 합리적 세계관에 살고 있는 현대인이 경험하는 전형적인 정서적 특징이다. 과학적이고 논리적이며 합리적인 이해가 동반되지 않은 미지의 세계에 대한 두려움은 누구에게나 보편적으로 나타난다. 특히 보이지 않는 정동의 세계에 대한 두려움은 과학적이며 도덕적인 확실성으로 무장한 현대인에게 두려움을 제공하는 원인이 된다(CW 7, par. 324). 현대인의 두려움 가운데 높은 의식에 대한 두려움도 있다. 의식이 높을수록 책임이 커지며, 책임이 커질수록 위험 수위는 높아진다. 내적인 두려움 가운데는 실존적인 두려움이 있다(DA, pp. 242-243). 한계 상황에 노출된 인간은 자기 해체의 위험에 직면했을 때 자아 상실에 대한 두려움을 느낀다. 벌레가 침투하는 꿈이나 환상은 자아가 본능적인 요소, 혐오스러운 요소 혹은 낯설고 위험한 요소에 직면하는 것이나 내면적으로 무의식의 침투에 대한 두려움을 암시한다(DA, p. 13).

융심리학에 의하면, 미지의 세계에 대한 두려움은 무의식에 대한 두려움과도 같다. 자신의 내면에서 끊임없이 유혹하는 그림자는 인격의 어두운 측면을 자극한다. 비윤리적이고 비도덕적인 생각과 행위들을 정당화하는가 하면, 타인의 선한 것에 대한 시기와 질투로 원한 감정을 품게 하며, 자신의 음모를 다른 사람이 대신 실행하도록 부추긴다. 니체(Nietsche, 1987) 역시 자신의 대변자인 차라투스트라를 통해 그림자에 대한 두려움을 묘사한다.

> "그런데 차라투스트라는 왜 자신의 그림자를 두려워해야 하지? 하긴 그것은 나보다 긴 다리를 갖고 있을지도 모른다." 차라투스트라는 이렇게 말하고, 눈과 내장으로 웃다가 조용히 멈춰 서서 황급히 뒤돌아보고 자기의 그림자와 뒤를 따르는 자를 땅 위에 던져 버렸다. 그림자는 그토록 그의 뒤에 가까이 따랐으며, 또 그토록 약했다. 차라투스트라는 그 그림자를 잘 살펴보고 갑자기 유령의 위협을 당한 것처럼 놀랐다. 이 추종자는 그렇게 가냘프고, 거무스름하고, 공허하고, 또 쇠약해 보였던 것이다(p. 308).

두려움과 공포는 외부적인 자극뿐만 아니라 내부적인 요인에 의해서도 발생한다. 미지의 세계에 대한 두려움이나 내적 실재에 대한 두려움은 일종의 본능적이며 실존적인 두려움에 해당된다. 이성에 의해 이해되지 않고 인식되지 않은 것에 대한 두려움은 누구에게나 있다. UFO는 아마 미지의 세계에 대한 현대인의 집단적 두려움이 투사된 대상일지도 모른다(CW 10, par. 616). 미지의 세계에 대한 두려움은 심리학에서 무의식에 대한 두려움으로 이어진다. 융에 의하면, 무의식에 대해서 두려워하는 사람은 자기 자신의 그림자마저 두려워한다. 그림자가 아니마나 아니무스에게 접근하면 이런 두려움은 공황(panic)으로 변한다. 왜냐하면 그림자가 아니마나 아니무스와 연합하게 되면 그것은 대체로 편집증이나 정신분열증으로 나타나기 때문이다. 이런 두려움을 극복하기 위해서는 비대해진 자신감에 주목하면서 스스로 성찰해야 한다(CW 9ii, par. 62). 자신의 내면을 성찰하기란 현대인에게 곧 두려움의 표상이다. 문명화된 사람들일수록 무의식을 두려워한다(CW 12, par. 60). 성찰되지 못한 그림자가 다른 사람에게 투사될 때 그것은 악한 내용이 되어 두려움으로 되돌아온다(CW 10, par. 572). 어둡고 불안한 생각과 표상에 대한 비판적 성찰은 두려움을 물리치는 수단이 될 수 있다(CW 7, par. 323).

3) 불가항력적인 우주적 공포

현대인은 타이타닉호가 언제 출몰할지 모르는 불안과 공포 속에서 살아간다. 우리 사회만 해도 그렇다. 대부분의 사람은 무엇이 선이며, 무엇이 악한 일인지 구별하지 못하고 살아가고 있다. 그것은 지식의 부족이나 도덕불감증 때문만은 아니다. 의도된 일방적 정보와 밀실정치가 불안과 두려움을 양산한다. 정치가나 기업인은 자신을 위한 정보만을 제공한다. 수많은 정보의 홍수 속에서 소외되고 왜곡되며 작아질 수밖에 없는 상황이 불안과 공포로부터 자유롭지 못하게 한다. 전쟁에 대한 공포, 테러리즘에 대한 공포, 유가 폭등에 대한 공포, 주택난에 대한 두려움, 무엇보다도 현대 젊은이들에게는 직업 선택과 생존에 대한 두려움이 있다. 이런 사회적 두려움이 개인적 두려움과 연계될 때 그것은 공포로 변한다. 더욱 안타까운 것은 우리에게 이러한 두려움과 공포에 대한 아무런 대안이 없다는 것이다. 그저 우주적으로 편만해 있는 거대한 손에 우리 자신을 내맡겨야 하는 쓸쓸함과 비참함이 있을 뿐이다. 희망이 없는 공포야말로 우리를 불가능의 세계에 떠돌게 한다. 이런 관점에서 바우만은 우주적 공포에 압도된 현대인의 심리를 그리고 있다.

> 우리는 미하일 바흐친(Mikhail Backtin)이 말한 '우주적 공포'에 압도되는 경험에 대해 알고 있다. 우주적 공포란 고귀하고 거대한 무엇과 대면하며 겪는 두려움과 떨림으로, 가령 웅장한 산이나 끝없는 바다를 보면서 인간의 힘으로

는 그런 것을 도저히 잴 수 없고, 자비를 구하는 인간의 탄원에도 아랑곳없으리라는 짐작에서 느끼는 공포감이다. 그러나 지금은 그런 공포를 불러일으키는 원인이 산이나 바다가 아니다. 사람이 만들어 낸 고안물, 그리고 그 불가피한 부산물과 부작용이 최악의 공포를 자아내는 것이다(Bauman, 2009, p. 156).

4) 파생적 공포(2차원적 공포)

모든 인간이나 동물은 자신의 생명이 위협을 받을 때 두려움과 공포를 느낀다. 갑자기 무서운 동물이 출현하는 것이나 천재지변 혹은 외부 침입자에 대한 공포는 일차적이며 자연스러운 공포다. 바우만(2009)은 동물과는 달리 인간에게는 2차원적 공포가 있다고 주장한다. 그것은 사회문화적으로 순환되는 '파생적 공포'로서, 실제 위협이 발생한 것과 상관없이 인간의 행동을 제약한다. 파생적 공포는 그런 공포와 직접 마주쳤던 과거의 경험에서 나온 침전물이라고 할 수 있다. 예를 들면, 성적 상처를 당한 경험이 있는 사람은 성범죄에 대한 보도를 통해 마치 자신이 그런 상황에 있는 것 같은 공포를 느낀다. 바우만이 말하는 파생적 공포란 오랜 기간을 통해 형성된 정서구조로서 자신이 위험에 빠지기 쉽다고 느끼는 감각이다. 정서적으로 취약한 상태에 있는 사람은 실제적 위협과 분리되어 자기 멋대로 공포의 대상을 창조한다. 그것들은 신체와 재산의 소멸에 대한 공포, 사회적 붕괴에 대한 공포, 죽음을 초래하는 공포가 되어 그 어떤 방어기제나 공격성도 무력화한다(pp. 12-13). 파생적 공포, 즉 과거의 상처나 자신의 콤플렉스와 연계된 공포 감정은 결국 실제 위험에 적절하게 대처하지 못하게 한다. 이런 관점에서 리코(Richo, 2008)는 비합리적 두려움이나 공포는 우리를 무기력하게 함으로써 의식의 부재를 초래한다고 주장한다.

우리가 두려움에 이끌려 행동할 때는 의식의 부재가 일어날 수도 있다. 우리는 직관력을 잃어 잘못된 판단을 하게 되고, 통찰력을 잃어 우리가 처한 현실을 직시할 자신감 또한 잃게 된다. 그래서 우리는 우리를 조종하는 또 다른 힘이나 우리 자신의 무기력함에 질려 피해망상적이 된다(p. 68).

5) 상실과 변화(적응)에 대한 두려움

무엇보다도 상실과 변화에 대한 두려움은 적응 실패를 두려워하는 것과 같은 맥락에서 이해된다. 인간은 출생할 때부터 스스로 독립할 수 없는 의존적인 존재다. 충분히 의존하고, 그 의존이 아무런 조건 없이 수용된 경험이 있는 아동은 내면의 힘을 길러 분리-개별화의 길을 순조롭게 갈 수 있다. 그러나 나면서부터 버림받거나 충분히 수용되지 못할 때는 존재감이 상실되어 무기력한 상태가 된다. 상실의 아픔을 잘 극복하더라도 성장의 길을 가기 위해서는 필연적으로 변화의 과정을 거쳐야 한다. 이런 점에서 상실과 변화는 다분히 원형적이며 실존적이다. 이별에 대한 두려움, 만남에 대한 두려움, 대상에 대한 두려움, 자기노출에 대한 두려움, 주고받는 것에 대한 두려움, 고독과 외로움에 대한 두려움 등, 이 모든 두려움은 항상 우리 옆에 있는 달갑지 않은 친구들이다. 그럼에도 불구하고 변화에 대한 두려움은 우리에게 없어서는 안 될 실존적 정서다(Richo, 2008, p. 21 참조). 발달단계에서 상실과 변화는 동전의 양면과도 같다. 초등학교에서 중학교로 진급한 학생들에게는 아동기에 누렸던 모든 행복감이 사라질지도 모른다는 두려움과 함께 사춘기 시절로의 이동에 대한 설렘과 기대감이 있다.

변화는 상실을 전제로 한다. 이전의 세계와 결별하지 못할 때 변화는 일어나지 않는다. 변화는 결국 이전 것에 대한 포기이자 새로운 것에 대한 소유권의 주장이다. 새로운 세계에 대한 호기심과 도전이 없으면 변화와 성장은 기대할 수 없다. 이전에 누린 가장 안전하고 원초적인 행복감은 모태에서의 경험이다. 심리적 자궁에서 탄생하지 못한 자아는 항상 변화를 두려워한다. 그와 반대로 성장하고자 하는 사람은 변화하지 않은 상태를 두려워한다. 변화가 없는 삶은 존재 가치를 떨어뜨리며, 성장을 멈추게 하여 어린아이 상태로 머물게 하기 때문이다. 융 역시 자신이 일하고 있었던 부르크횔츨리 정신병원의 반복적인 일에 매달려 있을 때 두려움을 느꼈다. 그것은 일종의 존재 상실과도 같은 것이었다. 그는 가족을 부양해야 한다는 책임감 때문에 직장에 매여 자신의 일을 할 수 없었으며 여행도 자유롭게 하지 못했다. 파리에서 안식년을 보내면서 자유롭게 지적 호기심을 만끽하고 나서야 그의 두려움은 어느 정도 해소될 수 있었다(Bair, 2008, pp. 209-211).

18세에 결혼해서 이제 60세가 된 한 여성은 무기력증에 빠졌다. 그녀는 더할 나위 없이 자신에게 헌신적인 남편에 대한 분노가 심각하다. 별거한 지 6개월에 접어든 시점에서 '잠시 혼자 스스로 살다가 나중에 남편에게 다시 돌아갈 생각'이라는 그 여성은 변화가 없는 행복을 거부하고 있다(Colarusso, 2011, p. 287). 지극히 헌신적인 모성적 남편에 의해 모든 것을 공급받으면서 40여 년을 살아온 그녀는 이제야 눈을 뜬 것이다. 변화와 성장을 추구할 때 자아는 모성의 자궁을 탈출할 용기를 얻는다. 그것은 에덴동산으로부터의 탈출이며, 고통과 시련을 통해 이루어지는 영웅의 삶이다. 부모가 제공한 생활비에 의존해 왔던 한 50대 여성은 변화를 두려워하며 반평생을 보내 왔다. 그러던 중, 꿈분석을 통해 자신의 모습을 본 후에 부모로부터의 분리를 시도하기 시작했다. 아무런 연락도 하지 않고 불쑥 찾아온 부모를 피해 화장실 창문으로 도망간 적이 있는 그녀는 이제 농작물을 재배하면서 스스로 살고 있다. 이처럼 변화에 대한 두려움이 성장을 위한 필연적 요소로 인식될 때, 그 두려움은 새로운 세계를 향한 창조적인 에너지로 변화된다.

6) 광장공포와 폐쇄공포

특별한 이유 없이 예상치 못하게 나타나는 극단적인 불안과 공포는 공황장애를 불러온다. 공황장애 환자 가운데 2/3는 광장공포증(agoraphobia)도 앓고 있다고 한다. 그리스어 아고라(*agora*, 광장)에서 유래된 광장공포증은 주로 좁은 공간에 사람들이 많이 있을 때 불안한 증세로 나타난다. 광장공포증 환자들은 공황발작을 일으킬까 봐 두려워한다. 공황발작을 일으키면 의사가 필요할 것이고, 사람들이 많으면 병원으로 실려 가는 데 방해받을까 봐 두려운 것이다. 광장공포증이 있는 사람들은 공황발작 외에도 기절하거나, 자기도 모르게 대소변을 보거나, 토하거나, 심장마비를 일으킬까 봐 불안해한다(Bandelow, 2008, pp. 54-55).

31세의 정육점 점원에게 쇼핑센터에서 발생한 광장공포증이 어떻게 표출되는가를 살펴보자. 이 사례는 공황장애 환자가 하루에도 여러 번 겪게 되는 전형적인 공황발작 증세를 보여 준다.

> 나는 어제 새로 생긴 쇼핑센터에 갔다. 금요일 오후라서 사람이 무척 많았다. 그런데 갑자기 숨이 막힐 것 같은 느낌이 들었다. 나는 숨을 헐떡거렸다. 목이 조여드는 것 같았다. 나는 어지러웠고 곧 기절할 것만 같았다. 의자에 앉았지만 그래도 나아지지 않았다. 쇼핑센터 안의 공기가 나쁜 것 같아서 서둘러 밖으로 나갔다. 그러나 밖에 나와도 상태는 나아지지 않았다. 계속 숨이 가빠 왔고 금방이라도 숨이 멈출 것만 같았다. 꼭 꿈을 꾸는 기분이었다. 얼굴도 마비된 느낌이었다. 문득 서로 얼굴만 알고 지내는 사이인 여자가 눈에 들어왔다. 나는 그 여자에게 말을 걸어 지금 내 상황을 얘기했다. 그녀가 나를 집에 태워다 주겠다고 했지만 나는 구급차를 부르는 게 더 낫겠다고 말했다. 나는 구급차에 실려 병원으로 갔다. 그러나 의사를 만나자마자 상태가 나아졌다. 몇 시간 동안 검사를 받았지만 몸에는 아무 이상이 없다고 했다. 그날 나는 완전히 녹초가 되어 뻗어 버렸다(Bandelow, 2008, pp. 45-46).

정신분석적 관점에서 워드(Ward, 2001)는 광장공포증을 위험한 노출 환상을 방어하기 위한 수단으로 여기며, 폐쇄공포증(claustrophobia)을 자궁으로 회귀하고 싶은 욕망에 대한 방어 수단으로 간주한다(p. 64). 자기 자신이 노출되는 것에 대한 지나친 두려움은 광장공포증을 초래한다. 그로 인해 더 이상 자신을 노출하지 않아도 되기 때문이다. 융은 매우 현명한 철학자들조차도 아주 바보처럼 광장공포증의 희생자가 될 수 있다고 주장한다. 높은 의식의 소유자는 그와 비례하여 무의식에 대한 두려움이 크다. 이에 반해 현대 과학은 무의식의 폭발적 정서로부터 우리를 보호해 줄 어떤 대안도 가지고 있지 않다. 우리 모두는 내면에 존재하는 무의식의 내용이 노출될 것에 대한 두려움이 있다(CW 7, par. 353). 이런 의미에서 광장공포증은 무의식에 대한 두려움에 대항하여 의식의 상태를 유지하고자 하는 방어기제에서 발생한다(CW 18, par. 856).

광장공포증과 반대로, 폐쇄공포증은 갇힌 공간에 있는 두려움이 공포로 변하는 경우에 발생한다. 갇힌 공간, 즉 동굴이나 사방이 차단된 어두운 방 안이나 지하실 같은 곳은 자궁의 상징이다. 퇴행의 종착지인 엄마의 자궁은 모든 사람에게 원초적 고향이자 죽음의 늪이다. 폐쇄공포증은 원초적 어두움, 즉 자궁으로의 회귀에 대한 공포로서 퇴행을 저지하기 위한 수단으로 발생된다.

코헛(Kohut, 2007)은 전통적인 정신분석 견해와는 다르게 광장공포증 현상을 이해한다. 한 여성 환자는 동행자 없이 혼자 길을 걸을 때 느끼는 불안으로 인해 온몸이 마비되는 공포를 경험했다. 이에 대한 전통적인 정신분석은 프로이트의 성욕이론에 기초한다. 환자의 공포는 아버지를 향한 오이디푸스기의 성적 소망이 활성화되어 거리에서 마주치는 남자들에게로 전이되면서 발생한다고 본다. 이에 반해 코헛은 여성 환자의 공포는 일차적으로 구조적 자기의 결함으로 인해 발생한다고 주장한다. 성장과정에서 양육자의 건강한 반응을 경험하지 못할 때 응집적 자기는 형성되지 못한다. 그 결과, 근친상간을 바라는 무의식적인 소망이 공포를 유발한다는 것이 코헛의 입장이다(p. 54).

공황장애 환자는 공포가 다른 정서로 대체될 때 공황장애의 강도가 약화될 수 있다. 지적이고 야심이 큰 부모를 둔 20대 중반의 한 청년은 한국에서 적응하지 못하여 고등학교 시절부터 미국에서 혼자 생활하게 되었다. 군복무를 마치기 위해 한국에 돌아온 그는 공황장애로 시달리고 있었다. 이유 없는 불안과 공포는 그로 하여금 대상에 대한 집착으로 표출되었다. 어디를 가든지 여자친구를 데리고 다녔으며, 심지어는 휴대전화를 통해 여자친구의 잠자는 모습을 본 후에 잠이 들 정도로 불안해했다. 한 달의 훈련기간만 마치면 군복무를 끝낼 수 있는데도 그는 군복무에 대한 불안과 공포로 거의 잠을 이룰 수 없었다. 상담자에게 자신의 부모상을 투사한 그는 수치심과 분노로 인해 치를 떨었다. 상담자가 그에게 여자친구와의 건강한 관계를 주문하자, 그는 자존심이 몹시 상해했으며 이후 상담실에 나타나지 않았다. 상담은 지속되지 않았지만 그는 군복무를 무사히 마쳤다. 그의 불안과 공포가 상담자에 대한 분노로 바뀌자 공황장애 증상이 완화된 것이다. 공황장애로 인한 불안과 공포는 가끔 수치심이나 분노와 같은 다른 정서로 대체될 때 그 부정적 영향이 감소되기도 한다. 그러나 공황장애를 치료하기 위해 의도적으로 수치심과 분노를 불러일으킬 필요는 없다.

7) 대인공포(사회공포)

대인공포증이라고도 부르는 사회공포증(social phobia) 환자의 사례를 보자. DSM-IV에 의하면, 사회공포증의 필수 증상은 당혹감이 일어나는 사회적 상황 또는 활동 상황에 대한 현저하고 지속적인 두려움으로 나타난다. 청소년이나 성인은 사회공포증이 지나치게 비합리적인 것을 잘 알지만 아동은 그런 인식을 하지 못한다. 그들은 사람들을 대면하는 것을 두려워하면서도 참고 견디면서 대부분 사회적 상황이나 활동 상황을 최소화하거나 회피한다. 생소하거나 두렵고 당황스러운 상황에서 그들은 다른 사람들이 자신을 불안정하고, 약하고, 미쳤고, 멍청하다고 생각할까 봐 두려워한다. 때로는 불안으로 인한 손떨림이나 떨리는 목소리를 다른 사람이 눈치챌까 봐 염려한다. 사회공포증은 심계항진, 진전, 땀흘림, 위장관 장해, 설사, 근육 긴장, 얼굴 붉힘, 혼란 등의 신체화 증상을 동반한다(APA, 1994, 537-538).

반델로우(Bandelow, 2008)는 사회공포증으로 시달리는 소냐의 사례를 소개한다. 23세 여성인 소냐는 경찰이 되기 위해 교육을 받고 있다. 자신감 넘치는 대인관계를 수행해야 할 경찰관이 대인공포증을 지니고 있는 것에 대한 불안과 두려움이 다음과 같은 형태로 나타났다.

> 전철을 타면 사람들이 모두 나를 쳐다보는 것 같은 느낌이 들어요. '내가 그렇게 바보처럼 보이는 걸까? 내 머리 모양이 끔찍한가? 내 옷이 유행에 뒤처진 것처럼 보이나?' 하는 생각이 들죠. 잘 모르는 사람들과 얘기를 나눌 때면 나는 얼굴이 빨개지고 말을 더듬어요.

어떤 남성과도 대면한 적이 없다는 소냐는 아버지와의 관계가 원만하지 못했을 것이라는 것을 추론케 한다. 소냐는 남성뿐만 아니라 모든 사람을 기피하는 성향이 있다. 사람들과 대면하기를 주저하는 사회공포증 환자들은 특히 자신이 주목을 받는 상황을 두려워한다. 예를 들어, 모임에서 자신을 소개할 때, 직장상사와 직접 대면할 때, 또는 친구들 앞에서 우스운 얘기를 할 때 흥분해서 말이 꼬이고 핵심을 놓친다. 은행이나 관공서에서 서류를 작성할 때도 손이 떨린다(pp. 70-71).

이런 사회공포증은 대개 아동기에 적절한 반응을 보여 주지 못한 부모 밑에서 성장한 사람들에게서 나타난다. 병약한 엄마는 어린 자녀를 돌보거나 때에 따라 적절한 응답을 하지 못한다. 아이가 하는 말을 듣기도 전에 자신의 의견을 강요하거나, 작은 잘못이라도 결코 용납하지 않는 부모를 둔 자녀는 성장해서도 사람들과의 대면을 두려워한다. 자신의 의견을 자신 있게 드러내지도 못한다. 그들은 거절과 비판만을 일삼은 부모의 이미지를 불특정 다수인에게 투사한다. 그 결과, 부모의 이미지가 투사된 사람들은 모두 기피와 방어의 대상이 된다. 대상에 대한 두려움이 사람들과의 관계를 방해함으로써 자신만의 세계에 갇히게 한다(Kristeva, 2001, p. 79).

8) 시험(과제)공포

시험이나 과제 수행에 대한 공포에 시달리는 경우도 있다. 한 여대생은 대학을 7년째 다니는데도 아직 2학년이다. 명문대학에 들어가서도 졸업을 못하고 중퇴한 후에 다른 학교에 편입했지만 아직도 졸업을 못하고 있다. 그녀는 처음에는 시험에 비교적 잘 응한다. 그러다가 시험 도중에 자신이 모르는 문제가 나오면 그때부터 공포에 질린다. 두려움과 공포가 밀려오면 시험 도중에 시험 보기를 중단해 버린다. 당연히 학점은 나오지 않고 학점 미달로 학사경고를 받는다. 그다음 학기를 잘 시작하다가도 시험 시기만 되면 이런 현상은 반복된다. 그녀의 아버지는 고위 관료이며, 엄마 역시 소위 일류대를 졸업한 지성인이다. 어릴 때부터 부모의 기대에 부응해야 한다는 심리적 부담감이 시험공포로 이어진 것이다. 성적이 좋게 나오지 않을 바에야 아예 포기하는 수단으로 공포감이 동원된 것이다. 물론 이런 현상은 무의식의 역동에 의한 것이다. 그녀의 시험에 대한 공포와 실패의 연속은 부모에 대한 분노와 공격성의 표현으로 드러난다. 자녀가 부모를 공격하기 위해 자신을 학대하는 경우도 있다. 가학증과 피학증의 분열적 자리에 머물러 있는 상태가 시험공포로 이어진 것이다. 크리스테바(Kristeva, 2001)에 의하면, 공포와 공격성은 외부로부터 투사되어 나에게로 다시 돌아온다. 그것은 상징적이고 부성적인 금지가 자신 안에 있기 때문이다(p. 74).

9) 사회적 인격(페르소나)에 대한 두려움

우리는 대체로 사회적 평가에 대해서 민감하게 반응한다. 내가 이 직책을 잘 수행할 수 있을까? 이 지위를 상실하게 되면 어쩌지? 이런 식의 불안과 두려움은 거의 누구에게나 있다. 어떤 사람은 전문적 지식이 없음에도 사회적 명예와 부의 획득을 위해 그 일에 뛰어들어 불안과 두려움에 시달리기도 한다. 이런 사람들은 자아의 상실에 대한 두려움을 감춘 채 사회적 지위에 지나치게 민감하다.

이 경우 자아는 사회적 인격인 페르소나에 의해 지배되고, 그것은 결국 자아 상실로 이어진다. 페르소나가 자아를 대변할 때, 자아는 페르소나의 비판 대상이 된다. 자아의 외부 껍질은 자아에게 이렇게 말한다. "나쁜 것은 너야. 변해야 하는 것도 너고, 틀린 것도 너야. 나를 위한다면 이런 일은 하지 말아야지. 이런 쓸모없는 인간!" (Richo, 2008, p. 182)

자아에 대한 페르소나의 비아냥거림은 사실 페르소나를 지배하는 아니마와 아니무스의 장난이다. 취약한 자아구조는 페르소나에 함몰되어 자신의 자리를 잃고 무의식의 지배 아래 놓이게 된다. 이런 관점에서 융은 사회적 인격인 페르소나와 '진정한 개인'인 자아의 분화를 강조한다.

> 페르소나는 그 이름이 암시하듯이 일종의 집단정신의 가면(mask)이다. 그 가면은 개인성(individuality)을 가장하여 자신뿐만 아니라 다른 사람들이 그가 한 개인이라고 믿게 한다. 하지만 그는 집단정신이 말하는 역할을 단순히 수행하고 있을 뿐이다. 우리가 페르소나를 분석할 때는 가면을 벗기고 개인처럼 보이는 것이 그 바탕은 집단적이라는 사실을 발견하게 된다. 달리 말하면, 페르소나는 단지 집단정신의 가면에 불과하다. 근본적으로 페르소나는 실제적인 것이 아니다. 그것은 개인과 사회 사이에서 처신하기 위해 필요한 일종의 타협이다. 인간은 이름을 얻고, 지위를 획득하며, 어떤 기능을 수행하고, 이런 저런 존재로 비추어진다. 어떤 의미에서 이 모든 것은 실제적이다. 그러나 한 사람의 본질적 개체성과 관련해서 페르소나는 단지 이차적 실제에 불과하다 (CW 7, pars. 245-247).

10) 정서적 그림자에 대한 두려움

우리에게는 겉으로 보이는 사회적 인격에 대한 두려움뿐만 아니라 내적인 두려움이 있다. 그것은 대체로 자신의 감정과 정서에 대한 두려움으로 나타난다.

우리 내부의 정서는 다른 사람에게 투사되어 현실 속에서는 타인의 감정에 대한 반응으로 표출된다. 어떤 사람은 대상과의 관계를 두려워하기 때문에 다른 사람에 대해 불손하며 공격적인 태도를 취한다. 시기와 질투의 그림자에 사로잡힌 사람들은 다른 사람들의 시기와 질투에 과민하게 반응하거나 참아 내지 못한다. 우리는 다른 사람들로부터 자신의 그림자를 볼 때 당황하거나 부인하거나 증오 반응을 보인다. 그러나 우리가 두려워하는 대상을 존경할 수 있다면, 그것은 우리 자신의 그림자에 대한 존경심의 표현이다(Richo, 2008, pp. 179-180).

그림자 투사는 무의식적으로 발생하기 때문에 바로 인식하기는 어렵다. 따라서 대상으로부터 정서적으로 강화된 투사를 철회하기 전에 만성화된 그림자를 직시할 필요가 있다(CW 9ii, par. 16). 융은 투사로 인해 대상과의 관계를 상실하고 현실적인 삶에서 적응력을 잃게 되는 현상을 지적한다.

> 우리가 아는 바와 같이, 투사를 하는 주체는 의식이 아닌 무의식이다. 따라서 우리는 투사를 만날 뿐이지 만들지는 못한다. 투사의 효과는 주체를 환경으로부터 격리시킨다. 왜냐하면 환경에 대한 실제 관계 대신에 이제는 오직 환각적인 것만 존재하기 때문이다. 투사는 세상을 자기 자신은 알지 못하는 복제품으로 바꾼다. 결국 투사는 자기성애적(autoerotic) 혹은 자폐적(autistic) 상태로 인도하여 영원히 도달하기 어려운 세상에 대한 꿈을 꾸게 한다. …… 주체와 환경 사이에 투사가 많이 개입할수록 자아가 자신의 환영(illusions)을 통해 투사를 보는 것이 더욱 어려워진다(CW 9ii, par. 17).

4. 발생 배경

1) 무의식적인 정신활동이 두려움과 공포를 유발

정동으로서의 공포는 대체로 무의식적인 정신활동에 기인한다(CW 8, par. 297). 마치 유령에 의해 사로잡힌 현상으로 보이는 공포는 현재 상황에 적응하지 못할 때 파괴적으로 드러난다. 폰 프란츠(von Franz)에 의하면, 공포는 마치 미친 동물이 아무런 목적 없이 흥분 상태에 빠지는 것과 같다. 융(2012)은 『붉은 책(*Red Book*)』에서 자신이 환상 속에서 경험한 공포 감정을 다음과 같이 소개한다.

> 이것은 내가 보고 싶어 하지 않았던 환상이고 내가 살고 싶어 하지 않았던 공포였다. 메스꺼운 기분이 나의 몸에 스멀스멀 기어오른다. 기분 나쁘게 징그러운 뱀들이 바싹 마른 관목 사이를 구불구불 움직이고 있다. 뱀들이 관목의 가지들에 힘없이 죽 매달려 서로 몸을 엮고 있다. 나는 흉측한 계곡 안으로 들어서길 꺼린다. 바위투성이 좁은 길에 덤불들이 서 있다. 계곡은 아주 정상인 것처럼 보인다. 공기엔 범죄와 악과 비겁한 행위의 냄새가 묻어 있다. 나는 혐오와 공포에 사로잡힌다(p. 233).

공황(panic)은 그리스 신 판(Pan)에서 유래한다. 판은 반은 인간, 반은 염소의 모습을 한 신으로, 그리스 아르카디아 지방의 신이었다. 한낮에 더위를 식히고 있는 여행자 무리 가운데 갑자기 판이 나타나면, 깜짝 놀란 사람들은 공포에 질려 사방으로 달아났고 그사이에 판은 재빨리 어디론가 사라졌다고 한다(Bandelow, 2008, pp. 46-47). 공황적 폭발은 종종 정신증에서 큰 불(conflagration)로 대변된다. 그것은 마치 이미 결혼한 남성이 다른 여성과 사랑에 빠져서 미친 듯이 공황 상태에 빠져들어 가는 것과 같다. 견딜 수 없이 밀려오는 갑작스러운 흥분 상태는 인격을 위험한 상태로 인도하는 대화재와 같다(von Franz, 1980, p. 30).

공포에 시달리는 유아 신경증 환자의 꿈에서 엄마가 종종 사나운 동물이나 마녀로 등장하는 것은 공포가 모든 것을 삼켜 버리는 모성 원형의 부정적 측면과 관련이 있음을 암시한다(CW 9i, par. 159). 아동 치료에서 동화를 통한 무의식의 내용이 의식 차원으로 옮겨져 해석되고 통합되기도 한다. 그러나 아동의 공포(phobia)를 의식화하는 과정이 정교화되지 못할 때 오히려 심각한 신경증을 초래할 수도 있음을 유념해야 한다(CW 9ii, par. 259). 공포는 의식화보다는 안전하고 편안한 치료적 환경에서 상징적이고 간접적인 방식으로 재경험될 때 그 의미가 드러난다.

그리스 신 판(루브르 박물관)
염소 다리를 한 판이 바위에 앉아 열정적인 모습으로 손에 플루트를 쥐고 있다.

2) 모성 원형과의 분리가 원초적 공포를 유발

유아는 언제 두려움과 공포를 느낄까? 어머니와 한 몸을 이룬 자궁의 태아 상태에서 벗어나 근원적 연결관계가 중단되기 시작하면서, 유아의 자아는 세상에 대한 새로운 태도를 취하기 시작한다. 영원한 어머니의 상징인 우로보로스(ouroboros, 자신의 꼬리를 물고 있는 용의 상징)로부터 벗어남으로써 진정한 자아의 탄생이 이루어지며, 위험과 불쾌함이 가득한 더 낮은 세계로 하강하게 된다. 모성 원형의 양가성, 즉 삼키거나 파괴하는 모성의 이중성은 유아로 하여금 자신의 내면에 있는 원형의 대극성에 대한 이중적인 태도를 지니게 한다. 대상 안에 존재하는 대립적 성향에 대한 유아의 양가감정은 두려움과 무능감을 갖게 한다. 작고 무력한 상태에 있는 개별적 존재는 세상의 위협에 대한 저항력이 없으며, 모든 것이 끝없는 심연에 잠기는 것과 같은 자아의 왜소함을 경험하기 시작한다. 어머니와의 분리를 통해 아동은 처음으로 불완전성의 충격을 경험한다. 이로 인해 완전한 어떤 것이 영원히 상실되었다는 것을 발견한다. 이것은 자아가 자기로부터 떨어져 독립된 존재가 되기 시작한 순간을 반영한다. 그때 자아는 스스로 존재하는 요인이 된다(von Franz, 1996, p. 60).

어머니와의 분리는 세상과 무의식의 어두운 힘에 노출되어 원초적 공포를 경험하게 한다. 융학파인 노이만(Neumann, 2010)에 의하면, 아동의 원초적 공포는 작고 연약한 자아의식이 무시무시한 세계와 마주칠 때 느끼는 인류의 초기 삶에서 유래된다. 따라서 인류의 원초적 공포는 자연스러운 것이며, 그것을 지나치게 개인적인 것으로 환원해서는 안 된다.

> 아동의 내부에 존재하는 초기 인류의 공포는 내부에 의해서 변화되기도 하고, 투사에 의해 외부에서 비롯된 것으로 여겨지기도 한다. 우리는 그것을 역동적이고 물활론적인 세계상에서 알게 된다. 이러한 공포는 아주 작고 연약한 자아의식이 무시무시한 세계와 마주하여 드러내는 초기 인류적 삶의 상황에 대한 표현이다. 객체의 세계와 무의식의 세계의 우세성은 이미 내포되어 있고, 또 그렇게 경험되어야 할 것이다. 이러한 이유에서 공포는 아동기 심리에서 정상적인 현상이다. 의식의 힘이 점차 증가함에 따라서 다른 한편으로 의식의 발전을 위한 초개인적 동기를 형성하기도 한다. 자아의 성장과 의식의 발전에서 불가결한 요소들인 문화, 종교, 예술, 과학은 이러한 공포를 표현하려 하거나 극복하려는 경향에서 생겨난 것이다. 그러므로 그 공포를 주변의 개인적 요소들로 환원하려 하고 그러한 방식으로 공포를 없애려고 애쓰는 것은 상당히 잘못된 것이다(p. 71).

야코비(Jacoloy, 1999)에 의하면, 유아의 분리불안은 독립과 예속 사이의 긴장과 갈등에서 비롯된다. 엄마는 유아가 처음으로 자신만의 공간을 원하게 될 때 당황하게 된다. 아이로부터 거절당했다고 느끼는 엄마는 두려움에 사로잡혀 아이에게 이전보다도 더 집착하게 된다. 아이를 잃을지도 모른다는 생각에, 엄마는 지속적이고 과도한 방식으로 아이를 양육함으로써 자신의 두려움을 제거하고자 한다. 결국 엄마의 부정적인 침범은 아이를 신체적 · 정신적 부적응 상태에 놓이게 한다(p. 91).

인생의 첫 국면은 유아나 엄마 모두에게 모성 원형이 가장 강하게 배치되는 시기다. 모성 원형은 엄마와 아이 사이의 긴밀한 애착관계로 인해 매우 활성화된다. 융에 의하면, 신화 속에 등장하는 용(dragon)은 종종 부정적인 어머니상으로 근친상간에 대한 저항 혹은 그에 대한 불안과 공포를 나타낸다. 뱀이 감고 있는 나무나 바위는 근친상간에 대한 공포에 의해 지켜진 어머니의 상징으로 이해할 수 있을 것이다. 신화나 민담에서 새로 태어난 아이들을 위협하는 뱀의 주제는 근친상간 욕망을 제거하려는 아버지가 공포의 원인이라는 것을 암시한다(CW 5, pars. 395-396). 엄마에 의해 함몰되는 두려움을 극복하기 위한 아이의 필사적인 노력 또한 무시무시한 엄마를 물리치거나 그 반대로 자기거세를 통해 살아남는 형태로 나타난다.

> 해마다 용에게 처녀를 바치는 것은 아마도 신화적 차원에서 이상적인 희생의 경우를 나타내는 것 같다. 무서운 어머니의 화(wrath)를 달래기 위해 사람들의 탐욕의 상징인 가장 아름다운 처녀를 제물로 바친 것이다. 그것보다 완화된 형태의 희생으로는 첫아이와 여러 가지 소중한 가축들을 제물로 바치는 것이다. 두 번째로 이상적인 사례는 어머니를 위해서 자기 스스로 거세하는 행위다. 이것을 조금 완화시킨 형태가 할례다. 이 경우에는 상징적인 행위에 의해 이미 대체 제물에 필적하는 한 조각이 최소한 봉헌된다(CW 5, par. 671; KGW 8, pp. 429-430).

우로보로스
시작과 끝을 포함하는 우주의 영원한 본성을 상징하는 용

노이만(2010)은 근친상간의 주제를 원형적 차원과 개인적 차원에서 구별한다. 원형적 차원은 태모(great mother), 즉 모성 원형과의 합일을 추구하는 것이며, 개인적 차원의 근친상간은 실제 어머니와의 합일을 추구하는 것이다. 원형적 차원의 근친상간은 소위 우로보로스적 근친상간이다. 자기 꼬리를 물고 있는 우로보로스는 영원한 신과 같이 자신 속에서 스스로를 낳는다. 태모의 상징인 우로보로스는 모든 것을 포함하고 있는 둥근 것, 즉 근원적 모태나 자궁으로 등장한다. 그것은 또한 남성과 여성의 통합으로서, 끊임없이 연결되어 있는 원형적 부모로 등장한다. 자가 수태의 상징인 우로보로스적 근친상간은 원초적 자궁에 스스로 용해되고 흡수되려는 것이다.

유아는 모성 원형의 표상인 태모와 합일되어 쾌감으로 이루어진 바다에 잠기며 기꺼이 죽음을 맞이한다. 이렇게 함으로써 영원한 생명은 탄생된다. 이 점에서 태모와의 합일로 인한 죽음의 공포는 아직 분화되지 않은 원초적인 두려움에서 파생된 것이다. 신화, 동화, 민담에서 동굴, 대지, 무덤, 석관 등이 이런 재결합을 의미하는 상징들이다. 우로보로스적 근친상간은 일종의 개인적 자기과업이자 귀환으로서 유아뿐만 아니라 성인이 되어서도 나타난다. 그것은 초기 유아기에 모성 곁에 영원히 머물고자 하는 욕망으로 나타난다. 이와 같은 현상이 지속될 때 자아 성장은 이루어지지 못한다. 신경증 환자의 병든 자아는 성인이 된 후에도 우로보로스적 근친상간의 욕망에 사로잡혀 모성의 자궁으로 영원히 회귀하고자 한다. 그러나 우로보로스적 근친상간에는 긍정적인 측면이 있음을 고려해야 한다. 원초적 모성과의 합일 추구는 자아가 스스로의 만족감을 충족한 후에 안식을 얻고자 모성으로 되돌아가려는 욕구일 수도 있다(pp. 41-46).

3) 분리불안과 유기불안이 공포를 유발

아동의 분리불안과 유기불안은 자신의 생존을 위협하는 공포로 이어진다. 분리불안과 함께 아동은 엄마와의 동일시에 대한 불안을 지닌다. 이것은 융이 말하는 이중 엄마(dual mother)의 속성에서 비롯된다. 생명의 공급자로서의 엄마와 모든 것을 집어삼키는 엄마는 아동에게 한없이 좋은 천사이면서 동시에 무시무시한 마녀로 경험되기도 한다. 워드(2001)는 아동기 불안이 청소년기의 불안과 공포로 이어진다고 주장한다. 아동에게 엄마의 몸은 공포의 자리이며, 엄마의 자궁은 무덤이다(p. 59).

프로이트는 엄마에게 함몰되는 심리가 거미에게 잡아먹히는 환상으로 나타난 사례를 소개한다. 입에 거미가 들어와 자신을 죽이려 한다는 한 남성은 가끔 거미줄에 걸려 잡아먹히는 환상에 젖었다. 엄마와 다른 가족들에 대한 증오 감정에 휩싸여 있는 그는 다섯 살 때의 경험을 회고했다. 그는 엄마가 어떤 새로운 것을 보여 주려고 할 때 부엌 탁자 밑에서 놀고 있었다. 엄마는 그에게 다가와 미소를 지으며 처음으로 자신의 의치를 드러냈다. 그는 무서워서 공포에 떨었고 소리를 질렀다. 갑자기 엄마가 자신을 잡아먹으려 한다는 두려움에 압도당했다. 이후 엄마가 위험한 거미가 되어서 자신을 잡아먹는 환상에 빠졌다. 이것이 공포의 핵심이었다. 아동은 공포 대상에 대한 양가감정을 지닌다. 한편으로는 그 대상으로부터 도망치려는 것이고, 다른 한편으로는 충동적으로 두려움의 대상에게 끌리는 것이다(A. Freud, 1977, p. 88; Ward, 2001, p. 49).

페어베언(Fairbairn, 2003)에 의하면, 대상과의 분리에 따른 갈등은 강박증, 편집증, 히스테리 또는 공포로 나타난다. 이런 증상들은 구강기에서 비롯된 갈등으로부터 자아를 방어하기 위해 사용된 다양한 방법으로 나타난다. 결국 유아의 공포는 분열과 우울 상태로부터 자아를 보호하려는 일종의 방어기제인 셈이다(pp. 42-43). 유아는 엄마로부터 분리를 시도할 때 홀로 고립되는 것에 대한 공포를 느낀다. 분리가 두려워 엄마와의 동일시 상태로 남고자 할 때는 여전히 엄마에 의해 삼켜지는 것에 대한 공포를 경험한다. 대상에 대한 축출과 보유 사이의 갈등은 공포를 유발한다. 축출에는 텅 비고 고갈되는 공포가 수반되며, 보유에는 너무 많이 축적되어 터져 버리는 것에 대한 공포가 뒤따른다(pp. 60-63).

중요한 양육자로부터 분리되는 과정에서 아동이 느끼는 유기불안은 두려움과 공포로 이어진다. 건강하지 못한 엄마가 아동을 방치하거나, 다른 사람에게 맡기거나, 유기하는 경우 외에도 엄마가 필연적으로 아이를 떠나야 할 때가 있다. 엄마가 분리된 존재로 인식되었을 때 아동은 유기 경험을 하게 되며, 이것은 모성 원형의 부재로 이어진다. 아동은 모성 원형의 부재를 죽음으로 경험하며 실제 엄마와 더욱 친밀하게 결속하게 된다(Prétat, 1994, p. 79). 그러나 엄마와의 기반이 손상되었을 때, 아동은 스스로 자신의 몸 안에 뿌리내리지 못한다. 그때 엄마를 대신할 다른 이들에게 의존하면서 결국 유기에 대한 두려움(fear)에서 벗어난다(Woodman, 1982, p. 86).

샬리트(Shalit, 2002)는 아동기의 유기불안을 적절한 시기에 극복하지 못하고 성인기에 공황불안으로 발전한 사례를 보여 준다. 성공적인 사업가로 성장한 한 여성은 동네를 벗어나서 운전을 하게 되면 공황불안에 시달렸다. 어린 시절 그녀의 부모는 그녀에게 피아노 레슨을 지원해 줄 수 없었다. 선생님 집 바깥에서 기다리곤 했던 그녀의 친구들은 갑자기 불쑥 나타나 '꼬마 아웃사이더'인 그녀를 놀라게 하곤 했다. 성장하여 사회적 경계를 건너갈 동안, 그녀는 여전히 '아웃사이더 소녀' 콤플렉스의 지배 아래 놓여 있었다. 이런 여성의 콤플렉스는 아동기의 원형적 정서 주위에 모아진다. 그리고 유기불안은 '버림받은 아이' 원형(고아 원형) 주위에 배치된다. 그녀의 아동기 경험들은 이런 원형적 이미지 주변에 군집한다. 그것들을 콤플렉스로 묶는 것은 무력감과 거절감이다(p. 77).

중요한 양육자로부터 거절당함으로써 사랑의 대상을 상실한 아동은 존재감의 상실과 무기력감 속에서 지내게 된다. 바우만에 의하면, 무기력감 속에서 공포는 천천히 진행되다가 때로는 끊기면서 공포의 근원을 찾아내려는 우리의 노력을 좌절시킨다. 더욱 무서운 것은 이해하기 어려운 공포에 대한 두려움보다는 아무것도 할 수 없다는 무기력감이다. 그 근원도 전개방식도 이해할 수 없는, 그래서 아무런 조치도 취할 수 없는 상태가 가장 무서운 공포 상황이 된다(Bauman, 2009, pp. 40-41).

애스퍼(Asper, 1992)는 아동기에 경험했던 유기감이 성인이 되어 되살아나는 사례를 보여 준다. 모니카는 어렸을 때 병원에 입원하여 홀로 방치된 경험이 있었다. 심리치료 중에 치료자가 그녀를 홀로 남겨 둔 일이 생긴 후 이전의 유기감이 되살아난 것이다. 그녀의 내면에 잠재되어 있던 부정적인 부모상이 치료자에게 전이되면서 과거의 유기감을 자극했다. 다음은 그녀가 꾼 꿈 내용이다.

> 나는 작은 아동이며 두 살쯤 되어 보인다. 나는 건축 중인 집에서 혼자 서 있다. 나는 계속해서 엄마를 요구한다. 이렇게 하는 동안 내가 들리지 않는다면 나는 또한 존재하지 않을 것이라는 느낌을 가진다. 그때 나는 울음을 멈춘다. 그러나 매우 두렵다. 특히 미쳐 버릴까 봐 두렵다. 그 꿈에서 나는 또한—이제 어른으로서 다시—이런 감정에 개입되지 않을 것이라고 지각한다. 그 감정은 너무 위험하다. 나는 실제로 깨어나야 한다고 느낀다. 왜냐하면 나는 이런 감정을 나 자신에게 감히 두어서는 안 되기 때문이다(pp. 45-46).

우리는 가끔 성인이 되어서도 꿈속에서 아동으로 나타난 자신의 모습을 본다. 꿈의 이미지를 해석하는 데는 대체로 다음 세 단계가 요구된다. 첫째, 현재적 심리 사건을 다룬다. 꿈은 일단 현재의 심리적 사건을 드러내기 때문에, 최근 모니카의 어떤 정서가 아동기 경험을 자극했는가를 살펴야 한다. 꿈속에서 두 살쯤 되는 아동은 모니카의 현재 정서를 반영한다. 치료 도중에 혼자 남게 되면서 마치 부모에 의해 방치된 느낌을 받았으며, 그것은 어릴 때 병원에서 홀로 방치된 경험을 떠올리게 했다. 어린 시절 병원에서 자신을 방치한 부모는 나쁜 대상으로 내사되었고, 그것이 치료자에게 전이되었던 것이다.

둘째, 과거 사건에 대한 재해석이 필요하다. 그녀를 병원에 방치한 부모는 정말 나쁜 부모인가? 과연 나라면 그 상황에서 어떻게 했을까? 여러 가지 상황을 재연해 볼 수 있다. 모니카는 혼자 남게 될 때 밀려오는 두려움과 공포만을 기억한다. 부정적인 정서는 관련된 대상의 전체 인격에 대한 부정적인 평가를 내리게 되고, 그것은 해석되지 않은 채 무의식에 내재된다. 부모는 딸이 잠든 사이에 잠깐 의사를 만나고 있었는지도 모른다. 잠에서 깨어나 보니 아무도 없는 낯선 병원 침대에 누워 있는 자신의 모습에 대부분의 아동은 두려움과 공포에 휩싸인다. 과거에 대한 재해석은 그때의 상황을 객관적인 관점에서 재평가하는 작업이다. 주관적인 정서와 객관적인 사건을 서로 분리함으로써 사건에 대한 재해석은

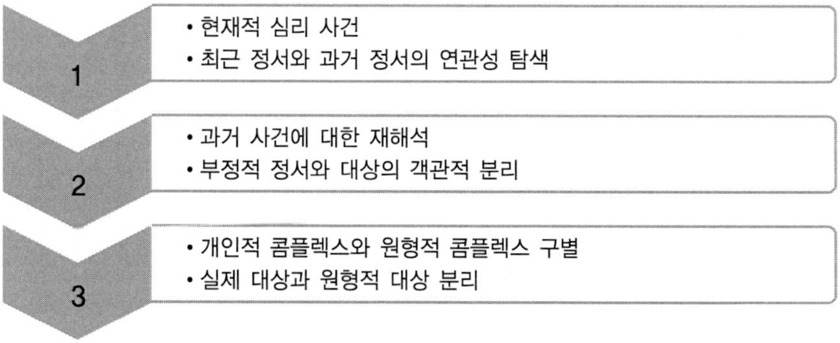

[그림 6-1] 꿈해석 3단계(Asper)

이루어진다. 자신이 경험한 두려움과 공포가 부모님과 직접적인 관계가 없음을 인식하게 되면 부정적인 부모상은 사라진다.

셋째, 개인적 콤플렉스와 원형적 콤플렉스를 구별한다. 모니카의 아동기 유기 경험은 실제적 부모와의 관계에서 발생한 것처럼 보이지만, 그 과정에는 부모 원형이 미치는 영향이 크다. 부모를 마치 전지전능한 신처럼 간주하게 하는 것은 집단무의식에 내재한 부모 원형이다. 정상적인 부모는 자녀를 병원에 혼자 방치하지 않는다는 무의식적인 신념이 모니카를 지배했고, 당시 경험한 정서가 연합하여 부정적인 부모상이 과대하게 형성된 것이다. 개인적인 인간의 한계를 훨씬 초월하게 만드는 부모 원형은 자녀로 하여금 부모에 대한 콤플렉스를 가중시키는 근원이 된다. 모니카의 꿈은 과거의 유기 경험과 관련된 꿈으로서 현재 분석가와의 전이관계를 통해 재현된 것이다. 이것은 치료과정에서 자연스럽게 발생하는 시기적절한 심리적 사건으로 보아야 한다. 모니카의 아동기 유기감이 이제 진지하게 다루어질 때가 된 것이다(Asper, 1992, pp. 45-46).

프로이트는 '늑대인간' 세르게이에게 나타난 공포 감정이 아동기의 분리불안에서 유래한 것임을 입증하고자 했다. 프로이트와 브런즈윅(K. M. Brunswick)에게 분석을 받았던 세르게이는 우울증적 특징을 띠는 망상적인 편집적 정신병을 앓고 있었다. 그에게 처음으로 정신병리가 발생한 것은 그의 네 번째 생일 직전에 발생한 동물공포증이었다. 이 공포증으로 인해 유아 신경증이 발생했으며, 그것은 성인 신경증으로 이어졌다. 그의 공포증적 징후들은 그와 누이를 돌보았던 보모로부터 가학적인 공격을 받았다고 느낀 점과 자신이 버려졌다고 느낀 유기감에서 시작되었다. 네 살 때 부모가 휴가에서 돌아와 보니 세르게이는 짜증이 심한 아이로 변해 있었다. 그는 다섯 살 위인 누나와 가진 성관계에서 적극적인 누나에게 일방적으로 당한 것에 대한 분노로 인해 공격성을 드러냈다. 자유연상을 통해 드러난 것은 18개월 때 아버지가 어머니의 뒤에서 성교하는 것을 보았고, 그때 부모의 성기도 보았다. 이와 같은 원초경(primal scene)의 경험이 있은 후에 그의 우울증은 더 심해졌다(이무석, 2003, pp. 326-330). 부모의 성기를 보거나 성관계를 본 아동은 대체로 과도한 성적 자극으로 인해 공포나 악몽에 시달린다(Colarusso, 2011, p. 143). 이런 현상은 아직 분화되지 않은 성적 감정이 갑작스러운 충격을 받아 발생한다.

세르게이는 누이가 보여 준 위협적인 모습의 늑대 그림을 무서워했다. 그는 늑대가 자신을 잡아먹을까 봐 비명을 지르곤 했다. 그의 공포증은 이후 나비, 딱정벌레, 애벌레 그리고 말을 포함하여 다른 동물들에게까지 확대되었다. 그는 말들이 얻어맞는 것을 보게 되면 울면서 소리 지르곤 했으며, 한번은 이 때문에 중간에 서커스장에서 나와야 했다. 그러나 동시에 말을 때릴 때 그가 즐거움을 느낌으로써 그의 가학적인 소망이 드러나기도 했다. 그의 공포증은 한편으로는 피학적인 방식으로, 다른 한편으로는 가학적인 방식으로 표출된 것이다. 분석 결과, 세르게이의 공포증은 분리불안의 심화와 그것이 수반하는 자기애적 외상, 성기적 충동의 출현과 거세의 위협, 그리고 항문기의 가학적 수준으로 퇴행한 것이다. 가학적인 부모의 공격성은 생명을 위협하는 야수의 공격성과 동일시되었으며, 늑대인간 세르게이는 공격자와의 동일시를 통해 공포로부터 탈출하고자 했던 것이다. 어린 시절에 형성된 피학적이면서 동시에 가학적인 양가적 측면들의 분열과 그에 따른 파괴적 충동이 공포증적 대상들로 향하는 외면화를 생존 전략으로 삼았던 것이다. 따라서 마이스너(Meissner, 1998)에 의하면, "그는 그의 꿈에서 위협적인 늑대들로 표현된, 외부로부터 오는 파괴적이고 강력한 힘을 두려워하는 무력한 피해자가 된다. 동시에 그는 자신이 괴롭히는 자와 동일시된 공격적인 파괴자가 된다. 유아 신경증의 이러한 매개변수들은 아동의 내면세계 형성에 기여하며, 또한 이후의 병리적 발달의 조건을 정한다." (pp. 194-196)

4) 오이디푸스 콤플렉스가 거세공포를 유발

프로이트가 주장한 오이디푸스 콤플렉스는 성기기 아동의 불안, 두려움, 공포, 수치심 등의 다양한 정서를 보여 준다. 엄마를 소유하려는 아들에게는 아버지로부터 자신의 성기가 거세당할지도 모른다는 불안과 공포가 있다. 아빠를 사랑하는 여자아이 또한 엄마의 질투로 인해 자신의 성기가 파괴될지도 모른다는 두려움이 있다. 여자아이가 아버지를 사랑하는 엘렉트라 콤플렉스보다, 남자아이가 엄마를 소유하려는 오이디푸스 콤플렉스가 훨씬 더 강렬하다. 엄마를 사이에 두고 아버지와 경쟁관계에 있는 아들은 항상 아버지의 보복을 두려워한다(Chodorow, 2008, pp. 212-214). 컨버그(Kernberg, 2001)에 의하면, 어머니와의 본래적인 융합으로 인해 남성은 양성애에 더욱 취약하고 성도착을 발달시킬 가능성이 더 높다. 이런 관점에서 융은 아들의 긍정적인 모성 콤플렉스는 동성애의 원인이 된다고 주장한 바 있다(CW 9i, par. 162). 오이디푸스적 거세공포는 남성으로 하여금 여성의 성기에 대한 두려움을 갖게 한다. 이에 대해 컨버그는 이성에 대한 두려움과 시기심은 성에 대한 금지의 경계를 충분히 넘어서는 유쾌한 경험을 통해 극복된다고 주장한다(p. 383).

크리스테바(2001)는 어린 한스의 사례에 나타난 거세공포를 소개한다. 프로이트와 말하는 도중에 말(horse)을 무서워하는 한스는 자신이 거세당할지 모른다는 공포감을 숨긴다. 한스에게는 어머니처럼 자신도 역시 성기를 상실할지도 모른다는 공포가 있다. 한스의 말에 대한 공포증은 명명할 수 없는 것에서부터 명명 가능한 것까지의 모든 공포를 압축해 놓은 하나의 상형문자라고 할 수 있다. 그것은 원초적 공포에서부터 언어의 습득이 가져오는 육체, 거리, 동물, 사람들 등에 대한 공포에 이르기까지를 모두 포함한다. 한스의 경우 공포가 언어화되지 못함으로써 충동과 환상이 지배하게 된 것이다(pp. 67-69).

콜라루소(Colarusso, 2011)는 한스의 경우와 유사한 사례를 통해 정서의 역사를 추적하는 과정을 보여 준다. 초등학교 4학년에 재학 중인 짐은 1학년 때부터 자신이 불행하다고 여겼으며 부모가 남동생을 편애한다고 불평했다. 짐은 스스로 자신의 공포증을 소개했다. 한 달에 여러 번 악몽을 꾸며 방울뱀이 침대 밑에 있지 않나 걱정했다. 그는 뱀이 진짜로 있는 것은 아니지만 혹시 '투명' 뱀이 아닐까 의심했다. 그의 두려움은 가벼운 강박적 집착으로 발전했으며 수면장애를 일으키기도 했다. 그는 성장하면서 점차 적극적이 되었고 강한 자기감(sense of self)을 지니게 되었다. 짐은 4~6세에 방울뱀에 대한 공포를 느끼기 시작했다. 이 시기에 그는 성적인 질문을 많이 했으며, 자신의 발기된 성기를 아버지께 자랑하기도 했다. 수용적인 아버지는 그에게 자위 행위를 하도록 허락했다. 짐은 엄마를 더 좋아해서 엄마의 옷을 구경하는 것을 좋아했으며, 부모의 침실과 화장실을 자유롭게 출입했다. 뱀에 대한 영화를 본 후에 침대 밑에 방울뱀이 있지 않나 걱정한 짐은 "아마도 누군가 제 방에 몰래 들어와서 뱀들이 투명해지는 스프레이를 뿌린 것 같아요."라고 했다. 그는 20분에 걸쳐 강박적인 괴물을 그렸는데, "사람들이 싫어하는 그 괴물은 혼자 살며, 언젠가는 친구를 사귈 것"이라고 했다. 괴물을 통해 짐은 가정에서 소외된 자신의 감정을 표현한 것이다. 짐에 대한 분석 결과는 '오이디푸스기의 갈등과 두드러진 거세불안에 의해 심해진 불안 신경증'이었다. 짐은 어머니를 선호함으로써 아버지에 의한 거세공포가 방울뱀 환상으로 드러난 것이다(pp. 56-66).

정신분석 차원에서 짐의 공포는 어머니와의 지나친 애착이 아버지에 의해 거세당할지도 모른다는 두려움을 자아냈으며, 그것은 방울뱀에 대한 환상을 통해 공포로 이어진 것이다. 하지만 융의 관점에서는 몸집이 크고 치명적인 독을 지닌 방울뱀은 관대하고 수용적인 아버지의 이미지를 대신한다기보다 대지의 여신을 상징하는 뱀의 모성적 측면을 보여 준다. 짐은 어머니에 대한 지나친 애착으로 인해 자궁에 함몰될지도 모른다는 불안과 공포에 사로잡혀 있을 가능성이 있다. 존재하지만 보이지 않는 방울뱀은 일종의 신적 존재로서 짐의 한계를 초월한 우로보로스적 모성의 거대한 힘으로 여겨진다. 이런 거대한 힘은 눈에 보이지 않지만 아동에게는 실재하는 공포의 대상이다.

융학파는 거세공포를 보다 광범위하고 상징적으로 해석한다. 모성 원형의 이중성, 즉 양육과 삼킴으로 드러나는 대극적 성향이 죽음과 절단 혹은 거세의 형태로 나타난다. 전투적 여신의 거침없는 위협은 모든 남성의 심층에 공포의 잔재로 남아 있다. 모성 원형의 배경이 되는 무서운 대지의 여신은 모든 것을 죽게 하고(썩음), 그 죽음으로 인해 생명을 잉태하고 거두어들이며, 스스로 수태하기 위해 생산물을 조각내고 해체한다. 다산제의에 나타나는 이런 모성성의 위협은 신화에서 거세와 나무를 넘어뜨리는 형태로 나타난다. 우로보로스적 모성, 즉 원초적 모성에 대한 근친상간적 소망은 성적 충동에 의한 것이라기보다는 성장 과정에서 나타나는 인격의 통합적 특성을 지닌다. 태모와 합일하고자 하는 근친상간 욕구는 청소년기에 생식기에 집중되며, 이때의 아버지와의 경쟁심리는 남근을 죽이는 거세로 나타난다.

노이만(2010)에 의하면, 태모에 대한 공포는 스스로를 강화하기 위한 자기중심화, 자기형상화로 이어지며, 이것은 자아 성장의 동력이 된다. 아직 부성적 특징을 갖추지 못한 청소년기의 근친상간 욕망은 대체로 공포와 도주, 모성의 거부와 저항의 형태로 나타난다. 자신에 대한 저항은 피학적 성향으로 드러난다. 그래서 청소년기를 '이유 없는 반항기'라고 부르는지도 모르겠다. 원상의 부모와 분리하고, 내면의 갈등과 공포를 대변하는 용과의 싸움을 통해 정서의 내용도 변화된 단계에 이른다(pp. 90-150).

5) 성적으로 유혹하거나 경쟁적인 부모가 아동의 공포를 유발함

자기심리학을 창시한 코헛은 오이디푸스 콤플렉스기에 발생할 수 있는 두 가지 공포 유형을 소개한다. 여자아이가 경험하는 일차적인 오이디푸스기 공포로는 애정과 인정보다는 공감하지 않은 채 성적으로 유혹하는 아버지 자기대상을 직면하는 공포, 그리고 자랑스러워하며 기뻐하기보다는 경쟁적이고 적대적인 어머니 자기대상을 직면하는 공포가 있다. 반면에 남자아이가 경험하는 일차적인 오이디푸스기 공포로는 애정과 인정을 주기보다는 공감 없이 성적으로 유혹하는 어머니 자기대상을 직면하는 공포, 또는 자랑스러워하며 기뻐하기보다는 경쟁적이고 적대적인 아버지 자기대상을 직면하는 공포가 있다.

이차적인 공포는 부모 자기대상 모체의 결핍으로 인한 심한 불안에서 벗어나

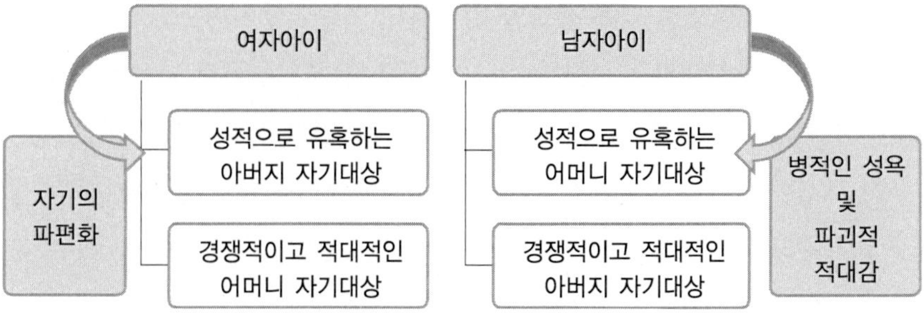

[그림 6-2] 공포의 두 유형(Kohut)

심리 · 사회적 긴장에 관심을 보이게 되면서부터 발생한다. 코헛(2007)에 의하면, 이런 긴장은 부모의 부적절한 반응으로 인해 아동의 자기가 파편화되고 허약해진 결과로 병적인 성욕과 파괴적 적대감을 경험하기 때문에 발생한다. 어린 시절에 건강하지 못한 자기대상을 경험한 아동은 대체로 불안한 성향을 보인다. 그러나 비록 불완전한 자기대상을 경험했을지라도, 아동은 변형적 내재화와 창조적 변화를 통해 최적의 좌절 상황에 반응함으로써 현실에 적응하게 된다(pp. 47-51).

6) 원형적인 부모상이 두려움과 공포를 유발

어린 시절에 매우 엄격한 부모 아래 성장한 사람은 부모에 대한 두려움이 있다. 아동이 개인적으로 경험한 부모상은 집단무의식에 내재된 원형상과는 차이가 있다. 개인적인 부모상은 대체로 원형적인 부모상에 의해 전염된다. 자신도 모르게 '부모는 이런 모습이야! 부모는 자녀에게 이렇게 해야 돼!'라고 생각한다. 부모에 대한 기대는 원형적 부모상에서 유래한다. 한 번도 경험해 보지 않은 부모상이 태생적으로 내재되어 우리의 사고와 행동에 영향을 미친다. 이것이 원형의 힘이다. 자신이 경험한 부모상에는 자기도 모르게 침입한 원형상이 있다. 따라서 진정한 부모상을 경험하기 위해 우선 원형적 부모상과 개인적 부모상과의 분리가 필요하다. 원형적 아버지 이미지 아래 있는 자녀는 늘 어린애로 남는다. 그러나 개인적 아버지상은 아버지와의 건강한 파트너십을 형성한다. 개인적인 나와 개인적인 아버지가 만날 때 실존적 차원에서 인간 대 인간의 대면이 이루어진다. 그러나 자아가 원형적 아버지(부성 원형)와 만나는 것은 마치 한 개인이 절대 권력의 소유자인 신과 대면하는 것과 같다. 원형적 아버지에 비해 개인적 아버지는 알고 보면 두려움과 공포의 대상이 아니다.

애스퍼(1992)는 버나드가 아동기에 겪은 원형상의 아버지에 대한 꿈을 소개한다. 꿈에서 개인적 아버지상이 점차 증가하고 있다.

> (꿈 1) 나는 아버지와 함께 차로 여행 중이다. 심한 교통체증이 있다. 나는 두려움에 떨고 있으나 아버지는 나를 이해하지 못한다.

> (꿈 2) 스키를 타는 동안, 나는 길에서 갈림길을 만난다. 나는 더 이상 스키를 탈 수 없다. 나는 계속해서 내 여자친구와 함께 눈을 통과한다. 내 어머니가 우리에게 와서 안녕을 고한다. 그때 한 그룹의 사람들이 오는데 내 아버지도 그들 사이에 있다. 아버지는 내가 그와 함께 가야 할 것을 알고 있다는 듯이 나를 보고 있다. 나는 저항하면서도 아버지 눈의 억압에 굴복한다.

꿈 1에서 아버지와의 관계는 마치 심한 교통체증처럼 가로막혀 있다. 아버지를 두려워하는 자신을 아버지가 이해하지 못하는 것에 대한 안타까움과 분노가 있다. 그럼에도 불구하고 꿈 2에 나타난 바와 같이 아버지의 강압에 굴복함으로써 버나드는 강하게 격분을 느꼈다. 그는 아버지의 부정적 측면을 보고 아버지와 대적했다. 이 기간 동안 버나드는 큰 격분과 무기력을 경험하면서 자신을 위한 애도 기회를 가졌다. 슬픈 감정을 토해 내는 과정 중에 그는 점점 아버지와 새로운 관계를 형성했다. 자신을 애도하면서 자신과 아버지의 실체를 본 것이다. 환상과 기대 속에만 있었던 원형적 아버지가 물러나고, 이제 아버지는 한 인격체로 다가오고 점점 작아진다. 결국 꿈에서 긍정적인 아버지가 출현한다. 다음 꿈은 변화된 아버지에 대한 꿈이다.

> (꿈 3) 가족 사이에 뭔가 다른 느낌이 있다. 아버지는 내 여동생에게 말하면서 그녀에게 무언가를 요구한다. 그러나 사실상 그것은 명령이다. 나는 아버지의 요구에 관해 말한다. 그는 반응한다. 내가 감히 이런 일을 하다니. 그러나 그는 놀랍게도 열려 있다.

> (꿈 4) 나는 내 아버지와 다른 많은 사람과 함께 한 그룹의 사람들 사이에 있다. 우리는 호수 밖에 있는 어떤 장소를 찾고 있다. 매우 조용하고 서늘하다. 그래서 우리는 앉을 자리를 찾고 있다. 그리고 호수 쪽에 작은 벤치를 발견한다. 그러나 그곳에 도달하기 위해 우리는 어떤 종류의 밧줄을 사용해야 한다. 모든 사람이 내려간다. 오직 나만이 남아 있다. 왜냐하면 두려웠기 때문이다. 아버지가 별로 위험하지 않다고 격려한다. 여전히 나는 게가 올라오고 있는 그 사다리를 두려워한다. 그러나 아무튼 나는 마침내 그것을 감행한다. 아버지는 계속해서 나를 격려한다. 그리고 나는 아무런 어려움 없이 땅에 당도한다.

꿈 1, 2와는 달리, 꿈 3, 4에서는 아버지와의 긍정적인 대면이 이루어지고 있다. 여전히 두려운 가운데 시도한 것이 아버지에 의해 수용된 것이다. 아버지의 요구와 명령에 대한 개인적 의견을 제시하고, 아버지는 그에 대한 반응을 한다. 아버지의 억압적 태도에 대한 비판과 함께 직면하는 힘이 버나드에게 생긴 것이다. 그는 게와 사다리로 상징되는 원형적 아버지를 두려워하지만, 꿈에서 아버지는 친절하게 등장하고 아들에게 시간과 관심을 보여 준다(Asper, 1992, pp. 30-31).

7) 부모에 대한 긍정적인 콤플렉스가 동성애에 대한 두려움을 유발

동성애에 대한 두려움은 누구에게나 있다. 융은 동성애 자체를 질병으로 간주하지는 않았다(CW 9i, par. 146). 그러나 동성애적 성향을 인식하고 대처하는 것은 매우 중요하다. 융심리학 관점에서 보면, 남성의 동성애는 여성에게로 향할 남성의 아니마가 동성인 남성에게 투사되는 현상이다. 이와 마찬가지로 여성의 아니무스가 남성 대신 동성인 여성에게 투사될 때 동성애가 발생한다. 예를 들면, 긍정적인 모성 콤플렉스를 지닌 남성은 어머니와의 심리적 근친상간으로 인해 다른 여성에게 성적인 에너지를 발산하지 못한다. 이로 인해 동성인 남성에게 사랑의 감정을 느낀다. 마찬가지로 긍정적인 부성 콤플렉스를 지닌 여성은 아버지와의 심리적 근친상간으로 인해 다른 남성과 사랑을 나누지 못하고 동성인 여성에게 성적 리비도가 향하는 경우가 있다(CW 9i, par. 162-166).

홀리스(Hollis, 1993)는 중년 부인의 꿈에 나타난 동성애에 대한 두려움을 보여주는 사례를 제시한다. 42세의 이 여성은 자녀를 양육한 후에 대학에 다시 돌아왔다. 대학에서 수업하는 수년 동안 그녀는 불안함을 느꼈다. 결국 코스웍 과정 중에 그녀는 X교수(남성)와 충돌하는 일이 있었다. 다음은 그와 때를 맞춰 Y교수(여성)와 사랑에 빠지면서 꾼 꿈이다.

> 나는 현관으로 내려가면서 Y교수의 연구실에서 그녀를 본다. 그녀는 나를 안으로 유인한다. 이상하게도 그녀에겐 남근이 있고 문이 열린 채로 우리는 그녀의 연구실 바닥에서 사랑을 나눈다. 나는 충격을 받았으나 괜찮다고 느낀다. 후에 나는 현관으로 다시 내려가 나를 향해 오고 있는 X교수를 본다. 나는 의도적으로 미소를 짓는데 그것이 그를 의아하게 한다. 나는 그냥 지나친다.

이 여성은 이 꿈으로 인해 몹시 당황스러웠다. 그녀에게 동성애를 암시하는 꿈에 대한 두려움이 있었다. 홀리스에 의하면, 그녀가 충돌했던 X교수는 아직 발달되지 않은 아니무스 이미지로 등장한다. 꿈꾼 여성은 남성인 X교수와 만나고 싶지만 그가 거절한다. 아직 만날 준비가 되지 않았다는 의미다. 아니무스가 분화되지 않은 채로 무의식에 잠재해 있는 동안 그녀를 자극한 것은 Y교수의 지성적 로고스다. 이 여성의 아니무스가 지적인 Y교수에게 투사되어 성적인 감정을 자극한 것이다. 40대 초반의 중년 여성은 자신이 존경하는 Y교수로 인해 자신의 여성성에 대해서 돌아볼 기회를 가졌다. 그녀는 X교수에 대한 부정적 아니무스 투사를 인식하게 되었고, 긍정적 아니무스를 동성인 Y교수에게 투사한 사실을 깨닫게 되었다. 결과적으로 Y교수는 그녀의 아니무스 발달을 촉진시키는 계기가 되었다. 꿈에 대한 상징적 작업이 있고 난 다음에, 그녀는 아니무스의 대극적 성향을 통합하게 되면서 본래의 여성성과 남성성의 조화와 균형을 이루게 되었다(pp. 109-110).

8) 아동기의 외상이 갑작스러운 공포를 유발

브래드쇼(Bradshaw, 2002)는 갑작스러운 공포감이 어린 시절의 상처에서 비롯되었음을 보여 주는 사례를 제시한다. 한 여성은 조깅을 할 때 어떤 속도에 이르면 공포감을 느낀곤 했다. 치료자는 이 여성의 공포 뒤에 숨어 있는 어린 시절의 상처를 발견했다. 어린 시절 그녀는 남동생과 거리에서 놀곤 했는데, 그 지역은 갱들이 드나드는 매우 위험한 곳이었다. 불행하게도 남매는 한 갱에게 쫓기게 되었는데, 그녀는 살아남았지만 남동생은 붙잡혀 죽임을 당하고 말았다. 어린 시절에 겪은 상처와 치유되지 못한 슬픔으로 인해 과거에 갱에게 쫓기던 속도에 이르면 그녀는 공포를 느꼈던 것이다.

또 다른 사례가 있다. 과도한 질투심으로 세 번이나 이혼한 여성은 남편과 떨어져 있게 되면 겁에 질려 어쩔 줄 몰랐다. 남편이 일이나 직장 관계로 밤에 나가거나 여행을 떠나면 그녀는 공포에 질려 식은땀을 흘리거나 몸을 떨었다. 그러다가 남편이 돌아오면 신랄하게 비난했다. 다음 날 자신의 행동을 후회했지만 소용이 없었다. 치료과정에서 그녀의 공포는 과거의 상처가 재연된 것임이 발견되었다. 어린 시절에 그녀의 아빠는 강 건너 마을에서 일을 하곤 했는데 어느 날 그가 일하러 갔던 날에 폭풍우가 있었다. 그때 여섯 살 난 그녀는 네 살 된 남동생과 심한 불안감으로 알코올 의존자였던 엄마와 일주일 동안 같이 보낸 적이 있었다. 성인이 되었어도 매번 남편이 일하러 집을 떠날 때마다 과거의 상처가 공포로 재현되는 것이다(pp. 169-170).

융은 직접적인 외상 외에도, 어릴 때 본 환상이 외상이 되어 두려움과 공포의 원인이 되는 사례를 소개한다.

> 나는 대략 일곱 살 때 이상하게 행동하기 시작한 한 조그만 소년의 사례를 언급하고자 한다. 첫째로 주목할 점은 그가 종종 갑자기 사라져서 지하실이나 어두운 다락에 몸을 숨긴다는 점이다. 갑자기 도망가서 몸을 숨기는 이유를 밝혀내기는 불가능했다. 가끔 그는 놀다가 사라져서 자기 얼굴을 엄마 치마에 처박곤 했다. 처음에는 이런 일들이 아주 뜸하게 일어나서 그의 이상한 행동에 어떤 관심도 생기지 않았다. 그러나 그가 학교에서 동일한 행동을 보이기 시작했다. 갑자기 책상을 떠나 교사에게 달려가는 따위의 일들이 벌어지자 그의 가족은 경계하게 되었다. 하지만 아무도 심각한 질병의 가능성을 생각하지 못했다. 가끔 그 아이는 역시 놀이 중에 혹은 문장을 읽는 중에 잠깐 멈추곤 했다. 이런 일이 아무 설명도 없이, 심지어는 착오가 일어났는지도 모른 채 발생했다. 점차 그는 이해할 수 없고 급한 성격으로 발전했다. 가끔 분노를 일으켜 그가 자기 여동생에게 가위를 던져 가위 끝이 눈 위의 뼈를 찔러서 거의 죽을 뻔한 일도 있었다. 부모가 정신과 의사에게 자문을 구하지 않은 동안 이 증세는 확인되지 않은 상태였고, 그 아이는 단순히 못된 아이로 취급받고 있었다. 12세가 돼서야 발작 증세가 관찰되었고 그의 병세가 이해되었다. 그 소년에게서 발견된 사실은 그가 대략 여섯 살 때 어떤 알지 못한 존재의 공포에 사로잡히

기 시작했다는 점이다. 혼자 있을 때 그는 보이지 않는 누군가가 나타나는 느낌을 지녔다(CW 17, par. 137).

융은 이 아동이 여섯 살 때 본 환상이 발작의 원인임을 알고 치료과정에서 환상이 변화하는 과정을 살폈다. 아동은 나중에 갑자기 나타난 사람이 한 번도 본 적이 없는 수염을 기른 남자임을 알게 된다. 그 남자가 갑자기 나타나자 소년은 놀라서 도망간 것이다. 그 남자는 소년에게 죄를 짓기를 강요했던 강도로 나타났다. 소년은 이 여파로 여덟 살 때 누이동생을 죽이려고 했다. 그러나 나중에 환상이 바뀌어 그 남자는 더 이상 찾아오지 않았다. 그 남자 대신에 이후에는 간호원처럼 보이는 수녀가 무섭고 창백한 얼굴로 나타났다. 융은 수녀에 대한 환상은 분명히 수염을 기른 남자로 상징된 범죄 성향이 이제 분명히 질병으로 변화하고 있다는 점을 보여 준다고 여겼다(박종수 2009, p. 43; CW 17, par. 137).

융은 또한 어린 시절에 겪은 공포 경험이 성인기에 재현된 사례를 소개한다. 한 여성이 길을 가다가 말발굽 소리에 놀라 공포에 질려 넘어지고 강에 빠진 적이 있다. 다른 사람들은 마차 소리가 나자 도로 옆으로 피했지만, 그녀는 공포에 질려서 도로 중간에 꼼짝하지 않고 서 있다가 말 전면에서 달려 나갔다. 마부의 고함과 욕설이 이어졌다. 그녀에게 말발굽 소리는 죽음이나 어떤 무시무시한 사건을 연상시키는 자극요소가 되었다. 그녀가 일곱 살경에 마부와 함께 드라이브를 나갔는데, 갑자기 말이 공포에 질려 강둑에 처박힐 때 마부가 뛰어내리라고 했다. 그녀는 두려움에 질려 어떻게 할 바를 모르다가 뛰어내린 적이 있다. 이처럼 어릴 적 경험이 나중에 그와 유사한 상황이 전개될 때 다시 재연되어 공포 감정의 유발요인이 된다(CW 4, pars. 218-220).

9) 증오 대상에 대한 분노가 공포를 유발

자신에게 박해를 가하는 나쁜 대상에 대한 증오와 분노는 공포를 유발한다.

증오 대상에 대한 분노는 죄책감을 불러일으키며, 그것은 박해자의 보복에 대한 공포로 나타난다. 박해자에 대한 공포는 자기처벌과 학대로 이어진다. 김병훈(2011b)에 의하면, 공포는 분노 감정에 사로잡힌 사람이 분노 대상보다 힘이 부족해서 보복당할 것이라는 추측에 기인하는 감정이다. 박해 대상에 대한 공격성이 내부로 향할 때 그것은 보복과 처벌에 대한 공포와 자기비하, 죄책감과 수치심으로 이어진다. 분노가 외부로 표출될 때 대상에 대한 공격성으로 드러나고, 분노가 내부로 하강할 때는 불안과 공포로 자리 잡는다. 이런 관점에서 김병훈은 분노와 공포가 동전의 양면과도 같다고 주장한다.

> 공포 감정은 무엇인가? 분노 감정에 사로잡힌 인간이 분노하는 대상보다 힘이 모자라서 보복당할 것이라는 추측에 기인하는 감정이다. 누군가가 나보다 힘이 세다. 그런데 내가 그 대상에게 악감정을 갖고 있고 분노하고 있다. 긍정적인 감정을 갖고 있을 때는 대상에 대한 공포가 생기지 않는다. 공포 감정은 대상에 대한 분노 감정이 전제되어 있음을 암시한다. 그래서 멜라니 클라인은 '분열적 자리'의 심리구조를 논하면서 분노와 공포 감정이 동전의 양면처럼 주체의 대상관계를 결정짓는다고 말했다(p. 123; Klein, 1968, p. 292 참조).

10) 정신적 지주의 부재가 히스테리성 불안과 공포를 유발함

리만(Riemann, 2010)은 히스테리를 만드는 환경에서 발생한 공포증 사례를 소개한다. 30대 중반의 한 남자는 영화관에서 모퉁이 자리에만 앉을 수 있었고, 급행열차를 탈 수 없었으며, 엘리베이터를 타지 못했고, 차를 타고 다리를 건너가지 못했다. 혼자서 방 안에 있으면 천장이 머리 위에서 무너져 내릴지도 모른다는 고통스러운 불안에 시달렸다. 그는 스스로도 이런 불합리한 불안 때문에 미칠지도 모른다는 불안에 시달리기도 했다. 어머니는 8년 뒤에 남동생이 태어나기까지 오랜 기간 동안 그를 호강시키며 버릇없이 키웠다. 아버지는 정확하고 매우 강박적인 관리였다. 나이가 많고 무미건조한 남편과의 결혼에 실망을 느낀 어머니에게는 아들이 가장 소중하였다.

사춘기 후반에 그는 친구와 암거래 일을 했는데 부모는 모르는 일이었다. 그 일을 해서 돈을 잘 벌었고, 많은 아가씨와 즐기면서 씀씀이가 헤프게 살았다. 이제 학교에 잘 가지 않게 되었고, 언제라도 발각될지 모르는 금지된 사업 때문에 점점 더 불안을 느끼게 되었다. 그는 시간이 가면서 점점 더 가슴이 답답하고 어지러운 느낌이 자주 들었다. 아버지와의 정서적 교감은 거의 없었고, 어머니와 함께 아버지의 경직성을 비난하면서 살았다. 그는 이른바 상류층의 '황금 새장 같은 환경'에서 히스테리성 불안과 공포를 겪으며 살아온 것이다. 정신적 지주가 없는 환경 속에서 성장하면서 언제 무너질지 모르는 불안과 초조함이 그로 하여금 말년에 공포증 환자가 되게 한 것이다(pp. 297-300). 자녀는 대개 아버지로부터 사회성을 배우며, 어머니로부터 관계능력을 습득한다. 아동기의 보호기간이 끝나면서 자녀는 무한한 제공자로서의 부모보다는 정신적 지주로서의 부모상을 기대한다.

11) 무의식에 압도당할 때 공황장애가 유발

DSM-IV에 의하면, 공황발작(panic attack)은 갑작스럽게 시작되고, 불안과 공포가 급속도로 최고조에 도달하며, 곧 죽을 것 같은 위급함과 그러한 상황에서 도피하고 싶은 마음이 일어난다. 공황발작에 수반되는 신체적 또는 인지적 증상은 심계항진, 땀 흘림, 부들부들 떨림 또는 전율, 숨 가쁜 느낌 또는 숨 막히는 느낌, 질식감, 흉부 통증 또는 가슴 답답함, 오심 또는 복부 불편감, 현기증 또는 어지럼증, 비현실감 또는 이인증, 자제력 상실에 대한 두려움 또는 미칠 것 같은 두려움, 죽음에 대한 두려움, 감각 이상과 오한 또는 얼굴이 화끈 달아오름 등이다. 공황장애의 필수 증상은 예기치 못한 반복적인 공황발작으로서, 이런 경험에 뒤이어 최소한 1개월 이상 또 다른 공황발작이 일어날까 봐 지속적으로 염려하며 공황발작과 관련된 특별한 행동을 보인다(APA, 1994, pp. 514-518).

융심리학 관점에서 보면, 무의식에 사로잡혀 의식이 없는 상태는 공황으로 이어진다. 무의식에 대한 두려움을 직면하지 못할 때 공황 상태가 된다(DA, pp. 205-206). 폰 프란츠(2002)에 의하면, 잘못된 의식의 태도는 무의식으로부터의 그에 대한 반작용을 초래한다. 공황발작은 항상 무의식을 극복할 수 없어서 무의식에 의해 압도되는 것을 두려워하는 연약한 자아의식이 드러내는 증상이다(p. 33).

두려움은 또 다른 두려움을 낳는다. 광장공포증을 동반한 공황장애는 통제할 수 없는 두려움이 폭주하고, 자신이 마치 죽어 가는 듯한 생각을 하게 만드는 수많은 신체 징후를 동반한다. 플로르와 앙드레(2008)에 의하면, 공황장애는 대체로 다른 사람에게 미쳤다는 인상을 주는 탈현실화 현상을 동반한다. 공황 상태를 경험하는 당사자는 너무나도 충격적이어서 또다시 이를 느끼게 될까 두려워하게 된다. '두려움에 대한 두려움'을 낳는 공황장애는 두려움을 유발하는 최소한의 신체 징후도 공황 상태를 예고하는 신호로 생각하게 한다. 이런 심리적 불안정은 두려움을 가중시킨다. 공황의 악순환은 진짜 공황 상태를 불러일으킬 수 있을 정도로 높아지고 확장된다(p. 364).

우울증 환자들은 종종 심각한 불안과 두려움을 느낀다. 특별한 이유 없이 미래를 걱정하기도 하고 매사에 불안해한다. 끊임없이 과거로 회귀하여 상처를 기억해 내는 우울증 환자들은 불안감이 너무 심해지다 보면 결국 공황발작으로 이어질 수도 있다. 식욕부진, 집중력 감퇴, 수면장애와 같은 증세들은 우울증뿐만 아니라 공황장애에도 나타날 수 있다. 어떤 사람들은 공황장애와 우울증을 동시에 지닌 사람도 있다. 사람을 지치게 만드는 공황발작에 계속 시달리다 보면 무기력해지고 심지어 자살을 생각하게 될 수도 있다. 그러나 공황장애가 치료되면 대체로 우울증도 사라진다(Bandelow, 2008, pp. 64-65).

12) 단단한 방어구조가 공포를 유발

호나이(Horney, 1992)에 의하면, 단단한 방어구조는 공포를 만든다. 우리는 순간순간의 위협과 두려움에 대처하기 위한 다양한 방어기제를 지니고 있다. 방어기제는 일단 자신을 보호하기 위한 본능적 방어체계로서 대체로 무의식 상태에서 발생한다. 그러나 오랜 세월 동안 형성된 방어기제는 단단하기는 하지만 깨어지기 쉽고, 이것은 그 자체로 공포가 된다. 언제 무너질지 모르는 방어구조의 취약성은 두려움과 공포를 불러일으키는 요인이 된다.

호나이는 공포의 가장 구체적인 표현으로 광기에 대한 공포를 소개한다. 광기에 대한 공포는 일시적이며, 무의식적인 분노로 인해 발생하며, 대체로 극심한 상태에서만 나타난다. 예를 들면, 자신이 차분하고 용감하다고 믿는 여성은 무기력하거나 불안하거나 격렬한 분노에 사로잡혔을 때 공포를 느낀다. 발작 소동으로 이어질 수 있는 광기의 공포는 자신의 노력에도 불구하고 타인과의 조화가 깨졌을 때 갑작스럽게 찾아올 수 있다. 자신이 분열되어 있다는 것을 자각할 때 또한 비슷한 공포가 엄습한다. 광기에 대한 공포는 균형을 잃는 것에 대한 두려움이 표출된 것이며, 이것은 모호하고 불분명한 형태를 띠며 일상의 작은 변화에도 자극을 받을 수 있다.

방어구조에 대한 또 하나의 공포는 노출의 공포다. 노출공포의 근원은 자신을 보호하기 위해 가식을 동원하는 것에 있다. 의식적으로 타인의 시선에 많은 신경을 쓰며, 노출공포가 심해질수록 타인이 자신을 발견하지 않게 되기를 희망한다. 그러나 임상 현장에서 노출공포는 불분명한 감정으로 나타나는 경우가 많다. 따라서 환자가 공포 상태에서 무엇을 숨기려고 하거나 수치스러워할 때 그에 대한 구체적 증거를 찾으려고 노력해서는 안 된다. 환자는 치료자의 생각과는 달리 아무것도 숨기지 않을 수도 있다. 그저 막연한 불안과 공포가 스스로를 숨기는 경우가 종종 있기 때문이다. 자아구조의 불안정성과 무의식적인 기만이 노출공포와 굴욕의 공포를 자아낸다(Horney, 1992, pp. 163-168). 특히 정신증 환자들의 단단한 방어구조는 감정의 제거와 주지화로 나타난다. 기괴한 환상과 사고체계, 거대 담론, 우주적 발상, 원초적 정서 등으로 인해 불안과 공포가 내재화된 정신증 환자들의 단단한 방어구조는 편안하고 안전한 환경 속에서 치료자와의 공감적 유대를 통해 서서히 완화된다.

어쩌면 불안, 강박, 두려움은 인류가 지닌 휴식에 대한 뿌리 깊은 공포와 관련이 있는 것 같다. 휴식을 취할 수 있는 사람은 여유와 너그러움으로 인해 방어기제의 노예로 전락하지 않는다. 우리는 언제부터인가 쉬지 않고 달려가기만을 강요당했다. 오늘날처럼 심각한 경쟁사회는 쉼에 대한 불안을 야기한다. 무한경쟁 속에서 잠시라도 멈춰 서거나 조금만 속도를 늦춰도 다른 사람이 자신을 추월할 것이라는 두려움과 공포가 있다. 존슨과 룰(Johnson & Ruhl, 2009)이 소개한 우파니샤드의 경구는 우리를 한순간이나마 쉬게 한다. "멈추어 쉼으로써 우리는 달리는 자를 따라잡는다." (pp. 112-113)

13) 사회문화적으로 만연한 악과 부조리가 불안과 공포를 유발

내부적인 자극뿐만 아니라 사회문화적인 환경이 불안과 공포를 유발하는 경우도 종종 발생한다. 한국 사회는 남북 간의 대치 상태로 인해 전쟁에 대한 불안이 있다. 살인죄나 성범죄가 자주 출몰하는 지역에서는 주민들이 불안과 공포에 노출된다. 이런 관점에서 바우만(2009)은 공포와 악을 '샴쌍둥이'로 비유한다. 그 가운데 어느 하나와 만나면 반드시 다른 하나와 마주치게 된다(p. 95).

경제구조가 취약한 사회에서는 항상 생존에 대한 불안과 공포가 있다. 현대인은 우리가 알고 있거나 알지 못하는 갖가지 악과 싸우고 있다. 사회적 부조리, 경제적 불평등, 이유 없는 박해와 박탈감으로 인해 무기력해질 때가 많다. 아무리 높은 학식과 도덕 수준으로도 뿌리 깊이 침투해 있는 구조적인 악을 제거할 길이 없을 때, 우리는 절망감에 사로잡힌다. 그 절망은 개인에 따라 불안, 두려움, 공포, 수치심 등으로 이어진다. 문제는 사회문화적 환경에서 파생된 불가항력적인 공포라고 할지라도 그것과 대면하는 주체는 바로 우리 자신이라는 점이다. 부분 인격인 자아는 전체 정신인 자기와의 끊임없는 교감을 통해 불안과 공포에 대해 적절하게 대응할 수 있다. 그것은 공포 역시 정신세계의 일부로서 자기의 통제 아래 있어야 함을 인식함으로써 가능해진다. 그때 주체와 공포의 대상인 객체가 분리되어 현실적 대안을 마련한다.

5. 표출방식

1) 공포 대상에 대한 부인, 투사, 왜곡

프로이트(1990)는 공포의 대상을 구성하는 세 가지 요소를 소개한다. ① 아동에게 자기의 거부된 부분은 분열되어 공포의 대상이 된다. 거부 대상이 자신을 공격할 것이라는 공포에 사로잡힐 때, 아동은 그 사실을 부인함으로써 안정감을 유지하고자 한다. "나는 아빠를 미워하지 않아. 나는 아빠를 사랑해."라고 말함으로써 공포의 대상을 부인하게 된다(부인). ② 열정적인 충동이 억압되어 외부로 투사될 때, 그것은 자신을 공격하는 공포의 대상이 된다. "나는 아빠를 다치게 하고 싶지 않아. 오히려 아빠가 나를 다치게 하기를 원해."라는 식으로 내면

부인	• 자기(self)의 거부된 부분이 분열되어 공포 대상이 됨: 공포 대상 부인
투사	• 내면의 공격자를 공포 대상자에게 투사
전치	• 공포의 대상을 바꾸거나 왜곡

[그림 6-3] 공포 대상에 대한 세 가지 심리 반응(Freud)

의 공격자를 아빠에게 투사함으로써 아빠가 공포의 대상이 된다(투사). ③ 두려움의 실제 대상을 다른 대상으로 대치함으로써 공포의 대상을 바꾸거나 왜곡한다. "나를 공격하기를 원하는 사람은 아빠가 아닌 말이나 개나 호랑이야."라는 식의 왜곡이 발생한다(전치)(p. 410; Ward, 2001, pp. 29-30에서 재인용).

2) 남성의 의존공포가 여성(어머니)에 대한 두려움으로 나타남

남성이든 여성이든 모든 사람은 '여성'을 두려워한다. 여기서 말하는 여성은 위니컷(Winnicott)이 언급한 '인식되기 이전의 어머니'다. 모든 인간은 유아기에 여성인 어머니에게 절대적으로 의존하고, 성장하는 과정에서 상대적으로 의존한다. 여성에 대한 절대적 의존이 인식되지 않은 채로 남아 있는 한, 모든 개인은 여자에 대한 어떤 두려움을 가지고 있다. 일단 유아가 의존 사실을 자각하게 되면 엄마와의 융합은 중단되고 자율이 시작된다. 아이가 엄마와의 공생관계를 벗어나 분리를 시도할 때 엄마는 아이의 자기를 침범하지 않아야 한다. 아이가 원하는 것을 미리 알고 제공함으로써 아이의 신성한 영역을 계속 침범하는 엄마는 실로 두려운 인물, 즉 마녀로 경험된다. 그러나 건강한 아이라도 엄마에 대한 의존성을 배제할 수는 없다. 의존과 독립은 사실 선택 사항이 아니라 상호 조화와 보완의 관계다. 엄마에 대한 두려움은 대체로 엄마와의 동일시를 통해 해결된다. 여성은 같은 성인 엄마와의 동일시가 비교적 자연스럽게 이루어진다. 엄마처럼 딸도 아이를 낳고 엄마가 된다는 속성 때문이다.

반면에 남성은 본질적으로 어머니다움의 발달이 충분히 이루어지지 않기 때문에 어머니와의 동일시가 많은 문제를 일으킨다. 이런 관점에서 위니컷은 남성에게서 의존의 공포는 종종 여성에 대한 공포로 나타난다고 주장한다. 그것은 항상 지배의 공포를 포함하여 쉽게 인식되지 않는 형태로 나타난다. 그는 남성의 여성에 대한 공포 때문에 여성에게 권력을 허락하지 않은 가부장적 사회 형태가 발전되었다고 믿는다. 여성에 대한 공포는 인류가 엄마를 통해 경험한 최초의 인식단계에서 발생한다(Davis & Wallbridge, 2002, pp. 162-165).

3) 긍정적인 모성 콤플렉스가 꿈에서 두려움과 공포로 드러남

융은 엄마와 동일시되어 아버지를 경쟁자로 여기는 8세 소년의 두려움과 공포로 얼룩진 꿈 사례를 소개한다. 엄마의 손에 이끌려 융에게 온 그 소년은 지적이지만 상당히 혼란한 상태였다. 그는 치료시간 내내 엄마에게 매달려 있었다. 젊고 아름다운 엄마와 엄격한 아버지는 행복한 결혼생활을 하고 있었다. 자상한 엄마는 아버지의 엄격함을 보상하는 역할을 했다. 학교 친구들의 거친 행동으로 인해 그들과 사귀지 못했던 그는 아버지와 엄마가 사랑을 나누는 것을 용납하지 못하는 지독한 시기심을 지니고 있었다. 그는 자주 검은 뱀이 자신을 무는 꿈을 꾸었다. 어느 날 잠이 든 순간 다음과 같은 일이 벌어진 것 같았다. 자신을 죽이려고 칼과 총을 든 사악한 검은 남성이 자기 침대에 누워 있었다. 부모는 옆방에서 자고 있었다. 소년은 자주 그와 같은 두려운 꿈을 꾸었다. 그것은 마치 큰 검은 뱀이나 악한 남성이 엄마를 죽이려는 것 같았다. 그때마다 그는 소리를 질렀고, 엄마는 와서 그를 위로했다. 키가 큰 아버지는 매일 아침 욕실에서 나올 때 벌거벗은 몸으로 서 있었다. 밤에는 옆방에서 이상한 소리가 들리고, 그때 무언가 두려운 것이 자기 방에 엄습한 것처럼 느꼈다. 엄마는 와서 별것 아니라고 위로하곤 했다. 소년의 아버지는 그를 엄마로부터 떨어지게 했고, 그래서 그는 질투심이 생겼다. 그에게 아버지는 엄마 사랑에 대한 경쟁자였다. 자신의 꿈에서 뱀이나 사악한 남성이 자신을 위협하는 것과 마찬가지 방식으로 옆방에서 엄마에게 그와 같은 일이 생긴 것이라고 여겼다. 엄마와 동일시된 소년은 아버지와의 관계에서 엄마의 역할을 담당하고 있었다. 이는 그의 동성애적 성향을 보여준다. 심리적으로 자신이 여성이 되어 아버지의 파트너가 된 것이다. 융은 이 사례를 조기 성숙한 남성성이 어린아이의 열등감을 보상하는 측면에서 발생한 것으로 보았다(CW 4, pars. 734-736).

이 사례는 남아의 긍정적인 모성 콤플렉스를 보여 준다. 엄마를 차지하기 위해 아버지와 경쟁을 벌이면서도 아버지에 의해 처벌당하는 것이 두려워 스스로 거세하여 엄마와 동일시함으로써 아버지의 아내가 되고자 했던 사례다. 꿈은 그의 내면에 자리 잡은 두려움과 공포를 적나라하게 드러내고 있다.

4) 아니마에 사로잡힌 강박적 남성은 꿈에서 두려움과 공포를 경험함

강박신경증 환자가 꿈속에서 죽음의 공포를 경험한 사례를 보자. 16세인 융의 환자가 꾼 꿈 내용이다. 그는 낯선 거리를 걷고 있다. 어둠 속에서 누군가가 자신의 뒤를 따라오는 소리를 듣는다. 그는 두려운 감정에 걸음을 서두른다. 발자국 소리가 점점 가까워 오면서 그의 두려움은 증가한다. 그는 달리기 시작한다. 그러나 그 발자국은 그를 붙잡을 것만 같다. 마침내 그가 돌아본다. 거기서 그는 악마를 본다. 죽음의 공포로 그는 공중으로 뛰어 그곳에 매달린다. 특별한 긴박함을 알려 주는 신호로서 이 꿈은 두 번 반복되었다. 이 꿈을 꾼 이후로 환자의 신경증이 시작되었다. 꿈의 본질적 특징은 악마가 접근하지 못하는 공중, 즉 오염되지 않은 상태에 자신을 두고 싶은 것이다. 이 꿈의 목적은 그에게 "만약 공중에서 내려오려거든 악마와의 협정(pact)이 있어야 한다."라고 말하고 있다(CW 7, pars. 285-286).

이 꿈은 강박신경증 환자의 완벽주의적이며 일방적인 성향을 잘 보여 주고 있다. 환자는 악마가 지배하는 오염된 현실을 피하고자 한다. 그러나 현실은 악마와 천사가 함께하는 곳이라는 내용을 꿈이 알려 주고 있다. 높은 수준의 정서적인 사람은 현실이 악마의 손아귀에 있다는 두려움을 지닌다. 융에 의하면, 예술가들이나 매우 정서적인 사람들의 자아는 집단무의식에 내재하는 아니마와 동일시되기 쉽다. 자아가 아니마의 기능을 수행할 때, 자아와 페르소나는 무의식적으로 동일한 상태에 있게 된다. 그때 집단무의식은 페르소나를 통해 의식세계로 침투하여 실제 세계의 대부분은 무의식적 내용이 된다. 아니마의 지배 아래 놓인 사람들은 무의식에 사로잡힌 사람들이며, 이로 인해 현실을 악마가 지배하는 두려운 세계로 인식한다(CW 7, par. 510).

아니마에 사로잡힌 남성은 항상 두려움을 느낀다. 융심리학에서 아니마는 남성의 내면 인격으로서 여성적 성향을 띤다. 아니마는 남성 무의식의 대변자이면서 동시에 의식과 무의식의 중재자 역할을 한다. 남성의 의식활동에 보상적으로 작용하는 아니마는 무의식의 어두운 속성과 원초적 성향을 지닌 가장 대표적인 원형이라고 할 수 있다. 의식이 한 번도 경험해 본 적이 없는 인류의 태곳적 경험의 전수자인 아니마는 두렵고 공포의 존재로 다가온다. 한국의 민담에서 과거를 보러 간 선비가 밤에 길을 잃고 헤매다가 숲 한가운데 있는 오두막집에서 아름다운 여인을 만나 환상적인 사랑을 나눈다. 그다음에 이무기나 사악한 동물로 변한 그 여인과 생사의 승부를 벌이는 이야기가 있다. 그 환상적인 여인은 남성 내면의 아니마 표상으로서 남성의 영혼을 송두리째 흔들어 버리는 무시무시한 괴물로 등장한다.

이처럼 아니마에 대한 두려움은 무의식의 어둡고 거대한 힘에 대한 두려움이다. 부부간에도 아니마와 아니무스가 투사될 때 두 사람의 관계는 무의식적인 관계가 되어 혼란이 가중된다. 아내에게 투사된 남편의 아니마는 아내에게 자신을 맡김으로써 무의식적으로 아내의 지배를 받게 된다. 그때 아내는 투사된 아니마의 화신으로서 남편에게 두려운 권력의 화신으로 비추어진다. 특히 남성 내면에 있는 어머니 아니마(mother anima)가 아내에게 투사될 때, 그는 어린아이처럼 되어 아내의 보호 아래 있고자 한다. 융은 아니마가 어머니 이미지 안에서 아내에게 전이될 때 나타나는 현상을 다음과 같이 기술한다.

> 그 결과는 아니마가 어머니 이미지의 형태로 아내에게 전이된다. 남성은 결혼하자마자 어린애처럼 되며, 감성적이고 의존적이며 추종적이 되거나, 혹은 그 밖에 호전적이고 독재적이거나 과민해져서 항상 그의 우수한 남성성의 위

신에 대해 생각한다. ……이상적으로 배타적인 결혼의 보호막 아래에서 그는 실로 자신의 어머니의 보호를 추구하고 있다. 무의식의 무한한 힘을 지닌 그의 어둠에 대한 두려움은 자신의 아내에게 자신을 지배하는 불합리한 권위를 부여함으로써 그렇게 위험하리만큼 가까운 연대를 꾸며 낸다. 즉, 그 결혼은 영원히 외적인 긴장으로부터 폭발의 가장자리에 놓이게 된다. 그렇지 않으면 의심할 여지없이 그는 다른 극단으로 날아가 그와 똑같은 결과를 초래할 것이다(CW 7, par. 316).

아니마는 종종 어둡고 두려운 모습으로 나타난다. 한 남성은 꿈에서 어두운 미지의 여자와 함께 둥근 탁자 앞에 앉아 있는 자신의 모습을 보았다. 둥근 탁자는 원으로 대변되는 영원성과 전체성의 상징이다. 부분 정신이 전체 정신에 이르기 위해서는 미지의 여인, 즉 아니마의 도움을 받아야 하는데, 그녀는 어둡고 두려운 존재다. 융에 의하면, 남성이 경험하는 아니마에는 네 가지 유형이 있다. 어머니 아니마인 이브, 성적 유혹자인 트로이의 헬렌, 신성한 처녀인 마리아, 지혜의 여신 소피아가 그것이다(CW 16, par. 361). 둥근 탁자에 앉아 있는 아니마는 자기에 가까이 있는 아니마의 네 번째 유형인 지혜자의 모습에 해당된다. 아니마가 현실적 존재로 옮겨지거나 혹은 스스로 옮겨 가고자 하는 경우, 그것은 특별히 어둡게 변화된 모습으로 나타난다. '어두운' 것이란 지하계적이며(chthonic) 동시에 현세적이고 현실적이다. 그것은 또한 퇴행을 야기하는 두려움의 요소이기도 하다(CW 12, par. 240).

아니마의 창조적인 힘을 경험한 남성은 자신의 그림자로부터 경험되는 두려움을 인식할 수 있다. 지혜의 아니마를 경험한 이 남성은 이후 다음과 같은 꿈을 꾸었다.

그는 부정적 자질을 지닌 어떤 남자와 함께 둥근 탁자 앞에 앉아 있다. 그 위에는 아교 덩어리가 담긴 잔이 놓여 있다(CW 12, par. 241).

부정적인 자질을 지닌 남성으로 느껴진 존재는 꿈꾼 남성의 그림자로 보인다. 남성은 자신의 어두운 면과 대면하기 위해 둥근 탁자 위에 앉는다. 융심리학 관점에서 정신의 전체성, 즉 자기를 상징하는 둥근 탁자에서 그림자와 대면한다는 것은 자아가 자기의 인도함 속에서 자신의 어두운 면을 응시하는 것과 같다. 주변에 투사된 '어두운 것'이 자신의 고유한 어둠으로 받아들여지고, 이로 인해 개인의 그림자가 있는 그대로 경험될 때, 아니마는 창조적 생명력으로 변화된다. 아교 덩어리가 잔에 담겨 있는 모습은 마치 여성의 자궁을 상징하는 유리잔이 분화되지 않은 생명 덩어리를 담고 있는 것처럼 보인다. 그림자가 의식에 통합될 때 두려움은 사라지고, 공포의 대상이었던 아니마는 의식과 무의식을 연결해 주는 건강한 중재자가 된다(CW 12, par. 242).

5) 대상관계의 실패로 인한 공포가 결정에 대한 두려움으로 나타남

우리는 매 순간 결정해야 하는 실존적 정황에 놓여 있다. 좋든 싫든 결정해야 한다. 물론 즉시 결정해야 할 사안도 있고 시간을 두고 차분히 고려한 후에 결정해야 할 사안도 있다. 그러나 어떤 결정도 하지 않으려는 사람이 있다. 그에게는 결정에 대한 두려움이 있다. 결정을 내린 후에 가혹한 처벌을 받은 경험이 있거나, 자신이 한 일에 대해 충분한 지지를 받지 못했거나, 결정한 것에 대하여 수치심을 느낀 경험이 있거나, 내부적 힘이 약해서 스스로의 일에 대한 책임을 회피하려는 사람에게서 주로 나타나는 현상이다. 대상관계 능력의 실패로 인해 발생한 공포 역시 선택을 회피하게 하고, 주체로 하여금 가능한 한 오래 결정을 미루게 한다(Kristeva, 2001, p. 47). 융은 결정에 대한 두려움이 있는 사람의 꿈을 소개한다.

> 한 미지의 남자가 그에게 보석 하나를 준다. 그러나 부랑배들이 그를 기습한다. 그는 도망친다(악몽). 그래서 자신을 구할 수 있게 된다. 그 후 미지의 여자가 그에게 항상 그렇게 되지는 않을 것이라고, 즉 그는 더 이상 도망쳐서는

안 되며 멈춰서야 한다고 말한다(CW 12, par. 284; KGW 5, p. 243).

보석을 준 미지의 남성은 꿈꾼 사람의 내면에 있는 귀한 존재, 즉 아직 발견되지 않은 또 다른 귀한 자아상이거나 전체 정신을 대변하는 자기의 전령으로 볼 수 있다. 이 과정에서 그림자로 보이는 부랑배들이 자신을 공격한다. 귀한 것을 받지 못하도록 그림자가 방해한다는 것이다. 겨우 도망간 후에 자신을 구한 남성은 현실 속에서도 결정을 미룸으로써 귀한 보물을 얻지 못하는 경우가 있다. 그림자를 경험한 후에 출현한 미지의 여자인 아니마는 '더 이상 도망치지 말고 멈추라'는 명령을 내린다. 아니마는 더 이상 회피해서는 안 되는 결정적인 순간에 나타나 경고의 메시지를 보낸다. 무의식의 경고를 무시하고 이전의 방식을 계속 고집할 때 심각한 정신적 장애가 올 수 있다는 것을 예고하는 꿈이다. 결정에 대한 두려움이 있는 사람은 삶의 보석을 얻지 못한다(CW 12, par. 285).

6) 일방적 지식의 강화로 인한 무의식적 두려움이 꿈으로 표출됨

지식의 강화로 인해 일방적 사고가 지배할 때, 우리는 무의식의 영향 아래 있게 된다. 좋은 것과 나쁜 것 가운데 어느 하나를 택하는 일방성이야말로 유연한 삶을 살아가지 못하게 하며 정신적 해리와 분열의 원인이 된다. 일방적인 사람은 항상 자신의 지식과 신념에 대한 과대한 신뢰가 있다. 그런 사람은 자신이 속한 세계 이외의 다른 세계를 인정하려 들지 않는다. 자신의 신념이나 사고를 지지하는 환경 속에서 그 일방성은 유효하지만, 그렇지 않을 경우 심한 충격과 혼란에 빠지게 된다. 일방적인 사람의 내면에는 항상 자신의 신념이 무너지는 것에 대한 두려움이 있다. 이런 현상은 특히 종교인들에게 두드러지게 나타난다. 배타적인 종교관을 지닌 사람들은 다른 종교 전통에 대한 극단적인 혐오감을 보인다. 그것은 겉으로는 자신이 신봉하는 종교를 옹호하려는 노력으로 나타나지만, 내면에는 자신의 세계가 해체될지 모른다는 불안과 두려움이 자리 잡고 있다.

융이 소개한 개신교의 한 신학자는 무의식의 심층에 두려움이 가득했다. 그 신학자는 다음과 같은 꿈을 자주 꾸었다.

> 나는 언덕에 서 있으며, 아래에는 깊은 계곡이 있고 그 안에는 어두운 호수가 있다. 나는 지금까지 자신이 호수에 다가가는 것을 항상 막는 무엇인가가 있다는 것을 꿈에서 알고 있다. 이번에야말로 가까이 물에 가리라고 결심한다. 물가에 가까이 가자 어두워지고 으스스해진다. 갑자기 돌풍이 수면 위로 스쳐 지나간다. 이때 공포감이 나를 사로잡고, 나는 잠에서 깨어난다(CW 9i, par. 34; KGW 2, pp. 122-123).

이 꿈은 자연의 소재를 통해 무의식의 의도를 전하고 있다. 꿈꾼 사람은 깊은 계곡과 어두운 호수로 대변되는 무의식의 깊은 내면으로 들어간다. 그 과정에서 항상 자신의 길을 막는 방해요소가 있다. 심층에 존재한 신비스러운 물은 무의식의 신비한 측면이다. 그는 자신의 신학적 지성에도 불구하고 무의식의 심층에 이르지 못했던 것이다. 무엇이 그가 신비한 내면세계에 들어가는 것을 방해하고 있을까? 베데스다 연못의 물처럼 물은 또한 치유의 힘이 있다. 생명의 힘을 소생하게 하는 물을 얻기 위해 인간은 깊은 세계에 있는 물로 내려와야 한다. 가까스로 물에 이르자 어두워지고 으스스한 기분을 느낀다. 태초의 혼돈 위에 하나님의 신이 떠다니듯이 신비한 물 주변에 신비한 기운(numen)이 감돈다. 물 위로 갑자기 돌풍이 불며 공포감이 밀려온다. 일방적인 지식에 자신이 함몰될 것 같은 두려움과 초조함의 내면에 돌풍이 일고 있다. 그 돌풍은 무의식의 보상작용에 의한 자율적인 것이다. 자신만의 세계에 갇혀 있을 때 무의식은 이처럼 꿈을 통해 내면의 두려움과 공포를 전한다(CW 9i, pars. 34-35). 융에 의하면, 무의식의 보상작용은 의식의 균형을 추구하거나 보완하는 방향으로 전개된다.

의식의 활동은 선택적이다. 선택은 목표(direction)를 요구한다. 그러나 목표

> 는 부적절한 모든 것을 제거하기를 요구한다. 이것은 의식적 적응(conscious orientation)을 일방성(one-sided)으로 이끄는 경향이 있다. 선택된 목표에 의해 제거되고 금지된 내용들은 무의식에 침전되어, 그곳에서 의식적 적응에 대한 균형(counterweight)을 이룬다. 이러한 균형감을 강화시킴으로써 의식의 일방성과 보조를 맞춘다. ……결국 이러한 과정은 억압된 무의식의 내용들이 꿈이나 즉흥적인 환상을 통해 모습을 드러낼 때까지 계속된다. ……대체로 무의식의 보상은 의식에 대해 반대적이지 않다. 오히려 균형을 추구하거나 의식적 태도를 보완하는 역할을 한다. 예를 들면, 꿈에서 무의식은 의식적 상황에 의해 배치된 모든 내용을 공급한다. 하지만 그 내용들은 의식의 선택에 의해 금지된 것들이다. 비록 그에 대한 지식은 완전한 적응을 위해 필수적이긴 하지만(CW 6, par. 694).

7) 상실에 대한 두려움이 존재의 소멸에 대한 두려움으로 이어짐

상실에 대한 두려움은 존재의 소멸에 대한 두려움으로 이어진다. 사랑하는 이의 상실에 대한 두려움은 보편적 정서에 해당된다. 부모가 지닌 가장 두려운 꿈은 자녀 상실에 대한 꿈이다. 아동을 잃는 꿈은 대체로 원가족 부모와의 애착관계를 암시한다. 아이건(Eigen, 2005)이 소개한 한 남성의 꿈을 보자.

> 내가 사라졌을 때, 내 부모는 경찰을 불렀다. 나는 아침부터 멀리 떠나 있으면서 전화를 하지 않았다. 나는 베티의 아파트에 있었다. 내가 오전 10시경에 전화하려고 했을 때, 경찰들은 나를 찾고 있었다.

이미 베티와 결혼해서 자녀를 둔 한 남성은 꿈꿀 당시 아이들이 전화를 하지 않았을 때 실제로 경찰을 부르려고 했다. 그가 30대 중반이었을 때도 그의 부모는 그를 찾지 않았다고 한다. 그는 부모가 찾는 동안에도 그들에게 전화도 하지 않고 베티의 집에 있어야 했다. 친밀감을 형성하지 못한 부모에 대한 그의 분노가 꿈에 잘 드러난다. 주관적 차원에서 자신이 사라진 꿈은 자신의 인생에서 뭔가를 잃어버렸다는 것을 암시한다. 숨은 범죄자도 잘 찾아내는 능력 있는 경찰이라도 그것을 찾아내지 못할 것이라는 느낌은 존재감의 결핍과도 연계된다. 꿈은 베티와 결혼하기 전의 상황을 암시한다. 부모와의 애착과 분리에서 오는 불안이 자신의 존재가 멸절될지 모른다는 두려움으로 이어지고 있다. 아동이 상실에 대한 꿈을 꿀 때, 그것은 아동 자신의 성장에 대한 불안보다는 부모에 대한 불안을 암시한다. 아이건은 성인에게 나타난 아동의 상실 꿈은 내 안의 부모상이 보다 유연해질 필요가 있다는 것을 보여 주는 꿈이라고 주장한다(pp. 107-109).

융심리학 관점에서 이 꿈을 보면, 이 남성은 결혼한 후에도 현실적인 부모와의 애착관계를 벗어나지 못하고 있다. 꿈에서 자신이 사라졌을 때 아내나 자녀 대신에 부모가 전화를 한 것을 보면 그는 여전히 부모의 지배 아래 있다. 그것은 현실적인 부모라기보다는 부모 원형과도 같다. 당연히 자신을 지켜 주고 보호해 주어야 할 이상적인 부모를 만나지 못한 어릴 적 상처가 성인이 되어서도 계속되고 있다. 그것은 현실적인 부모에 대한 애착관계도 있지만, 자신이 창조한 이상적이고 원형적인 부모상과 아직 분리되지 않았음을 보여 준다. 그의 분노는 현실적인 부모로부터 온 소외감과 원형적 부모상으로부터 온 기대감이 어우러져 만들어 낸 부정적인 정서라고 볼 수 있다. 이 경우 그는 정서분석을 통해 현실적인 부모와 이상적인 부모 사이의 간격을 완화시킬 수 있다.

8) 상실에 대한 공포가 신체 반응을 일으킴

남편의 죽음으로 인한 불안과 공포에 시달린 한 여성의 사례를 보자. 나이에 비해 비교적 잘 가꾼 54세 여성이 자신의 신경증에 대한 자문을 얻고자 융에게 왔다. 그 신경증은 남편이 죽은 지 1년 정도 경과되었을 때 시작된 것이었다. 그녀는 수많은 공포에 시달리면서도 그 원인을 알 수 없었다. 그녀의 공포는 규칙적으로 가슴, 폐, 위장의 불편함으로 표출되었다. 그러나 의사들은 그런 조직에 어떤 이상도 발견하지 못했다. 융은 그녀의 공포에 대해서 알아보기 위해 꿈을 살펴보기로 했다. 당시 그녀의 꿈은 일종의 스냅사진과도 같았다. 축음기가 사랑의 노래를 들려주고, 그녀는 어린 소년으로 나타나는가 하면, 바로 약혼했으며, 그녀의 남편은 의사라는 등의 단편들이 꿈을 이루고 있었다.

융은 그녀의 꿈을 보상적인 꿈으로 이해했다. 왜냐하면 꿈은 의식에서 결여된 관념(ideas), 감정(feelings) 그리고 사고(thoughts)를 담고 있기 때문이다. 의식의 결핍요소는 이해보다는 두려움으로 채워진 빈칸을 남겨 둔다. 그녀는 꿈의 의미를 알고자 하지 않았다. 그녀는 단번에 알아차릴 수 없는 것에 대해 신뢰하지 않았기 때문이다. 그녀는 자신이 알지 못하거나 동의할 수 없는 것을 무시함으로써 심리적 공허를 창조했다는 것을 깨닫지 못했다. 일상적으로 발생하는 심리적 공허는 점차 불안으로 채워진다. 그녀가 고통의 의미를 알려고 노력한다면, 고통을 피하기 위한 어떤 불안도 발생하지 않게 될 것이다. 꿈에 나타난 단편들은 그녀가 지닌 남편에 대한 표상들이다. 축음기를 틀며 노래하고, 어린 소년처럼 즐거워하고, 결혼하고, 의사인 남편을 존경하는 정서가 꿈의 표상들이다. 남편과 함께했던 순간을 되새기며 새롭게 경험하는 과정을 통해 상실에 대한 애도가 진행된다. 남편에 대한 표상들의 의미를 진지하게 깨닫고 재경험할 때 그녀의 상실로 인한 불안과 공포는 점점 사라질 것이다(CW 17, par. 185).

9) 죽음에 대한 공포가 다른 사람의 죽음을 자신의 것으로 인식함

다른 사람의 질병이나 죽음을 자신의 것으로 여김으로써 공황발작에 시달리는 사람도 있다. 페어베언은 왕의 죽음이 치료 중인 환자에게 끼친 영향을 연구한 사례를 제시한다. 조지 5세가 죽었을 때(1936년 1월 20일) 페어베언에게 분석을 받고 있던 환자들 중 세 명은 강한 영향을 받았다. 그들 중 18세 된 청년 환자는 조지 5세가 죽기 약 4개월 전에 정신병원에서 그에게 의뢰되었다. 그는 여섯 살 아래의 남동생이 살아 있던 기간을 제외하고는 생애 대부분을 독자로 지냈다. 그는 다음의 세 가지 주된 증상을 보였다. ① 과도한 분리불안, 특히 어머니와의 분리를 견디지 못하는 것, ② 심장병에 대한 건강염려증적 몰두, ③ 죽음에 대한 압도적인 공포를 수반하는 반복적인 심장발작.

분석을 통해 얻은 결과는 다음과 같다. 그가 어머니와 헤어지길 거부한 것은 구강기에 나쁜 어머니를 제거하지 못함으로써 여전히 그녀의 지배 아래 놓여 있었기 때문이었다. 아직 그에게는 젖꼭지를 빨거나 깨무는 방식으로 나쁜 어머니를 공격하는 유아기 경험이 남아 있었다. 어머니에 대한 공격성으로 인해 죄책감이 있는 그에게는 어머니와의 분리가 그를 더욱 불안하게 했다. 어머니와 함께 있으면서 자신의 구강기 공격성으로 인해 그녀가 피해를 당하지 않았다는 것을 확인하고 싶은 것이다. 이 점이 그로 하여금 어머니와의 분리를 가로막았던 것이다. 두 번째 증세인 그의 심장병에 대한 불안은 내재화된 어머니가 그의 심장을 갉아먹어서 자신이 죽을지도 모른다는 불안으로 드러났다. 이런 불안은 꿈에서 어머니가 접시 위에 놓여 있는 그의 심장을 숟가락으로 퍼 올리는 모습에서 분명히 드러났다. 세 번째 증세는 왕의 죽음이 임박했을 때 발생했다. 일시적으로 호전되었던 그의 증세는 왕의 심장 상태에 관한 걱정스러운 보도가 나오기 시작하자 심하게 악화되었다. 라디오를 켤 때마다 그는 공황발작을 일으켰다. 그는 잠을 제대로 자지 못했고, 자신이 살아 있다는 사실을 확인받기 위해 아무 때나 치료자에게 전화를 하기 시작했다.

왕이 죽었다는 소식을 들은 다음 날 밤 꿈에 그는 그의 아버지라는 한 남자를 총으로 쏘았다. 꿈에서 그는 어머니에게 그 남자를 쏜 것은 그가 싫어서가 아니라 자신의 생명이 위협받았기 때문이라고 설명했다. 그로 인해 자신의 생명도 이제 끝이 났으며, 자신은 6년 동안 감옥생활을 할 것이라고 말했다. 그다음에 한 젊은 여자가 등장했는데, 그는 그녀를 자신이 죽인 사람이라고 느꼈다. 그의 어머니가 방에서 나갈 때 옆방에서 누군가가 소리를 지르고 있었다. 그것은 그가 죽인 사람이 지르는 소리인 것 같았다. 다시 보니 그 사람은 자신의 남동생인 것 같았다. 남동생의 죽음은 6년간 그의 양심에 짐이 되었다. 이 기간은 그의 꿈에서 '감옥생활' 기간으로 나타나고 있다. 그 젊은 여자가 성적 대상으로서의 어머니를 상징하는 것으로 드러난 것은 어머니와의 근친상간 욕망에 대한 두려움과 죄책감을 보여 준다. 페어베언(2003)의 해석에 의하면, 그의 파괴적 행동은 실제로 구강기의 가학적인 합입(incorporation) 행동이었음을 보여 준다. 결국 왕의 죽음에 의해 야기된 불안과 공포 증상은 무의식 안에 내재화된 공포 대상에 대한 증오와 보복에 대한 두려움 때문인 것으로 보인다(pp. 287-290).

10) 두려움에 대한 억제와 거부가 자아 팽창 상태로 드러남

그림 형제 동화집에는 두려움을 배우기 위해 여행길을 떠나는 소년에 대한 이야기가 있다. 두 아들이 있었는데 큰아들은 모든 일에 재치 있게 대응했지만, 작은아들은 멍청해서 아무것도 이해하지 못하고 습득하지도 못했다. 특히 작은아들은 두려움을 몰랐다. 그래서 그는 아버지에게 두려움을 배우고 싶다고 했다. 며칠 후 교회 집사가 교회에서 종치는 일을 시키려고 작은아들을 데려갔다. 그가 종을 치려고 할 때 흰 그림자처럼 보이는 사람이 계단에서 꼼짝 않고 있었다. 세 번이나 불러 보았으나 반응이 없자, 그는 계단에 누워 있는 사람을 교회 밖으로 던져 버렸다. 나중에 알고 보니 그 사람은 작은아들에게 무서움을 주기 위해 계단에 엎드려 있던 교회 집사였다. 이후 작은아들은 아버지로부터 은화 50냥을 받아 두려움을 배우기 위해 여행길에 오른다. 그는 교수대에서 시체들과 함께 불을 지피면서 하룻밤을 보냈지만 아무런 두려움을 느끼지 못했다. 결국 그는 어느 여관집 주인의 소개로 마법의 성에 들어가기로 한다. 마법의 성에서 3일을 머무르면 그 대가로 공주를 아내로 맞이하게 된다. 국왕의 명대로 작은아들은 불과 목공 작업대와 칼이 든 선반을 가지고 마법의 성으로 들어갔다. 그곳에서 그는 고양이와 개들과 함께 첫날 밤을 보내고, 둘째 날 밤은 몸에 아홉 개의 뼈와 두 개의 해골로 된 괴물과 게임을 하며 보냈다. 셋째 날은 악마를 물리치고 그로부터 가난한 자와 왕과 자신에게 돌아갈 세 개의 황금상자를 받는다. 이후 작은아들은 공주와 결혼했지만 여전히 두려움을 배울 수 없었다. 화가 난 공주는 그가 잠들었을 때 이불을 젖혀 망둥이와 물을 남편의 몸에 끼얹었고, 그는 깜짝 놀라 잠에서 깨어 외쳤다. "무서워! 아이고! 날 이리도 무섭게 만드는 게 도대체 뭐지? 여보 이제 두려움이 뭔지 알겠어."

우선 이야기를 통해 드러난 것은 두려움을 느끼지 못하는 사람은 권위자에 대한 두려움 역시 느끼지 못한다는 것이다. 아버지 표상으로 드러난 사회적 권위와 질서, 권력의 힘에 대한 불안과 공포 또한 그 안에 없어 보인다. 권력에 대한 두려움 부재는 무심하게 보이거나, 마치 세상을 초월한 경지에 이른 것처럼 보이기도 하고, 동시에 아무것도 모르는 무식한 사람 또는 대책 없이 용감한 멍청한 사람으로 비추어진다. 작은아들에게는 산 자와 죽은 자의 구별이 없고, 동물과 인간 사이의 구별이 없으며, 그는 악마와도 아무런 두려움 없이 놀이를 한다. 그는 용감하기도 하고 무감각하기도 하다. 그에게는 자신에 대한 두려움도 없으며, 주변의 환경과 대상에 대한 두려움도 없다. 그에게는 또한 어떤 인간적인 한계도 없다. 그는 과대자기로 인해 모성과의 분리가 이루어지지 않고 있는 자기애적 성향을 보여 준다.

카스트(Kast, 1993)에 의하면, 불안과 두려움은 인간 스스로 자신의 한계를 인식할 때 발생한다. 이야기 속의 작은아들은 무의식적으로 자신을 전지전능한 상태로 올려놓는다. 이런 사람에게 결코 실패란 있을 수 없으며, 모든 것은 자신의 손아귀에 있다. 융심리학 관점에서 자신을 위대한 힘의 소유자로 간주하는 그의 자아는 자기와 동일시되어 있으며, 그것은 곧 자아 팽창 상태다. 그 소년은 아직도 원형적 모성의 자궁 안에서 탄생하지 못하고 있다. 이런 사람들은 발달단계에서 거쳐야 할 다양한 정서를 경험하지 못하며, 그 결과 '지금 여기에서의 과제'를 바로 직시하지 못한다(p. 12). 두려움에 대한 억제는 불안과 공포에 대한 방어기제로 나타나며, 그것은 모성의 자궁으로 회귀함으로써 현실적 고통을 회피하고자 하는 방어적 퇴행으로 드러난다. 분리-개별화의 과정을 건강하게 거치지 못했거나 공생기로부터의 독립에 대한 불안과 공포가 두려움을 억제하는 방식으로 나타난다.

11) 어머니의 두려움이 딸의 소화기능장애를 불러일으킴

신경증 엄마의 불안한 돌봄은 아동의 분리과정을 방해한다. 엄마의 자궁에 함몰되는 공포는 아동을 신경증 상태로 인도한다. 이 경우 다른 엄마로 대치되거나 상황의 변화가 올 때 아이의 신경증은 대체로 사라진다. 융은 어머니의 두려움이 자녀에게 전이되어 1세 이후 만성 변비증에 시달렸던 4세 여아의 사례를 소개한다.

> 그 여아는 모든 형태의 신체적 치료를 이미 받아 오고 있었다. 그러나 모든 것은 소용이 없었다. 왜냐하면 의사들이 가장 중요한 요인, 즉 그 여아의 엄마를 간과했기 때문이었다. 나는 엄마를 보자마자 그녀가 실제 원인임을 깨달았다. 그리고 나는 치료받기를 제안했고, 동시에 그 여아를 포기할 것을 충고했다. 다른 사람이 엄마 역할을 대신했고, 그다음 날 여아의 문제는 사라졌다. 그 후 수년간 내가 그 사례에 주목하는 한 다시는 재발하지 않았다. ……그 어린 소녀는 막내로서 신경증 엄마의 일상적인 애완동물과도 같았다. 엄마는 자신의 온갖 두려움을 아이에게 투사했으며, 아이에게 향한 상당히 부담스러운 돌봄이 아이를 긴장 속에 가두었다. 이런 상태가 소화기능을 저하시켰던 것이다 (CW 17, par. 141).

융은 일단 신경증 엄마와 아동을 분리했다. 엄마의 정서적 침범에 무방비 상태로 노출되어 있는 아동에게는 엄마로부터의 분리가 일단 긍정적인 조치로 보인다. 그럼에도 불구하고 아동에게 그로 인한 또 다른 상처, 즉 유기감, 두려움과 공포, 존재감 상실 등을 안겨 주면 문제는 더욱 심각해진다. 편안하고 안전한 환경과 안아 주는 대상만이 아동을 제2의 신경증으로부터 보호할 수 있을 것이다.

12) 권위자에 대한 두려움이 존경과 찬사로 표출됨

두려움의 대상은 언제라도 박해자가 될 수 있다는 암시를 준다. 독재자나 권력자 앞에서 고개를 숙이는 것은 처벌에 대한 두려움이 있기 때문이다. 막강한 재력이나 정치력 혹은 군사력으로 세상을 장악하고 있는 사람은 그가 박해자나 독재자가 아니더라도 일단 두려움의 대상이 된다. 그것은 권력자로부터 오는 혜택이 상실되어 자신에게 피해가 올 것에 대한 두려움이다. 따라서 많이 주는 대상일수록 두려움의 대상이자 존경의 대상이 된다. 이때 두려움은 감추어지고 오직 감사와 존경과 그에 대한 찬사만이 겉으로 드러날 뿐이다. 종교인에게 신은 언제나 두려움과 동시에 찬양의 대상이 된다. 구약성서는 신에 대한 고대 이스라엘 사람들의 두려움과 공포, 그리고 그에 대한 찬양과 경외심을 동시에 표현하고 있다. 시편 22편은 이스라엘의 제의 속에 나타난 신에 대한 두려움을 표현하고 있다.

> 주님을 두려워하는 사람들아, 너희는 그를 찬양하여라. 야곱의 모든 자손아, 그에게 영광을 돌려라. 이스라엘의 모든 자손아, 그를 경외하여라. 그는 고통받는 사람의 고통을 가볍게 여기지 않으신다. 고통받는 사람을 외면하지도 않으신다. 부르짖는 사람에게는 언제나 응답하여 주신다. 주께서 하신 이 모든 일을 회중이 다 모인 자리에서 찬양하겠습니다. 내가 약속한 희생제물을 주님을 경외하는 사람들 앞에서 바치겠습니다(시편 22:23-25).

시편 22편에서는 하나님에게 자신을 박해하는 적들을 심판해 달라고 청원한다. 한숨과 증오, 그리고 회개와 찬양으로 이어지는 이스라엘의 탄식은 두려움과 공포를 내재화하고 있다. 절대 주권자인 신을 찬양하는 것은 자신이 두렵고 경이로운 방식으로 지음 받은 것과 그분의 놀라운 행위를 잘 알고 있기 때문이다. 여기서 두려움은 창조자와 피조물, 생명의 공급자와 공급받는 자, 돌보는 자와 돌봄을 받는 자 사이에 발생하는 두려움이다. 그것은 곧 찬양과 함께 느껴지는 양가감정이다. 하나님을 '영화롭게 하는 것'과 '두려워하는 것'은 그의 자비(grace)에 드러난 위대함과 단호함의 두 측면을 대변한다(Weiser, 1962, p. 225).

감사와 찬양의 대상이 두려움의 대상이 되는 것은 절대적으로 좋은 대상으로부터 멀어지거나 단절되는 것에 대한 막연한 불안이 두려움을 만들어 내는 것을 보여 준다. 소위 '좋은 것'에 대한 두려움은 이스라엘의 예언자였던 예레미야의 전언에서도 발견된다. "나의 이 성읍에 베푼 모든 복과 모든 평강으로 인해 두려워하며 떨리라."(예레미야 33: 9) 이스라엘에 베푼 하나님의 선함에 대해 세상 사람들이 공포에 떨 것이라는 그의 말씀은 선함의 제공자에 대한 두려움을 반영한다. 따라서 두려운 대상은 혐오의 대상이 되기도 하지만 곧 존경의 대상이 되기도 한다. 그것은 부모와 자녀 사이에도 적용된다. 부모를 사랑하면 사랑할수록 애정 상실에 대한 두려움은 그만큼 커진다(박종수, 2012, pp. 212-217). 그래서 사람들은 스스로의 두려움 때문에 사랑을 택한다(Jung, 2012, p. 332). 그럼에도 불구하고 노이만(2010)은 두려움과 공포를 동반하는 태모의 사랑이 성장과정에서 자아의 확립을 가져오는 동기가 된다고 주장한다.

> 아주 초기에는 모성이나 우로보로스적 힘의 심한 강제력에 굴복되어 전적으로 운명에 복종하는 특징이 두드러진다. 이 단계에서 고통과 슬픔은 익명으로 남는다. 그들은 죽어 가는 꽃으로 그려지는, 식물성의 젊은 신(神)들이고, 희생되는 아동의 단계와 같다. 이 단계에서 자연 본성의 희망과 경건함, 인간의 희망 등은 전혀 언급하지 않은 채 살게 된다. 여기서 그는 모든 자연이 그렇듯 고유한 활동이나 공로 없이 태모의 은혜 가득한 충만과 권능에 힘입어 다시 태어난다. ……투쟁을 하는 자들이 다음 단계로의 이행을 가져온다. 그들

이 갖는 태모에 대한 공포는 첫 번째 징후로 스스로의 강화를 위한 중심화, 자기형상화, 성장하는 자아의 확립을 가져온다(p. 123).

6. 분석과 치료

1) 오이디푸스 시기의 공포를 놀이와 심층적 해석을 통해 치료하기

힌셸우드(Hinshelwood, 2006)는 클라인(Klein)의 아동 치료 사례를 통해 오이디푸스 시기의 질투와 공포가 심층적 해석에 의해 치료된 과정을 소개한다. 심한 양가감정을 지닌 4년 3개월 된 소녀 루스는 엄마와 몇몇 사람을 제외하고는 낯선 사람에게 강한 혐오감을 나타냈다. 치료과정에서 심한 불안함과 초조함을 보이자, 클라인은 분석하는 동안 루스의 언니에게 함께 있어 줄 것을 부탁했다. 일주일 내내 루스는 언니하고만 장난감 놀이를 하고 치료자에게 거의 반응을 보이지 않았다. 클라인은 놀이에서 반복된 루스의 행동양식에 주목했는데, 그것은 물건들이 떨어져 나오지 못하게 안에 가두어 두는 것이었다. 클라인은 "통 안에 있는 공, 지갑의 동전, 그리고 가방의 모든 내용물은 엄마 몸 안에 있는 아기를 의미하며, 루스가 더 이상 형제자매가 태어나지 않기를 바라고 있기 때문에 그것들을 안전하게 가두고 있는 것"이라고 해석했다. 놀이 중에 두 손가락을 입으로 가져가서 얼른 떼는 행동에 주목하면서 클라인은 "손가락을 빨고 싶으니?"라고 물었다. "네, 하지만 제대로 빨고 싶어요."라는 루스의 대답에 클라인은 그녀가 집에서 생활했던 상황을 재구성하고 싶어 한다는 것을 알고 그녀가 원하는 대로 작은 담요를 덮어 주었다.

클라인은 루스와 함께 놀이를 함으로써 치료적 동맹을 원만하게 맺었다. 그녀가 루스가 했던 것처럼 따라 하면서 한 인형 옆에 젖은 스펀지를 놓자, 루스는 울음을 터트리며, "안 돼요. 그녀는 '큰 스펀지'를 가져서는 안 돼요. 그것은 어린아이가 쓰는 것이 아니라 어른이 쓰는 것이에요."라고 외치면서 공포에 사로잡혔다. 이때 클라인은 직접적이고 명료한 해석을 제공했다. 루스가 아버지의 페니스를 가지고 있는 엄마를 증오하고 있으며, 엄마의 몸 안에 있는 아버지의 페니스에 대한 환상과 아기를 훔치고 엄마를 죽이는 무의식적 환상을 가지고 있다고 말해 주었다. 그리고 어른의 스펀지와 관련된 공포는 그러한 환상을 멈추게 하고, 엄마를 위해 그리고 엄마 안에 스펀지(페니스)를 안전하게 두려는 시도였다고 해석했다. 어린아이에게 그러한 오이디푸스 환상을 해석해 주는 것은 결코 쉬운 일이 아니었을 것이다. 그러나 이후 눈을 크게 뜬 루스는 상당히 얌전해졌다. 그리고 클라인의 놀이 책상을 자기가 누워 있는 소파 옆으로 옮기게 했고, 자기 곁에서 놀이와 해석을 계속해 주기를 원했다.

클라인은 자신의 해석이 놀라운 치료 효과를 나타냈다고 주장한다. 그녀는 해석을 통해 아이의 무의식적 환상과 접촉할 수 있었고, 그 결과 루스의 태도는 완전히 변했다. 루스는 무의식 수준에서 자신을 이해하는 분석가와 새로운 치료관계를 맺게 되었다. 루스가 클라인의 해석을 어떻게 이해하고 의식화했는지 분명하지 않으며, 어린아이에게 이런 식의 해석이 과연 옳은 것이냐에 대한 논쟁은 지금도 계속되고 있다(Hinshelwood, 2006, pp. 74-79). 클라인의 해석은 언어 이전에 이미 형성된 아이와의 공감적 토대 위에서 이루어진 것 같다. 또한 클라인의 언어적 해석은 아이의 합리적이고 구조화된 언어능력을 통해 이루어진 것이 아니라 신체적 · 정서적으로 육화된 것으로 보인다. 의식화는 언어뿐만 아니라 다양한 심리적 통로를 통해 이루어진다. 때로는 치료자의 해석능력이 환자와의 공감대를 형성하는 중요한 요소가 된다. 치료자가 자신을 충분히 이해하고 있다는 신뢰가 형성될 때, 환자는 마음의 문을 열고 치료의 장으로 들어오게 된다.

2) 안아 주는 환경을 통해 유아의 멸절공포를 치료하기

위니캇은 멸절(annihilation)공포로 인해 고통받는 아동을 위한 치료적 대안을 제시한다. 그에 따르면, 유아는 초기에 자기와 환경을 구별하지 못하기 때문에 자신의 행복만을 인식하거나, 그와 반대로 견딜 수 없는 위협적 상태에서 나와야 하는 것만을 인식할 뿐이다. 유아는 방향성을 잃고, 의사소통 수단을 상실한 고립 상태에서 영원히 추락하며, 신체 감각이 없다고 느낄 때 멸절공포를 느낀다. 이것은 나중에 존재 자체를 위협하는 정신병적이거나 경계선적인 불안으로 나타나는 공포가 될 수 있다. 위니컷은 이런 상태에 있는 유아를 보호하는 세 가지 방법을 제시한다.

- 안아 주기(holding)는 엄마의 신체적인 것과 정서적인 것 모두를 포함한다. 양육자의 보호적인 안아 주기는 자연스러운 존재 경험인 유아의 참자기가 통일성과 연속성을 가질 수 있도록 돕는다. 이것은 안전하고 편안한 치료 환경이 치료적 효과를 높이는 것과도 같다. 물론 치료관계에서의 신체적 교류는 엄마와 아이의 관계에서와는 달리 세심한 주의가 요구된다. 그럼에도 불구하고 신체작용을 동반하는 정서적 교류야말로 치료과정에서 중요하게 취급될 필요가 있다.
- 다루어 주기(handling)는 엄마의 민감한 손길과 세심한 배려를 통해 신체적 · 정서적 만족을 경험할 수 있도록 돕는다. 이를 통해 자신의 정신적 · 정서적 · 신체적 능력이 참자기의 삶 안에서 서로 통합되어 있음을 경험하게 된다. 부모에게는 아이의 잠재력이 서서히 드러나도록 여유 있게 기다려 주는 따뜻한 인내심이 요구된다. 치료 현장에서 환자에 대한 치료자의 세심한 배려와 애정 어린 기다림은 치료에 대한 신뢰를 높이며 결국 긍정적인 치료 방향으로 나아간다.
- 대상 제시(object-presenting)는 엄마가 외부세계를 유아에게 가져다주는 방식이다. 엄마는 적절한 반응을 통해 유아가 스스로 외부 환경에 적응해 가도록 돕는다. 유아가 스스로 자신의 젖병을 찾도록 도와준다거나, 자신의 노력으로 변화와 만족을 경험하게 한다. 이렇게 함으로써 유아는 자신이 스

스로 세계를 창조하고 있는 것처럼 느낀다. 치료자 역시 환자에게 다양한 대상 제시를 통해 새로운 세계를 경험하게 할 수 있다. 그것이 자율적이고 독립적이며 창의적으로 이루어질 때, 이전에 경험하지 못한 새로운 경험으로 인해 인격의 구조에 변화가 발생한다(Gomez, 2008, pp. 145-149). 위니컷의 치료적 대안은 사실 유아뿐만 아니라 성인을 위한 심리치료에도 적용된다. 우리 모두는 유아기의 멸절 상태를 성인기에도 경험할 수 있기 때문이다.

3) 공포 대상에 대한 적응과 주의를 통해 공포 다스리기

반델로우(2008)는 공포증 치료의 부정적 사례를 소개한다. 공포증이 있는 사람이 마치 공포증이 전혀 없는 것처럼 행동하는 경우가 있다. 공포증에 시달리는 사람이 일부러 무서워하는 대상을 찾아다니면서 자신을 위험에 빠트리는 경우가 종종 있다. 뱀을 무서워하는 사람이 전 세계를 돌아다니며 뱀을 찾아다니면서 맹독성 독사의 가공할 만한 능력에 매료되기도 한다. 반델로우에 의하면, 이런 행동을 하는 것은 자신의 무의미하고 과도한 공포심을 스스로도 이해할 수 없기 때문이다(p. 45). 융의 후배 한 사람이 꿈속에서 만년설로 덮인 가파른 산을 오르면서 황홀감에 젖었다는 말을 하자, 융은 그 후배에게 "안내자 없이 산에 가면 실제로 위험하니 가지 말라."고 충고했다. 그러나 그는 융의 충고를 듣지 않고 등산을 감행하다가 절벽에서 추락사했다(CW 16, pars. 323-324). 이와 달리 때로는 공포를 유발하는 대상과의 조심스러운 접촉을 통해 공포증을 치유하는 경우도 있다. 개에게 물려 심한 상처를 입고 고통을 받은 경험이 있는 사람은 순한 개를 보고도 공포에 사로잡히기도 한다. 이런 경우 개를 훈련시키는 전문가의 도움을 받아 조심스럽고 친근하게 개에게 접근하는 법을 배운다면 서서히 개에 대한 공포를 줄여 나갈 수 있다.

리코(Richo, 2008)에 의하면, 신경증적 두려움은 어떤 대상 때문이 아니다. 오히려 그 대상을 직면할 때 느끼는 우리의 무력감 때문이다. 두려움은 스스로를 보호할 능력도 없고 그에 대한 아무런 대안이 없을 때 경험하는 감정이다. 따라서 어떤 대상에 대한 두려움과 공포를 물리치기 위해서는 우선 공포의 대상에 대한 민감성을 완화할 필요가 있다. 예를 들면, 뱀에 대한 공포증이 있을 경우 뱀을 그려 본다든가, 비디오를 통해 뱀에 대한 두려움을 감소시키는 작업이 유효할 수 있다. 또는 동물원에 가서 멀리 떨어진 곳에서 뱀을 바라보는 것도 하나의 방법이 될 수 있다(pp. 47-48).

그러나 융이 제시한 사례처럼 공포증을 물리치기 위해 위험을 감수하면서 무리한 시도를 할 경우 오히려 공포에 자신을 내맡기는 것이 된다. 그것은 공포에 함몰됨으로써 자신을 처벌하려는 무의식적 동기가 숨어 있다고 볼 수 있다. 정서에 대한 심층심리학적 접근에서는 공포 대상에 얽힌 정서의 역사를 추적한다. 그것은 이미 상징으로 드러난 이미지로부터 심리적 동기를 찾아냄으로써 공포의 대상 뒤편에 있는 심리적 동기와 사건을 발견하는 것이다. 필요 이상의 공포심을 불러일으키는 모든 것은 사실 개인의 심리적 사건과 연관된다. 그것은 이미지와 상징을 통해 드러나며, 현실적 공포 대상으로 느껴진다. 예를 들면, 어린 시절 아버지가 야단칠 때 뱀을 보여 주면서 위협한 적이 있다면, 그 뱀은 아버지를 대신한 공포의 대상이 될 것이다. 따라서 뱀을 심리적 대상이나 사건으로 상징화함으로써 그 의미를 발견하게 되면 실제적 뱀에 대한 공포는 사라지며, 뱀과 연관된 콤플렉스 또한 해소될 수 있다.

4) 적극적 상상을 통해 두려움 극복하기

카스트(2007b)는 융심리학 관점에서 적극적 상상을 통한 두려움 극복 사례를 소개한다. 암을 앓고 있는 54세의 올가는 다음과 같은 꿈을 꾸었다.

> 나는 으스스한 집 앞에 서 있었습니다. 황혼 무렵이라 자세히 볼 수는 없었지만 문을 통해 그 집 안으로 들어가야 한다는 것을 알고 있었어요. 문은 검은

> 색이었는데 거기에 그림이 그려져 있었죠. 나는 가까이 다가갔어요. 그것은 해골이었습니다. 나는 소리를 지르려고 했습니다. "안 돼, 안 돼, 왜 벌써!" 겁에 질려 잠에서 깨어났는데 온몸이 땀에 젖어 있더군요. 나는 몸을 숙이고자 했지만, 우선 내가 어디에 있는지를 알지 못했습니다.

올가의 꿈에는 으스스한 죽음의 그림자가 드리워져 있다. 해골이 있는 검은 문을 통과해야 하는 올가는 죽음의 공포에 시달리고 있었다. 그녀는 죽음에 대한 두려움뿐만 아니라 수면장애로 인해 투병에 필요한 힘이 약해질 것을 두려워했다. 이미 4개월 동안이나 같은 악몽을 꾸어 온 그녀에게 카스트는 상상력을 사용해서 악몽을 변화시킬 수 있다는 것을 알려 주었고, 그녀는 치료자와 함께 두려움을 극복하는 몇 가지 상상기술을 익혔다. 제일 먼저 시도한 것은 그림을 멈추게 하는 기술이었다. 그녀에게 공포의 대상이 되는 호랑이가 자신에게 다가오는 모습을 상상해 보고 두려우면 비디오를 멈추게 함으로써 정지 상태의 화면을 만드는 것이었다. 그녀는 줌아웃(zoom out) 기술도 연습함으로써 호랑이를 크거나 작게 조절할 수 있었다. 더불어 공포감을 생생하게 전달하는 호랑이를 컬러로 보지 말고 흑백으로 보는 연습도 하였다.

카스트(2007b)는 이런 방법을 통해 죽음의 공포를 조절하거나 어느 정도 극복하는 법을 가르쳤다. 그 결과, 꿈속의 검은 문은 초록색 문으로 변하고, 죽음이 있다고 생각되는 곳뿐만 아니라 독약이 보관된 곳에도 해골 그림이 있다고 생각하게 되었다. 카스트는 올가에게 다시 한 번 악몽을 떠올려 보라고 했다. 그녀가 그 집에 다가가자 그 문은 붉은색으로 변해 있었고, 해골은 있었지만 이제 그 문으로 들어오지 말라는 금지 표시로 인식되었다. 올가는 적극적 상상을 통해 여러 가지 색깔로 변하는 문을 경험했고, 이것은 심리적 변화로 이어졌다. 융의 적극적 상상법은 의식이 능동적으로 무의식의 상을 대면함으로써 심리적 변화를 추구하는 일종의 의식화 수단이다(CW 14, pars. 706, 753). 올가의 악몽은 다시 시작되었지만 이전에 등장한 문의 해골은 사라졌다. 죽음의 공포가 뒤로 물러난 것이다. 편안하고 안전한 환경에서 치료자의 도움으로 시행된 적극적 상상은 두려움과 공포를 감소시킬 수 있다(pp. 210-216).

5) 병적 긴장을 제거함으로써 공황장애 치료하기

김병훈(2011a)은 공황장애 치료를 위해 치료자는 항상 환자에게 안전한 환경과 편안한 정서적 분위기를 제공할 준비가 되어 있어야 한다고 주장한다. 공황발작은 안전에 위협을 느낄 때 발생한다. 따라서 환자는 자신이 안전하게 보호되고 있다는 느낌을 받을 때 정서적으로 안정된 상태에 이른다. 공황장애 환자는 자기대상과 함께 있음으로써 죽음의 공포를 이겨 내게 된다. 모든 심리적 질병의 원인이 되는 병적 긴장 해소는 공황장애 환자의 치료에도 적용된다. 이를 위해 토론과 글쓰기 그리고 고백을 통해 자신의 공포를 상징적으로 표현함으로써 두려움과 공포에 직면할 용기를 얻게 된다. 무엇보다도 공황장애로부터 벗어나기 위해서는 하부 구조에 잠재되어 있는 죄의식, 수치감 그리고 처벌의식으로부터 해방되어야 한다. 치료자는 환자로 하여금 자신의 부정적 정서와 방어구조에 다가가도록 용기를 줌으로써 자아구조가 재구성되는 계기를 마련한다(pp. 13-30).

김병훈의 공황장애 치료에 대한 제안은 유용한 통찰력을 제공한다. 존재 자체가 송두리째 와해될 수 있는 극도의 불안감은 죽음의 공포로 이어지고, 그것은 별안간 찾아오는 공황장애라는 심각한 고통을 안겨 준다. 이들 환자를 위한 치료적 대안은 편안하고 안전한 치료적 환경에서 치료자와 환자 사이의 공감적 조율을 통해 이루어지는 상호 주관적인 인격의 교류다. 급하고 강하고 충격적으로 다가오는 공황장애 역시 우리에게 찾아온 불청객이면서 동시에 그 의미와 목적을 담고 있다. 죽음의 공포를 통해 전체 정신인 자기가 자아에게 무엇을 알리려 하는가를 듣고자 할 때, 어느덧 공포는 우리가 다룰 만한 친구가 되어 있을 것이다.

6) 은유적 예행 연습을 통해 죽음의 공포 다스리기

죽음에 대한 공포는 모든 인간에게 실존적으로 부여된 운명적 정서라고 할 수 있다. 세상에 태어난 모든 인간은 그 누구도 죽음을 피해 갈 수 없다. 문제는 누구에게나 발생하는 일상적 과정인 죽음이 지나치게 개인화될 때 발생한다. 다시 말하면, 누구에게나 다가오는 보편적 죽음이 개인적 죽음이 될 때 그 죽음은 특별한 의미를 지니기도 하고, 살아가면서 불안과 공포를 유발하는 흉기로 변하기도 한다.

우리는 보편적 사건과 개인적 사건에 대한 인식과 분화를 통해 심리적 안정을 추구할 수 있다. 죽음에 대한 공포 역시 이런 관점에서 접근할 수 있다. 이것은 실존주의와 그 맥락을 같이한다. 바우만(2009)은 은유적 예행 연습을 통해 죽음의 공포를 어느 정도 물리칠 수 있다고 주장한다. 첫째, 유한한 삶과 영원한 삶 사이에 다리를 세워 죽음을 새로운 시작으로 재해석한다. 죽음을 새로운 삶의 시작으로 간주했던 고대 이집트인들은 현실 속에서 죽음 이후의 삶을 준비했으며, 이것은 그들을 진지한 삶으로 인도했다. 둘째, 죽음 자체를 보편적이고 불가피한 사건으로 직시하면서, 대신 죽음의 구체적인 원인과 그 의미에 주목한다. 죽음에 대한 보편적인 의미와 개인적인 의미가 만날 때, 죽음은 두려움과 공포 대신에 반드시 만나야 할 대상임을 깨닫게 된다. 셋째, 일상적인 '예행 연습'을 통해 절대적이고, 궁극적이며, 회복 불가능하고, 결코 돌이킬 수 없는 죽음의 공포를 누구나 겪는 평범한 사건으로 환원시킨다(pp. 86-87).

바우만이 제시한 죽음을 위한 예행 연습은 우리가 실존적 존재임을 자각하는 과정이다. 우리는 병과 죽음에 직면할 때 그것을 일시적으로 연기하거나 죽음으로부터 도피하려고 한다. 이를 통해 결국 죽음의 불가피성을 깨닫게 된다. 우리는 또한 죽음 이후의 삶에 대해서 이야기하기도 한다. 평소에는 관심이 없었던 부활이나 윤회설 같은 종교적 담론을 함께 나누기도 한다. 때로는 죽음 이후에 남겨진 사람들의 삶에 대해서 이야기하는 과정에서 죽음에 대한 공포가 점차 희석된다. 그것은 다가올 사건을 미리 경험하는 방식이기도 한다. 공포는 알 수 없는 고통을 한꺼번에 느끼는 것과도 같다. 이것을 분화시켜 나누어 경험할 때 그 공포는 분산되고 감당할 수준에서 경험된다.

7) 두려움과 공포에 대한 긍정적 측면을 인식하기

두려움과 공포는 반드시 부정적인 것만은 아니다. 오히려 두려움을 통해 자신의 한계를 깨닫고 생존 전략을 수립하며, 동시에 자신의 열등감에 직면할 용기를 얻기도 한다. 인간에게 두려움은 피할 수 없는 실존적 정황이다. 융은 두려움이야말로 열등감의 수용이라고 말한다. 동시에 공포는 영웅에게 요구되는 과제다. 모험을 통해 영웅은 공포를 물리친다.

> 악의 영은 공포, 금기, 적대자다. 그는 영원히 지속되는 삶의 투쟁과 모든 개별적인 위대한 행동을 가로막고 방해하는 자이며 암살자 같은 뱀이 물어서 쇠약해지거나 늙게 만드는 독을 몸속에 퍼트린다. 그는 퇴보하려는 모든 것이며 어머니에 구속되어 무의식 안에서 분해되고 소멸될 위협을 받는다. 영웅적인 인간에게 공포는 요구이자 과제다. 왜냐하면 모험만이 공포로부터 그를 해방시키기 때문이다. 만일 모험이 감행되지 않는다면 삶의 의미에서 무엇인가가 깨질 것이고, 모든 미래는 희망 없는 진부한 일상, 즉 도깨비불들만 비추는 어스름한 일상이 되고 말 것이다(CW 5, par. 551; KGW 8, p. 309).

두려움은 혼돈으로부터 움츠러드는 것이며, 명백한 현실 속에서 삶의 의미와 목적을 돌아보게 한다. 두려움을 통해 우리는 혼돈의 질주를 멈추게 할 수 있는 생동력 있는 수단이 부족하다는 것을 인식한다. 두려움에 대한 치료는 세계의 파편화에 대항해서 전체성을 만들어 가는 방향으로 진행되어야 한다(CW 10, par. 725).

융은 두려움과 공황이 집단무의식의 정형적 형태라고 주장한다. 그만큼 두려움과 공포는 인류의 원형적 정서에 해당된다. 태곳적 인류의 정서를 담고 있는 집단무의식은 마치 덤불 속에서 길을 잃은 것과 같은 방식으로 한순간에 자아를 압도한다. 이때 사람들은 미친 상태가 된다. 융에 의하면, 개인무의식의 내용이 많아질수록 집단무의식의 내용도 많아진다. 개인의 외상이나 억압은 원형 주변에 배치되어 다양한 콤플렉스를 이루어 신경증이나 정신증의 원인이 된다. 예를 들면, 모성 콤플렉스는 현실적 엄마에 대한 부정적 정서가 모성 원형의 주변에 배치됨으로써 형성된다. 현실적 엄마에 대한 부정적 경험이 재해석되거나 극복될 때 모성 원형의 부정적 영향 또한 사라진다. 따라서 콤플렉스가 의식화된다면 두려움이나 공황으로 대변되는 집단무의식의 어떤 압력도 사라진다. 그때 우리는 혼자 있어도 공포에 떨지 않게 될 것이다(DA, p. 75).

CHAPTER 07

분노와 격분

1. 욥의 분노

욥이 대답하였다. 네가 언제까지 내 마음을 괴롭히며, 어느 때까지 말로써 나를 산산조각을 내려느냐? 너희가 나를 모욕한 것이 이미 수십 번이거늘, 그렇게 나를 학대하고도 부끄럽지도 않느냐? 참으로 내게 잘못이 있다 하더라도 그것은 내 문제일 뿐이고, 너희를 괴롭히는 것은 아니다. 너희 생각에는 너희가 나보다 더 낫겠고, 내가 겪는 이 모든 고난도 내가 지은 죄를 증명하는 것이겠지. 그러나 이것만은 알아야 한다. 나를 궁지로 몰아넣으신 분이 하나님이시고, 나를 그물로 덮어씌우신 분도 하나님이시다. "폭력이다!" 하고 부르짖어도 듣는 이가 없다. "살려 달라!" 라고 부르짖어도 귀를 기울이는 이가 없다. 하나님이 내가 가는 길을 높은 담으로 막으시니, 내가 지나갈 수가 없다. 내 가는 길을 어둠으로 가로막으신다. 내 영광을 거두어 가시고, 머리에는 면류관을 벗겨 가셨다. 내 온몸을 두들겨 패시니, 이젠 내게 희망도 없다. 나무뿌리를 뽑듯이 내 희망을 뿌리째 뽑아 버리셨다. 하나님이 내게 불같이 노하셔서 나를 적으로 여기시고, 나를 치시려고 군대를 보내시니, 그 군대는 나를 치려고 길을 닦고 내 집을 포위하였다. 그가 내 가족을 내게서 멀리 떠나가게 하시니, 나를 아는 이들마다 낯선 사람이 되어 버렸다. 친척들도 나를 버렸으며, 가까운 친구들도 나를 잊었다. 내 집에 머무르는 나그네와 내 여종들까지도 나를 낯선 사람으로 대하니, 그들의 눈에 나는 완전히 낯선 사람이 되고 말았다. 종을 불러도 대답조차 안 하니, 내가 그에게 애걸하는 신세가 되었고, 아내조차 내가 살아 숨 쉬는 것을 싫어하고, 친형제들도 나를 역겨워한다. 어린 것들까지도 나를 무시하며, 내가 일어나기만 하면 나를 구박한다. 친한 친구도 모두 나를 꺼리며, 내가 사랑하던 이들도 내게서 등을 돌린다. 나는 피골이 상접하여 뼈만 앙상하게 드러나고, 잇몸으로 겨우 연명하는 신세가 되었다. 너희는 내 친구들이니, 나를 너무 구박하지 말고 불쌍히 여겨다오. 하나님이 손으로 나를 치셨는데, 어찌하여 너희마저 마치 하나님이라도 된 듯이 나를 핍박하느냐? 내 몸이 이 꼴인데도 아직도 성에 차지 않느냐? 아, 누가 있어 내가 하는 말을 듣고 기억하여 주었으면! 누가 있어 내가 하는 말을 비망록에 기록하여 주었으면! 누가 있어 내가 한 말이 영원히 남도록 바위에 글을 새겨 주었으면! 그러나 나는 확신한다. 내 구원자가 살아 계신다. 나를 돌보시는 그가 땅 위에 우뚝 서실 날이 반드시 오고야 말 것이다. 내 살갗이 다 썩은 다음에라도, 내 육체가 다 썩은 다음에라도, 나는 하나님을 뵈올 것이다. 내가 그를 직접 뵙겠다. 이 눈으로 직접 뵐 때에 하나님이 낯설지 않을 것이다. 내 간장이 다 녹는구나! 나는 너희가 무슨 말을 할지 잘 알고 있다. 너희는 내게 고통을 줄 궁리만 하고 있다. 너희는 나를 칠 구실만 찾고 있다. 그러나 이제 너희는 칼을 두려워해야 한다. 칼은 바로 죄 위에 내리는 하나님의 분노다. 너희는 심판하시는 분이 계시다는 것을 알아야 할 것이다(욥기 19:1-29).

성서에 소개된 욥은 세상에서 가장 의로운 사람으로 알려져 있다. 그는 매일 신에게 제사를 드렸으며, 항상 겸손하고 감사하는 마음으로 살아갔다. 그럼에도 불구하고 욥은 원인 모를 고난에 시달린다. 그는 하루아침에 전 재산과 온 가족을 잃고 자신마저 병마에 시달리는 비참한 상황에 놓이게 된다. 이를 지켜본 욥의 친구들은 위로는커녕 그를 비난한다. 자신의 죄를 숨긴다는 것이다. 그들의 비난에 대항해서 욥은 분노의 심정을 드러내고 있다. 욥은 그동안 자신이 지켜온 하나님에 대한 믿음이 송두리째 흔들리는 경험과 함께 절망의 나락으로 떨어지고 있다. 자신의 정당성을 주장할 수 없는 암울한 상황에서 분노는 내면화되고, 그것은 곧 수치심과 자신에 대한 연민과 회환으로 뒤범벅이 된 비통한 슬픔이 된다. 이때 존재감은 상실되고 인생의 목표는 사라진다. 우울증 환자들은 대체로 분노를 억압하고 내면화한다. 이 점에서 카벨과 말콤(Cavell & Malcom, 2007)은 분노와 우울(depression)이 함께 간다고 생각한다(p. 30). 희망이 없는 삶은 곧 죽음이다. 키에르케고르(Kierkegaard, 2007)는 절망이야말로 죽음에 이르는 병이라고 주장한다.

> 절망이 죽음에 이르는 병이라는 것은 이 마지막 의미, 즉 영원히 죽어 가야 하는, 또 죽어 가면서도 죽을 수 없는, 죽음을 죽어야 하는 이 고통스러운 모순, 이러한 자기의 질병이라는 의미에서다(p. 64).

죽고 싶어도 죽을 수 없는 사람들은 "억울해서 못 죽겠다!"라고 말한다. 자신의 존재 가치가 철저하게 무시된 상황에서 죽고 싶어도 죽을 수 없으면서 영원한 죽음의 계곡으로 빠져드는 것이 바로 절망이다. "주여, 어찌하여 나를 버리시나이까?" 십자가 위에서 드러난 예수의 절규는 세상에서 그 어떤 방법도 자신의 정당성을 회복할 길이 없을 때 온몸으로 부르짖는 한숨과도 같다. 그것은 슬픔과 함께 분노로 이어진다.

욥의 불평(W. Blake, 1786)
욥의 고통은 아랑곳하지 않은 채 친구들은 의심의 눈초리로 바라본다.

욥의 분노는 깊은 절망의 수렁에 빠져들면서 분출되는 화산과도 같다. 절망은 좌절을 낳는다. 프로이트(Freud, 1915)에 의하면, 좌절은 두 가지 양상으로 표출된다. 하나는 좌절을 보상하기 위한 쾌락(리비도)의 추구이며, 다른 하나는 고통을 회피하기 위한 공격성의 발현이다(A. Freud, 1972, pp. 53, 163-171).

욥의 분노는 하나님을 향한 공격성으로 드러난다. 하나님이 이유 없이 자신의 길을 막으며 고통을 준다는 것이다. 이처럼 분노는 일단 부당하게 박해를 받거나 정당한 대우를 받지 못할 때 발생한다. 욥이 하나님께 분노한 것은 자신이 생각하는 하나님으로부터 배반당했다는 심리에서 출발한다. 그토록 믿고 섬긴 대상으로부터 정당한 대우를 받지 못할 때 분노는 커진다. 한편으로 욥은 다른 사람들에게 분노를 표출할 수 없을 때 신에게 화살을 돌림으로써 자신의 정당성을 주장한 것으로 볼 수 있다. 분노의 대상을 찾아낼 수 없는 천재지변이나 사회적 부조리에 항거하는 분노는 종교인에게는 믿음의 대상에 대한, 비종교인에게는 정치인이나 불특정 다수인에 대한 분노로 표출된다.

외향화된 분노는 다른 사람에 대한 공격성으로 드러나지만, 내향화된 분노는 부모에 대한 원망이나 피학성으로 나타난다. 욥의 분노는 타인에 대한 공격성으로 드러나는 대신 부모상을 대변하는 신에게로 향하고 있다. 그것은 욥이 대외적으로 의인이 되어야 하기 때문이다. 사회적 인격인 페르소나가 자아를 대변할 때, 분노에 대한 조절능력은 현저하게 감소한다. 그것은 집단적 이상에 편승하려는 페르소나의 욕구와 무의식적 동기가 연합하여 자아의 기능을 약화시키기 때문이다. 융(Jung)은 페르소나와 자아가 동일시된 상태는 무의식에 의해 자아가 잠식된 경우와 같다고 말한다.

> 세상이 개인을 가면(페르소나)과 동일시하도록 유도하는 한, 그는 내면의 영향력으로 인도된다. 노자의 말대로, "높은 것은 낮은 것에 의존한다." 대극은 안으로부터 상승한다. 그것은 마치 자아가 페르소나에 함몰되는 것과 동일한 힘으로 무의식이 자아를 억압하는 것과 일치한다. 페르소나의 매력에 대항하여 외적으로 저항하지 않는 것은 무의식의 영향력에 반하여 내부적으로 동일한 수준의 연약함을 의미한다. 외부적으로 영향력 있고 강한 역할이 작용하는 동안, 내부적으로 무의식으로부터 올라온 모든 영향에 직면하여 실로 연약한 성향이 발전된다. 감상적 상태(moods), 변덕(vagaries), 유약함, 심지어는 맥 빠진 성활동(결국 발기부전에 이르게 하는)이 점차 지배하게 된다(CW 7, par. 308).

분노를 있는 그대로 표출할 수 없는 '의인' 욥은 오직 신에게만 분노를 표출할 수 있다. 외부세계에 대한 공격성이 발달하기 이전의 아동은 분노를 엄마에게 표출함으로써 그 반응을 본다. 이에 대해 적절한 반응을 한 엄마는 그야말로 좋은 엄마다. 하지만 아이가 분노나 공격성을 억압하거나 적절한 반응을 하지 못하면 존재감을 상실하게 되어 자아의 멸절에 대한 두려움과 공포를 경험하게 된다.

분노하는 사람의 성향은 가까운 가족이나 친구로부터 소외감을 느낀다. 그것은 주변에 믿을 만한 사람이 없다는 불특정 다수인에 대한 불신으로 이어진다. 게다가 주변 사람들이 아무런 이유도 없이 자신을 핍박한다고 여긴다. 그래서 항상 방어적이며 공격적이다. 그렇지 못한 사람은 자신을 비하하거나 부모를 원망하며 외부세계와 단절함으로써 자폐적 성향을 보인다. 욥은 분노로 인해 '피골이 상접하여 뼈만 남고 육체가 썩는다.' 성서는 분노가 영혼을 망가트릴 뿐만 아니라 신체마저 부패하게 한다고 말한다. 그럼에도 불구하고 분노는 자신의 정당성을 지키는 중요한 방어 수단이 된다. 억울하게 당하지 않으려는 생존 본능이 분노로 표출된다. 그 정당성이 천부적으로 부여된다고 믿기에 욥은 신에게 하소연하고 있는 것이다. 분노의 최종 표출이 신에게로 향할 수 있다는 것은 종교의 치유기능을 잘 보여 준다. 인간의 나약함이 신의 품에서 보존되고 강화되어 다시 새 힘을 얻게 되는 신앙의 힘은 무의식의 창조적 변형기능과도 그 맥락을 같이한다. 그러나 에딩거(Edinger, 1992)는 분노야말로 자신과 신을 동일시함으로써 발생되며, 그것은 자아를 영원한 아이로 남게 한다고 주장한다(p. 14).

믿음의 대상은 종종 인간에게 유아기에 경험한 전지전능한 엄마나 중요한 양육자의 표상과 일치한다. 잦은 분노는 과거의 상처나 자기애적 성향과 관련될 수 있다. 취약한 자아구조는 사소한 일에도 분노를 일으킨다. 성인이 되어서도 어머니와의 동일시 속에서 살아가는 사람들의 자기중심주의가 자신에 관한 모든 것을 정당화한다. 그 정당성이 침해받았다고 여길 때 분노와 격분이 발생한다.

2. 정의 및 특성

1) 분 노

분노(anger)와 관련된 우리말에는 '화' '분개' '분통' '격노' '격분' '통분' 등이 있다. 분노로 인한 심리적 질환을 '화병'이라고 부를 정도로, 우리나라에서는 분노에 대한 특별한 문화심리적 정서가 있다. 바이드벡(Videbeck, 2006)은 분노를 자신이 타인에 의해 괴롭힘을 당하거나 부당하게 취급되거나, 자신의 존재가 부인되거나, 혹은 자신의 의지가 저지당할 때 발생하는 정서로 이해한다(p. 166).

분노는 원초적이고 자연적이며 모든 인간에게 언제라도 발생할 수 있는 성숙한 정서다. 살아남기 위한 전략으로서의 분노는 자신에게 정당하고 올바른 선택을 하기 위한 심리적 요소다. 동일한 상황이라도 분노가 표출될 수도 있고 그렇지 않을 수도 있다. 예를 들면, 주차해 놓은 차가 누군가에 의해 파손되었다면 당연히 분노를 느낄 것이다. 이처럼 부당하게 자신이 침해를 받았다고 느낄 때 분노는 발생한다. 이때 분노는 가해자를 찾아 정당한 요구를 하게 하는 에너지의 원천이 된다. 그러나 천재지변에 의해 차량이 파손되었다면 우선 슬퍼하거나 안타까워할 것이다. 그 반면에 자신의 부주의나 실수로 차량이 파손되었다면 죄책감이나 수치심을 느낄 것이다. 이처럼 분노는 사건의 원인과 결과에 관계없이 일단 자신이 생각하는 정당성이 훼손되었을 때 발생하는 정서다. 대체로 분노는 분명한 외적인 요인을 가지고 있다. 분노는 보통 의도적이고 개인적이며 타인의 행동을 조절하려는 관점에서 표출된다. 그러나 자신이 인지하지 못한 상태에서 발생하는 무의식적인 분노도 있다. 의도적인 분노보다는 무의식적이고 충동적인 분노가 자아의 판단능력을 저하시킴으로써 실수를 일으키는 원인이 되기도 한다.

분노는 다양한 기원을 가지고 있다. 그 가운데 어떤 것은 매우 오래된 사건에서 기인한 것도 있다. 타인에 대한 분노와 더불어 자신에 대한 분노도 있다. 다른 사람이 자신의 정당한 권리를 훼손했을 때 발생하는 분노는 대체로 자연스러운 반응이다. 그러나 자신을 비하하거나 열등감 혹은 수치심에서 오는 분노는 과거의 상처나 자아구조의 취약성과 관련이 있다. 실수로 자신의 차를 훼손했을 때 수치심을 느낄 수는 있다. 그러나 이 수치심이 자신에 대한 비하와 분노로 발전할 때, 그 분노는 만성화된 상태로 내재화된다. 성적인 상처가 있는 사람은 대체로 그 원인을 자기 자신에게 돌리는 경향이 있다. 공격성의 내면화로 인해 자신을 평가절하하거나 열등감에 사로잡히거나 수치심에 의해 지배당할 때, 그것은 자신에 대한 분노로 이어진다. 분노가 외부로 표출되지 못하고 내부에 축적될 때, 그것은 '화병'이 되어 자신을 공격하는 무서운 무기로 변한다. 자신에 대한 만성화된 분노가 미해결된 콤플렉스와 결합할 때는 원인 모를 격분에 휘말리기도 한다. 도덕성 수준이 높고 종교적 신념이 강한 사람은 죄책감과 수치심이 강하다. 그들은 자신에 대한 증오 감정을 회피하는 수단으로 다른 사람을 비난한다. 그 비난은 대개 자기 내면의 수치심을 감춘 분노와 격분 형태로 나타난다(Music, 2001, pp. 44-45).

분노는 대개 외부의 침범에 대한 방어적 조치로 발생한다. 따라서 분노는 침입자를 공격할 때 발생하는 신체 반응을 동반한다. 여기에는 호흡 및 혈관, 목소리, 근육, 얼굴 표정의 변화 같은 것들이 포함되어 있다. 공격성을 동반하는 분노는 가끔 심혈관 질환을 유발하기도 한다. 심근경색 이후에 우울증을 앓으면 합병증의 위험과 연내 치사율이 높아지는 것으로 알려져 있다(Lelord & Andrè, 2008, pp. 434).

자연스러운 분노는 침범적인 상황에 대한 최초의 반응으로 나타난다. 그러나 불안이나 두려움과 같은 다른 정서나 인지과정에 대한 이차 반응으로 분노가 표출되는 경우도 있다. 이성과의 성적인 상처를 차분하게 수습한 사람이 시간이 지나면서 수치심이 증가하여 자신에 대한 분노로 이어지는 경우가 있다. '내가 그 정도밖에 되지 못하는가?' '왜 하필 나에게 그런 사건이 발생했는가?' '나는 왜 항의 한번 해 보지 못하고 무기력하게 당했는가?' 이런 식의 자기비하는 피학증이나 자신에 대한 분노로 이어지고, 그 분노는 다른 대상에게 투사되어 격분 상태가 된다. 분노는 분노를 낳고 그것은 통제 불가능한 격분 상태로 이어지는 경우가 많다. 홀리스(Hollis, 1996)에 의하면, 성(sexuality)과 분노는 그림자를 만나는 가장 큰 문제로 등장한다. 성적인 욕망의 억압은 그 통제 불가능한 속성으로 인해 침범으로 느껴지고, 이것은 분노로 이어진다(pp. 93-100).

내적인 요인으로 인해 발생한 분노라고 할지라도 그것은 대체로 이전에 경험한 상처나 스트레스 혹은 콤플렉스와 관련된 경우가 대부분이다. 그럼에도 불구하고 분노는 일단 두려움이나 상처에 의한 긴장을 해소하고 자신을 보호하려는 생존 전략의 수단으로 발생한다. 그 밖에도 분노를 통해 다른 사람을 통제하려는 사람도 있다. 화를 내면 공격성이 발현되고, 공격성은 상대방을 움츠리게 한다. 분노가 처음에 자신을 보호하기 위한 수단이었다가 점차 다른 사람을 지배하기 위한 수단으로 변화되는 것은 대체로 성장과정에서 영향력 있는 대상으로부터 습득한 것이다. 어떤 이들은 부모를 통제하는 수단으로 분노를 표출하기도 한다. 그것은 자녀를 통제하기 위해 사용했던 부모의 분노방식을 체득한 결과다(Greenberg & Paivio, 2008, pp. 193-200).

외부로 표출되는 분노에는 대체로 두 가지 기능이 있다. 하나는 침범하는 대상에 대한 공격적 태도를 형성하게 하는 것이고, 다른 하나는 상대를 위협함으로써 굴복을 유도하려는 것이다. 분노의 핵심 기능은 위협이다. 한번 치명적인 상처를 입으면 거의 회복이 불가능한 동물의 세계에서 실제적인 공격은 가능한 한 절제된다. 그 대신 힘 겨루기를 통해 우열을 가리거나 분노 표출을 통해 자신의 저력을 과시한다. 결국 분노의 목적은 대상으로부터 존중받으려는 기본적 욕구에서 발현된다. 분노에는 상대방으로 하여금 자신을 존중하도록 함으로써 자신의 위치를 공고하게 하려는 의도가 숨겨져 있다(Lelord & André, 2008, pp. 47-48, 95).

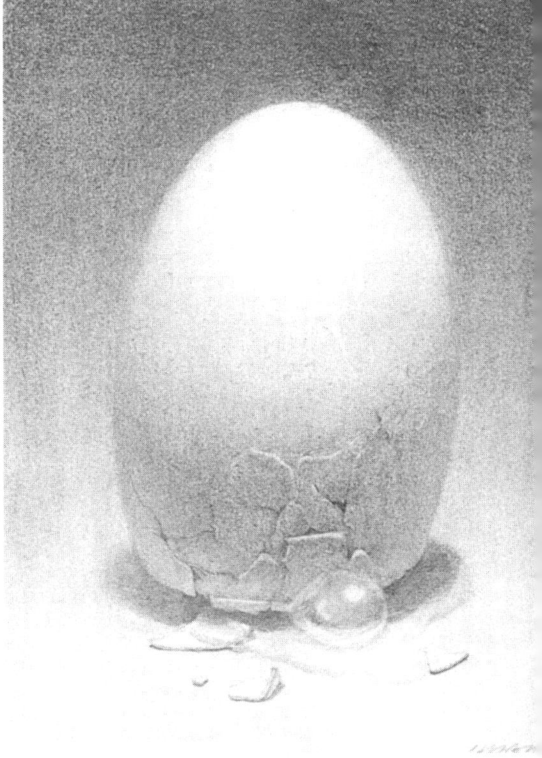

분노: 콜럼버스의 달걀(한정규, 2013)
아직 충분히 성숙하지 않은 껍질을 깨고 피를 토하듯 항변하는 분노는 진정 자신의 존재감을 확인하는 자아의 모습이다.

2) 격 분

대체로 의식 상황에서 인식되는 분노와 달리, 격분(rage)은 사고와 언어 그리고 인식 과정이 부재한 상태에서 발생되는 일종의 무의식적이고 본능적인 방어기제다. 홀(Hall, 2008)에 의하면, 분노는 자연스러운 정서로서 대체로 덜 위협적이며, 때로는 긍정적이고 순수하며 건설적인 방향으로 표출된다. 그러나 무의식적으로 발생하는 격분은 충동적이고 파괴적이며 심각한 위협적 상황을 초래한다. 그것은 성장과정에서 겪은 상처나 위협에 대한 순간적인 방어기제가 작용하기 때문이다(p. 25). 모닉(Monick, 1991)에 의하면, 분노가 자신의 정당성이 훼손되거나 배반당했거나 거부당했을 때 발생하는 반응적 정서라면, 격분은 내부나 외부의 자극이나 공격에 대해 아무런 대안이 없거나 능력이 없을 때 느끼는 절망감에서 비롯된다(pp. 98-99). 그가 말하는 격분은 원초적 존재감에서 비롯된다. 자연의 자궁 안에서 모든 것을 해결했던 경험을 한 인류는 현실적 모성과 분리되면서 좌절과 더불어 격한 감정에 휘말리기도 한다. 그것은 일종의 과대자기로부터 온 대양감(oceanic feeling)에서 비롯된다. 자신을 무한한 경지에 두려는 자기애적 성향이 격분을 일으킨다.

통제 불가능하고 폭발적인 분노 형태인 격분은 인지작용이 이루어지지 않은 언어 이전의 심리적 방어기제로서 침범이나 외상에 적절하게 대처하지 못한 결과로 나타난다. 자아의 한계를 능가한 압도적인 정동으로서의 격분은 신적인 속성이 있다(Eigen, 2002, p. 140). 분노에 동반되는 정동에는 격분, 증오(hatred), 비애(grievance) 등이 있다. 위너(Wiener, 1988)는 분노를 격분과 구별한다.

분노와 격분은 연결된 정동이지만 정신기능 측면에서 볼 때 서로 다르다. 일반적으로 분노는 일종의 '콤플렉스 감정'으로서 자신이 바라는 목적이 성취되지 않거나 좌절되었을 때 생긴다. 장애물을 극복하기 위한 방법으로서의 분노는 보통 의식적이며, 자아와 관련된 인지적 속성을 지님으로써 어느 정도

> 조절이 가능하다. ……이때 자아와 자기 모두가 관여한다. 분노가 반드시 파괴적일 필요는 없다. 오히려 분노는 종종 정상적이고 건강한 자기애적 성향의 일부이거나 사회적 상호작용을 규정하기 위한 시도다. ……분노 감정이 만족스럽게 조절되지 못하여 걱정과 분열로 이어질 때, 그 분노는 구조화되지 못하거나 억압되어 격분의 단계로 발전된다(pp. 497-498).

위너(1988)에 의하면, 분노는 자아와 자기가 연관된 정동이다. 하지만 격분은 무의식에서 발생한 태곳적 정동으로서 몸을 사로잡고 자기를 자극한다. 따라서 격분이야말로 엄청난 위력을 지닌 화산 폭발과 같다. 격분은 자기애적 상처의 결과로 나타나며 종종 수치심과 연결된다. 격분은 분노와는 달리 자아를 초월하여 정신의 중심인 자기와 직접적인 관계를 맺는다. 달리 말하면, 분노는 자아에 의해 어느 정도 통제될 수 있지만, 격분은 무의식적 충동으로서 의식의 범주를 벗어난다. 통제 불능 상황으로 이어진 격분 상태에서 가해자에 대한 용서 감정은 거의 일어나지 않는다. 부정적이며 억압적인 감정인 격분은 결국 자기의 인도를 받지 못함으로써 건강한 생명력을 상실케 한다(p. 498).

융 역시 격분을 태곳적이며 원형적인 정동으로 간주한다. "우리가 격분으로 인해 이성을 상실할 때는 이미 우리 자신이 아니며 악한 영에 사로잡힌 상태다." (CW 8, pars. 627-628) 이런 의미에서 격분은 마치 미친 상태(madness)와도 같다. 따라서 격분은 무의식의 억압이 파괴적 양태로 표출된 것이라고 볼 수 있다. 분노는 복수의 욕구를 가속화한다. 비록 의식적 노력으로 복수 감정을 완전히 제거하지는 못할지라도, 자아는 어느 정도 복수 감정을 다스릴 수 있다. 그러나 격분 상태에서의 복수는 대개 현실 속에서 비참한 보복 사건으로 이어진다.

폰 프란츠(von Franz, 1990)는 비참함(bitterness)이 격분과 같은 숨은 정동의 일종이라고 주장한다. 비참함은 일종의 숨은 정동이거나 그 안에 격분이 있다. 그리고 비참함은 인격에 경직된 영향을 준다. 비참한 사람들은 대체로 친절하지 못하거나 불안하여 대하기 힘들다. 그런 사람들은 편협한 태도를 지니며, 돌처럼 딱딱하게 굳는다(p. 137).

카트라이트(Cartwright, 2002)는 격분을 '원시적인 폭발적 정동 상태'로 간주하면서, 격분에 수반되는 현상으로는 자기노출, 수치심, 자기애적 상처, 증오 등이 있다고 주장한다(p. 22). 폭발적인 분노는 내출혈의 위험을 높이며, 억제된 분노, 원한, 만성 적개심 또한 관상동맥에 위험을 초래하는 것으로 알려져 있다. 격렬한 분노는 문제의식을 둔화시키고 이성적 판단능력을 저하시킴으로써 의도하지 않은 엉뚱한 결과를 초래하기도 한다(Lelord & Andrè, 2008, pp. 72-74). 격분은 어떤 정점에 이를 때 갑자기 조용하고 냉정하고 살인적이며, 원한(resentment)과 같은 냉혹한 감정으로 대치된다(von Franz, 1990, p. 199). 분노와 마찬가지로 격분 또한 일차적 목적은 다른 사람들에게 잘못된 것을 알리게 하는 데 있다. 도움을 요구하고, 사회정의 구현의 수단이며, 성장을 위한 대체 수단으로서의 격분은 자기의 결핍을 보상하는 수단으로 작용한다. 그러나 동시에 격분으로 인해 무기력감과 절망감 그리고 무능력감이 자신을 초라하게 만들기도 한다(Eigen, 2002, pp. 10-11).

3. 유 형

1) 나쁜 대상(박해자)에 대한 분노

클라인(Klein)은 유아의 분노에 대해서 설명한다. 좋은 젖가슴과 나쁜 젖가슴을 별개로 인식하는 편집-분열적 자리에서 유아는 좋은 젖가슴에 대해서 사랑을, 그리고 나쁜 젖가슴에 대해서는 증오와 공포, 분노 등을 경험한다. 그러나 우울적 자리에서 유아는 좋은 엄마와 나쁜 엄마를 하나의 인격체로 통합하면서 혼합된 감정을 지닌다. 아기는 엄마와의 분리로 인해 좋은 것을 박해 대상의 공격에 의해 빼앗겼다기보다는 상실한 것으로 경험한다. 이때 아기는 분노 대신 슬픔을 경험한다. 아이는 자신이 파괴하려고 했던 나쁜 대상이 바로 자신에게 필요한 좋은 대상임을 깨닫고 충격을 받는다. 나쁜 대상에 대한 분노를 일으켰던 유아는 자신의 분노에 스스로 겁을 먹게 되고, 이로 인해 우울한 상태에서 보복에 대한 두려움을 느끼게 된다. 자신의 분노에 대한 유아의 두려움은 죄책감을 유발하고 그에 대한 초자아의 심판과 후회 감정이 주를 이룬다. 유아는 자신의 분노를 외부로 향하게 하는 것이 두려워 분노를 내부로 향하게 하고, 그로 인해 자신을 질책한다. 이것이 클라인이 말하는 우울적 자리의 핵심 감정이다(Gomez, 2008, pp. 72-73).

2) 발달과정에서 발생하는 분노

발달과정에서 자연적으로 발생하는 분노는 신경증적인 분노와는 달리 성장과정에 필요한 에너지원이 된다. 분노해야 할 때 분노를 드러내지 못한 이들은 성장과정이 원만하지 못한 결과에서 비롯된다. 유아는 엄마와의 공생기로부터 분리-개별화 과정으로 진입할 때 자신을 박해하는 대상(나쁜 젖가슴)에 대한 분노로 인해 증오와 공격성을 드러낸다. 정신분석 관점에서 보면, 오이디푸스 시기에 아들은 아버지에 대한 분노로 인해 거세공포의 위협을 느낀다. 학령기에 이르면 또래 집단 사이에서 벌어지는 경쟁에서 낙오되거나 뒤처질 때 타인에 대한 공격성과 더불어 부모와 자신에 대한 분노가 발생한다. 이유 없는 반항기인 사춘기 시절에는 자신을 통제하는 부모와 형제에게 무차별적인 공격성과 분노를 표출한다. 이것은 독립적 자아상을 구현해 가는 과정에서 필연적으로 나타나는 현상이다. 청장년기에 이르러서는 사회적 정의와 분배가 정당하게 이루어지지 않을 때 구조적인 악에 대한 분노와 미래에 대한 불안을 느낀다. 융이 말하는 인생의 전반부에는 주로 성장을 방해하는 요인에 대한 분노가 있다면, 인생의 후반기에는 이루지 못한 것들에 대한 자책과 자신에 대한 분노가 우울증이나 무기력감으로 표출된다. 노년기에 이르면 신체적 약화로 인해 정신과 몸의 부조화로 인한 분노와 사회적 역할 감소에 대한 분노가 주를 이룬다.

특히 중년의 분노는 흔히 발생하는 현상이다. 오랫동안 가부장 사회에서 사회문화적 그리고 성적 차별을 받아 온 한국의 여성들은 중년기에 들어서서 그동안 쌓인 분노를 폭발하는 경우가 많다. 남성에 비해 금기 사항이 많은 여성은 그만큼 심리적 억압이 강화된다. 가끔 중년의 분노는 맹목적인 야심에 자신을 내맡기는 모험을 감행하도록 부추긴다. 다른 사람을 몰아세우거나, 갑작스럽게 이혼을 감행하여 주위 사람을 당황하게 하거나, 자신을 죄 없는 희생자로 여기는 중년의 사람들은 분노의 배경에 대해서 생각해 볼 필요가 있다. 우선 분노 감정에 대한 수용과 더불어 그와 함께해 온 인생의 여정을 되돌아보아야 한다. 사회적 요구에 부응해 왔던 페르소나의 인생은 자아 상실을 초래하며 그림자를 양산할 뿐이다. 분노는 대개 억압과 고통, 비도덕성과 열등감 등 원한 감정으로 둘러싸인 그림자와 더불어 의식으로 올라온다. 홀리스(1993)는 우리가 처한 현실을 있는 그대로 경험함으로써 자유를 성취하는 것이야말로 내적 분열을 치유하는 중요한 단계라고 주장한다(p. 43).

3) 인격장애자에게 나타나는 분노

플로르와 앙드레(Lelord & Andrè, 2008)는 인격장애자에게서 나타나는 분노 형태를 다음과 같이 소개한다. 모든 것을 자기중심적으로 해석하는 자기애성 인격은 다른 사람들이 자신에게 주의를 기울이지 않거나 자신이 다른 사람들과 확실히 구별되는 방식으로 특별한 대우를 받지 못했다고 여길 때 분노를 일으킨다. 스스로를 옭아매는 편집성 인격은 악의에 찬 것으로 느껴지는 지적 행동이나 농담을 들을 때 분노를 발산하며, 완벽주의를 추구하는 강박성 인격은 누군가 자신의 계획을 흐트러뜨리거나 자신의 세심한 행동을 비웃을 때 분노한다. 신경증과 정신증 사이의 경계성 인격은 자신이 버려졌다는 느낌을 받거나 다른 사람과 애정적으로 너무 가깝거나 너무 통제적인 관계를 맺을 때 분노한다(p. 54). 플로르와 앙드레가 제시하는 인격장애자에게 나타나는 분노는 지극히 부분적인 사례에 불과하다. 신경증적 분노는 대체로 스스로 세운 자신의 정당성이 훼손되었거나, 자기 자신에 대한 실망감이나 수치심 혹은 죄책감으로 인해 발생한다. 반면에 정신증적 분노는 내면에 감추어지며, 겉으로는 냉정하고 차분한 주지적 성향을 띤다.

4) 사회적 부조리(악)에 대한 분노

사회적 부조리와 악에 대한 분노는 저마다 다르게 나타난다. 성장 배경과 사회문화적 정서, 그리고 자신의 신념이나 양심에 따라 정의와 악을 구별하는 기준은 달라진다. 종교인은 모든 일을 자신의 종교적 관점에서 판단하고, 정치인은 모든 것을 지배원리에서 비추어 보며, 경제인은 모든 것을 이윤 추구라는 관점에서 판단한다. 자신이 설정한 혹은 자신이 습득해 온 기준에 따라 판단된 정의와 악은 그 자체로 한계를 지닐 수밖에 없다. 그럼에도 불구하고 대부분의 사람은 자신의 한계를 직시하기보다는 절대화하는 경향이 있다. 이런 관점에서 볼 때, 사회적 부조리에 대한 분노는 대체로 자신의 사회적 위치나 이상에 따라 그 정도가 달라진다. 따라서 진정한 자아나 내면의 자기로부터 온 분노와 생존 전략이나 방어기제로부터 온 분노를 구별할 필요가 있다. 사회적 악에 대한 분노는 대체로 자신이 견지해 온 일방적 신념이나 가치관이 와해될 것에 대한 방어기제로 인해 발생한다. 우리는 외부세계에 대한 분노가 발생할 때 그것을 내부세계와의 관계 안에서 재해석함으로써 분노의 도가니에 빠지지 않게 된다.

5) 자기 자신에 대한 분노

사람들은 종종 자신에 대한 분노를 느낀다. 그것은 스스로 세운 기준이나 양심 혹은 사회적 기대에 부응하지 못한 자아에 대한 비판의식에서 발생한다. 그러한 분노는 전체 인격에 때로는 긍정적으로, 때로는 부정적으로 작용한다. 사회적 인격인 페르소나에 대한 분노는 대체로 부정적으로 작용한다. 자신의 직무와 위치 그리고 사회적 책임감은 인간의 실존적인 한계성 안에서 용인되어야 한다. 그럼에도 불구하고 자신의 능력과 한계를 훨씬 초월하여 사회적 책임감을 느끼거나 과도한 이상을 지닐 때 자신에 대한 분노가 활성화된다. 이런 분노는 자아의 한계를 부정한 페르소나의 일방적 이상으로부터 발생한 것으로서 결국 무의식의 환상과 과도한 욕망의 지배를 받게 된다. 그러나 자신에 대한 적절한 분노는 적절한 죄책감과 수치심과 더불어 자아의 성장을 돕는 밑거름이 된다. 그것은 자아가 자기와 건강한 관계를 맺을 때 가능하다.

융심리학 관점에서 보면, 전체 인격인 자기는 의식과 무의식의 균형과 조화를 통해 부분 인격인 자아에게 적절한 임무를 부여한다. 지나친 결핍과 보상으로 인해 또 다른 콤플렉스가 발생하지 않게 하는 것이 자기의 임무인 것이다. 자아가 자기의 인도 아래 있을 때 발생하는 분노는 결국 자기실현의 길로 인도하는 건강한 정서적 반성이 된다. 융은 자아의식에 제한받지 않는 자기야말로 개성화의 본질이라고 주장한다.

> 자기는 그 자체로 의식화되지 않고 전통적 지식(예: 푸루사/아트만 교훈)을 통해 항상 가르침이 주어졌다. 왜냐하면 자기는 개성화의 본질을 의미하기 때문이다. 개성화는 자신이 처한 환경과의 관계 없이는 불가능하다. 자기는 개인적 관계가 형성될 수 있는 생각을 지닌 사람들에게서 발견된다. 게다가 자기는 자아가 포함된 상황을 반드시 표현하는 일종의 원형이다. 따라서 자기는 모든 원형처럼 개인적 자아의식에 국한될 수 없다. 오히려 어떤 시공의 제한도 없이 주변을 에워싸는 분위기처럼 행동한다(CW 9ii, par. 167).

6) 성적 정체성의 침범에 대한 분노

남성 중심주의 사회일수록 여성에 대한 폄하나 왜곡이 많이 발생한다. 성에 대한 사회적 차별은 다른 어떤 차별보다도 심각한 사회문제와 심리적 부작용을 낳는다. 성적 정체성은 사회적 인격인 페르소나와 본질적으로 다르다. 페르소나는 공동체의 이상이 개인에게 부과된 것으로서 다분히 집단적이고 권위적이며 개인의 범위를 초월한 무의식적 속성을 지닌다. 반면에 성적 정체성은 태생적으로 부여된 존재 가치요 원초적 자기표상이다. 이것이 사회문화적으로 채색될 때 원초적 자기표상은 개인성을 상실하고 집단적 기준에 의해 판단된다. 문제는 성적 정체성이 훼손되거나 침범당할 때 그 판단이 사회문화적인 기준에 의한 것인지, 아니면 본래 태생적인 인간의 본질(존재성)에 대한 문제인지를 구별할 필요가 있다는 점이다. 어떤 직업은 여성에게 적합하지 않다. 그럼에도 불구하고 그것을 여성을 폄하하는 사회적 편견으로 간주하고 무리하게 덤벼드는 경우도 있다. 이는 여성적 정체성을 확립하기보다는 오히려 방해하는 결과를 초래한다. 예를 들면, 자궁에 무리를 주는 직업의 경우는 사회적 편견이 아닌 본래적 여성성에 비추어서 그 직업을 택할 것인지 판단해야 한다. 그 반대로 사회문화적 기준에 따라 일방적으로 성적 정체성을 판단할 경우는 그것이 여성성의 결핍으로 이어져 심각한 부작용을 초래한다.

남성 역시 성적 정체성을 남근(phallus) 본연의 정체성으로부터 찾아야 한다. 그것은 오랫동안 사회가 부여한 것도 있지만 태생적으로 부여된 것들도 있다. 자궁이 여성의 표상이라면, 남근은 남성의 표상이다. 이 둘은 서로 공유하는 속성과 함께 개별적인 특성을 지니기도 한다. 자궁이 생명을 잉태하는 자리라면, 남근은 생명의 씨앗이다. 둘은 서로 동등한 가치를 지니며, 모두 생명적 힘을 지닌다. 여성에게 양육과 동시에 모든 것을 삼키는 이중적 모성이 있다면, 남성에게는 모든 것을 관통하는 추진력과 질서를 세우는 지배욕이 있다(Monick, 1987, p. 15 참조).

남성과 여성 모두는 사회적으로 부여된 성적 정체성이 침범당할 때 대체로 분노가 발생한다. 그러나 본질적으로 부여된 성적 정체성이 훼손되거나 침범당할 때 그것은 순간적으로 격분으로 나타나는 경우가 대부분이다. 그것은 사회적 악에 대한 항의가 아니라 존재 자체에 대한 위협에 대응하는 주체의 결단이다(Monick, 1991, pp. 98-104). 이런 관점에서 프로이트(1915)는 가학증(sadism)과 격분이 성적 흥분으로부터 발생한 것이 아니라 자기 자신을 지키고 유지하기 위한 자아의 투쟁에서 발생한다고 주장한 바 있다(pp. 138-139; Spezzano, 1993, p. 89에서 재인용).

7) 그림자 투사로 인한 분노

부모와 자녀 간에 발생하는 분노는 대체로 그림자 투사에 의한 경우가 많다. 비행청소년을 자녀로 둔 부모는 대체로 분노에 휩싸여 있다. 그들은 "왜 하필이면 내 자식이 저렇게 되었는가?"에 대한 탄식과 분노만이 있을 뿐이다. 부모의 분노는 자녀의 분노를 일으키고 서로의 공격성은 가정을 파국으로 몰아간다.

'자녀는 부모의 거울'이라는 말처럼, 부모의 그림자에 감염된 자녀들의 행동은 부모의 심기를 자극하기에 충분하다. 자녀를 통해 자신의 그림자를 경험한 부모는 우선 그것을 자녀에게 떠넘긴다. 그림자 투사의 대상이 된 자녀는 희생양이 되어 부모 분노의 제물로 전락한다. 자신의 그림자가 투사된 자녀에 대한 극단적인 분노는 자녀 살해로 이어지기도 한다. 그 대표적인 예가 사도세자의 죽음이다. 여러 가지 해석이 분분하지만, 약간의 광기가 있었다고 전해지는 사도세자는 결국 권력을 쥔 아버지 영조의 정당화된 논리에 의해 희생당한 것이다.

부모의 이유 없는 학대에 자녀 또한 극도로 분노한다. 그것은 마치 자기 자신의 일부를 상실당하는 것과 같기 때문이다. 자녀의 분노를 진정시키는 가장 좋은 방법은 가장 먼저 부모의 그림자를 자녀에게 투사하지 않은 것이다. 상황에 비해 지나치게 분출되는 분노나 거의 무의식적으로 폭발하는 격분은 반드시 무의식적인 동기가 있다. 그림자 투사를 철회하고 상황을 객관적으로 바라볼 수 있을 때 분노는 스스로 해결의 방향성을 제시한다. 이런 관점에서 융은 심리적 통찰력이 증가할 때 그림자 투사는 감소하며, 자신의 어두운 면을 보게 된다고 주장한다.

> 심리적 통찰력의 증가는 그림자 투사를 방해한다. 그리고 이런 소득은 지식적 측면에서 논리적으로 대극의 합일이라는 문제로 인도한다. 우리는 우선 다른 사람에게 자신의 그림자를 투사할 수 없다는 사실을 깨닫는다. 다음으로 다른 사람의 죄를 강조함으로써 얻어지는 유익은 없다. 이는 자기 자신의 죄를 알고 소유하는 것만큼이나 중요하다. 왜냐하면 그것은 우리 자신의 일부이며 이 세상에서 깨달음을 위해 반드시 필요한 요소이기 때문이다(CW 14, par. 203).

4. 발생 배경

1) 관계 맺기의 실패가 분노를 유발

페어베언(Fairbairn, 2003)은 분노가 생애 초기부터 경험되는 인간의 정서라고 주장한다. 유아가 처음부터 다른 사람과 관계를 맺도록 동기화되었다면, 관계 맺기의 실패는 곧 분노로 이어진다. 관계에서 철수하는 것은 유아에게 매우 근본적인 갈등을 야기한다. 이로 인해 유아는 관계적인 욕구로부터 스스로를 보호하기 위해 부정적 경험을 따로 분리해서 보다 안전한 자신의 내면에 간직하게 된다. 중요한 대상이 자신을 거부할 때, 유아는 견딜 수 없는 분노를 느낀다. 이로 인해 내면에 적대적이고 냉소적인 자기표상을 형성하게 된다. 유아의 적대감이 억압된 상태에서 분출될 때 죄책감과 결합된 증오와 분노가 발생한다(pp.

170–173; Gomez, 2008, pp. 102-107).

자신과 대상 사이의 분리와 구별은 관계 맺기를 위한 필연적인 과정이다. 그럼에도 불구하고 심리적 자궁에서 아직 벗어나지 못한 유아는 여전히 엄마와의 동일시 상태에 있다. 관계 맺기의 실패는 양육자의 적절한 응답이 없거나 유아의 과도한 욕구로 인한 자기불만족에서 유래한다. 어린 시절에 부모와 건강한 관계를 맺지 못하면 성인이 된 후에도 다른 사람들과의 관계가 불안하다. 융이 제시한 사례는 형제 사이의 갈등이 자기애적 상태에서 비롯된 것임을 보여 준다. 동생과 함께 사업을 운영하고 있었던 형은 늘 동생에 대해 비판적이었다. 그것은 재능이 더 많은 동생에 대한 시기와 분노의 표현이었다. 형의 꿈에는 늘 동생이 출현하였으며, 동생은 비스마르크, 나폴레옹 혹은 카이사르의 역할을 하고 있었다. 그의 집은 언제나 로마의 바티칸이나 회교 사원처럼 보였다. 융은 그의 꿈을 관계 회복을 위한 무의식의 보상작용으로 보았다. 형은 자신을 높은 곳에 세워두고 항상 동생을 낮은 곳에 자리 매김했던 것이다. 이때 꿈은 동생을 높은 위치에 앉힘으로써 자신의 그림자와 직면할 기회를 제공한 것이다(CW 7, par. 279).

2) 거세공포가 피학적 분노를 유발

오이디푸스기에 발생할 수 있는 거세공포는 자신에 대한 피학적 분노로 이어진다. 엄마를 차지하려는 욕망이 아버지의 분노를 촉발하여 자신의 성기가 제거될 것이라는 아들의 공포가 내재화될 때 공격의 대상은 바로 자신이 된다. 금기를 어긴 것에 대해 처벌하는 수단으로 나타나는 아버지에 의한 거세 외에도, 엄마와의 동일시를 위해 스스로 거세하는 경우가 있다. 엄마와의 성적인 연대는 아들의 동성애적 성향을 부추기거나 성기능 장애를 초래하기도 한다. 자기거세 충동은 수동적이며 수용적인 욕구로서 엄마의 보살핌만을 바라는 무력하고 책임을 지지 않으려는 형태로 나타난다. 거세공포가 실행에 옮겨져서 나타나는 현상은 꿈이나 환상에서 자신의 수족을 절단하는 정신분열증 형태로 표출되기도

아버지 우라노스를 거세하는 크로노스(Giorgio Vasari & Christofano Gherardi, 1555)
주변 사람들이 공포에 질려 놀라 피한다.

한다(Saul, 2006, p. 200).

아들의 아버지에 대한 증오와 분노는 그리스 신화에 나타나는 우라노스와 크로노스 사이의 갈등에서 드러난다. 아들이 아버지의 지배적 자리를 쟁취하지 못할 때 발생하는 분노는 어머니의 도움으로 아버지를 제거하고자 하는 욕망으로 발전하기도 한다. 야코비(Jacoby, 1999)에 의하면, 어머니와의 공생적 연합을 통해 아버지를 제거하고 자신이 어머니의 파트너가 되고자 하는 오이디푸스 콤플렉스의 잔재는 성인이 된 후에 성적 정체성의 혼란과 대상관계 능력을 약화시킨다(p. 102). 오이디푸스가 거리에서 아버지를 죽이고 어머니를 차지한 그리스 신화는 아들의 분노가 아버지를 제거한 후 죄책감으로 인해 자신을 파멸로 이끌어 간 무의식적 동기를 보여 준다.

융심리학 관점에서 볼 때, 남성의 자기거세는 모성 콤플렉스에서 기인한다. 엄마와의 동일시는 엄마의 자궁에 빠져드는 것과도 같다. 자아의 탄생을 스스로 거부하고, 자궁 속에서 안주하려는 퇴행의 욕구가 죽음의 공포와 함께 분노를 유발한다. 엄마의 자궁은 생명을 잉태하는 자리이기도 하면서 동시에 모든 것을 삼켜 버리는 죽음의 함정과도 같다(CW 5, pars. 264, 396). 무저갱과도 같은 엄마의 자궁에 대한 이미지는 요나서에 나타난다. 요나를 삼킨 큰 물고기의 배 속은 엄마의 자궁과도 같다(박종수 2009, p. 327; CW 5, pars. 509-512). 그곳에 죽음과 생명이 함께 존재한다. 융은 모성 콤플렉스의 특징을 다음과 같이 묘사한다.

> 모성 콤플렉스의 작용은 아들이냐 딸이냐에 따라 각기 다르다. 아들에 대한 모성 콤플렉스의 전형적인 작용은 동성애, 돈 후안(Don Juan) 같은 호색벽, 경우에 따라서는 성 불능증으로 나타난다. 동성애에서는 이성의 요소들이 무의식적 형태로 모든 여성에게서 어머니를 찾는다. 아들에 미치는 모성 콤플렉스의 작용은 키벨레—아티스 유형—의 표상에 묘사된다. 그것은 자기거세, 광기, 이른 죽음으로 표현된다. ……모성 콤플렉스는 오직 딸한테만 순수하며 덜 복잡하다. 여기서 문제가 되는 것은 한편으로는 어머니에게서 비롯된 여성적 본능의 강화이며, 다른 한편으로는 여성적 본능의 약화 내지 소실이다. 전자의 경우에는 본능적 세계가 너무 과중하여 자기 고유의 인격을 의식하지 못하는 무의식성이 생기고, 후자의 경우에는 본능의 투사가 어머니를 향해 이루어진다. 지금으로서는 다음과 같은 확인에 만족해야겠다. 즉, 딸의 모성 콤플렉스는 여성적 본능을 과도하게 촉진시키거나 억제하고, 아들의 경우는 부자연스럽게 성적 측면을 강조함으로써 남성의 본능을 손상시킨다는 것이다(CW 9i, pars. 162-163; KGW 2, pp, 206-207).

3) 퇴행하고자 하는 욕구가 분노를 유발

사울(Saul, 2006)에 의하면, 분노는 퇴행하고 싶은 욕구에 대한 저항으로 나타난다. 외부적 침범과 내부적 욕망이나 수치심에 대한 자아의 대처능력이 떨어질 때 방어적 수단으로 분노가 발생한다. 부모의 성장에 대한 독려가 아동으로 하여금 분노를 자아낸다. 성인이 되는 것에 대한 두려움 때문에 유아기 상태로 퇴행하여 엄마의 자궁 속에서 안주하고 싶은 마음은 누구에게나 있다. 퇴행은 일시적 휴식이며, 자신을 성찰하는 중요한 기회다. 동시에 퇴행하고 싶은 유혹은 성장에 대한 위협이다. 성숙하지 못한 사람들은 퇴행에 대한 저항이 없다. 그러나 성숙한 사람일수록 유아기 상태로의 퇴행적 욕망에 대한 거부감이 있다. 퇴행에 대한 거부감은 일상으로부터의 도피를 방해함으로써 분노를 유발한다. 이때 발생한 적개심과 공격성으로 인해 신체적 · 심리적 부담이 가중된다. 어떤 경우에는 이러한 분노가 투사되어 편집증으로 나타나기도 한다(p. 54).

분노에 동반되는 적개심이 다른 사람에게 전이될 때는 치명적인 해를 끼칠 수 있다. 부모와 형제에 대한 적개심이 있는 아동은 대개 동물들을 학대하거나 친구들에게 분풀이를 한다. 이러한 아동기 감정양식이 지속되면 평생 희생양을 찾아 복수의 기회를 엿볼 것이다. 그렇지 못할 경우 그 분노는 자신에게 향함으로써 피학증(masochism)에 시달리면서 고통스러워하고, 신경증적이고 통제되지 않는 인생을 살기도 한다(p. 16).

퇴행은 엄마의 자궁으로 회귀하고자 하는 유아기적 소망을 반영하면서 동시에 리비도의 내향화를 통한 자기반성의 수단으로 나타나기도 한다. 그러나 우울증을 동반하는 부정적인 퇴행은 자아를 과거에 묶어 둠으로써 현실 적응을 방해한다. 이런 차원에서 융은 우울증을 과거에 사로잡힌 자아에 비유한다.

> 삶으로부터 즐거움을 앗아 간 것은 주로 외부에 있었던 어떤 것 때문에 뒤를 돌아다보는 습관이다. 그것은 내부를 들여다보는 것, 즉 우울 상태의 심층을 살펴보지 않은 데서 비롯된다. 이렇게 뒤를 보는 것은 퇴행(regression)으로 인도하며, 그 길로 가는 첫걸음이다. 퇴행은 또한 무심결에 이루어지는 내향성으로서, 과거가 기억의 대상이면서 곧 심리적 내용 혹은 내적인 심리요인(endopsychic factor)이 되는 경우에 발생한다. 그것은 현재의 우울증에 의해 야기된 과거(경험)로의 퇴보(relapse)다. 따라서 우울증은 무의식의 보상(compensation)으로 간주되어야 한다. 그 보상 내용은 충분히 효과적일 경우 의식화되어야 한다. 이것은 오직 우울 성향과 함께하는 의도적인 퇴행과 과거

의 기억이 의식 안에서 활성화되도록 통합하는 작업에 의해 수행될 수 있다. 그것은 바로 우울증이 처음부터 목표로 하고 있는 것이었다(CW 5, par. 625).

4) 과대자기에 대한 욕망의 억제가 자기애적 격노를 유발

체식(Chessick, 2007)은 『자기심리학과 나르시시즘의 치료(*Psychology of the self and the Treatment of Narcissism*)』에서 코헛이 말하는 자기애적 격노(narcissistic wrath)의 발생 배경을 소개한다. 자기애적 취약성을 지닌 사람은 과대자기에 대한 욕망이 억눌렸을 때 자기애적 격노가 분출되어 이상적인 자기대상과의 합일을 추구한다. 코헛에 의하면, 자기애적 격노에서 발생한 위험한 공격성은 자기대상에 대한 극심한 실망에서 오는 일종의 붕괴나 부산물이다. 그것은 사소한 상처에도 엄청난 자기애적 격노를 보이며, 자기대상이 독립성을 보이거나 자신의 요구를 들어주지 않는 것을 자신에 대한 공격으로 여긴다. 자아는 단지 복수를 위한 도구가 되고, 자아의 모든 실패의 원인을 비협조적인 자기대상의 잘못으로 돌린다. 이러한 격노가 자신을 향할 때 우울증이나 신체적인 장애를 일으킨다(pp. 122-124; Kohut, 2007, pp. 21-22, 147 참조). 김병훈(2009)은 코헛이 말하는 자기애적 격노를 다음과 같이 이해한다.

> 코헛이 말하는 자기애적 격노는 개인이 대상이나 외적 자극에 의해 자존심이 상하게 되었을 때 추락한 자존심을 위장하기 위해서 과민하게 반응하는 분노 감정의 표출을 의미한다. 특히 자존심을 건드리는 외적 자극은 자신의 과거와 개인적 콤플렉스나 상처 등을 건드리곤 하는데, 그 상처와 콤플렉스를 당사자가 감당할 수 없을 때 격노의 반응이 나올 수 있다(pp. 109-110).

5) 상실과 유기감이 분노를 유발

대부분의 사람은 자신이 화를 내면서도 분노의 원인을 잘 모를 때가 많다. 분노 대상은 주로 외부로 투사된다. 좌절, 혹평, 실망에 의한 분노는 지극히 정상적이며 그 원인은 대체로 구체적으로 드러난다. 그러나 신경증 환자의 경우에는 일상의 사소한 좌절에도 쉽게 분노한다. 유기 우울증에 수반되는 분노는 훨씬 더 파괴적이다. 매스터슨(Masterson, 2000)에 의하면, 유기되거나 방치된 경험이 있는 사람들은 분노의 원인을 자신이라고 생각하며 아기가 된 느낌이 든다. 유기로 인한 분노가 쉽게 회상되지 않는 것은 너무 고통스러운 경험이 견고하게 방어적으로 자리 잡고 있기 때문이다. 치료과정 중에는 분노의 초점이 구체화되고 명확해진다. 그동안 미분화 상태인 분노의 대상이 분석에 의해 확실해지면서 분노에 얽힌 개인사가 드러난다. 그러나 오랫동안 형성된 정서는 한순간에 그 전체 모습을 드러내지 않는다. 겹겹이 쌓인 방어벽은 분노의 대상을 숨기고 자기파괴적 행위와 사고에 갇힌다.

27세의 앤은 남편이 자기 일에만 몰두하자 분노가 끓어올랐다. 남편이 자신을 방치한다고 여긴 앤은 직장 동료와 부적절한 관계를 갖기 시작했다. 그러나 그녀는 누군가 다가오면 화를 내며 뒤로 물러나곤 했다. 앤은 성적인 친밀감을 원하면서도 거부당할 것이 두려워 아무도 다가오지 못하게 미리 방어하거나 먼저 거부하기도 한다. 이런 사람들은 성적인 친밀감을 포기하더라도 거부받는 느낌을 회피하기 위해 대상을 거부한다. 어린 시절 엄마에 의해 거부당한 경험이 성인이 되어서 신경증적인 반응으로 나타난 것이다. 유기 우울증은 공황장애로 나타나는 경우가 많다. 공황은 유기에 대한 분노를 표현할 수 없다는 공포에 기인한다. 치료과정 중에 환자가 오랫동안 억눌린 우울증과 분노를 의식하면서 공황은 점점 심해질 수 있다. 따라서 아무리 치료 중이라고 하더라도 유기 감정을 과대하게 분출하는 것은 공포와 공황을 초래하기 때문에 조심스럽게 접근해야 한다(pp. 95-100).

상실은 분노뿐만 아니라 다양한 정서를 불러일으킨다. 매리언은 세 자녀를 둔 45세의 여성으로서 18년간 결혼생활을 한 남편이 갑자기 심장마비로 죽었다. 처음에는 충격으로 인해 무덤덤한 상태에서 남편의 죽음을 한동안 부인했다. 매일 그를 위해 저녁을 준비하면서 남편이 마치 살아 있는 것처럼 느꼈다. 시간이 지나면서 남편의 죽음을 막지 못한 죄책감과 그가 지나치게 열심히 일한 것에 대한 분노가 생겼다. 그가 가족을 남기고 먼저 간 것은 지나친 이기심이라는 생각이 들자 분노와 더불어 수치감이 생겼다. 그것은 남편에 의해 방치된 자신의 모습에 대한 수치감이었다. 그녀의 감정은 썰물처럼 퇴행하여 무감각적인 불신이 오락가락했다. 비합리적으로 과거에 매달렸으며, 그녀는 남편과 다른 사람들에 대한 격분으로 가득 찼다. 가슴의 통증을 무섭게 느낀 채, 오랫동안 매리언은 자신의 세계에 갇혀 자녀를 돌보지 못했다(Music, 2001, pp. 16-17).

카스트(Kast, 2007c)에 의하면, 아동기에 발생한 상실뿐만 아니라 성인기에 발생한 상실도 문제가 된다. 의식적으로 상실에 대한 애도를 치르지 않은 사람은 항상 감정 표출을 거부하고 슬픔과 눈물을 유약함으로 치부한다. 상실을 겪은 후에도 마치 아무 일도 없었던 것처럼 행동하며, 자신을 자의식이 강한 사람으로 이상화한다. 이런 사람들은 죽은 사람이나 헤어진 사람을 기억하기를 거부하며, 그들이 언급되는 것조차 허용하지 않는다. 이런 종류의 사람은 종종 정신신체 증상에 시달리게 되는데, 특히 두통, 불면, 극단적인 경우 과도한 음주 등의 증상을 보인다(pp. 105-106).

6) 공포에 대한 방어기제가 분노를 유발

융은 정신적 결함이 있는 7세 남아의 격분 행위 사례를 소개한다. 걸음걸이가 서툴고, 한쪽 눈이 사팔뜨기며, 언어장애가 있고, 갑작스럽게 폭발하는 기질이 있는 그는 물건을 던져 가족을 죽이겠다고 위협했다. 집적거리고 내세우기를 좋아하며, 학교에서 다른 학생들을 못살게 굴었다. 그는 아직 책을 읽지 못하고 같은 나이 또래와 한 반에서 공부하지 못했다. 학교에서 6개월 정도 있었을 때, 그는 하루에도 몇 번씩 격분이 증가했다. 3~4세에 심야공포가 발전된 그는 5세 반까지는 행복하고 친절한 아이였다. 5세가 넘어서도 언어 습득이 늦어지고 혀는 어눌해져서 5세 반에도 발음이 분명치 않아 치료를 받게 되었다. 그의 사나운 기질은 5세 때 남동생이 태어나면서부터 시작되었다. 처음에는 동생을 좋아하다가 점차 미워하기 시작했다. 증세는 높은 원한 감정, 애정과 후회스러운 기분의 잦은 변화로 나타났으며, 분노가 증가할 때마다 밤의 공포는 누그러졌다. 그에게 분노는 공포를 물리치기 위한 방어기제였던 것이다. 비범한 사고능력을 지닌 그는 성취감을 즐기고 격려를 받을 때 즐거워했으나 실패할 때는 자책이 심했다. 동생과의 경쟁에서 지면 자신의 무능함에 대한 분노가 격분으로 이어졌다. 학교에서도 다른 아이들과의 경쟁에서 지면 분노했다. 동생이 태어나기 전까지 자신의 장애를 돌봐 준 부모의 사랑에 만족하다가 이후 달라져 동물적 기질이 나타났다. 그의 엄마에 의하면 아이의 격분은 뭔가 잘못된 것 같다는 생각이 들 때 발생했으며, 특히 손님이 방문할 때 동생이 눈치 빠르게 대처하는 것을 보면 자신의 무능함을 느끼고 격분한다는 것이다.

그는 심리치료사를 친구라고 부를 정도로 곧 관계가 좋아져서 격분에 빠지지 않고 말하게 되었다. 모든 사람을 죽이는 환상과 큰 칼로 그들의 목을 자르는 환상에 대해서 이야기하면서 자신이 그런 일을 할 것이라고 했다. 아이가 치료자에게 "어떻게 생각하세요?"라고 묻자, 치료자는 웃으면서 "네가 생각한 바로 그것을 나 역시 생각하고 있었는데, 그건 모두 허풍(bunk)이야."라고 대답했다. 그런 후에 치료자는 산타 그림을 주면서, "너와 산타 그리고 나는 그것이 모두 허풍이라는 것을 알고 있지."라고 말했다. 그의 엄마는 산타 그림을 창문에 걸어 놓고 그가 보게 했다. 다음 날 그는 그 그림을 보면서 약간의 격분 상태를 보이다가 말했다. "산타클로스, 그건 모두 허풍이야." 바로 자신이 들은 말을 되풀이했다. 언어의 육화(incarnation)가 일어난 것이다. 치료자의 말을 인지적으로 숙지한 것이 아니라 몸이 기억했다가 결정적인 순간에 내뱉는 것이다. 이런 일이 있고 난 다음부터 그는 자신이 즐기고 있는 격분이 어떤 목적을 위해 사용되는가를 보기 시작했다. 공포를 물리치기 위해 사용된 그의 분노는 동생에 대한 시기심으로 인해 격분으로 발전한 것이다. 그는 자신의 실제 동기를 분별하는 특출난 지능을 지닌 아이였다. 부모와 선생은 서로 협조하여 단순히 그의 성취를 칭찬하기보다는 노력하는 과정 자체를 칭찬했다. 이후 그는 자신의 위치를 '장남'으로 자리매김하면서 동생과의 분화가 이루어졌다. 언어훈련에 집중함으로써 점차 그는 자신의 격분을 조절하는 법도 배웠다. 격분이 가라앉는 동안 당분간 밤의 공포는 더욱 자주 발생했으나 곧 감소하기 시작했다(CW 17, pars. 213-214).

7) 죄책감과 수치심이 분노를 유발

자신에 대한 수치심이 분노를 일으키는 사례도 있다. 43세의 정신의료 사회복지사인 J. G.는 심각한 우울증이 어느 정도 회복되어 가고 있을 때 심리치료를 받았다. 그는 실직 상태였고 결혼생활은 파탄 직전에 있었다. 직장생활도 원만하지 못해서 해고되자 우울증과 발기부전을 경험했다. 그는 다른 사람의 주장에 순응하면서도 그런 행동을 원망하고, 자신이 무능하여 복수할 수 없다고 느낄 때 더 강한 분노를 느꼈다. 그는 일을 하지 않는 방식으로 아내에게 복수했으며, 가족 안에서의 자신의 역할을 외면함으로써 아내와 가정을 파괴시킨 것에 대한 죄책감으로 인해 자신을 처벌했다. 치료과정에서 얻은 통찰력을 실행하지 않거나 방치함으로써 치료자의 노력을 좌절시키기도 했다.

J. G.는 자신의 분노를 발산하고 어느 정도 만족을 얻는 승리를 경험했지만, 무기력한 상태에서 수동적인 공격성을 보인 자신의 행동을 자각하지는 못했다. 그는 좋은 면과 나쁜 면을 동시에 느꼈고, 건설적인 행동과 파괴적인 행동이 예측 불가능하게 반복되었다. 아내와 동료 그리고 치료자에 대한 분노와 복수 감정은 자신을 처벌하는 방식으로 나타났다. 이것은 그가 다른 사람에게 해를 끼치는 존재이면서 동시에 나름대로 만족을 추구하는 가치 있는 존재라는 양가감

정이 있다는 것을 보여 준다. 아내가 지나치게 화를 내는 그를 억압하지 않자, 그는 자기패배적인 행동을 덜 하면서 가정에서 적극적인 역할을 하게 되었다. 이후 점차 화를 덜 내게 되었고 자기주장이 긍정적으로 강화되기 시작했다. 해밀턴(Hamilton, 2007)에 의하면, 이런 무의식적인 양가적 패턴은 환자와 부모의 초기 상호작용에 그 뿌리를 둔다(pp. 232-235). 일관성 없는 부모의 반응으로 인한 외상이나 편집-분열 상태의 양가감정이 더 이상 개선되지 못한 채 성인기까지 이어질 때, 이와 같은 분화되지 못한 정서는 혼란을 부추긴다.

8) 죄책감에 대한 방어기제가 분노를 유발

위니컷(Winnicott, 1998)은 우울증을 앓고 있는 30세 여성의 분노와 죄책감을 소개한다. 그녀는 8~9세 때 고열 때문에 병원에 입원한 적이 있었는데, 작은 병실에 있는 6개월 동안 찾아오는 사람이 거의 없었다. 어느 날 한 여성이 와서 가방을 열고 아무거나 고르라고 하자 거울을 골랐는데, 간호사를 통해서 그 거울을 주고 갔다. 이것이 그녀에게는 어릴 때 경험했던 유일한 친절함이었다. 그녀는 푸른 옷을 입은 남자가 고아원에서 자신을 구급차 안으로 데리고 들어간 것을 기억했다. 치료가 끝나면 다시 집이 아닌 고아원으로 돌아가야만 한다는 것이 그녀에게는 끔찍한 일이었다. 격리병동에서 산타클로스를 만났는데, 그 산타는 결국 의사였음이 밝혀졌다. 의사들은 그녀의 신체상의 질병 치료에만 관심을 가질 뿐 다른 모든 것에 대해서 무관심했다. 그녀는 곧 죄책감을 느꼈는데, 그것은 자신이 진 빚 때문에 자신이 잘되게 놔두지 않는다는 것이었다. 일이 잘 풀리면 그녀는 중도에 그것을 파괴한 다음에 상처를 입는다. 부모의 유기로 인한 끔찍한 고독과 소외감으로 어린 시절을 고아원에서 보낸 그녀는 다른 사람들로부터 지지와 배려를 받고 싶었다. 정서적으로 의존하고 싶은 의사들마저 자신에 대해 무관심하자, 그녀는 그것을 자기 잘못 때문이라고 여겼다. 위니컷은 그 여성 내담자에게 "무엇 때문에 화가 났는지는 모르겠지만, 당신 자신에게 아직도 폭력적인 분노가 있습니다."라고 말했다. 그러자 그녀가 말했다. "예, 그러나 그것은 이상한 형태를 취해요. 저는 온몸에 전율을 느껴요. 그것은 마치 눈 깜짝할 순간에 제가 미쳐 버릴 것만 같은 느낌이에요(그녀는 이것을 아주 힘들게 말했다). 제가 미쳐 가는 것 같지만, 저는 다시 정신을 차리게 되고, 그러면 그것도 끝이 나요." 미쳐 버릴 것만 같은 분노는 그녀의 죄책감에 대한 방어기제로 발생한 것 같다. 죄책감과 적대적인 격분은 어떤 끔찍스러운 일을 저지를 것에 대한 두려움으로 이어진다(p. 330).

부모에 의해 버림받은 경험이 있는 사람은 유기불안이 내재되어 일단 어떤 대상과도 신뢰를 형성하지 못한다. 또한 그들은 유기에 대한 책임을 모두 자신에게 돌린다. 이런 현상은 이혼가정의 아이들에게서 전형적으로 나타난다. 자신의 잘못 때문에 부모가 이혼한다는 죄책감은 슬픔과 분노로 이어진다.

9) 치료자에 대한 전이가 분노를 유발

야코비(1999)는 분석과정에서 전이로 인해 발생한 분노 감정을 소개한다. 야코비의 한 여성 내담자는 분석가의 상냥한 미소 때문에 화를 낼 수 없다고 불평했다. 따뜻한 마음을 지닌 그 여성 내담자는 야코비가 이전 시간에 상담한 내담자를 무시했다고 여겼다. 그녀는 또한 자신의 지속된 우울증 때문에 분석가에게 짐이 될 뿐이라고 여겼다. 여기에는 두 가지 이유가 있다. 하나는 분석가와 피분석가 사이에 정서적 교감이 부족했을 가능성 때문이다. 다른 하나는 전이에서 발생한 반복적인 상처 때문이다. 어머니 표상을 분석가인 야코비에게 투사한 그녀는 분석가를 볼 때마다 자신이 무시당하고 있으며 정당한 대우를 받지 못할 뿐만 아니라 짐이 되는 존재라고 여긴 것이다. 가끔 보여 주는 어머니의 웃음 앞에서 분노를 표현하지 못했던 그녀는 분석가의 미소가 자신의 분노 감정을 억압한다고 여긴 것이다.

야코비에 의하면, 엄마와 아이 사이의 정서적 조율은 생후 7개월경에 강하게 요구된다. 그러나 어떤 대상이든지 두 사람 사이의 완전한 정서적 조율은 불가능하다. 그것은 개인적 요구와 기질에 본질적인 차이가 있기 때문이다. 타인과의 연합과 소속감에 대한 열망은 인간의 기본적 동기다. 어머니의 공명(resonance)과 반영(mirroring)은 자녀와의 정서적 의사소통을 가능하게 한다. 어머니와 아이 사이의 상호 주관적 차원에서 이루어진 정서적 조율은 공감의 원형이 된다(pp. 149-150).

10) 치료자의 역전이가 분노를 유발

해밀턴(Hamilton, 2007)은 치료과정에서 치료자의 역전이로 인한 분노를 소개한다. 치료자는 대체로 진단이 불확실하고 다른 사람들에게 폭력을 행사할 가능성이 있는 환자에 대한 부정적인 감정이 있다. 어떤 공격적이고 충동적인 환자는 자신이 저지르는 파괴적 행동에 대해 치료자가 책임을 져야 한다고 암시하거나 직접 압박을 가한다. 이런 환자를 대할 때 치료자는 자신의 책임을 다하지 못했다는 죄책감에 빠지게 된다. 동시에 치료자는 정당하지 못한 항의와 부적절한 책임 전가, 그리고 위험한 상황에 노출될 수밖에 없는 자신의 처지에 대한 분노가 발생할 수 있다.

환자가 치료자를 성적으로 유혹하고자 하는 강한 성적 열망이 치료자의 투사적 동일시를 불러일으킬 때에도 치료자에게는 당혹감과 좌절, 수치심과 죄책감이 발생하며, 이것은 분노로 이어진다. 환자가 치료자에게 강한 부정적인 감정을 불러일으키면, 치료자는 죄책감으로 인해 무기력해지거나 자신의 한계를 설정하지 못해 혼란스러운 상태를 경험한다. 때로는 다른 치료자에게 자신의 불쾌한 감정을 전치함으로써 동료들과의 관계를 악화시키기도 한다. 치료자는 자신의 역전이와 투사적 동일시 상태에서 발생되는 분노를 자각하고, 환자에 대한 세밀한 관심을 지속시키며, 치료과정에서 발생한 환자의 전이, 저항, 방어기제 등을 분석함으로써 공감적으로 수용하고 직면할 때 해결의 실마리가 점점 풀리게 된다(pp. 335-336).

5. 표출방식

1) 분노는 리비도(사랑)와 공격성(증오)으로 드러남

정신분석 전통에 의하면 분노와 격분을 포함한 정서는 대체로 욕동(drive)과 동일시되거나 서로 분리될 수 없는 정신 에너지로 간주된다. 컨버그(Kernberg, 2008)는 정서 또한 욕동과 같이 리비도와 공격성으로 나누어진다고 보면서, 정서는 욕동을 구성하는 기본 재료가 된다고 주장한다(pp. 23-24). 이렇게 볼 때, 분노와 격분 역시 욕동의 기본 재료로서 리비도와 공격성으로 표출된다. 리비도는 자신의 안전을 추구하는 긍정적 축으로, 공격성은 자신이나 타인에게 해를 끼치는 부정적 축으로 작용한다.

증오와 시기의 두 측면을 지닌 분노는 공격성을 유발하는 기본 정서다. 클라인에 의하면, 유아의 시기심은 분노와 함께 표출된다. 아기가 속이 허전하고 배고프며 고갈됨을 느낄 때 자신을 평가절하한다. 이런 결핍에 대한 공격적 소망을 느끼면서 아이는 결핍을 채워 줄 수 있는 엄마의 젖가슴을 따뜻하고 좋은 것으로 이상화한다. 이때 엄마의 젖가슴은 사랑(리비도)의 대상이 된다. 아이의 시기심은 좋은 젖가슴을 탐욕적으로 먹으려고 할 뿐만 아니라 동시에 자신의 고통과 분노를 그것에 투사하여 좋은 젖가슴을 나쁨과 허전함과 적개심으로 대체한다. 젖가슴이 좋은 공급물을 가지고 있으면서도 주지 않는 것에 대해 분노하면서, 아이는 좋은 것을 갖고 싶은 마음과 함께 그 젖가슴을 비우고 고갈시키며 처벌하고 싶어 한다. 아이는 자신의 공허감을 젖가슴의 충만함으로 대체하려고 한다. 이렇게 함으로써 자기는 좋고 대상은 나쁜 것이 된다. 좋은 젖가슴에 대한 유아의 시기심과 좋은 것을 마음껏 소유할 수 없는 분노가 젖가슴에 대한 양가

감정, 즉 리비도(사랑)와 공격성(증오)으로 표출된다. 이것은 두려움에 대한 양가감정과 같다. 두려운 대상은 일단 증오 대상이 되면서 동시에 사랑의 대상이 된다. 그것은 두려운 대상으로부터 피해를 최소화하려는 방어기제로 작동한다(Hamilton, 2007, pp. 127-128, 200).

클라인이 주장하는 아이의 시기심과 분노에 대한 학자들의 견해는 분분하다. 그럼에도 불구하고 그녀의 주장에서 우리는 유아의 시기심과 분노가 이상화 대상과의 정서적 교류를 통해 해소되고 있음을 보게 된다. 이상화 대상의 좋은 점을 자기 것으로 만드는 유아의 창조적 에너지원은 적응을 위한 필연적인 과정으로 인식된다.

2) 분노가 대상을 지배하고자 하는 욕망으로 나타남

분노는 대체로 자신에게 박해를 가하는 구체적인 외부 대상이나 지배체제에 대해 공격적인 방식으로 나타난다. 정신분석적 견해에 의하면, 욕동과 정서는 자기와 대상을 연결해 주는 중요한 교류 수단이 된다. 양극화된 자기표상과 대상표상을 지닌 사람은 대체로 분노를 통해 다른 사람을 지배하려고 한다. 그들에게 대상은 항상 전적으로 좋거나 전적으로 나쁜 대극으로 나누어져 있다. 해밀턴은 정신분석 대상관계 이론에 입각하여 극단적인 양가감정에 사로잡혀 있는 한 여성의 사례를 소개한다.

32세인 S. W.는 정신과 의사가 항우울제를 처방해 주지 않았다고 불평했다. 그러나 실제로는 처방을 받았는데도 자신이 그 사실을 간과한 것이었다. 그녀는 남편과의 사이에도 항상 분노를 앞세웠다. 남편이 아이들을 돌보는 동안 외출이 잦은 아내에게 "더 이상 그런 행동을 용납하지 않겠다."라고 하자, 그녀는 화가 나서 남편을 목졸라 죽이고 싶은 충동까지 느꼈다. 이유 없이 자녀들에게 화를 내는가 하면, 부모님의 묘지를 소홀히 다룬다는 이유로 묘지 관리인에게 분노를 표출했다. 그녀의 분노는 주로 대상을 자신의 영향력 아래 두려는 지배욕에서 발생한 것이다. 그녀의 자기표상은 나쁘고 비열하고 우울한 양태로 나타났으며, 남편, 부모, 의사 등 그녀의 대상표상 역시 신뢰할 만하지 못하며 만족을 주지 않고 곁에 없으며 죽었거나 소홀한 사람들이다. 이때 분노는 나쁜 자기와 나쁜 대상 사이를 연결해 주는 우선적 정서로 자리 잡고 있다. 그런가 하면 S. W.는 한동안 전적으로 좋은 대상관계를 언급하기도 한다. 어린 시절 부활절에 자신을 위해 예쁜 새 구두와 초콜릿으로 만든 토끼를 준 어머니의 따뜻함과 성대한 아침상을 제공해 준 아버지의 사랑을 연상하곤 했다. 이전의 상태와는 달리, 이제는 전적으로 좋은 대상관계에 있는 그녀의 자기표상이 부활절에 예쁜 옷을 입은 소녀가 되어 있다. 이때 좋은 자기와 좋은 대상은 사랑의 정서로 연결되어 있다(Hamilton, 2007, pp. 31-33).

이 사례는 사랑과 증오가 통합되지 않은 경계선 환자에게 전형적으로 나타나는 분노 양상을 보여 준다. 해밀턴(2007)에 의하면, 경계선적 성격이나 자기애적 성격을 지닌 환자는 자신의 과대성이 도전을 받게 되면 갑자기 무가치함과 절망에 부딪혀 자존감을 상실하게 되면서 격분에 휩싸이게 된다. 그들은 치료자가 자신을 배신했다고 여기면서 갑자기 치료를 중단함으로써 자신을 방어하기도 한다(p. 312).

3) 불쾌한 감정이 콤플렉스와 결합하여 격분으로 발전함

분노가 발생하면 얼굴이 붉어지고 몸이 경직되며 숨이 가빠진다. 외부의 침범과 위협은 일단 유쾌하지 않은 감정으로 인식되고, 유쾌하지 않은 감정이 자신의 외상이나 콤플렉스와 결합할 때 정서와 정동, 즉 분노와 격분으로 이어진다(CW 18, par. 46).

융은 격분 상태에 있는 저능아가 부모나 간호사를 위협한 사례를 소개한다. 융이 상담한 6세 남아는 신경증적인 행동을 보였다. 장난감을 부수고, 위험한 방식으로 부모와 간호사를 위협했다. 그는 작은 체구에 통통한, 그러나 무서우리만큼 의심이 많고, 심술궂고, 고집이 세며, 모든 것에 부정적인 아이였다. 저능하고(imbecile) 말을 잘할 수 없었던 그는 어떻게 해야 할지를 배운 적이 없었다. 어린 아동의 신경증은 대개 부모와 가정의 정서적 분위기에 기인하는 경우가 많다. 문제는 일곱 명의 누이에 사내아이는 그 혼자인 것이었다. 엄마는 야심적이고 의지가 강한 여성으로서, 융이 그 아이의 비정상적인 면을 지적하자 그것을 자신에 대한 모욕으로 간주했다. 그녀는 의도적으로 아이의 결점을 알려 하지 않음으로써 스스로를 억압하고 있었다. 아이는 엄마의 이상에 부응하려고 영리한 척해야 했다. 그는 자신이 멍청한 것은 모두 나쁜 의지와 악한 고집 때문이라고 스스로 생각하기에 이르렀다. 자신을 비하함으로써 엄마를 소유하는 것이 차라리 행복하다고 여긴 것이다. 이 과정에서 아이는 자신에 대한 실망과 엄마에 대한 격분을 발전시켰던 것이다(CW 17, par. 133).

4) 유기불안이 분노발작으로 이어짐

그린버그와 파이비오(Greenberg & Paivio, 2008)는 7세 소년의 유기로 인한 분노 감정을 소개한다. 소년은 어린 시절 어머니에게 버림받았으며 이후 여러 양부모 집을 전전하면서 살았다. 소년은 자신을 버림받고 거절당하며 배신당하고 사랑을 박탈당한 존재로 느끼고 있었다. 아무도 자신을 사랑하지 않는다고 생각하는 그는 양부모가 자신의 요구를 들어주지 않을 때 분노발작을 일으키곤 하였다. 소년은 양부모의 "나는 네가 싫어!"라는 말에 충격과 유기감, 분노와 슬픔을 모두 경험했던 것이다. 그는 유기로 인한 슬픈 감정을 드러내지 않기 위해 분노를 표출했다. 하나의 감정이 자연스럽게 표출되지 못하고 억압될 때는 다른 감정 또한 활성화되지 못한다. 자신의 슬픔이나 고통을 인식하지 못하는 사람은 타인의 고통을 이해하지 못한다. 그것은 화를 내지 않는 사람은 다른 사람의 분노를 이해하지 못하는 것과 같다. 감정의 억압은 또한 정서적 경험을 상징화하는 능력을 퇴보시킴으로써 다른 사람과의 정서적 교류를 어렵게 한다.

어린 시절의 유기 경험은 배신감과 분노, 자기비하와 좌절감을 초래한다. 유기감은 사람에 대한 불신을 조장하여 대인관계 형성에 막대한 지장을 초래한다. 유기감은 실제적으로 버려지는 경험 없이도 발생할 수 있다. 병약한 부모나 이혼가정에서 방치된 경험이 있는 아동도 유기감을 느낀다. 유기와 방치가 지속되고 또 부모의 반응을 경험하지 못한 아동은 존재감을 상실한 채 무기력하게 살다가 만성 우울증으로 시달리는 경우도 있다(pp. 214-244).

5) 우울증 환자는 분노를 내면화함

우울증 환자는 대체로 분노를 내면화하는 전략을 사용한다. 분노가 내부로 향할 때 고통스러운 죄책감을 느껴 모든 것을 자신의 잘못으로 여긴다. 그것은 가혹한 자기처벌로 이어지고, 박해자를 비난하는 대신에 화해의 제스처를 취한다. 데카르트(Descartes, 1978)는 간혹 분노에 수반하여 나오는 웃음을 조작되고 위장된 정서라고 주장한 바 있다. 그것이 진실한 웃음이라면 자신의 분노로부터 성찰을 이룰 때 가능하다. 부당한 대우에 대한 분노를 통해 악의 실체를 깨닫고, 그로부터 기쁨과 경이로움을 느낀다면 그 분노는 긍정적이다(p. 449). 그러나 위장된 분노로 발생한 웃음은 위협적인 상대방에 대한 굴복을 의미하며, 분노를 철회한 웃음은 수치심을 가중시킨다. 분노의 대상에 대한 위협이 느껴질 때 그 분노는 위장된다. 상대방의 보복에 대한 두려움이나 혹은 죄책감으로 인해 철회되거나 위장된 분노는 위협적이지 않은 대상으로 옮겨지거나 다른 피해자들을 공격하는 방식으로 나타난다(Lazarus & Lazarus, 1997, pp. 37-39).

분노를 내면화함으로써 외부 대상에 대한 공격성을 발휘하지 못한 결과는 곧 자기의 훼손으로 이어진다. 이로 인해 거절해야 할 때 거절하지 못하고, 지속적으로 죄책감과 수치심을 느끼며, 분노와 절망 속에 살게 된다. 그들은 자신감 결여로 인해 사회에 적응하지 못하거나 불면에 시달리며, 식욕이 떨어지고 에너지 상실과 같은 신체적 증상에 시달린다. 극심하게 우울한 사람은 분노의 내재화와

멜랑콜리(E. Munch, 1894~1895)
헬멧을 쓴 것처럼 정돈되어 있는 머리와 우수에 찬 얼굴은 더 멀리 보이는 두 남녀의 정겨운 모습과 대조된다. 성적 긴장이 내면화된 뭉크는 다리 위의 또 다른 사람처럼 초연하고 싶다(Bischoff, 2005, pp. 45-47).

죄책감 그리고 자기처벌로 인해 자살을 하는 경우도 있다(Gomez, 2008, pp. 284-285). 표현되지 않은 분노는 언제 폭발할지 모르는 화산과도 같다. 이상적인 치료관계는 마치 좋은 부모와 착한 아이 관계로 이상화되는 경향이 있다. 소위 '좋은 환자'는 치료자를 전적으로 신뢰하고 사랑하며 그의 말에 전적으로 따른다. '좋은 치료자' 역시 환자의 모든 것을 수용하고 참아 내며 결코 증오나 공격성을 드러내지 않는다.

바흐와 골드버그(Bach & Goldberg, 2000)는 분노가 없는 치료관계는 반드시 바람직한 현상이 아님을 지적한다. 내담자의 전이로 인한 치료자의 분노나 좌절감은 치료과정에서 자연스럽게 표출되고 분석되어야 한다. 그럼에도 불구하고 모든 것을 '나이스하게' 대하는 치료자는 결코 내담자를 위한 태도가 아니다. 치료자의 모든 '나이스한' 태도는 내담자보다는 치료자 자신을 위한 전략이자 방어 수단일 경우가 많다(pp. 29-30).

6) 분노가 다른 외상이나 정서와 함께 복합적으로 드러남

분노 역시 다른 정서와 더불어 복합적인 상호관계를 통해 드러나는 경우가 많다. MBC TV(2011. 12. 7.)에서 소개된 사례를 보자. 재래시장에서 장사를 하고 있는 한 중년 부인은 사람들에게 수시로 심한 욕설과 함께 시비를 거는가 하면, 심지어는 남자들에게까지 폭행을 가하는 일도 있다고 한다. 한번은 못이 제거되지 않은 각목으로 사람을 때려서 그 못에 찔린 사람이 피투성이가 되어 병원 치료를 받게 되는 불상사가 생기기도 했다. 알고 보니 그녀의 분노발작은 상가 입구에서 노점상을 시작할 때부터라고 한다. 상가 2층에 점포를 얻어 장사를 시작한 그녀는 수입이 별로 없자 노점상을 시작하면서 여러 사람으로부터 괴롭힘을 당하거나 성적인 희롱을 당한 것 같다. 남편과 이혼하고 아들과 함께 홀로 살아온 그녀에게는 시도 때도 없이 침범해 들어오는 시장 상인의 거친 행동을 받아넘길 여유가 없었다. 사람들에 의해 무시당할 때 밀려오는 수치심과 성적 희롱, 그리고 경제적 결핍 등이 그녀에게 무거운 짐이 되었다. 설상가상으로 가구공장에서 일하던 아들이 화재로 목숨을 잃고 난 다음부터 제정신이 아니었다고 한다. 남편과 아들을 한꺼번에 잃은 그녀의 상실감은 충분한 애도를 하지 못한 채 슬픔이 되었고, 억압된 슬픔과 고독 그리고 부당한 대우와 사회적 차별은 그녀의 분노를 일으키기에 충분했다. 그 분노는 이전의 외상과 자신의 콤플렉스와 결합할 때 격분 상태가 되어 불특정 다수인에게 공격성으로 표출된다.

7) 치료과정에서 분노와 격분이 전이를 통해 공격성으로 표출됨

부모에게 의존해 온 30대 여성의 좌절감과 분노 사례를 보자. 이 여성이 의존 욕구에서 벗어날 수 없었던 또 다른 이유는 치료자와의 관계에서 비롯된 것이었다. 그녀는 치료자에게 완벽한 부모의 초자아상을 투사했고, 치료자는 그녀가 바라는 부모의 초자아상이 되어 전이와 역전이가 투사적 동일시 안에서 혼재된 상태로 지속되었다. 치료자가 엄격한 부모가 될 때, 그녀는 자신을 어린아이처럼 생각하고 순순히 복종했다. 치료자가 칭찬을 하면 너무 좋아하고, 조금이라도 잘못을 지적하면 곧 주눅이 들었다. 치료자가 불쌍하게 여기면, 그녀는 곧 눈물을 흘렸다. 치료과정에서 문제가 된 것은 치료자가 여러 가지 심리적 주제를 다루는 과정에서 가장 근본적인 동기를 사소한 것으로 취급한 것이었다. 이로 인해 치료자에게 향한 전이 감정의 중요한 핵심이 효과적으로 분석되지 않았던 것이다.

부모에게 의존해 온 그녀가 어렸을 때부터 해 왔던 행동방식이 치료자에게도 적용되었다. 그것은 자신의 의견이나 감정이 무시될 때 부모의 의견에 무조건 따름으로써 안전을 보장받았던 방식이다. 그녀는 자신의 의견과 기준은 무시해 버리고 부모상이 투사된 치료자의 생각에 의존해 왔다. 이로 인해 한 독립된 인간으로서의 온전성은 무너졌고, 자존감과 자신감마저 사라졌다. 그녀는 새로운 치료자를 만나 미친 듯이 흐느끼면서 모든 것을 털어놓으면서도 자신의 죄책감에 대해서는 거의 이야기하지 못했다. 그것은 그녀가 이전 치료자를 떠났고 그를 비난하고 있음에 대한 죄책감을 느끼고 그를 배신하고 있다고 여겼기 때문이었다. 그녀는 새로운 치료자에게 여전히 부모의 초자아상을 투사했으며, 그 결과 자신의 진실을 털어놓지 못한 것이다. 그녀의 분노는 부모에게 의존하는 자신의 모습에 대한 분노이며, 부모상이 투사된 치료자에 대한 분노와 보복으로 이어졌다. 치료자를 떠난 것은 부모를 떠난 것으로, 부모에 대한 보복의 일환이었다. 치료자에 대한 전이의 내용이 정확하게 분석될 때, 이 젊은 여성의 분노는 더 이상 다른 대상에게 투사되지 않을 것이다(Saul, 2006, p. 101).

임상 현장에서 발생하는 격분은 전이를 통해 공격성이 활성화되어 나타나는 현상이다. 만성적인 분노와 격분은 대개 짜증(irritation)으로 나타난다. 비교적 가벼운 공격성을 띠는 짜증은 그 뒤에 분노와 격분이 이어질 수 있음을 암시한다. 분노는 짜증보다는 더 강렬한 정동으로서 대상이 분화되어 있다. 분노의 대상은 비교적 구체화되기 쉬운 반면, 과격한 격분은 그 압도적인 성향으로 인해 산만하고 혼란스러우며 자신이 생각한 내용과 그에 상응하는 대상관계가 모호해지는 경향이 있다. 격분을 유발하는 대상은 실제적인 대상과 차이가 있다. 원형적 정동인 격분은 대개 실제 대상과 환상적 대상이 일치하지 않은 상태에서 발생한다. 예를 들면, 치료과정에서 유아기의 부모에 대한 분노는 전이를 통해 치료자를 향한 격분으로 나타나기도 한다. 무의식적인 환상을 유발하는 격분은 나쁜 대상관계를 활성화함과 동시에, 그 나쁜 대상관계를 청산하고 이제는 좋은 대상관계를 회복하고자 하는 소망을 드러낸다. 컨버그(2008)에 의하면, 격분과 함께 공격성을 추구하는 가장 강렬한 정동은 증오다. 심각한 자기애적 병리나 반사회적 성향을 지닌 내담자들에게는 증오가 보다 복합적이고 정교하게 나타난다. 이때 증오는 나쁜 대상에 대한 분노로 인해 발생하는 이차적 성격을 띤다(pp. 42-44).

8) 분노와 격분은 중독 성향을 보임

분노와 격분은 중독 성향이 있다. 만성화된 분노와 격분은 종종 특별한 이유도 없이 발생하거나 사소한 일에도 거의 발작 수준에 이른다. 특히 격분은 한번 발생하면 멈추지 않는다. 원시적이고 원형적인 정동인 격분은 거의 한계가 없는 무한한 요구들과 함께 사람에게 상처를 입히고, 초라하게 하며, 학대하고, 불행하게 한다.

아이건(Eigen, 2002)에 의하면, 격분은 섹스나 굶주림처럼 잠시 동안 잠잠하다가 서서히 형성되며 결정적인 한계점에 이르러 폭발한다. 격분 중독자들은 알코올중독자나 마약중독자처럼 매번 격분할 때마다 그때를 마지막으로 여기며 부끄럽게 여긴다. 이후 그런 극단적인 행위가 결코 발생할 수 없다고 느끼지만 반복되는 격분발작은 멈출 수 없다. 격분 중독의 증세는 후회, 결심, 다시 격분의 반복적인 패턴을 보이며, 가끔 자녀를 살해할지도 모른다는 살해 동기에 대한 죄책감으로 이어진다(pp. 81-84). 아이건(2002)은 격분의 중독성을 다음과 같이 묘사한다.

> 한번 활성화되면 격분은 결코 멈추지 않는다. 그것은 다른 정동과 마찬가지로 한계가 없으며 무한한 요구를 한다. 하나의 상처, 경멸, 학대 그리고 불운을 시정하면 다른 것들이 밀려온다. 격분은 섹스나 기아처럼 잠시 동안 조용하다. 그런 다음 점차 결정적인 의식의 한계를 넘어 파국으로 치닫는다(p. 81).

6. 분석과 치료

1) 꿈분석과 적극적 상상을 통해 분노를 의식화하기

아버지에 대한 극단적 양가감정을 지닌 한 여성의 분노를 보자. 실비아는 아버지와의 애착관계에 대한 두려움과 아버지를 흠모하는 심한 양가감정 때문에 2년간 분석을 받았다. 어릴 때 화가 나면 엄마는 "너는 말벌처럼 미쳤어."라고 말했다. 그녀는 독한 감기와 호흡기 감염에 시달렸다. 다음은 그녀가 자신의 동료에게 화가 나서 꾼 꿈의 내용이다.

> 나는 나의 아버지와 함께 방에 들어간다. 그곳에 날아다니는 검고 큰 장수말벌들이 있다. 아버지는 그 방을 빨리 통과하여 다른 방으로 들어간다. 나는 그를 따라가려고 하지만 말벌들이 나를 놀라게 한다. 나는 내 손에 말벌이 있는 것을 알아챘다. 떨쳐 내려고 노력하지만 떠나지 않는다. 나는 내 손에 있는 말벌 때문에 다른 방으로 들어가지 못한다는 것을 느낀다. 나는 아버지를 오

게 해서 나를 도와달라고 하지만 그는 오지 않는다. 나는 공포에 질려 깬다.

그녀는 현실보다 훨씬 더 무시무시한 꿈에서 깨어났다. 다음 날 그녀는 어깨에 많은 긴장을 느끼고 두통을 앓았다. 그날 밤 워크숍에서 그녀가 한 적극적 상상의 내용은 다음과 같다.

> 그 말벌이 꿈속에서처럼 내 손 위에 있다. 나는 말벌에게 내 몸 안에 들어오기를 원하느냐고 묻는다. 말벌은 아버지가 열고 들어온 문 쪽으로 날아간다. 문은 닫혀 있고 말벌은 다시 내 손으로 돌아온다. 나는 말벌에게 다시 내 몸 안으로 들어올 것인지를 묻는다. 말벌은 내 팔을 기어올라 내 턱 밑을 가로질러 내 얼굴의 오른쪽으로 올라와 내 코 위로 온다. 그리고 그곳에 앉는다. 나는 말벌에게 나에게 말할 수 있냐고 묻는다. 말벌은 확실히 그렇다는 표시로 윙윙거린다. 그런 후에 말벌은 내 오른쪽 콧구멍으로 기어올라 가로막힌 우묵한 구멍으로 간다. 말벌은 나와서 왼쪽 콧구멍으로 올라간다. 그 사이 나는 말벌에게 그곳에서 집을 찾고 있냐고 묻는다. 그것은 나로 하여금 말벌이 만든 진흙 방을 생각나게 한다. 말벌은 윙윙거린다. 말벌은 왼쪽 콧구멍에서 나와서 가죽이나 천 조각처럼 보이는 것을 옮긴다. 그러고 나서 그 가죽과 더불어 날아가 내 왼쪽 손바닥에 안착한다. 말벌은 그 피부를 떨쳐 놓고 날아간다. 그 가죽은 작은 똬리를 튼 뱀으로 변한다. 내 손가락은 모두 뱀의 머리를 가지고 있으며, 내 손은 따뜻하고 에너지로 생기가 넘친다. 그 에너지는 내 팔을 통과하여 어깨를 지나 오른팔로 내려온다. 이제 모든 손가락은 뱀의 꼬리를 가지고 있다. 내 발은 너무 빨리 달려서 에너지로 얼얼하다.

실비아는 말벌을 그녀의 '본능의 부정적인 측면'으로 이해했다. 여성의 내면에 있는 본능의 부정적인 측면은 아직 분화되지 않은 '분노 아니무스(anger animus)'다. 부정적인 부성 원형과 부정적인 아니무스에 사로잡힌 여성의 분노는 합리적 논리와 지적 능력으로 위장된 공격적이고 파괴적인 성향으로 나타난다. 반면에 본래적 여성의 분노는 눈이 커지고, 코를 식식 불며, 불꽃이 튀는 신체 반응으로 표출된다.

우드먼(Woodman, 1982)의 해석에 의하면, 말벌은 해소되어야 할 격분의 상징이며 아버지의 작은 연인이 되는 것에 대한 분노다. 꿈에서 장수말벌은 아버지와 동침하고 싶은 실비아의 본능적 충동으로 보인다. 아직 분화되지 못한 원초적인 성적 욕망은 두려움의 대상으로 나타난다. 금지의 위반에 대한 초자아의 심판으로 인해 죄책감을 느껴 말벌을 쫓아내려고 하지만 뜻대로 되지 않는다. 도와주지 않는 아버지와 딸 사이에는 긴장과 불편함이 엿보인다. 실비아의 공포는 근친상간에 대한 죄책감과 심판에 대한 공포로 이어진 것이다. 그 꿈에 나타난 말벌에 주목하여 적극적 상상을 한 결과로 리비도의 변화가 발생했다. 말벌을 몸 안으로 초대함으로써 공포의 대상인 성적 욕망과의 대면이 이루어진 것이다. 왼쪽 손바닥에서 오른쪽 손바닥에 이르기까지 상반신을 감싸는 말벌은 이제 공포의 대상이 아닌 친근한 친구가 되어 있다. 모든 손가락이 뱀의 머리와 꼬리를 가지자 그 손은 생기가 넘친다. 여기서 뱀은 동물적 에너지의 상징으로서 무의식적인 에너지의 증가를 의미한다. 동시에 땅의 여신이자 모성 원형의 상징인 뱀은 실비아의 여성적 정체성을 확립하는 데 기여하고 있다. 뱀은 또한 남근의 상징으로서 아버지와의 친밀성을 암시한다. 무의식의 에너지는 일단 그림자 에너지로 인식되어 소화과정을 거쳐야 한다. 부정적이며 어두운 음영을 지닌 그림자가 인격에 통합될 때 긍정적인 에너지가 된다. 뱀이 실비아에게 에너지를 공급함으로써 부정적인 아버지상이 인격에 통합되어 긍정적인 요소가 된다. 부성 원형의 대극적 측면이 통합됨으로 인해 부정적인 아니무스가 긍정적인 아니무스로 변화된 것이다. 근친상간에 대한 금기가 처음에는 성적 충동의 억압에 동반되는 공포로 나타났다가, 의식화되기 시작하면서 보다 높은 인격적 수준에 이르게 하는 수단이 된 것이다(pp. 89-91).

2) 상실에 대한 애도를 통해 분노를 표출하기

표현되지 못한 분노는 애도를 방해한다. 17세인 한스는 2년 전에 아버지를 잃었다. 삼형제 중 맏이였던 그는 아버지가 돌아가시자마자 가장의 역할을 수행해야 했다. 어머니 또한 어린 한스에게 의존하고 있다. 한스는 아버지가 돌아가신 후에 성적이 부진해졌고, 대학 입시를 준비하고 있는데 공부가 잘 되지 않는다. 더 이상 학교 선생님의 배려도 없자, 우울해진 한스는 목사님에 의해 치료실에 오게 되었다. 가족들은 오랫동안 아버지의 병수발로 인해 지쳐 있었기 때문에 아버지의 죽음에 오히려 안도의 숨을 쉬었다. 아버지와의 관계가 좋았던 그는 가장 역할을 잘해 달라는 아버지의 유언을 별생각 없이 받아들였지만, 시간이 갈수록 가장의 역할에 심한 부담감을 느꼈다. 다른 문제는 나이보다 조숙했던 한스가 아버지의 죽음에 대한 분노를 표출할 기회가 없었다는 것이다. 아버지가 돌아가신 것에 대해 화를 내고 아버지를 비난하는 꿈들을 꾸면서도 현실에서는 분노를 표출하지 못했다. 오랜 투병생활 끝에 돌아가신 아버지에 대해서 어느 가족도 슬픔을 별로 느끼지 않았다. 상실 후에도 슬픔을 표현하지 못함으로써 애도의 기회를 놓친 것이다. 오랜 기간 계속된 탈진과 그로 인한 무기력, 그리고 가장의 죽음이 몰고 올 불안과 두려움 속에 가족들은 슬퍼할 겨를이 없었다. 어린 아들에게 가장이라는 무거운 짐을 남기고 간 아버지에 대한 분노는 한스로 하여금 죄책감과 함께 무기력증을 동반하는 우울증을 초래한 것이다(Kast, 2007c, pp. 113-115).

이혼 후에도 전남편에 대한 분노로 고통당하는 사람도 있다. 법적인 이혼은 했지만 소위 정서적인 이혼은 하지 못한 채 성급하게 갈라선 부부는 이혼 후에도 많은 후유증을 겪는다. 자신이 먼저 제안해서 이혼했던 한 여성은 이혼 후에도 전남편과 계속 갈등을 겪었다. 전남편에게 새 가족이 생기면서 두 자녀에게 무관심하자, 아이들과 그녀는 분노를 표출했다. 아버지에게 무시당하고 버림받은 자녀들에 대한 슬픔과 상처가 분노의 밑바닥에 있었다. 문제는 자신이 먼저 제안해서 이혼을 했기 때문에 상실감을 충분히 인식하지 못했고 이로 인해 상실에 대한 애도의 과정도 갖지 못한 점이었다. 이혼은 했지만 이전처럼 함께 자녀를 돌보고 친구처럼 지내고 싶었던 그녀는 전남편의 무심한 태도에 슬픔 대신 분노로 일관했던 것이다. 그녀의 분노는 슬픈 감정과 죄책감 그리고 수치심을 가리기 위한 방어기제였다. 자녀들에게 미안한 마음은 죄책감으로 발전했고, 이혼했으면서도 전남편에게 매어 있는 자신에 대해서는 수치감이 생겼으며, 상실감의 억제는 그녀로 하여금 분노 이외의 정서를 경험하지 못하게 했다. 결국 치료자와의 애도과정을 거치면서 그녀의 분노는 경감될 수 있었다(Greenberg & Paivio, 2008, pp. 44-45).

3) 혼란한 분노를 분화하기

혼란한 분노 감정이 치료관계에서 서서히 분화되는 과정을 살펴보자. 자신의 흥미나 친구 등을 수시로 바꾸는 30세 남성인 B.G.는 어머니에 대한 극단적 양가감정을 지니고 있었다. 한편으로는 어머니를 차갑고 경직된 모습으로 묘사하면서, 다른 한편으로는 자신을 경제적으로 잘 보살펴 줄 수 있는 돈 많고 따뜻한 분으로 소개하기도 했다. 어머니에 대한 분노가 생길 때는 그녀를 독살하거나 굶겨 죽이는 환상에 사로잡히기도 했다. 그녀가 좋아질 때는 이상화된 여성에 대한 시를 짓고 연애시 희귀본을 구해 선물하기도 했다. 치료관계에서도 자기대상 이미지를 극단적으로 양분화했다. 치료자를 필요 이상으로 비방하는가 하면, 때로는 지나치게 이상화하기도 했다. 치료자에게 도움을 받고 있지 못하다는 생각이 들 때는 자살 충동을 느낄 정도로 의기소침했다. 치료 3년차 후반기에 그는 치료자에 대한 분노를 표출했다. 치료자가 아무것도 해 주지 못한다는 것이었다. 그동안 치료자를 하나님 다음으로 이상화했는데, 알고 보니 치료자 역시 자신과 똑같은 평범한 사람이라는 것이다. 그는 치료자와 함께 자기대상에 대한 자신의 정서가 극단적으로 양분화되어 통합되지 못했던 사실을 깨달은 다음 서서히 변화가 있었다. 그는 자신이 좋아하는 사람에게 화를 낸다는 것을 슬퍼하고, 아끼는 사람을 파괴적으로 대했다는 사실을 후회하기 시작했다. 이제 그는 자기대상에 대한 긍정적인 느낌과 부정적인 느낌을 동시에 경험할 수 있게 되었다(Hamilton, 2007, pp. 155-156).

4) 적절한 반응을 통해 분노를 의식화하기

양육자와의 건강한 애착관계를 형성하지 못했거나 거절당함 또는 상실로 인해 불안이 있는 사람은 치료자와의 관계에서 자신의 정서 상태를 노출한다. 야코비의 한 여성 내담자는 대기실에서 보통 때보다 오래 기다리면 분노, 실망, 질투로 인해 복잡한 감정이 일었다. 그것은 한마디로 당황스러운 감정이었다. 분석과정에서 연상(association)을 시도해 보았지만 처음에는 복잡한 심리 상태로 인해 그 작업이 어려웠다. 마치 아이처럼 보이는 그녀는 치료자가 자신을 잊어버릴까 봐 두려워했다. 그녀는 과중한 스트레스를 주는 엄마로부터 적절한 시간에 먹을 것을 공급받지 못했다. 어린 시절에 엄마의 충분한 관심을 얻기 위해 노력했지만 헛수고였다. 대상을 적절하게 조절하는 능력을 형성하지 못하고 대상에게 의존해야만 했던 어린 시절의 환경이 그녀의 기본적인 정서 상태가 되었다. 그녀는 항상 사랑받지 못하고 거절당했으며, 이로 인해 열등감이 자리 잡았다. 분석가가 제시간에 오기로 약속하면서부터 그녀는 안심했으며, 이후 어렵게나마 자신의 불만족스러운 감정을 표현할 수 있었다. 양육자의 적절한 반응을 얻지 못한 채 자라난 아이들은 열등 콤플렉스(inferiority complex)를 가지게 된다. 초기 부모와의 상호작용 방식이 부정적으로 내면에 각인되면 자신에 대한 무가치감과 자존감의 부재로 나타난다.

야코비(1999)에 의하면, 페르소나에 기반을 둔 인격은 세상에 자신이 무엇이 되고 싶은가를 알리려고 한다. 그러나 건강한 자아의식은 자신이 누구라는 것을 세상에 알리려고 한다. 세상에 의한 평가를 중시할 때, 사람들로부터 거절당하고 평가절하되며 제외될지 모른다는 두려움이 있다. 여기에 과대한 자기감에 대한 방어기제와 보상심리가 작용한다(pp. 107-108). 치료자가 자신의 잘못을 시인하고 양해를 구할 때, 내담자는 부모상이 투사된 치료자에 대한 분노를 완화하게 된다. 치료자의 겸손하고 적절한 반응은 내담자의 정서적 교감을 활성화한다.

5) 분노와 함께 머물러 결핍의 요소를 발견하기

분노는 일단 자신의 정당성을 주장하거나 상대방의 위협에 대처하는 방식으로 나타난다. 분노의 창조적 기능은 또한 대상의 관심을 유도하여 자신을 존중하도록 하는 데 있다. 분노의 또 다른 목적은 결핍을 보상하는 데 있다. 인간은 나면서부터 온전성을 추구한다. 태아가 엄마의 자궁에서 경험한 완전한 만족감은 출생 후에도 일생 동안 지속된다. 유아에게 생존을 위해 모든 것이 공급되는 것은 지극히 당연한 것으로 인식된다. 성장과정에서 결핍이 생기면 인간으로서 누려야 할 당연한 권리를 잃게 되며, 이것은 곧 원래 자신의 것을 박탈당했다는 상실감으로 이어진다. 엄마로부터 오는 사랑과 친밀감 역시 유아에겐 당연한 권리이기에, 그것이 결핍될 때는 곧 분노에 휩싸이게 된다. 이것은 마치 의식의 결핍을 보상하는 무의식의 기능이 제 역할을 하지 못할 때 분노의 화신으로 변하는 현상과도 같다. 결국 분노는 심리적 결핍에 대한 정당한 보상을 요구하는 적극적 표현이다. 따라서 분노는 어느 정도 지속될 때 그 영향력이 발생한다. 지나치게 분노를 빨리 철수하고 화해를 서둘러 한다면, 분노는 또다시 억압되고 다른 형태로 표출될 것이다(Lelord & Andrè, 2008, p. 95). 분노는 또한 열정(passion)의 다른 모습이다. 열정이 분노의 뿌리라면, 공격성은 그 줄기에 해당된다. 열정이 없는 사람은 분노를 인식하지 못하며 외부로 표출하지도 못한다. 존재감을 동반한 분노는 초자아의 대리자가 되어 자신뿐만 아니라 다른 사람을 심판하는 도구가 된다. 이런 의미에서 분노는 일을 그르치는 데 목적이 있는 것이 아니며,

문제를 해결하고자 하는 강한 열망이 그 안에 숨겨져 있다. 욕망의 저편에 분노가 있으며, 욕망의 좌절은 분노를 낳는다. 그 분노가 주체와 객체 사이를 순환하지 못하고 내면으로 향할 때 피학적이 되고, 외부로 표출될 때는 파괴적이 된다. 특히 공생기의 미분화된 인격으로부터 파생된 자기애적 분노는 대상을 노예화하는 주된 요인이 된다.

6) 인지행동적인 분노조절법

상담과 심리치료 현장에서 분노발작이나 분노로 인한 정서장애를 치료하기 위해 다양한 방법이 동원된다. 그 가운데 하나는 분노조절법이다. 를로르와 앙드레(2008)는 분노를 조절하는 몇 가지 유용한 방법을 제안한다. 우선 자신의 주변에서 짜증을 내게 하거나 화를 북돋는 요인을 제거한다. 평소에 어떤 말을 들을 때 화가 난다면, 그런 말을 나눌 수 있는 기회를 미리 제거함으로써 분노 발생을 미연에 방지할 수 있다. 다음으로 화내는 빈도수를 줄여야 한다. 굳이 화를 내지 않아도 될 일에 습관적으로 화를 낸다면 노력에 의해 어느 정도 화내는 습관을 바꿀 수 있다. 예를 들어, 식당에서 음식이 늦게 나올 때 다른 사람들은 대화하면서 느긋하게 기다리는데 자신만 분노를 표출한다면 그 분노는 다른 데 원인이 있을 수 있다. 자기통제가 어려울 때는 그 자리를 피하는 것도 하나의 대안이 될 수 있다. 마지막으로, 분노를 진정시키기 위해 다른 사람의 입장을 우선 고려하는 마음의 여유가 필요하다. 절제되지 못하는 분노는 늘 자신의 입장이 지나치게 강화될 때 나타나는 경우가 많다. 자신의 정당성을 주장하기보다 때로는 상대방에게 의사표현을 할 기회를 주는 것은 갈등을 해결하는 좋은 방법이 될 수 있다(pp. 73-88).

인지행동치료를 통해 분노는 어느 정도 조절될 수 있다. 하지만 분노나 격분은 미리 예방하거나 인위적인 조절을 통해 온전히 완화되지 못한다. 그것은 정서의 본능적이며 무의식적인 속성에 기인한다. 정서의 억압은 또 다른 심리적 부담감을 증폭시킬 뿐만 아니라 이상적 신체 반응으로 나타나거나 다른 콤플렉스로 대체된다(CW 4, par. 32). 감정의 정화를 통한 분노 표출은 그 자체로 치료적 효과가 있다. 그럼에도 불구하고 정서를 우리 의지대로 억압하거나 조절할 수 없다. 그것은 정서가 대체로 우리의 의식으로부터 멀리 떨어져 있기 때문이다(CW 8, par. 667).

7) 분노분석의 3단계

자신이 감당할 수 없는 분노는 대체로 다른 콤플렉스와 결합하여 심각한 상태로 이어진다. 분노로 인한 심리적 고통을 경감시키기 위해서 융학파 분석가인 홀리스의 견해를 살펴보자. 먼저 분노를 인식하는 것이 필요하다. 감정을 있는 그대로 경험하는 것은 무엇보다도 중요한 일이다. 자신이 분노하고 있다는 사실을 인식하면 그것을 수용할 수 있다. 다음은 분노의 기원을 추적하는 작업이다. 분노가 언제, 무엇 때문에 발생했는가를 알게 될 때 분노와 연계된 자신의 모습을 보게 된다. 분노의 발생 배경을 추적하는 과정에서 미분화된 정서는 구체화된다. 마지막은 분노가 우리의 상상적 자기(imaginal self)에 끼친 영향을 고찰하는 작업이다. 분노가 자아를 포함한 정신세계 전체에 어떤 영향을 끼쳤는가를 살펴봄으로써 인격의 각 부분들과 대화를 할 수 있다. 우리가 모르는 사이에 인격의 일부가 된 분노는 전체 인격에 영향을 주게 된다. 인격화된 분노는 자기와의 건강한 교류를 통해 전체 인격에 통합된다. 이로써 우리는 과거 사건으로부터 자유로울 수 있다(Hollis, 1996, p. 100).

CHAPTER 08

질투와 시기

1. 카인의 질투와 시기

아담이 자기 아내 하와와 동침하니 아내가 임신하여 카인을 낳았다. 하와가 말하였다. “주의 도우심으로 내가 남자아이를 얻었다.” 하와는 또 카인의 아우 아벨을 낳았다. 아벨은 양을 치는 목자가 되고, 카인은 밭을 가는 농부가 되었다. 세월이 지난 뒤에 카인은 땅에서 거둔 곡식을 주께 제물로 바치고, 아벨은 양 떼 가운데서 맏배의 기름을 바쳤다. 주께서 아벨과 그가 바친 제물은 반기셨으나, 카인과 그가 바친 제물은 반기지 않으셨다. 그래서 카인은 몹시 화가 나서 얼굴색이 변하였다. 주께서 카인에게 말씀하셨다. “어찌하여 네가 화를 내느냐? 얼굴색이 변하는 까닭이 무엇이냐? 네가 올바른 일을 하였다면 어찌하여 얼굴을 펴지 못하느냐? 그러나 네가 올바르지 못한 일을 하였으니, 죄가 너의 문에 도사리고 앉아서 너를 지배하려고 하니, 너는 그 죄를 잘 다스려

> 야 한다." 카인이 아우 아벨에게 말하였다. "우리 들로 나가자." 그들이 들에 있을 때에 카인이 그의 아우 아벨을 쳐 죽였다. 주께서 카인에게 물으셨다. "너의 아우 아벨이 어디에 있느냐?" 그가 대답하였다. "모릅니다. 제가 아우를 지키는 사람입니까?" 주께서 말씀하셨다. "네가 무슨 일을 저질렀느냐? 너의 아우의 피가 땅에서 나에게 울부짖는다. 이제 네가 땅에서 저주를 받을 것이다. 땅이 그 입을 벌려서 너의 아우의 피를 너의 손에서 받아 마셨다. 네가 밭을 갈아도 땅이 이제는 너에게 효력을 더 나타내지 않을 것이다. 너는 이 땅 위에서 쉬지도 못하고 떠돌아다니게 될 것이다." 카인이 주께 말씀드렸다. "이 형벌은 제가 짊어지기에 너무 무겁습니다. 오늘 이 땅에서 저를 쫓아내시니, 하나님을 뵙지도 못하고 이 땅 위에서 쉬지도 못하고 떠돌아다니게 될 것입니다. 그렇게 되면 저를 만나는 사람마다 저를 죽이려고 할 것입니다." 주께서 그에게 말씀하셨다. "그렇지 않다. 카인을 죽이는 자는 일곱 갑절로 벌을 받을 것이다." 주께서는 카인에게 표를 찍어 주셔서, 어느 누가 그를 만나더라도 그를 죽이지 못하게 하셨다(창세기 4:1-15).

인류 최초의 살인 사건으로 알려져 있는 카인과 아벨 이야기는 우리에게 많은 시사점을 준다. 이야기를 심리학적 관점에서 보면 시기와 질투심의 발생 배경과 그 결과는 매우 적나라하다. 카인과 아벨은 자신이 거둔 수확물로 신에게 제물을 바쳤다. 농부인 카인은 곡식을 제물로 바쳤고, 양치기인 아벨은 양으로 제물을 바쳤다. 그런데 신은 아벨의 양을 받은 반면에 카인의 곡식은 받지 않았다. 왜 그랬을까? 이야기는 그 이유를 밝히지 않는다. 다만 추론할 수 있을 뿐이다. 동생을 죽인 카인의 제물에는 무언가 하자가 있을 것이라고! 그러나 좀 더 자세히 살펴보자. 자신의 제물이 거부되자 카인은 몹시 화가 나서 얼굴색이 변했다. 분노가 치밀어서 격렬한 신체 반응을 일으킨 것이다. 거의 격분 수준에 이른 폭발적 분노로 보인다.

자신이 한 일이나 성과에 대해 정당한 평가를 받지 못할 때는 누구나 분노를

카인이 아벨을 죽이다(Titian, 1542~1544)
카인의 시기와 질투가 격렬한 분노로 이어진 모습이다(Zuffi, 2003, p. 50).

느낀다. 신에게 제물을 바칠 때 카인은 나름대로 성의를 다했을 것이다. 그것이 신의 요구에 온전하게 부응하지 못할지라도 카인의 입장에서는 최선을 다했을 수도 있다. 이것은 아버지와 아들의 관계에서도 흔히 발생한다. 아버지의 요구와 기대 수준에는 미치지 못할지라도 아들 입장에서는 최선을 다한 경우도 있다. 양자 간의 기대 차이로 인해 거부 사건이 발생할 때 피해자로 느끼는 사람은 당연히 분노를 일으킨다. 자신의 정당성이 훼손되었기 때문이며, 이것은 상대방에 대한 공격성으로 드러난다. 그렇다면 카인의 반응은 정당한가? 겉으로 보기에 그의 분노는 나름대로 정당성을 지닌다. 그러나 그의 분노는 자연스러운 반응을 넘어선 격분 수준에 이르기 때문에 거기에는 또 다른 숨은 의도가 있을 것이다. 혼자 있을 때와 경쟁 상대와 같이 있을 때 드러나는 반응은 확실히 차이가 있다. 카인의 분노는 동생 아벨에 대한 시기심으로 인해 격분으로 발전한 것이다. 혼자 제물을 바치다가 거절당했다면 그렇게 격분하지 않았을 것이다. 경쟁 상대인 아벨이 있었기에 상대적인 모멸감과 수치심이 그를 더욱 화나게 한 것이다.

카인과 아벨의 경쟁은 마치 부모를 사이에 두고 경쟁하는 형제간의 시기와 질투 놀이와도 같다. 부모가 보기에는 그것이 하나의 놀이가 될 수 있지만 싸우는 당사자에게는 정말 피투성이로 범벅이 된 전투와도 같다. 부모의 사랑을 더 차지하기 위해 형제간, 자매간, 남매간에는 예고 없는 시기와 질투로 인한 전투가 벌어진다. 부모가 더 선호하거나 사회적으로 더 인정받는 재능을 가진 사람은 질투의 대상이 된다. 고대 이스라엘에서는 곡식 제물보다는 동물의 희생제물이 더 오래된 역사를 지니고 있을 뿐만 아니라 중요하게 취급된 것 같다. 물론 둘 다 공식적인 제물로 인정되었다. 그럼에도 불구하고 카인은 자신의 제물에 대한 열등감을 가진 채 제물을 바쳤을 가능성이 있다. 아벨의 양에 미치지 못한다는 열등감이 아벨에 대한 시기심을 부추긴다. 얼마 전까지만 해도 예술 방향으로 진학하는 자녀는 공부 쪽으로 진학하는 자녀에 비해 뒤떨어진다고 여겨진 때가 있었다. 지금도 그렇긴 하지만 공부를 잘하는 자녀는 모든 면에서 다른 자녀보다 알게 모르게 더 많은 혜택을 받는다. 부모의 차별대우가 자녀 간의 시기와 질투심을 유발한다.

카인의 제물은 곧 카인의 인격이며 자신이 지닌 재능이요 잠재력이다. 농부에게는 곡식이야말로 신이 제공한 가장 귀한 선물이다. 그와 마찬가지로 양치기 아벨에게는 양이 제일 소중한 재산이다. 사회적 가치 평가는 달라질 수 있지만 자신만의 소중한 것은 결코 비교 대상이 될 수 없다. 자신에게 소중한 것은 그 어떤 것과도 바꿀 수 없기 때문이다. 하지만 페르소나가 자아의 역할을 대변하는 사람들은 자아의 존재를 느끼지 못한다. 항상 사회적 성향에 민감하며, 다른 사람의 평가에 지나치게 자신을 내맡긴다. 카인의 곡식에 대한 열등감은 사회적 가치 기준으로 인해 자신의 소중한 것을 평가절하한 것일 수 있다.

카인의 시기심은 자신이 지니지 못한 것에 대한 결핍에 기인한다. 아벨에게 있는 것이 자신에게 없을 때 시기심이 발생한다. 그러나 이때의 결핍은 상대적인 결핍이다. 경쟁자가 없을 때는 전혀 느끼지 못하는 일종의 일시적 결핍감이다. 시기심은 종종 불안과 두려움을 동반한다. 결핍으로 인해 혹시 불이익을 받을 수 있다는 불안감과 좋아하는 대상으로부터 거절당할 것에 대한 두려움이 시기심 안에 내재된다(오진령, 2012, p. 50).

시기심은 대체로 양자 사이에 발생하며, 질투는 삼자 간의 갈등에 기인한다. 이런 점에서 시기심은 질투보다 더 원초적 감정이다. 카인의 경우 동생 아벨에 대한 시기심이 동생이 지닌 것에 대한 부러움에서 출발한다면, 그의 질투는 부모상을 대변하는 신으로부터의 사랑을 갈망하는 데서 발생한다. 시기심 뒤에 사회나 사랑하는 대상으로부터 인정받으려는 욕구가 있다면, 그것은 질투 형식으로 나타난다. 따라서 시기심과 질투는 같이 가는 경우가 많다. 카인과 아벨 이야기에서 곡식과 양, 그것은 아마 남성과 여성처럼 인간의 노력으로 바꿀 수 있는 것이 아니라 선천적으로 주어진 원형적 기질이 상징화된 표상일 것이다. 운명적으로 주어진 부모와 자녀 관계는 그 어떤 형태로도 바꿀 수 없다. 주어진 것은 항상 결핍을 내재한다. 동을 선택하면 서가 없고, 남을 선택하면 북은 없다. 남성이 되면 여성성은 결핍되며, 여성이 되면 남성성의 결핍은 필연적이다. 대개는 필연적인 결핍에 대한 보상작용이 시기심과 질투로 나타나며, 지나친 보상심리가 불안과 두려움 그리고 분노로 이어진다.

카인을 격분의 도가니로 몰고 간 것은 아벨에 대한 시기심과 신의 관심을 독차지하고 싶은 질투의 욕망이다. 그 결과로 아벨을 죽이는 사건이 발생한 것이다. 시기의 대상을 건강한 경쟁 상대로 여김으로써 성숙한 발전을 도모하기도 하지만, 때로는 부정적 방향으로 진행되어 경쟁 상대를 비도덕적인 방법으로 제거하는 경우도 많이 발생한다. 카인의 동생 살해는 상징적인 의미로 볼 때 자신의 어두운 면, 즉 그림자를 제거한 것이라고 볼 수 있다. 우리에게 시기심과 질투를 자극하는 것은 내부의 필연적 요소다. 갈등과 번민 그리고 열등감을 조장하는 그림자는 우리를 한층 더 성숙한 인격으로 인도하는 안내자 역할을 한다. 카인은 아벨을 제거하기보다는 옆에 두고 어느 정도 고통을 겪으면서 성장하는 것이 훨씬 더 바람직하다. 시기심으로 인해 그림자를 제거한 카인은 홀로 방황하면서 쓰디쓴 고독을 맛보아야 한다. 철저한 소외를 통해 자신이 지닌 본성의 힘을 경험한다(CW 11, par. 525). 그는 금지를 어긴 죄책감과 처벌에 따른 불안, 그리고 멸절과 해체의 공포로 인해 비참한 상태에 놓여 있다. 그때 신은 카인을 외부와 내부의 공격으로부터 보호한다. 시기심을 조장하는 사회문화적 괴물과 자아의 한계를 초월하여 무한한 욕망에 도전하게 하는 무의식의 충동으로부터 보호한 것이다. 그것은 그림자와 야합한 자아를 심판함과 동시에 마지막 소생의 기회를 주고자 하는 자기의 생명력일 것이다.

2. 정의 및 특성

1) 시 기

패럿과 스미스(Parrott & Smith, 1993)에 의하면, “시기(envy)는 다른 사람이 지닌 우월한 자질, 성취 혹은 소유물이 자기에게는 없을 때 나타나는 일종의 후회스러운 정서로서 그것들을 빼앗고 싶거나 상대방 역시 가지지 못하게 하고 싶은 마음”이다(pp. 906-920). 캐벌러-애들러(Kavaler-Adler, 2009)는 시기심을 “게걸스러운 허기의 심리적 형태”로 정의한다. 그녀에 의하면, 시기심은 심리적으로 배고픈 상태로서 무엇이든 닥치는 대로 먹어 치우려는 끝없는 욕망과도 같다. 신체적인 허기는 어느 정도 조절이 가능하다. 그러나 심리적인 허기는 조절이 거의 불가능하며, 무의식적인 욕망이 될 때 그 허기는 강력한 흉기로 변한다(p. 38).

시기는 대체로 다른 사람이 지니거나 영향력 아래 있는 것을 질시하거나 못마땅하게 생각할 때 발생한다. 시기는 또한 다른 사람의 것을 탐낼 때 생기며, 특히 경쟁자의 소유물에 대한 시기심은 더욱 강하게 드러난다. 시기심의 대상은 사람뿐만 아니라 사물 또는 경쟁자의 심리 상태 등을 포함한다. 상대방이 자신이 누리지 못하는 행복을 누리거나 우월하다고 생각하면 시기심을 느낀다. 경쟁자를 지배하려는 욕구가 시기심으로 드러나기도 한다. 시기심의 주된 원인 가운데 하나는 자기애성 성향이다. 자기애성 장애를 안고 있는 사람들은 대체로 다른 사람을 시기하거나, 다른 사람이 자신을 시기할 것이라고 믿는다. 그들은 다른 사람의 장점을 평가절하하면서 그들보다 자신이 우세하다는 점을 부각시킨다. 예를 들면, 프시케가 에로스의 아내가 되어 행복하게 되자, 언니들의 시기는 '가장 자격 없는 여자에게 그런 행운이 주어진 것'으로 나타났다(Neumann, 2012, p. 26).

이런 관점에서 시기심이야말로 다른 사람의 우월성에 대해 불행한 마음을 가지는 반응이다. 시기하는 사람은 처음부터 다른 사람의 우월한 것과 경쟁하거나 모방하거나 흉내를 내는 가능성을 배제한다(Ulanov & Ulanov, 1999, pp. 59-60).

이런 시기심은 자신만이 최고이며, 가장 좋은 것을 소유해야 한다는 일종의

여우의 시기(한정규, 2013)
그림자 속에 있는 여왕의 왕관은 여우의 시기심을 자극한다. 내면의 공허함은 점점 자라 환상의 꽃이 어느덧 현실로 다가온다.

강박관념에서 출현한다. 동화 『백설공주』에서 계모의 시기심은 백설공주에 대한 자신의 지배 욕망에서 비롯된다. 『라푼젤』 또한 마녀의 시기심과 지배욕으로 인해 성채에 갇히는 과정을 보여 준다. 부정적인 모성 원형의 단면을 보여 주는 『백설공주』의 계모와 『라푼젤』의 마녀는 엄마가 딸이 지닌 것을 시기함으로써 딸을 영원히 지배하려는 욕망을 보여 준다.

시기심에는 적어도 두 가지 요소가 있다. 하나는 다른 사람의 소유물이나 대상을 자신의 것으로 만들고 싶은 욕망이며, 다른 하나는 다른 사람이 자기가 갖고 싶은 것을 가졌을 때 생기는 화나고 미운 감정이다. 자신이 원하는 것을 다른 사람이 소유하고 있을 때 부러움과 아쉬움을 느끼는 것은 당연한 감정이다. 그러나 다른 사람과 비교해서 자신을 무능하게 여기거나 그들의 성취를 별것 아닌 것으로 치부할 때 발생하는 시기심은 상대방에 대한 적개심 또는 경쟁심으로 이어진다. 이런 적개심은 죄책감으로 이어져 언제 보복당할지 모른다는 두려움을 유발시킨다. 자신에 대한 비하는 더욱더 현실로부터 도피하게 함으로써 부모에 의해 보호받던 유년기 시절로 퇴행하게 한다. "다른 사람의 재산을 탐내지 말라."는 종교적 교훈은 인간의 시기심이 태생적인 것임을 보여 준다. 인간의 가장 기본적 정서인 시기심이 개인의 콤플렉스와 결합할 때 그것은 신경증으로 발전한다(Saul, 2006, pp. 112-113).

2) 질 투

베번(Bevan, 2004)의 정의에 따르면, "질투(jealousy)는 중요한 대상관계에 위협이 되는 요소를 제거하고자 하는 반응으로서, 좋아하는 대상이 자기 이외의 다른 삼자와 또 다른 관계를 맺는 상황에서 발생한다." (p. 195) 시기가 후회와 질시로부터 출발한다면, 질투는 비교적 다른 사람에 대한 긍정적인 애착에서 비롯된다. 사랑의 대상을 소유하려는 질투는 형제자매 간이나 모든 인간관계에서 삼자 사이에 주로 발생하는 반면, 시기는 두 사람 사이의 은밀한 경쟁심에서 비롯된다. 시기와 질투는 내적인 심리현상으로 출발하여 불안과 두려움의 형태로 변형되기도 한다. 가끔 시기와 질투는 서로 섞이기도 하고 함께 경험되기도 한다. 율라노프 부부(Ulanov & Ulanov, 1999)에 의하면, 시기심이 경쟁자의 좋은 점을 무효화해 자신의 지배 아래 두고자 하는 욕망에서 출현한 것이라면, 질투는 에너지의 원천인 사랑의 대상을 획득하려는 의도에서 비롯된다. 질투심이 전체 인격에 대한 사랑에 근거하고 있다면, 시기심은 타자를 부분으로 환원시키고 자기 마음대로 할 수 없을 때 그것을 망가트린다(pp. 59-60).

질투와 소유욕 같은 유아적 요소들이 항상 부정적인 것만은 아니다. 시기와 질투는 종종 개인적 발전을 위한 기초가 된다. 비록 부정적 입장에서 출발했다고 하더라도, 그 어두운 측면을 인식하면 그것은 곧 긍정적인 힘이 되어 경쟁자와의 건강한 관계를 수립하기도 한다. 사실 질투는 사랑하는 대상의 호감을 얻고자 하는 욕망의 표현이다. 다만 매우 강렬한 신경증적 질투는 소유에 대한 극적인 환상에서 기인한다. 그것은 불확실성 속에서 사랑을 불안하게 경험하는 것과 같다. 따라서 질투는 어떤 의미에서 심리적 고통이다. 질투의 먹이가 된 사람은 진정한 사랑의 의미를 모른 채 환상적인 욕망에 따라 살아간다. 동시에 질투는 카로테누토(Carotenuto, 1989)의 주장대로 가끔 우리에게 결핍을 직시하는 기회를 제공한다.

> 질투는 일종의 겸손한 경험이다. 결코 완전히 내버려 두지 않거나 결코 소유욕을 포함한 모든 위험을 무릅쓰고 사랑을 수용해 본 적이 없는 사람은 진실한 삶을 살지 못한다. 우리는 팽창된 삶까지도 말할 수 있을 것이다. 성숙의 신호는 자신의 쩨쩨함(pettiness)과 궁핍함(neediness)을 수용하는 것이다. 질투할 수 있는 가능성을 수용하는 것은 우리의 삶이 사랑스러운 사람은 우리 옆에 있다는 조건 아래에서만 진화할 것이라는 위험을 전제한다는 것을 의미한다. 물론 이런 것은 유아적이다. 하지만 내면의 아이는 자신의 말을 지니며 우리는 들을 준비를 해야 한다(p. 74).

소유욕으로 드러나는 질투는 상실에 대한 불안과 두려움을 포함한다. 우리에게 믿음을 준 우선적 대상을 상실할지 모른다는 불안은 질투를 유발한다. 질투에는 결국 상실에 대한 슬픔과 분노, 그리고 두려움과 수치심이 혼합되어 있다(Lelord & Andrè, 2008, p. 295). 질투가 유달리 심한 사람은 어머니와의 분리-개별화 과정이 순탄하지 않았을 가능성이 있다. 분리를 통해 상실을 경험하고, 그 상실에 대한 애도와 극복의 과정이 발달단계에서 원만하게 이루어지지 않았을 때 끊임없이 엄마를 대신할 사랑의 대상을 찾는다. 그러나 우리를 유아처럼 보호해 줄 부모는 더 이상 존재하지 않는다. 질투의 노예가 되어서 매 순간 어린 시절의 부모 사랑을 찾는다면 진정한 사랑의 대상을 얻지 못한다. 진정한 파트너로서의 대상은 질투의 대상이 아닌 사랑의 대상이다. 질투는 사랑에 대한 항구적인 연대 감정이다. 사랑하는 대상을 영원히 자신의 영역 안에 두려는 질투는 편안하고 성숙한 사랑을 가로막는 요인이 된다. 질투로부터 해방되고자 하는 노력은 자궁 안에 영원히 가두어 두려는 엄마의 과도한 사랑으로부터 필사적으로 탈출하려는 자녀의 몸부림으로 이어진다(Carotenuto, 1989, pp. 71-78).

3. 유 형

1) 부모와 자녀 사이의 시기와 질투

고대 로마인은 질투에 대한 강박관념을 지니고 있었다. 로마의 신, 죽은 자, 이웃, 손님, 해방된 노예, 낯선 사람과 적 모두는 그들이 바라고 먹고 유혹하는 대상을 질투하는 존재들이었다. 그들을 시기하는 눈길은 모든 대상에게 흔적을 남겼으며, 질투(invidia)하고 독을 퍼트리며 불임과 성 불능의 주술을 걸었다고 전해진다(Quignard, 2007, p. 79).

그러나 대체로 인간이 최초로 느끼는 시기심은 유아와 엄마 사이에서 발생한다. 아직 엄마로부터 분화되지 못한 유아에게는 시기심이 발동하지 않는다. 엄마와 자신이 분리되기 시작하면서 유아는 엄마의 좋은 젖가슴에 대한 시기심으로 인해 엄마와 자신을 비교한다. 이렇게 볼 때, 시기심은 엄마와의 공생기에 누렸던 전지전능한 감정이 사라지면서 결핍감과 함께 자연스럽게 발생하는 감정이다. 모성의 자궁 안에서 모든 것을 완벽하게 누렸던 유아는 성장과정에서 결핍을 경험하고, 이 결핍이 대상에 대한 시기심을 유발한다. 엄마와의 공생기를 지나 유아가 좋은 젖가슴과 나쁜 젖가슴 사이에서 우울하고 당황해할 때, 건강한 엄마는 적절한 반응을 통해 유아의 불안과 공포를 제거한다. 그러나 페어베언(Fairbairn)이 언급한 흥분 대상은 유아에게 충분하고 안전한 좋은 젖가슴을 제공하지 못한다. 양분을 줄 듯 말 듯 하면서 아이의 간장을 태우는 엄마는 유아에게 정서적 대상항상성을 제공하지 못한다. 아이의 입장이 아닌 자신의 입장에서 양육하는 엄마는 유아에게 적절한 반응을 하지 못함으로써 유아에게 나쁜 대상이 된다. 이때 좋은 젖가슴에 대한 유아의 시기심은 부정적인 자기표상과 결합하여 그림자를 형성한다.

오이디푸스기에 아동은 엄마의 젖가슴에 대한 시기심에서 이성 부모의 좋은 것에 대한 시기심으로 옮겨 간다. 아들이 아버지의 남근에 대한 시기심이 생길 때 그것은 거세공포로 이어진다. 아버지에 의한 거세나 스스로에 의한 거세 모두는 아버지에 대한 두려움과 공포, 그리고 자신에 대한 피학적 수치심과 죄책감을 유발한다. 금기를 어긴 것에 대한 죄책감과 더불어, 자신이 가질 수 없는 것에 대한 집착으로 인해 불안과 두려움이 뒤따른다. 아들의 아버지에 대한 공격성은 엄마와의 동일시를 초래하며, 이것은 남성의 자궁 선망으로 나타나기도 한다. 이와 마찬가지로 딸의 아버지에 대한 시기는 남근 선망으로 나타난다. 아들의 자궁 선망이나 딸의 남근 선망은 동성의 부모에게 느끼는 시기심보다 훨씬 더 위험하다. 동성의 부모에게 느끼는 시기심은 동일시와 모방 단계를 거쳐 이상화된 부모상을 통해 자신의 성장을 추구하는 원동력이 된다. 자신에게 없는 장점을 동성의 부모로부터 습득하는 것은 사회 적응력을 높여 주는 좋은 기회가 된다. 그러나 선천적으로 이룰 수 없는 딸의 남근 선망이나 아들의 자궁 선망은 성정체성의 혼란을 초래함으로써 동성애적 성향을 부추긴다. 물론 성장과정에서 발생하는 일시적인 남근 선망과 자궁 선망은 아니마와 아니무스의 건강한 분화를 촉진하는 촉매제 역할을 수행한다. 문제는 이런 이성 부모에 대한 시기심이 만성화되면 성인이 된 후에 심각한 심리적 질병을 유발할 수 있다는 것이다.

부모와 자녀 사이의 질투는 더욱 심각한 결과를 초래한다. 부모가 그들 사이의 갈등이나 시기심으로 인해 자녀로 하여금 어느 한쪽 부모를 더 사랑하도록 강요할 때, 자녀는 대체로 힘이 있는 쪽의 부모를 택한다. 동시에 그 자녀는 한쪽 부모를 버린 것에 대한 죄책감과 무력감 그리고 존재감 상실에 대한 수치심과 분노의 혼란스러운 감정을 경험한다. 부모 사이가 너무 좋아서 자녀에게 돌아갈 사랑과 정서적 에너지가 고갈될 때는 자녀가 부모 사이를 시기하고, 그 사이에 끼어 자신의 몫을 챙기려고 한다. 이로 인해 자녀는 부모의 처벌에 대한 공포를 느끼며, 그들에 의해 버려질지도 모른다는 유기불안을 느낀다. 부모 역시 자녀를 시기하는 경우도 있다. 엄마가 딸의 미모와 성적 에너지를 시기한다거나 아버지가 아들의 늠름한 모습과 사회적 능력을 시기할 때 자녀는 죄책감을 느끼며, 이것은 부모에 대한 증오와 공격성으로 표출된다. 부모에 대한 증오와 적대심은 내부로 향할 때 우울증으로, 외부로 향할 때는 품행장애나 반사회적 행동장애로 나타나기도 한다.

2) 형제간의 시기와 질투

형제나 자매 사이에도 시기심은 언제나 발생한다. 자신이 가지지 못한 것에 대한 시기심은 동생이 태어나자마자 발생하며, 엄마의 사랑을 동생에게 빼앗겼다는 질투심은 동생에 대한 분노와 폭력으로 이어지기도 한다. 형제자매 간의 시기와 질투는 대개의 경우 성(sex)과 관계없이 발생한다. 부모 앞에서는 누구나 어린애가 되어 그들의 사랑을 독차지하려는 욕망이 지배적이기 때문이다. 이런 현상은 치료관계에서 전이를 통해 드러난다. 형제간의 시기와 질투는 발달과정에서 자연스럽게 표출된다. 이에 대한 부모의 건강한 반응과 조심스러운 배려가 있을 때, 자녀는 시기와 질투 대신에 바람직한 가족관계를 형성한다. 그러나 부모가 어느 한쪽을 편애할 때, 다른 자녀는 시기와 질투로 인한 분노와 적대감을 드러낸다. 그들은 또한 심각한 상실감과 더불어 존재의 무가치함에 대한 불안과 공포를 느낀다. 그들은 부모로부터 지지받지 못함으로써 세상으로 박차고 나갈 용기와 힘을 상실한다. 이런 관점에서 에딩거(Edinger, 1992)는 소외된 자아의 심리 상태를 보여 주는 한 사례를 소개한다.

> 나는 한 정신병원에서 '카인과 아벨' 신화 속에서 살고 있던 어떤 환자가 생각난다. 이른 아동기부터 그의 가장 큰 문제와 자기 삶의 경험의 중심적인 주제는 그의 형과의 경쟁관계였다. 그의 형은 자신이 행한 모든 면에서 성공적이었으며 부모로부터 사랑을 받았다. 이런 편애는 동생을 부를 때 종종 형의 이름을 부름으로써 두드러졌다. 이것은 사실 그를 엄청나게 격노케 했다. 흔히 그렇듯이 이로 인해 그는 독립된 개인으로 경험한 적이 없었고 부모의 눈에 거의 띄지 않았다. 그는 완전히 무가치한 감각 속에서 비통과 좌절 상태에 있었다. 그가 어떻게 '거절된 존재'와 동일시했는가는 존 스타인벡의 소설에 기초한 영화 〈에덴의 동쪽(East of Eden)〉을 보면서 일으킨 반응에서 나타난다. 그 이야기는 카인과 아벨 주제가 현대화된 형태다. 이야기 속에 두 형제가 등장한다. 환자는 영화 속의 거절된 동생으로 철저히 동일시했고, 그 결과 영화를 보는 도중에 극도의 불안과 비탄의 반응을 보이면서 밖으로 나갈 수밖에 없었다(p. 44).

3) 동성과 또래 사이의 시기와 질투

부모의 좋은 것에 대한 시기심과 형제자매 사이의 시기심은 성장과정에서 자연스럽게 같은 또래의 동성으로 향한다. 드 보통(de Botton, 2011)에 의하면, 동등하다고 여기는 대상 사이에 발생하는 시기와 질투 안에는 "특별하고 새로운 이상, 즉 모든 인간은 날 때부터 평등하며 누구나 무엇이든 이룰 수 있는 무한한 힘을 가지고 있다는 믿음 때문이다."(pp. 58-59) 학생은 학생끼리, 사원은 사원끼리 경쟁하면서 시기심도 발동한다. 그것도 남성은 남성끼리, 여성은 여성끼리 시기심을 느낀다. 물론 그 시기심이 집단의 권력자와 관련될 때는 질투심으로 발전하기도 한다. 우리가 주목할 점은 시기심은 대체로 자신이 경쟁 상대로 느끼는 대상에게 발생한다는 점이다. 아무리 상대방이 잘나고 똑똑해도 경쟁 상대가 아닐 때는 시기심이 발동하지 않는다. 이것은 다분히 시기심이 그림자 투사로 인해 발생한다는 사실을 알 수 있다. 인식하지 못한 내면의 열등감은 다른 사람의 선한 것을 있는 그대로 수용하지 못한다. 그림자에 사로잡힌 사람들은 선함 자체에 대한 두려움이 있다. 그들에게 선함은 그림자의 천적이자 어둠을 해체하는 주범이기 때문이다. 그들에게 선함은 곧 악이며, 악은 친구가 된다. 그것은 의식이 간과하거나 모르고 있는 동안에도 매우 활발하게 작용한다. 그림자는 대체로 억압된 소망이나 세련되지 못한 충동, 도덕적으로 열등한 동기, 원한 감정, 자신감 없는 행동, 어린애다운 환상 등이 다른 대상에게 투사되는 형태로 나타난다(박종수, 2009, pp. 131-132). 융(Jung)은 그림자 투사에 대해서 다음과 같이 설명한다.

> 그림자는 비록 통찰력과 좋은 의지를 통해 어느 정도 의식적 인격으로 동화될 수 있다. 그럼에도 불구하고 경험에 의하면 그림자는 도덕적 조절에 대한 완고한 저항을 보여 주거나 거의 불가능한 영향력을 제공하는 특성이 있다. 이런 저항은 보통 투사와 관련되어 있다. 투사는 실제 모습을 보여 주지 않으며, 투사로 확인되는 것은 일상적 수준을 벗어난 도덕적 성취다. 그림자의 어떤 독특한 특성들은 자신의 인격적 자질처럼 별 어려움 없이도 확인될 수 있다. 이 경우 통찰력과 좋은 의지는 유용하지 못하다. 그러한 정서의 원인은 의심할 여

지없이 다른 사람에게 거짓말을 하기 위한 것이기 때문이다(CW 9ii, par. 16).

개인무의식 안의 그림자는 개인적 속성, 즉 성장과정에서 형성된 인격의 열등한 면을 드러낸다. 이때 그림자는 약간의 주의력을 가지면 비교적 쉽게 인식된다. 자신도 모르게 발생하는 시기와 질투를 통해 그림자를 인식할 때 그림자는 의식의 영역에 통합된다. 하지만 원형적 차원의 그림자는 의식으로부터 멀리 떨어져 있기 때문에 다른 원형과 마찬가지로 쉽게 인식되지 않는다. 원형적 그림자는 일종의 본성에 내재된 상대적 악으로 경험된다. 따라서 절대적 차원의 악을 경험하는 것은 매우 드문 일이다(CW 9ii, par. 19). 원형적인 그림자는 인간의 본능과 실존적 차원에서 경험된다. 예를 들면, 유아가 엄마의 좋은 젖가슴을 시기하는 것은 생득적 시기심으로 간주할 수 있다. 생존을 위해 반드시 필요한 것이 결핍되었을 때 발생하는 시기심은 살아남기 위한 필연적 정서과정이다. 그러나 자신의 선한 것을 악한 것으로 대체해 버리는 상대적 시기심은 우리를 병들게 한다.

4) 이성 간의 시기와 질투

부모의 사랑을 더 받기 위한 자녀의 질투는 성인이 되어 이성 사이에서 재현된다. 결혼하기 전이나 결혼한 후라도 질투는 예고 없이 찾아오는 불청객이면서 두 사람 사이의 사랑을 확인해 주는 촉매제 역할을 하기도 한다. 사울(Saul, 2001)이 사례로 든 한 남성의 경우를 보자. 캐럴과 결혼한 찰리는 결혼하자마자 아내가 다른 남성을 좋아하며 언젠가는 자신을 떠나갈지 모른다는 불안을 감추지 못했다. 신혼여행을 마치고 집들이를 할 때 아내가 다른 여성의 남편과 이야기하자, 찰리는 강한 질투심을 느꼈다. 찰리는 어떤 사람이 자신과 다른 사람들을 죽이는 악몽에 시달렸다. 아내인 캐럴이 다른 남성과 함께 있는 꿈을 꾸는가 하면, 그녀가 키운 일곱 살쯤 되는 사내아이가 자라면 그 아이와 아내가 결혼해서 자신을 떠난다는 생각을 했다.

정신분석의 결과는 '찰리의 신경증적인 망상적 질투는 아버지의 죽음 이후 어머니에 대한 아동기 양식이 단순하고 직접적으로 연속되어 나타난 것'이었다. 찰리가 네 살 때쯤 아버지가 교통사고로 죽자, 어머니는 아들을 돌보기보다는 일과 다른 남성에게 관심을 더 보였다고 한다. 어머니로부터 거부당한 찰리는 분노에 사로잡혔으며, 그 분노는 증오와 공격성으로 나타나 누군가를 살해하는 꿈으로 드러난 것이다. 꿈속의 살해자는 위장된 자신의 모습으로서 피학적인 죄책감과 공포가 그 안에 스며 있다. 분석가는 꿈속의 살인마를 어머니에 대한 자기 내부의 억압된 분노가 의인화되어 나타난 것으로 본다. 찰리는 사랑받고 싶은 욕구, 거부와 좌절, 질투와 분노를 내면에 감춘 채 성인기에 이른 것이다. 친어머니조차 자신을 버린 마당에 그는 아무도 믿을 수 없었다. 어머니는 재혼한 후에도 남편과 그의 아이들에게만 신경을 쓰고 자신은 버려 두었다는 유기 감정이 그를 지배했다. 이런 억압된 감정이 결혼하자마자 아내에게 투사되어 질투와 분노를 통해 표출되었다. 질투와 분노는 죄책감을 유발하여, 찰리는 자신을 책망하는 피학적 우울증과 불안에 시달렸다. 찰리는 3년에 걸친 정신분석을 통해 자신과 어머니의 감정을 아내의 감정과 분리하게 되었다. 적어도 자신의 문제를 있는 그대로 인식하고 자신의 감정을 수용하면서 완고하게 굳어져 버린 정서양식에 변화를 가져왔다(pp. 278-288).

이처럼 어린 시절에 경험한 부모와 자녀의 관계가 성인기에 이성 사이의 질투 형식으로 재현되는 경우가 종종 발생한다. 어머니에 대한 감정은 다른 여성에게 투사되어, 아내와 어머니와 다른 여성은 '여성'이라는 동일한 이미지에 함몰된다. 이때 어머니 여성은 아내 여성과 동일시되며, 세상의 다른 여성도 그에 동참한다. 여성이라는 동일한 용기에 여러 가지 내용이 포함되지만 그것들은 아무런 구별 없이 모두 '하나'로 인식된다. 부정적인 모성 콤플렉스가 모든 여성을 대할 때마다 재현된다는 의미다. 찰리는 하나의 용기에서 다양한 색상을 구별할 수 있을 때 자신을 사로잡았던 콤플렉스로부터 해방될 수 있었다.

질투(Munch, 1895)
신랑과 신부 사이의 사랑을 질투하고 있는 한 남성이 초록색 얼굴 모습으로 어두운 곳에 그려져 있다 (Hodin, 2010, pp. 157–159).

시기와 질투는 남성과 여성에게서 다른 양상으로 드러난다. 폰 프란츠(von Franz, 1997)에 의하면, 시기와 질투는 여성에게 주로 나타나는 일차적 결점이다. "시기와 질투가 없으면 여성이 아니다."라는 속된 표현은 그 말의 진실성보다는 여성적 성향이 시기와 질투를 통해 잘 드러난다는 의미일 것이다. 대체로 여성은 남성보다는 시기와 질투심을 겉으로 드러내지 않고 자연스럽고 교묘하게 이용하는 경향이 있다. 그러나 남성이 시기와 질투에 사로잡히면 경쟁자에 대한 공격성이 외부로 표출되는 양상을 보인다. 그만큼 남성은 시기와 질투 감정을 잘 다스리지 못한다. 시기와 질투 같은 내적인 감정은 남성의 아니마를 자극하여 무의식에 사로잡히게 한다. 소위 '아니마 무드'는 시기와 질투를 동반하는 아니마의 그림자다. 따라서 남성은 아니마에 사로잡히자마자 당연히 질투와 시기에 접하게 된다(p. 141).

시기심은 대개 동성 간의 그림자 투사로 인해 발생한다. 그런데 시기심이 이성 간에 발생하면 아니마와 아니무스가 투사된 결과로 나타난다. 감춰진 열등감과 비도적적 성향에 기인한 그림자 투사는 시기심과 질투 등의 은밀하고 야비한 뒷공론이나 간접 비난으로 나타난다. 그에 반해 아니마와 아니무스의 투사로 인한 시기심과 질투는 원형적 정동의 순간적인 폭발로 인해 마치 미친 사람이 된 것과 같은 현상이 동반된다. 여성이 지적이고 사리 판단이 분명하며 강력한 지도력을 갖춘 남성의 장점을 시기한다면 자신도 모르게 남성화되어 아니무스의 지배 아래 놓이게 된다. 그것은 본래 여성적 특성은 아니기 때문이다. 로고스로 대변되는 아니무스는 여성을 남성으로 변화시켜 남성에 대한 비판과 시기 그리고 공격적 태도를 지니게 하여, 아니무스에 사로잡힌 여성의 경쟁자는 같은 여성이 아닌 남성이 된다. 이와 마찬가지로 남성이 여성의 우아하고 감성적인 아름다움과 재치를 시기한다면 그는 곧 자신도 모르게 여성화되어 아니마의 지배를 받게 된다. 아니마와 아니무스의 지배 아래 있게 되면 심각한 성적 환상에 시달리거나 원인 모를 무의식적 욕망에 이끌려 현실로부터 갈수록 멀어진다.

율라노프 부부(1999)에 의하면, 여성의 남성에 대한 시기심은 시기하는 자의 슬픈 성적 상황을 보여 준다. 결핍을 느낀 여성은 내면의 빈자리를 메우기 위해 외부의 남성이나 내면의 남성상인 아니무스를 난폭하게 공격한다. 시기하는 여성은 자신의 여성성을 수용하지 못하고 남성성으로 대체하고자 한다. 남근 선망으로 대변되는 여성의 남성에 대한 시기심은 남성의 모든 것, 즉 지성과 합리성, 사회적 권력, 가부장적인 지위, 난폭한 공격성 등을 부러워한다. 남성을 시기하는 여성은 자신의 여성성을 전체로 보지 못하는 것처럼 시기 대상인 남성 또한 전체 인격으로 대하지 못한다. 그녀가 보는 남성은 단지 부분에 불과할 뿐이다. 시기하는 여성은 남성으로 인해 여성의 좋은 것들이 도둑맞았다고 비난하면서도 자신의 결핍과 공허를 채우기 위해 남성이 되려고 한다. 이처럼 아니무스에 사로잡힌 여성은 일종의 '사이비 남성'으로 변하며, 여성도 남성도 아닌 우스꽝스러운 남성 같은 여성이 된다. 이처럼 이성에 대한 시기심은 남성이나 여성 모두를 중성으로 만들어 성적 정체성을 파괴한다(pp. 65-66).

5) 자기 자신에 대한 시기

자기 자신에 대한 시기는 두 개의 자아가 극단적으로 분열되어 있을 때 발생하는 현상이다. 의식적인 자아는 초라하지만 내면에 있는 자아가 너무 환상적이고 이상적일 때 일종의 해리 상태에 있게 된다. 이것은 나르키소스가 연못에 비친 자신의 모습을 보고 너무 아름다워서 다른 존재로 인식하는 것과도 같다. 내면의 열등감과 겉으로 드러난 자기애적 성향은 동전의 양면과도 같다. 내면의 열등한 자아는 이상화된 자아에 대한 시기심이 있다. 클라인(Klein)의 견해는 이런 이해를 뒷받침한다. 속이 허전하고 고갈된 유아는 자기 자신을 평가절하하면서 동시에 내재화된 엄마의 좋은 젖가슴을 이상화한다. 아이의 시기심은 엄마의 젖가슴을 탐욕적으로 먹으려고 할 뿐만 아니라 그것을 비우고 고갈시키며 처벌하고자 한다. 그럼으로써 자신은 좋고 대상은 나쁜 것이 된다(Hamilton, 2007, pp. 127-128, 200). 이상화된 엄마가 유아의 대상표상이자 자기의 일부임에도, 유아는 이를 분리해서 내재화된 좋은 이미지를 파괴하고자 하는 욕구가 있다.

백설공주 이야기는 이처럼 분열적 성향으로 인해 발생하는 시기심을 보여 준다. 새엄마인 왕비가 거울에게 "거울아, 거울아, 세상에서 누가 제일 예쁘니?"라고 묻자, 거울은 "세상에서 제일 예쁜 사람은 백설공주입니다."라고 대답한다. 이때 거울은 진실과 거짓을 구별해 주는 지성의 표상이 아니라 시기심으로 가득 찬 왕비로 하여금 자신의 내면을 바라보게 하는 안내자 역할을 한다. 왕비 중심의 주관적 관점에서 보면, 백설공주는 왕비 내면의 젊고 아름다운 소녀상이다. 왕비는 내면에 백설공주와 같은 아름다운 소녀가 있음에도 정작 자신은 이미 늙어 버린 여인상에 사로잡혀 있다. 이것은 마치 만족스럽지 못한 현실적 자아가 이상화된 자아상을 시기하는 현상과도 같다. 자신에 대한 시기는 내면의 자아를 파괴하는 형식으로 드러난다. 두 개의 대립된 자아가 분리된 채 서로 갈등할 때 발생하는 자신에 대한 시기심은 결국 무의식적 환상에 사로잡혀 현실 적응을 방해한다.

4. 발생 배경

1) 엄마의 좋은 것(젖)이 유아의 시기심을 유발

율라노프 부부(1999)에 의하면, 시기심의 원형적 배경에는 어머니가 중심적 역할을 하고 있다. 신데렐라 이야기나 콩쥐팥쥐 이야기에서 아버지는 항상 먼 곳에 있거나 부재중인 존재로 나타난다. 이야기 속에서 어머니는 처음부터 죽음과 삶, 선한 일과 악한 일, 그리고 남성성과 여성성의 원초적 이중성을 상징적으로 보여 준다. 신데렐라의 자매들이나 팥쥐의 경우 항상 다른 사람의 것을 탐낸다. 거기에 객관적인 가치 평가는 존재하지 않는다. 자신의 것보다는 다른 사람의 것이 좋은 것으로 여겨진다. 율라노프 부부는 선함에 대한 적대감에서 시기심이 출발한다고 주장한다. 그것은 선함에서 오는 편안함과 양식과 사랑의 근원이 우리 안에 있지 않고 우리 바깥에 있다고 여기기 때문이다. 아동의 시기심은 선함이 자신에게 있지 않고 엄마에게 있다고 여기는 데서 기인하는 것과 같다. 선함이 본래 우리의 것이 아니라는 이유로 선함을 거부함으로써 자신이 소유하지 못한 것을 모두 악하게 만들어 버리는 경향이 있다. 시기심은 결국 내가 현재 지닌 것에 대한 감사의 마음을 제거한다. 그 결과, 선함의 원천인 어머니가 우리를 배고프고 비참하게 만들기 위해서 우리가 원한 것을 의도적으로 유보하고 있다고 생각한다. 이와 같은 심각한 시기심에 사로잡힐 때, 진정한 선함은 마치 다른 세계인 은하계에 속한 것처럼 멀리 느껴진다(pp. 56-57).

2) 아빠의 좋은 것(남성성)이 딸의 남근 선망을 유발

우리는 프로이트(Freud)가 말하는 '남근 선망(penis envy)'이라는 용어를 잘 알고 있다. 딸이 자신에게 없는 아버지의 남근을 부러워한다는 것이다. 현대 심리학은 프로이트의 남근 선망을 단순히 성적인 열망으로 보지 않는다. 그것은 여성이 남성에게 느끼는 시기심에 대한 상징적 표현이다. 형제자매에게서 경험되는 시기와 질투와는 달리, 이성 간의 시기는 보다 많은 의미를 담고 있다. 딸의 남근 선망은 아버지로 대변되는 권력과 지배원리에 대한 호기심과 열망을 암시한다. 자궁이 생명을 잉태하고 양육하는 장소라면, 남근은 꿰뚫고 공격하며 장악하고 지배하려는 권력의 속성을 보여 줌과 동시에 생명의 씨앗을 뿌리는 근원적 힘이다. 여성에게 근본적으로 없는 이런 속성을 딸이 아버지로부터 탐하는 것은 자연스러운 것이다. 다만 남근 선망이 엄마와의 삼각관계에서 아버지를 소유하려는 질투에서 비롯된 것이라면 오이디푸스 콤플렉스를 야기한다. 아버지의 남근을 소유한 엄마처럼 자신도 그것을 지닐 때, 아버지의 연인이 될 수 있다는 환상은 남근 선망으로 나타난다. 이때의 남근 선망은 여성의 근본적인 결핍을 보상해 주는 역할도 하지만, 비현실적 환상으로 인해 그녀는 부성 콤플렉스의 피해자가 되기도 한다.

프로이트의 성적 리비도의 이론에 반박하여, 융은 질투가 전적으로 성적인 영역에 속하지는 않는다고 본다. 음식에 대한 욕망 또한 성욕과 함께 그 자체로 질투와 많은 관련이 있다. 딸이 엄마를 질투하여 엄마의 자리를 탐냄으로써 아버지와의 특별한 관계를 맺고자 하는 긍정적 부성 콤플렉스는 다른 남성과의 관계를 차단하는 구실을 한다. 우리는 이것을 엘렉트라 콤플렉스(Electra Complex)라고 부른다. 그리스 신 엘렉트라는 남편인 아가멤논을 죽이고 사랑하는 아버지를 빼앗기 위해 엄마인 클리템네스트라에게 복수했다(CW 4, par. 347). 융은 아버지를 사랑하여 엄마를 제거하기를 원하는 여성의 사례를 소개한다. 그녀는 결혼은 하고 싶지만 쉽게 결단을 내리지 못했다. 적당한 남편감에 대한 확신이 없었던 것이다. 어머니가 병약하거나 아버지와의 사이가 원만하지 못할 때, 딸은 자연스럽게 엄마 역할을 대신하게 된다. 이때 가족에서 아버지가 무의식적으로 딸의 남편 역할을 담당한다(CW 7, par. 22).

3) 새로 태어난 동생이 시기와 질투를 유발

새로 태어난 동생에 대한 시기심과 질투는 종종 발견된다. 한 남자아이의 사례를 보자. 그는 동생이 태어나자 퇴행적 반응을 보였다. 동생이 어머니에게 안겨 있으면 아기처럼 행동했다. 평소에 잘하던 옷 입기, 목욕, 식사도 혼자 하려 하지 않고 아기처럼 먹여 달라, 입혀 달라, 우유를 병에 담아 달라고까지 했다. 동생이 칭찬을 받으면 공격적인 행동을 하거나, 집 밖에서 다쳐 오거나 해서 부모의 관심을 끌고자 했다. 원래 그는 혼자 잘할 수 있다는 것에 대해 의기양양해하면서 어른이 되고 싶어 했다. 그런데 동생이 태어나자마자 어린아이처럼 굴다가도 어른처럼 행동했다. 어린아이에게도 체면이 있다. 어린 동생처럼 굴자니 체면이 말이 아니고, 어른처럼 행동할 때는 자기보다 못한 아이들을 바보 취급하면서 적대적으로 대했다. 그는 자신의 몸을 찔러 자해하기도 하고, 악몽에 시달리고 불안과 두려움을 드러냈다. 동생에 대한 시기심과 질투가 사랑의 대상을 빼앗길지 모른다는 불안과 공포로 이어지면서, 그것이 자신과 다른 사람에게 적대적 행위로 발전한 것이다. 이런 정서적 악순환은 드러나지 않은 내적인 시기심과 질투에 기인한 것이다. 동생이 없는 상황에서는 그런 공격성이 사라진다는 점이 다행스럽게도 발달단계를 거쳐 상황을 호전시킬 수 있었다(Saul, 2006, pp. 126-127).

위니컷(Winnicott, 1998) 또한 새로 태어난 여동생에 대한 질투 사례를 보여 준다. 로버트는 9세였고, 그 밑으로 각각 7세, 5세 된 여동생이 있었다. 책임감이 강한 그의 부모는 좋은 결과를 기대하면서 어려운 시기를 보내고 있었다. 아버지와의 면담에서 로버트가 아버지처럼 발달이 늦었다는 사실이 알려졌다. 지능

지수가 130이었던 로버트는 늘 학교에 가는 것을 싫어했고 공부를 좋아하지 않았다. 집에서 조립식 장난감을 가지고 노는 것만 좋아했지 책을 읽으려고 하지 않았던 그는 부모에게 실망만 안겨 주었다. 로버트는 아버지가 멀리 군대에 가 있는 동안 태어났다. 공습으로 인해 의사가 늦게 온 바람에 엄마의 해산이 늦어지고 힘들어진 일도 있었다. 엄마는 좋은 엄마였지만 불안이 너무 커서 아기의 요구에 적절한 반응을 하지 못했다. 아버지가 참전 중일 때 2세 된 로버트에게 여동생이 태어나자 심하게 질투했다. 이 질투는 둘째 여동생이 태어난 이후에도 계속되었다. 그는 엄마가 예전처럼 자기와 함께 정원에 나가지 못하거나 놀아주지 못할 때 기분이 침체되었다. 그의 분노는 아버지가 좋아하는 도롱뇽을 박해하는 것으로 표출되었다. 자기가 정한 어미 도롱뇽과 아빠 도롱뇽 가운데 어미 도롱뇽을 잔인하게 박해했다. 놀이를 할 때도 그는 난폭했으며 자기 멋대로 끊임없이 규칙을 바꾸었다. 가끔은 긍정적일 때도 있었지만, 그는 많이 위축되었고 행동마저 느려졌다. 위니컷은 그의 증세를 경미한 우울증으로 진단하고 있다. 학교 선생님은 로버트가 학교에 적응하지 못한 것을 가정환경 탓으로 돌렸다. 그는 비교적 좋은 부모를 두었지만, 성장과정에서 정서적으로 안정되지 못한 것이 누이들에 대한 시기와 질투로 표출된 것이다. 어릴 때 집을 자주 비운 아버지와 불안 증세를 보인 어머니 사이에서 애정 결핍을 느낀 그는 두 여동생에게 자신에게도 부족한 사랑을 빼앗길 것에 대한 불안과 공포가 있었던 것이다 (pp. 93-107).

질투심에 동반되는 시기심은 사랑하는 대상으로부터의 거절을 느끼는 데서 출발한다. 어린아이의 질투는 증오와 분노 감정과 더불어 성장과정에서 필연적으로 경험하는 정서다. 자신이 얻고자 하는 것을 얻지 못함에서 오는 좌절로 빚어진 질투와 시기심은 아이뿐만 아니라 성인에게도 우울증의 원인을 제공한다. 아이는 시기와 질투로 인한 분노를 외부로 표출할 때 실수와 함께 그것들을 극복할 수 있는 기술을 터득한다. 그러나 아이가 눈에 띄게 조용하고 지루해하며 어떤 일도 하려고 하지 않으면 그 내면에 시기와 질투로 인한 상처가 있는지 돌아볼 필요가 있다(Riemann, 2010, pp. 122-123).

4) 내적 결함에 대한 불만이 시기와 질투를 유발

마이스너(Meissner, 1998)는 시기심과 질투심을 편집증과 관련시켜 설명한다. 초기의 정신분석가들은 시기와 질투를 자기불만족과 자기비판의 감정을 포함한 내적 결함에 대한 느낌과 관련지었다. 오이디푸스 소망과 관련된 시기와 질투는 무의식적인 죄책감을 유발하고, 이것은 자기애와 자기존중감이 없다는 느낌을 만든다. 그로 인해 다른 사람의 비판에 민감하고, 대상으로부터의 사랑과 지지를 받기 위해 과도한 노력을 기울인다. 그런 사람들에게 사랑하는 대상의 상실은 자신의 존중감을 상실하는 것과 같다. 상실로 인한 슬픔과 분노는 투사나 부인(denial)과 같은 원시적 방어기제에 의해 감추어진다. 결국 질투심과 시기심이 강한 사람들은 자기애적 취약성으로 인해 고통을 겪게 된다. 편집증 역시 부인과 투사의 방어기제가 사용될 뿐만 아니라 상처받은 자기애적 기대와 부당한 대우를 받고 있다는 느낌을 공유한다는 점에서 질투와 시기심과 연관이 있다. 편집증 환자들의 원한 감정과 복수심은 시기심과 질투가 강한 사람들 사이에도 나타난다. 복수에 불타는 사람들은 오직 복수를 위해 산다. 복수의 결과에 대한 죄책감은 없다. 여기에는 오직 상처받은 자기애와 박해하는 대상에 대한 원한 감정과 피해자 표상이 자리 잡고 있다(pp. 314-316).

5) 결핍에 대한 보상 욕구가 시기와 질투를 유발

모든 인간은 결핍이 생길 때 그것을 보상하고자 하는 욕망이 있다. 그것은 생명을 존속하고자 하는 인간의 본능이자 생존 전략이기도 하다. 엄마의 자궁 안에서 모든 것을 소유했던 인간은 조금의 결핍도 참아 내지 못한다. 결핍은 자신이 누려야 할 권리를 빼앗기는 것이며, 보상구조를 통해 원래의 상태를 회복해야 한다. 따라서 다른 사람의 좋은 것은 나에게도 당연히 있어야 한다는 것이 인간의 기본적 믿음이다. 그런데 문제는 모든 결핍을 채울 수 없다는 데 있다. 결핍에 대한 구체적인 이해는 결핍과 보상 사이의 역동적 관계를 설정하게 한다. 결핍에는 세 가지 유형이 있다.

첫째는 실존적 결핍이다. 인간은 결핍과 더불어 출생한다. 생명을 얻는 순간 죽음을 향해 가야 한다. 죽음은 생명에 대한 실존적 결핍에 해당된다. 다른 사람에 비해 빨리 죽느냐 혹은 늦게 죽느냐에 따라 행복과 불행이 결정된다고 믿는 사람도 있다. 하지만 예고 없이 찾아온 죽음은 출생과는 달리 그 순서가 없다. 생과 사는 동전의 양면과도 같다. 정신없이 살고자 하면 죽게 되고, 죽을 정도로 고통을 받으면 새로운 변화를 경험한다. 작은 키나 타고난 외모는 나면서부터 주어진 우리의 몫이다. 요즘은 성형수술을 통해 어느 정도 결핍을 보상받기도 한다. 그러나 현대 과학은 태생적으로 주어진 결핍을 완전하게 보상하지 못한다. 작은 키나 외모 때문에 열등감에 빠져서 다른 사람에 대한 시기심으로 일생을 보낸다면 그것처럼 불행한 일은 없을 것이다. 실존적 결핍에 대한 시기심은 아무런 대책 없이 인간을 황폐하게 만든다. 인간에게 부여된 자연적 결핍은 그것을 진지하게 수용할 때 오히려 인간을 인간되게 한다. 그와 반대로 실존적 결핍에 대한 인식 부족은 인간을 신의 자리에 오르게 함으로써 과대자기의 희생자로 전락하게 한다. 실존적 결핍에 대한 보상은 인격의 전체적 측면에서 바라볼 때 가능하다. 한쪽의 결핍은 다른 쪽의 보상을 통해 간접적으로 완화된다. 예를 들면, 키가 작은 사람은 사회적으로 의미 있는 일을 해냄으로써 자신감을 얻게 되고, 그것은 자신의 결핍을 보상해 주는 좋은 수단이 된다.

둘째는 절대적 결핍이다. 절대적 결핍은 거의 불가항력적인 부족함을 의미한다. 예를 들면, 지식이 부족하다든지, 경제력이 없다든지, 언어능력이 약하다든지 하는 것은 절대적 결핍에 해당된다. 그것은 비교 대상이 없거나 경쟁 상대가 멀리 떨어져 있을 때 느끼는 감정이다. 절대적 결핍은 대개 생존에 필요한 것들이 부족할 때 느낀다. 자신의 노력에 의해 이러한 것은 어느 정도 보상을 받게 된다. 학업을 통해 지식을 얻거나, 사업을 통해 경제력을 키우거나, 언어훈련을 통해 달변가가 될 수도 있다. 하지만 그와 같은 일들은 자신의 노력뿐만 아니라 사회적 환경에 따라 그 성과는 달라진다. 결국 절대적 결핍은 시간이 가면서 해결될 수도 있고 영원히 미해결 과제로 남을 수도 있다. 이런 절대적 결핍감으로 인해 다른 사람을 시기한다면 문제는 심각해진다. 부족한 학력에 대한 열등감으로 인해 지식인을 시기한다면, 학업과는 거리를 둔 채 계속해서 자신을 탓할 것이다. 물론 자신의 부족함을 채우기 위해 열심히 학업에 매진하게 하는 시기심은 긍정적으로 작용한다. 시기심이 자신의 잠재력을 일깨우는 동력으로 작용할 때 그것은 생명력이 된다. 그러나 자신의 결핍을 있는 그대로 수용하지 못하고 결핍 자체에 대한 원망이 지배적일 때, 사람들과의 관계는 끊어지게 되고 비참한 삶을 영위하게 된다.

셋째는 상대적 결핍이다. 상대적 결핍감은 가장 부정적인 시기심을 유발한다. 예를 들면, 다른 사람이 자신보다 더 좋은 집과 차를 소유할 때 시기심을 느낀다면 그것은 상대적 결핍감에서 기인한 것이다. 집이 없을 때 집을 가진 사람에 대한 시기심이 절대적 결핍에서 온 것이라면, 자신의 것보다 더 좋거나 자신에게 없는 것이 다른 사람에게 있을 때 느끼는 감정은 상대적 결핍감이다. 필요성과 관계없이 느끼는 상대적 결핍감은 자신뿐만 아니라 사회적으로 많은 악영향을 끼친다. 상대적 결핍감이 지배적일 때, 진정한 자아는 사라지고 사회적 기준만 남는다. 따라서 시기심은 대체로 자아의 산물이라기보다는 페르소나의 산물이다. 다른 사람의 외모와 사회적 지위, 그리고 재산과 명예와 같은 외부적 요건은 진정한 자아의 모습을 대변하지 못한다. 집단성의 지배를 받는 페르소나에 의한 시기심은 그림자와 연합하여 진정한 개인성을 무력화한다.

폰 프란츠(1996)에 의하면, 시기는 한동안 무시해 온 자신 안에 있는 어떤 것을 성취하기 위해 발생한다. 그러나 시기는 본질적으로 자신의 내면에 있는 어떤 것을 잘못 이해한 강박 충동(compulsion)에서 비롯된다. 그것은 자신의 인격 안에 있는 결핍(deficiency)을 희미하게 인식할 때 발생한다. 그것은 채워질 수 있다고 믿는 일종의 부족함(lack)이다. 그 결핍과 환상적 보상심리가 구체화되고 현실화될 때, 시기의 본래 의미와 목적은 드러난다. 시기의 목적은 누군가 스스로 창조해 왔거나 성취해 온 것을 구체화하는 데 있다. 무엇을 바라지만 그것이 분화되지 못한 채 있다가 어느 순간 시기의 대상에 의해 외부로 표출된 정서가 시기다(p. 126).

6) 치료과정에서 발생한 이상화 전이가 시기와 질투를 유발

야코비(Jacoby, 1984)는 치료과정에서 이상화 전이로 인한 시기와 질투를 소개한다. 매우 심각한 우울증으로 고통받고 있던 한 여성 내담자는 오랫동안 치료자에 대한 강한 이상화 전이에 사로잡혀 있었다. 그녀는 자신을 어리석고 바보 같다고 여긴 반면, 치료자인 야코비는 모든 것이 완벽한 인물이라고 보았다. 그녀는 종종 치료자가 자신에게 구현할 모든 완벽성의 일부가 되는 환상에 젖었다. 그녀는 치료자의 '관대한 관심'에는 별 관심을 보이지 않고, 치료자의 '좋은 생활'에 강한 시기심을 드러내면서 압도당한 면을 보였다. 그녀는 자신보다도 더 지성적이고 아름답게 보이는 다른 내담자를 질투하기도 했다. 그녀는 상담을 계속하기를 원했지만 동시에 치료자에게 싫증을 느끼거나 거부당할지도 모른다는 두려움이 있었다. 그녀의 부정적 반응에 전염된 치료자 역시 치료과정을 지루하게 느끼고 있었다. 6개월이 지난 후에야 치료자는 그녀의 말이 생생하게 느껴졌다. 지난 6개월 동안 그녀가 지루하게 느껴진 것은 치료자에 대한 이상화 전이의 철수를 의미한 것이었다. 이제야 치료자와 그녀는 진솔하게 자신들의 감정을 나눌 수 있었다. 상담이 다시 시작되면서 그녀의 거절 콤플렉스(rejection-complex)는 상당히 호전되었다(pp. 87-88).

야코비의 사례는 치료자와 내담자 사이에서 발생한 시기와 질투심을 보여 준다. 대부분의 경우 내담자는 치료자를 완벽한 존재로 이상화한다. 치료자가 구원자 상으로 다가올 때, 내담자는 치료자에 대한 신뢰와 치료의 결과를 낙관한다. 치료자와 내담자는 치료 초기에 긍정적이든 부정적이든 동일시가 발생하고, 그 과정에서 전이와 역전이가 활발하게 진행된다. 내담자뿐만 아니라 치료자 역시 내담자의 좋은 점을 시기하거나 질투의 대상으로 여길 수 있다. 무의식의 역동에 의해 발생한 시기와 질투 그리고 전이와 역전이를 내담자와 더불어 진솔하게 나눔으로써 치료 효과를 높이게 된다. 부정적인 역전이가 긍정적인 역전이로 변화될 때 치료는 가속화된다(Sedgwick, 2001, pp. 75-79). 융은 역전이가 의식화되지 않고 치료자와 내담자가 동일시될 경우 치료가 중단되는 사태가 발생할 수 있다고 경고한다.

> 무의식적인 동일시가 발생하자마자 우리는 분석관계가 유별나게 부패하고 진부해진 것을 알게 된다. 꿈들은 이해할 수 없거나 활동을 멈추게 되고 개인적 오해가 발생한다. 정동의 폭발과 더불어 혹은 그렇지 않으면 그곳에 곧 치료의 중단으로 이어지는 포기된 무관심이 있다(CW 16, par. 545).

5. 표출방식

1) 시기심에 대한 세 가지 반응

를로르와 앙드레(Lelord & Andrè, 2008)는 시기심이 세 가지 형태로 나타난다고 주장한다.

첫째, 침체적 시기심은 자신이 갖지 못한 것을 다른 사람이 가지고 있을 때 위축되어 뒤로 물러나거나 자신감을 상실하게 되는 경우다. 자신에 비해 친구가 행복한 결혼생활을 하고 있을 때 그에 대한 시기심이 발생할 수 있다. 이때의 시기심은 절대적 결핍을 수용하지 못한 결과다. 이미 약화된 자아구조는 절대적 결핍을 소화하지 못하고 의기소침해지며 자신감을 상실하게 한다. 그러나 현재의 결핍을 있는 그대로 수용하고 미래를 준비한다면 시기심의 덫에 사로잡히지 않는다.

둘째, 적대적 시기심은 자신이 원한 것을 가지고 있는 대상에 대한 원한 감정을 느끼는 것이다. 침체적 시기심은 공격성을 내면으로 향하게 하는 반면, 적대적 시기심은 대상을 향한 공격성을 활성화한다. 이때 자신을 피해자로 느끼며, 선한 것을 소유한 사람과 동등해지기 위해 언어 및 행동으로 공격적 행위를 시도한다.

셋째, 경외적 혹은 경쟁적 시기심은 다른 사람의 성취에 대한 찬사를 보내며 자신도 건강한 경쟁을 통해 그와 같이 되기를 원하는 정서다. 상대방의 선한 것에 대한 존경심이 전제된 경외적 시기심은 자신의 결핍에서 오는 고통을 감수하는 인내를 필요로 한다. 상대방이 이룬 성과에 대한 순수한 찬양은 그에 따른 시기심을 승화시켜 좋은 관계를 유지시킨다(pp. 103-104).

플로르와 앙드레가 제시한 세 가지 형태의 시기심은 그것이 어떤 형태로 분출되는가를 구별하는 데 도움을 준다. 그럼에도 불구하고 우리는 시기심을 유발하는 결핍의 원인과 보상관계를 살펴보는 데 주목할 필요가 있다. 그것은 결핍의 요인을 구체화함으로써 시기심 자체에 대한 평가를 달리할 수 있기 때문이다.

2) 시기심의 3단계

율라노프 부부(1999)는 시기심을 세 단계로 이해한다.

첫째, 시기심은 기초 수준에서 개인으로 하여금 결핍을 느끼게 한다. 자신의 것이 없어질지도 모른다는 불안감이 다른 사람의 것에 대한 욕구와 평가절하로 이어진다. 엄마의 젖이 너무 많거나 너무 없는 상태가 지속되거나 반복될 때, 유아는 안정적인 젖을 공급받지 못한다. 과다한 젖에 자신의 존재가 함몰되는 공포와 빈약한 젖에 대한 황폐함은 유아로 하여금 엄마의 젖을 안정적으로 소유할 기회를 박탈한다. 엄마의 젖을 마음껏 먹지 못한 유아는 이때부터 다른 좋은 젖

(선한 것)을 탐내는, 시기하는 자가 된다.

둘째, 시기심은 두 번째 수준에서 자신의 결핍을 채우기 위해 타인의 좋은 것을 부정한 방법으로 훔치려고 한다. 이때 다른 사람의 좋은 것을 훔침으로써 그와 관계를 맺을 수 있다는 환상이 지배한다. 어떤 내담자는 자신의 병이 치유되기를 원하지 않는 것은 치료자가 그로 인해 명성을 얻기를 원하지 않기 때문이라고 한다. '남이 잘되는 것이 싫어서 자신이 손해 본다.'는 식이다. 그것은 선한 것을 선하게 인정하지 않고 왜곡함으로써 선한 것을 자신의 그림자 영역에 가두는 것이다. 이때 선을 함께 나누는 것은 불가능하다.

셋째, 시기심은 세 번째 수준에서 다른 사람의 좋은 것에 대한 격렬한 증오를 일으킨다. 이때 상대방의 좋은 것뿐만 아니라 모든 좋은 것까지도 나쁜 것으로 폄하한다. 더 나아가 좋은 것에 대한 증오와 공격적 태도로 인해 어떤 선한 대상관계도 맺을 수 없다. 남녀 간의 삼각관계에서 '내가 가질 수 없다면, 너도 가질 수 없다.'는 현상과도 같다. 좋은 것에 대한 증오는 그것을 훔치는 것으로 나타나며, 아무리 훔쳐도 허기진 배를 채울 수 없는 영원한 기아 상태가 된다. 자신이 훔친 것에 대한 죄책감과 그로 인한 심판의 공포가 자신이 위협받고 있다고 여기게 한다. 좋은 것을 빼앗기거나 누리지 못한 유아 시절의 경험은 항상 박탈감을 느끼게 하며, 이러한 박탈감에 대한 보상심리는 자신이 원하는 것에 대한 격렬한 증오로 나타난다. 이때 모든 선한 것은 악한 것이 되며 그의 적이 된다(p. 38).

3) 시기심이 죄책감과 수치심으로 이어짐

아동의 시기와 질투는 형제자매 사이나 부모와의 관계에서 처음으로 경험된다. 딸을 자랑스럽게 여기면서 동시에 시기심을 느끼는 엄마가 있다. 딸에 대한 시기심을 감추고 겉으로 잘 대하는 태도는 일종의 반동형성(reaction formation)에 해당된다. 반동형성은 자신의 진짜 정서를 부인하고 그와 정반대의 태도를 취하는 것을 말한다. 질투와 시기는 우리가 느끼고 싶어 하지 않은 정서다. 특히 부모가 자녀에 대해 시기심을 느낄 때 그것은 바로 죄책감과 수치심으로 이어진다(Music, 2001, pp. 11-12).

부모가 자녀를 시기하면 자녀에게 아무것도 진정으로 줄 수 없으며 자녀에게 있는 그 어떤 것도 선하게 받아들이지 않는다. 자녀를 시기하는 부모에게 좋은 것과 나쁜 것은 분화되지 못한 채 복잡하게 얽혀 있다. 그로 인해 자녀들의 정신세계는 통합되지 못한 채 파편화된 상태로 남게 된다. 균형과 조화를 잃은 정신세계는 갈등과 불필요한 경쟁을 일삼게 된다. 부모의 시기를 받는 자녀가 박해감을 갖게 되면 대상을 향한 강한 격분이 자신에게로 향하게 되어 강렬한 죄책감을 만들어 낸다. 자신의 존재로 인해 자매가 불행하게 느끼기 때문에 살아 있는 것 자체에 대해 죄책감을 느낀 여성이 있다. 그녀는 자신을 비하하는 방식으로 자매가 행복해지기를 원했다. 자매가 부러워했던 일들을 포기하고 심지어는 멀리 떠나기도 했지만 소용이 없었다. 시기하는 사람의 분노나 시기받는 사람의 피학적 박해 모두는 사태를 호전시키지 못한다. 시기하는 사람이나 시기받는 사람 모두는 시기심의 독으로 오염될 뿐이다(Ulanov & Ulanov, 1999, pp. 25, 36).

사울(Saul, 2006)은 형제간의 시기심이 죄책감으로 이어진 사례를 소개한다. 30대 여성 내담자는 아버지의 과도한 애정 표현에 대해 오히려 자신을 거부한다고 느꼈으며, 어머니와의 지나친 밀착관계로 고통받고 있었다. 여동생이 결혼해서 아이를 낳고 좋은 어머니로서 살아가자 시기와 질투심이 훨씬 더 드러났다. 동생이 어머니와 좋은 애정관계를 유지한 것에 대한 시기와 질투는 그녀의 죄책감을 부추겼다. 이에 대한 처벌로 그녀는 자신의 여성성과 애정생활을 억제했다. 동생의 좋은 것을 시기한 자신은 벌을 받아야 하며 사랑을 받을 자격이 없다는 것이다. 동생과 어머니에 대한 분노는 적개심으로 이어졌고, 그 적개심은 자신에 대한 처벌로 나타났다. 그 결과, 자신이 원하는 것을 얻지 못했을 때 무척 화를 내면서도 정작 얻을 수 있을 때 거부해 버리는 악순환이 반복되었다. 사울의 진술에 의하면, 다행히도 이 내담자는 다른 치료자를 만나 좋은 애착관계를 경험함으로써 자살을 면할 수 있었다(pp. 91-92).

4) 자매간의 질투가 히스테리로 발전함

융은 자매간의 질투가 히스테리로 발전한 사례를 소개한다. 두 자매는 1년간 서로 떨어져 있었다. 동일한 부모의 영향을 받으면서 교육받고 성장한 두 자매는 거의 동일한 재능과 성향을 지녔다. 그들에게 주목할 만한 신경증 증세는 없었다. 언니는 부모님께 보다 사랑스러운 딸이었음에도 어린애다운 면이 있었다. 부모는 첫째 딸의 재능과 귀여운 행동을 무척 좋아했다. 두 자매는 결혼할 나이가 되었을 때 각각 남성을 만났는데, 사회 초년생인 두 남성 역시 그들처럼 사회적으로 성숙하지 못했다. 그들에 대한 사랑도 확신이 없는 상태에서 자매는 결혼에 대해 망설이고 주저했다. 언니는 항상 결정할 때 주저하는 경향이 있었다. 자매의 주저함에 직면한 두 남성 역시 고통스러웠다. 이런 상황에서 언니가 동생보다 더욱 동요되었는데, 동생은 구혼자를 받아들이기로 결심하고 불안한 상황을 매듭 지었다. 동생의 결단을 보고 언니의 구혼자가 언니에게 과감하게 달려들어 결혼을 재촉했지만 언니는 이 남성과 함께하는 불확실한 미래에 자신을 맡길 수 없었다. 부모 곁을 떠나기가 두려웠던 것이다. 결국 언니의 결혼은 무산되었고, 이로 인해 그녀는 감상적이 되고 동생에 대한 엄청난 질투심을 보였다. 그러나 자신의 질투심을 인정하지 않았다. 결혼 실패와 질투심으로 인해 언니는 부모와의 관계도 깨졌다. 이전의 어린애 같은 애정 대신에 그녀는 화난 태도를 견지함으로써 폭력적인 민감성을 보였다. 몇 주간 우울했던 언니는 신경성 장염으로 인해 멀리 떨어진 요양원으로 떠나게 되었다. 그 후 언니의 병은 일상적인 히스테리로 발전했다(CW 4, pars. 384-386).

융이 소개한 자매 사이의 질투심은 사랑하는 대상, 즉 부모로부터 인정받고 싶은 욕망이 좌절된 데서 출발한다. 언니는 부모로부터 동생보다도 더 많은 사랑을 받았으나 결혼에 대한 결정을 못함으로써 동생에게 열등감을 느낀 것이다.

동생이 가진 것에 대한 시기심도 있었지만, 그 시기심보다 결혼 실패로 인해 부모와 좋았던 이전의 관계가 와해될 것을 두려워한 것이다. 사랑하는 대상의 상실에 대한 두려움이 질투심을 가중시킨 것이다.

5) 형제 사이의 시기심이 정신증에 이르게 됨

형제 사이의 시기심이 정신증에 이르게 된 사례도 있다. 정신병동에 수용된 25세의 건장한 젊은이 Y. T.는 거칠게 행동했다. 목장에서 일하는 작업복 차림으로, 히피족처럼 머리는 뒤로 길게 늘이고, 거친 무명 바지에 굽 높은 구두를 신고, 넓은 장식 벨트에 윗도리는 낡은 군복을 입은 상태였다. 외모와는 달리, 그는 지나치게 침착하고 조심스러운 태도를 취했다. 그는 의존적이고 현실생활에 적응하지 못한 상태에서 자신의 현실적 부적응에 대한 보상으로 거칠게 행동한 것이었다. 이런 성향을 성찰하지 못한 그는 단지 자신을 약하다고 생각했으며, 이 점이 그의 열등감과 분노를 자극했다. 그는 좋은 가문에서 태어났지만 6세 때 아버지가 대공황의 어려운 시기를 보내다가 돌아가셨다. 아버지의 죽음 이후 그는 경제적 능력이 없는 어머니와 네 살 어린 남동생을 보살펴야 했다. 그에 비해 어머니로부터의 정서적인 지지는 거의 없었다. 어머니가 죽기 전까지만 해도 가장 역할을 해낸 그는 자부심이 대단했다. 그러나 24세 때 어머니가 죽은 후로는 큰 충격에 빠졌다. 죽은 어머니에 대한 정서적 의존성이 강화되었으며, 그 의존심을 누군가에게 전이하지도 못한 채 살아갔다. 동생은 형의 의존성을 수용했지만, 형은 자신이 동생에게 의존하고 있다는 것을 인정하지 않았다. 경제력이 없어지면서 결혼한 동생 집으로 거처를 옮기면서 그의 시기심과 분노는 더 커졌다. 자존심이 상한 상태에서 적개심이 고조되면서 무의식적으로 동생을 죽이고 싶은 생각이 들었다. 그러나 그는 죄책감에 대한 방어기제로 도리어 동생이 자신을 죽이려고 음모를 꾸미고 있다고 믿는 정신분열 증세를 드러냈다. 결국 사랑의 대상을 모두 잃고 난 다음에 나타난 시기심은 분노와 죄책감으로 이어져 자신뿐만 아니라 모두에게 커다란 상처를 준 것이다(Saul, 2006, pp. 133-135).

6) 아내의 질투가 남편을 죽음으로 몰고 감

아내에 대한 질투로 인해 자살한 남성의 사례를 보자. 융이 심인성 우울증을 치료해 준 남성이 고향으로 돌아가서 결혼을 했는데, 그의 아내는 융의 마음에 들지 않았다. 융은 그 여인을 처음 본 순간 섬뜩한 느낌이 들었는데, 나중에 알고 보니 그녀는 남편이 고마워하는 융을 달갑지 않게 여긴 것이다. 남편을 진정으로 사랑하지 않는 아내는 남편을 그의 친구들로부터 격리하여 자신의 손아귀에 넣으려고 한다. 그녀가 남편에게 진심으로 속하지 않았기 때문에 남편을 지배하고자 한다. 질투의 핵심을 이루는 것은 결핍된 사랑이다. 결혼한 뒤에 남편은 아내의 압력 때문에 다시 우울증에 걸렸다. 그럼에도 불구하고 아무 소식이 없었던 것은 융과 접촉하기를 꺼렸던 아내의 영향으로 보인다. 하루는 강연 뒤에 융이 잠자리에 들었는데, 새벽 두 시경에 누군가 자신이 머물고 있는 방으로 들어온 것 같았다. 누군가 급히 안으로 들어온 것 같아서 눈을 뜨고 불을 켰지만 아무도 없었다. 이상하게 생각하면서 융이 곰곰이 돌이켜 보니 무언가가 융의 이마를 치고 그 뒤에는 두개골이 뒷벽에 부딪힌 것처럼 멍멍한 아픔 때문에 깨어났다는 것이 생각났다. 다음 날 융은 그 환자가 총으로 자신의 두개골을 쏘아 자살했다는 이야기를 전해 들었다. 융은 환자와 치료자 사이에 발생한 동시적 사건을 동시성의 원리로 소개하였다. 아내의 질투가 남편을 죽음으로까지 몰고 간 이 사례는 질투가 그 한계가 없는 무한한 욕망임을 보여 준다(MDR, pp. 159-160).

7) 시기심이 좋은 것에 대한 두려움으로 나타남

시기하는 사람은 좋은 것(선함)에 대한 깊은 두려움이 있다. 자신의 좋은 것도 수용하지 못하며, 다른 사람의 좋은 것을 나쁜 것으로 만들어 버린다. 자신의 내면에 좋은 것이 없다고 생각하며 대상으로부터 끊임없이 그것을 찾지만 결코 찾지 못한다. 율라노프 부부(1999)는 시기심이 좋은 것에 대한 두려움에 대처하기 위한 일종의 방어기제라고 주장한다. 시기하는 사람은 선함에 대한 갈증이 심하지만, 자신의 생존에 필요한 양만큼 충분히 얻지 못하기 때문에 결국 당혹감과 공포를 경험한다(p. 30).

프로너(Proner, 1988)는 자신의 내부에 있는 좋은 것에 대한 책임감을 감당하지 못하는 사례를 소개한다. 그들은 자신이 지닌 아름다운 것들을 있는 그대로 수용할 능력이 없으며, 심지어는 다른 사람들이 자신의 좋은 것에 대해 칭찬하는 것도 수치스럽게 느낀다. 멜처(Meltzer, 1975)에 의하면, 새로 탄생한 유아는 자신의 내면과 외부에 있는 엄마로부터 밀려오는 너무 강한 자극에 압도되어 그런 경험을 외면하고자 한다. 유아는 항상 처음 경험하는 너무 아름다운 순간, 거의 신적인 체험으로 인해 항상 우울한 경향이 있다(pp. 259-310, 미간행 논문; Proner, 1988, pp. 143-163에서 재인용). 연약한 자신의 모습에 비추어 볼 때, 내부에서 올라오는 충동과 외부 대상의 절대적 능력은 유아가 소화시키기에는 버거운 것이다. 유아는 이런 압도적인 느낌을 피하기 위해 자신의 내부에 있는 선한 것을 시기하며, 그에 대한 분노가 자신을 향한 평가절하나 피학증으로 나타나기도 한다.

프로너(1988)는 10세 남아인 세바스티언의 사례를 소개한다. 나이에 비해 어른스러운 그는 왼쪽 뇌에 손상을 입은 채로 태어났다. 이로 인해 오른쪽 팔과 다리를 사용하는 데 지장이 있었다. 지적으로는 별 문제가 없었지만, 그는 대인관계나 학교생활에는 잘 적응하지 못했다. 7세 때 엄마와 헤어진 아버지와는 정서적인 거리감이 있었으나, 엄마에게는 매우 '흥분(excited)' 되었다. 그와 동시에 엄마의 남자친구에 대한 질투가 심했다. 그는 엄마뿐만 아니라 다른 성인들에게도 매우 무례했는데, 오직 그의 관심은 남성의 성기였다. 장애인 센터에 가서도 다른 아이들과 어울려 지내지 못하고 혼자서 장난감 자동차와 놀았다. 세바스티언은 자신을 몹시 불결하게 여겼으며, 자신이 어리석고 못났으며, 자신의 오른쪽 팔과 다리를 잘라 버리고 싶다고 했다. 또한 자신을 어른처럼 여겨서 필요한 모든 것을 가지거나 이용할 수 있다고 믿으면서 다른 사람들에게 의존하지 않았다. 그는 치료자의 좋은 점을 부모의 좋은 점과 동일시했다. 그의 내면에는 부모의 좋은 점만 내사되어 있었기 때문에 다른 어떤 것도 좋게 받아들일 수 없었다. 치료과정에서 치료자의 안전하고 따뜻한 보살핌과 전적인 수용 그리고 함께 놀이하기 등을 통해 그는 점점 자신의 것을 찾아가기 시작했다. 프로너에 의하면, 세바스티언은 내적 부모에 대한 유아적 시기로 가득 찼다. 자신의 부족함에 대한 수치심과 치료자나 다른 사람들로부터 과잉보호를 받아야 하는 처지에 대한 수치심이 내면의 좋은 것까지도 수용하지 못하도록 방해했던 것이다. 치료는 시기심과 수치심에 대한 원형적 대극성을 통합하는 데 그 목적이 있다. 수치심에 대한 밝은 면과 어두운 면이 통합될 때, 내면의 좋은 것과 외부의 불편한 것은 조화를 이룬다. 내적 대상에 대한 시기심이 자신의 고유한 선한 것을 거부하게 할 때, 좋은 대상은 박해적 경쟁자가 되어 결국 나쁜 대상으로 간주된다(pp. 143-163).

6. 분석과 치료

1) 그림자 투사를 인식하기

여성의 질투는 그림자의 파괴적 측면을 보여 준다. 아동의 꿈에 종종 마녀로 등장하는 부정적 모성은 자녀를 감옥에 가둔 채 자녀의 선한 것이 드러나지 못하게 한다. 딸을 시기하는 엄마는 『라푼젤』의 마녀처럼 딸을 자신의 영역 안에 가두고 그녀의 좋은 것을 다른 사람과 공유하지 않는다. 특히 남편과의 정서적 유대관계가 진전되지 않을 때 딸에 대한 시기와 질투는 강화된다. 빈틈없는 한 여성이 폰 프란츠에게 와서 그동안 자신은 매우 좁고 틀에 박힌 견해를 결코 포기하지 않았다고 진술했다. 남편이 자기와 똑같이 좁은 소견이었다면 아마 자신이 죽어 버렸을 것이라고 했다. 좁은 소견의 남편을 결코 허용할 수 없기 때문에 자신이 미리 좁은 소견을 견지해야만 한다는 것이다. 그것은 사랑하지도 않은 남성을 친구에게 넘겨 주기 싫어서 계속 붙들고 있는 왜곡된 질투심과도 같다. 그녀는 질투의 그림자가 지닌 파괴적 힘을 온전히 경험하고 있었다. 그녀의 꿈은 그녀로 하여금 그러한 견해를 포기하도록 종용했지만, 그녀는 결코 그렇게 하지 않았다. 그녀가 진정으로 행복한 결혼생활을 했다면, 그녀는 남편을 잃게 될지도 모르는 모험을 하지 않고도 자신을 자유롭게 허용했을 것이다. 그녀는 남편을 사랑의 대상으로 여긴 것이 아니라 경쟁자로 여겼으며, 이것은 자신의 그림자가 남편에게 투사된 결과였다. 그림자 투사로 인해 발생한 질투는 사랑의 대상과 함께 질투의 대상 모두를 상실하는 결과를 초래한다. 진정한 사랑은 파괴적 경쟁이 아니라 그림자를 인식함으로 강화된다는 것을 그녀는 몰랐던 것이다(Birkhäuser-Oeri, 1988, pp. 82-94).

2) 전이의 허용을 통해 자기애적 시기심을 의식화하기

시기심은 자기애적 환자에게서 빈번하게 나타난다. 좌절과 박탈을 경험해 보지 못한 사람들은 세상의 모든 배려와 특혜가 자신에게 주어지는 것을 당연하다고 여긴다. 따라서 먹고살기 위해 자신이 노력해야 한다는 사실에 분노한다. 그들은 현실적인 제한으로 인해 원래 자신의 것이 박탈당했다고 여긴다. 박탈감과 자격지심에 대한 여성의 분노는 남근 선망으로 나타난다. 유아적 수준의 자기애 상태에 고착되어 있는 여성의 남근 선망은 남성이 지닌 고유한 특성까지도 선망과 시기심의 대상이 된다.

마이스너(1988)의 한 여성 내담자는 두 살 아래 남동생의 출생으로 인해 자신은 부모의 사랑을 박탈당했으며, 더 이상 부모의 애정과 관심의 중심 대상이 아니라고 여겼다. 자기애적인 상실과 그에 따른 시기심으로 인해 그녀는 자신의 모든 분노를 남동생의 남근에 집중시켰다. 자신과 남동생의 유일한 차이점이 남근이라는 사실을 깨달으면서 남근 선망에 사로잡혔다. 이 남근 선망은 그녀의 신경증을 대변했으며, 그녀로 하여금 매우 경쟁적이고 자기애적인 야심을 갖도록 이끌었다. 그 결과, 그녀는 높은 학문적 성취를 이룰 수 있었다. 그러나 높은 학문적 성취에도 불구하고 그것이 그녀의 자기애적 이상에 미치지 못하자 곧 우울 상태에 빠져들었다. 치료과정에서 자신의 자기애적 성향과 남근 선망은 치료자에 대한 전이로 드러났다. 편안하고 안정된 치료 환경에서 그녀는 치료자에 대한 강렬한 시기심을 표현했고, 치료자의 격려와 지지로 그것을 극복할 수 있었다. 남근 선망으로 나타난 그녀의 시기심에는 어머니의 젖가슴을 박탈당한 것에 대한 구강기적 격분이 숨겨져 있었다(pp. 254-256).

컨버그(Kernberg, 2005)는 자기애성 성격의 소유자는 시기심에 대한 보복성 방어로 다른 사람의 감탄을 자아낸다고 주장한다. 다른 사람이 지닌 좋은 것을 시기할 때는 사랑하는 대상에게 의존하는 것을 수치스럽게 여긴다. 자기애적 성향은 사랑을 나누기보다는 칭찬받고자 하고, 무의식적으로 다른 사람의 감탄을 이끌어 낸다. 이런 사람들의 초자아는 약하고 왜곡되어 있기 때문에 환상적인 감탄이 자아 이상을 대체한다. 다른 사람의 선한 것을 용납할 수 없는 사람은 좋은 것에 대한 시기심을 감추거나 스스로를 잘났다고 여긴다. 따라서 그들은 자신의 것을 빼앗길까 두려워하며, 파트너에게 의존하는 것을 견디지 못한다. 컨버그에 의하면, 무의식적인 시기심으로 인한 갈등 때문에 자기애적 성향이 있는 사람들은 다른 사람으로부터 받은 것에 대해 감사할 줄 모르고 다른 사람의 배려를 평가절하한다(pp. 243-244). 치료자는 내담자의 자기애성 시기심을 수용할 능력이 있어야 한다. "시기심은 어느 한쪽의 잘못이라기보다는 양쪽이 맺고 있는 관계의 기능이기 때문이다." (Bion, 2011, p. 108) 그러나 치료 현장에서 내담자로 하여금 충분하게 자기대상이 되어 주거나 과대자기를 경험하게 하는 것에는 한계가 있다. 오히려 치료자가 내담자의 무의식적 환상과 동기를 얼마나 수용하고 해석할 수 있느냐에 따라 치료 효과는 달라진다.

3) 시기 당하는 입장에서 선을 바라보기

율라노프 부부(1999)는 시기심을 치유하기 위해서는 선함을 있는 그대로 선하게 보는 것이 필요하다고 본다. 시기하는 사람보다도 시기를 받는 사람의 입장에서 접근할 때 시기심으로 인한 심리적 역동을 더욱 자세히 관찰할 수 있다.

> 시기심에 대한 가장 적절한 반응은 선함을 바라보는 것이고, 그 선함이 우리의 각 부분들을 하나로 통합한다는 사실을 이해하는 것이다. 시기받는 경험은 다른 사람이 자신을 찢어 버리거나 완전히 못쓰게 되도록 망가뜨리려고 한다는 사실에 대한 경험이다. 사실상 시기하는 자가 말하고자 하는 것은 이것이다. "나는 나를 사로잡고 있는 나쁨을 원치 않기 때문에 나쁨을 당신에게 집어넣고, 그것으로부터 달아나려고 하는 당신을 비난하며, 당신이 나쁨을 거부한다고 말할 것이다. 그런 후에 나는 당신 대신 선함의 주인이 될 것이다." (p. 97)

시기심은 시기하는 대상을 전체적 인격으로 보지 않고, 부분적 가치에 집착함으로써 전체성을 부분들로 조각내 버린다. 대상의 존재를 부인하고 멸절과 해체로 이어지는 시기심은 시기받는 대상으로 하여금 정신의 중심을 상실하게 할 수 있다. 살인까지도 유발할 수 있는 시기와 질투로 인해 시기받는 대상은 존재의 멸절에 대한 두려움과 공포를 느낄 수도 있다. 콤플렉스와 결합된 시기심은 종종 분화되지 않은 그림자가 투사된 형태로 나타난다. 이때 투사된 내용과 자신이 진정으로 원하는 좋은 것의 내용, 콤플렉스의 역사를 추적함으로써 파괴적인 에너지를 긍정적인 힘으로 인도할 수 있다(pp. 97-98).

4) 시기심 치료 5단계

율라노프 부부(1999)는 시기심을 치료하기 위한 다섯 가지 과제를 제시한다.

첫째, 상실한 좋은 것을 찾기 위해서는 상실한 바로 그곳에 도달해야 한다. 상실을 경험한 곳은 슬픔과 증오와 두려움의 대상이 된다. 그곳은 자신이 얻고자 하는 좋은 것에 대한 두려운 장소나 시간 혹은 대상이 되기도 한다. '나에게 좋은 것은 모두 혐오스러운 것'이라는 방어적 태도에서 한 발짝 물러나 차분하고 여유 있는 자세로 상실을 경험한 곳으로 가야 한다. 치료자는 내담자로 하여금 이상화된 선함에 동반되는 박해적인 요소 모두를 사랑의 결핍 속에서 안전하게 경험하도록 도와주어야 한다. 그와 같은 미분화된 상태에 도달한 내담자는 분석을 통해 시기심 안에 있는 자신의 욕망과 고통스러운 기억, 선함에 대한 대처방식 등을 경험하게 된다. 이것은 정서의 인식과 분화가 가장 먼저 이루어질 때 치료단계로 들어감을 보여 준다.

둘째, 시기심의 원형적 정서에 도달해야 한다. 모든 원형은 대극성을 함께 지니고 있다. 원형적 정서인 시기심 또한 밝은 면과 어두운 면을 함께 가지고 있다. 시기함과 시기받음은 동전의 양면으로서, 시기하는 마음과 시기받는 고통이 한 인격 안에서 통합을 이룰 때 연금술에서의 철학자의 돌과 같은 제3의 대안이 나온다. 우선 시기심의 원형적 정서에 도달하기 위해서는 선함에 대한 결핍이 선함을 경험하도록 허용해야 한다. 선함에 대한 굶주림이 있을 때는 진정한 선함을 찾아 나선다. 대상에 대한 악의적인 공격성 밑바닥에 선함을 원하는 열망과 공격성이 있다는 사실을 깨달을 때 선함을 찾아 새로운 길을 가게 된다.

율라노프 부부는 선한 사람이나 선하지 못하다고 여기는 사람 모두 시기심에서 벗어날 수 없다고 본다. 그것이 인간 내면의 원형적 정동이기 때문이다. 신데렐라와 그 자매들은 모두 좋은 것을 얻고자 했다. 그러나 그 둘 사이에는 큰 차이가 있다. 신데렐라는 좋은 것을 좋은 방식으로 얻기 위해 온갖 고통을 감수해야 했다. 그녀는 사랑에 굶주린 허기를 느끼며, 슬픔과 고통을 울음으로 표현하면서 끝까지 선한 것을 얻기 위해 기다렸다. 그에 반해 자매들은 좋은 것을 얻기 위해 당연히 치러야 할 수고와 고통을 회피한 것이다. 그들은 좋은 것을 얻지 못함에서 오는 공허감으로부터 도피함으로써 진정 선한 것이 인격의 일부가 되는 것을 포기했다. 선함 대신 어둠으로 가득한 그들의 인격은 모든 잘못된 결과를 다른 사람의 탓으로 돌리는 방식으로 자신의 존재로부터 멀어져 간다(p. 86).

셋째, 시기하는 사람이나 시기받는 대상 모두 선함을 소유할 수 있음을 인정해야 한다. 자신에게 좋은 것, 즉 선한 것은 다른 사람에게도 좋아야 한다. 선함을 악한 것으로 바꾸어 버리는 시기심은 모든 인간을 사물로 바꾸어 버린다. 시기받는 사람 역시 시기하는 사람을 박해자로 보고 혐오스럽게 느낀다. 그러나 시기받는 사람 역시 시기하는 마음이 있음으로 해서 상대방의 시기심을 느낄 수 있음을 알아야 한다. 시기심의 파괴적 속성을 보는 사람은 인간을 전체 인격으로 바라본다. 자신만이 좋은 것을 소유할 수 있다는 편집적이고 자기애적인 성향을 직시할 때 시기심으로 인한 폐해를 방지할 수 있다.

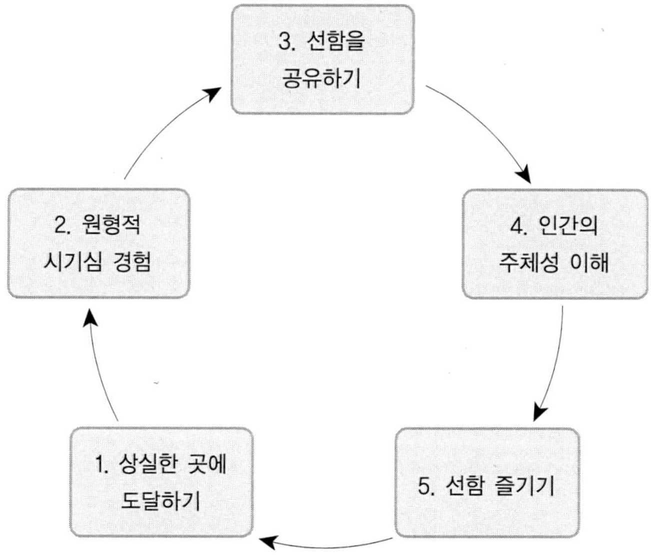

[그림 8-1] 시기심 치료 5단계(Ulanov & Ulanov)

넷째, 모든 인간을 있는 그대로, 즉 고유한 주체로 바라보는 태도가 중요하다. 그림자나 아니마/아니무스 투사에 의한 대상은 주체로서의 대상이 아니라 자신에 의해 왜곡된 표상이다. 따라서 대상을 객체가 아닌 주체로 바라보기 위해서는 모든 투사를 중지해야만 한다. 선함은 제한된 사람만의 소유물이 아니라 원형적 본성이기 때문에 모두에게 공유되어야 한다.

다섯째, 선함을 즐길 줄 알아야 한다. 좋은 것을 좋은 것으로 누려 보지 못한 사람은 모든 것에 대한 신뢰가 없다. 자신에게 선함에 대한 결핍이 있다고 인정하면 선함을 수용할 수 있다. 일단 선함이 수용되면 그 선함에 감사하고 즐거워한다. 또한 선함은 모두에게 좋은 것으로서 함께 나눌 때 그 가치가 증가한다. 동시에 시기심에 동반된 증오를 있는 그대로 느끼고 수용할 때 타자에게 상처를 입힌 것에 대한 죄책감을 느끼며 그것을 회복하고자 하는 소망이 생긴다. 이처럼 시기심에 동반된 증오, 분노, 죄책감 그리고 선함에 대한 갈증을 있는 그대로 수용하고 경험할 때, 그 선함은 분열된 인격을 치유하고 전체성을 향해 나아갈 것이다(pp. 100-110).

CHAPTER 09

죄책감과 수치심

1. 영화 〈그랜 토리노〉에 나타난 죄책감

영화가 시작되자 심술궂고 고집 세게 보이는 월트 코왈스키가 아내의 장례식 내내 못마땅한 표정을 짓고 있다. 자식과 손자들은 그의 유산에만 관심이 있고, 그와 잠시라도 함께 있고 싶어 하지 않는다. 자동차 공장에서 은퇴한 월트는 집을 수리하거나, 맥주를 마시거나, 매달 이발하러 가면서 시간을 보낸다. 전쟁의 상처 때문에 괴로워하는 남편이 참회하길 바란다는 월트 아내의 유언 때문에 자코비치 신부는 자주 월트를 방문하지만, 그는 참회할 것이 아무것도 없다며 신부를 홀대한다. 그가 자신의 속내를 털어놓을 만큼 믿는 존재는 곁에 있는 애견 데이지뿐이다. 예전의 이웃은 모두 이사 가고 주변에는 새로 이사 온 아시아계 몽족(Hmong) 이민자들이 살고 있다. 월트는 가난하게 살면서 집 단장을 하지 않고 살아가는 그들을 싫어한다. 동네의 몽족과 라틴계 소수민족 그리고 흑인계 갱단은 툭하면 세력 다툼을 하면서 공포 분위기를 조장한다. 자녀들과도 정을 나누지 못하는 월트는 죽을 날만을 기다리며 살고 있다. 어느 날 이웃집에 사는 몽족 소년 타오가 갱단의 협박으로 그가 아끼는 1972년산 자동차인 그랜 토리노를 훔치러 들어온 것이 계기가 되어 타오와 친해지고 이웃과도 조금씩 왕래를 하게 된다. 월트는 타오에게 정비 일을 가르쳐 주고 일자리도 구해 주지만, 갱단은 타오를 끌어들이기 위해 온갖 방해와 협박을 일삼는다.

월트는 갱단을 찾아가 총을 들고 '타오를 그냥 두라고' 요구한다. 그러나 다음 날 갱단은 무차별 총알 세례를 퍼부었고 타오의 누나 수잔에 대한 폭행을 감행했다. 타오와 함께 복수하러 가기로 한 월트는 타오를 자기 집에 가두어 놓고 혼자 나간다. 정장을 맞추어 입고, 오랜 친구인 이발사에게 가서 이발을 하며 인사를 나누고, 아내의 부탁으로 그를 자주 찾아오던 신부도 만나면서 월트는 복수 준비를 차분히 하고 있다. 월트의 복수 선언으로 동네는 긴장감이 돌고 경찰도 촉각을 곤두세우고 있다. 드디어 월트가 갱단의 소굴로 찾아가자, 그들은 하나둘씩 창문으로 그의 행동을 주시한다. 갱단을 바라보는 월트의 손이 가슴 안주머니에 들어가고 나오는 순간, 갱단은 일제히 그에게 총을 쏜다. 그들은 월트가 가슴에서 총을 꺼내는 줄 알고 미리 사격을 한 것이었다. 그러나 그의 손에는 라이터가 전부였다. 결국 무장하지도 않은 민간인에게 총격을 가한 갱단은 경찰에 잡혀 들어간다. 월트의 장례식이 거행된다. 그는 자신의 모든 재산을 교회에 기부하고 가장 아끼던 그랜 토리노는 그의 친구 타오에게 선물한다.

영화 〈그랜 토리노(Gran Torino)〉는 죄책감에 시달리는 한 전쟁영웅을 그리고 있다. 전쟁 중에 수많은 민간인을 죽였다는 생각으로 남은 인생을 죄책감과 분노로 살아가는 월트는 주변 세계와 단절하고 스스로를 고립시켰다. 예전의 이웃은 모두 이사를 가고 새로 온 소수민족은 가난하고 볼품없는 생활을 하고 있었다. 영화는 스스로를 고립시키는 사람의 주변이 황량해지는 모습을 보여 준다. 사랑하는 아내도 떠나고, 자식들과 손자들에게도 따돌림을 당하며, 종교적인 어떤 위로도 그의 귀에 들어오지 않는다. 그를 방문한 신부에게 차가운 눈초리를 보낸 것 또한 자신의 죄책감 때문이었을 것이다. 외부로부터의 단절은 죄책감에 대한 자기심판의 일환으로 보인다. 죄인은 다른 사람의 사랑을 받을 자격이 없으며 행복해서는 안 된다는 자기심판이 그로 하여금 철저히 고립된 삶을 살게 한다. 새로 이사 온 소수민족에게 자신의 어두운 그림자를 투사하면서 그들과의 어떤 대화도 시도하지 않았다. 유일하게 자기편인 애견 데이지와 이발사 친구는 월트의 마음속에 깊이 숨겨진 애정 어린 모습으로 보인다. 그의 선한 마음은 타오의 악한 행동 때문에 수면 위로 올라오게 된다. 선함은 악함을 조장하고, 악함은 선함을 자극한다. 선함과 악함은 동전의 양면처럼 자아와 그림자 사이의 대극적 관계를 보여 준다. 자아가 약화되면 그림자가 강해지고, 그림자가 약화될 때 건강한 자아구조가 확립된다.

갱단의 협박 때문에 월트가 가장 아낀 그랜 토리노를 훔치려 한 타오를 용서하고, 갱단으로부터 그를 구해 내려고 하지만 자신의 능력에 한계를 느낀 그는 비장한 각오를 한다. 월트는 자신의 의지와 관계없이 전쟁에 참여해서 수많은 사람을 죽인 자신이 갱단의 협박 때문에 남의 재산을 훔치려고 했던 타오처럼 느껴졌을 것이다. 자신의 정당성을 항의하고 싶은 욕망은 타오를 과도하게 지키려는 애정으로 표출된다. 동시에 그의 죄책감은 전쟁 중에 사람을 죽일 수밖에 없었던 자신의 나약한 존재감을 자극한다. 인간의 보편적 한계를 한 개인의 연약함으로 대체하는 한, 수치심의 그림자로부터 벗어날 수 없다. 이처럼 보편적 영역과 개별적 영역의 갈등이 수치심을 불러일으킨다(조정옥, 1999, p. 117 참조).

월트가 자신의 죽음을 통해 타오를 지킨 것은 겉으로 보기에 악을 악으로 갚지 않고 선으로 대했다고 볼 수 있다. 그러나 내적인 동기는 다른 곳에 있다. 죄책감에 대한 보상과 용서받고 싶은 욕망이 과도한 선을 행하도록 자극했던 것은 아닐까? 자기희생과 자기학대로 나타나는 피학증은 죄책감과 수치심에 시달리는 사람들에게 나타나는 전형적인 현상 가운데 하나다. 그것은 때로는 직접적인 자살이나 교통사고로 위장되거나 스스로 위험에 노출시켜 희생되는 양태로 나타나기도 한다.

2. 정의 및 특성

1) 죄책감

일반적으로 죄책감(guilt)은 사회적 규범이나 양심 혹은 자신이 정한 규정을 위반한 것에 대한 책임감을 깨닫는 인지적 · 정서적 경험이다. 사회적 규범이나 질서에서 벗어날 때 느끼는 객관적 죄책감은 주로 인간관계나 개인과 집단, 그리고 개인성과 보편성 사이의 긴장과 갈등에서 발생한다. 반면에 주관적 죄책감은 자신을 부적절한 존재, 뭔가 결핍된 존재 혹은 초라한 존재나 비참한 존재라고 느끼는 감정에서 비롯된다. 자아상에 대한 죄책감은 신으로부터 거절당했거나 신을 대변하는 부모로부터 거절당한 원초적 경험에서 유래한다. 자신에 대한 죄책감은 수치심을 유발시켜 자기처벌과 자기거절(self-rejection)로 이어진다. 특히 종교인에게는 신으로부터 거절당함이 심각한 죄책감을 불러일으키며, 자신을 스스로 신의 심판과 저주 대상으로 간주하기도 한다. 이러한 주관적인 죄책감은 자신을 정죄하는 신경증적 죄책감으로 발전하거나, 그 반대로 자신을 반성함으로써 보다 성숙한 인격을 형성하는 계기가 된다(Narramore & Coe, 1985, p. 534).

브래지어(Brazier, 2012)에 의하면, 죄책감은 좋고 나쁨이나 선과 악에 대한 판단기능과 직접적인 관련이 있다. 자신의 행동이나 사고 혹은 느낌마저도 이성적 판단을 벗어나기 어렵다. 죄책감이 판단을 불러일으키기도 하지만, 판단이 죄책감을 유발하기도 한다. 개인적인 판단기준은 언제나 사회적인 판단기준과 차이가 있기 마련이다. 자신의 행동이나 사고 혹은 감정에 대한 엄격한 판단기준은 죄책감을 강화시킨다(p. 29). 반면에 자신에 대한 지나친 관대함은 죄책감을 거부함으로써 도덕불감증이나 무책임한 태도의 원인이 된다. 판단은 비난과 격려의 두 방향으로 이어진다. 자신에 대한 지나친 비난은 죄책감으로 이어지며, 자신에 대한 지나친 찬사와 격려는 과대자기의 함정에 빠지게 한다. 따라서 건강한 판단력은 우리로 하여금 죄책감에 사로잡히지 않게 한다. 건강한 판단력은 대체로 사람과 세상에 대한 열린 마음에서 비롯된다. 편협한 일방성이야말로 자신을 죄책감의 울타리에 가둘 것이다.

프로이트(Freud, 2008)는 자신의 책 『문화에서의 불안(*Das Unbehagen in der Kultur*)』에서 죄의식을 "엄격한 초자아와 그것에 복종하는 자아 사이의 긴장"이라고 정의한다(p. 97). 프로이트에게 죄책감은 주로 아동기에 기초하며, 그것은 초자아로 대변되는 부모의 권위가 내재화된 결과로 나타난다. 이때 형성된 죄책감은 치료 현장에서 전이를 통해 표출된다(Spezzano, 1993, p. 87).

달빛(Munch, 1893)
나무로 지은 집을 배경으로 한 여성이 뒷짐을 지고 서 있다. 담장과 목조 가옥에 갇혀 있는 것처럼 여성의 뒤에는 검은 그림자가 드리워져 있다. 흰색의 담장과 창문은 어두운 녹색 벽과 드레스와 대조를 이룬다. 뒷짐을 지고 있는 그녀는 무엇을 감추고 있을까? 화면 속 여성은 뭉크가 사랑했던 세 살 연상의 유부녀였던 헤이베르그로 알려져 있다. 금지된 사랑에 대한 뭉크의 죄책감이 이 여성에게 투사된 것으로 보인다(Bischoff, 2005, p. 36).

이에 반해 융(Jung)은 죄책감을 "자아(ego)가 정신의 전체성(self)으로부터 떨어져 나간 상태를 느낄 때 경험하는 정서"라고 정의한다. 자기(self)가 사회 집단이나 부모에게 투사될 때 기존에 형성된 행동 기준으로부터 이탈된 것으로 느껴지는 정서가 죄책감이다. 자아가 정신의 중심인 자기와 건강한 관계를 맺고 있을 때, 자아는 자기의 인도를 받아 나름대로의 행동 기준을 형성한다. 그러나 자아가 자기로부터 이탈하게 되면, 자아는 사라지고 사회적 인격인 페르소나가 자아를 대변한다. 이때 자아는 존재의 상실로 인한 죄책감을 느끼게 된다. 사회적 권위가 자기를 대신할 때, 자아는 기존에 형성된 자기와의 관계로부터 이탈되어 내적 공허와 소외감을 느낀다. 자기로부터의 이탈에서 오는 존재적 소외감이야말로 유아가 어머니로부터 분리되는 시점에서 느끼는 원초적 죄책감과 유사하다(CW 10, par. 852; Perera, 1986, pp. 11-12).

설리번(Sullivan, 1953)에 의하면, 죄책감은 성장과정에서 필연적으로 발생하는 자연적 정동이다. 초기 부모와의 관계에서 발생하는 정서적 동요(disturbance)는 아동에게서 죄책감을 불러일으킨다. 관계는 수용과 거절에 대한 감정을 처음으로 느끼게 하는 인간 사회의 원초적 구조에 해당된다. 인간이 대상을 추구하는 한 관계에서 파생한 죄책감, 즉 거부 대상에 대한 적대감이나 증오로 인한 죄책감은 피할 수 없는 인간의 원초적 죄책감을 이룬다(Spezzano, 1993, pp. 122-123).

2) 수치심

아리스토텔레스는 수치심(shame)을 "정의의 가치에 대한 느낌이 결핍됨을 메우려 함이나 양심의 소리가 없음에 대한 보충 심리"로 간주했으며, 데카르트는 수치심을 "비방을 당할 것 같은 느낌에서 발생한 자기 사랑에 토대를 둔 일종의 슬픔"으로 간주했다. 이에 반해 사르트르는 수치심이 자신을 석화시키고 노예로 만드는 타인의 시선에 대한 충격으로 발생한다고 본다(조정옥, 1999, p. 114). 실제적인 실수나 실패와는 관계없이 대상으로부터 거부당하는 순간, 그것은 자신의 잘못 때문이라는 죄책감으로 이어진다. 수치심은 일종의 본능적 죄책감으로서, 죄책감으로 인해 움츠러드는 자아를 숨기고 보호하려는 욕구에서 발생한다. 이런 차원에서 볼 때 수치심과 자아존중감은 밀접한 관련이 있다. 존재감의 상실로 인한 수치심은 인격의 근본적 토대를 위협할 뿐만 아니라 적응력을 약화시킨다.

수치심과 죄책감은 서로 연관되어 경험되지만, 이 두 정서를 구별하는 것은 치료과정에서 대단히 중요하다. 수치심은 인간으로서의 자신의 가치나 중요성에 관한 핵심적이며 근본적인 감정이라고 할 수 있다. 반면 죄책감은 특정한 행동에 대한 학습된 평가를 포함한 복합적인 감정 상태라고 할 수 있다. 수치심이 자기 자신의 존엄성이 훼손되었다는 자의식에서 출발한다면, 죄책감은 자신이 한 행동이나 생각이 다른 사람이나 사회적 안정을 해칠 수 있다는 금기와 관련이 있다(Greenberg & Paivio, 2008, pp. 319-320). 포섬과 메이슨(Fossum & Mason, 1986)의 정의도 이와 맥락을 같이한다. 죄의식이 자신의 행동에 대한 후회나 책임감으로 인해 느끼는 고통스러운 감정이라면, 수치심은 한 인격체로서의 자신에 대한 고통스러운 감정이다. 결국 죄책감이 행위에 대한 부정적인 평가와 관련이 있다면, 수치심은 인간 전체로서의 자신에 대한 고통스러운 감정이다(p. 5).

마이스너(Meissner, 1988)는 정신분석 관점에서 수치심과 죄책감의 정서적 차이점을 잘 설명해 주고 있다. 수치심은 자신의 행동, 느낌, 사고, 소원 등 자기의 모든 측면이 자신이 바라는 기준과 다른 사람들이 기대하는 이상화된 자기 이미지에 미치지 못할 때 경험된다. 따라서 전체적 인격과 관련된 수치심은 자기경멸과 자기비하, 때로는 자기심판의 일종인 피학증(masochism)의 한 형태로 나타난다. 이러한 수치 경험은 사적인 것이 외부에 노출되거나 타인의 비난을 받거나 거절당할 때 주로 나타나며, 이때 갑작스럽게 놀라거나 자신을 은폐하려는 시도를 보인다(pp. 251-253). 이러한 수치심이 내부의 열등 콤플렉스와 연계될 때는 심각한 신경증이 된다(Jacoby, 1994, p. 64). 자신이 노출되는 것에 대한 공포는 꿈에서 주로 벌거벗은 모습으로 나타나거나, 외부인의 감시 아래 처하거나, 성적 감정에 대한 수치심으로 표출된다. 반면에 죄책감은 공동체나 자신이 세운 기준들, 특히 금지 규칙을 어기거나 방치했을 때 발생한다. 따라서 죄책감은 특정한 행동과 그 결과에 초점을 맞추며, 전체적 인격보다는 부분적이고 제한적이며 부가적인 내용과 관련이 있다. 예를 들면, 방치된 아동을 돌보지 못한 것에 대한 죄책감을 느낀다면 그것은 자신의 사회적 책임과 관련된 부분적 성격을 띤다. 그러나 그런 아동을 돌보지 못함으로 인해서 살아갈 가치를 느끼지 못한다면, 그것은 전체 인격과 관련이 있으며 자신을 비하하는 수치심으로 발전한다. 죄책감은 종종 자기 자신이나 타인에 대한 분노와 공격성으로 표출되며, 이것은 증오와 복수, 징벌과 속죄 등의 다양한 행동이나 정서로 이어진다.

그러나 죄책감이나 수치심 모두는 일단 외부적 혹은 내부적 침범으로부터 자신을 지키는 방어 수단이 된다. 수치심을 통해 자신의 그림자를 보게 되며, 죄책감을 통해 사회적 책임감을 느낀다. 따라서 적당한 수치심과 죄책감은 성찰과 성장을 위한 좋은 밑거름이 된다(Meissner, 1998, pp. 251-253). 이상에서 볼 때, 수치심은 죄책감에 비해 훨씬 더 광범위하고 깊은 전체 인격적 차원에서 발생하며 대체로 자아가 분화된 이후에 경험된다. 이런 관점에서 브래드쇼(Bradshaw, 2002)는 해로운 수치심이야말로 모든 정신적 질환을 일으키는 주범이라고 주장한다(p. 12).

그에 비해 죄책감은 본능적이며 원초적인 수준에서 발생할 수 있으며, 대상과 환경에 따라 부분적 인격 차원에서 발생한다. 결국 죄책감은 심각한 수치심으로 가기 전에 자신을 보호하기 위한 방어기제로 표출될 수 있다. 수치심 또한 죄책감에 쉽게 동화된다. 수치심은 자기가 세운 기준에 대한 실망과 좌절에서 발생하며, 그 기준은 자기애적 이상과 관련이 있다. 수치심은 일단 자기애적 열망이 상처를 받았을 때 발생하지만, 동시에 다른 사람들이 자신을 실패한 사람이라고 여길 것에 대한 두려움이 그 바탕에 깔려 있다. 강렬한 수치심은 우리를 산만하게 하고 파괴적 공격성을 드러내게 한다. 인격의 전체성과 관련된 수치심은 초자아의 심판에 의해 죄책감으로 경험된다. 수치심에 대한 자기애적 방어는 다른

고개 숙인 소녀(한정규, 2013)
죄책감과 수치심은 자신에 대한 심판이며 외면이다. 그것은 얼굴을 드러내지 않는 방식으로 표출된다.

사람에 대한 비난이나 그 반대로 자신에 대한 심판으로 인해 우울 상태로 나타난다. 외부 대상에 대한 편집적 반응으로 나타나는 비난은 일단 자기애적 균형을 지지하고 회복하는 것을 돕는 방어기제가 된다. 그러나 자기심판으로 초래된 우울감은 심리적 부담을 가중시킨다(Meissner, 1998, p. 253).

자신에 대한 지나친 비판으로 인해 발생되는 수치심은 대체로 자기애적 성향과 관련이 있다. 가버드(Gabbard, 1989)는 자기애적 장애의 두 가지 유형을 소개한다. 첫 번째 유형은 다른 사람은 안중에도 없는 소위 '둔감형(oblivious)' 자기애로서 과대하고(grandiose), 오만하며(arrogant), 두꺼운 낯가죽(thick-skinned) 형태로 나타난다. 이런 성격의 소유자는 수치심 속에 자신을 감춘 채 칭찬을 기대하며 다른 사람을 질투한다. 두 번째 유형은 소위 '민감형(hypervigilant)' 자기애로서 다른 사람을 부당한 학대자로 간주하면서 자신에 대한 비판을 무시해 버린다. 이 유형의 사람들은 대체로 소심하고 내향적이며 쉽게 감정에 치우친다(pp. 53, 527-532).

3. 유 형

1) 개인적 죄책감과 집단적 죄책감

죄책감은 일종의 잘못된 생각이나 행동에 대한 책임감에서 비롯된다. 개인적 죄책감은 사회문화적 기준, 종교적 기준, 심지어는 자신이 세운 도덕적 · 윤리적 규범이나 금지를 어겼을 때 느끼는 인지적 혹은 정서적 경험이다. 이에 반해 집단적 죄책감은 다른 집단이나 구성원에 대해 비합법적으로 위해를 가했을 때 느끼는 집단 감정이다. 개인은 일반적으로 유리한 사회적 지위를 확보하기 위해 집단적 죄에 가담하기를 꺼리는 경향이 있다. 죄책감은 일단 도덕적 · 윤리적 규범에 대한 확신이 강하거나 자신에 대한 비판과 성찰을 추구하는 사람에게서 주로 나타난다는 점에서 긍정적인 측면이 있다. 집단적 죄책감 역시 다른 집단과의 화해와 상생을 도모하는 동기를 유발시킨다는 점에서 긍정적인 면이 있다. 그러나 죄책감의 정도가 과도하거나 만성화될 때 심리적 압박은 가중된다. 집단적 죄책감은 죄책감이 개인에 국한되지 않고 공동체적 성격을 지닌다는 점을 보여 준다. 개인적 죄책감이 집단에 의해 수용될 때, 그것은 공동체의 죄책감으로 발전되어 심각한 결과를 초래하기도 한다.

개인적 죄책감은 자신에 대해서 빚을 지고 있다는 느낌이 들거나 자신에 대한 가치를 상실할 때 생긴다(CW 14, par. 511). 자신에 대한 비판과 처벌로 인한 죄책감은 수치심과 연계되어 정서적으로 더욱 부담을 가중시킨다. 죄책감은 대체로 비밀을 소유할 때 증가한다. 비밀을 소유하는 것은 타인이 알아서는 안 될 것을 숨기는 사건으로서 심리적 독처럼 공동체로부터 자신을 소외시킨다. 사적인 비밀은 일종의 죄에 대한 부담감이다. 따라서 다른 사람과 공유하는 비밀은 유익하며, 비밀을 드러낼 때 심리적 부담감은 감소한다. 우리는 내면에 자기도 모르게 비밀을 간직한다. 그 비밀은 콤플렉스가 되어 우리의 감정과 행동을 지배한다. 융에 의하면, 우연히 발생하는 의식화는 의식에 의해 버려진 내용들이 수용되는 과정이다. 의식의 고백에 의해 무의식에 숨은 비밀이 드러나는 것이 의식화다(CW 16, pp. 124-125).

개인적 죄책감은 또한 정서적 격랑에 대항하는 장애물로 작용하는 경향이 있다. 죄책감은 나쁜 행동이나 생각을 묶고 억압하며 저지한다. 죄책감은 타인뿐만 아니라 자신에게 거슬리는 것과 동일시되어, 우리는 죄책감을 느낄 만한 것을 하지 않도록 노력한다. 죄책감은 자신이 다른 사람이 되려고 한 것이나 자신이 바라는 삶의 정의를 실현하는 데 실패한 것에 대한 자책에서 기인한다. 이로 인해 대상을 있는 그대로 보지 못하고 과장하거나 축소함으로써 대상관계에 악영향을 끼치게 된다(Eigen, 2005, p. 182).

2) 보편적이며 원형적인 죄책감

보편적이며 원형적인 죄책감이 있다. 죄책감은 마치 야누스처럼 삶을 우울하게 하면서 동시에 가능성을 열기도 한다. 정신분석학자인 아이건(Eigen, 2005)에 의하면, 죄책감은 거짓 도덕, 도덕적 독재, 살인적 초자아를 혼합한다. 그것은 잔인하고, 박해적이며, 비인간적이고, 연민이 없으며, 비도적적이다. 그러나 동시에 죄책감은 자신과 다른 사람을 돌보게 하는 동기를 부여한다. 그것은 우리를 제약하고, 비좁게 하며, 우리 가슴을 관통하고, 우리를 더 깊은 곳으로 인도한다. 절대적 죄책감(absolute guilt)은 일종의 원형적 죄책감으로서 인류 모두가 공유하는 죄다. 그것은 우리로 하여금 서로에게 의무를 지우며, 우리의 모든 것을 사용하도록 부추긴다. 그 결과는 우리 자신도 상상할 수 없는 무한한 가능성으로 인도한다. 인류의 위대한 선각자들은 이처럼 건강한 죄책감으로 인해 다른 사람이 도달하지 못한 경지에 이르기도 했다. 죄책감은 우리를 사랑스러운 신념으로 인도한다. 사랑, 죄책감, 믿음, 신념은 가능성을 열면서 서로를 강화한다(pp. 194-199).

3) 심리적 죄책감과 법적 · 도덕적 죄책감

융은 심리적 죄책감과 법적 · 도덕적 죄책감을 구별한다. 심리학적으로 죄책감은 죄에 대한 주관적 감정이나 확신, 혹은 다른 사람이나 집단에 전가된 몫으로서 죄의 비합리적 표현을 암시한다. 법적 혹은 도덕적 죄는 금기에 대한 위반 사항이 구체적으로 명시된다. 그러나 심리적 죄는 개인의 신념과 확신에 근거함으로써 객관적인 합리성을 전혀 고려하지 않는다. 그것은 지극히 주관적인 죄책감으로서 자신의 콤플렉스와 관련이 있다. 이러한 내적 죄책감은 사회적인 물의를 일으키지는 않지만 심리적 부담을 가중시킨다. 따라서 죄의식은 실제 범죄 행위로 인해 발생할 수 있으며 오직 자신에게만 국한해서 발생할 수도 있다. 범죄 행위나 죄의식은 개인을 병들게 할 뿐만 아니라 가족 혹은 전체 이웃으로 전염되어 공동체를 죄로 물들게 한다. 예를 들면, 살인자가 있는 한 가정이나 가족, 심지어 한 마을은 심리적으로 죄책감을 느끼며, 이는 모든 사람을 어두운 그늘에 집합시키는 결과를 초래한다. 고대사회에서 집단적인 죄는 일종의 비극적인 운명으로서 신에 의한 심판으로 간주되었다. 이는 주술적 부정 상태에서 해방되어야 하는 상황에 놓여 있음을 암시한다(CW 10, pars. 403-405).

4) 강박신경증에 의한 죄책감

베르고트(Vergote, 2009)는 강박신경증으로 나타나는 죄의식을 소개한다. 어떤 사람들은 항상 자신이 무엇인가를 잘못하고 있다는 죄책감을 느낀다. 특히 종교적으로 깊이 심취한 사람들은 자신에 대한 지나친 비판의식으로 인해 항상 '죄인' 임을 고백한다. 입으로만 죄인이라고 고백하면서 실제로는 죄책감을 느끼지 못하는 종교인도 많이 있다. 그것은 자신의 실제적 죄책감을 회피하거나 위장하기 위한 방어 수단으로 나타날 것이다. 죄의식에 의한 신경증일 경우, 자신의 죄책감을 감추기 위해 어떤 특별한 망상적 생각이나 행동을 연출한다. 자신의 죄로 인한 처벌을 피하기 위한 방어 수단으로 일종의 '제의(ritual)'를 행한다. 사람들을 보면 필요 이상으로 반갑게 대한다든지 상황에 걸맞지 않은 제스처를 취한다. 예를 들면, 어떤 죄책감은 셈하는 방식으로 나타난다. 계단이 몇 개인지, 도서관에 책이 몇 권이나 있는지에 대해 관심이 많다. 겉으로 보기에 불합리한 행동이지만 그 안에는 몇 가지 동기가 있다. 그런 행동을 통해 자신을 통제하면서 죄책감에서 오는 고통을 피해 보려는 것이다(pp. 215-219). 어떤 사람은 자선사업이나 사회적 선행을 통해 자신의 죄책감을 감춘다. 겉으로 잘 드러나지 않는 제의들은 분석과정에서 자연스럽게 드러난다.

5) 본능에 대한 죄책감

인간은 가끔 식용 동물에 대한 원초적 죄책감을 느낀다. 이런 이유 때문인지 고대인이나 아메리카 원주민은 식용을 위해 희생된 동물의 영혼을 위한 제사를 지내기도 한다. 폰 프란츠(von Franz, 1999)에 의하면, 외부세계에 존재하는 동물들을 죽이거나 학대하는 것은 곧 우리 내부의 동물적 본능을 억압하는 것과 같다. 사실 인간이 동물을 다루는 방식은 대체로 자신의 본능적 측면을 다루는 방식과 유사하다. 본능에 대한 죄책감은 경외심과 동시에 두려움과 공포를 수반한다. 인간은 본능적 쾌락과 환상을 추구함과 동시에 본능의 함정에 빠지는 두려움을 떨쳐 내지 못한다. 신화 속에 등장하는 고대의 신들, 특히 동물의 형상을 한 신들은 가장 오래된 인간의 본능적 정동을 반영하는 상징적 이미지로 인식된다(p. 114).

성욕과 식욕 등과 같은 본능에 대한 죄책감은 보편적이며 실존적인 죄책감이지만, 사회문화적 환경에 따라 죄의식을 느끼는 강도가 달라진다. 성욕은 인간의 기본적 욕구이지 결코 죄의식을 불러일으키는 요소가 아니다. 그러나 성욕 자체를 금기시하는 사회문화적 조건 아래서는 죄가 될 수 있다. 성을 생물학적인 번식 수단으로 여기는 문화에서는 성욕 자체가 죄로 인정될 수 있다. 그러나 성욕이 식욕과 마찬가지로 육체적 삶뿐만 아니라 정신적 삶을 위한 필수적인 에너지원이라고 여기는 사회에서는 죄의식을 느낄 필요가 없다. 인간의 기본적인 본능이자 욕망의 표상인 성이 사회문화적인 금기(taboo)와 연계될 때, 그것은 상당한 수준의 죄의식을 유발한다. '다른 사람에 대한 성욕을 품은 것 자체가 죄'라는 종교적 금기는 사실 인류가 공동체 생활을 하면서부터 지켜 온 보편적 규범으로 여겨졌다. 결혼이나 번식을 전제하지 않은 모든 성행위 혹은 사회가 정한 경계를 벗어나는 성행위를 모두 죄악으로 간주하였기에, 성은 그동안 상당히 억압되어 왔다. 그만큼 성은 강한 충동과 열망, 사랑과 증오, 그리고 파괴와 창조성의 근원으로 작용해 왔다. 문제는 성욕 자체가 아니라 개인의 성적 욕동과 사회문화적 규범 사이의 갈등으로 인해 죄책감이 발생한다는 것이다. 이런 관점에서 융은 모든 사람에게 죄책감이 있다고 주장한다. 그 보편적인 죄책감은 집단무의식의 원형적 그림자로부터 유래한다.

> 악, 죄책감, 의식의 뿌리 깊은 불편함, 어두운 예감 등은 우리가 단지 보려고 한다면 우리의 눈앞에 있다. 인간은 이런 일들을 겪어 왔다. 나는 인간의 본성에 대한 자기 몫을 지닌 한 남성이다. 따라서 나는 남은 사람들에 대한 죄책감이 있으며, 내 안에서 변함없고 지워지지 않는 언제라도 그것들을 경험할 능력과 경향을 견디어 낸다. 법적으로 말한다면, 만약 우리가 범죄에 대한 부속물이 아니라면 우리는 항상 인간 본성에 고맙게도 잠정적인 범죄자들이다. 현실적으로 우리는 단순히 지옥의 아수라장으로 떨어질 적당한 기회가 부족하다. 우리 중 아무도 인간의 검은 집단적 그림자 바깥에 서 있지 않다(CW 10,

par. 572).

성욕에 대한 지나친 억압은 병리적인 결과를 초래한다. 특히 성욕이 무의식적인 내용이나 콤플렉스와 관련될 때는 더욱 그렇다. 부모가 인간의 본능적 욕망을 무시하거나 지나치게 종교적 금기를 강조할 때, 자녀는 죄의식을 강하게 느끼고 정서적인 삶을 누리지 못한다. 성욕을 억제하고 부인함으로써 인간의 모든 충동을 제한한다. 성욕과 함께 가장 억압되는 충동은 공격성이다. 성욕이 사회문화적으로 공공연하게 비난을 받는다면, 공격성은 보다 조용하고 은밀하게 비난의 대상이 되고 죄의식을 느끼게 한다. 원초적이고 미분화되고 야만적이고 모호한 것은 긴장과 불안을 초래하며, 그런 상황에서 벗어나기 위한 투쟁적 반응은 본능적으로 죄책감을 유발한다. 구체적인 대상이 없거나 분화되지 않은 원초적 성욕이나 공격성은 그 자체로 죄의식을 불러일으킬 수 있다. 예를 들면, 어린 딸은 우연히 아버지의 성기를 봤을 때 원초적인 성적 감정에 사로잡히면서 원인 모를 죄의식을 느낀다. 분화되지 않은 혼란한 성적 감정이 계속되면 성인이 되어서도 성에 대한 죄책감과 두려움을 갖게 된다. 유아가 나쁜 엄마의 젖꼭지에 대한 공격성을 표출할 때 본능적 죄책감을 느끼는 것도 이와 같다. 베르고트(2009)는 성욕이 억압될 때 공격성도 함께 억압되기 때문에 죄의식이 더욱 강화된다고 주장한다.

> 죄의식이 특히 억압하는 것은 성욕과 공격성, 그리고 사상의 자유에 대한 자율적 열망이다. 그러므로 성욕과 폭력성의 억압은 한군데로 모인다. 더구나 성욕이 사람들에게 죄의식을 더욱 내면화하는 것은 성욕이 위반될 때 공격성도 같이 위반되기 때문이다. 죄책감은 본래 외부세계로 나갔던 공격성이 자기 자신에게로 되돌아오고 사랑과 우정의 관계가 깨진 것으로 경험될 때 생긴다. 그래서 성욕과 공격성을 이중적으로 억압하는 것은 매우 해롭다. 그것은 정신 안에서 모든 본능적인 삶을 정죄하기 때문이다(p. 149).

6) 실제적 죄책감과 상상적 죄책감

베르고트는 실제적 죄책감과 상상적 죄책감을 구별한다. 실제로 남에게 해를 끼쳤거나, 도둑질을 했거나, 외도를 했거나, 다른 범죄를 저질렀을 때 느끼는 죄의식은 진정한 죄의식이다. 그러나 상상이나 환상 속에서 지은 죄, 예를 들면 상상 속에서 어떤 사람을 죽였을 때 죄의식을 느끼는 것은 상상적 죄다. 심지어 꿈속에서 누군가를 죽였을 때도 죄의식을 계속 느낀다면 그것은 상상적 죄의식에 속할 것이다. 상상적 죄의식은 종종 병리적 현상으로 나타난다. 어떤 사람이 자위했을 때 자신의 정자가 하늘을 타고 날아가 온 세계에 독소를 퍼트렸다고 생각한다면, 그것은 지극히 비현실적인 것으로서 정신병적인 강박관념에서 나온 것이다. 그러나 상상적 죄의식은 그 한계를 설정하기 어렵다. 아무도 죄인이라고 생각하지 않는데도 자신을 죄인으로 정죄하는 사람이 많다. 종교적 · 사회적 책임을 다하지 못한 죄의식은 일종의 건강한 죄책감으로 보인다. 이때의 죄책감은 책임감에 대한 방어기제이면서 동시에 책임의식의 다른 표현이다. 그러나 규범과 책임감의 한계를 넘어서서 심각한 자책과 피학증을 동반한 죄책감은 종종 자신도 그 이유를 모른 채 내면화된다. 자신이 한 일에 대해 지나치게 흥분하며 후회할 때, 자신도 왜 그렇게 과도하게 후회하며 죄의식을 느끼는지 알지 못한다. 그것은 내면에 잠재되어 있던 서로 모순되는 욕망과 기억, 그리고 다양한 콤플렉스가 복잡하게 얽혀 있기 때문이다. 이런 관점에서 베르고트(2009)는 죄책감 자체가 병리적일 수도 있음을 지적한다. 왜냐하면 죄책감은 종종 책임을 회피하는 피난처가 되기 때문이다(pp. 175-177).

상상적 죄책감은 일종의 무의식적 죄책감이다. 매스터슨(Masterson, 2000)에 따르면, 무의식적 죄책감은 우리의 내부에서 공격하는 내면의 적이다. 합당한 이유가 없는 죄책감은 주로 어린 시절 양육자와의 부정적인 경험에 의해 발생한다. 공생기에서 분리-개별화 시기로 이동할 때 아동의 개별성이 무시되거나 저지당하면 죄의식이 내면화된다. 생명 에너지를 공급하는 양육자에 대한 거부와 공격성으로 인한 원초적인 죄책감은 성장에 대한 죄책감으로 구체화되기도 한다. 어머니와의 분리는 곧 양육자에 대한 반역이고, 그것은 곧 죄라는 본능적 느낌이 분리와 성장을 거부하게 한다. 그런 아동에게 성장은 곧 범죄다. 어른이 되는 것 자체가 벌을 받을 짓이다. 양육자에게 복종하지 않고 고집을 부릴 때 모든 사람이 자신에게 화를 낼 것 같다는 아동기 경험은 유아 상태로 남게 한다. 그들은 성인이 되면 아동기의 순수함이 사라진다고 믿는다. 특히 섹스는 거짓말과 도둑질처럼 어릴 적 순수성을 앗아 가 버린다고 여김으로써 고상하고 완전한 소년 · 소녀로 남고자 한다(pp. 100-101).

융심리학 관점에서 긍정적인 모성 콤플렉스가 있는 남성은 대체로 영원한 소년으로 남기를 원한다. 라틴어로 '푸에르 에터누스(puer aeternus)'는 영원한 청년을 의미한다. 그리스 신화에서 푸에르 에터누스는 이아쿠스(Iacchus), 디오니소스(Dionysos), 에로스(Eros)와 같은 영원히 젊은 청년의 모습으로 나타난다. 융은 게르만족에게 전사의 신으로 알려진 보탄(Wotan)이 푸에르 에터누스의 성향을 더욱 잘 드러낸다고 말한다. 원래 폭풍의 신이었던 보탄은 열광적이며 전투에 열정적으로 몰입한다. 떠벌리는 주술사요 예술가이기도 한 그에게는 비밀스러운 기이한 성질이 있다(CW 10, par. 375). 푸에르의 그림자는 '연장자(노인)'라는 의미를 가진 '세넥스(senex)'다. 세넥스는 푸에르와 반대로 훈련되고 통제되며 질서가 잡힌 사람을 의미한다(Sharp, 2008, p. 145). 샤프(Sharp, 2008)는 신경증적인 푸에르를 다음과 같이 설명한다.

> 신경증 이론에서 푸에르는 나이를 먹었음에도 사춘기적 심리 상태에서 벗어나지 못한 사람을 가리킨다. 푸에르는 어머니에 대한 지나친 의존을 특성으로 한다. (나이를 먹었음에도 사춘기 심리에서 벗어나지 못한 여자는 '푸엘라[puella]'라고 한다. 어떤 학자들은 푸엘라를 푸에르 아니무스를 가진 여자로 본다.) 대부분 중년의 위기는 푸에르 단계에서 더 성장하고자 하는 내적인 욕구에서 비롯된다. ……푸에르는 자신의 행동에 책임지지 않는다. 그는 자신도 의식

하지 못한 채 엉뚱한 행동을 저지른다. 사실 그는 자기 무의식의 희생양이며, 특히 본능적인 충동에 약하다(pp. 138-139; 박종수, 2009, p. 326에서 재인용).

7) 생존자(선택받은 자)의 죄책감

영화 〈그랜 토리노〉는 전쟁 중에 민간인을 죽였다는 죄책감에 시달리는 한 인간을 그리고 있다. 이와 마찬가지로 전쟁을 수행하는 과정에서 필연적으로 발생하는 전쟁 외상 가운데 하나는 생존자 죄책감이다. 다른 전우들은 모두 전사했는데 자신만 살아남을 경우 심각한 죄책감으로 일생을 보내게 된다. '차라리 내가 죽었다면 마음이라도 편할 것'이라는 생각이 그들 모두의 마음이다. 그것은 자신이 죽지 않았기 때문에 다른 사람이 죽었다는 죄책감과 연민의 감정이 뒤범벅된 상태로 지속된다. 자녀가 부모보다 일찍 사망할 경우도 마찬가지다. 자녀를 먼저 보낸 부모는 평생 죄책감으로 시달린다. 먼저 가야 할 사람이 가지 못해서 어린 자녀가 죽었다는 것이다. 함께 놀다가 웅덩이에 빠져 죽은 친구를 생각할 때마다 자신이 구하지 못한 것에 대한 죄책감으로 일생을 보내는 이들도 있다(Lazurus & Lazurus, 1997, pp. 80-82 참조). 그들은 자기 대신 다른 사람이 자신의 죄를 짊어졌다는 죄책감을 공유한다.

형제 사이에도 이와 유사한 일들이 종종 발견된다. 여러 형제 가운데 자기만 공부를 한 결과 다른 형제들이 불행해졌다고 믿는다든지, 자신이 상을 받았기 때문에 친구가 상을 받지 못했다며 괴로워하기도 한다. 이것은 자신만이 죄에 대한 심판으로부터 면제받았다는 또 다른 죄책감에서 비롯된다. 선택된 사람들의 죄책감은 고대 이스라엘 백성에게서 원형적으로 드러난다. 신으로부터 선택받은 백성은 죄인으로서 모든 인류의 죄를 담당해야 한다는 소명이 담겨 있다. 살아남은 사람들의 죄책감이 자기심판과 자기비하(수치심)로 이어질 때는 신경증으로 발전한다. 그러나 선택받고 살아남음에 대한 의미와 목적을 찾고자 하는 사람들은 감사하는 마음으로 인생을 살게 된다. 누군가는 선택받아야 하고 살아

남아야 한다. 그래야 세상은 돌아가고 자연의 영원한 생명은 이어진다. 그런 위대한 사명을 위해 어떤 사람은 살거나 죽어야 한다. 그것은 우리의 일상적인 판단과 죄책감의 범위를 훨씬 뛰어넘는다.

8) 페르소나에 대한 죄책감과 수치심

자신의 행동이나 사고방식이 사회적 요구나 내적 기준에 미치지 못할 때 죄책감과 수치심을 느끼는 것은 일반적 현상이다. 그러나 사회적으로 부여된 지위나 직업 그리고 집단 안에서의 역할에 대한 죄책감과 수치심은 자신의 페르소나와 깊은 연관이 있다. 예를 들면, 대부분의 기독교인은 술이나 담배를 파는 것을 매우 수치스럽게 생각하며 죄책감을 느낀다. 그들에게 술과 담배는 반기독교적이고 반신앙적인 표상이며, 그것을 파는 행위는 소위 악한 행동으로 비추어지기 때문이다. 여기서 발생하는 죄책감을 보상받기 위해 그들은 많은 헌금을 하거나 다른 선행을 찾아 헤매기도 한다. 현대사회에서 급속도로 증가하는 자살 현상은 대개 페르소나와 관련이 있다. 자신의 사회적 지위와 역할이 정당하게 평가되지 않거나 왜곡될 때 자살로 이어지는 경우도 있다. 이것은 페르소나의 상실이 곧 자아 상실로 인식된 결과다(박종수, 2009, p. 49).

자신의 직업 때문에 수치심을 느끼는 경우도 허다하다. 종교인에게 설교를 잘하지 못하는 것은 다른 사람과는 달리 상당한 수치감을 일으키며, 언어표현 능력이 떨어지는 교수는 심한 자괴감에 빠질 수도 있다. 이처럼 사회적 인격이 자아의 존재를 대신할 때, 우리는 수치심의 함정에서 빠져나올 수 없다. 부모의 수치심과 죄책감은 자녀에게 전수된다. 부모가 교회 안에서는 성실한 기독교인이지만 밖에서는 악한 일을 하고 있다면, 자녀들은 진정한 죄책감과 수치심을 경험하기보다는 인위적이고 왜곡된 정서 속에서 살게 된다. 자신의 그림자와 열등콤플렉스와 관련된 수치심 역시 무의식에 내재되면서 다른 감정으로 대치되거나 투사되어 대상에 대한 분노 혹은 자신에 대한 비하로 드러난다.

9) 다름에 대한 수치심

수치심은 대체로 자아 이상에 대한 실망감에서 비롯된다. '나란 존재가 이래?' '왜 나는 형편없는 생각이나 행동을 하지?' '왜 나는 스스로를 절제하지 못하고 타락의 길을 가야만 하는 거지? 그래, 난 살 가치가 없어.' 이런 식의 자기비하는 자신에 대한 수치심으로 이어진다. 자신이 바라는 자아 이상은 개인적 욕망이나 기질뿐만 아니라 사회문화적 환경에 의해 형성되기도 한다. 수치심 또한 자아 이상에 미치지 못하는 현재의 상태에 대한 후회스러운 감정에서 발생하기도 하지만, 동시에 사회적 편견이나 차별에서 발생하기도 한다. 최근의 한국사회는 다문화가정으로 인해 몸살을 앓고 있다. 언어와 피부색이 다르다는 이유로 주변 사람들로부터 멸시와 차별을 당할 때 그들은 수치심을 느낀다. 이러한 수치심은 자아 이상과는 관계없이 발생하는 것이기 때문에 절망과 좌절을 일으키며, 때로는 이유 없는 피해의식 때문에 분노와 격분에 휘말리기도 한다. 때로는 유별난 행동이나 생각이 다른 사람들과의 괴리감을 조성하고, 이로 인해 고립감을 느낄 때 수치심이 유발된다.

융 역시 다른 아이들에 비해 유별났다. 가난한 목사 가정에서 태어난 융은 어린 시절에 옷은 남루했고 양말도 없이 낡은 신발을 신고 다녔다. 다른 아이들과 늘 싸울 준비가 되어 있었으며, 실제로 말다툼이나 주먹다짐도 자주 있었다. 그러면서도 배움에 대한 탐욕과 자신의 지식을 과시하려는 욕망이 컸다. 실제로 독일어 교사로부터 자신이 직접 쓴 에세이를 표절했다는 누명을 쓰기도 했다. 동급생들이 그를 '아버지 아브라함'이라는 별명으로 부르며 놀려 댈 때마다 융은 자신의 유별난 행동으로 인한 고립을 수치스럽게 여겼다(Bair, 2008, p. 66). 다름(difference)과 틀림(false)은 이성적으로는 구별이 되지만, 감정적으로는 자주 혼동을 불러일으킨다. 집단의 일원으로 살아가는 우리는 다른 사람들의 정서에 쉽게 감염된다. 무언가 다르고 특별할 때, 우리는 집단으로부터 분리되는 느낌과 함께 일종의 죄책감과 수치심을 느낀다.

4. 발생 배경

1) 죄책감을 유발하는 세 가지 요인

홀리스(Hollis, 2006)는 죄책감을 유발하는 세 가지 요인을 소개한다.

첫째, 책임감의 형태로 나타나는 실제적 죄책감은 어느 정도 죄책감을 수용한다. 죄책감에 대한 적절한 수용을 통해 자신이 선택한 결과를 수용함으로써 보다 나은 미래를 위한 반성의 기회를 갖는다(CW 11, par. 140 참조).

둘째, 불안(angst)에 대항하기 위해 발생한 진실하지 못한 방어 형태로서의 죄책감은 주로 거절당할 때나 화가 날 때, 그리고 완벽한 부모가 되지 못할 때 느낀다. 6세의 한 남아는 현관에서 노래를 부를 때 엄마가 큰소리로 꾸짖으면서 잡음을 내지 말라고 하자 다시는 노래를 부르지 않겠다고 맹세했다. 이후 그는 학교에서 음악시간에 노래를 부르지 않았다. 그 벌로 합창단 뒤편에서 수업시간 내내 조용히 서 있었던 경험이 있다. 어른이 되어서도 샤워 중에 노래를 부르지 못했다. 어릴 때 경험한 부모의 절대적 힘이 내재화되어 자신의 고유한 충동을 억제하고 있었던 것이다. 죄책감은 종종 아동을 보호하기 위한 수단이면서 동시에 권위자로부터 자신을 보호하려는 방어 수단이 된다.

셋째, 실존적 죄책감(existential guilt)은 피할 수 없는 인간의 한계성에서 출발한다. 동물을 죽여서 식용으로 써야만 하는 인간의 죄책감은 고대인으로 하여금 사냥 후에 죽은 동물에 대한 의식을 행하게 했다. 인류 최초의 조상이 원형적으로 표출된 아담과 이브가 에덴동산을 탈출하기 위하여 선악과를 따먹을 수밖에 없었던 것에 대한 죄책감이 이에 포함된다. 이와 같은 실존적 죄의식을 극복하기 위해서는 의식의 영역을 넓히고 한계성 안에서 살아가는 인간을 있는 그대로 수용하는 자세가 필요하다(pp. 28-33).

2) 엄마로부터의 분리가 원초적 죄책감을 유발

노이만(Neumann, 2010)은 아이가 엄마로부터 분리될 때 느끼는 고독의 결과로 원초적 죄책감(primary feeling of guilt)을 느낀다고 주장한다. 자아의식의 발달은 필연적으로 공생관계에 있는 어머니와의 분리를 요구하며, 이것은 소외감과 죄책감으로 이어진다. 자아의식의 현존은 세상 속에서의 고통과 병 그리고 죽음으로 이어진다. 그럼에도 불구하고 자아의식이 더 두드러지고 개성화가 진행될수록 원초적 어머니로 인해 발생한 장애요소를 제거하게 된다(p. 150). 원상적 부모와의 분리는 근원적 상실감을 초래하는데, 이는 일종의 근원적 거세와도 같다. 생명의 젖줄로부터 분리되는 경험은 부모와의 성적인 차원이 아닌 자기 스스로 설정한 선택이다. 그럼에도 불구하고 유아는 상실감과 죄책감을 경험한다. 융학파 관점에서는 남근의 상실이 스스로가 택한 일종의 홀로서기의 일환이다.

> 우리는 이 근원적 상실을 근원적 거세(Urkastration)라고 부를 수 있다. 하지만 이는 모권적 단계의 거세와 대조적으로, 전혀 성적으로 관계하는 것이 아니다. 여기서 분리 상실 그리고 잘려 나가게 됨은 개인적 차원에서, 예를 들면 어머니의 몸에서 떨어져 나가듯 보다 더 커다란 관계에서 잘려 나가는 것에 대한 경험이다. 이는 자기 스스로 설정한 상실을 다루는 것이다. 그래서 자아에 의해서 이루어진 단절임에도 불구하고 상실감과 죄책감으로 경험한다. 이러한 자기해방은 탯줄을 절단하는 행위처럼 단순한 훼손이 아니라 더 큰 통일체, 즉 우로보로스 내의 어머니-아들의 동일성이 효력을 상실하게 되는 것이다. 모권적 거세는 아직 태모와의 유대를 끊어 내지 못한 자아에게 위협적이다. 우리는 그런 자아에게는 자아 상실이 상징적으로 남근의 상실과 동일하다는 것으로 묘사하였다. 하지만 원상의 부모와의 분리단계에서 보이는 근원적 상실은 바로 그 행동으로 인해 온전히 독자적인 존재가 된 개인(Individuum)과 관련된다(p. 153).

3) 권위자에 대한 공격적 충동이 죄책감을 유발

프로이트(2008)는 죄책감의 두 가지 근원을 소개한다. 권위에 대한 불안에서 생기는 죄책감과 초자아에 대한 불안에서 생기는 죄책감이 그것이다. 첫 번째 죄책감은 권위에 대한 공격적 충동을 유발하며, 두 번째 죄책감은 그러한 충동에 대해 처벌하기를 요구한다. 오이디푸스 콤플렉스로 나타나는 권위에 대한 공격성은 아들의 경우 아버지에게로 향한다. 아버지를 증오하고 해치고 싶은 본성의 한 측면과 아버지를 사랑하는 본성의 다른 측면 사이의 갈등이 죄책감을 일으킨다. 그러나 권위자를 공격하고자 하는 충동을 포기하더라도 죄책감은 여전히 발생한다. 결국 우리는 위협적인 권위자로부터 오는 사랑의 상실과 처벌을 내적인 불행, 즉 죄의식으로 바꾸게 되었다는 것이 프로이트의 주장이다. 그에게는 죄책감이 "양가감정에 의한 갈등의 표현, 곧 에로스와 파괴 혹은 죽음 충동 사이에서 벌어지는 영원한 투쟁의 표현" 이다(pp. 103-112). 이런 관점에서 페어베언(Fairbairn, 2003)은 죄책감을 "자아가 좋은 것으로 간주되는 내적 대상으로서의 초자아와 갖는 관계, 그리고 나쁜 것으로 간주되는 다른 내적 대상과의 관계 사이의 갈등으로 인한 긴장의 산물" 로 간주한다(pp. 204-205).

4) 사랑하는 대상에 대한 분노가 죄책감을 유발

사랑하는 대상이나 생명 에너지의 근원을 상실한 것에 대한 분노와 복수 감정은 죄책감을 유발한다. 클라인은 우울적 자리에서 나쁜 젖가슴에 대한 분노가 유아의 죄책감을 유발한다고 주장한다. 유아의 죄책감은 사랑하는 대상에게 향하는 공격성에 대한 자기처벌로 이어진다. 개구쟁이 아동이 의식적이고 현실적인 잘못을 저지르는 것은 이미 예견된 처벌을 전제로 한다. 아동의 비행이나 문제 행동은 무의식 안에 깊이 뿌리박힌 죄책감이나 불안을 감소시키려는 공격적 수단으로 드러난다. 개구쟁이 짓을 해서 벌을 받으려는 충동이 있는 것은 악한 부모에 대한 살인적 공격성에 대한 죄책감으로 인해 스스로 처벌받을 구실을 마련한 것이다. 그러나 동시에 죄책감은 우리 안에 있는 증오를 창조적 에너지로 바꾸는 힘이 있다. 죄책감을 통해 대상과의 새로운 관계가 형성되기도 한다(Klein, 1988, pp. 340, 335; Singh, 2000, p. 42). 위니컷(Winnicott, 2011)은 사랑의 어머니와 증오의 어머니가 하나로 모아지는 것을 통해 죄책감이 시작된다고 본다. 이런 감정은 차차 관계 속에서 정상적인 활동의 원천이 된다. 따라서 클라인이 주장하는 우울적 자리는 아동의 성장에 중요한 단계이며, 건강한 아이의 정상적인 죄책감은 성장을 위한 밑거름이 된다(pp. 520-521).

유아의 왕성한 욕동을 수반한 환상은 대상에 대한 공격과 파괴를 담고 있다. 위니컷에 의하면, 유아는 자신이 대상을 먹는다고 상상할 뿐만 아니라 대상의 내용을 소유하기를 원한다. 어머니의 보호가 지나칠 경우에는 아이의 공격성이 억압되거나 아이가 대상을 외면할 수도 있다. 아이는 자신이 어머니를 소모해 버리면 어머니를 잃게 될 것이라는 불안을 경험한다. 유아는 본능적 욕동으로 인해 대상을 무자비하게 사용함으로써 죄책감을 느낀다. 건강한 유아는 어머니에 대한 헌신을 통해 대상관계를 회복함으로써 이런 죄책감을 완화한다. 신뢰할 만한 환경과 충분히 좋은 어머니가 현존함으로써 유아는 원본능-욕동을 더욱 대담하게 경험하게 된다. 이때 이전에 느낀 죄책감은 잠시 중단되거나 잠재적인 것이 된다. 오직 보상의 기회가 실패할 때만 슬픔이나 우울한 기분으로 나타난다(Winnicott, 2000, pp. 108-109).

5) 오이디푸스 콤플렉스가 죄책감을 유발

오이디푸스 콤플렉스로 인한 죄책감은 남성이나 여성 모두에게 나타난다. 아들에게는 오이디푸스 콤플렉스가 아버지 살해와 거세불안으로 인한 죄책감으로 나타나며, 딸에게는 엘렉트라 콤플렉스가 남근 선망과 어머니에 대한 시기심으로 인한 죄책감으로 드러난다. 히스테리 환자는 대체로 이상적인 대상을 숭배하기를 바라면서도 자신이 그에게 적합한 대상이 되지 못할 것에 대한 두려움이 있다. 여성 히스테리 환자의 이상화된 남근 표상은 자신에게 완전한 쾌락을 줄 수 있는 존재로서 주로 아버지에게 투사된다. 아버지는 딸에게 이상화된 대상으로 각인된다. 그것은 아버지가 지닌 위치와 그로부터 분리하는 금기 때문이다. 아버지에 대한 자신의 욕망과 때때로 경험되는 아버지로부터의 유혹은 딸로 하여금 아버지에 대한 오이디푸스적 환상과 성적인 퇴행을 유발한다. 히스테리 환자의 이상화는 비록 방어적 동기가 있다고 할지라도 쉽게 사라지지 않는다. 아버지에 대한 애착과 금기로 인한 성적 충동의 억압은 죄책감을 불러일으켜 성욕이 제거되기도 한다(Vergote, 2009, pp. 287-288).

히스테리 여성은 이상화된 남근(아버지 표상)을 얻기 위해 여성 및 남성 모두와 경쟁한다. 컨버그(Kernberg, 2008)에 의하면, 히스테리 여성이 남성과 경쟁할 때는 공포와 갈등이 포함되어 있는데, 이것은 의식적이든 무의식적이든 남성에 대해 열등감을 느끼기 때문이다. 그들의 복종적이고 피학적인 성향은 오랜 기간 동안 형성된 경쟁적인 행동 패턴이 성격 안에 깊이 뿌리를 내린 형태다. 그들은 대개 성적인 관계로 인해 야기된 죄책감을 방어하기 위해 퇴행적이고 유아적인 행동을 취한다. 어떤 여성들은 성적인 죄책감을 속죄하기 위해 가학적인 남자에게 복종하는 경향을 보인다(p. 95).

6) 부모에 대한 콤플렉스가 죄책감을 유발

아동에게 부모 콤플렉스는 시기에 맞지 않은 성숙을 초래한다. 긍정적인 부모 콤플렉스는 이성 부모에 대한 성적 시기심과 죄책감을 유발하고, 부정적인 부모 콤플렉스는 자녀들의 사회 적응과 대인관계 능력을 저하시킨다. 부모 콤플렉스로 인해 고통받는 아동은 매우 이른 시기에 어른의 행동을 모방하여 다른 아동들이 아직 생각하지도 않은 많은 것을 깨닫는다. 죄책감 역시 부모에게뿐만 아니라 아동에게도 큰 역할을 한다. 아픈 아동은 건강한 아동보다 훨씬 더 심하게 좌절한다. 이른 아동기에 아이들은 양육자와 환경에서 오는 좌절을 자신의 잘못, 즉 죄로 내면화한다. 이로 인해 소위 원초적 죄책감이 발생한다. 예를 들면, 병원에 있는 동안 엄마가 아동을 홀로 두고 떠나야 할 경우가 있다. 아동에게 이것은 사랑의 철수를 의미한다. 아동은 이렇게 해석한다. '엄마는 나를 사랑하지 않아. 나는 나빠. 그건 내 잘못이야.' 반면에 부모의 죄책감은 자녀 양육에 대한 실패감에 기초한다. 그들은 자녀가 아플 때 그가 힘든 운명을 지녔다고 스스로 위로하며, 자신들에 대한 비난을 불쾌하게 여긴다. 아동에 대한 애정을 방해하는 이런 태도는 치료 현장에서 종종 발견된다. 부모에게 정신적으로 아픈 아동은 위험한 아동이며, 대부분의 부모는 더 이상의 피해를 방지하기 위해 가능한 모든 일을 하게 된다. 결국 아동은 과도하게 감시당하거나, 과도하게 보호받거나, 발생 가능한 위험에 대해 너무 일찍 경고를 받는다. 이것은 아동을 불안하게 하며 아동의 이미 낮은 자기확신을 보다 더 약화시키는 원인이 된다(Asper, 1992, p. 42).

7) 부모의 유기나 거부가 분노와 죄책감을 유발

부모의 유기나 거부로 인해 분노와 죄책감을 동시에 느끼는 경우를 살펴보자. 부모에게 거부당한 아동은 화를 내면서 적개심을 드러낸다. 분노는 일반적으로 죄책감을 일으키는데, 그것은 자기비판의 결과로 나타난다. 스스로 부모의 사랑을 받을 자격이 없다고 여김으로써 부모에 대한 분노와 적개심을 죄책감으로 바꾼다. 이때의 죄책감은 부모에 대한 적개심으로 인해 처벌받을 것을 두려워하는 데서 기인한다. 아이는 수용 욕구가 좌절될 때 공격적으로 변하며, 이것은 자신에 대한 수치심과 공격적 행동에 대한 죄책감을 수반한다. 이는 타인의 것에 대한 시기로 이어져 그들이 가진 모든 것을 소유하고 싶은 열망으로 발전한다. 이로 인해 자신이 원한 것을 지닌 사람을 증오하며, 모든 것을 원하는 자신은 아무것도 소유할 수 없다고 단정해 버린다. 수치심과 죄책감에 대한 방어기제는 부인(denial)으로 나타난다. 자신은 욕심쟁이가 아니며 남들보다 우월하기 때문에 자신을 베푸는 사람으로 자리 매김한다. 예를 들면, 여성이 자존심을 다치면 경쟁심이 생기고, 경쟁심으로 인한 시기와 질투는 어머니 역할에 몰두함으로써 보상받고자 한다. 내적으로 좌절을 경험한 여성은 육아와 어머니 역할을 더욱 열심히 함으로써 내면의 열등감을 해소하려 한다(Saul, 2006, pp. 84-85). 사울(Saul, 2006)은 부모의 손에서 박탈당하거나 거부당한 경험이 있는 사람은 성인이 되어서도 사랑에 대한 욕구가 과도하게 나타난다고 주장한다. 자신의 욕구가 채워지지 않을 때 좌절과 분노를 느끼며, 이에 대한 방어적 태도와 함께 또다시 죄책감과 좌절감을 겪는 정서의 악순환을 되풀이한다는 것이다.

> 남녀 모두에게 심리적으로 좌절감을 일으키는 공통적인 방식은 다음과 같다. 어린 시절 박탈당한 경험이나 응석받이로 자란 아이는 사랑받고자 하는 욕구가 점점 커져서 어른이 되어서도 사랑받고자 하는 욕구를 지나치게 많이 지니게 된다. 사랑받고자 하는 욕구가 너무도 강하기 때문에 그것을 숨기기 위해 지나치게 요구하지 않으려고 노력하고, 쉽게 상처받을까 봐 자신을 타인으로부터 방어하게 되며, 사랑받고자 하는 욕구가 너무도 강하기 때문에 어쩔 수 없이 좌절감을 느끼고 결국에는 화를 내게 된다. 수용 욕구와 분노로 인하여 사람들로부터 멀어지고 그로 인해 더 큰 좌절감을 갖게 되며, 나아가 죄책감, 우울감을 느끼고 자신의 삶을 즐기지 못하게 된다. 신경증 환자의 정서는 악순환을 이루는데, 그것을 '좌절감-분노, 방어와 요구-죄책감-좌절감'과 같이 단순화할 수 있다(pp. 68-69).

베어(Bair, 2008)는 융의 전기에서 융이 어린 시절에 느낀 죄책감을 소개한다. 건강이 좋지 않았던 융의 엄마 에밀리는 오랫동안 바젤 근처 요양원에 머문 적이 여러 차례 있었다. 융은 "에밀리의 신체질환은 융을 출산할 때 얻은 병과 관련이 있다."는 아버지의 말을 우연히 듣게 되었다. 이후 어머니가 집에 없을 때마다 어린 융은 죄책감과 책임감을 느꼈다. 아버지 파울은 어머니가 집에 없을 때마다 융의 이모인 구스텔리에게 융을 데려가 돌봐 달라고 부탁하곤 했다. 아버지는 융에게 "어머니가 너를 사랑한단다."라고 하면서 곧 돌아올 것이라고 했다. 이후 융은 어머니와 관련해서 '사랑'이라는 단어가 나올 때마다 자신이 버림받고 다시 헤어지는 일이 생길까 봐 불안했다. 이런 경험은 융으로 하여금 여성에 대한 불신을 초래한 계기가 되었다(pp. 53-54). 이처럼 부모의 의도적인 유기나 방치가 아니더라도 아동은 부모와 떨어져 지낸다는 사실만으로도 자신을 버림받은 존재로 느끼며, 이것은 존재 가치에 대한 의심과 멸절에 대한 두려움을 초래한다. 부모가 별생각 없이 던진 말 한마디에도 아동은 민감하게 반응하며, 모든 것을 자신의 책임으로 돌리며 죄책감에 시달리기도 한다.

삶에 대한 두려움은 수치심을 초래한다. 그 가운데 하나는 유기 감정이다. 아이는 버림받았을 때 수치심을 내면화하게 된다. 아이에게 유기는 자아와 정신적 힘이 말살되는 결과를 초래한다. 스스로 살아갈 수 없는 아동은 부모에게 절대적으로 의존할 수밖에 없다. 부모의 사랑과 돌봄 그리고 애정 어린 반응은 아이에게 생명력을 준다. 부모가 아동을 보호시설에 맡긴다든지, 실제로 거리에 버린다든지, 이혼으로 인해 방치한다든지, 이와 유사한 어떤 경우라도 아동은 죽음의 공포를 느낀다. 실제로 유기되지는 않았지만 병약한 부모가 아동을 돌보지 못하거나 적절한 반응을 보여 주지 않을 때, 아이는 자신의 존재를 느끼지 못한다. 존재감의 결핍으로 인한 수치심은 내면화되어, 아이는 자신을 부적당하고 살아갈 가치가 없는 존재로 여긴다. 이렇게 버려진 아이는 그것이 자신의 잘못으로 인해 발생했으며, 그래서 자신은 아무것도 아니라고 여긴다. 이런 아동은 유기하는 부모에 대한 분노와 공격성을 자신에게로 돌려 수치심을 내재화한다. 아이의 수치심은 대체로 부모의 수치심을 반영한다. 감정이 닫힌 부모는 자신의 자녀와 정서적인 교류를 하지 못하며, 정서의 부재는 존재의 결핍감과 수치심을 유발한다(Bradshaw, 2002, pp. 28-29).

8) 부모의 이혼이 자녀에게 죄책감을 유발

부모의 이혼이나 갈등은 자녀에게 죄책감을 심어 준다. 아동은 부모가 이혼하게 된 것을 자신의 잘못으로 여기는 경향이 있다. 부모의 말을 듣지 않거나, 가끔 떼를 쓰거나, 학업 성적이 좋지 않아서 부모가 자기를 버리고 떠날 것이라고 믿는다. 그래서 이혼가정의 아동들은 "이젠 착하고 말 잘 듣는 자녀가 될 테니 이혼하지 말고 같이 살자."라고 조른다. 부모의 이혼을 감지하고 심리적 억압을 받은 9세 여아는 식욕부진과 우울증을 드러냈다. 그녀가 매번 두려워할 때 아빠가 도와주지 않고 늘 자신을 떠나는 꿈을 꾸었다. 부모가 그 아이에게 이혼할 수밖에 없는 이유와 앞으로의 이혼 계획을 알리고 안심시키자 곧 차분해졌고, 학교생활에 적응하게 되었다. 이처럼 상실에 대한 예고는 죄책감을 줄여 주고 심각한 심리적 불안정성을 예방한다(CW 17, pars. 216-217).

9) 성적 충동이 죄책감과 불안을 유발

성적 충동에 대한 죄책감과 불안 상태를 보여 주는 사례가 있다. 대학을 나온 X씨는 40대 미혼 남성으로 전문직에 종사하면서 지나치게 일을 많이 하는 경향이 있었다. 그러나 열정적으로 일하면서도 아무 의미를 발견하지 못했다. 편두통과 내장기관의 고통 때문에 치료를 받은 적이 있는 그는 정신분석을 통해 건강을 되찾게 되었다. 그는 수년 전부터 자신이 '죽을 죄'를 짓지 않았나 하는 불안에 시달렸다. 일상적인 모든 것이 그의 양심을 자극했고, 이것은 죄책감으로 이어졌다. 그는 거의 매일 사제를 찾아가 고백했는데, 사제의 권유로 심리치료사를 찾게 된 것이다. 당시 그는 성적인 생각에 지배당하고 있었다. 어느 날 상점에서 동료의 부인을 만나면서 그녀에 대한 성적 호기심으로 혼란에 빠졌다. 단순한 성적 욕망으로는 죄가 되지 않는다고 생각하면서도, 그것이 자신을 변호하려는 기만술이라고 생각했다. 그는 자신이 죄를 저질렀다고 생각할 때 비로소 마음의 평화를 느끼고 인간으로서의 자긍심을 느꼈다. 그는 죄책감을 통해 자신의 존재감을 확인했던 것이다. 그의 죄책감은 모든 성적 욕망으로부터 순결하게 되기를 바라는 그의 욕망을 대변했다. 이처럼 죄책감은 자신의 순수함을 강조하려는 방어기제로 사용될 뿐만 아니라 성적 욕망을 제거하려는 수단으로 사용되기도 한다(Vergote, 2009, pp. 102-105).

10) 치료과정에서 발생한 의식화가 죄책감을 유발

치료과정에서 발생한 의식화로 인해 죄책감을 느끼는 경우도 있다. 치료자에 대한 전이와 저항은 개성화 요구에 대한 저항으로 나타난다. 개성화에 대한 저항은 대체로 자신의 어두운 면인 그림자를 의식하지 않으려는 몸부림으로 나타난다. 도저히 자신의 것이라고 인정할 수 없는 어둡고 비열하며 원한에 찬 그림자의 실체를 경험하는 것은 마치 비극적인 참사를 경험하는 것과도 같다. 이 점에서 융은 개성화를 위한 첫걸음이 비극적 죄책감이라고 말한다. 죄책감이 축적되면 반드시 속죄의 과정을 밟는다. 사회적 혹은 종교적 속죄와는 달리, 심리적 속죄는 분석과 치료 중에 그림자를 인식하는 과정에서 자연스럽게 진행된다. 개성화(individuation)는 집단으로부터 독립적인 개인을 이루는 작업이다. 개성화된 사람은 세상에 대한 책임감이 있다. 자신의 중요한 부분을 희생함으로써 세상의 죄에 대한 책임감을 느낄 때 개인과 집단은 균형을 이룬다. 객관적인 가치를 창조하는 사람만이 개성화의 길을 갈 수 있다. 개인이나 집단 모두에게 유용한 가치를 창조하는 작업은 끊임없는 갈등과 희생을 요구한다. 그래서 개성화에 나타나는 모든 과정은 새로운 죄를 창조해 내며 동시에 새로운 속죄를 필요로 한다(CW 18, pars. 1094-1095).

치료자의 역전이로 인한 죄책감도 발생할 수 있다. 환자의 노력에 비해 치료자가 충분한 애정과 신뢰를 보여 주지 못했다고 생각될 때 치료자는 죄책감을 느낀다. 치료자의 죄책감은 환자에게 전이되어 꿈이나 환상 속에서 재현된다.

치료자의 역전이를 보여 주는 한 여성 환자의 꿈을 보자.

> 타잔처럼 보이는 야수인간(beast-man)이 내 어머니의 장미 정원에 있다. 나는 이렇게 말한다. "그는 놀라울 정도로 잘 말하는 법을 터득했다."
> 나는 당신에게 전화하면서 의아스럽다. "당신이 왜 그에게 전화하지?"
> 당신은 마치 결혼식장에 있는 것처럼 행동하면서, 실제로는 그렇지 않으면서 술에 취한 것 같다. 당신은 나를 볼 수 없다고 말하는 방식으로 그 결혼에 대해서 이야기한다. 당신은 의사 X에 의해 뽑힌 이빨을 가지고 있어야 해.
> 이제 우리는 당신 아내와 함께 안방에 있다. 당신은 여전히 실제로 아무 도움이 되지 않는다. 나와 당신 아내는 서로 함께 협력할 것을 모색한다. 당신은 통제 불능인 것 같으나, 다행스럽게도 두 여인은 서로 협력한다는 것이다. 나는 당신의 아내와 친밀하다는 느낌이 있다.

융학파 분석가인 세즈윅(Sedgwick, 1994)은 자신의 환자가 꾼 꿈이 치료자로부터 전이된 역전이를 보여 준다고 여겼다. 엄격한 아버지와 알코올중독자인 어머니를 둔 그 환자는 부모상을 치료자에게 투사하면서 치료자를 자신의 부모처럼 통제 불능의 야수인간으로 묘사하고 있다. 치료자의 아내와 동일시하는 환자는 치료자의 아니마와 긍정적으로 연합함으로써 치료자와의 협력을 모색하고 있다. 이에 반해 치료자는 여전히 냉담하고 환자의 노력에 반응이 없다. 환자의 꿈을 통해 자신의 모습을 본 치료자는 자신의 죄책감이 환자에게 전이된 사실을 알 수 있었다(p. 62).

11) 치료자의 자살이 환자의 죄책감을 유발

카스트(Kast, 2007c)는 치료자의 자살로 인해 죄책감을 느낀 사례를 소개한다. 실바는 치료자의 자살이 온전히 자신의 책임이라고 생각했다. 치료자에게 무척 많은 것을 전이하고 있었던 실바에게 그의 죽음은 곧 자신에게도 심각한 위협이 되었다. 그녀의 죄책감은 치료자에게 적대감을 보였거나 과도한 부담을 준 것에서 온 것이 아니라 일종의 과대망상에서 온 것이었다. 실바는 자신이 어떤 교육을 받고자 한 소망을 이루지 못한 것이 치료자를 죽음으로 몰고 갔다고 생각했다. 또한 치료자가 요구하지 않았음에도 한 여성과 가깝게 지내지 못한 것에 대한 죄책감을 느끼고 있었다. 그리고 일광욕을 즐기라는 분석가의 권고를 자신이 따르지 않은 것이 그의 죽음의 원인이 되었다는 망상에 젖어 있었다. 카스트는 그녀의 죄책감이 치료자와의 동일시에 의한 것이었다고 여긴다. 그녀는 자신을 치료자의 일부분으로 이해하고, 마치 치료자의 죽음이 자신의 죽음인 양 그 이유를 알아내려고 노력했다. 그러나 그녀의 죄책감은 단호한 결정을 내리지 못했던 자신의 의사결정 방식과 관련이 있었다. 그녀는 자신이 해야 할 일을 제때 결정하지 못한 것이 치료자의 죽음을 초래했다고 믿었던 것이다. 자신의 의무나 책임감에 대한 지나친 비판과 처벌은 죄책감을 유발하고, 그 죄책감은 자신을 다른 사람의 죽음이나 불행의 원인으로 간주한다. 이처럼 죄책감은 객관성 없는 비합리적 판단이나 생활 습관으로 인해 발생할 수도 있다. 여기서의 죄책감은 관계에서 받아들여지지 않는 것 혹은 잘못된 것과 관련이 있다. 실바의 경우처럼, 죄책감은 동시에 삶의 과정에서 내려야 할 결정이나 결핍과도 관련이 있어 보인다(pp. 124-126).

죄책감으로 인한 자기처벌은 빌 클린턴 미국 대통령과 르윈스키 모니카 사이의 애정관계에서도 드러난다. 정신분석학자인 드 그레고리오(de Gregorio, 2003)에 의하면, 클린턴은 모니카에게 자신의 어머니상을 투사하고 있었다. 어머니가 21세 때 아버지와 사랑을 나누었듯이, 클린턴은 모니카가 21세 때 사랑을 나누었던 것이다. 드 그레고리오는 클린턴이 태어나기 전부터 아버지의 죽음에 대한 원초적 죄책감이 있었다고 주장한다.

> 빌 클린턴은 그가 태어나기 전부터 이미 죄를 짓고 세상에 왔다는 느낌을

> 간직하고 있었다. 그것은 빌이 태아였을 때, 즉 어머니의 자궁 속에서 그의 존재가 알려지기 시작했을 때 아버지가 죽었다는 사실에서 유래하는 일종의 원죄였다. 그의 내면에 펼쳐지는 드라마에서 우리는 그가 아직 태어나기도 전에 자신의 아버지를 죽였다는 믿음을 갖고 있다는 것을 볼 수 있다. 그의 어머니는 자신을 희생하면 죽은 아버지의 혼이 빌 클린턴의 꿈이 실현되도록 도울 거라고 믿었기 때문에 그녀 자신을 희생했다. 그렇다면 이것은 지도자가 정상에 도달했을 때 죄책감과 처벌에 대한 무의식적 욕구에 사로잡히는 현상에 대한 설명이 될 수 있다(pp. 198-199).

12) 동성애적 감정이 성적 수치심을 유발

성적 수치심은 부모와의 삼자관계, 즉 오이디푸스 콤플렉스로 나타나기도 하고 때로는 동성애적 감정에서 드러나기도 한다. 한 남성 내담자는 자기보다 나이가 많은 남성에게 강간을 당한 경험을 이야기하면서 매우 혼란스럽다고 했다. 치료자가 내담자의 가장 힘든 기억을 묻자, 그는 굉장히 당혹스럽고 수치스러우며 치료자가 자신을 어떻게 생각할 것인가에 대한 두려움을 느끼고 있다고 말했다. 그 밖에 역겨운 것이 있느냐는 물음에는 상담 도중에 자신도 모르게 성적으로 흥분하고 있었던 점이 수치스러웠다고 했다. 무의식중에 그러한 동성애를 바라게 될까 봐 부끄럽다는 내담자는 자신을 동성애자로 만든 가해자에게 대단한 분노를 느끼고 있었다. 동시에 자신의 동성애적 성향에 대한 증오와 수치심으로 인해 혼란스러워했다(Greenberg & Paivio, 2008, pp. 82-83).

이 내담자의 수치심은 자신이 속한 사회 집단 안에서 규정되는 정체성과 관련이 있다. 동성애를 수용하는 집단에서는 그러한 성적 성향에 대해서 수치감을 느끼지 않을 것이다. 그럼에도 불구하고 그 남성의 수치감은 사회적 정체성뿐만 아니라 성적 정체성과 깊은 관련이 있다. 성정체성은 단순히 남성과 여성을 구별하는 수단이 아니다. 성이야말로 인간에게 가장 중요한 본능적 욕구이며, 성에 따른 신체적 · 정신적 차이는 실로 엄청나다. 그 내담자가 겪었던 수치심은 자신의 성적 정체성의 멸절에 대한 공포를 보여 준다. 성정체성의 해체는 존재감의 상실로 이어지며, 그것은 전체 인격의 해리로 경험된다. 따라서 그의 동성애적 성향으로 인한 수치심은 단순히 사회적 편견이나 성적 성향 때문만은 아니다. 오히려 아직 분화되지 않은 성정체성으로 인한 불안과 공포가 수치심의 형태로 표출된 것으로 보인다.

13) 부모의 과도한 기대가 자녀의 수치심을 유발

전체 인격에 대해 심각한 위협을 초래하는 수치심은 다양한 형태의 정서로 표출된다. 전문 직업을 가진 부모는 제이콥에게 항상 높은 기대를 했다. 그들은 아직 아이인 그를 항상 비판적인 시각에서 보았다. 엄격한 부모의 높은 기대로 인해 제이콥은 모든 일에 최선을 다하지 않으면 수치감을 느끼고 사기가 저하되었다. 그가 의사가 된 것도 의학을 좋아해서가 아니라 부모의 사랑을 확인하고 싶은 욕망에서 비롯된 것이었다. 그러나 그는 아무리 노력해도 결코 부모의 자기애적 성향을 만족시킬 수 없었다. 그는 결국 우울 상태에 빠져들었다(Hollis, 1996, pp. 70-71).

제이콥의 경우처럼, 수치심은 자신이 설정한 수준에 이르지 못할 때 오는 비판의식에서 출발한다. 부모의 높은 기대가 자신의 기대와 동일시되면서, 자녀는 부모의 의지대로 살아가야 하는 인형이 되고야 만다. 그 인형은 주인의 마음에 들 때 인형으로서 가치가 있고, 주인의 마음에 들지 않으면 가차 없이 버림을 당한다. 이런 자녀의 수치심은 자기 자신에 대한 비판의식에서 나온 것이 아니라, 사실 부모의 수치심을 여과 없이 받아들인 자녀의 부모 콤플렉스에서 유래한 것이다.

14) 가족으로부터 무시당한 경험이 수치심을 유발

가족으로부터 정서적 지지를 받지 못함으로써 수치심을 경험한 한 여성의 사례를 보자. 34세의 한나는 무엇인가를 시도했다가 웃음거리가 되는 경험을 반복적으로 체험했다. 그녀는 자신의 의사를 표현하는 일이 드물었고, 항상 조심스럽게 행동했으나 사람들로부터 '따분한 사람'으로 평가되는 것에 대한 수치심을 느끼고 있었다. 자신의 콤플렉스와 관련된 기억을 회상하는 가운데 가족으로부터 무시당한 경험을 떠올렸다. 그녀는 학교에 입학하기 전에 자기가 좋아한 빨간 새 옷을 받자 너무 기뻐서 빙글빙글 돌면서 자랑했다. 온 가족이 그 모습을 보면서 웃었는데, 그들의 눈에서 경멸감이 느껴졌다. 가족 중 누군가가 "쟤는 정말 공주병인가 봐."라고 비웃는 말을 듣고 수치심을 느꼈다. 정서적인 의사소통이 잘 되지 않는 가족은 즐거움과 슬픔을 함께 나누지 못한다. 한나의 가족은 타인을 비웃음으로써 자신의 지배 아래 두고자 하는 전략을 무의식적으로 공유하고 있었다. 동시에 타인에 대한 비웃음은 자신이 웃음거리가 되지 않아야 한다는 강박증을 초래한다. 그래서 자신을 더욱 감추고, 조심스럽게 행동하며, 삶이 별로 대수롭지 않은 것처럼 살아간다. 이런 사람의 인간관계는 원만하지 못하며, 결국 자신의 존재성을 상실한다(Kast, 2007b, pp. 117-119).

열심히 공부해서 5등을 한 성적표를 가지고 와서 자랑한 아들에게 부모가 한마디의 격려나 칭찬 없이 "그렇게 열심히 하더니 겨우 5등이야. 다음에는 더 열심히 해서 1등을 해라."라고 했을 때, 그 아이의 마음은 어떠할까? 자기의 책임을 다하지 못했거나 최선을 다하지 못한 것에 대한 죄책감을 느끼거나, 자신의 노력을 대수롭지 않게 여긴 부모의 가학적 태도에 대한 분노와 수치심을 느낄 것이다. 가족의 정서적 지지를 받지 못한 사람은 성장해서도 타인과 정서적 교류를 잘하지 못한다.

15) 죄책감에 대한 방어기제가 수치심과 분노를 유발

자신에 대한 비판적 의식에서 출발하는 수치심은 자아존중감을 회복하거나 그 반대로 자신의 모습을 감추기 위한 수단으로 발생한다(Spezzano, 1993, p. 49). 그러나 자신에 대한 지나친 비판은 고통과 비참함을 수반하기 때문에 대부분 수치심과 죄책감을 지속시킬 수 없다. 수치심은 종종 지나친 죄책감으로 인한 고통을 피하기 위해 발현된다. '내가 그런 인간이야? 내가 그 정도밖에 안 돼? 난 정말 몹쓸 사람이야. 그런데 그건 내 책임이 아니야. 그 몹쓸 사람 때문에 내가 그런 짓을 한 것이라고. 아니야, 거기에는 내 책임도 있어. 난 아무래도 인격적으로 결함이 있나 봐. 이런 나를 누가 신뢰하겠어!' 이런 식으로 죄책감과 수치심은 자기연민과 분노 사이를 오가며 혼재된 양상을 보인다. 죄책감은 수치심과 동반되어 나타나기도 하고, 죄책감을 회피하기 위한 방어기제로 수치심이 발동되기도 한다. 죄책감을 회피하기 위한 수치심은 진정한 성찰을 방해한다. 성서의 에덴 설화는 금기를 어긴 아담과 이브의 죄책감과 수치심이 혼돈된 양상을 보여 준다. 변상규(2010)는 최초의 인간인 아담이 범죄를 저지른 후에 가장 처음으로 느낀 감정이 곧 수치심이라고 주장한다. "벗어서 하나님 앞에 나올 수 없다."는 아담의 말은 수치심이야말로 자의식을 느끼게 하는 원동력이 됨을 보여 준다. 이처럼 수치심은 인간의 양심이 살아 있음을 보여 주는 긍정적인 역할을 한다(p. 163).

그럼에도 불구하고 아담의 수치심은 죄책감의 또 다른 형태로 드러나고 있음을 부인할 수 없다. 죄책감과 수치심이 내면을 성찰하는 기회를 제공하지만, 동시에 그 두 감정은 마치 자아와 그림자처럼 상보적이기도 하면서 서로를 이용하여 자신의 모습을 감추는 역할을 한다. 죄책감이 때로는 진정한 수치심을 느끼지 못하게 하는 경우가 있으며, 반대로 수치심이 진정한 죄책감을 느끼지 못하게 하는 경우도 있다. 결국 죄책감과 수치심은 서로 분화되어 독립적으로 경험될 때 그 의미가 드러나는 경우가 많다.

5. 표출방식

1) 죄책감과 수치심이 리비도와 공격성으로 활성화됨

죄책감은 대체로 두 축을 이룬다. 정신분석 차원에서는 가장 원형적 정서 가운데 하나인 죄책감 역시 리비도와 공격성을 통해 자신의 모습을 드러낸다. 죄책감에 대한 자기비판은 처벌로 이어지고, 자신에 대한 처벌은 부모 형제와의 단절, 관계능력 상실, 사회 적응 실패, 교통사고나 신체적 질병 등 보이지 않거나 간접적인 방식으로 나타난다. 고대인은 질병이나 불운과 같은 악과 고통이 죄로부터 온다고 믿었다. 융심리학 관점에서 볼 때, 그것이 신에 대한 죄의식이든 사회규범을 어긴 것에 대한 죄의식이든 모두 전체성인 자기로부터 이탈된 자아의 소외와 박탈감에서 발생한다. 이런 관점에서 김병훈(2011b)은 자신에 대한 처벌을 통해 죄책감으로부터 자유롭게 되고자 하는 것은 인간의 정화 욕구와 보상구조에서 나온다고 주장한다(p. 157).

그러나 죄책감으로 인해 자신을 처벌하는 것은 정화의 욕구뿐만 아니라 죄책감을 유발시킨 대상에 대한 분노를 자기 내부로 향하게 하는 것과도 같다. 공격성의 내향화는 진정한 의미에서 죄책감으로부터의 해방을 가져오기보다는 자기학대와 자기비하로 이어져서 우울한 삶을 초래하기도 한다. 반면에 죄책감이 건강한 생명력을 지닌 리비도로 변환될 때, 그것은 자기 자신에 대한 용서와 화해의 과정을 거쳐 건강한 인격의 일부가 된다. 용서의 미학은 반드시 처벌을 전제로 하지 않는다. 오히려 그것은 죄책감과 수치심에 담긴 의미와 목적이 드러날 때 선하게 전개된다. 그것은 원형적 정동인 죄책감과 수치심이 지닌 양면성에 기인한다. 그것은 한편으로는 자기심판(공격성)으로, 다른 한편으로는 자아 성찰(리비도)로 드러난다.

2) 의식하지 못한 죄책감이 꿈에서 표출됨

죄책감은 도덕적 · 윤리적 규범이나 사회적 질서, 혹은 자신이 중요하게 여기는 도리를 어겼을 때나 양심에 어긋난 생각이나 행동을 했을 때 느끼는 자연스러운 반응이다. 죄책감은 일단 자신의 잘못을 수정하기 위한 반응으로서 매우 건강한 신호체계다. 죄책감을 느끼는 기준이 사람마다 약간씩 다르지만, 그럼에도 불구하고 누구나 보기에 죄책감을 과다하게 느끼거나 전혀 죄책감을 느끼지 못할 경우 문제가 된다. 죄책감을 억압하거나 표현하지 못하면 대개 그것이 꿈을 통해 표출된다.

융이 소개한 한 젊은 남성은 꿈에서 낯선 정원에 서 있었다. 그리고 나무에서 사과를 집었다. 그는 조심스럽게 둘러보고 아무도 그를 보지 않는다고 확신했다. 꿈과 관련된 연상을 통해 그는 어린 소년일 때 이웃집 정원에서 배 두 개를 훔쳤던 일이 생각났다. 그로 인해 자신의 나쁜 양심에 대한 자책이 생겼다. 그는 이전에 길에서 어떤 여인을 만나 몇 마디 주고받은 후에 한 신사가 옆에 지나가자 갑자기 당황스러웠다. 마치 자신이 무엇을 잘못한 것처럼 느껴졌고, 에덴동산에 대한 이미지가 연상되었다. 그는 금단의 열매를 먹은 것에 대한 죄책감이 생겼고, 이것이 그로 하여금 분노를 느끼게 했다. 하나님에 대한 부정한 행동을 했다는 죄책감이 처벌에 대한 두려움으로 이어졌다. 그는 어린 시절 성적 비행 때문에 아버지로부터 처벌을 받은 경험이 있었다. 꿈과 관련된 이 모든 연상이 그의 죄책감과 연결되었다(CW 8, pars. 457-474).

3) 죄책감이 부모에 대한 원망으로 나타남

죄책감을 느끼지 못하는 사람은 퇴행으로 인해 모든 잘못을 부모의 탓으로 돌리는 경향이 있다. 한 남성의 꿈 내용이다. 전철 승강대 위의 매우 위험한 상황에서 그는 아버지, 어머니, 누이와 함께 있다. 융의 분석에 의하면, 꿈꾼 이는 다른 가족과 함께 사위(quaternity)를 형성하고 있다. 그는 전체성으로부터 멀어진 어린 시절로 돌아가고 있다. 자기로 대변되는 전체성은 가족표상으로 나타나며, 그 구성요소는 여전히 가족 구성원에게 투사되고 그들에 의해 의인화된다. 가족을 전체로 볼 때, 가족 구성원은 부분을 형성한다. 이것은 마치 전체 인격인 자기와 부분 인격들(예: 자아, 페르소나, 그림자, 원형)의 관계를 보여 준다. 꿈에 등장한 가족은 자신이 태어나고 성장한 배경이다. 꿈에서 가족과 함께 있거나 어린 시절에 자랐던 집이나 마을이 등장하면 퇴행을 암시한다. 일시적 퇴행은 긴장감을 해소하고 동심의 세계로 돌아가 쉬고 싶은 욕망을 드러냄으로써 보상적 기능을 수행한다. 그러나 어른의 경우 이런 상태는 퇴행으로 인해 위험하다. 어머니와 동일시된 상태로의 퇴행은 인격의 분열현상으로서 자아 상실을 초래한다.

꿈꾼 이는 위험한 곳에 가족을 초대하고 있다. 그는 내면의 죄책감을 외면함으로써 자신의 책임을 사악한 아버지에게 돌리고 사랑이 없는 어머니에게 돌렸다. 자신은 죄가 없는 유아기 상태로 돌아감으로써 안전지대에 남고자 했다. 그것은 마치 거미줄에 걸린 상태로서 무의식의 세계에 자신을 내맡기는 것과 같다. 융에 의하면, 다른 사람의 죄에 관심을 갖는 것은 자신이 그것을 바꿀 능력이 없기 때문이다(CW 12, par. 152).

4) 죄책감에 대한 거부가 황폐한 삶으로 이어짐

심각한 죄를 저질러 놓고도 양심에 전혀 거리낌 없이 비교적 잘 살아가는 사람들도 있다. 그러나 의식은 죄책감을 억압하고 외면하거나 왜곡하지만, 무의식은 의식의 결핍을 보상함으로써 통합된 인격을 추구한다. 융은 친구 남편과 결혼하기 위해 친구를 질투하여 살인하고 자신을 죽음의 길로 몰고 간 사례를 소개한다. 직업이 의사인 상류층 여성이 융에게 와서 20년 전에 질투심으로 가장 가까운 친구를 살인했다고 고백했다. 그것은 친구 남편과 결혼하고 싶었기 때문이었다. 그녀에게 도덕적이거나 양심적인 죄책감은 없었다. 발각되지만 않으면 죄가 아니라는 것이 그녀의 생각이었다. 자신의 계획대로 친구 남편과 결혼했는데, 그는 젊은 나이에 죽고 말았다. 그 남성과의 사이에 딸이 있었는데, 그 딸마저 어디론가 사라져 관계가 단절된 상태였다. 열정적인 승마광인 그녀는 말을 좋아했는데, 말들은 그녀가 타고 있으면 신경질을 부리며 그녀를 땅에 떨어트리곤 했다. 승마를 포기하고 개에게 의지했는데, 훌륭한 사냥개가 마비 증세를 일으켰다. 그녀는 친구를 살해한 후 가정을 이루었으나 그 가정은 곧 해체되었고, 심지어는 동물들에게까지도 버림받았다. 소외와 고독 속에서 비참하게 살다가 치료자를 찾아와 자신의 죄를 고백했던 것이다. 종교지도자를 찾아간 것이 아니라 심리치료사인 융을 찾아가 고백을 한 것은 자신의 죄에 대한 공조자를 찾고 있음이 분명했다. 그러나 친구를 살해한 것은 곧 자기 자신의 영혼을 살해한 것이었다. 융은 그녀의 말이 어디까지 진실인지 알 수 없다고 말한다. 그러나 분명한 것은 자신이 친구를 살해했다고 믿는다면 그것은 진실 여부를 떠나서 심리적인 사건이 된다. 의식적으로는 전혀 죄의식을 느끼지 않은 것처럼 보이지만, 내면은 죄책감으로 가득 차 인격 전체를 황폐하게 만든다. 그녀는 아마 자살했거나 극도의 고독 속에서 비참하게 살아갈 것이라는 것이 융의 견해다(MDR, pp. 143-145).

5) 가족 역동과 관련된 죄책감이 성적 감정을 억압함

가족 역동과 관련된 죄책감이 어떻게 표출되는가를 살펴보자. 내담자인 32세의 남성 변호사는 건장하고 매력적인 외모로 사람들의 호감을 자아냈다. 그에게 심각한 신경증은 없었으나 적개심이 두드러진 것이 문제였다. 그의 어머니는 다정하고 지지적이며 모성애가 강한 반면에, 다소 수동적이고 내성적이며 개성이 없는 사람이었다. 아버지는 그의 응석을 받아주면서도 지배적이었고, 아들의 성공을 확신하는 야망을 지녔다. 내담자는 아버지의 영향으로 수동적-수용적-의존적 욕구와 명예욕과 자기애를 지녔다. 그 결과, 아버지의 사랑과 지원을 간절히 바라면서도 그에 대한 분노와 적개심이 있었다. 4세의 여동생과 신체적으로 친밀하게 지낸 것은 그의 성적 감각이 자극된 계기가 되었다. 이로 인한 죄책감으로 성적 감정을 강력히 억압하였다. 그는 어린 여동생이 가족 내에서 귀여움을 독차지하자 부러워하면서도 미워했다. 다른 아이들과 사이좋게 지내지 못한 그는 항상 누군가로부터 공격당할 것을 염려했다. 자리에 누우면 가족에게 무서운 일이 일어나는 공상에 빠졌다. 죄책감에 대한 처벌이 자신과 가족에게 확대된 것이다. 사춘기 시절에 어린 소년을 가학적인 공격 대상으로 삼는 공상에 빠졌는데, 그 공상이 성적 감정을 자극했다. 공상은 소녀들에 대한 공격으로 바뀌었고, 잦은 자위 행위를 통해 성적 감정을 해소했다. 첫 성 경험 후에 여성을 사랑의 대상으로 보는 것이 아니라 가학적인 공격 대상으로 여기기 시작했다. 모성애가 강한 여성은 그의 부모상을 자극하고 의존적인 여성은 여동생의 모습을 자극하면서 그 어떤 여성도 그와 정서적인 교류를 할 수 없었다. 이로 인해 그는 이성과의 애정관계를 원활하게 맺지 못할 뿐만 아니라 그 누구와도 긴밀한 관계를 유지하지 못했다(Saul, 2006, pp. 189-191).

6) 부모의 성기를 본 자녀의 죄책감이 불안과 공포 그리고 불임 현상으로 드러남

아이건(2005)은 노출된 아버지의 남근을 본 어린 딸의 수치심과 죄책감에 동반된 다양한 감정을 소개한다. 아만다는 아버지를 좋아했으나 수년간 그를 남자 중의 남자라기보다는 부적절한 남성으로 생각했다. 그녀는 아버지와 자신의 관계에 대해 부끄럽게 여겼다. 그녀에게는 아버지와 공모해서 어머니를 배제했다는 죄책감이 있었다. 아버지의 남근이 노출되기도 하고 감춰지기도 하는 순간을 보면서, 아만다는 수치감과 죄책감을 동시에 느꼈다. 그녀는 자신의 시야에서 너무 돌출되거나 너무 일찍 사라져 버리는 아버지를 자기 마음대로 조정할 수 없다는 것이 안타까웠다. 그녀는 아버지를 자랑스럽게 여기면서 그와 함께 좋은 순간들을 가졌다. 그러나 그녀는 동시에 무기력하게 찢긴 상태가 되었고 당황스러운 상황에서 매우 취약했다. 아버지가 나타나면 그녀는 부끄러웠다. 내면화된 수치심은 강력한 전염성이 있어 아버지를 그녀 마음속으로 빨아들인다. 아버지의 부적절한 행동에 직면해서 경멸과 혐오로 자신을 보호했다. 딸은 대체로 부적절한 남자와 부적절한 아버지를 동일시한다. 아버지의 남근을 볼 때마다 솟아오른 그의 남근으로 인해 고통을 느꼈다(pp. 87-89).

노출된 부모의 성관계나 아버지의 남근은 아직 분화되지 않은 딸의 성 감정에 엄청난 충격을 줄 수 있다. 원초적인 성 감정은 마치 결코 경험해 보지 못한 밀림의 세계와도 같다. 그곳은 생명과 죽음이 공존하는 원시세계다. 죽음의 두려움을 동반하는 환상적인 격동은 호기심과 공포의 양 날개로 어린 딸의 성적 감정을 온통 뒤집어 놓는다. 원형적인 성 감정은 사랑과 증오의 형태로 나타난다. 아버지의 남근 노출은 그에 대한 애정과 증오의 극단적 양가감정으로 이어지면서 수치심과 죄책감 그리고 불안과 공포 감정을 불러일으킨다. 이에 수반되는 신체화 증세는 두통이나 위장장애로 나타난다. 딸이 엄마와 불편한 관계에 있거나 부모의 애정관계에 문제가 있을 때, 딸의 어머니에 대한 시기와 질투는 죄책감과 수치심을 더욱 가중시킨다.

부모의 성기를 본 자녀의 죄책감이 상상적 근친상간에 대한 죄책감으로 이어진 사례를 보자. 1950년대까지만 해도 한국에서는 집에서 아기를 출산하는 경우가 많았다. 6 · 25 전쟁의 후유증은 산모들로 하여금 출산의 고통을 가중시켰던 것이다. 한 여인은 시장에서 장사를 하다가 갑자기 산통이 일어나자 집으로 급히 와서 스스로 물을 데우고 아기를 낳을 준비를 했다. 그녀에게는 당시 의사 대신 와 주었던 산파를 부를 경제적 · 시간적 여유도 없었던 것 같다. 집 안에는 아무도 없었다. 남편은 멀리 사업차 외출 중이었다. 그래서 급히 근처에 있었던 20세 된 큰아들을 불렀다. 큰아들로 하여금 새로 태어날 막내아이를 손으로 받게 했던 것이다. 아들에게 산파의 역할을 가르쳐 주며 그 일을 시킨 것이다. 이 사건은 어머니와 아들 사이에 의식적 · 무의식적으로 큰 짐이 되었다. 상당히 장성한 큰아들은 어머니의 자궁을 눈으로 직접 보았을 뿐만 아니라 새로 태어날 아이의 아빠 노릇을 하게 된 것이다.

이후 아들의 생활은 순조롭지 못했다. 하는 사업마다 실패를 거듭하다가 급기야 마약중독에 시달리다가 겨우 목숨을 건지기도 했다. 결혼생활도 순탄하지 못했다. 객지를 떠돌다가 만난 여인은 아이도 낳지 못하고 살다가 이름 모를 병에 걸려 제대로 보살핌을 받지 못하고 죽었다. 이로 인해 가족은 정신적 · 물질적으로 많은 피해를 입게 되었다. 큰아들이 두 번째 만난 여인에게도 자식은 없었다. 결국 여자아이를 입양해서 키우게 된 이후, 큰아들은 형제자매에게도 냉담해지기 시작했다. 장남으로서의 역할을 못한 것에 대한 스스로의 책임감 때문에 죄책감과 수치심에 시달렸다. 어머니와 아들 관계는 언제나 긴장과 고통스러운 만남으로 이어졌다. 어머니는 아들의 고통을 수용하지 못했고, 아들은 어머니의 냉담함과 가족의 따가운 시선으로 인해 위축된 삶을 살아갈 수밖에 없었다. 이것은 부모와 형제들에 대한 원망과 분노로 이어졌다. 그 결과, 그는 고독과 외로움으로 점철된 삶을 살다가 아무에게도 연락하지 않고 조용히 죽음의 길을 갔다. 어머니의 자궁을 본 아들은 상상적 근친상간에 대한 죄책감과 수치심이 무의식에 내재되었고, 그것은 불임과 가족 사이의 관계 단절이라는 자기심판의 형태로 나타났던 것이다.

7) 부모의 죄책감과 수치심이 자녀에게 전수됨

부모의 죄책감과 수치심이 자녀에게 전수되는 경우도 많이 발생한다. 불륜관계로 태어났거나 후실 부인에게서 태어난 아이들은 자기 자신을 '태어나지 말아야 할 아이'로 정의한다. 그들은 자신의 어두운 출생에 대한 수치심을 가지고 있으며, 동시에 부모의 나쁜 행동에 자신이 관련되어 있다는 죄책감을 지니게 된다(Brazier, 2012: 89, 108). 자녀에게 부모는 베일에 가려진 신비한 존재와도 같다. 부모에 대한 모든 것을 알고 싶은 호기심과 동시에 그것을 알면 안 된다는 금기의 원칙이 있다. 엄마에 대한 이야기를 아빠에게 몰래 하는 것, 아빠를 멀리하고 엄마 편을 드는 것, 그리고 엄마나 아빠의 비밀을 알게 된 것은 자녀에게 상당한 죄책감을 부여한다. 심지어는 가장 일상적인 것이라도 엄마나 아빠에 대한 이야기를 하는 것 자체를 죄로 생각하는 사람들도 있다. 그것은 마치 '신을 알면 죽는다'는 고대인의 원형적 두려움과 죄책감이 인류에게 전수된 것이기도 하다. 신이 인간에게 영원히 인간으로 남아 신을 섬기기를 바라듯이, 부모 역시 자녀가 영원히 어린아이로 남아 아무것도 모른 채 순수하게 자라기를 바란다. 이런 순수성이 깨질 때 죄책감과 수치심을 느끼게 된다.

> 인간의 본질에 반하는 일이고 이해할 수 없는 일이지만, 부모는 부분적으로 자기 자녀가 영원히 아이로 남기를 바라는 무의식적인 소망을 가지고 있다. 부모는 아이가 아무것도 모른 채 순진무구하게 성장하기를 바란다. 그리고 자신과 자녀 사이에 그런 문제는 비밀로 남겨 둔 채 선을 긋는다. 일부는 자기 자신의 성적 본능마저 부정하려 하지만, 이는 아이의 존재로 인해 명백히 입증되고 만다(Brazier, 2012, p. 89).

8) 죄책감을 느끼지 않기 위해 더 큰 죄책감을 불러들임

우리는 삶 속에서 수많은 죄책감을 느끼고 살아간다. 어려움에 처한 사람을 도와주지 못할 때, 다른 사람의 부탁을 거절할 때, 혹은 자신의 책임을 다하지 못했다고 느낄 때 죄책감을 경험한다. 이런 죄책감은 자기 자신을 돌아보게 하는 성찰의 계기가 된다. 그러나 동시에 발생하는 여러 죄책감은 우리에게 심리적 부담을 주기 때문에 우리도 모르게 그로부터 벗어나고자 한다. 그 가운데 하나는 진지하게 느껴야 할 죄책감을 숨기거나 다른 죄책감으로 대체해 버리는 것이다. 내면 깊숙이 느껴야 할 죄책감은 주로 개인적 차원에서 발생된다. 이런 개인적 차원의 죄책감은 자신의 존재 가치에 대한 진지한 비판에서 나오기 때문에 그만큼 심리적 고통이 크다. 우리는 가끔 죄책감에서 벗어나기 위해 개인적 죄책감을 일반적이며 보편적인 죄책감으로 대체해 버린다. 예를 들면, 자녀에게 상처를 준 부모가 상처를 당한 자녀에게 죄책감을 느끼지 않기 위해 하느님이나 부처님께 '자녀를 잘 양육하지 못한 죄'를 고백하기도 한다. 자녀에게 죄를 고백하고 용서를 구하는 대신 신에게 용서를 구함으로써 개인적 죄책감을 우주로 날려 버린다. 어떤 부모는 "다른 부모들 또한 나와 별 차이가 없다."라고 하면서 자신의 행위를 정당화한다. 심청전에서 아버지 심학규가 공양미 삼백 석을 시주하기로 약속한 것을 '부처님을 속이는 행위'로 간주하면서 자책하는 장면이 여러 번 출현한다. 이것은 자녀 심청이를 팔아먹은 죄책감을 외면하기 위해 더 큰 죄로 간주되는 신앙의 대상에게 지은 죄로 바꾸어 버린 결과다. 이로 인해 자신의 개인적 죄책감은 사라지고, 죄책감의 대상은 모호해진다. 죄책감에 대한 진지한 반성이 없을 때 그것은 내면에 자리 잡아 무서운 흉기로 변한다.

9) 부모의 성적 수치심이 자녀에게 전달됨

부모의 성적 수치심이 자녀에게 전달되는 경우가 종종 발견된다. 브래드쇼(Bradshow, 2002)가 제시한 사례를 보자. 3세 남자아이가 자신의 코를 발견하고는 '코'라고 했다. 아이의 엄마가 너무 기뻐서 친정어머니에게 아이의 성장에 대한 자랑을 늘어놓았다. 할머니가 즉시 달려와 아이에게 코를 잡아 보라고 말하자, 아이는 자랑스럽게 코를 잡아 보이고는 할머니에게 몹시 칭찬받았다. 시간이 흐르면서 아이는 다른 신체 부분, 즉 팔꿈치, 귀, 눈 등에 이름을 붙일 줄도 알게 되었다. 어느 날 목사님을 모시고 가정 예배를 드릴 무렵, 이 어린아이는 마침내 자신의 성기를 발견하게 되었다. 그는 자랑스럽게 사람들 앞에서 자신의 성기를 보여 주며 '고추'라 말했다. 이 광경을 본 아이의 어머니는 그의 귀를 잡아끌면서 다시는 이런 짓을 하지 말라고 호되게 나무랐다. 영문도 모른 채, 아이의 자랑스러운 태도는 슬픔과 분노로 변했다. 이후 아이는 성기를 수치스러운 것으로 여기며 이를 내면화하게 된다. 부모의 성적 수치심이 자녀로 하여금 성에 대해 부정적인 생각을 갖게 하며, 심할 경우 성에 대한 불안과 공포로 인해 정상적인 애정관계를 수립하지 못하게 한다(pp. 83-85).

초등학교 학생들이 교회에서 수련회를 다녀와서 발생한 일이다. 한 남학생이 여학생더러 "옷을 벗으면 동영상을 찍어 인터넷에 공개하겠다."라고 했다. 이 말을 들은 여학생의 부모는 대노했고, 급기야 남학생 가족을 교회에서 축출해 줄 것을 목사에게 요청하기에 이르렀다. 우리는 아동의 성에 대한 호기심을 성인 기준으로 생각하는 경향이 있다. 사춘기로 접어드는 아이들의 성에 대한 관심은 자연스럽게 일어난다. 물론 인터넷의 폐해로 인해 성적 호기심이 부정적으로 나타나는 경우는 있다. 그러나 아동의 성에 대한 개념은 성인의 생각과 다르다. 일단 어떤 동기로 그런 제안을 했는지를 조심스럽게 묻고, 성에 대한 자연스러운 교육을 시킨다면 그 아동의 심리적 부담은 줄어들 것이다. 아동의 성적 호기심에 대한 반응은 부모의 성적 억압 때문인 것으로 보인다. 종교적으로 금욕적인 사람이나 성에 대한 부정적 억압이 많은 사람은 자녀의 자연스러운 성적 호기심마저 용납하지 못한다. 성인의 성에 대한 부적절한 이해가 한 아동에게 아픈 상처를 줄 때, 그에게 성에 대한 부정적인 생각과 수치심은 내재화될 것이다.

맥스는 어릴 때부터 유기로 인해 수치심에 젖어 있었다. 맥스가 8세 때 부모는 이혼했고, 이로 인해 그는 감정적으로나 경제적으로 버려진 셈이었다. 부모의 이혼 후에 형 랠프가 아버지를 대신해서 그를 돌보았고, 누나 맥심은 집안에서 어머니 역할을 했다. 맥스의 아버지와 어머니는 각각 18세, 17세의 이른 나이에 결혼했다. 엄격한 기독교 가정에서 자라난 어머니 펠리샤는 결혼 전 임신으로 인해 결혼을 강요당했다. 펠리샤의 어머니는 아버지와 두 명의 남자 형제로부터 성폭행을 당한 적이 있었다. 그동안 요조숙녀처럼 지냈던 펠리샤가 17세에 임신함으로써 어머니가 가진 성적인 억압을 대신 분출한 셈이었다. 펠리샤는 또한 외할아버지에게 성폭행을 당했다. 그녀는 아버지의 '정서적인 배우자' 역할을 했고, 남편 제롬 역시 어머니의 '정서적인 부모' 역할을 했다. 맥스의 부모 모두는 어릴 때부터 부모와의 심리적 근친상간 관계에서 피폐해졌던 것이다. 맥스는 태어날 때부터 원하지 않은 아이였으며, 부모의 이혼으로 일찍부터 버려진 상태였다. 가족 내에서 버려진 맥스의 상실된 존재감과 자아의 멸절에 대한 공포는 그를 만성적인 수치심 속에서 살아가게 했던 것이다. 이런 수치심은 세대를 통해 전수된다. 맥스 부모의 원가족이 지닌 수치심이 부모에게로 전수되었으며, 부모의 수치심이 맥스에게로 이어졌던 것이다. 가족의 수치심은 자살, 살인, 근친상간, 낙태, 중독 등으로 나타나며, 공공적으로 망신을 당하거나 경제적으로 재난을 겪는다. 우리는 우리가 알지도 못하는 가운데 수치심이 내면화되어 그 자체를 느끼지 못한 채 살아가는 경우가 있다. 그것은 다른 정서적 경험도 억압하여 주지화로 인한 분열성 장애로 이어지기도 한다(Bradshaw, 2002, pp. 51-67).

10) 타인에 의해 수치심이 강화되거나 만성화됨

스스로 느끼는 수치심 외에도 타인에 의해 수치심이 강화되거나 만성화되는 경우도 있다. 자녀를 무시하고 경멸의 시선을 보내면서 매사에 비판적인 태도를 보이는 부모는 자녀에게 심각한 수치심을 안겨 주게 된다. 자녀는 자신이 능력이 없고 아무런 쓸모가 없는 값어치 없는 존재라는 인식을 내재하면서 자신감을 상실하게 된다. 대상에게 수치심을 안겨 주는 행위는 상대방을 제압하고 지배하기 위한 수단으로 보인다. 자신의 약점으로 인해 무시를 당한 사람은 일단 기가 꺾이게 되어 대항할 힘을 상실한다. 부모에 의해 만성적인 수치심을 내재한 사람은 성장한 후에 똑같은 방식으로 상대방을 지배하려고 한다.

한 남성은 아내의 실수나 잘못에 대해 사사건건 비난하면서, "그럼 그렇지. 당신이 하는 일은 항상 그 모양이야. 뭘 하나 잘하는 게 있나."라는 비아냥거리는 말투로 아내에게 뼛속 깊은 아픔과 수치심을 심어 주었다. 이것은 아무런 저항도 하지 못하게 함으로써 비열한 방식으로 상대방을 제압하고 지배하려는 사람들에게서 나타나는 전형적인 현상이다. 남편의 이런 태도는 어머니로부터 전수된 것이었다. 추석 명절에 남편과 함께 시댁을 찾은 아내는 시어머니의 비아냥거리는 태도에 극도로 화가 났다. 시어머니는 음식을 만드는 동안 도와주지는 않고 사사건건 잘못만 지적하면서 비난했다. 결국 시어머니는 남편인 아들을 보내 음식을 대신 만들게 하면서 분노를 자극했다. 다른 사람의 실수나 잘못을 조금도 용납하지 않으면서 지속적인 비난과 경멸의 말투를 쏟아 낼 때 상대방은 분노와 수치심으로 얼룩진다. 부모의 수치심은 자녀에게 전이되며, 자녀는 자신의 수치심을 감추기 위해 자아구조가 약한 사람의 수치심을 끊임없이 자극하여 자신의 지배 아래 두려 한다.

11) 수치심으로 인한 분노가 격분으로 이어짐

수치심은 쉽게 다른 감정과 결합하여 정서적 고통을 가중시킨다. 수치심은 그것을 유발한 대상에 대한 분노를 불러일으킨다. 때로는 분노에 의해 수치심이 발생하기도 한다. 왜 이런 일에 나는 화를 내지? 나는 왜 이렇게 소심하고 매사에 자신이 없을까? 분노가 자기 자신을 향한 처벌로 이어질 때 그것은 죄책감과 수치심을 느끼게 한다. 분노 감정과 수치심이 결합할 때는 두 가지 반응이 생겨난다. 하나는 분노가 수치심에 묶여서 화가 날 때마다 수치심을 느끼는 것이고, 다른 하나는 수치심을 유발하는 분노를 억압하는 것이다. 억압된 분노는 자신도 모르게 순간적으로 폭발하는 격분으로 변한다. 결국 격분은 수치심으로 묶인 분노의 산물이다. 슬픔 또한 수치심과 연결되면 비탄과 절망으로 변하게 된다. 마이스너(1998)에 의하면, "절망감의 밑바닥에는 자신이 무가치하고 부적절하며 수용될 수 없는 존재라는 인식이 자리 잡고 있다. 이러한 인식은 자기 인식의 내적인 핵을 구성하는 환상에 기반하고 있다. 그것은 징벌적이고 적대적이며 공격적인 내면화된 부모상으로부터 파생된, 지속적이고 저항적인 내사의 기능을 반영한다." (p. 437)

12) 부인된 수치심이 과대망상증으로 발전됨

사회문화적으로나 가족의 정서가 슬픈 감정을 억압하는 분위기라면, 가족 구성원은 슬픔을 다른 감정으로 대체하거나 억압하게 된다. 슬픔이 억압될 때, 그 사람은 상실감이나 절망감 또한 억압하거나 회피함으로써 무딘 감정의 소유자가 된다. 불안과 두려움이 외부로 표출되는 것에 대한 수치심을 가지고 있을 때, 부인된 수치심은 종종 과대망상증으로 발전되는 경우가 있다(Bradshaw, 2002, pp. 83-84). 축적된 불안과 두려움은 무의식의 억압을 촉진함으로써 환상을 통해 두려움으로부터 벗어나고자 한다. 예를 들면, 아버지에 대한 두려움이 많은 아이는 그를 좋은 아버지라고 여기면서 이상화한다. 결국 현실적인 아버지는 회피하고 환상적인 아버지와 관계를 맺음으로써 현실 적응능력이 저하된다.

수치심 자체를 억압하는 경우도 있다. 자신을 도덕적으로 결함이 없다고 여기는 부모나 교사 혹은 종교지도자는 자신이 생각하는 규범에 충실하게 살고 있다고 여김으로써 수치심을 느끼지 않는다. 그들은 자신의 결점을 다른 사람에게 전가하는 방식으로 수치심을 외면한다(Bradshaw, 2002, pp. 133-134). 죄책감과 수치심은 인격의 어두운 그림자로서 의식화될 때 보다 나은 방향으로 우리를 인도한다. 그러나 죄책감과 수치심을 부정함으로써 인격의 일부인 그림자 자체를 회피하는 것은 결국 우리로 하여금 개성화로 나가지 못하게 한다.

6. 분석과 치료

1) 미분화된 죄책감을 구체화하기

겉으로 드러나지 않은 죄책감에 대한 성급한 의식화는 치료를 위해 도움이 되지 않는다. 오히려 죄책감이 발생할 수밖에 없는 원초적 상황으로 돌아가 함께 인식하고 경험하면서 미분화된 죄책감을 구체화할 필요가 있다. 치료 현장에서 죄책감을 다루기 위해서는 우리가 고통을 겪고 있는 죄책감의 종류를 분화할 수 있어야 한다. 대부분의 사람이 인정할 수 있는 실제적 죄책감(real guilt)은 자신이나 사회에 대한 책임감을 갖는 성숙한 방식이다. 이로 인해 고통당하는 사람들은 위로와 격려를 통해 죄책감이 경감될 수 있다. 자신의 잘못과 실수를 있는 그대로 수용하고, 죄책감을 타인에게 전가하거나 다른 방식으로 은폐하지 않는다. 죄책감에 대한 성숙한 통합은 어떤 형태로든 보상으로 이어진다. 자신의 죄책감을 수용하는 능력은 다른 사람의 어두운 면을 수용하게 한다. 동시에 그림자로 대변되는 죄의식이 인격에 통합될 때 자기실현을 위한 첫발을 내딛게 된다. 그러나 부적절한(inauthentic) 죄책감은 대체로 반복적으로 나타나며, 불안을 감추기 위해 상당히 방어적인 방식으로 드러난다. 그러한 불안은 대체로 초기 아동기 경험으로부터 유래된 것으로서, 아동이 이해하고 평가하며 통합할 수 없는 과도한 자극이나 상처에서 기인한다(Hollis, 1996, p. 34).

브래드쇼(2002)는 경계선 성격장애자의 증후군과 신경증적 수치심의 증후군이 다음 세 가지 측면에서 유사하다고 주장한다. 첫째, 자기 이미지를 구체화하지 못한다. 둘째, 개인의 생각, 기대, 느낌, 자존감을 표현하는 데 어려움을 겪는다. 셋째, 자기확신에 어려움이 있다(p. 33). 죄책감에 압도되어 절망적인 상태에 있는 사람들을 위한 치료 기법은 기본적으로 인격의 진정한 변화에 있다(Alvarez, 2006, pp. 218-219). 그 변화는 죄를 더 이상 짓지 않는 완벽한 삶의 추구보다는 오히려 인간과 세계에 대한 실존적 이해에 있다. 누구나 죄를 지을 수 있으며 자신만의 죄의식에 사로잡힐 수 있다. 문제는 죄에 대한 도덕적 · 윤리적 판단보다는 죄책감이 인격에 어떤 영향을 주고 있는가를 발견하는 것이 중요하다는 것이다.

2) 죄책감에 대한 적절한 반응을 통해 적응력 키우기

죄책감은 다분히 주관적인 경험이다. 동일한 범죄를 지었다 해도 사람마다 그에 대한 죄책감은 모두 다르다. 그것은 성장과정에서 영향을 준 사회문화적 환경이나 가족 배경 그리고 종교적 신념 등에 따라 달라진다. 다른 사람이 보기에 전혀 죄책감을 느낄 만한 일이 아닌데도 어떤 사람은 심각하게 고민하거나 자책하는 경우가 있다. 어떤 사람이 경찰의 추적을 피해 성당을 찾았다. 성당에 가서 신부에게 고해성사를 했다. 그가 소년 시절에 나비 한 마리를 찢어서 죽였다는 것이다. 왜 자신이 그런 행동을 했는지 알 수 없다고 했다. 그는 자신의 행동에 수치심과 죄책감을 느꼈다. 신부가 "나비들은 별로 중요한 존재가 아닙니다."라고 말했고, 이 말에 그는 충격을 받고 다시는 성당에 가지 않았다고 한다(Singh, 2000, pp. 27-28).

이런 예들은 종종 발견된다. 아이가 벌레를 죽인 후에 불안하거나 두려움을 느끼고 부모에게 말할 때, "그건 괜찮아!"라고 지나치거나 적절한 반응을 해 주지 못한다면 그 아이는 정서적 경험을 하지 못한다. 왜 불안했는지, 무엇이 두려운지를 서로 이야기하면 그 아이에게 적대적 공격성으로 인한 죄책감이 있다는 것을 발견할 것이다. 또한 그 적대적 공격성이 왜 벌레에 투사되었는가를 깨닫는다면 아이의 정서 상태를 볼 수 있게 된다.

3) 상실로 인한 죄책감을 애도과정을 통해 경감하기

융학파 분석가인 카스트(2007c)는 아내의 상실로 인한 죄책감이 애도과정을 통해 경감된 사례를 소개한다. 55세 남성은 아내가 죽은 후에 지속적으로 죄책감과 심각한 우울증으로 고통당하고 있었다. 자신이 아내에게 무정하게 대했고, 하녀처럼 대했으며, 결혼의 의무를 다하지 못했고, 아내를 끊임없이 비난했다는 죄책감으로 인해 그는 차라리 죽는 게 낫다고 생각할 정도였다. 이런 자신의 행동을 자녀들에게 말했을 때 그들이 그 사실을 확인해 준 것이 그의 죄책감을 더욱 부추겼다. 권총을 준비한 적은 있지만 자살은 하지 못했다. 치료자인 카스트는 그의 죄책감을 없애 주려고 하지 않았다. 대신 아내와 있었던 일들을 떠올리면서 그녀와의 관계를 해명해 주고자 했다. 그는 모든 잘못을 아내에게 전가하면서 자신의 책임을 회피했다. 그러나 아내가 죽자 투사 대상은 없어졌고, 그 순간 모든 잘못이 자신에게로 향했다. 결혼생활 전반에 관해 이야기하는 도중에 그는 자신의 무정한 태도가 대부분 자신을 문제 삼아 불안정하게 만든 아내의 행동에서 유래된 것이었다는 사실을 발견했다. 그동안 자신이 아내에게 무정했던 사실만 기억했지 그 이유나 배경에 대해서는 생각해 보지 않았던 것이다. 이처럼 상실로 인한 죄책감은 죽은 사람을 선하게 만들고 자신은 영원한 실패자로 여기는 데서 출발한다. 그는 적극적 상상을 통해 자신이 아내가 되어 보기도 하면서 모든 것이 자기만의 책임이 아니라는 것을 깨닫기 시작했다. 서른두 번의 면담을 하는 도중에 그는 아내의 병을 이야기할 때 마음을 진정시키려고 했으며, 아내의 죽음에 대해서 말할 때 바로 지금 죽은 것처럼 애도하기 시작했다. 죽은 아내와의 집중적인 대면에서 그녀를 이상화하면서 사랑의 편지를 보내기도 했다. 환상 속에서 그는 아내와 낭만적인 분위기를 즐기다가, 넉 달쯤 지나서 자기와 비슷해진 변화된 아내를 볼 수 있었다. 애도를 통해 상실로 인한 자신의 죄책감에 대해 인식하고 그에 대한 객관적 평가를 함으로써 아내와의 실제적 관계를 회복할 수 있었다. 카스트에 의하면, 애도과정에서 드러난 죄책감은 대부분 죽은 자와의 관계가 해명되지 않았을 때 발생한다. 그것은 자기 삶에서 마땅히 경험했어야 할 일을 못했다는 자책에서 기인한다. 상실로 인한 죄책감은 아직 살아 보지 못한 것에 대한 보상적 소망이 상징적으로 드러난 정서다(pp. 118-124).

4) 죄책감을 해소할 기회를 제공하기

죄책감은 일단 자신이 행한 행동이나 관념이 잘못되었거나 비난의 대상이 되는 것에 대한 두려움에서 출발한다. 자신에 대한 비난에서 발생하는 죄책감은 분노로 위장되어 표출되는 경우가 많다. 그것은 자신에 대한 수용과 용서가 그리 쉽지 않기 때문이다. 하지만 타인에 대한 명백한 실수나 가해 행위에 대한 죄책감은 상대방의 용서나 수용적 태도가 죄책감을 경감시키는 데 유용하다. 피해자는 가해자에게 보상의 기회를 줌으로써 자신의 분노를 완화할 뿐만 아니라 가해자를 죄책감으로부터 해방시키는 기회를 부여한다. 가해자에게 '보상의 기회'를 준 피해자는 어느새 자신도 모르게 가해자를 용서하고 수용할 만큼 성장해 있기 때문이다. 이런 관점에서 하그레이브(Hargrave, 2004)는 부자 사이에 발생한 죄책감이 피해자인 아버지의 수용적 태도로 인해 해소된 사례를 들고 있다.

> 아버지께서 무거운 기계로 일을 하고 있었을 때 내가 기계를 켰는데 그 기계가 그만 아버지의 엄지손가락을 심하게 잘라 버렸다. 나는 그때 10대였고, 아버지가 피를 흘리면서 고통스러워했지만 정확히 무엇을 해야 할지 알지 못했다. 아버지가 평정을 되찾았을 때 내게 응급 처치하는 법과 그를 의사에게 데리고 가는 것에 대해서 하나씩 주의 깊게 지도해 주었다. 내가 상처를 입혔지만, 나는 또한 그 상처를 치료했던 사람이기도 했다. 이렇게 하는 것이 내게 무척 어려웠지만, 상처를 입힌 바로 그 사람으로 하여금 치료하도록 했어야만 했던 아버지에게는 그것이 어떠했을지 상상해 보라(pp. 111).

이 같은 사례는 가족 혹은 직장이나 공동체 안에서 흔히 발견될 수 있다. 가해자로 하여금 치료자가 되게 하면 '죄인'이 '구원자'가 되는 역설적 보상이 이루어진다. 이런 과정은 서로가 인격적으로 성장하는 계기가 된다(박종수, 2009, pp. 193-194).

5) 주기보다는 받기를 통해 수치심을 경험하기

심리적 부담을 주는 수치심은 그것을 있는 그대로 경험함으로써 그 부정적 영향을 어느 정도 제거할 수 있다. 다른 사람에게 베푸는 사람은 수치심을 경험하기 어렵다. 대신 받는 사람은 원인 모를 수치심을 겪게 된다. 일단 받기 위해서는 자신의 모습을 숨겨야 하며, 주는 대상의 요구를 들어주어야 한다. 그리고 동시에 감사하는 마음도 지녀야 한다. 그들은 주는 사람에 대한 어떤 증오나 혐오감도 품어서는 안 되며 자신의 목소리를 내서도 안 된다. 이런 일은 누가 시키거나 교육을 받은 결과로 나타난 것은 아니다. 오히려 생애 초기에 자신의 모든 의지를 버리고 오직 양육자의 손에 맡겨져 자랄 수밖에 없는 실존적 상황에 기초한다. 유아는 아무런 힘도 없이 스스로 죄책감과 수치심, 그로 인한 불안과 공포 그리고 사랑과 증오를 혼란스럽게 경험하면서 성장한다. 이런 관점에서 주는 자의 심리는 엄마를 대변하며, 받는 자의 심리는 아이를 대변한다. 니체(Nietsche, 1987) 역시 이런 감정을 경험한 것 같다. 그는 차라투스트라를 통해 진정한 수치심은 받는 자에 의해 경험된다고 말한다.

> 주는 데서 느끼는 나의 행복은 줌으로써 끝나 버린다. 나의 덕은 풍부하기 때문에 스스로 피곤해진다! 언제나 주는 자는 그의 수치를 잊어버릴 우려가 있다. 언제나 나누어 주는 자는 그 손과 마음이 나누어 주는 일 때문에 감각을 잃어버리기 때문이다(p. 115).

6) 죄책감과 수치심의 긍정적 측면 인식하기

모든 정서가 그렇듯이 죄책감과 수치심 또한 그 자체가 병리적 현상은 아니다. 외부적 자극이나 내부적 충동 혹은 본능적 욕구로 인한 죄책감이나 수치심은 자신을 보호하거나 성장하기 위한 기회를 제공한다는 점에서 일단 긍정적이라고 볼 수 있다. 그러나 정서적 경험은 항상 그 강도가 문제가 된다. 필요 이상으로 지나치게 정서적 반응을 보일 때, 혹은 자연스러운 정서적 표출을 회피하거나 억압하거나 왜곡할 때 다양한 문제가 발생한다. 대체로 정서의 억압이나 회피는 과거의 상처나 자신의 콤플렉스와 연관될 때 발생한다.

죄책감은 책임감과 관련이 있다. 자신에 대한 성찰이 없는 사람은 죄책감도 거의 느끼지 않는다. 자기성찰로 인한 죄의식의 자각은 절망을 경감시킨다. 사람이 지나치게 철저하거나 본능적 욕구를 제한하면 '천부적으로 주어진 행복할 권리를 포기한다'는 또 다른 형태의 죄책감을 느낀다. 그것은 인간답게 살아야 할 삶을 다하지 못했다는 자책감에서 발생한다. 죄책감은 그림자의 어두운 면에 대한 자기성찰로 인해 발생한다. 심리적 통찰력이 증가하면 그림자 투사를 철회한다. 그리고 이것은 선과 악을 전체 인격 안에 통합시킨다. 그러나 자신의 그림자를 인식하지 못한 채 다른 사람에게 투사할 때는 인격의 통합이 이루어지지 않는다(CW 14, par. 203). 죄책감 없이는 성숙도 없다. 융은 이런 관점에서 그림자에 대한 통찰력이 없으면 아무것도 얻을 수 없다고 주장한다.

> 자신의 죄와 악을 안다는 것은 사실 작은 일이 아니다. 그리고 자기 자신의 그림자에 대한 통찰을 상실한다면 아무것도 얻어지는 것이 없다. 우리는 우리 죄를 의식할 때 더욱 긍정적인 위치에 있게 된다. 우리는 적어도 우리 자신을 변화시키고 개선시킬 희망이 있다. 우리가 알듯이, 무의식에 남아 있는 어떤 것도 교정할 수는 없다. 심리적 수정은 의식 안에서만 가능하다. 따라서 죄에 대한 의식은 강력한 도덕적 자극으로서의 기능을 한다. 모든 신경증 치료에서 그림자의 발견은 필수불가결하다. 그렇지 않으면 아무것도 변하지 않는다. ……죄 없이는 불행하게도 어떤 심리적 성숙도 없으며 어떤 영적 지평도 확장되지 않는다(CW 10, par. 440).

죄책감으로 인한 지나친 자기처벌은 오히려 개성화를 방해한다. 오이디푸스 신화에 나타난 부친 살해는 부모와 자녀 간의 근친상간 욕망이 만들어 낸 비극적 상황으로 드러난다. 물론 우리는 신화를 상징적 의미로 해석할 필요가 있다. 프로이트의 견해와는 달리, 융학파에서는 오이디푸스 신화를 부모와의 성적인 근친상간으로 보지 않는다. 오히려 신화 속의 모성은 태모로서 모성 원형에 해당된다. 모성 원형의 자궁으로 돌아가 다시 새로운 존재로 부활하는 것을 자아 성장의 과제로 삼는다. 이런 관점에서 볼 때, 부친 살해는 실제적 아버지에 대한 살해 욕망이 아니라 태모와의 신성한 결혼을 방해하는 권력의 상징을 제거하는 것이다(이유경, 2004, pp. 206-222). 이처럼 겉으로는 부친 살해로 비추어지는 것이라고 할지라도 그것이 원형적 충동과 개성화를 위한 필연적 투쟁과정에서 발생한 내적 싸움이라면, 그에 대한 지나친 죄책감은 오히려 자아 성장에 방해가 된다. 자신의 죄책감이 실제적 상황에서 온 것인지, 아니면 성장을 위한 내적 투쟁에서 온 것인지를 구별해 낼 때 그 죄책감은 성장의 동기가 된다.

볼라스(Bollas, 2010)는 죄책감의 치유적 기능을 소개한다. 비판적인 부모에 의해 끊임없이 공격당한 아이는 성인이 되어서도 죄책감을 느끼지 못하거나 죄책감이 지닌 가치를 인정하려 들지 않을 것이다. 부모의 계속된 비판으로 인해 상처받은 아동은 자신을 보호하기 위해 부모의 비판을 무시하거나, 자신의 잘못에 대해 반성하거나 심각하게 생각하지 않는 경향이 있다. 오히려 자신의 잘못으로 인한 죄책감을 억압하고, 대신 처벌이나 가혹한 대우를 기대하게 된다. 죄책감의 구조는 손상 입은 타자와 자신을 동일시함으로써 자신을 위로하고 치유의 길을 모색하게 한다. 볼라스에 의하면, 죄책감은 손상을 회복하는 능력을 지원해 주며, 자기중심적인 슬픈 감정을 사용하여 파괴적인 실수를 하지 않도록 인도한다. 비판적인 부모에 의해 죄책감 구조가 제거되거나 억압될 때, 그 개인은 불안, 두려움, 분노는 느끼지만 후회, 공감, 보상의 느낌은 거의 느끼지 않는다. 이로 인해 그의 정서적 삶은 황폐화되고 회복할 수 없는 상태에 이른다(pp. 217-222).

수치심 또한 인간은 유한하고 제한된 존재임을 깨닫게 해 준다. 수치심은 자기 자신에 대한 노출 정도를 인식하게 할 뿐만 아니라 이를 통해 자신을 지키는 '수호자' 역할을 한다. 이런 차원에서 야코비(Jacoby, 1994)는 수치심을 개성화와 사회 적응의 수호자(guardian)로 규정한다(p. 21). 수치심에 대한 수용적 태도는 또한 모든 감정을 있는 그대로 경험하게 한다. 우리는 우리의 욕구가 만족스럽게 충족될 때 기쁨을 느끼며 존재감을 경험한다. 슬픔과 기쁨, 행복과 불행을 정서적 차원에서 경험하지 못하면 자연스러운 감정과 교감할 수 없다. 정서적으로 차단되거나 왜곡된 부모는 자녀의 정서적 발달을 방해한다. 철저하고 완벽주의를 지향하는 부모일수록 자녀의 감정을 무시하거나 악한 것으로 가르친다. 그 결과, 자녀는 모든 감정을 수치스럽게 여긴다. 다양한 감정은 인격의 다양한 속성을 반영한다. 이런 감정이 수치심으로 묶일 때, 감정의 분화는 일어나지 않으며 혼돈 속에서 살게 된다. 내면에서 발생하는 모든 감정을 쓰레기처럼 느끼거나 수치스럽게 느끼는 사람은 자신을 실패자로 여기게 된다(Bradshaw, 2002, p. 31, 82). 이처럼 죄책감과 수치심은 외부로 투사되어 관계를 악화시키거나 혹은 내부에 억압되어 자신을 비하하는 피학적 인격을 낳는다.

임상 현장에서 죄책감과 수치심은 독립적으로 나타나기도 하고 때로는 함께 경험되기도 한다. 치료자의 정서적 경험은 치료과정에서 알게 모르게 막대한 영향을 끼친다. 심리치료는 항상 성공적이지는 않다. 치료자와 내담자 사이의 관계와 치료 환경, 내담자의 경제능력과 가정환경 등의 다양한 변수에 의해 치료과정은 전혀 예상하지 못한 방향으로 흘러갈 수 있다. 대부분의 초보 상담자는 과도한 열정으로 상담에 임한다. 내담자에 대한 지나친 애정과 헌신은 치료에 막강한 영향을 끼침으로써 놀라운 효과를 발휘하기도 한다. 그러나 과도한 열정으로 인해 치료자가 쉽게 피로해져 지칠 수 있으며, 자신이 노력한 만큼의 치료효과가 발생하지 않을 때 쉽게 절망하거나 좌절하기 쉽다. 더구나 치료에 역행되는 사건이 발생할 때 자신에 대한 수치심과 더불어 내담자에 대한 죄책감으로 고통을 당하기도 한다. 상담 중인 내담자가 자살을 했거나 혹은 다른 사람을 심각하게 상하게 하는 사건이 발생했을 때, 치료자는 자신의 능력과 그동안 쏟아

부은 열정에 대한 회의와 함께 심한 자책감, 수치심 그리고 죄책감에 사로잡히게 된다. 맥윌리엄스(McWilliams, 2007)에 의하면, 치료자가 성장과정에서 죄책감과 수치심을 적절하게 처리할 능력을 배양하지 못할 때는 치료 현장에서 그와 같은 정서를 잘 다루지 못한다고 주장한다. 이런 치료자들은 내담자로부터 충격적인 사건을 경험하고 무난하게 처리한 숙련된 분석가나 상담자의 자문과 슈퍼비전을 받을 필요가 있다(pp. 372-374).

상담과 심리치료는 치료자의 노력만으로 좋은 결과를 이루지 못한다. 치료는 치료자와 내담자의 신뢰를 기반으로 한 편안하고 안전한 환경에서 건강한 정서적인 교류를 통해 이루어진다. 치료자가 올바른 치료를 위해 최선을 다했다면 그것으로 만족할 필요가 있다. 지나친 기대나 자신에 대한 과도한 이상화는 치료를 방해하기 쉽다. 치료자는 항상 자신의 실수를 겸허하게 수용할 준비가 되어 있어야 하며, 그 실수를 한 걸음 더 나아가는 성장의 계기로 삼아야 할 것이다.

PART 03

민담 속의 정서

Jung

CHAPTER 10

바리공주 신화에 나타난 정서

1. 동화 해석의 원리

인류 문화의 보편성과 정신세계의 원형(archetypes)을 담고 있는 이야기는 우리로 하여금 잊힌 기억을 찾게 하며 무의식의 세계로 안내하는 역할을 한다. 현실과 초현실, 의식과 무의식의 세계를 자유롭게 넘나드는 이야기는 인간의 정신세계를 풍요롭게 표현하고 있다. 이야기 안에 담긴 수많은 상징과 삶의 내용은 우리로 하여금 내면의 세계를 들여다보게 하는 좋은 수단이 된다. 융학파의 이야기 해석은 일단 심리학적 경험으로 간주된다. 따라서 이야기 해석은 객관적이고 냉철한 분석이 아닌 주관적이고 감정적인 경험이어야 한다. 이야기 해석과정에서 감정적인 측면을 도외시하는 것은 바람직하지 않고 또 그럴 수도 없는 것이다. 겉으로 보기에 한 개인의 삶에 대한 이야기라고 할지라도 그 안에는 집단의식을 드러내는 다양한 상징과 원형적 요소가 내재해 있다는 사실을 간과해서는 안 된다(von Franz, 1997, p. 14). 따라서 이야기를 분석하는 작업은 집단무의식의 요소와 더불어 원형적 사고를 의식화하는 한 방식이다(박종수, 2005, pp. 76-78).

민담 속에 내포된 정신세계와 정서를 분석하기 위한 작업은 대체로 다음 여섯 단계로 진행된다.

첫째, 민담 속의 이미지에 생명을 불어넣는 작업이다. 생명을 불어넣기 위해서 우리는 일단 합리적인 이성적 판단을 보류한 채 감정의 세계로 들어가야만 한다. 예를 들어, 바리공주는 '버려진 공주'라는 해석에 그치거나 바리공주의 효심에 머물러 버린다면 정신세계의 다양한 심리작용을 발견하지 못한다. 내적 심리는 대체로 이성보다는 감정을 통해 드러나기 때문이다. 바리공주가 살아 있는 인격이 될 때, 읽는 이와 작품 속 인물의 정서적인 교감이 가능해진다. 이 과정은 마치 신의 인간 창조과정과도 유사하다. 흙으로 빚은 인간의 형상에 신의 숨결이 불어넣어질 때 인간은 생명의 존재가 된다. 이때 신과 인간의 인격적인 만남이 시작된다. 이와 마찬가지로 독자가 등장인물이나 작품 속의 이미지에 자신의 영혼을 불어넣음으로써 이미지는 살아 있는 존재가 되며, 그때 비로소 존재 간의 대화는 이루어진다. 이미지의 생명화 작업은 이미지에 대한 지성적 판단을 보류한 채 이미지를 살려 냄으로써 하나의 인격체로 만드는 일이다. 살아 낸 인격체는 어느새 독자 인격의 일부가 되어 살아 숨쉬게 된다. 그것은 합리적인 지성이나 교훈적 양심 혹은 사회적 규범이나 이상만으로는 부족하다. 오히려 신체 반응을 동반하는 정서의 세계는 합리적 범주를 뛰어넘어 인간의 세미한 부분까지 보여 준다.

둘째, 작품 속 이미지나 등장인물에 대한 상징화 작업이다. 신화, 동화, 민담과 같은 원형적 이야기일수록 개인의 차원을 넘어 공동체의 집단 심리나 인류의 보편적 정신세계를 보여 준다. 바리공주나 아버지 오구대왕 그리고 엄마로 등장하는 병온은 옛날 어떤 시기에 실제적으로 살았던 사람이라기보다는 상징적 인물이다. 이름 속에 내포된 상징적 의미 외에도 인물 자체가 상징성을 띤다. 따라서 이야기 속 인물은 모두 '~와 같은 상징적 존재'가 된다. 바리공주와 같은 인물! 오구대왕과 같은 아버지! 병온과 같은 엄마! 이렇게 본다면 이 세 인물은 역사적 인물이라기보다는 원형적 이미지에 해당된다. 그와 같은 사람들은 예전이나 오늘날이나 여전히 우리 곁에서 함께 살고 있다. 옛날이야기가 아닌 현재의 이야기란 말이다. 바리공주의 상징적 의미는 '태어나자마자 버려졌거나, 부모의 관심에서 멀어졌거나, 어떤 이유로 해서 공동체에서 제거된 존재'가 된다. 공동체에 의해 버림을 받은 사람이 바로 그 공동체의 구원자가 될 수 있다는 필연적 소망은 바리공주 이야기의 핵심 목표이기도 하다. 이때 우리의 과제는 한 개인의 범주를 넘어 인류 전체의 관심사인 개인과 집단, 유기와 독립, 고통과 치유라는 원형적 주제를 다루게 된다. 원형은 특별한 심리적 충동으로서 기본적인 시적 이미지와 환상의 주제가 된다. 원형은 또한 기본적 정서로서 독특한 행동을 유발하는 요인이 된다는 점에서 심리적 분석의 중요한 소재가 된다(von Franz, 1996, pp. 1-3). 따라서 동화분석은 이야기 속에 담긴 원형적 이미지의 상징적 의미를 찾아내는 작업이다.

셋째, 적극적 상상(active imagination)을 통해 등장인물의 심리세계로 들어가는 작업이다. 적극적 상상은 자아의 능동적인 참여를 통해 무의식의 내용을 이해하는 작업이다(박종수, 2009, pp. 264-266). 융(Jung)은 적극적 상상이 공상과는 달리 내적 사실을 표상 속에서 포착하는 작업이라고 주장한다.

> 공상(phantasia)은 실체가 없는 사고라는 점에서 착상을 말한다. 그러나 상상은 (내적인) 상을 자연에 적합하게 적극적으로 불러내는 것이다. 자연을 충실하게 모방한 내적 사실을 표상 속에서 포착하고자 하는 독자적인 사고 혹은 표상작용이다. 무의식에서 의식 속으로 밀려 들어가는 내용을 성실하게, 정확하고도 신중하게 기술하고 형상화하는 것을 고려해 볼 때 꿈꾼 사람이 내적 체험의 이와 같은 대상을 다루는 방식 역시 올바른 작업이다(CW 12, par. 219; KGW 5, p. 213).

인지와 행동은 정서적 반응이 발생한 이후에 이루어지는 것이 보통이다. 몸과 마음, 이성과 감정, 의식과 무의식의 세계를 넘나드는 정서는 신체 반응과 함께 강한 감정을 동반하는 일종의 콤플렉스와도 같다(CW 2, pars. 733, 1351). 겉으로 드러나는 감정과 함께 드러나지 않은 감정까지도 발견함으로써, 독자는 자신의 공감능력을 확인하게 된다. 등장인물의 정서는 어떻게 표현되는가? 정서가 억압되거나 왜곡되거나 다른 형태로 바뀐 경우가 발견되는가? 그 과정은 어떻게 진행되는가? 민담을 분석하는 작업은 정서의 흐름을 감지하는 작업이기도 하다. 물론 이야기 속에서 이런 질문에 대한 해답을 찾기는 쉽지 않다. 고대의 이야기에서는 정서적 표현이 거의 드러나지 않는 경우가 대부분이기 때문이다. 그럼에도 불구하고 우리는 작품 속에 숨어 있는 정서의 흐름을 찾아냄으로써 등장인물과의 의사소통을 가능하게 할 수 있다. 바리공주의 유기감, 고독, 수치심과 죄책감, 죽음에 대한 두려움과 공포를 독자가 온몸으로 경험할 때 그녀와의 진정한 의사소통은 이루어진다. 동화 속 인물의 감정세계에 들어가는 작업은 꿈분석에서 등장인물 사이에 흐르는 정서의 역동성에 참여하는 것과도 같다. 꿈과 환상 속에서 정서의 흐름을 파악하는 작업은 의식적 태도와 무의식적 태도 사이의 관계를 살펴보는 데 매우 유익하다. 이와 같은 과정은 정신역동적 상담이나 심리치료 현장에서 거의 동일하게 재현된다.

넷째, 민담에 대한 객관적 해석과 더불어 주관적 해석을 병행함으로써 인간의 현실적 경험뿐만 아니라 보편적 정신세계에 대한 포괄적 해석을 시도한다. 객관적 해석이 바리공주 이야기를 현실세계에서 발생 가능한 실화로 간주하면서 그 의미를 발견하는 작업이라면, 주관적 해석은 이야기 속의 모든 인물이나 이미지를 바리공주라는 한 개인의 심리적 표상으로 간주하는 작업이다. 이때 오구대왕이나 병온은 현실적 부모가 아니라 바리공주 내면에 있는 부모 원형(표상)이 된다(박종수, 2009, pp. 55-56 참조). 객관적 해석이나 주관적 해석 모두 염두에 두어야 할 작업은 개별적 등장인물의 역할과 인물들 사이의 관계방식을 탐구하는 일이다. 객관적 해석에서 자아와 타인 사이의 관계방식을 살펴본다면, 주관적 해석에서는 자아와 인격의 다른 측면들 사이의 관계방식을 탐구한다. 주관적 해석을 통해 부분 인격인 자아가 다른 내적 인격들과의 교감을 통해 전체 인격에 통합되는 과정을 살펴보게 된다. 예를 들면, 객관적 해석에서는 오구대왕과 그의 아내 병온의 의사소통이 거의 이루어지지 않고 있다. 오구대왕의 뜻에 병온은 수동적으로 임할 뿐이다. 그러나 주관적 해석에서는 오구대왕을 자아로 볼 때 병온은 그의 내적 인격인 아니마가 된다. 자아와 무의식의 대변자인 아니마 간의 의사소통 부재는 의식과 무의식 사이의 교감이 이루어지 않고 있다는 것을 암시한다. 그것은 의식의 일방성으로 이어져 정신의 불균형을 초래한다. 이처럼 동화 해석 역시 꿈이나 환상 분석과정과 거의 같다. 융이 제시한 확충(amplification)은 신화, 동화, 민담 등에 나타난 원형적 이미지를 비교 연구함으로써 보다 폭넓은 해석을 가능하게 한다.

다섯째, 진정한 동화 해석은 동화를 입체적으로 볼 때 가능한 작업이다. 이것은 모든 사물과 대상을 바라보는 기본 원리를 반영한다. 대상은 바라보는 시각에 따라 다른 의미를 전달한다. 전후좌우 및 상하의 관점에서 동화를 바라봄으로써 전체의 모습을 파악하게 된다. 이것은 마치 코끼리를 모든 측면에서 관찰할 때 전체적인 모습을 볼 수 있는 것과 같다. 예를 들면, 특정한 이론이나 주제 혹은 대상을 중심으로 동화를 분석할 때는 그것이 해석자의 주관적 개입이 많아질 여지를 남긴다. 따라서 동화 분석은 다차원적이며 입체적으로 바라볼 때 가능해진다. 바리공주에 대한 분석 역시 융심리학뿐만 아니라 정신분석적 관점, 때로는 철학적 해석학이나 다양한 문학이론이 병행될 때 풍성한 열매를 맺게 된다. 그러나 무분별한 이론이 일관성 없이 적용될 때는 전체의 통합성을 이룰 수 없다. 다양한 견해가 어우러져 아름다운 모양을 만들어 내는 작업이 곧 동화 해석의 진정한 목표다. 이것은 마치 퍼즐 게임을 하는 것과 같으며, 다양한 상징을 엮어 내는 모자이크 작업과도 같다. 부분적으로 볼 때 그 의미가 분명하게 드러나지 않더라도 조금 떨어져서 관망할 때는 동화의 전체 모습을 보는 것과도 같다. 바리공주 이야기는 오구대왕과 병온의 관점에서 볼 수도 있으며, 여성학적인 관점에서나 사회문화적 관점에서도 볼 수 있다. 또한 교훈적 관점뿐만 아니라 다양한 심리적 관점에서도 조망이 가능하다. 그럼에도 불구하고 이 모든 도구는 전체의 통합성을 이루는 방향으로 진행될 때 그 가치가 인정된다.

여섯째, 주인공의 개성화 과정을 살펴본다. 이 과정은 이야기의 전체 플롯에 따라 구조화된 원형적 형식을 통해 전개된다. 신화, 동화나 민담의 주인공은 대체로 영웅의 표상으로 나타난다(탄생). 이야기에는 한 사람의 특별한 탄생이나 결핍, 혹은 공동체가 안고 있는 절박한 과제가 놓인다. 결핍을 해소하거나 문제를 해결하기 위해 주인공은 버려지거나 멀리 여행을 떠난다(분리). 머나먼 곳에서 굶주림, 고통, 고독, 불안, 두려움과 공포, 수치심 등의 다양한 정서와 콤플렉스를 경험하며, 그 과정에서 성장과 변화가 발생한다(변화). 변화된 인격의 주체로서 주인공은 고향으로 되돌아와 구원자와 치유자가 된다(귀환). 영웅신화는 인간이 통합된 인격으로 성장하는 개성화의 여정을 보여 주는 전형적인 형태를 보여 준다. 주인공의 심리 여행의 동반자가 되어 그와 함께 정서적 교감을 함으로써 인간의 보편적 정신세계를 경험하는 것이 동화 해석의 목표다(박종수, 2005, pp. 83-89).

2. 융심리학으로 본 바리공주 이야기

'바리데기' 혹은 '바리공주' 이야기는 제주도를 제외한 한반도 전 지역에서 전해진다. 무조(巫祖)의 신으로 알려진 바리공주는 자신을 버린 부모님을 병으로부터 구원한 한국의 헌신적 여성의 표상이다. 죽음의 세계에서 온갖 어려움을 이겨 내고 약수를 구해 오는 바리공주는 그동안 부모에 대한 효를 부각시키는 대표적인 상징인물이기도 하다. '부덕한 부모일지라도 자녀의 효심은 변해서는 안 된다.'는 유교적 사회이념이 바리공주 이야기에 스며 있기도 하다. 그럼에도 불구하고 가부장적인 사회구조 속에서 끈질기게 살아남아 만인의 치유자요 구원자가 된 바리공주는 현대의 여성들에게도 신선한 통찰력을 주고 있다. 바리공주 이야기 역시 여성이 성인이 되는 통과의례뿐만 아니라 영웅의 여정을 보여주는 원형적 구조를 지니고 있다. '탄생(birth)−분리(separation)−변화(transformation)−귀환(return) 혹은 재생(rebirth)'의 형식으로 진행된 영웅의 여정은 인간 성장과정의 요약이며, 건강한 사회인이 되기 위한 안내서이기도 한다(박종수, 2009, pp. 289-290).

융의 분석심리학 관점에서 볼 때, 바리공주 이야기는 자아가 인격의 다른 부분들을 경험함으로써 전체 정신인 자기에 통합되는 개성화 과정을 보여 준다. 바리공주는 현실세계와 사후세계를 넘나들면서 온갖 경험을 한다. 고귀한 신분으로 태어나 행복감을 느껴 보기도 전에 버려진 바리공주는 평범하고도 신비한 다양한 사람의 보호를 받으면서 건강한 인격으로 재탄생된다. 그 과정에서 그녀는 다양한 심리적 경험을 하게 된다.

죽은 자의 영혼을 달래는 진오귀굿에서 지금도 낭송되는 바리공주 이야기는 다양한 형태로 전승되고 있다. 여기서는 한상수(1986)에 의해 현대어로 소개된 바리공주 이야기를 중심으로 논지를 펼쳐 가고자 한다(pp. 40-52). 그 과정에서 중요한 의미를 부여하는 다른 본문의 내용을 함께 고려하고자 한다. 이야기는 대체로 다음 내용으로 전개된다.

① 바리공주의 탄생과 유기
② 노현자 부부의 보호와 성장기
③ 부모와의 일시적 재회
④ 서역국을 향한 여정
⑤ 서역국에서의 고난과 약수 획득
⑥ 귀향과 떠남

필자는 융의 분석심리학 관점에서 바리공주를 이해하면서 그녀의 여정에 나타난 정서의 심리작용에 주목하고자 한다. 그동안 신화, 동화, 민담에 대한 연구는 이야기 속에 나타난 교훈적 내용을 찾아내거나, 상징적 해석에 주목해 왔다. 이야기 속의 원형적 표상에 대한 상징적 해석은 인간의 정신세계를 이해하는 데 놀라운 통찰력을 제공한다. 그럼에도 불구하고 동화 속 인물에 대한 정서적 접근은 제한적으로 이루어졌다. 나는 바리공주 이야기에 나타난 정서의 흐름에 주목하고자 한다. 정서는 흐르는 물처럼 에너지의 순환과정에서 드러난다. 정서의 흐름이 원활하지 못할 때 건강한 심리작용은 중단되거나 무의식에 내재된다. 수용과 거부의 판단 기준이 되는 감정이나 느낌과는 달리, 정서는 신체 반응을 동반하는 강한 심리작용이다(CW 6, par. 681). 바리공주 이야기에 등장하는 원형적 표상들은 그 상징적 의미 외에도 다양한 정서적 반응을 보여 준다. 인간의 내면세계를 적나라하게 보여 주는 정서에 대한 연구를 통해 우리는 바리공주 이야기를 삶 속에서 생생하게 경험할 수 있다.

1) 바리공주의 탄생과 유기

14세가 된 오구대왕은 19세의 병온과 결혼한다. 숫자 14와 19의 결합은 33으로, 바리공주 이야기에서 숫자 3은 종종 출현한다. 결혼한 지 3년이 지나도 아기가 없자 부부는 백일기도를 드린다. 숫자 3은 완전수 4로 가기 전 단계로서 거의 완성에 이른 모습을 암시한다(CW 9ii, p. 351). 과거, 현재, 미래의 시간은 숫자 3으로 대변되며, 대립의 통합으로 세워진 셋은 새로운 창조인 아이를 나타내기도 한다(Abt, 2008, p. 123). 3년의 기다림이 아기로 대변되는 어떤 결실로 이어진다. 바리공주 이야기는 이처럼 결핍으로 시작된다. 결핍은 보상을 전제로 하며, 보상은 새로운 존재의 탄생을 예고한다. 그러나 결핍은 또한 슬픔을 몰고 온다.

오구대왕 부부의 결핍은 우선 보기에 있어야 할 것이 없는 것처럼 보인다. 우리는 당연히 있어야 할 것이 없으면 슬퍼지며, 이 슬픔은 한없는 비참한 상태로 인도한다. 자식에 대한 욕구는 인간의 기본 욕망이자 공동체 존속의 필수적 요소다. 인류의 조상들로부터 물려받은 종족 보존에 대한 욕구는 모든 생명의 기본 법칙이자 우주적 질서에 해당된다. 지배계층의 자녀에 대한 욕망은 민중들의 그것보다 훨씬 더 강력하다. 권력은 자손에 의해 확장되며 영원한 제국을 위한 기반이 되기 때문이다.

바빌론의 『길가메시 서사시』는 우륵의 왕 길가메시의 영생에 대한 집념을 보여 준다. 대홍수에서 살아남아 신의 계열로 들어간 우트나피쉬팀의 가르침은 길가메시로 하여금 인간의 생명은 유한하지만 후손을 통해 공동체의 생명은 유지된다는 것이었다. 클루거(Kluger, 1991)에 의하면, 노현자 이미지로 나타난 우트나피쉬팀을 통해 길가메시는 결국 인간에게는 죽음이 피할 수 없는 운명임을 받아들인다(p. 184). 이를 계기로 길가메시는 개인의 영원성보다는 제국의 존속을 통해 영생을 얻는 길을 택한다는 내용이다(노세영, 박종수, 2000, pp. 194-197). 오구대왕 부부의 자녀에 대한 결핍감 역시 영생 추구에 대한 인류 문화의 원형적 염원을 보여 준다. 이런 관점에서 자녀의 부재로 인한 비참한 심정은 조상과의 연대가 끊어질 위기감으로 인해 불안과 두려움의 원인이 된다. 동시에 그것은 자신의 책임을 다하지 못했다는 죄책감으로 이어지며, 그것이 사회적 질시와 냉대의 대상이 될 때 수치심으로까지 이어진다.

결핍으로 인한 불안은 사실 상실감에서 유래한다. 결핍감은 이전에 가졌던 권리를 박탈당할 때 극대화된다. 예를 들면, 우리는 심하게 배고플 때 슬픔과 비참함을 느낀다. 이런 상태가 지속되면 분노로 이어져, 때로는 도둑질을 하거나 불특정 다수인에게 무차별적인 공격을 감행한다. 왜 그럴까? 그것은 인간은 원래 모든 것을 가지고 태어났다는 이전의 경험에서 유래한다. 우리가 필요한 모든 것은 아무런 제한 없이 무한정 제공되어야 한다. 마치 모든 것이 준비된 에덴동산에서 아무런 걱정 없이 지냈던 시절처럼, 모든 인간은 엄마의 자궁 안에서 그렇게 보낸다. 이때의 자아는 엄마로 대변되는 자기와 동일시되며, 과대자기가 된 아기는 대양감을 느낀다. 태초에 경험한 자아와 자기의 동일시는 인간에게 무한한 가능성을 제공함과 동시에 실패와 좌절의 늪에서 벗어나지 못하고 영원히 환상세계에 머물게 하는 이중적 토대가 된다(Neumann, 2010, pp. 69-93). 결혼으로 인한 오구대왕의 행복감은 오래 지속되지 못했다. 남들처럼 당연히 있어야 할 아기의 탄생이 지연되면서 오히려 불안과 공포를 경험하는 것이 보통 인간의 정서다.

백일기도를 드리고 난 다음에 병온에게 태기가 있었고, 이후 3년마다 아기가 태어나 모두 칠공주가 탄생한다. 숫자 7은 생장, 다산, 변화와 관련이 있다. 칠공주의 탄생은 오구대왕의 인내가 한계에 이르러 무언가 변화의 조짐이 있음을 암시한다(Abt, 2008, pp. 144). 유대교의 안식일 전통 또한 완성 이후의 새로운 단계를 보여 준다. 6일 동안의 창조 행위가 끝난 후 7일을 안식일로 선포함으로써 새로운 창조의 시작을 알린다. 견우와 직녀가 매년 만나는 칠월 칠석 또한 한 주기가 끝나 새로운 주기를 예고한다. 백일기도에서 100은 10의 열 배로서 통합과 완성의 상징으로 이해된다(CW 10, par. 692). 전체 인격의 상징으로서 숫자 10은 전체성의 내적인 화해가 활성화되었음을 암시한다(Abt, 2008, p. 154). 행복에 이어 결핍으로 인한 슬픔이 100일이라는 화해의 기간을 거쳐 아이의 탄생을 초래한 것이다. 이 화해의 기간은 슬픔과 분노를 피해 도망하기보다는 직시하며 내면을 관조하는 기다림의 시간이다. 캄캄한 어둠 속이나 안개 속에서의 기다림은 우리를 더욱 고통 속으로 몰아가는 경향이 있다. 그러나 희망과 함께하는 기다림은 새로운 에너지를 부여하여 삶에 대한 활력소가 된다. 청비단에 싸여 태어난 첫딸의 이름을 청난이라고 부른 것에서 그 아이가 거룩한 존재로 여겨졌음을 알 수 있다. 오랜 기다림 끝에 얻은 자녀는 부모에게 마치 구원자와도 같다. 차가운 지성과 종교적 영성을 드러내는 청색은 푸른 마돈나를 연상케 한다(CW 11, par. 123; CW 12, pars. 320, 322).

결핍은 보상을 요구하는 과정에서 또 다른 결핍을 낳는다. 그것은 마치 하나의 불안이 해소되면 또 다른 불안이 다가오는 이치와도 같다. 인간의 욕망은 본능적 욕구와 사회적 욕구의 조합으로 드러난다. 그 두 요소 가운데 어느 하나라도 부족하면 아예 없을 때보다도 더욱 심한 상대적 결핍을 느끼게 된다. 아들을 선호하는 가부장 사회에서 딸은 또 다른 근심이 된다. 딸은 오직 아들과 함께 있을 때 빛이 난다. 이것은 사회적인 편견처럼 보인다. 그러나 심리적 관점에서 여성은 그 대극인 남성으로 인해 생명력을 얻는다. 일곱 딸의 탄생은 그동안 여성성의 결핍이 극에 달했다는 것을 암시한다. 여성성의 결핍은 과도한 보상을 요구하여 오히려 여성성의 비대함으로 나타난 것이다. 어떤 여성성이 결핍된 것일까? 오구대왕이 다섯 살이나 많은 병온과 결혼한 것은 마치 어린아이가 누나나 어머니 같은 여성과 결혼한 것과 같다. 물론 예전에는 연상의 부인을 두는 경우가 허다했다. 그럼에도 불구하고 나이가 훨씬 많은 아내는 나이 어린 남편에게 어머니의 역할을 더한다는 사실을 부인할 수 없다.

이야기 속에서 병온의 역할은 상대적으로 드러나지 않는다. 오구대왕에 의해 바리공주가 버려질 때에도 어머니인 병온은 아무런 역할을 하지 못한다. 주관적 관점에서는 오구대왕의 아니마가 제 구실을 하지 못하고 있다. 이런 병온의 모습은 칠공주가 태어나기 전부터 여성성의 결핍이 있었다는 것을 보여 주며, 그 결과 지나친 보상이 이어진 것이다. 보상심리는 일단 과도하게 나타나는 경향이 있다. 과도한 보상이 반복되는 과정에서는 균형과 조화가 서서히 이루어지는 것이 일반적이다. 여성성의 비대는 여성성의 감소나 남성성의 증가로 이어져야만 한다. 그때 남성과 여성의 균형과 조화가 이루어진다.

칠공주의 탄생은 엄마 병온에게 행복과 함께 죄책감을 주었다. 엄마의 죄책감은 자녀에게 전수되어 자녀가 부모의 죄책감에 대한 희생양이 되는 경우가 많다. 조상들에게 면목이 없는 병온의 죄책감은 바리공주의 버림과 희생 그리고 구원에 이르는 여정을 통해 속죄된다. 엄마의 죄책감은 자녀에 대한 사랑과 돌봄의 본능마저 멀어지게 한다. 이로 인해 딸의 비참한 처지에 아무런 도움이 되지 못하고, 엄마는 오히려 눈을 감아 버림으로써 또 다른 죄책감을 잉태한다. 이처럼 비록 사회적 요구에 부응하지 못한 죄책감이라고 할지라도 그 정도가 심할 때는 그것이 개인적 죄책감이 되어 정체성의 혼란과 수치심으로 이어진다. 융은 이런 차원에서 개인적 죄책감과 사회적 죄책감을 구별한다. 법적 · 도덕적 차원의 죄책감은 금기를 어긴 사람에게 국한되어 나타나지만, 개인적 죄책감은 전염성이 커서 가족이나 그가 속한 공동체에 급속하게 퍼져 나간다.

> '죄책감'이란 단어에 대한 심리적 사용은 법적 · 도덕적 의미에서의 죄책감과 혼동해서는 안 된다. 심리적으로 죄책감은 어떤 주관적 감정(혹은 확신)에 대한 비합리적인 현존(presence)이나 혹은 어떤 죄책감의 객관적인 오명이나 그에 귀속된 몫을 의미한다. 후자의 예를 들면, 가족 구성원 가운데 한 사람이 죄(crime)를 지었기 때문에 망신을 당하는 불운을 겪게 된 가족에 속한 사람이 있을 수 있다. 그가 법적으로나 도덕적으로 책임이 없다는 것은 분명하다. 그러나 죄책감의 분위기는 그 자체로 다양한 방식으로 느껴진다. 그의 가족 이름은 불명예스럽게 되며, 이것은 그에게 낯선 사람들의 입에 오르내리게 된 것을 듣는 고통을 가져다준다. ……어떤 살인자가 살인을 저질렀을 때, 그가 속한 집이나 가족 혹은 마을까지도 심리적 죄책감을 느끼는데, 이는 외부세계에 의해서도 감지된다(CW 10, par. 403).

오구대왕은 아내에 대한 불만을 딸에게 투사한다. 그는 누군가를 희생양으로 삼아야 한다. 그것은 아내의 잘못이나 자녀의 잘못 때문이 아니다. 오히려 그는 그것이 자신의 운명적 몫이며, 그것을 홀로 감당해야 할 것을 잘 알고 있다. 그러나 오구대왕에게는 그 운명적 짐을 짊어질 힘이 없다. 자신의 그림자로 인해 발생한 결과를 스스로 짊어지지 못할 때 우리는 그것을 대신할 희생양을 찾는다. 새로 태어난 아이, 즉 새로운 시대가 그것을 감당해야 한다. 새로움, 그것은 낯설고 새롭게 적응해야 하며 또다시 기다림의 고통을 준다. 이제 오구대왕에게는 새로 태어난 아이를 키우고 기다릴 여유가 없다. 자녀가 태어나길 기다렸던 이전의 인내는 어느새 사라지고, 지금은 분노로 이글거리고 있다. 그의 분노의 원천은 무엇일까? 엄마 같은 아내에게 화내지 못하는 분노, 오랜 기다림이 실패로 끝난 것 같은 허무함과 비참함, 왕으로서의 체면이 손상된 것에 대한 수치와 분노, 자신의 인내에 한계를 느낀 무력감 등이 오구대왕의 분노를 이루고 있다. 이처럼 기다림의 연속은 무력감과 분노를 자아낸다. 처음의 기다림은 희망과 설렘 속에서 진행되지만, 계속된 기다림은 불안, 초조, 공포와 분노로 이어진다.

집단의식과 지배원리의 표상인 오구대왕이 바리공주를 버린 것은 지배자인 왕을 중심으로 형성된 공동체가 동의한 형태로 표출된다. 그러기에 왕의 어떤 신하도 그의 결정을 거부할 수 없다. 남자아이의 부재는 공동체의 존속을 위협하는 중대한 범죄가 되며, 공동체의 생존을 허락한 신의 심판으로 이어진다. 그 죄는 집단 구성원 모두의 죄가 되어 공동체의 그림자로 자리 잡게 된다. 집단이 안고 있는 죄책감은 무리 중의 한 대상에게 전가되어, 그는 죄인이 되어 처벌을 받거나 공동체로부터 추방당한다. 오늘날 학교 폭력은 집단의 그림자가 한 개인에게 투사되어 나타난 현상으로 볼 수 있다. 자신들의 어두운 면을 감추거나 면죄받기 위해 힘없는 개인에게 전가해 심판하는 방식은 서로의 묵계하에 잔인하게 전개된다. 페레라(Perera, 1986)에 의하면, 희생양 만들기(scapegoating)는 책임을 질 대상을 찾아 공동체로부터 제거함으로써 남은 사람들의 죄책감을 없애기 위함이다(p. 9). 그러나 자신의 죄를 다른 사람에게 전가한 사람이나 희생양이 된 사람 모두 선과 악의 혼돈 속에서 고통을 당한다.

> 희생양을 만드는 자(scapegoater)는 자신의 자아 이상에 수용될 수 없는 것을 짊어질 부담이나 그림자를 느낄 필요 없이 가볍게 해방감을 느낀다. 그 반면에 희생양과 동일시된 사람들은 수용될 수 없는 그림자 속성과 동일시된다. 그들은 열등감, 거절감 그리고 죄책감을 느낀다. 그들은 자기 자신이 짊어질 그림자보다 훨씬 더 큰 책임을 느낀다. 그러나 희생양을 만드는 사람이나 희생양 모두 현실 자체에 속하는 선과 악의 혼합 속에 있음을 느낀다(p. 9).

오구대왕은 급기야 바리공주를 버리게 한다. 그런데 "이 아이를 버리되 너무 멀리 버리지 말고 궁궐 뒤뜰에 버리도록 하라."라고 명한다. 아이를 멀리 보내자니 가엾은 생각에 궁궐 뒤뜰에 버리게 한 오구대왕은 죄책감을 조금이라도 누그러뜨리고자 한 것이다. 그러나 이런 아버지의 배려는 아이의 유기불안을 결코 잠재우지 못한다. 아이는 엄마의 시선 안에서 안전함을 느낀다. 같이 있다가도 엄마가 자신의 시선을 벗어나면 자지러지게 놀라며 공포에 질린다. 그것은 곧 죽음의 위협에 대한 공포다. 앞뜰은 누구나 볼 수 있는 곳, 즉 의식의 장소인 반면, 뒤뜰은 비공개적인 은밀한 곳이다. 그곳은 무의식의 장소이며 모성의 자궁이기도 하다. 융에 의하면, 담으로 둘러싸인 정원은 변형의 장소이자 연금술의 실체(substance)이기도 하다(CW 5, par. 558). 뒤뜰은 또한 바리공주가 다른 세계로 나아가기 위한 경계이기도 하다. 이승과 저승, 현실과 초현실, 의식과 무의식의 경계에서 자아의식은 이전보다 훨씬 더 확장된다.

라푼젤 이야기에서는 뒤뜰에 높게 가로막힌 담장 너머에 환상적인 정원이 있는데, 그곳은 마녀의 집이었다. 아내가 그 집 정원에 있는 상추를 원해서 몰래 따 주었던 것의 대가는 새로 태어난 아이 라푼젤을 마녀에게 넘기는 일이었다. 마녀에게 속한 뒤뜰의 환상적인 정원은 아이를 유혹하는 모성의 어두운 측면을 암시한다. 높은 탑에 갇혀 마녀의 과도한 보호를 받은 라푼젤은 왕자를 만나 세상 밖으로 나오게 된다. 라푼젤처럼 바리공주 또한 결국에는 무장승을 만나 결혼하고 일곱 아들을 두게 된다. 오구대왕이 바리공주를 뒤뜰에 버린 것은 딸을 은밀히 가두어 놓고 자신만 보려고 하는 것일지도 모른다. 그것은 자신의 죄에 대한 속죄의식이면서 동시에 또 다른 죄를 잉태하는 과정이기도 하다. 이때 엄마인 병온은 가슴이 찢어지는 듯했지만 아무것도 할 수 없었다. 아무것도 할 수 없는 것이 아니라 자신의 어두운 곳, 즉 뒤뜰에 바리공주를 가두어 놓고 혼자 조용히 즐기는 마녀엄마의 이중적인 면모를 보여 준다.

뒤뜰에 버려진 아이에게 낮에는 새들이, 밤에는 들짐승이 젖을 먹인다. 의식과 무의식의 세계를 연결하는 영혼의 전령인 새와 본능적 생존력(libido)을 지닌 들짐승은 바리공주의 내적 잠재력이자 현재의 고통을 극복할 수 있는 초월적 힘이다(CW 5, par. 261 참조). 유아에게 그것은 환상적인 능력이다. 유아가 자신을 박해하는 나쁜 엄마에게 대항해서 살아남는 방법은 오직 한 가지밖에 없다. 박해하는 대상은 진짜 엄마가 아니며, 자신이 원하는 진짜 엄마는 다른 곳에 있다는 환상적인 엄마를 만들어 내는 일이다. 의식의 결핍에 대한 무의식의 보상작용으로 창조된 환상적인 엄마는 박해를 당하는 유아를 지켜 낸다. 클라인(Klein)이 말하는 환상적 엄마는 이런 점에서 융이 말하는 모성 원형이 투사된 대상과 유사하다. 모성 원형의 밝은 면이 투사된 환상 대상을 통해 유아는 엄마와의 관계를 유지한다. 새와 들짐승의 '젖'은 유아를 지켜 내는 모성적 생명력이다.

뒤뜰, 즉 엄마의 어두운 자궁 속에 갇혀 공포에 떨고 있는 아동은 어떤 모습일까? 우선 자궁 속 어두운 곳에 있는 유아는 생기가 없다. 유아는 마치 햇볕이 잘 들지 않은 온실 속의 화초와도 같다. 핏기 없는 얼굴에 어딘지 모르게 배고파 보이고, 사랑을 갈구하는 길 잃은 강아지와도 같다. 한 발짝도 뗄 수 없는 힘없는 아이가 자신의 생명력에 의해 되살아나는 것을 본 오구대왕은 생명에 대한 경이로움을 느끼는 대신, 오히려 이상하게 여기고 바리공주를 서해 용왕에게 바쳐 전생의 죄를 용서받고자 한다.

부모의 불안과 죄책감이 자녀에게 전수되어 자녀의 희생이 강요되는 사례는 빈번히 있어 왔다. 성서에 소개된 희생제물이 된 이삭은 아브라함의 믿음이 시험받는 척도로 사용되었고(창세기 22장), 사사 입다가 자신의 외동딸을 전쟁에서의 승리를 담보로 희생한 내용이 성서에 전해진다(사사기 11장; 박종수, 2002, pp. 57-59 참조). 그 밖에도 유아는 때묻지 않은 순수함과 거룩함의 표상이 되어 종교적 희생제물이 되기도 했다. 북아프리카의 카르타고 지역에서 발견된 유아들의 뼈무덤은 인간의 죄는 항상 죄 없는 생명을 요구한다는 아픈 역사를 보여 준다.

전생의 죄로 인해 옥황상제로부터 얻은 일곱 딸 가운데 하나를 서해 용왕에게 바쳐야 한다는 오구대왕의 신념은 고대인의 희생제의 사상을 보여 준다. 이제 갓 태어난 새끼를 제물로 바쳤던 고대의 희생제사는 신에 대한 인간의 감사와 죄에 대한 보상심리를 동시에 보여 준다. 뒤뜰에서 살아남은 바리공주는 이제 신에 대한 희생제물이 되어 더 큰 죽음의 늪으로 던져진다. 바리공주가 뒤뜰에서 생명력을 이어 가는 것을 본 오구대왕은 죄책감이 증대하여 그녀를 영원히 눈앞에서 사라지게 한 것이다. 자신의 그림자를 보고 싶지 않은 그의 방어기제가 딸을 죽음의 세계로 밀쳐 낸 것이다. 이제 바리공주는 부모의 죄와 여섯 언니의 죗값 모두를 혼자 치러야 한다. 그것은 뒤뜰에 버려진 것으로 족하지 않다. 바다의 용왕을 만나야 한다. 옥황상제의 자녀가 바다의 용왕을 만나는 역설적인 장면이 연출되는 시점이다. 대체로 하늘은 부성의 상징, 바다는 모성의 상징으로 언급되었다. 부성과 모성, 남성과 여성, 남근과 자궁이 바리공주로 인해 합일의 단계로 진입하고 있다. 하늘과 땅을 관통하는 남근의 창조적 힘과 모든 것을 감싸는 자궁은 하나가 된다. 하늘과 땅을 잇는 솟대는 무당의 상징이자 영매로서의 권위를 드러낸다. 융심리학 관점에서 왕궁의 뒤뜰이 의식에 가까운 개인무의식에 속한다면, 바다의 용궁은 깊은 심층의 집단무의식에 속한다. 바다는 모성적 자궁이자 무의식의 기반이다(CW 5, par. 319; CW 17, par. 102).

> 물에 대한 모성 이미지의 투사는 특별히 모성에 대한 수많은 신성하고도 주술적인 특성을 부여한다. 이에 대한 좋은 예는 교회에서의 세례용 성수의 상징이다. 꿈과 환상에서 바다나 거대한 물은 무의식을 의미한다. 물의 모성적 측면은 무의식의 본성과 일치한다. 왜냐하면 물(특히 남성에게)은 어머니 혹은 의식의 모체로 간주될 수 있기 때문이다. 따라서 주관적 차원의 해석에서 무의식은 물과 같은 동일한 중요성을 지닌다(CW 5, par. 320).

오구대왕은 신하를 시켜 '국왕칠공주'라고 새긴 옥함을 만들게 한다. 그리고 일곱째 공주의 이름을 '버려진 아이'라는 의미의 바리데기라고 한다. 옥함에 새겨진 '국왕칠공주'는 칠공주가 곧 국왕이라는 것을 암시한다. 왕의 지위를 여성이 부여받은 장면이다. 신화 속의 버려짐은 영웅이 되는 필연적 과정으로 인식된다. 고귀하게 태어나자마자 버려진 오이디푸스는 평범한 사람들에 의해 길러져서 왕이 될 인격으로 자라난다. 왕은 곧 고귀함과 평범함이 합일을 이룬 곳에

목동에 의해 키타이론산에 버려진 오이디푸스(바티칸 박물관)
두 생명나무가 버려진 아이와 고뇌하는 목동 사이를 감싸고 있다. 양은 아이를 버린 목동을 주시하고 있다.

서 태어난다. 우연히 아버지를 죽이고 왕이 되어 어머니를 아내로 맞이한 오이디푸스의 비극적 이야기는 우리네 이야기와 다르다. 심청전이나 바리공주 이야기는 오이디푸스 콤플렉스가 암시적으로 드러날 뿐이다. 대신 오이디푸스 콤플렉스는 내면의 부성과 모성을 찾아가는 신성한 결혼으로 상징화된다(이유경, 2004, pp. 206-222).

바리공주는 칠공주의 표상이다. 한 인격이 일곱 인격을 대신한 것이다. 이는 하나가 곧 일곱이라는 등식이 성립된다. 바리공주는 더 이상 한 개인이 아니다. 그녀는 더 이상 부분이 아니며 전체의 상징이 된다. 하나가 곧 전체라는 등식은 고대인의 신관에서 드러난다. 예를 들어, 구약성서의 하나님 엘로힘(Elohim)은 문법적으로는 '신들'이면서도 유일신을 지칭할 때 사용된다. 형태는 복수이면서 성격은 단수다. 산천초목과 우주의 만물이 모두 신이면서 그것들은 어느 순간에 하나가 되어 인간세계를 주도한다는 고대인의 다신교적이면서도 일신교적인 집합적 신 개념은 정신의 보편적 이해를 대변한다. 정신 역시 하나의 전체성 안에 다양한 인격을 포함하고 있다. 의식과 무의식을 넘나드는 정신의 초월기능은 신적 세계를 방불케 한다. '원형은 우리 안의 작은 신'이라는 융의 원형론은 이를 잘 대변해 준다.

옥함 속의 공주는 입에 젖병을 문 채 바다에 띄워진다. 여전히 모성의 '젖'만이 바다 한가운데 떠 있는 바리공주를 지켜 줄 것이다. 자궁 속의 공포는 동시에 자궁 속의 희망이 된다. 공포와 희망, 독과 양분 속에서 살아남는 힘은 오직 양분 섭취의 능력에 달려 있다. 그것은 모성의 절대적인 사랑과 타고난 생명력에 좌우된다(Eigen, 2009b, pp. 19-37). 바리공주는 여전히 현실적인 엄마인 병온으로부터 멀어져 있다. 공주의 입에 젖병을 물린 이도 아버지 오구대왕이다. 모성적 부성이 그녀를 영웅의 여정에 내몰고 있다. 그녀를 뒤뜰에 버린 이도 아버지요, 바다의 용왕에게 보낸 이도 아버지다. 아버지는 어쩌면 자아구조가 취약한 생모 대신에 하늘과 바다를 통해 딸의 여성성을 찾아주고 있는지 모른다. 유아에게 유기감을 주는 분리불안은 세상으로 나가기 위해 거쳐야 할 필연적 과정이다. 그러나 생애 초기에 자발적인 독립은 거의 없다. 에덴동산에서 쫓겨나듯, 아이는 그렇게 부모로부터 벗어나야 한다. 그것은 유아에게 죽음의 공포를 안겨 준다. 신화나 민담에서 분리불안은 유기 형태로 나타나며, 독립을 향한 투쟁의 여정으로 그려진다. 바리공주에게 제공된 생명의 젖은 비통함에 젖은 아버지 오구대왕의 마지막 남은 한 가닥 희망이 되고 있다. 그것은 죽음 한가운데서도 살아남기를 바라는 아버지의 비정한 사랑일까?

죽음의 공포를 초래하는 유기감은 자신이 수용되지 못함에 대한 자책감을 동반한다. 그것은 관계 상실에 대한 수치심과 더불어 분노를 촉발한다. 바다에 던져진 바리공주의 분노는 우선 저항으로 나타난다. 하인이 옥함을 바다에 던지자 옥함이 용솟음쳐 올라왔다. 아버지의 뜻을 거부하는 딸의 태도가 엿보인다. 딸이 아버지를 거부할 때 자신만의 남성(아니무스)을 만나게 된다. 하인이 다시 옥함을 바다에 던지자 옥함은 또다시 올라왔다. 던지는 아버지와 받아들이는 어머니 바다에 대한 이중적 저항은 독립적인 자아의 출발을 예고한다. 하인이 옥함을 세 번째 바다에 던지니 금거북이 나와서 옥함을 등에 지고 어디론가 가 버린다. 거북은 바다의 전령으로 알려져 있다. 별주부전에서 토끼를 유혹해서 바다로 끌어들인 장본인도 바로 거북이다. 거북은 깊은 차원의 원초적 심리로서 주로 무의식과 관계될 때 나타나는 표상이다(Caspari, 2003, p. 280). 금거북은 마치 의식과 무의식을 연결하는 자기의 전령과도 같다. 연오랑과 세오녀 신화에서 세오녀를 일본에 있는 남편에게로 인도한 것은 바위(혹은 귀신 고래)다. 여기서 바위는 거북의 등표면과 유사하다. 황금색 또한 자기의 색으로서 황제의 상징이자 영원함과 고귀함의 표상이다.

2) 노현자 부부의 보호와 성장기

바리공주가 사라진 그때 타향산(陀香山) 서촌은 밤이면 서기(瑞氣)가 어리고 낮이면 구름과 안개가 자욱하게 끼었다. 타향산은 신선들이 노는 곳으로 알려져 있다. 낮은 어둡고, 오히려 밤에 상서로운 기운이 감돈다. 밤의 세계, 즉 무의식의 세계에 긍정적인 힘이 있다는 것이다. 서쪽은 해가 지는 곳으로서 종종 생의 마감이나 저승세계를 의미한다. 고대 이집트에서는 나일강의 서쪽에 죽은 자를 안치하는 피라미드나 무덤이 있었으며, 생명을 주는 신의 성전은 나일강의 동쪽에 안치했다. 죽음의 세계인 서촌에서 바리공주는 이제 진정한 무의식의 세계로 입문한다. 그곳에서 만난 최초의 인물은 가난한 노부부다. 낡은 모자를 쓴 늙은 이 부부는 자줏빛으로 된 바랑을 둘러매고 있다. 자주빛 바랑은 외부 형색은 초라한데 고귀한 내적 기품이 있음을 보여 준다. 비천함과 고귀함을 동시에 안고 있는 보라는 빨강과 청색의 혼합색으로서 대극의 결합을 의미한다(Abt, 2008, p. 100). 열정과 냉정함이 함께 녹아 있는 자주색은 종교적 지도자의 상징으로 알려져 있다. 그들은 황천경(皇天經)을 손에 들고 부처님을 찬양하는 노래를 부르며 걸어오고 있다. 죽은 자를 극락에 이르게 하는 경문으로 알려진 황천경을 소유한 그들은 저승과 극락을 왕래하는 인도자와도 같다.

그리스 신 헤르메스 또한 전령의 신으로 알려져 있다. 헤르메스는 제우스를 비롯한 신들의 전령이면서 동시에 죽은 자를 저승으로 안내하는 '영혼의 인도자(사이코포모스)'였다. 헤르메스와도 같은 그 노부부는 신령한 존재로서 융이 말하는 노현자 이미지를 지니고 있다. 노현자는 전체 정신인 자기의 전령으로서 자아를 자기의 영역으로 인도한다(CW 9i, par. 398). 자기의 표상인 부처님을 찬양하는 노부부의 흥겨운 노래는 그들의 감성적인 특성을 드러낸다. 그들은 또한 여성의 감정을 건강하게 활성화하는 데 도움을 주는 내적 인격이다. 노부부는 서촌으로 가는 길에 바닷가에서 눈부시게 빛나는 황금빛 옥함을 발견한다. '국왕칠공주'라고 쓰여 있는 옥함을 발견한 그들은 아무 말도 하지 못한 채 옥함 앞에서 경건한 마음으로 불경을 외우고 치성을 드렸다. 이것은 그들의 신비 체험을 보여 준다. 자아가 자기를 만나는 신비한 경험은 신인합일의 경지에서 발생하는 누미노제(numinose) 체험이다. 자기의 전령이 주인인 자기를 만난 것이다. 고대의 예언자들이 신으로부터 신탁을 받을 때 경험하는 황홀경이나 환상 체험은 이러한 신 체험을 수반한다. 황금 옥함은 신의 진정한 전령으로서 영매의 역할을 수행할 바리공주를 품고 있다. 그 옥함은 곧 자기의 보물상자다. 융에 의하면, 남성 노현자(wise old man)는 주로 남성의 꿈이나 환상에 나타나며, 여성에게는 그 이미지가 태모(great mother), 지하의 모신(chthonic mother), 지혜로운 노파(wise old woman) 등의 여성으로 나타난다(CW 9ii, par. 42).

> 노현자 인물은 꿈뿐만 아니라 환상적 명상(적극적 상상)에서 매우 창조적 형태로 나타난다. ……노현자는 꿈에서 주술사, 의사, 제사장, 교사, 교수, 할아버지 혹은 권위 있는 사람으로 나타난다. 사람, 요귀(hobgoblin) 혹은 동물의 형태 안에 있는 영(spirit) 원형은 통찰력, 이해, 좋은 충고, 결단, 계획 등이 요구되지만 우리 자신의 능력이 미치지 못하는 상황에서 나타난다. 그 원형은 간극을 메우도록 고안된 내용들을 통해 이런 영적인 결핍 상태를 보상한다(CW 9i, par. 398).

노부부의 경건한 태도는 옥함을 열게 했다. 우리가 알지 못하는 세계, 초월의 세계, 영의 세계에 대한 진지한 태도만이 무의식의 세계를 열게 한다. 합리적인 논증에 근거한 현대 과학적인 태도는 출생 이전과 죽음 이후의 세계에 대한 어떤 가능성도 열어 놓지 않는다. 그러나 우리의 정신세계는 우리가 알지 못하는 모든 가능성을 열어 놓는다. 우리는 옥함 속에 무엇이 있는지 알지 못한다. 그럼에도 불구하고 그 안에 우리가 알지 못하는 신비한 의미가 있다고 여긴다면 그 옥함에 대한 경건한 마음을 지닐 수 있다. 이는 마치 도저히 이해할 수 없는 정신분열증 환자를 대하는 것과 같다. 기괴한 환상과 터무니없는 논리를 나름대로의 질서 속에 넣고 그 안에서 결코 빠져나오지 않으려는 그들의 신비한 면모를 보지 못한다면 결코 치유의 기적은 일어나지 않을 것이다. 임상 현장에서 상담자가 내담자들을 하늘이 보낸 옥함이라 여기고 경건한 태도를 보인다면, 그들은 자신을 열어 보일 것이다. 노부부의 지성은 옥함을 열었고, 그 안에는 귀엽게 생긴 여자아이가 젖병을 문 채 들어 있었다. 생명의 원천인 '젖'은 바리공주를 지키고 있었다. 그것은 태모로부터 부여받은 신의 선물, 즉 모성적 생명력이다. 바리공주의 자아는 이제 옥함으로 상징되는 자궁에서 탄생되는 순간을 맞이하고 있다.

노부부는 바리공주를 '하늘이 내려 준 자식'으로 알고 지성으로 돌보았다. 봄, 여름, 가을은 들에서, 겨울은 굴속에서 지낼 정도로 가난한 그들은 아기 바리공주를 신의 선물로 여기고 극진히 키우기로 마음먹었다. 이는 마치 말구유에서 탄생한 아기 예수를 거룩하게 섬겨 하느님의 아들로 길러 낸 마리아와 요셉의 지극한 정성과도 같다. 융은 이러한 아이를 신적 아이(divine child) 혹은 아이영웅(child hero)이라고 불렀다(박종수 2009, p. 362; CW 9i, par. 281). 자기의 현현으로서의 신적 아이는 새로운 세계의 도래를 알리는 미륵불과도 같다. 바리공주는 노부부와 함께 조그만 초가집에 머물게 된다. 서양 동화에 출현하는 숲 속의 작은 오두막집과 같이 그곳은 초라하지만 모든 것이 갖추어져 있다. 하늘이 마련해 준 작은 초가집에서 지내다 보니 어느덧 7~8년이 지났다. 아이는 스스로 글을 깨우치고 바깥세상의 일까지 훤히 알았다. 신적 영웅의 비범성이 이제 드러난다. 바리공주의 내적 영혼인 로고스 아니무스는 그녀에게 지성과 통찰력을 선물한 것이다. 그녀는 이제 15세가 되었다. 숫자 15는 변화를 의미하는 숫자 7의 두 배에서 더 나아간 것이다. 이제는 때가 되어 더 이상 지체할 시간이 없다. 1, 2, 3, 4, 5를 모두 합한 수인 15는 다섯 손가락이 만드는 숫자들의 총합일 뿐만 아니라 숫자 14를 통합하는 중심점이기도 하다. 이것은 의식성을 수반하는 전체 영역의 창조를 드러낸다(Abt, 2008, pp. 163-164). 바리공주의 의식이 확장되어 이제 충분히 무의식의 세계를 넘나들 준비가 되었음을 의미한다.

바리공주가 작은 초가집에서 15년을 지낸 기간은 세상에 나가기 전에 거쳐야 할 준비기간으로 보인다. 지금도 아프리카 등지의 오지에서는 결혼할 처녀가 결혼하기 전 일 년 동안 집 밖으로 나갈 수 없는 곳도 있다. 그녀는 오직 집 안에서 조용히 지내면서 이후에 전개될 새로운 삶을 준비해야 한다. 티벳의 한 전통 마을에서는 마을의 제사장을 선출할 때 제사장 후보자가 토굴 속에 들어가서 3년 동안을 갇혀 지내야 한다. 사람들이 들여 보내는 음식을 먹으면서 어둡고 침침한 토굴 속에서 온갖 고초를 겪어 내야 한다. 이들의 고행은 새로 도래할 세계를 위한 준비기간에 해당된다. 미지의 세계는 불안과 공포를 불러일으킨다. 불확실한 변수에 대처하기 위해서는 특별한 고행이 필요하다는 것이 전통적인 생각이다. 바리공주는 타향산에 머무는 동안 원초적이며 실존적인 어둠과 불안, 고독 그리고 두려움과 공포의 시기를 보낸다. 원형적 부모인 노부부의 보호 아래 바리공주는 자신의 그림자를 경험하고, 어려운 시기를 성공적으로 보내게 된다. 그녀의 그림자는 부모로부터 버림받은 상처와 원한 감정으로 점철된 무의식의 어두운 인격이다. 태부모(great parents)가 제공한 편안하고 안정된 삶으로 인해 바리공주의 몸속에는 행복감이 퍼진다. 이제 과거의 상처는 아물고 안정된 심리구조가 자리를 잡는다. 상담자와 내담자의 관계도 이와 같다. 편안하고 안정된 환경은 건강한 상담자의 내적 힘에 의해 제공된다. 상담자가 제공한 편안하고 안정된 환경은 내담자의 심리구조를 지탱하는 단단한 토대가 된다. 상담자가 내담자의 일시적 퇴행에 공감하면서 기다려 줄 때, 내담자는 재생을 위한 에너지를 충전한다.

내담자는 상담자와의 관계를 부모와의 관계로 느끼는 경우가 많다. 이런 내담자의 정신세계에 동참하여 함께 여행하는 것이 곧 공감이다. 따라서 공감은 이해와 수용을 넘어선 일종의 일시적 퇴행(regression)이라고 말할 수 있다. 함께 퇴행하는 것은 상담자가 내담자의 행동뿐만 아니라 감정과 동일시된 상태로서 함께 내담자가 되는 순간이다. 거기에 옳고 그름의 판단은 없다. 단지 주체와 객체가 합일되어 창조의 세계가 전개되기 직전의 혼돈을 경험하는 것이다. 일시적으로 내담자와 함께 퇴행하여 공동의 정신적 과제를 경험하고 함께 일상으로 돌아오는 작업이 상담이자 심리치료의 과정이다(박종수, 2009, p. 390).

3) 부모와의 일시적 재회

바리공주가 은둔생활을 하는 동안, 오구대왕과 병온 부인은 갑자기 병에 걸려 자리에 눕게 된다. 점쟁이는 그 병의 원인을 '하늘이 내린 자손을 버린 벌'이라고 진단한다. 병이 낫기 위해서는 서천서역국(西天西域國)의 약수를 마셔야만 한다. 원래 인도를 의미했던 서천서역국은 인류가 궁극적으로 찾아가야 할 일종의 낙원에 해당된다. 성서의 에덴동산, 도교의 도솔촌, 불교의 서방정토가 대략 이와 같은 의미를 지닌다. 그곳은 세상 사람들에게 알려지지 않은 미지의 세계다. 누구도 근접할 수 없는 그 세계는 낙원의 세계이기도 하고 두려움과 공포의 세계이기도 하다. 미지의 세계는 우리에게 환상적인 행복을 주기도 하지만 한순간에 죽음으로 인도하기도 한다. 현존재가 미지의 세계로 들어가기 위해서는 현실적 원리를 모두 포기해야만 한다. 이성과 합리적 사고가 지배하는 현실원리는 그곳에서 더 이상 유용하지 않다. 살고자 하는 생명원리도 그곳에서는 죽음의 원리보다 못하다. 오히려 살려고 할 때 죽고, 죽고자 할 때 산다. 혼돈과 공포와 죽음이 곧 생명의 길임을 확인하는 곳이 바로 미지의 세계다. 이런 의미에서 융은 현대인에게 미지의 세계에 대한 두려움과 공포가 있다고 말한다.

> 우리는 아동과 원시인이 지닌 저 거대한 미지의 세계에 대한 두려움을 이해할 수 있다. 우리는 마찬가지로 어떤 위대한 미지의 세계와 접촉할 수 있는 그와 동일한 우리 내면의 어린이다운 두려움을 지니고 있다. 이것이 세계에 대한 두려움(a world-fear)이라는 사실도 모른 채(왜냐하면 정동의 세계는 보이지 않기 때문에), 우리가 가진 모든 것은 두려움이라는 정동이다. 우리는 단순히 그에 반하여 이론적으로 투사하거나 미신적인 관념을 지닐 뿐이다(CW 7, par. 324).

누가 그 환상의 세계이자 죽음의 세계로 갈 것인가? 그곳에 부모를 살릴 약수가 있다. 죽음의 세계 한가운데 있는 약수는 인간의 발자취가 없는 원초적 세계의 중심점에 있다. 융심리학 관점에서 보면 정신의 중심인 자기가 있는 바로 그곳에 생명을 살리는 약수가 있다(CW 9ii, par. 312 참조). 이것은 마치 사막 한가운데에 있는 오아시스나 광야의 샘물과도 같다. 생명수는 정신의 중심에 있기도 하면서 전체 인격 안에 스며 있다. 하나 안에 다양한 인격을 지닌 심리적 존재 그 자체가 바로 정신의 세계다. 서천서역국의 약수는 우주의 중심을 상징하는 숲 한가운데 있는 거대한 나무나 깊은 산골에 있는 옹달샘과도 같다. 새벽에 세수하기 위해 일어난 토끼가 깊은 산속 옹달샘의 물을 마시자 세수하기를 잊어버리는 원리다. 생명수로 내면의 갈증을 해소한 토끼는 더 이상 눈에 보이는 얼굴(페르소나)을 씻을 필요가 없다. 바리공주가 서천서역국의 약수를 구하는 과정은 아프로디테가 프시케에게 부과한 일 가운데 깊은 계곡 속에 있는 샘물을 발견하는 것과도 같다. 깊은 계곡에 숨겨진 샘물의 위치는 높은 곳에서 쉽게 확인된다. 독수리의 도움을 받아 그 과제를 해낸 프시케는 아프로디테의 시험에 통과하게 된다(박종수, 2009, pp. 273-275; Johnson, 2006a, pp. 90-124). 긍정적인 아니무스가 활성화된 높은 지성이 여성에게 깊은 통찰력을 제공한다.

오구대왕은 여섯 딸을 불러 모아 서천서역국에 가서 약수를 떠올 것을 부탁한다. 딸들은 이구동성으로 불가능함을 역설한다. 그곳이 '먼 곳'이라는 것과 '남자들도 못 가는 곳', 그리고 '언니들도 못 가는 곳'이기 때문이다. 미지의 세계에 대한 두려움과 상대적인 두려움에 휩싸인 사람들은 모험을 할 수 없다. 모험은 죽음을 통해 생명을 얻는 과감한 결단에서 감행되기 때문이다. 여기서 우리는 민담의 상징성을 볼 수 있다. 왜 딸들이 약수를 구해 와야만 하는가? 신하를 거느리고 있는 왕이 힘든 일은 딸들에게 시키고, 그리 어렵지 않은 일은 신하들에게 시키고 있다. 이처럼 이야기는 현실과 초현실을 넘나들며 상징적 표상을 통해 내적 의미를 전달하고자 한다, 부모의 생명은 자녀와 직접적으로 연관되어 있다. 이야기는 부모의 병은 자녀의 손에 의해 치유되어야 한다는 혈연 공동체의 뿌리 깊은 연대감을 보여 준다. 이것은 부모의 심리적 결핍이 자녀에 의해서 보상되는 경우가 종종 경험되는 것과 같다. 특히 딸들은 남아의 출생을 가로막고 있는 공동체의 부담이자 그림자의 표상이다. 죄의 멍에를 안고 있는 딸들이 지배원리인 왕을 구해야 한다. 여기서 우리는 딸들의 심리적 표상을 살펴볼 필요가 있다. 그들은 과도하게 넘치는 여성성이자 자신이나 집단을 위해 아무것도 할 수 없는, 그야말로 존재는 하지만 눈에 뜨이지 않는 유령과 같은 존재다. 그것은 공동체의 그림자로서 빛 속에서 자신을 감추며 살아가는 허깨비와 같다. 그럼에도 불구하고 여성성의 비대 자체가 모든 결핍을 초래하지는 않는다. 비대한 여성성이 스스로 남성성을 보완하여 심리적 균형을 이룰 수 있다.

구약성서에는 슬로브핫의 딸들에 대한 이야기가 소개되어 있다. 아들이 없이 다섯 딸만 두고 작고한 아버지의 재산을 지키기 위해 딸들은 모세에게 간청한다. 그 다섯 딸은 아버지의 유산을 지킨 대신에 다른 부족과 결혼할 수 없었다. 다른 부족에게 시집가게 되면 상속받은 아버지의 유산이 그 부족의 소유가 되기 때문이다(민수기 27장, 36장; 박종수, 2002, pp. 129-130). 이것은 딸부자 가족이 건강한 아니무스를 활성화함으로써 심리적 안정을 추구하는 것과 같다. 이에 비해 바리공주는 과도하게 발달한 언니들의 여성성을 보상해 주는 존재다. 바리공주의 죽음과 부활은 그림자가 부정적인 모습에서 긍정적인 에너지원으로 변모하는 과정을 보여 준다. 그것은 어둠 속에 갇힌 그림자가 빛의 일부가 되어 의식으로 통합되는 과정과도 같다. 오구대왕이 "딸들이 여섯이나 되지만 부모의 약을 구해 올 자식은 하나도 없다."며 탄식하고 있을 때, 아내 병온은 문득 바리공주가 생각났다. 죽을 때 죽더라도 예전에 버렸던 바리공주나 보고 죽고 싶었다.

오구대왕의 명을 받고 바리공주를 찾아 나섰던 신하 한 사람이 "천기를 살펴보니 타향 서촌에 밤이면 서기(瑞氣)가 어리고 낮이면 오색구름이 영롱하니 아무래도 공주님께서 그곳에 계신 것 같습니다."라고 전한다. 하늘의 별을 보고 예수의 탄생 지점을 찾아 나선 동방박사들 이야기처럼, 영웅 아이의 흔적은 하늘의 별자리와 같다(CW 9ii, par. 146). 그것은 신적 아이의 보금자리이며, 신성하고 거룩한 정신의 전체성으로 다가온다. 병든 부모의 자아의식이 신의 아이를 찾아 나섬으로써 정신의 중심에 다가서고 있다는 것을 암시한다. 밤의 상서로운 기운(瑞氣)과 낮의 오색구름은 밤으로 대변되는 무의식의 세계와 낮으로 대변되는 의식의 영역이 아름답게 조화를 이루는 모습을 그리고 있다. 이곳에서 신의 아이는 자라고 있다. 약화된 자아구조는 새롭게 다가오는 자기에 의해 강화된다. 자아와 자기의 새로운 관계 형성은 세계관에 대한 변화를 암시한다. 그것은 무지개를 통해 전달된다. 대홍수의 재앙에서 노아를 구해 낸 하나님이 무지개를 통해 새로운 세계의 도래를 알리고, 인간과 모든 생명과 함께 새로운 계약을 체결하는 장면이 성서에 소개되어 있다(창세기 9장). 오색찬란한 구름은 신의 옷이요 정신세계의 신비한 모습이다. 정신세계 역시 오색으로 대변되는 다양한 인격이 모여 하나의 아름다운 전체성을 이룬다.

오구대왕의 신하는 '날새도 길짐승도 들어오지 못하는 곳', 사람 출입이 거의 없는 서촌에서 노부부를 만난다. 우리가 한 번도 본 적이 없는 현자는 이처럼 심층적 원형의 세계에 있다. 융이 말하는 집단무의식의 세계는 원형적 세계이자 현대인과는 멀리 떨어진 미지의 세계다.

그런데 나의 주장은 다음과 같다. 완전히 개인적 본성과 오직 경험적 정신

> 으로 간주되어 온 우리의 직접적인 의식에 부가하여(우리가 개인무의식을 일종의 부록으로 간주하더라도), 모든 개인 안에서 확인되는 집단적, 보편적 그리고 비개인적인 제2의 정신체계가 존재한다는 것이다. 이런 집단무의식은 개별적으로 발전하는 것이 아니라 상속되는(inherited) 것이다. 집단적 무의식은 선재하는 틀들(pre-existent forms), 즉 원형들로 이루어지며 단지 이차적으로 의식될 수 있고 어떤 정신 내용에 뚜렷한 형태를 부여한다(CW 9i, par. 90).

신화적 세계와 이미 멀어진 현대인은 노현자의 음성을 듣지 못하거나 무시해 버린다. 저 머나먼 아프리카 오지에서 온 사람처럼 이상하고 초라한 행색으로 다가오는 고대의 현자는 이처럼 특별히 찾아오지 않으면 만날 수 없다. 바리공주는 그 신하에게 오구대왕이 보낸 사신이라는 증거를 요구한다. 공주가 태어났을 때 입던 안저고리가 증거였다. 왕이 적어 놓은 아기의 생년월일이 바리공주가 지닌 것과 동일한 것이었음에도 불구하고, 그녀는 또 다른 증거를 요구한다. 그것은 '금쟁반에 정안수를 떠서 그곳에 오구대왕의 무명지를 베어 피를 받아오게 하는 것이었다.' 바리공주는 금쟁반에 담긴 오구대왕의 피에 자신의 무명지에서 나온 피를 떨어뜨려 그 핏방울이 완전히 하나로 합쳐진 것을 확인한다. 이제 의심을 버린 바리공주는 즉시 부모에게로 달려갔다. 15년 만에 만난 부모는 병에 걸려 사경을 헤매고 있었다.

바리공주는 왜 신하가 가져온 안저고리를 인정하지 않고 아버지의 피를 요구하였을까? 갓 태어난 아기의 안저고리를 수용하는 것은 자신이 아기로서 아버지를 만나는 것과 같다. 그것은 미분화된 자아가 다시 모성의 자궁 안으로 회귀하는 것과 같다. 이제 충분히 숙녀가 된 15세 처녀는 아버지의 생명을 원한다. 동일한 무명지에서 나온 아버지의 피와 딸의 피가 하나가 된 것은 두 생명의 신비한 합일을 보여 준다. 정신분석 관점에서는 딸과 아버지 사이의 근친상간이나 딸이 아버지의 사랑을 요구하는 엘렉트라 콤플렉스를 상징한다. 그러나 융심리학은 신화 속에서의 부모와 자녀의 결혼을 의식과 무의식의 신비한 합일로 본다. 의식적 차원에 있는 딸이 무의식의 심층에 있는 원형적 아버지(부성 원형)와 통합될 때, 딸의 인격은 개별화된 존재로 나아간다. 그것은 신화 속의 신성한 결혼(sacred marriage)을 통해 현대인에게 전해진다(이유경, 2004, pp. 206-222 참조). 딸에게 아버지는 내적 영혼인 아니무스의 건강한 인격화를 위해 필수적 요소가 된다. 아버지에게 버림받은 딸은 그와의 화해를 통해 손상된 인격을 회복해야만 한다. 그때 비로소 딸의 내면에 존재하는 남성적 인격인 아니무스가 건강하게 활성화된다. 아니무스의 건강한 활성화는 남성에 대한 이미지를 개선시키며, 관계능력과 분별력을 증대시킨다. 부정적인 부성 콤플렉스를 지닌 딸은 건강한 남성을 만날 수 없다. 박해의 주체인 현실적 아버지는 딸의 아니무스로 하여금 그림자와 연합하게 하여 더욱 곤경에 빠트린다. 이런 차원에서 이유경(2010)은 바리공주 이야기를 부정적인 부성 콤플렉스가 활성화된 사례로 본다. 그녀에 의하면, 부정적인 부성상을 지닌 여성은 집단으로부터 소외된 삶을 살 뿐만 아니라 평생을 투쟁적으로 살아가게 된다고 주장한다(p. 87). 융에 의하면, 여성에게 아버지상은 영적인 성향으로 드러나며 말과 행동, 성향, 충동, 의견 등을 통해 표출된다(CW 9i, par. 396). 부정적인 아버지상을 내재한 딸은 부성 원형(이상화된 아버지 표상)의 밝고 건강한 면을 창조적으로 수용함으로써 새로운 아버지상을 정립할 수 있다. 내재화된 부정적인 아버지 표상은 특별한 심리적 경험을 통해 긍정적으로 변화되어 새로운 남성상(아니무스)을 형성한다. 바리공주는 아버지와의 합일을 통해 부정적인 부성 콤플렉스를 극복하고 새로운 차원의 관계로 진입하게 된다.

15년 만에 부모를 만난 바리공주는 "두 분께서 살아 계신 줄 알았으면 진작 찾아뵈었을 텐데, 불효한 자식이라 이제 찾아뵙게 되었으니 용서해 주세요."라고 간청한다. 한국의 효사상에 비추어 보면 당연히 건네야 할 자식의 말이다. 그러나 심리적 관점에서는 자녀의 죄책감은 부모와의 관계로부터 비롯된 것임을 알 수 있다. 부모에 대해서 알지 못한 것이 우선 자녀의 죄책감으로 남는다. 자녀는 엄마나 아버지가 생선을 좋아하시는데 자신이 먹고 싶은 과일을 사 왔을 때 죄책감을 느낀다. 자녀는 또한 부모에 대해서 알고 있는 사실에도 죄책감을 느낀다. 아버지 등 뒤에 혹이 있다는 사실을 안 자녀는 그것 때문에 미안해하거나 수치심을 느끼기도 한다. 부모의 은밀한 성생활이나 신체 부위를 본 것만으로도 자녀는 심한 죄책감을 느낀다. 포도주를 마시고 벌거벗은 채로 잠들어 있던 노아를 본 함이 아버지로부터 저주를 받는다는 성서 이야기(창세기 9장)는 부모와 자녀 사이의 금기가 심각한 죄책감과 수치심을 야기한다는 점을 암시한다. 자녀는 부모의 고통을 당연히 알아야 하며, 그렇지 못할 때는 죄책감에 시달리며 사회적 질시와 냉대를 받기도 한다.

바리공주의 죄책감은 사회문화적 인식뿐만 아니라 부모와 자녀 사이에 근원적으로 존재하는 일종의 실존적 죄책감이기도 하다. 실존적 죄책감은 사랑의 능력 부재를 느끼거나 태생적으로 부여된 책임을 회피하려는 공포와 함께 밀려든다(Kavaler-Adler, 2009, p. 45). 또한 실존적 죄책감은 자아의 독립과 부모로부터의 소외로 인한 긴장과 갈등이 곧 죄라는 심리적 경험을 반영한다(Neumann, 2010, p. 150). 바리공주의 죄책감은 자녀를 버린 부모의 죄책감으로부터 비롯된다. "내가 너를 버리지 않았으면 이러지는 않았을 것이다."라는 오구대왕의 자책은 유기하는 사람이나 유기당하는 대상 모두가 죄책감과 수치심으로 인격의 전체가 병들 수 있다는 사실을 상기시킨다. 유기하는 쪽은 자신의 인격의 일부를 방치함으로써 자기로부터 들려오는 양심의 소리와 그에 대한 처벌로 인해 두려움과 죄책감을 느낀다. 유기당하는 쪽은 자신의 무가치성과 무존재성으로 인해 심한 공포와 수치심을 느끼며, 자신이 하나의 존재로서의 책임을 다하지 못했다는 죄책감을 지닌다. 이처럼 죄책감은 주로 관계에서 비롯되며, 부모와 자녀 사이의 원형적(실존적) 관계로부터 시작된다. 자녀의 죄책감은 종종 자기비하로 이어진다. "아버지, 어머니, 그것도 모두 제가 타고난 팔자인데 어찌 원망을 하겠습니까?"라는 바리공주의 자조적 체념은 한편으로는 모든 것을 수용하는 잠재력에서 나온 것이고, 다른 한편으로는 자신의 처지를 비관한 비통한 심정에서 나온 것으로 볼 수 있다.

부모에 대한 자녀의 죄책감은 자기학대와 자기처벌로 나타나는 경우가 많다. "내가 너를 어떻게 키웠는데 네가 이럴 수 있어?" "내가 어떤 고생을 하며 너를 가르치고 있는지 알기나 해?" "다 너 때문에 우리 가족이 모두 고생하는 거야!" 부모가 내뱉는 이런 식의 말들은 자녀의 가슴에 대못을 박는다. 그것은 자녀에게 깊은 죄책감과 수치심으로 남아, 자녀는 어떤 방법을 써서라도 죄책감에서 벗어나고자 한다. 용서를 빌며 부모에게 아부를 한다든지, 분노로 발전한 죄책감이 부모를 공격하게 한다든지, 그렇지 않을 경우 자기 자신을 궁지에 빠트린다. 학교 성적이 오르지 않아서 부모에게 죄송하다는 편지를 남기고 죽어 가는 어린 청소년들은 부모가 심어 준 죄책감의 희생자들이다. 바리공주 또한 자신의 죄책감을 덜어 내기 위해 자기처벌을 감행한다. 착한 아이 콤플렉스는 사회적 미덕인 효라는 가면을 통해 위대한 헌신으로 탈바꿈하게 된다. 자신 또한 영웅적 행위를 통해 심리적인 보상을 받는다. 물론 바리공주의 서천서역국행은 다른 상징적 의미를 담고 있다. 그녀의 여정은 일단 죄책감을 덜어 내고 부모에게 효도하려는 의도에서 출발한다. 동시에 미지의 세계에 대한 여행은 바리공주의 또 다른 변신을 예고한다. 그것은 부모를 떠나 성인이 되기 위한 통과의례요, 이미 쇠약해진 기성세대의 오류를 바로잡고 새로운 시대를 열기 위해 영웅이 가야 할 필연적 과정이다. 그 과정은 한 번도 경험해 보지 못한 죽음의 세계에서 펼쳐지는 무시무시한 여정이다. 바리공주는 또다시 버려져 죽음에 대한 공포와 맞서 싸워야 한다. 그러나 이제는 타의에 의해 버려지는 것이 아니라 자의에 의해 버려짐을 택한 것이다. 그것은 스스로 택한 고행의 길이며 고독과의 싸움이다. 이런 관점에서 융은 아동의 유기감이 오히려 대극을 통합하여 새로운 창조력의 원동력이 될 수 있다고 주장한다.

> 유기, 방치(exposure), 위험 등은 아동의 사소한 시작과 그 신비하고도 기적적인 출생에 대한 모든 기술(elaborations)이다. 이런 언급은 어떤 창조적 본성에 대한 심리적 경험이다. 그 목적은 새롭지만 아직 알려지지 않은 내용의 출

> 현이다. 개인의 심리에서는 언제나 그와 같은 순간에 적어도 의식적 생각에 어떤 탈출구도 없어 보이는 심각한 갈등 상황이 존재한다. 그러나 이런 대극의 와해로부터 무의식적 정신은 의식적 생각이 기대하거나 이해하지 못하는 언제나 비합리적인 본성의 세 번째 대안을 창조한다(CW 9i, par. 285).

4) 서역국을 향한 여정

눈물로 하직한 바리공주가 서역국에 가기 위해 준비한 물품의 목록은 맏언니의 저고리, 둘째 언니의 치마, 셋째 언니의 고쟁이, 넷째 언니의 속옷, 다섯째 언니의 버선, 여섯째 언니의 댕기다. 여기에 약수를 뜰 주발과 은동이, 무쇠신과 무쇠지팡이가 바리공주의 서역행을 돕기 위해 선택된다. 이것들은 무엇일까? 언니들로부터 획득한 모든 것은 바리공주에게 반드시 필요한 것들이다. 특히 여성에게 필요한 겉옷과 속옷 그리고 버선이나 댕기처럼 여성성을 드러내는 표상들이다. 언니들로부터 필요한 것들을 하나씩 모아 자신의 몸에 걸친 바리공주는 이제 칠공주의 합이 된 것이다. 부분이 모여 전체가 된 것이다. 언니들과 자신이 전체를 이루어 새로운 역사를 쓰려고 하고 있다. 언니들로부터 획득한 것들은 바리공주 인격의 일부로서 전체를 위해 없어서는 안 될 중요한 것들이다. 그러나 그것들은 한곳으로 모이기 전에는 언니들을 통해 드러난 바리공주의 어두운 면들이다. 그녀의 열등감과 죄책감 그리고 수치심이 반영된 언니들의 인격이 바리공주의 자아와 통합될 때, 그것은 정신의 전체성을 향해 나아간다. 그림자들이 자아에 의해 통합되면, 여성적 자아는 내면의 인격인 아니무스를 경험하게 된다. 무쇠신과 무쇠지팡이는 남성적인 강인함을 드러낸다. 여성적인 의식과 남성적인 무의식성(아니무스)이 결합하여 정신은 균형과 조화를 이룬다. 정신의 안정된 기반 위에서 서역국의 여정은 시작된다. 미지의 세계, 곧 죽음의 세계를 여행하기 위해서는 이처럼 안정된 토대가 요구된다. 내담자와 함께 미지의 세계를 여행하고자 하는 상담자에게 편안하고 안정된 심리구조가 요구되는 것도 바로 이러한 이유에서다.

산을 넘고 물을 건너 서쪽 먼 곳으로 간 바리공주가 처음 만난 사람들은 빨래하는 아낙네들이다. 서역국 가는 길을 묻자 그들은 검은 빨래를 눈처럼 희게 해 주기를 요구한다. 바리공주는 우선 정화의 과정을 거치고 있다. 그녀는 검게 때가 묻은 의식의 찌꺼기를 벗어 내야 한다. 동시에 동일한 옷에서 검정과 흰색으로 대변되는 대극을 경험해야 한다. 동일한 대상이 좋은 엄마도 될 수 있고 나쁜 엄마도 될 수 있다는 우울한 과정을 거쳐야만 한다. 클라인은 이 두 대극이 통합될 때 진정한 분리가 된다는 점을 예시한다. 빨래하기는 전통적으로 여성성을 드러내는 표상이기도 하다. 그녀가 빨래하기를 통해 자신이 여성임을 자각할 때, 모든 이의 고통과 질병을 치유하는 정화의 신이 된다. 바리공주는 두 번째 만난 남성으로 인해 무쇠로 된 다리 아흔아홉 칸을 놓게 된다. 강한 남성적 표상인 무쇠다리는 남근의 상징적인 힘을 드러낼 뿐만 아니라 이승과 저승, 현실과 초현실을 잇는 연결 수단이기도 하다. 그것은 의식과 무의식의 중재자인 아니무스의 전형적 성격을 반영하기도 한다. 숫자 99 역시 3의 33배로서 완전수 3을 내포한다. 바리공주의 여정이 점점 중심에 이르렀다는 것을 암시한다. 세 번째 만난 사람은 탑을 쌓는 일을 바리공주에게 위임한다. 탑은 나무, 돌, 벽처럼 남근의 상징으로 드러나기도 한다. 동시에 탑은 높은 산처럼 인간의 문화와 의식의 상징으로서 멀리 볼 수 있는 능력을 의미한다(Neumann, 2012, p. 136).

이제 여성이 탑을 쌓는 남성적인 일을 해야 한다. 남성과 여성의 구별이 점점 없어지고 있다. 그것은 여성성과 남성성이 무질서하게 섞인 혼돈의 상태가 아니다. 오히려 탑이라는 종교적 상징을 통해 인격의 두 측면이 극적으로 통합되는 과정이다. 바리공주는 탑을 쌓는 과정에서 옷에 흙이 묻고 손에 피가 흐르는 것도 감수해야만 한다. 남성과 여성은 주로 해와 달의 이미지로 표출되며, 그것은 판단과 통찰력을 상징하는 로고스와 관계성을 상징하는 에로스로 대변된다(CW 14, par. 224). 융에 의하면, 여성성은 달의 온화한 빛으로서 모든 것을 통합하는 관계능력을 담지한다.

> 우리는 달이 어두울 뿐만 아니라 빛의 제공자이기 때문에 의식을 대변할 수도 있다는 사실을 간과해 왔다. 이것은 실로 여성의 경우에도 적용된다. 그녀의 의식은 태양보다는 오히려 달의 특성을 지닌다. 그 빛은 달의 '온화한(mild)' 빛으로서 사물들을 분리하기보다는 함께 모은다. 달은 낮의 거칠고 반짝이는 빛처럼 대상을 모든 냉혹한 독립성과 분리 속에서 드러내 보이지 않는다. 그 대신 달은 어떤 현란한 미광(deceptive shimmer) 속에서 가깝거나 먼 것을 혼합하여 주술적으로 작은 것을 큰 것으로, 높은 것을 낮은 것으로 변화시킨다. 그것은 모든 색을 청색의 아지랑이로 부드럽게 만들며, 야간의 풍광을 하나의 의심 없는 통합으로 혼합한다(CW 14, par. 223).

바리공주는 네 번째 만난 사람을 위해 수건을 빨아 주고 서역국으로 가는 길을 알고자 한다. 그녀는 탑을 쌓다가 더러워진 자신의 몸을 씻듯이 더러워진 수건을 하얗게 빨아야 한다. 그래야 스님을 만날 수 있다. 처음에 아낙네들의 검은 빨래를 희게 빨았던 바리공주는 다시 한 번 정화의식을 거쳐야 한다. 이것은 개성화의 여정을 보여 준다. 한번 정화되었다고 해서 영원히 순수한 상태로 남지 않는다. 우리는 계속해서 정화의 과정을 거쳐야 한다. 기독교 신학에서 논의되고 있는 칭의(justification)와 성화(sanctification)는 개성화의 상징성을 잘 드러낸다. 믿음으로 인해 한번 의롭게 되었더라도, 그 의로움은 평생을 두고 지속되며 거룩한 상태로 변화되어야 한다. 그때 비로소 기독교인은 천국의 백성이 된다.

종교지도자인 스님은 신성한 정신 영역을 대변한다. 스님의 등장은 바리공주가 자신도 모르게 전체 정신인 자기의 영역으로 들어왔음을 암시한다. 스님에게 서역국 가는 길을 묻자, "길에서 바둑을 두는 부처와 보살에게 물어라."라고 한다. 바리공주에게 서역국을 안내한 스님은 폰 프란츠(von Franz, 2002)가 제시한 아니무스의 세 번째 단계로 보인다. 여성에게 아니무스는 처음에는 운동선수로 대변되는 힘의 화신으로 나타나, 두 번째 단계에서는 계획된 활동력을 부여하는 요인이 된다. 세 번째 단계의 아니무스는 주로 교수나 성직자로 나타나 여성의 의견을 대변한다. 마지막으로, 아니무스는 소피아처럼 영적 화신으로 나타나 의식과 무의식을 매개한다(p. 36; 박종수, 2009, p. 273에서 재인용). 여성에게 건강한 아니무스가 활성화될 때, 비로소 자기와의 교감이 시작된다. 융은 자기(self)의 개념을 다음과 같이 정의한다.

> 경험적 개념으로서의 자기는 정신 현상의 전체 영역을 지칭한다. 전체로서의 인격의 통합체인 자기는 부분적으로밖에 인식되지 않는다. 왜냐하면 인격은 의식 영역과 무의식 영역 모두를 포함하기 때문이다. 따라서 자기는 자아와 페르소나의 관계성 안에서 부분적으로만 인식되며, 대체로 무의식의 역동에 숨어 있다. 따라서 정신적 전체로서의 자기는 의식적이면서 동시에 무의식적이다. ……경험적으로 자기는 꿈, 신화, 환상 속에서 초월적 인격, 예를 들면 왕, 영웅, 예언자, 구원자 등으로 나타난다. 혹은 원, 정방형, 십자가 등의 전체성의 상징으로 나타나는 자기는 선과 악, 양과 음, 영웅과 대적, 원수지간 등의 상반된 두 요소가 함께 작용하는 대극의 연합을 묘사한다(CW 6, pars. 789-790).

5) 서역국에서의 고난과 약수 획득

자신도 모르게 서역국에 도착한 바리공주는 바둑을 두고 있는 석가여래와 아미타불에게 서역국 가는 길을 묻는다. 대승불교에서 서방정토 극락세계에 머물면서 법(法)을 설파한다는 아미타불의 등장은 바리공주가 이미 서역국에 있음을 보여 준다. 서역국의 입구에 부처와 보살이 있고, 그들은 바둑을 둔다. 모든 사람이 동경하는 서역국! 그 미지의 세계는 놀이로 시작된다. 바둑놀이는 혼자 하는 것이 아니라 반드시 대상을 필요로 한다. 서로 비슷한 실력을 지닌 두 대극이 한바탕 놀이를 통해 하나가 된다. 승자나 패자 모두가 즐기는 바둑놀이야말로 바로 신선들이 즐기는 놀이다. 놀이할 줄 아는 사람만이 서역국에 들어갈 수 있다. 놀이야말로 모든 즐거움과 에너지의 원천이다. 놀이를 통해 인간은 모든 고난과 시련을 잊고 새로운 삶을 살아갈 에너지를 얻는다. 내면에 잠재된 모든 억압과 고통스러운 기억이 놀이를 통해 해소되고 그 의미가 전달된다. 한계와 규정이 있는 놀이 공간은 현실을 대변하며 의식과 무의식을 연결하는 통로다. 심리치료에서 놀이를 중시하는 것도 바로 이런 이유에서다.

> 중간 영역으로서의 놀이 공간은 현실적 삶의 영역을 대신한다. ……놀이 공간 안에 이야기를 꾸미는 것은 자유연상에 의한 의식화 작업의 일환이며, 이 과정에서 치료 효과가 발생한다. 무의식에 억압된 내용이 놀이를 통해 의식세계로 표출되는 순간, 내담자는 의식과 무의식 사이의 막힌 담을 부수는 체험을 하게 된다. 놀이치료의 핵심은 바로 여기에 있다. 언어로 표현하지 못하는 무의식의 내용은 놀이를 통해 자연스럽게 의식화된다(박종수, 2009, p. 225).

바둑판은 흑과 백의 대립이자 조화다. 바둑놀이는 또한 바둑판을 떠나서 할 수 없다. 흑과 백으로 된 바둑알은 오직 바둑판 위에 있을 때 창조적 힘을 발휘하는 놀이 도구가 된다. 바둑판은 이때 현실적 세상이 되며, 그 위에 놓인 바둑알들은 긴장과 갈등 속에서 살아가는 세상 사람들이다. 모래놀이 상자처럼 현실적 한계 안에서 살아가야 하는 인간의 실존적 정황이 놀이판을 통해 재현된다. 놀이는 의식과 무의식의 내용이 만나는 중간 영역이자 아동에게 자신을 넘어서 사회로 나가는 중간단계를 제공한다. 놀이를 통해 환상과 현실은 절묘하게 조화를 이루어 창의력과 적응력을 높인다. 바리공주는 앞으로 다가올 더 큰 고난을 위해 어느 정도 쉼이 필요하다. 바둑놀이는 쉼을 통해 새로운 창조를 위한 힘을 저축하는 상징적 행위이기도 하다.

서역국을 묻는 바리공주에게 부처와 보살은 "이미 육로를 삼천 리나 왔지만, 이제야말로 험로를 삼천 리 더 가야 한다."라고 말한다. 지금까지의 고행은 이제 다가올 지옥 같은 고통을 위한 준비단계에 불과하다. 여기서도 숫자 3이 연속으로 나열된다. 거의 다 왔지만 아직은 미완성이란 의미다. 바리공주는 아미타불로부터 여행 중의 어려움을 해결해 줄 낭화(浪花) 세 가지와 험한 길을 평탄하게 할 금지팡이를 받는다. 여기서도 서역국을 향해 출발할 때처럼 여성성의 표상인 꽃과 남성성의 표상인 지팡이가 한 쌍이 되어 그녀를 돕는다. 무쇠지팡이는 서역국에 이르러 어느덧 금지팡이로 변해 있다. 바리공주 내면의 남성상인 아니무스가 무쇠에서 금으로 변한 것이다. 단단하지만 부러지기 쉬운 아니무스는 자기의 색상인 황금색이 된 것이다. 태양과 같은 금속인 금은 변하지 않는 영원성을 상징하며, 영원한 내면의 정신적 중심을 나타낸다(Abt, 2008, p. 94). 밀국수의 일종인 낭화는 그녀의 결혼식이 임박했음을 알리는 징표로 보인다. 결혼식에서 국수를 먹는 한국인의 전통이 엿보이며, 그 낭화는 마치 결혼식장에서 부케를 든 예비 신부를 연상하게 한다.

부처가 준 선물을 들고 길을 떠난 바리공주는 인간이 살 수 없는 죽음의 세계로 진입한다. 칼산 지옥, 불산 지옥, 한빙 지옥, 구렁이 지옥, 뱀 지옥, 물 지옥, 암흑 지옥 등 무려 팔만사천 지옥을 지나야 한다. 지하세계의 어두운 면을 상징적으로 묘사하고 있는 지옥의 풍경은 마치 무의식 세계의 어둠으로 보인다. 우리에게 무의식의 세계는 대체로 공포의 영역으로 경험된다. 그것은 그 세계가 불안과 공포로 구성되었기 때문이 아니라, 결코 경험해 보지 못한 미지의 세계에 대한 두려움이 반영된 결과다. 융이 말하는 집단무의식은 원형의 세계로 인류의 조상들이 경험한 원시적 세계의 표상이다. 생명과 죽음의 원초적 영역인 무의식이 의식에 표출될 때 자아는 일단 두려움과 공포를 느낀다. 그것은 마치 인간이 신을 경험하는 것과 같다. 두려움과 공포로 다가오는 신을 인간이 일단 경험한 후에는 한없는 사랑과 자비의 신을 만나게 된다. 원형의 이중성, 즉 밝은 면과 어두운 면은 마치 동일한 영역 안에 천국과 지옥이 공존하는 것과도 같다. 바리공주가 경험할 죽음의 세계 또한 이와 같다. 원초적 세계의 죽음은 항상 생명을 동반한다. 그 생명은 죽음의 유혹과 공포를 극복할 때 주어진다. 바리공주가 경험한 팔만사천의 지옥은 팔만사천의 법문이 있다는 대장경(大藏經)을 암시한다. 누구나 법문에 이르기 위해서는 지옥과 같은 고행이 따른다는 것이다. 융이 말하는 원형의 대극성은 마치 선과 악의 두 측면이 역설적으로 혼합되어 있는 것과도 같다.

> 원형은 그 자체로 선하거나 악하지 않다. 그것은 도덕적으로 중립적이다. 원형은 마치 고대의 신과도 같아서 오직 의식적 마음과 접촉할 때만 선하거나 악하게 되거나, 선과 악의 두 측면이 역설적으로 혼합되어 있는 것과 같다. ……그와 같은 수많은 원형적 이미지가 있으나 그것들이 중립적인 상태에서 이탈하여 활성화되지 않으면 개인의 꿈이나 예술을 통해 드러나지 않는다. 의식적 생활이 일방적이거나 거짓된 태도를 수용할 때, 개인이나 시대를 초월해서 언제라도 이런 이미지들이 '본능적으로' 꿈이나 예술가 혹은 예언자의 환상을 통해 수면 위로 떠올라 심리적 균형을 회복한다(CW 15, par. 160).

바리공주는 마침내 구름과 바람이 쉬어 가는 곳인 철성(鐵城)에 이른다. 항상 이동하는 에너지와 같은 구름과 바람도 이 철성을 지나칠 수 없다. 그것은 죄책감이 모든 인간의 실존적 정서임을 암시한다. 죄인을 다스리는 그곳에서 사람들의 신음소리가 들려온다. 등골이 오싹해진 바리공주는 아미타불로부터 받은 낭화 세 가지를 흔들었고, 우람하던 철성은 무너지고 죄인들이 빠져나온다. 외부세계와 단절된 철성은 바리공주의 닫힌 세계관을 암시한다. 유기 경험이 있는 사람들은 대체로 사람들을 신뢰하지 못한다. 그리하여 자신만의 세계에 갇혀 지내다가 자폐적 성향을 띠기도 한다. 죄인들과 동일시된 바리공주의 죄책감은 철성에 갇혀 있었고, 부드러움과 여성성으로 상징되는 낭화를 통해 해소되어야 한다. 바리공주는 낭화를 흔들어 눈, 팔, 목이 없는 사람들을 극락세계로 천도한다.

한참을 지나가다가 삼천 리나 되는 긴 강을 만나자 바리공주는 금지팡이를 강물 위로 던졌다. 그러자 강물 위에 오색 찬란한 무지개 다리가 놓였다. 이 장면은 바리공주가 발견될 당시 오색구름이 영롱한 타향 서촌의 상서로운 기운과도 같다. 노아의 무지개처럼 바리공주 또한 하늘의 다리인 무지개를 본다. 그 다리는 사실 바리공주 자신이 놓은 것이다. 서역국에 가는 도중에 무쇠다리 아흔아홉 칸을 놓아 준 것이 이제는 하늘의 무지개가 된 것이다. 지상과 천국을 이어주는 무지개다리야말로 바리공주의 신성한 체험을 보여 주는 표상이다. 초월의 세계에 대한 경이로운 신비감이 공주를 감싸고 있다. 공주는 신이 거하는 중심, 즉 자기의 영역에서 초월의 경지에 이른다. 무지개를 타고 강을 건너자 무섭게 생긴 남성이 앉아 있다. 그는 동수자 혹은 무장승(혹은 무상신선)이라고 부르는 서천서역의 문지기였다. 사찰 입구에 서 있는 무시무시한 얼굴에 큰 몸집을 지닌 사천왕상의 모습과도 같다. 하늘에 닿을 만큼 큰 키, 등잔 같은 눈, 쟁반 같은 얼굴, 석자 세 치나 되는 발을 가진 거인 무장승이 바리공주에게 길 값을 요구한다. 죽은 자를 천도하는 진오귀굿에서 저승길을 위한 여비를 요구하는 것도 바로 이 때문인 것 같다. 길 값을 준비하지 못한 바리공주는 길 값으로 무장승을 위해 3년씩 세 번이나 나무를 하고 불을 때고 물을 길러 주느라 9년을 보낸다. 숫자 3이 세 번이나 되풀이되었으니 이제 거의 완성에 이른 셈이다. 동시에 숫자 9는 8+1로서 좀 더 분화된 수준에서의 새로운 시작을 의미한다. 앱트(Abt, 2008)에 의하면, 숫자 9는 또한 강한 여성적 수용성을 의미한다. 임신에서 출산까지 아홉 달이 소요되므로 마야인에게 아홉은 달의 여신을 나타내는 신성한 숫자였다(p. 149).

나무를 하고 불을 때고 물을 긷는 행위는 전통적인 여성상을 보여 준다. 바리공주는 서서히 성숙한 여인상을 드러낸다. 이때 무장승은 그녀에게 청혼을 한다. "그대는 겉차림이 남루하여 보이지만 앞으로 보면 국왕의 기상이요 뒤로 보면 여인의 몸이니, 그대가 나의 아내가 되어 아들 일곱만 낳아 주면 그대의 뜻을 이루어 드리리다." 남성적 이미지인 국왕의 기세가 전면에 드러나고 뒷면에 여성성이 숨어 있다는 것은 바리공주의 여성성이 아직은 활성화되지 않았음을 암시한다. 죽음의 세계를 지나는 동안 바리공주는 자신도 모르게 국왕의 기세를 보여 줄 만큼 남성화되었던 것이다. 폰 프란츠(2002)는 부정적인 아니무스에 의해 지배당하는 여성의 모습을 비밀스러운 팽창으로 간주한다.

> 아니무스에 의해 사로잡힌 모든 것은 일종의 비밀스러운 팽창이다. 그것은 마치 남성의 경우 아니마에 의해 사로잡힌 모든 경우와도 같다. 아니마와 아니무스는 실로 방대한 초인격이다. 그 둘은 신적인 영역인 집단무의식에 속한 반면, 그림자는 개인무의식에 속한다. 만약 지속적인 비판을 주도하는 아니무스에 의한 기준들을 점검한다면, 당신은 그 기준들이 항상 일종의 집단적 진리이며 개인을 훨씬 초월한 어떤 것임을 알게 된다. 따라서 아니무스와 동일시된 모든 것은 일종의 매우 불쾌한 팽창이다(pp. 39-40).

아니무스에 사로잡힌 여성은 대체로 다음과 같은 심리적 상태에 이른다. 그녀는 고집이 세거나 원칙을 고수하고, 매사에 규칙을 정하거나 교리적이며, 세상을 개혁하려고 하고, 이론에 밝으며, 소문을 잘 퍼트리거나 논쟁적 또는 지배적이다(CW 9i, par. 223). 아버지는 '로고스'로 대변되는 딸의 생각(mind)이나 영성(spirit)에 영향력을 발휘한다. 아버지의 영향력은 딸의 지성을 증가시킴으로써 결국 제정신이 아닌 아니무스에 사로잡힌 상태로 인도한다(CW 5, p. 272; 박종수, 2009, pp. 277-278).

여성성의 결핍은 과도한 남성성의 보상을 요구한다. 그 결과, 몸은 여성이면서 모든 사고와 행동은 마치 남성처럼 하는 경우가 있다. 부정적인 아니무스에 사로잡힌 여성의 전형적인 모습이다. 이때 모성은 약화된 여성성을 보완한다. 자녀의 잉태와 생산을 통해 여성은 생명의 원리를 온몸으로 경험한다. 그때 비로소 한 개인적 여성이 세계를 품을 위대한 어머니로 탄생한다. 바리공주의 일곱 아들은 이제야 일곱 공주로 인해 비대해진 여성성을 보상하게 된 것이다. 병온의 연약한 모성성이 과도한 여성성을 초래했고, 그것은 남성성의 보상으로 인해 균형과 조화를 이룬 것이다. 바리공주의 비대해진 여성성이 모성성의 회복으로 인해 진정한 여성으로 부활한 것이다. 그것은 서역국에서의 죽음의 경험과 내적 인격인 아니무스를 통해 이루어진다. 바리공주에게 부정적인 아니무스로 나타난 무장승은 이제 여성성을 보상하는 긍정적인 에너지원으로 변화한다.

무장승과 결혼하여 일곱 아들을 낳은 바리공주가 부모님을 치료할 약수가 있는 곳을 알려 달라고 하자, 그는 바다와 꽃을 구경하고 가라고 한다. 무장승은 여전히 바리공주에게 모성적 바다와 여성적 꽃을 요구한다. 그럼에도 불구하고 마음이 급한 그녀에게 그동안 길어 온 물이 서역국 약수임을 밝힌다. 나무하러 갈 때 베던 풀인 계안주와 뒷동산의 숨살이, 뼈살이, 살살이의 삼색 복숭아꽃이 약수와 함께 사용될 재료였다. 바리공주가 경황이 없을 때 무장승은 꿈을 꾼다. "지난밤 꿈에 초경에는 금관자가 부러진 것을 보았고, 이경에는 은관자가 부러진 것을 보았으니 아마도 부모님의 생명이 위기에 닥쳐 온 것 같습니다." 금관자와 은관자는 한 쌍으로서 부부나 부모를 의미한다고 볼 수 있다. 동시에 그 꿈은 약화된 이전의 지배 세력이 그 수명을 다했음을 알리는 동시에 새로운 시대의 도래를 선포하는 꿈이다. 무장승의 꿈은 바리공주가 부모님께 돌아가도록 하는 동기를 부여함과 동시에 그녀의 신적 능력을 세상에 알리는 기회를 제공한다. 바리공주는 가지고 간 금바가지로 약수를 떠서 금동이에 담아다가 무장승과 함께 부모님께 향한다. 바리공주에 대한 다른 전승은 바리공주가 아들 셋을 낳자 동수자가 약수를 주고 하늘로 갔다고 전한다. 무장승의 동행은 남성의 역할을 부각시키려는 후대의 첨가로 볼 수 있다.

6) 귀향과 떠남

무장승과 함께 돌아오는 길은 바리공주가 서역국으로 가던 길과는 정반대였다. 처음 길이 죽음의 공포와 죄책감으로 인한 불안과 공포가 난무한 어둠의 길이었다면, 이제는 환희와 희망이 있는 극락세계의 길이다. 바리공주에게는 가는 길과 돌아오는 길이 달랐을까? 그녀는 아마 동일한 길을 전혀 다르게 경험했을 것이다. 갈 때는 험난했던 등산길이 돌아올 때는 같은 길인데도 편하게 느껴지는 것과 유사하다. 일곱 아들과 더불어 고향에 돌아오는 바리공주의 발길은 한편으로는 무겁고 다른 한편으로는 은근한 기대와 설렘이 있었을 것이다. 생명이 위독한 부모님으로 인한 걱정과 함께, 그녀의 내면에는 새로운 세상을 열어 갈 힘찬 에너지가 있다. 버려진 자녀가 버린 부모를 구원하는 역설적 진리가 현실화되는 순간이다.

갈치산, 대세지, 황천강, 유사강을 지나자 피여울 피바다에 수많은 배가 잇달아 떠오른다. 그 가운데 연꽃으로 꾸미고, 거북이를 받들고, 청룡과 황룡이 끌고 오는 배가 있다. 그것은 마치 부처가 떠오르는 태양처럼 죽음의 바다를 이기고 부활하는 것과 같다. 그 배는 세상에서 착한 일을 한 사람들을 극락으로 인도한다. 웃음과 향기가 가득한 다음 배 역시 착한 마음으로 한평생 살았던 사람들을 극락으로 인도한다. 그러나 살기가 등등한 세 번째 배는 악한 일을 일삼은 자들을 열탕 지옥과 칼산 지옥으로 데려가고 있다. 물 가운데 있는 돌바위 위에 불빛도 꺼진 채 주인 없이 얹혀 있는 네 번째 배에는 자식 없이 죽은 자나 해산하다가 죽은 자들이 길을 잃고 헤매다가 바다 위에 얹혀 있었다. 서역국으로 가는 과정에서 다른 이들의 도움을 많이 받았던 바리공주는 이제 그들을 위해 축복한다. 서역국으로 가는 길에서 머물렀던 철성에서 죄책감으로 인한 공포에 사로잡혔던 그녀는 이제 죄인들을 위한 구원자로 변신해 있다. 불교적 색채를 띠고 있는 바리공주는 여기서 지장보살의 역할을 수행한 것으로 보인다. 지옥에서 중생을 구제하는 지장보살의 이미지가 바리공주에게 전수되고 있다.

바리공주가 무장승과 일곱 아들을 데리고 고향에 도착하자 웬 상여 소리가 들린다. 오구대왕 부부는 이미 죽어 저승을 향해 가고 있었던 것이다. 슬픔과 비통함에 젖은 바리공주는 서역국에서 가져온 약수를 아버지와 어머니의 입에 넣었고, 그들은 다시 소생한다. 오구대왕도 이제야 바리공주를 알아보고 눈물을 흘린다. 그가 죽기 전에는 알아보지 못한 딸을 죽고 나서 알아본 것이다. 죽음이 그의 눈을 뜨게 한 것이다. 마치 심학규가 심청이의 죽음으로 눈을 뜬 다음에 자신의 딸을 알아본 것과 같다. 이처럼 죽음의 경험은 새로운 생명력과 통찰력을 선물한다. 오구대왕이 살아났다는 소식을 들은 딸들은 재산 싸움을 하다가 도망쳤고, 바리공주는 나라의 반을 주겠다는 오구대왕의 제안도 거부한 채 서역국 보살수륙제의 공양을 받게 하였다. 후대의 첨가물로 여겨지는 후반부는 남편인 무장승으로 하여금 산신제와 평토제수를 받게 한 내용과 일곱 아들로 하여금 저승의 십대왕이 되어 먹고 입을 수 있게 하였다는 내용으로 끝을 맺는다. 후반부에서 여전히 주목할 내용은 부모의 허락 없이 무장승과 결혼한 것에 대한 바리공주의 죄책감과 그에 대한 용서를 구하는 내용이다. 그럼에도 불구하고 유교적 봉건질서와 불교적 종교의식이 혼합된 바리공주 이야기는 고대의 원형적 구조를 거의 그대로 보존하고 있다.

바리공주의 서역국 여행은 태양의 순환 주기와도 같다. 태양은 낮에 하늘에 떠 있다가 밤이 되면 바다에 가라앉는다. 태양은 모성의 자궁에 의해 삼켜지고, 바다는 태양을 다시 출산한다. 태양은 한동안 어둡고 캄캄한 밤바다를 여행한 후에 새벽이 되면 다시 바다를 밀치고 하늘로 솟아오른다. 어둠을 밝히고 만물에게 생명의 에너지를 주는 태양이 되기 위해서는 매일 밤바다를 여행해야만 한다. 융은 이것을 '밤바다의 항해(night sea journey)'라고 불렀다(CW 5, par. 306-312 참조).

> 밤바다의 항해는 일종의 지옥(Hades)으로의 하강(descensus ad inferos)과 영령들의 땅으로의 여정이다. 그곳은 이 세상을 초월해 있으며 의식을 초월해 있다. 따라서 그것은 무의식으로의 잠식(immersion)이다(CW 16, par. 455).

이집트의 『사자의 서』에 나타난 바와 같이 해가 지고 뜨는 것으로 표현되는 시간은 리비도가 죽었다가 재생하는 것, 즉 의식이 깨어났다가 소멸되는 것을 의미한다(CW 5, par. 425). 티벳의 『사자의 서』 역시 죽음의 실제 과정이 일어나는 동안에 깊은 통찰력과 깨달음으로 영원한 자유를 얻게 되는 것을 강조하고 있다(Padma, 1995, p. 160). 고대 바빌론의 『길가메시 서사시』에서 우륵의 영웅

길가메시 또한 영생을 얻기 위해 죽음의 강을 건너면서 수많은 고난을 겪는다(노세영, 박종수, 2000, pp. 194-197). 밤은 이처럼 죽음의 세계이면서 동시에 새로운 생명을 탄생시키는 세계 어머니의 자궁이기도 하다. 니체의 대변자 차라투스트라 또한 밤이 되어서야 소망의 샘물이 솟아오른다고 외친다.

> 밤이 되었다. 슬프도다! 나는 빛나지 않으면 안 된다!
> 밤이 되었다. 이제 나의 소망은 샘물과 같이 내 속에서 솟아오른다.
> 나는 말하고 싶다.
> 그리고 밤에 대한 소망이여! 그리고 적막함이여!
> 밤이 되었다. 이제야 샘물은 소리 높이 외친다.
> 그리고 나의 영혼도 역시 솟아오르는 샘물이다.
> 밤이 되었다. 이제야 사랑하는 자의 노래가 들려온다.
> 그리고 나의 영혼도 역시 사랑하는 자의 노래다(Nietsche, 1987, p. 116).

3. 맺음말

바리공주 이야기는 한 인간, 그것도 사회문화적으로 억압의 대상이었던 여성을 대변한다. 출생과 더불어 찾아오는 버려짐이 승화되어 버린 이를 구원하는 역설적인 내용을 담고 있다는 점에서 이 이야기는 대단히 심리적이다. 특히 등장인물의 정서가 다양하게 드러난다는 점에서 주목할 만하다. 개인마다 독특하게 형성된 정서적 패턴은 한 인간의 성장 배경뿐만 아니라 심리적 여정까지도 상세하게 내포하고 있다는 점에서 심리분석의 중요한 대상이 된다. 바리공주 이야기에 등장하는 인물들의 정서적 배경과 흐름을 살펴봄으로써 우리의 정서가 어떻게 형성되며, 어떤 과정을 거쳐 자신의 인격을 형성하게 되는가를 알게 된다.

오구대왕의 아들에 대한 욕망은 결핍으로 인한 좌절과 분노를 일으켜 자신의 분신인 딸을 버림으로써 공격성을 표출한다. 자식을 버린 것에 대한 죄책감이 그의 속죄 심리를 자극하여 또다시 딸을 유기하는 죄를 짓게 되는 악순환이 반복된다. 죄책감과 수치심 그리고 그에 따른 불안과 공포가 신체적 질병을 일으킨다. 병온 역시 남아를 생산하지 못한 좌절과 죄책감이 불안과 공포를 불러일으키고, 딸을 유기하는 데 동참하게 된다. 딸을 유기한 죄책감은 비참한 슬픔과 무기력감을 일으켜 자신의 존재 가치에 대한 심각한 불신을 초래한다. 딸을 지켜 내지 못한 약화된 모성성과 정서적으로 불안한 상황으로 인해 그녀 역시 정신적 고통과 신체적 질병을 피할 수 없다. 오구대왕과 병온의 부정적인 정서의 흐름은 결핍에 대한 보상 욕구가 과도하게 표출된 것에 기인한다. 과도한 보상 욕구는 상대적으로 또 다른 결핍을 초래하여 결핍과 과대보상의 악순환에 놓이게 된다. 지나친 사회적 욕망은 자연인의 한계를 초월하여 과도한 보상심리를 유발한다.

반면에 바리공주의 정서는 불안과 공포에서 환희와 감격으로 흐른다. 유기로 인한 상실과 불안, 죽음에 대한 공포, 부모로부터 전수된 죄책감은 바리공주의 내적 생명력에 의해 극복된다. 왕궁 뒤뜰에 나타난 새와 들짐승, 노현자 부부, 무장승 그리고 부처와 보살은 모두 바리공주 내면에서 생명력을 공급하는 원형적 인격들이다. 절망과 좌절, 불안과 공포, 고독과 인내의 시간을 거친 바리공주는 새로운 힘을 얻어 죽음의 세계에서 부활한다. 바리공주의 생명 에너지는 노현자 부부의 따뜻한 보살핌을 통해 공급된다. 그것은 인류의 조상인 태부모의 생명력이다. 오이디푸스 신화는 버림받은 자녀의 비극적 결말을 보여 주는 반면, 바리공주 이야기는 박해 대상에 대한 방어기제로 출현하는 착한 아이 콤플렉스를 보여 준다. 그뿐만 아니라 비극적 콤플렉스를 창조적으로 승화시켜 자신과 모두를 구원하는 역설적인 정신세계를 보여 준다. 바리공주에 나타난 정서과정은 한 개인의 역사를 보여 줄 뿐만 아니라 미래의 방향성을 제시한다. 인격의 일부인 정서를 창조적으로 수용하고 재경험할 뿐만 아니라 그 의미를 새롭게 발굴함으로써 분열된 인격이 전체성 안에 통합된다.

CHAPTER 11

요나 콤플렉스와 정서

1. 소명과 회피

그동안 성서에 소개된 요나서는 다양하고도 풍부한 해석의 여지를 보여 주었다. 우선 요나 이야기는 구체적인 역사적 배경을 지니고 있다. 요나는 아밋대의 아들로 태어나, 이스라엘이 아시리아의 침략을 받았던 기원전 8세기경에 활동했던 예언자로 알려져 있다. 당시 아시리아의 수도였던 "니느웨의 사람들을 회개시켜 구원의 길로 인도하라."는 것이 요나에게 내려진 하나님의 명령이었다. 그러나 요나는 이 명령을 따르지 않고 정반대편인 다시스로 향하다가 바다에 던져져서 물고기 배 속에서 회개하고 다시 니느웨로 향한다는 이야기다. 여느 민담과 같이 요나 이야기도 그럴듯한 역사적 배경을 안고 출발한다. 그러나 이야기의 비현실적인 측면 때문에 요나서는 일종의 설화로 간주되기도 한다. 필자는 요나 이야기를 일단 심리적 관점에서 조명하고자 한다. 그것은 요나서에 담긴

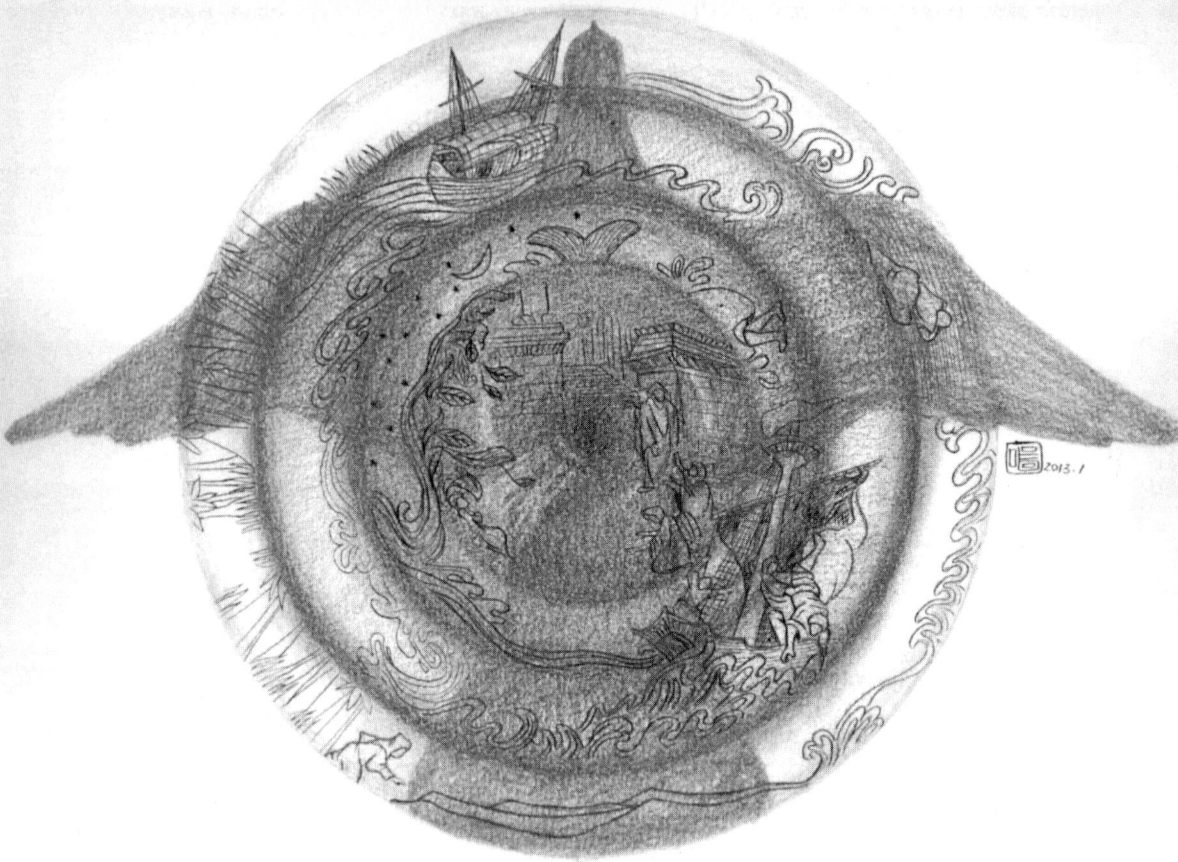

요나의 여정(이은희, 2013)
요나의 도피와 바다로 던져지는 모습, 그리고 성전에서의 기도와 박넝쿨 아래에서 쉬는 모습이 4차원의 세계 안에서 펼쳐진다. 십자가 형상의 비둘기와 네 겹의 원은 구원의 상징인 만다라 형상을 이루고 있다.

원형적 상징들이 심리적 차원에서 다양한 의미를 전달하고 있기 때문이다.

요나는 히브리어로 '비둘기'를 의미한다. 그렇다면 요나서는 '비둘기 이야기'란 뜻이다. 성경에서 비둘기는 최초의 홍수 이야기에 출현한다. 대홍수가 발생하자 노아는 산꼭대기에 큰 방주를 지어 그 안에서 지내다가 비둘기를 내보내 홍수가 그친 것을 확인한다. 여기서 비둘기는 노아의 방주 안과 밖을 연결해 주는 전령이자 매개체의 역할을 수행한다. 구약성서에서 비둘기가 가장 많이 언급되는 곳은 레위기로서 희생제물로 사용된 경우가 대부분이다. 희생제물은 인간의 죄를 대신한 제물로서 신의 심판으로부터 벗어나 안전을 보장받고자 하는 심리적 매체이기도 하다. 아가서는 비둘기를 사랑하는 연인의 표상으로 그리고 있으며(아가 1:15), 예언자들은 비둘기를 슬피 우는 가련한 여인의 모습으로 묘사하기도 한다(이사야 38:14). 비둘기의 부드럽고 평화적이며 양육적인 습성은 아프로디테나 아테나 같은 여신의 이미지에 투사되어 정신의 여성적 측면을 대변해 왔다. 이처럼 비둘기는 에로스와 연계되어 육체와 정신의 매개체일 뿐만 아니라 의식과 무의식을 연결하는 중재자로서의 이미지를 지닌다(Caspari, 2003, pp. 86-88). 기독교 전통에서 비둘기는 성령의 상징으로서 성부 · 성자를 이어 주는 삼위일체 가운데 한 위격이다(CW 5, par. 492). 따라서 요나 이야기는 요나라는 개인적 인물보다는 두 세계의 전달자로서의 상징적 의미를 찾아가는 정신적 여정을 그리고 있다고 볼 수 있다. 요나가 그리는 그 두 세계는 안과 밖, 의식과 무의식, 나(I)와 당신(Thou) 혹은 이승과 저승을 의미할 수 있다.

요나 이야기는 "하나님의 말씀이 요나에게 임했다."로 시작하고 있다. 인간은 신의 음성을 어떻게 들을 수 있을까? 환상이나 계시를 통해 인간은 신과 의사소통을 한다. 때로 샤먼과 같은 영매나 제사장을 통해 간접적으로 신과 접촉하고, 때로는 불가사의한 자연현상을 통해 신의 임재를 경험한다. 그것은 일상적인 경험을 초월한 신비하고도 환상적인 종교적 체험(numinose)으로 다가온다. 그러나 신의 음성을 직접적으로 들을 수 있는 기회는 극히 제한적이다. 어떤 이들은 식물과 동물 그리고 산천초목과도 대화를 나눌 수 있다. 이것은 개인의 영성이 온 우주와 자연과 소통할 수 있는 능력이 있을 때 가능한 일이다. 어떤 이들은 신의 음성을 직접 들었다고 말한다. 그러나 심리학은 이런 현상에 대해 늘 회의적이다. 신의 음성은 환청이나 환상처럼 일종의 분열적인 현상으로서 정상적인 정신작용이 아닌 병리적인 현상으로 간주하려는 경향이 있다. 그렇다면 우리는 종교적인 현상과 심리학적인 현상을 어떻게 구별할 것인가? 우리는 꿈속에서 어떤 목소리만 들리는 것을 종종 경험한다. 누군지 모르지만 목소리는 있다. 그것은 너무나 신기하고 일상의 경험을 초월해 있기 때문에 대체로 외부에서 발생한 현상으로 간주된다.

융(Jung)은 이런 현상을 집단무의식의 전언으로 간주한다. 우리 안에 있지만 전혀 생소한, 그리고 태곳적 조상의 음성처럼 들리는 신들의 목소리는 바로 원형들의 외침이다. 그것은 인류의 조상들이 전수한 집단적 심리이자 우주적 정서라고 할 수 있다.

융에 의하면, 원형은 인간 안에 있는 신의 이마고(imago)이며 고대로부터 존재해 온 보편적인 상이다(CW 9i, pars. 5-6). 원형상 가운데 가장 강렬하게 전달되는 것은 정신의 중심에 있는 자기(self)의 음성이다. 요나는 분석심리학 관점에서 볼 때 정신세계의 중심에 있는 자기의 음성을 듣고 있다. 자기원형은 꿈이나 환상 혹은 신화와 민담 등의 설화에서 구원자나 신의 이미지로 표출된다(CW 6, pars. 789-791). 따라서 정신 내부에 있는 자기의 음성은 자신과는 멀리 떨어져 있는 절대 타자(the Other)로부터 들려오는 거룩한 음성으로 들린다. 이와 마찬가지로 강한 정동을 지닌 콤플렉스 역시 자아와 구별된 인격으로서 외부에서 들려오는 음성으로 우리에게 다가오는 경우도 많다. "너의 자존심을 건드린 자는 잔인하게 보복해도 돼!" 이런 따위의 음성은 마치 신의 의로운 심판처럼 들린다. 그래서 자신의 행위를 정당화한다.

그렇다면 강한 정동과 함께 들려오는 콤플렉스의 소리와 정신의 중심에서 들려오는 자기의 음성은 어떻게 구별할 것인가? 그것은 고대 예언자들의 신탁 행위를 통해 알 수 있다. 내면의 심층에서 들려오는 신의 음성을 들었던 예언자들은 진실한 예언자로 남았다. 그러나 자신의 잘못된 신념이나 주변의 여론에 편승했던 예언자들이 가짜 예언자로 역사에 기록된 점을 우리는 주목할 필요가 있다. 진정한 신(혹은 진리)의 음성과 콤플렉스의 음성을 구별하는 것은 자아의 역할에 달려 있다. 콤플렉스와 동일시된 자아는 마치 자아 상실 상태와도 같다. 그때의 자아는 콤플렉스의 노예가 되어, 콤플렉스가 명령한 것 이외에는 다른 대안이 없다. 그러나 자기로부터 들려오는 음성은 자아의 역할을 존중한다. 그러기에 고대 예언자들은 신의 명령을 거부하기도 했고, 때로는 항의를 통해 자신의 입장을 피력하기도 했으며, 그 과정에서 엄청난 고난을 겪어야만 했다(CW 17, 301 참조). 자기는 의식의 중심인 자아를 통해 정신의 통합성을 추구한다. 그것은 마치 "자아의식이 있는 사람에게 하나님은 진실한 모습으로 다가온다."는 전통적 기독교의 견해와 같다.

요나에게 내려진 하나님의 명령은 다음과 같다. "너는 어서 저 큰 성읍 니느웨로 가서 그 성읍에 대고 외쳐라. 그들의 죄악이 내 앞에까지 이르렀다."(요나 1:2) 그러나 하나님을 피해 요나는 니느웨와 정반대인 다시스로 향하는 도중에 큰 폭풍을 만난다. 하나님의 명령은 요나에게 강한 소명(calling)으로 다가온다. 영어의 'vocation'은 '직업'이라는 의미 외에도 '소명'이라는 뜻으로 많이 사용된다. 일반적 의미의 직업(job)이 사회적 기능을 수행하는 것이라면, 소명(vocation)은 내적인 혹은 외적인 부름에 자발적인 응답의 결과로 나타난다. 융심리학 관점에서 보면, 일반적 직업이나 사회적 기능은 대체로 페르소나의 주도 아래 있지만, 소명(calling 혹은 vocation)은 자기로부터 부여된 자아 이상에서 발현된다. 소명은 거부할 수 없는 하늘의 명령이자 내부로부터 밀려온 강한 욕구다. 거부할 수 없는 내적인 강한 요구는 너무나 생소해서 마치 외부에 있는 절대적 신으로부터 온 명령처럼 들린다. 그것은 하늘과 땅과 나와의 합일에서 드러나며 의식과 무의식의 만남에서 이루어진다. 진정한 나로부터 온 소명은 자신이 살아 있다는 존재감을 확인시켜 주며, 그것은 신성한 감정을 불러일으키는 정신 전체의 울림이다. 소명이 하늘로부터 부여되었으며, 나 자신이 그 소명을 감당해야 하는 적임자라고 느낄 때 우리는 놀라운 경험을 하게 된다. '그 일 때문에 나는 태어났으며, 그로 인해 나는 존재한다.'는 당위성이 삶을 살아가게 하는 원동력이 된다. 이런 의미에서 볼 때, 소명의식이야말로 절망과 좌절로부터 자신을 일으켜 세우는 큰 힘이 된다. 이런 관점에서 융은 소명이야말로 자신의 내면에서 강력하게 들려오는 자신만의 법이라고 주장한다.

> 개인을 다른 사람들과 구별하는 유일한 것은 자신의 소명(vocation)이다. 그(구원자로 부름 받은 자)는 바로 그런 모든 강력하고도 독재적인 정신적 필요에 의해 부름을 받았으며, 그것은 자신뿐만 아니라 그의 백성들의 고난

> (affliction)을 대변한다. 만일 그가 그 음성을 듣는다면 그는 바로 격리되어 소외된다. 그것은 그가 내부로부터 내려진 법에 순응할 해결책을 찾아왔던 방식이다. "그 자신만의 법!" 모든 사람은 외칠 것이다. 그러나 그는 더 잘 알고 있다. 그것은 그가 가야 할 소명의 법이며, 자신을 덮친 사자와도 같은 자기 자신의 것이라는 것을. 비록 그것이 의심할 여지없이 여느 사자가 아닌 자신을 죽이는 사자에 불과할지라도 말이다. 오직 이런 의미에서만 그는 '그의' 소명이나 '그의' 법에 대해 말할 자격이 있다(CW 17, par. 304).

신으로부터 강한 소명을 받았다고 느낄 때는 대체로 두 가지 정서적 반응을 보인다. 하나는 유한한 존재인 인간이 초월적인 신을 만날 때 경험하는 환희의 감정이다. 그 환희로 인해 대체로 황홀경에 사로잡혀 신체가 순간적으로 마비되는 증상을 보이기도 한다. 그와 동시에 신에 대한 두려움과 공포가 밀려온다. 그것은 '인간이 신을 만나면 죽는다.'는 고대인들의 전통적인 믿음체계에 근거한다. 인간은 감당할 수 없는 힘에 압도되면 죽을 것 같은 두려움과 공포를 느낀다. 다른 한편으로는 신의 명령을 따르지 않을 때 주어지는 가혹한 심판에 대한 공포를 느낀다. 그것은 곧 죽음에 대한 공포로 이어진다. 그러기에 모세는 이집트의 압제로부터 이스라엘을 구하라는 신의 명령을 '말을 못한다'는 이유로 거부했으며(출애굽기 4장), 예레미야는 '아직 어리다'는 이유로 예언자의 직무를 거부한다(예레미야 1장). 그것은 사실 죽음의 공포로부터 자신을 지키려는 최소한의 몸부림이다. 그럼에도 불구하고 대부분의 사람은 이전에 경험해 보지 못한 신의 영역에 대한 호기심과 갈망이 있다. 그것은 마치 무의식의 심층세계에 대한 갈망과 두려움을 동시에 느끼는 것과 같다. 이 상반된 양가감정은 '신의 명령에 대한 순종과 거부'라는 극단적 대립을 보이며, 그것은 당분간 혼돈된 양상으로 지속된다. 융(2012)은 자신이 기록한 『레드북(*The Red Book*)』에서 신의 영역과도 같은 깊은 세계에 대한 동경과 두려움을 다음과 같이 묘사한다.

> 나는 사랑하는 영혼에게 말을 걸었다. 사랑하는 영혼에게 가까이 끌려갈수록 나는 공포에 휩싸였고, 의심의 벽을 더욱 높이 쌓았으며, 무서운 영혼으로부터 나 자신을 보호할 것이라는 기대를 버리게 되었다. 당신은 아득히 깊은 것을 무서워하고 있다. 그것이 당신을 소름끼치게 했음에 틀림없다. 그 이유는 다가올 것의 길이 그곳을 가로지르게 되어 있기 때문이다. 당신은 두려움과 회의의 유혹을 참아야 해. 동시에 당신의 두려움이 정당하고 당신의 회의가 합당하다는 것을 철저히 인정해야 해. 그렇지 않고서야 그것이 어떻게 진정한 유혹이 될 것이며 진정한 극복이 되겠는가?(p. 34)

요나는 일단 하나님으로부터 온 소명에 대해 거부 반응을 보인다. 요나는 왜 도망갔을까? 성서는 요나가 전해야 할 메시지에 대한 내용을 소개하지 않고 있다. 그가 니느웨 사람들에게 무엇을 외쳐야 하는지 아직 알 수 없다. 단지 그들의 죄악이 하늘에 닿았다는 것 외에는 모든 것이 베일에 가려져 있다. 우리는 이후 전개된 내용을 통해 요나는 하나님의 뜻을 알고 있었으며, 그것은 니느웨 백성을 구원하라는 것이었다는 사실을 알 수 있다. 요나의 도주는 거의 공황장애 수준이라고 말할 수 있다. 요나는 자신이 믿어 온 정의의 하나님에 대한 신뢰가 하루아침에 무너지면서 절망과 좌절 그리고 분노에 휩싸여 있다. 하나님의 명령이 떨어지자마자 죽기 살기로 도망치는 그의 모습은 마치 도살장에 끌려가는 소가 그곳을 탈출하기 위해 성난 채로 질주하는 것과도 같다.

요나에게 니느웨는 무엇인가? 니느웨는 요나에게 박해자의 표상이다. 고고학 자료에 의하면, 고대 아시리아 제국은 가장 잔인한 나라 가운데 하나였다. 피정복민들을 죽여서 활에 꽂아 성벽에 걸어 두는가 하면, 약 2만 7,000명이나 되는 이스라엘 사람들을 본토로 끌고 갔다. 그로 인해 북왕국 이스라엘은 기원전 721년에 멸망당하고 만다(박종수, 2002, pp. 261-262). 비둘기 요나는 평화를 갈망하는 이스라엘의 표상이기도 하다. 반면에 그에게 니느웨는 마치 악의 화신과도 같다. 자신이 선하다고 생각하는 사람들은 악함을 결코 인정하지 못한다. 요나의 선함은 악한 니느웨를 결코 용서할 수 없다. 그것은 마치 선한 자아가 악한 그림자를 수용하지 못하는 것과도 같다. 니느웨는 현실적인 관점에서 이스라엘의 적이자 박해자의 표상이지만, 심리적 측면에서는 요나 내면의 그림자라고 볼 수 있다. 자신이 결코 인정할 수 없는 내면의 악한 존재가 바로 그림자가 아닌가? 요나는 하나님을 피해 도망가는 것이 아니라 아마 스스로의 그림자로부터 도망가고 있는지도 모른다. 신은 요나에게 박해자를 대면할 기회를 주고 있으며, 그것은 자기가 자아에게 그림자를 인식할 기회를 부여하는 것과도 같다. 그러나 준비되지 않은 자아는 자기의 음성을 들을 수 없다. 자기로부터 부여된 소명을 인식하고 응답하는 것은 결국 자아의 결단이며, 이는 건강한 자아구조에서 나온다. 따라서 융은 그림자의 인식이 상당한 도덕적 노력 없이는 불가능하다고 주장한다.

> 그림자는 전체 자아 인격에 도전하는 어떤 도덕적 문제다. 왜냐하면 누구도 상당한 도덕적 노력 없이는 그림자를 인식하지 못하기 때문이다. 그림자를 인식하는 것은 인격의 어두운 면들을 현실적이고도 실재적인 것으로 확인하는 작업을 포함한다. 이런 작업은 모든 종류의 자기지식(self-knowledge)을 위한 기본적 조건이다. 따라서 대체로 그런 작업은 상당한 저항에 직면한다. 사실 심리치료적 측정 도구로서의 자기지식은 종종 기나긴 시간으로 확장되는 상당한 고통을 요구한다(CW 9ii, par. 14).

요나가 신으로부터 온 소명을 거부한 배경은 무엇일까? 우리는 우리가 살고 있는 사회문화적 상황을 배제할 수 없다. 특히 고대사회일수록 공동체의 신념이나 종교적 이상은 개인의 특수성을 허용하는 데 인색하다. 요나로 대변되는 고대 이스라엘은 선민의식으로 가득 차 있었다. 하나님이 택한 유일한 백성인 이스라엘은 다른 민족과 어울려서는 안 된다. 그래서 그들은 이방인과의 결혼을 금했으며, 종교적 전통과 사회문화적 전통을 공유하지 않으려 했다. 그들의 선민의식은 일종의 자기애적 발상으로, 우월감과 열등감의 대극적 성향으로 표출된다. 요나의 신념에 의하면, 악한 자들은 심판을 받고, 선한 자들은 구원을 받아야 한다. 요나에게 이스라엘을 돕는 사람은 선한 사람이다. 그러나 이스라엘을 박해한 사람은 악한 사람이다. 이 같은 사람에게 좋은 젖가슴과 나쁜 젖가슴 사이의 화해는 결코 없다. '악을 용납할 바에야 차라리 내가 죽고 말겠다.'는 지극히 정의롭고 확고부동한 신념과 '오직 나만이 하나님이 선택한 사람'이라는 우월의식이 요나로 하여금 니느웨를 거부하게 한 것이다.

요나의 강한 신념은 타협할 수 없는 자신만의 철학이 되었으며, 오랜 세월을 통해 아집과 독선과 일방적인 고집으로 무장된다. 이것은 마치 만성화된 신경증적 구조가 전체 인격을 대변하는 것과도 같다. 그러나 정신의 전체성은 어떤 경우라도 부분 인격이 전체 인격을 지배하는 것을 용납하지 않는다. 의식의 주체인 자아는 무의식과 교감할 수 있는 유일한 통로다. 그러나 일방적 성향의 페르소나는 자아로 하여금 다른 내면 인격과 만나는 것을 방해한다. 유대인이라는 선민의식으로 가득 찬 요나의 페르소나가 자아로 하여금 그림자를 보지 못하게 하며 자기의 음성을 듣지 못하게 방해하고 있다. 일방적 사고는 우리로 하여금 다른 유용한 것들을 보지 못하게 가로막는 장벽이 된다. 융에 의하면, 신경증은 의식적 태도의 일방성에 기인한다. 이러한 일방적 태도에 변화가 생길 때 치료는 시작된다.

> 물론 인격의 변화란 본래의 유전적 소질의 변화가 아닌 일반적 태도의 변화다. 갈등에 찬 날카로운 분리와 대립은 거의 언제나 의식적 태도의 일방성 때문에 생긴다. 이 경우 한 가지 또는 두 가지 기능에 절대적인 우위를 제공하여 다른 것을 부당하게 배후로 밀어내는 것이다. 환상을 의식화하고 체험함으로써 무의식의 열등한 기능들은 의식에 동화된다. 그 과정은 물론 의식의 태도에 심각한 영향을 끼치며 진행된다. ……나는 무의식과의 대결을 통해 지향된 이 변화를 초월적 기능이라고 불렀다. 인간 심혼의 특이한 변화능력은 잘 알려진

연금술 철학에서는 최상의 학문적 대상이었다(KGW 3, pp. 135-136; CW 7, par. 359).

요나가 신으로부터 도망가는 것은 유아가 엄마로부터 탈출하는 것과도 같다. 이것은 에덴동산에서 아담과 이브가 쫓겨나는 것으로 드러난다. 이들은 모두 형태는 다르지만 절대적 존재로부터 벗어나 독립의 길을 간다는 점에서 유사한 양상을 보인다. 요나의 도피는 신의 명령을 거부한 것처럼 보이지만, 이전의 사고방식에서의 변화를 의미한다. 요나에게 이전의 하나님은 선함과 정의의 신이었다. 그러나 이제 그 신이 악한 자를 도우려는 부도덕한 신이 되려고 한다. 요나의 분노는 지금까지 좋은 젖만을 제공한 엄마가 이제는 나쁜 젖 혹은 자신이 싫어하는 밥이나 이유식을 주려 할 때 분노하는 것과도 같다. 유아에게 그때의 엄마는 나쁜 엄마요 도피하고 싶은 대상이다. 모성의 자궁으로부터 자아의 독립은 대체로 '일탈'과 '금기의 위반'이라는 형식을 띤다. 그에 대한 처벌은 독립을 위해 치러야 할 값비싼 대가다. 이런 관점에서 볼 때, 요나 이야기 역시 다른 영웅신화와 거의 동일한 구조를 지니고 있다. 분리(separation)−변화(transformation)−귀환(return)의 과정이 요나서에도 나타난다(박종수, 2009, p. 290). 신으로부터의 독립이 도피로 나타났고(독립), 수난의 과정을 통해 인격의 변화를 겪으며(변화), 다시 하나님과의 새로운 관계로 들어가는 구조(귀환)는 다른 영웅신화와 마찬가지로 요나의 개성화 과정을 그리고 있다.

요나는 욥바를 거쳐 다시스로 가는 도중에 거대한 풍랑을 만난다. 우리는 가끔 꿈속에서 홍수로 인한 물난리를 경험하거나 폭풍 가운데서 죽음의 공포를 경험하기도 한다. 바다에서 거센 폭풍을 만난 것은 마치 정서의 폭풍으로 인해 심각하게 동요된 요나의 심리 상태를 보여 준다. 바다는 아직까지도 인류에게 미지의 세계로 알려져 있다. 바다는 모든 생명이 잉태되는 태초의 자궁이면서 동시에 모든 것을 삼켜 버리는 죽음의 입이기도 하다. 이런 의미에서 바다는 태초의 모성이자 자궁의 원형상이면서 동시에 무의식의 원천이다.

> 꿈과 환상에서 바다나 큰 물은 무의식을 의미한다. 물의 모성적 측면은 무의식의 성질과 일치한다. 물이 (특히 남성인 경우에) 의식의 모체 혹은 모상이라고 볼 수 있기 때문이다. 따라서 무의식도—주관단계로 해석한다면—물처럼 모성적 의미를 지닌다(CW 5, par. 320; KGW 8, p. 89).

폭풍이 크게 일자 뱃사람들은 자신들의 신에게 구원을 요청하거나 물건들을 바다에 던짐으로써 배를 가볍게 하고 있었다. 그때 요나는 배의 맨 아래층으로 내려가 잠을 자고 있었다. 요나의 두 번째 도피가 잠으로 표출된 것이다. 잠은 현실을 직시하는 것에 대한 두려움, 자신의 책임에 대한 두려움, 그리고 종종 무관심, 초연함, 은둔, 도피로 나타난다. 잠을 통해 의식은 휴식과 퇴행의 길을 간다. 그러나 무의식은 여전히 그 본연의 심리작용을 계속한다(CW 8, par. 296). 잠을 자고 있는 요나는 어떤 마음일까? 배의 가장 밑바닥으로 하강한 요나는 마치 퇴행의 종착역에 다다른 것 같다. 배는 미지의 세계로 안내하는 리비도의 표상이자 모성적 자궁을 의미한다(CW 5, par. 311).

요나의 퇴행은 모성적 자궁의 가장 깊은 곳으로 치닫고 있었다. 폭풍우 속에서 요나는 아무런 조치도 취하지 않은 채 위기가 지나가기를 기다리고 있다. 그러나 목적을 동반한 그 위기는 스스로 물러가지 않는다. 왜냐하면 폭풍우는 소명에 대한 요나의 죄책감이 불러들인 재앙이기 때문이다. 하나님의 부르심에 역행하고 있는 요나의 죄책감은 폭풍우를 통해 자신을 심판하는 형식으로 표출된다. 죄책감은 종종 자기심판을 초래하거나, 분노나 수치심으로 위장되어 다른 사람을 공격하는 형태로 나타난다. 뱃사람들에 의해 끌려 나온 요나는 제비뽑기를 통해 재앙을 불러들인 죄인으로 뽑힌다. 신의 의지가 신점(divination)을 통해 가시적으로 드러난 것이다. 우리의 정신활동도 종종 물질현상으로 표현된다. 정신세계는 언어와 행동 같은 구체적 표현을 통해 드러나기도 하지만, 때로는 신체화 증세나 주변 사람들의 반응 또는 환경의 변화나 갑작스러운 사고 형태로 표출되기도 한다. 이것은 정신세계와 물질세계가 집단무의식과 같은 하나의 큰 우주적 원리 안에서 작용한다는 동시성의 원리에서 비롯된다. 융은 동시성의 원리를 정신과 물질의 상관관계를 통해 설명한다.

> 동시성(synchronicity)은…… 두 요인으로 구성된다. ① 무의식의 이미지는 직접적(예를 들면, 문학적으로) 혹은 간접적(상징적 혹은 암시적)으로 꿈, 생각(idea), 혹은 예감(premonition)의 형태로 의식으로 올라온다. ② 객관적 상황은 이런 내용과 일치한다. 한쪽은 마치 다른 한쪽과 퍼즐 게임을 하는 것과 같다(CW 8, par. 858). 정신과 물질이 한 가지 동일한 내용의 두 양상이라는 사실은 매우 그럴 법하다. 내가 보기에 동시적 현상은 이런 방식으로 작용한다. 왜냐하면 정신과 물질은 비정신적인 것이 마치 정신적인 것처럼 행동하는 것을 보여 준다. 역으로 정신과 물질 사이에는 아무런 인과관계도 없는 것처럼 보인다(CW 8, par. 440).

요나는 자신으로 인해 큰 폭풍을 만난 것을 시인하고 뱃사람들에게 자신을 바다로 던지라고 주문한다. 바다는 요나를 삼킨 후에 잠잠해진다. 이는 마치 난폭한 엄마가 자신을 떠나려는 아이를 붙잡아 가둔 다음에야 비로소 분노가 가라앉는 모습을 연상하게 한다. 요나는 또한 태모의 분노를 달래기 위한 희생제물이다. 그것은 자궁으로의 회기를 통해 자신을 거세함으로써 살아남고자 하는 필사적인 노력과도 같다(CW 5, p. 671).

2. 물고기 배 속에서의 기도

바다에 던져진 요나는 큰 물고기에 의해 삼켜지고, 그 안에서 3일 주야를 보내게 된다. 피노키오가 상어의 몸속에서 제페토 할아버지를 만나는 장면도 이와 유사하다. 상어 몸속에는 조그만 식탁과 먹을 것이 있다. 피오키오는 할아버지와 함께 상어 배 속에서 탈출한다(Collodi, 2004, pp. 247-249). 융 또한 바다괴물에 먹힌 영웅의 이야기를 소개한다.

> 한 영웅이 서쪽에 있는 수중 괴물에게 잡아먹혔다(잡아먹힘). 그를 삼킨 짐승은 동쪽으로 향하여 항해한다(항해). 그동안 괴물의 배 속에서 영웅은 불을 피우고(불의 점화) 배가 고파서 매달려 있는 심장 한 조각을 잘라 낸다(심장 절단). 얼마 안 되어 그는 물고기가 뭍에 이르렀다는 것을 알게 된다(상륙). 곧 괴물의 안에서 빠져나오려고 배를 잘라 내기 시작한다(절개). 그런 다음 그는 밖으로 빠져나왔다(미끄러져 나옴). 괴물 물고기의 배 속이 너무 더워 그의 머리카락이 빠져 버린다(열기, 머리카락). 영웅은 동시에 예전에 잡아먹힌(모두 삼켜짐) 모든 사람을 해방시킨다. 그리고 이제 모두 밖으로 빠져나온다(모두 빠져나옴)(KGW 8, pp. 76-77; CW 5, par. 310).

큰 물고기에 의해 삼켜진 요나(Giotto di Bondone, 1304)
스크로베니 예배실에 있는 이 그림은 만다라 형태의 틀 속에서 바다와 허공이 양분된 모습을 보여 준다. 물고기와 바다가 한 몸이 되어 요나를 삼키는 모습은 마치 무의식이 의식을 삼키는 듯하다(Zuffi, 2003, p 343).

신화 속에 등장하는 바다 속 괴물(Leviathan)과 같은 큰 물고기는 우리가 알지 못하는 무의식의 세계이며(CW 7, par. 160), 그 물고기를 통해 우리는 세상을 치유할 약제(medicament)를 얻는다(CW 9ii, par. 180). 물고기 배 속은 모성의 자궁과도 같다. 요나의 퇴행은 바다와 배의 가장 밑바닥을 거쳐 결국 더 이상 도망갈 수 없는 물고기 배 속에까지 이른다. 이것은 모성의 태에서 탄생하여 다시 자궁으로 회귀하는 심리적 죽음을 의미한다. 여기서 요나는 신의 분노와 저주를 경험해야 하며, 죽음의 공포를 경험해야 한다(CW 16, par. 510). 신화나 민담에서의 죽음은 마지막이 아니다. 그것은 꿈이나 환상 속에서의 죽음처럼 부활이요 새로운 출발이다. 태양은 낮의 활동을 마치고 밤에는 바다 속으로 가라앉는다. 그것은 새로운 삶을 향한 어둠의 여정이다. 융은 이것을 밤바다의 항해(night sea journey)로 표현했다(CW 5, par. 312).

> 바다에서 태양은 재탄생을 위해 침강한다. 어머니 속에서 부풀어 오른다는 것은 또한 어머니를 극복하거나 죽이는 것을 의미할 수 있다. 불을 피운다는 것은 특히 주목할 만한 의식의 행위이고, 그래서 모성 유착의 어두운 상태를 '죽이는' 것이다(KGW 8, p. 79; CW 5, par. 311).

태양과 마찬가지로 영웅은 새로운 탄생을 위해 모성의 자궁으로 퇴행한 다음에 부활해야 한다. 요나의 변모된 모습은 물고기 배 속에서의 기도에 드러난다.

> 주께서 나를 바다 한가운데 깊음 속으로 던지셨으므로, 큰 물결이 나를 에워싸고 주의 파도와 큰 물결이 내 위에 넘쳤습니다. 내가 주께 아뢰기를 "주의 눈앞에서 쫓겨났어도 내가 반드시 주님 계신 성전을 다시 바라보겠습니다." 하였습니다. 물이 나를 두르기를 영혼까지 하였으며, 깊음이 나를 에워쌌고, 바다풀이 내 머리를 휘감았습니다. 나는 땅속 멧부리까지 내려갔습니다. 땅이 빗장을 질러 나를 영영 가두어 놓으려 했습니다만, 주 나의 하나님, 주께서 그

구덩이 속에서 내 생명을 건져 주셨습니다(요나 2:3-6).

요나는 깊음 속에서 기도한다. 그의 기도는 깊음에 대한 공포를 드러낸다. 물이 요나의 영혼을 위협했으며, 깊은 구덩이는 마치 바리공주가 여행했던 지옥의 세계와도 같다. 죽음 안에 생명이 있다. 요나의 생명력은 불고기 배 속에서 바라본 성전으로 대변된다. 신의 거처로 알려진 성전 또한 모든 생명의 요람이자 모성의 자궁이다(CW 5, par. 313). 요나는 마치 회당에 들어가듯이 물고기 입속으로 빨려 들어간다. 물고기의 두 눈은 마치 요나에게 빛을 주는 창문과도 같다. 그 물고기는 요나에게 바다 속과 깊은 세계에 있는 모든 것을 보여 준다(CW 5, par. 509). 자궁 속 공포는 재탄생을 위한 밑거름이 된다. 그리하여 공포는 편안하고 안전한 모성적 자궁에서 새로운 에너지원으로 변형된다. 요나가 물고기 배 속에서 하나님을 찬양한 것은 융심리학 관점에서 보면 자아와 자기의 신비한 합일이며 극적인 화해를 의미한다. 그것은 자아가 자기의 인도 아래 있는 상태이며 부분과 전체가 조화를 이룬 모습이다. 이런 관점에서 융은 요나의 경험을 성인이 아동기로 퇴행한 후에 얻은 새로운 통찰력으로 비유한다.

되돌아보는 것은 제대로 된 것이다. 이런 어린 시절 추억의 은은한 황금빛 광채는 단순한 사실보다는 마력적인, 실재로 의식하고 있는 심상 이상의 예감적인 상들의 혼합물에 기인한다. 고래에게 잡아먹힌 요나의 비유는 이 상황을 아주 잘 재현한 장면이다. 우리는 어린 시절의 추억에 빠져들고, 그럼으로써 현실세계로부터 멀어진다. 겉으로 보기에 가장 깊은 암흑 속에 빠진 것 같지만, 그런 후에는 피안의 세계에 대한 뜻밖의 환영들(visions)을 보게 된다. 우리가 인지한 비의(mystery)는 원상들(Urbilder)의 그 소중한 보배를 표현한다. 모든 사람이 그것을 인류의 선물로서 현존재적 삶으로 가져오는 것, 그것은 본능들의 특성에 일치하는 선천적 형식들의 총합이다. 나는 이 '잠재적인' 정신을 집단무의식이라 표기하였다(KGW 8, p. 394; CW 5, par. 631).

3. 그림자와의 대면

물고기 배 속에서 육지에 토해진 요나에게 두 번째 신의 음성이 들린다. '니느웨 사람들에게 하나님의 말씀을 선포하라는 것'이다. 여기서도 선포에 대한 구체적인 언급은 생략되어 있다. 요나는 그것을 알고 있다. 요나의 자아는 자기로부터 들려온 음성의 의미를 알고 있다. 그것은 '조건 없이 살리라'는 것이다. 생명에는 흑과 백이 없다. 이편과 저편이 없으며, 어떤 종교적 · 사회문화적 차별도 없다. 생명의 바다는 모든 것을 창조하고 모든 것을 거둔다. 그러나 현대인들은 과학적 지성을 최고의 가치로 둔다. 합리적 사고와 논리적 추론만이 객관적이고 분명한 사실로 인정된다. 자신의 세계관에 갇혀 지냈던 요나는 심리적 죽음을 경험한 후에 새로운 세상으로 향할 힘을 얻었다. 그것은 마치 신으로부터 온 소명을 수행하기 전에 거쳐야 할 정결의식과도 같다(이사야 6장 참조). 요나는 외친다. "사십일이 지나면 니느웨가 무너질 것이다."(요나 3:4) 물고기 배 속에서 3일 주야를 지낸 요나는 이제 40일을 외친다. 3이 완성을 향한 바로 전 단계라면, 이제 4는 완전한 때, 하나님의 때, 즉 카이로스를 의미할 것이다. 정신의 전체성인 자기는 원이나 정사각형으로 구성된 만다라 속에서 그 원형상을 드러낸다.

> 정신적 전체로서의 자기는 의식적이며 동시에 무의식적이다. ……경험적으로 자기는 꿈, 신화, 환상 속에서 초월적 인격, 예를 들면 왕, 영웅, 예언자, 구원자 등으로 나타난다. 혹은 원, 정방형, 십자가 등의 전체성의 상징으로 나타나는 자기는 선과 악, 양과 음, 영웅과 대적, 원수지간 등의 두 상반된 요소가 함께 작용하는 대극의 연합을 묘사한다. ……자기는 결코 스스로의 존재를 서술하거나 실체화하는 철학적인 개념이 아니다. 지적인 차원에서 자기는 단지 심리적 작용에 대한 가설에 불과하다. 경험적 상징으로서의 자기는 만다라의 경우처럼 독특한 신성성, 즉 선험적인 정서 가치를 지닌다. 따라서 자기는

> 원형적 이미지, 예를 들면 꿈이나 환상에서 예수 그리스도나 하나님과 같은 신앙의 대상으로 나타나 신성한 경험을 하게 한다(CW 6, pars. 789-791).

이제 요나도 니느웨도 더 이상 지체할 수 없다. 어쩌면 요나는 이런 때를 기다렸는지도 모른다. 하나님의 명령을 거부한 것은 아직 의식화의 때가 이르지 않은 상태에서 드러난 분노와 저항일 수도 있다. 치료 현장에서 지나치게 이른 의식화는 오히려 내담자의 분노와 수치 그리고 저항을 야기한다.

요나와 니느웨의 대면은 피해자와 박해자의 대면이자 자아와 그림자의 대면이기도 하다. 그것은 마지막 순간까지 마지못해 이루어진다. 이스라엘의 그림자이자 요나의 그림자인 니느웨는 제거되기보다는 변화되어야 한다. 인격의 일부인 그림자가 자아에 의해 인식될 때, 그것은 전혀 새로운 모습으로 변화된다. 꿈이나 환상에서 불안과 혐오의 대상이 되었던 그림자는 어느 순간 전혀 다른 이미지로 변해 있는 사실을 경험할 때가 있다. 그때 비로소 인격의 변화는 발생한다. 니느웨 백성들이 요나의 말을 듣고 금식하면서 회개하는 모습은 현실적 감각으로서는 도저히 이해할 수 없는 사건이다. 그러나 그것이 심리적 사건이 될 때 니느웨 백성들의 회개는 우리 내면의 사건이 된다. 니느웨 백성들의 돌아섬은 요나 내부에 있는 그림자의 변화로 볼 수 있다. 이 과정에 모든 짐승까지도 동참한다. 야수적 속성을 지닌 본능까지도 의식과 무의식의 화해에 동참한다. 그것은 하나님의 진노를 돌이켜 구원의 길로 가기 위한 필연적 과정이다. 자아와 자기의 관계가 정립될 때 비로소 그림자가 인식되며 의식화의 길로 나아간다. 그것은 영웅이 모성의 자궁에서 죽음을 경험하고 다시 부활하는 것과 같다. 자기는 이처럼 자아의 철저한 희생을 요구하기도 한다. 요나가 자신의 그림자와 화해하기 위해서는 기존의 신념을 모두 포기해야만 한다. 융에 의하면, 이것은 아들에게 희생을 강요하는 아버지의 모습과도 같다.

> 이제 자기에 대한 자아의 관계가 아버지에 대한 아들의 관계와 같기 때문

에, 우리는 자기가 우리 자신을 희생하라고 요구할 때, 그것이 실제로 자기 자체에 대한 희생적 행위를 수반한다고 말할 수 있다. 우리는 이런 행위가 다소간 우리에게 어떤 의미를 주는지 알고 있다. 그러나 그것이 자기에게 주는 의미는 분명하지 않다. 자기는 오직 특별한 행동들 안에서 우리에 의해 인식될 뿐이다. 그러나 자기는 우리로부터 전반적으로 감추어진 상태에 있다. 왜냐하면 자기는 우리 자신보다 훨씬 더 포괄적이기 때문이다. 우리가 할 수 있는 모든 것은 우리가 경험한 자기의 작은 일부로부터 결론을 도출해 내는 것이다. 우리는 자기가 실제로 우리에게 희생을 부과하고 있다고 여길 때 어떤 희생이 발생한다는 것을 보아 왔다. 우리는 또한 자기가 우리에게 아들에 대한 아버지 관계에 있다고 감히 추측하기도 한다. 자기는 어떤 점에서 희생 자체로 우리의 희생을 느끼고 있다(CW 11, par. 398).

4. 분노와 소외감

재차 요구하는 하나님의 명령에 따라 요나는 마지못해 말씀을 전할 수밖에 없었다. 그것은 진정한 자아의 결단이 아니다. 선택받은 종으로서 책임을 다해야 한다는 의무감은 결국 좌절과 허무함을 줄 뿐이다. 니느웨 사람들의 회개는 요나의 예상을 빗나간 것이었다. 결코 변하지 않을 것이라는 악한 존재가 어느 날 갑자기 선한 존재가 되어 있다면 그것을 어떻게 이해할 것인가? 그렇다면 이전에 악한 사람이 회개하고 선한 사람이 되었다고 해서 죄에 대한 심판을 받지 않아도 된다는 말인가? 보편적 상식을 벗어난 하나님의 의도는 요나로 하여금 분노와 좌절을 겪게 한다. '의식의 판단과 지혜는 무의식의 불가해한 통찰력을 능가하지 못한다.'는 심리학적 경험이 이를 뒷받침해 준다. 감성이 지성을 앞서며, 비합리성이 합리성을 능가한다. 그것은 생명이 지성과 합리성보다는 감성과 비합리성을 더 추구하기 때문이다. 아이는 엄마의 지성보다는 따뜻한 품을 원한다. 우리의 지성은 독한 냄새를 풍기지만, 따뜻한 감성은 북극의 얼음까지도 녹여 버린다. 요나의 종교적 지성과 합리적 신념은 이제 서서히 무너지고 있다. 그의 분노는 니느웨 백성들의 구원 때문이 아니며, 결국 자기 자신의 변화를 수용할 수 없는 좌절감에서 기인한다. 그래서 융(2012)은 변화를 주도하는 깊은 곳의 정신은 원숙한 사상을 지닌 지식인으로 나타나는 것이 아니라 한 아이의 하인과도 같다고 말한다.

> 물론 이 시대의 정신은 내가 나의 이성을 믿도록 허용했다. 이 시대의 정신은 나로 하여금 원숙한 사상을 가진 어떤 지도자의 이미지에서 나 자신을 보도록 허용했다. 그러나 깊은 곳의 정신은 나에게 나는 한 사람의 하인이라고, 실은 어떤 아이의 하인이라고 가르친다. 이 가르침이 나에게 불쾌하게 다가왔고, 나는 그 가르침을 혐오했다. 그러나 나는 나의 영혼이 하나의 아이이며 또한 나의 영혼 안에 있는 나의 신도 하나의 아이라는 점을 인정하고 받아들여야 했다(p. 29).

요나의 두 번째 기도는 신에 대한 찬양과 분노가 뒤범벅이 된 채 삶의 의욕을 상실한 그의 모습을 보여 준다. "이렇게 살기보다는 차라리 죽는 것이 낫다."는 요나의 절규는 신으로부터 소외된 한 신앙인의 외침이자 불합리한 현실 속에서 몸부림치며 존재감을 확인하려는 모든 사람의 절규이기도 하다. "바르게 살고, 선하게 살고, 최선을 다하며, 악을 행하지 말아야 한다."는 요나의 정의는 사실 하나님의 정의가 아니었다. 자신의 신념과 이상이 하나님으로부터 온 것이라고 여길 때, 신앙인은 믿음에 대한 가치를 느끼며 살아갈 용기를 얻는다. 그런데 이런 정신적 기둥이 무너질 때, 자신의 존재감은 해체되며 살아갈 의욕을 상실한다. 아무런 이유도 없이 박해당하며 부당하게 실직당할 때, 인간은 신을 원망하면서 동시에 자신을 탓한다. "생명을 거두어 달라."는 요나의 탄식은 죽음을 통해 자신의 존재 가치를 신에게 인식시키겠다는 것이다. 이렇게 볼 때, 결국 자살은 자신의 신념과 가치관에 대한 좌절에서 오는 일종의 자기방어라고 볼 수 있다. 그러나 이때의 신념은 대체로 무의식의 음성을 듣지 않으려는 의식의 일방성에 기인한 것이다(CW 7, par. 354 참조).

의식의 분노에 무의식은 오히려 냉담한 태도를 취할 때가 있다. 하나님은 요나의 분노를 이해할 수 없다고 말한다. 그 분노가 오히려 정당하지 못하다고 책망한다. 우리는 그 이유를 모른다. 그것은 요나 자신만이 안다. 요나의 도피 행각은 여기서도 재현된다. 요나는 하나님을 뒤로한 채 니느웨 성 동편에 초막을 짓고 성의 동태를 살핀다. 여기서 마지막 순간까지도 니느웨의 멸망을 기대하는 이스라엘 사람들의 분노가 드러난다. 동시에 주관적 해석에 의하면 요나로 대변되는 우리 모두는 마지막 순간까지 내면에 있는 그림자와의 화해에 주저한다. 그때 하나님이 보낸 박넝쿨이 그늘을 만들어 요나를 시원하게 해 준다. 그는 심히 기뻤다. 이 한순간의 행복감이 그동안의 고통과 좌절, 분노와 죄책감 그리고 못난 자신에 대한 수치심을 한순간에 날려 버린 것이다(요나 4:6). 그러나 그 행복감도 그리 오래가지 못했다. 하나님은 벌레를 준비해서 다음 날 새벽에 박넝쿨을 시들게 했다. 따가운 햇볕에 노출된 요나는 또다시 하나님께 "사는 것보다 죽는 게 낫다."라고 하소연한다. 요나는 책망하는 하나님께 이렇게 대항한다. "내가 성내어 죽기까지 할지라도 그건 정당합니다." (요나 4:9) 죽을지언정 자신의 뜻을 굽히지 않겠다는 요나의 단호함은 일방적 의식의 한계를 가늠하는 것이 얼마나 어려운 일인가를 실감하게 한다. "하루 만에 사라질 박넝쿨도 그렇게도 귀한 존재인 것처럼, 니느웨 사람들도 아낌을 받아 마땅하다."는 것이 하나님의 뜻이다. 박넝쿨과 벌레는 우리가 지닌 정서의 본능적 속성을 대변한다. 미미한 것에도 한없는 행복을 느끼며, 그런 행복감을 한순간에 날려 버리는 벌레 또한 우리의 모습이다(박종수, 2004, p. 273). 시원한 그늘을 한순간에 상실한 요나는 하나님으로부터 소외된 인간의 실존적 모습을 대변한다. 그것은 편안하고 행복한 자궁으로부터 퇴출된 아이의 모습이기도 하다.

요나에게 임한 순간적 행복감은 그동안 요나가 경험하지 못한 놀라운 것이었다. 그럼에도 불구하고 바로 찾아오는 절망감은 이전의 행복감을 송두리째 앗아간다. 이처럼 부정적인 정서는 영혼을 사로잡고 오래 지속되지만, 긍정적이고 생명이 넘치는 정서는 그리 오래가지 못한다. 순간의 행복은 전체 정신인 자기로부터 온 최고의 선물이다. 그 행복감이 생명의 원리와 만날 때 자신뿐만 아니라 모두를 살리는 생명수가 된다. 우리는 이 짧은 순간의 정서를 보존하고 음미하도록 노력해야 한다. 요나는 끝까지 하나님의 생명원리를 깨닫지 못한 채 무대 밖으로 나간다. 그럼에도 불구하고 요나의 개성화는 진행될 것이다. 하나님께 대항하여 끝까지 자신의 주장을 굽히지 않은 요나에게는 생명력이 살아 있다. 하나님에 대한 저항은 무조건적인 반항이 아니라 자신의 때를 기다려 달라는 간절한 청원처럼 느껴진다. 아무리 귀한 생명원리라고 할지라도 때가 이르지 않으면 책장 속에 보관된 하나의 종이쪽지에 불과하다. 그것이 영혼의 일부가 될 때까지 우리는 기다릴 필요가 있다. 요나는 우리가 보지 못하는 가운데 여전히 성장하고 있을 것이다.

5. 맺음말

요나 콤플렉스는 무엇일까? 그것은 자신의 확고한 신념과 동일시된 일방적 인격의 표상이다. 성장과정에서 획득된 지식이나 신념이 전체 인격과 동일시될 때, 그것은 무의식에 사로잡힌 상태가 된다. 지나치게 확고한 신념은 항상 위험요소를 안고 있다. 그것은 자신의 신념과 일치하지 않은 모든 것을 거부하게 만든다. 동시에 개인의 강한 신념은 대개 자아가 집단적 이상에 부응하는 형식으로 표출된다. 집단적 이상과 합리적인 사고는 개인의 창조성과 신비한 잠재력을 무력화한다. 모든 사람이 인정하는 정의나 평화 그리고 바람직한 태도라고 할지라도 그것을 받아들이는 사람마다 그 평가는 달라진다. 일방적인 신념은 대개 개인적인 것에서 유래하는 것이 아니라 집단적 이상에서 출발한다. 집단적 이상은 자아보다는 주로 페르소나를 통해 실현된다. 자아가 상실된 상태의 페르소나는 무의식의 지배를 받게 되어 의식의 약화를 초래한다. 요나의 소명은 단순히 신의 명령을 따르는 것이 아니라 의식의 일방성에서 해방되어 변화의 길을 가는 것이다. 그럼에도 불구하고 요나는 끝까지 저항하는 모습을 보인다.

우리에게 희망이 있을 때 삶의 의욕과 비전이 생긴다. 그 희망은 물질과 명예 혹은 지식으로 보상된다. 그러나 이런 것들이 어느 정도 채워졌을 때 깊은 정신은 새로운 차원을 요구한다. 그것은 자기로부터 들려오는 진정한 소명이다. 깊은 영혼으로부터 들려오는 소명은 곧 신의 음성으로 들리고, 그것은 영원한 가치관으로 자리 매김한다. 그것은 이성과 과학으로 무장된 현실원리와 동떨어져 있다. 오히려 어린아이처럼 미지의 세계에 대한 동경과 두려움이 교차할 때 소명의 길로 들어선다. 요나의 소명은 일차적으로 "이스라엘의 적을 구원하고 그들과 화해하라."는 절대적 명령으로 들린다. 그러나 정신의 중심인 자기는 여기서 그림자와의 화해를 위해 먼저 할 일을 깨우친다. 그것은 '의식의 일방성으로부터 벗어나라'는 것이다. 아무리 고귀한 신념이라고 할지라도 그것이 전체 정신과 조화를 이루지 못할 때 그것은 모든 심리적 질병의 근원이 된다. 이제 우리는 모성의 자궁에서 재탄생함으로써 새로운 세계를 열어 가야 한다. 그 과정은 죽음에 대한 공포, 환희와 혼돈 그리고 저항과 수용 사이의 갈등을 동반한다. 밤바다를 항해한 후에 비로소 자아는 떠오르는 태양이 되어 온 세계를 밝게 비춘다.

진정한 소명은 가장 가까운 적(그림자)을 아군으로 만드는 작업에서부터 시작된다. 악한 적을 용서하거나 그에게 구원의 기회를 제공하는 것은 마치 적군을 치료하는 아군 의사와도 같다. 생명원리는 선과 악을 초월한다. 모든 생명의 원천인 무의식은 생명원리를 추구한다. 일방적 사고체계로 인해 인격의 결핍이 발생하자, 무의식의 보상원리는 요나를 바다에 빠트리고 부활의 길로 인도한다. 그것은 죽음과 재생을 통해 구체화된다. 악을 심판하기보다 자신의 그림자를 인격의 동반자로 삼을 때 건강한 자아는 탄생한다. 요나는 자기로부터 전해진 소명에 대한 환희와 설렘보다는 분노와 공포, 죄책감과 수치심, 좌절과 절망을 경험한 지극히 보통 사람 가운데 한 사람이다. 비록 끝까지 자기로 대변되는 하나님의 편에 서지 못했지만, 그는 갈등하면서 하나님의 일을 수행했고 동시에 분노와 저항을 통해 자신의 존재를 알렸다. 정당하거나 부당한 분노는 없다. 분노는 그 자체로 의미가 있으며 목적이 있다. 하나님은 요나의 분노를 끝까지 인내하며 받아 주고 그 분노와 함께한 것이다. 요나의 분노는 그의 존재 자체였다. 여기에 심리치료의 원리가 있다. 내담자가 스스로 정서의 바다에서 솟아오를 때까지 함께 기다리며 격려해 주는 것이 치료자의 자세가 아닐까?

부 록

정서분석 자료

1. 불 안
2. 두려움과 공포
3. 분노와 격분
4. 질투와 시기
5. 죄책감과 수치심

1. 불 안

	내용	쪽수	비고
유형	1. 위협에 대한 방어기제로서의 불안	181	
	2. 흥분되거나 불확실한 상황에서의 불안	182	
	3. 공전(의존)과 자전(독립)에서 오는 불안	183	
	4. 생애 초기의 불안	186	
	5. 분리불안	188	
	6. 성적 친밀감에 대한 불안	194	
	7. 죽음에 대한 불안	196	
	8. 유기불안	198	
발생 배경	1. 출생과 대상 상실이 원초적 불안을 유발	199	
	2. 발달동기가 불안을 유발	202	
	3. 거부당함으로 인한 적개심이 불안을 유발	209	
	4. 부성 콤플렉스가 불안을 유발	211	
	5. 불안에 대한 거부가 불안을 유발	213	
	6. 실패에 대한 두려움이 불안을 유발	214	
	7. 생각이 불안을 유발	215	
표출 방식	1. 낯선 환경에서의 불안이 불안정 애착 반응으로 나타남	217	
	2. 의존 상태에서 떠남에 대한 불안감이 분노로 표출됨	218	
	3. 불안으로부터의 탈출 시도가 품행장애로 나타남	219	
	4. 만성화된 불안이 꿈이나 환상으로 드러남	220	
	5. 접촉의 욕구가 억압된 분열증 환자의 불안이 고독과 자폐로 표출됨	224	
	6. 불안감을 제거하기 위해 환상적 대상을 창조함	227	
	7. 원인 모를 불안이 공황 상태로 인도함	228	
	8. 불안을 해소하기 위해 사물을 안아 주는 환경으로 만듦	229	
	9. 걱정과 불안이 범불안장애로 나타남	230	
	10. 불안의 신체화가 건강염려증으로 나타남	232	
	11. 환자의 불안이 치료자에게 전가됨	232	

분석과 치료	1. 유아의 불안 대처과정	233	
	2. 놀이를 통해 분리불안을 상징화하기	234	
	3. 유아의 불안을 양육자가 받아 주기	237	
	4. 자기와 자기대상의 공감적 융합을 통해 평온함을 유지하기	237	
	5. 공감적 집중과 언어적 상징화를 통해 불안을 식별하기	238	
	6. 불안을 원초적 상태로 경험하기	239	
	7. 불안에 대한 탈인격화를 통해 불안을 객관화하기	241	
	8. 불안의 정서구조와 역사를 살피기	243	
	9. 불안에 대한 긍정적인 측면을 인식하기	244	
특기 사항			
분석 내용			
치료 정보			

2. 두려움과 공포

	내용	쪽수	비고
유형	1. 외적인 두려움과 내적인 두려움	260	
	2. 미지의 세계에 대한 두려움과 공포	263	
	3. 불가항력적인 우주적 공포	265	
	4. 파생적 공포(2차원적 공포)	266	
	5. 상실과 변화(적응)에 대한 두려움	267	
	6. 광장공포와 폐쇄공포	268	
	7. 대인공포(사회공포)	271	
	8. 시험(과제)공포	272	
	9. 사회적 인격(페르소나)에 대한 두려움	273	
	10. 정서적 그림자에 대한 두려움	274	
발생 배경	1. 무의식적인 정신활동이 두려움과 공포를 유발	276	
	2. 모성 원형과의 분리가 원초적 공포를 유발	277	
	3. 분리불안과 유기불안이 공포를 유발	281	
	4. 오이디푸스 콤플렉스가 거세공포를 유발	286	
	5. 성적으로 유혹하거나 경쟁적인 부모가 아동의 공포를 유발	289	
	6. 원형적인 부모상이 두려움과 공포를 유발	290	
	7. 부모에 대한 긍정적인 콤플렉스가 동성애에 대한 두려움을 유발	293	
	8. 아동기의 외상이 갑작스러운 공포를 유발	294	
	9. 증오 대상에 대한 분노가 공포를 유발	296	
	10. 정신적 지주의 부재가 히스테리성 불안과 공포를 유발	297	
	11. 무의식에 압도당할 때 공황장애가 유발	298	
	12. 단단한 방어구조가 공포를 유발	300	
	13. 사회문화적으로 만연한 악과 부조리가 불안과 공포를 유발	301	

표출 방식	1. 공포 대상에 대한 부인, 투사, 왜곡	302	
	2. 남성의 의존공포가 여성(어머니)에 대한 두려움으로 나타남	303	
	3. 긍정적인 모성 콤플렉스가 꿈에서 두려움과 공포로 드러남	304	
	4. 아니마에 사로잡힌 강박적 남성은 꿈에서 두려움과 공포를 경험함	305	
	5. 대상관계의 실패로 인한 공포가 결정에 대한 두려움으로 나타남	308	
	6. 일방적 지식의 강화로 인한 무의식적 두려움이 꿈으로 표출됨	309	
	7. 상실에 대한 두려움이 존재의 소멸에 대한 두려움으로 이어짐	311	
	8. 상실에 대한 공포가 신체적 반응을 일으킴	312	
	9. 죽음에 대한 공포가 다른 사람의 죽음을 자신의 것으로 인식함	313	
	10. 두려움에 대한 억제와 거부가 자아 팽창 상태로 드러남	315	
	11. 어머니의 두려움이 딸의 소화기능장애를 불러일으킴	317	
	12. 권위자에 대한 두려움이 존경과 찬사로 표출됨	318	
분석과 치료	1. 오이디푸스 시기의 공포를 놀이와 심층적 해석을 통해 치료하기	320	
	2. 안아 주는 환경을 통해 유아의 멸절공포를 치료하기	321	
	3. 공포 대상에 대한 적응과 주의를 통해 공포 다스리기	323	
	4. 적극적 상상을 통해 두려움 극복하기	324	
	5. 병적 긴장을 제거함으로써 공황장애 치료하기	326	
	6. 은유적 예행 연습을 통해 죽음의 공포 다스리기	327	
	7. 두려움과 공포에 대한 긍정적 측면을 인식하기	328	
특기 사항			
분석 내용			
치료 정보			

3. 분노와 격분

	내용	쪽수	비고
유형	1. 나쁜 대상(박해자)에 대한 분노	342	
	2. 발달과정에서 발생하는 분노	343	
	3. 인격장애자에게 나타나는 분노	344	
	4. 사회적 부조리(악)에 대한 분노	345	
	5. 자기 자신에 대한 분노	345	
	6. 성적 정체성의 침범에 대한 분노	347	
	7. 그림자 투사로 인한 분노	348	
발생 배경	1. 관계 맺기의 실패가 분노를 유발	349	
	2. 거세공포가 피학적 분노를 유발	350	
	3. 퇴행하고자 하는 욕구가 분노를 유발	352	
	4. 과대자기에 대한 욕망의 억제가 자기애적 격노를 유발	354	
	5. 상실과 유기감이 분노를 유발	355	
	6. 공포에 대한 방어기제가 분노를 유발	356	
	7. 죄책감과 수치심이 분노를 유발	358	
	8. 죄책감에 대한 방어기제가 분노를 유발	359	
	9. 치료자에 대한 전이가 분노를 유발	360	
	10. 치료자의 역전이가 분노를 유발	361	
표출 방식	1. 분노는 리비도(사랑)와 공격성(증오)으로 드러남	362	
	2. 분노가 대상을 지배하고자 하는 욕망으로 나타남	363	
	3. 불쾌한 감정이 콤플렉스와 결합하여 격분으로 발전함	364	
	4. 유기불안이 분노발작으로 이어짐	365	
	5. 우울증 환자는 분노를 내면화함	366	
	6. 분노가 다른 외상이나 정서와 함께 복합적으로 드러남	368	
	7. 치료과정에서 분노와 격분이 전이를 통해 공격성으로 표출됨	368	
	8. 분노와 격분은 중독 성향을 보임	370	

분석과 치료	1. 꿈분석과 적극적 상상을 통해 분노를 의식화하기	371	
	2. 상실에 대한 애도를 통해 분노를 표출하기	374	
	3. 혼란한 분노를 분화하기	375	
	4. 적절한 반응을 통해 분노를 의식화하기	376	
	5. 분노와 함께 머물러 결핍의 요소를 발견하기	377	
	6. 인지행동적인 분노조절법	378	
	7. 분노분석의 3단계	379	
특기 사항			
분석 내용			
치료 정보			

4. 질투와 시기

	내용	쪽수	비고
유형	1. 부모와 자녀 사이의 시기와 질투	390	
	2. 형제간의 시기와 질투	392	
	3. 동성과 또래 사이의 시기와 질투	393	
	4. 이성 간의 시기와 질투	395	
	5. 자기 자신에 대한 시기	399	
발생 배경	1. 엄마의 좋은 것(젖)이 유아의 시기심을 유발	400	
	2. 아빠의 좋은 것(남성성)이 딸의 남근 선망을 유발	401	
	3. 새로 태어난 동생이 시기와 질투를 유발	402	
	4. 내적 결함에 대한 불만이 시기와 질투를 유발	404	
	5. 결핍에 대한 보상 욕구가 시기와 질투를 유발	404	
	6. 치료과정에서 발생한 이상화 전이가 시기와 질투를 유발	407	
표출 방식	1. 시기심에 대한 세 가지 반응	408	
	2. 시기심의 3단계	409	
	3. 시기심이 죄책감과 수치심으로 이어짐	410	
	4. 자매간의 질투가 히스테리로 발전함	412	
	5. 형제 사이의 시기심이 정신증에 이르게 됨	413	
	6. 아내의 질투가 남편을 죽음으로 몰고 감	414	
	7. 시기심이 좋은 것에 대한 두려움으로 나타남	414	
분석과 치료	1. 그림자 투사를 인식하기	416	
	2. 전이의 허용을 통해 자기애적 시기심을 의식화하기	417	
	3. 시기 당하는 입장에서 선을 바라보기	419	
	4. 시기심 치료 5단계	420	

특기 사항			
분석 내용			
치료 정보			

5. 죄책감과 수치심

	내용	쪽수	비고
유형	1. 개인적 죄책감과 집단적 죄책감	432	
	2. 보편적이며 원형적인 죄책감	434	
	3. 심리적 죄책감과 법적 · 도덕적 죄책감	434	
	4. 강박신경증에 의한 죄책감	434	
	5. 본능에 대한 죄책감	435	
	6. 실제적 죄책감과 상상적 죄책감	438	
	7. 생존자(선택받은 자)의 죄책감	440	
	8. 페르소나에 대한 죄책감과 수치심	441	
	9. 다름에 대한 수치심	442	
발생 배경	1. 죄책감을 유발하는 세 가지 요인	443	
	2. 엄마로부터의 분리가 원초적 죄책감을 유발	444	
	3. 권위자에 대한 공격적 충동이 죄책감을 유발	445	
	4. 사랑하는 대상에 대한 분노가 죄책감을 유발	445	
	5. 오이디푸스 콤플렉스가 죄책감을 유발	446	
	6. 부모에 대한 콤플렉스가 죄책감을 유발	447	
	7. 부모의 유기나 거부가 분노와 죄책감을 유발	448	
	8. 부모의 이혼이 자녀에게 죄책감을 유발	451	
	9. 성적 충동이 죄책감과 불안을 유발	451	
	10. 치료과정에서 발생한 의식화가 죄책감을 유발	452	
	11. 치료자의 자살이 환자의 죄책감을 유발	453	
	12. 동성애적 감정이 성적 수치심을 유발	455	
	13. 부모의 과대한 기대가 자녀의 수치심을 유발	456	
	14. 가족으로부터 무시당한 경험이 수치심을 유발	457	
	15. 죄책감에 대한 방어기제가 수치심과 분노를 유발	458	

표출 방식	1. 죄책감과 수치심이 리비도와 공격성으로 활성화됨	459	
	2. 의식하지 못한 죄책감이 꿈에서 표출됨	460	
	3. 죄책감이 부모에 대한 원망으로 나타남	460	
	4. 죄책감에 대한 거부가 황폐한 삶으로 이어짐	461	
	5. 가족 역동과 관련된 죄책감이 성적 감정을 억압함	462	
	6. 부모의 성기를 본 자녀의 죄책감이 불안과 공포 그리고 불임 현상으로 드러남	463	
	7. 부모의 죄책감과 수치심이 자녀에게 전수됨	465	
	8. 죄책감을 느끼지 않기 위해 더 큰 죄책감을 불러들임	466	
	9. 부모의 성적 수치심이 자녀에게 전달됨	467	
	10. 타인에 의해 수치심이 강화되거나 만성화됨	469	
	11. 수치심으로 인한 분노가 격분으로 이어짐	470	
	12. 부인된 수치심이 과대망상증으로 발전됨	471	
분석과 치료	1. 미분화된 죄책감을 구체화하기	471	
	2. 죄책감에 대한 적절한 반응을 통해 적응력 키우기	473	
	3. 상실로 인한 죄책감을 애도과정을 통해 경감하기	473	
	4. 죄책감을 해소할 기회를 제공하기	475	
	5. 주기보다는 받기를 통해 수치심을 경험하기	476	
	6. 죄책감과 수치심의 긍정적 측면 인식하기	476	
특기 사항			
분석 내용			
치료 정보			

참고문헌

구연상(2002). 공포와 두려움 그리고 불안. 서울: 청계출판사.

김병훈(2009). 현대정신분석의 임상기법. 서울: 한국정신역동치료학회.

김병훈(2011a). 정신분석으로 본 공황장애의 본질과 기능. 한국정신역동치료학회 5월 학술발표자료.

김병훈(2011b). 정신분석과 성서이해(I): 성찰이 주는 여유. 천안: 호서대학교출판부.

노세영, 박종수(2000). 고대근동의 역사와 종교. 서울: 대한기독교서회.

박종수(2002). 구약성서 역사 이야기. 서울: 한들출판사.

박종수(2004). 성서와 정신건강. 서울: 한울신학연구소.

박종수(2005). 분석심리학에 기초한 이야기 심리치료. 서울: 학지사.

박종수(2009). 융심리학과 성서적 상담. 서울: 학지사.

박종수(2012). 구약성서의 감성언어. 인문과학논집, 23, 203-232. 강남대학교 인문과학연구소.

변상규(2010). 자아상의 치유. 서울: NUN.

서규석(1999). 이집트 사자의 서. 서울: 문학동네.

오진령(2012). 「콩쥐팥쥐」에 나타난 모성콤플렉스와 개성화과정에 대한 연구. 평택대학교 피어선신학전문대학원 박사학위논문.

이무석(2003). 정신분석에로의 초대. 서울: 이유.

이부영(1995). 한국민담의 심층연구: 분석심리학적 접근. 서울: 집문당.

이부영(1998). 분석심리학: C. G. Jung의 인간심성론(개정판). 서울: 일조각.

이부영(1999). 그림자. 서울: 한길사.

이부영(2001). 아니마와 아니무스. 서울: 한길사.

이부영(2002). 자기와 자기실현. 서울: 한길사.

이부영(2012). 한국의 샤머니즘과 분석심리학. 파주: 한길사.

이유경(2004). 원형과 신화. 파주: 이끌리오.

이유경(2010). 한국민담에서 살펴본 여성의 부성 콤플렉스: 〈심청전〉과 〈바리공주〉 중심으로. 심성연구, 25(1), 65-101.

조정옥(1999). 감정과 에로스의 철학: 막스 셸러의 철학. 서울: 철학과 현실사.

최상욱(2010). 니체, 횔덜린, 하이데거, 그리고 게르만 신화. 파주: 서광사.

한상수(1986). 한국의 신화. 서울:문음사.

Abt, T. (2008). 융심리학적 그림해석(*Introduction to Picture Interpretation*) (이유경 역). 서울: 분석심리학연구소. (원전은 2005년에 출판).

Alston, W. P. (1967). Emotion and feeling. In P. Edwards (Ed.), *The Encyclopedia of philosophy* (Vol. 2). New York: Macmillan and the Free Press.

Altheide, D. L. (2002). *Creating fear: News and the construction of crisis*. New York: Walter de Gruyter.

Alvarez, A. (2006). 살아있는 동반자: 자폐아동, 경계선 아동, 그리고 학대받은 아동들을 위한 정신분석적 심리치료(*Live company: Psychoanalytic psychotherapy with autistic, borderline, deprived and abused children*) (이재훈, 박영란 역). 서울: 한국심리치료연구소. (원전은 1992년에 출판).

American Psychiatric Association (1994). 정신장애의 진단 및 통계편람 제4판(*Diagnostic and statistical manual of mental disorders*) (이근후 외 역). 서울: 하나의학사.

American Psychoanalytic Association (Ed.). (2002). 정신분석 용어사전 (이재훈 외 역). 서울: 한국심리치료연구소.

Ammann, R. (1991). *Healing and transformation in sandplay: Creative process become visible*. Illinois: La Salle.

Anzieu, D. (2008). 피부자아(*Le Moi-peau*, 2nd ed.) (권정아, 안석 역). 서울: 인간과 희극. (원전은 1995년에 출판).

Asper, K. (1992). *The inner child in dreams*. Boston: Shambhala Publications.

Bach, G. R., & Goldberg, H. (2000). *Creative aggression: The art of assertive living*. L. A.: Wellness Institute, Inc.

Bair, D. (2008). 융(*Jung: A Biography by Deirdre Bair*) (정영목 역). 서울: 열린책들. (원전은 2003년에 출판).

Bandelow, B. (2008). 불안, 그 두 얼굴의 심리학(*Angstbuch: woher Ängste kommen und wie man sie bekämpfen kann*) (한경희 역). 서울: 뿌리와 이파리. (원전은 2006년에 출판).

Barlow, D. H. (2002). Unraveling the mysteries of anxiety and its disorders from the perspective of emotion theory. *American Psychologist, 55*(11), 1247-1263.

Bauman, Z. (2009). 유동하는 공포(*Liquid fear*) (함규진 역). 서울: 웅진씽크빅. (원전은 2006년에 출판).

Bevan, J. L. (2004). General partner and relational uncertainty as consequences of another person's jealousy expression. *Western Journal of Communication, 68*, 195-218.

Bion, W. R. (1962). A Theory of thinking. In *Second Thoughts*. Selected Papers on Psycho-Analysis. New York: Jason Aaronson.

Bion, W. R. (1992). *Cogitations*. London: Karnac Books.

Bion, W. R. (2011). 주의와 해석(*Attention and interpretation*) (허자영 역). 서울: 눈출판그룹. (원전은 1970년에 출판).

Bion, W. R. (2012). 경험에서 배우기(*Learning from experienc*) (윤순임 역). 서울: 눈출판그룹. (원전은 1962년에 출판).

Birkhäuser-Oeri, S. (1988). *The mother: Archetypal image in fairy tales*. Toronto: Inner City Books.

Bischoff, U. (2005). 에드바르드 뭉크(*Edvard Munch: 1863~1944*) (반이정 역). 서울: 마로니에북스. (원전은 1988년에 출판).

Bolen, J. S. (1992). 우리 속에 있는 여신들(*Goddesses in everywoman*) (조주현, 조명덕 역). 서울: 또하나의문화. (원전은 1984년에 출판).

Bollas, C. (2010). 대상의 그림자: 사고되지 않은 앎의 정신분석(*The shadow of the object: Psychoanalysis of the unthought known*) (이재훈, 이효숙 역). 서울: 한국심리치료연

구소. (원전은 1989년에 출판).

Bond, D. S. (2012). 프로이트와 이별하다(*Living myth: Personal meaning as a way of life*) (최규은 역). 서울: 예문. (원전은 1993년에 출판).

Bourne, E. J. (2011). *The anxiety & phobia workbook* (5th ed.). New Harbinger Publications.

Bowlby, J. (1988). *A secure base: Clinical applications of attachment theory*. London: Routledge.

Bradshaw, J. (2002). 수치심의 치유(*Healing the shame that binds you*) (김홍찬, 고영주 역). 서울: 한국상담심리연구원. (원전은 1988년에 출판).

Brazier, C. (2012). 인간은 왜 죄의식으로 고통받는가(*Guilt: An exploration*) (유자화 역). 파주: 알마. (원전은 2009년에 출판).

Breuer, J., & Freud, S. (1997). 히스테리연구(*Studies on hysteria*) (김미리혜 역). 서울: 열린책들. (원전은 1895년에 출판).

Campbell, J. (1988). *The hero with a thousand faces*. New Jersey: Princeton University Press.

Carotenuto, A. (1989). *Eros and pathos: Shades of love and suffering*. Toronto: Inner City Books.

Cartwright, D. (2002). *Psychoanalysis, violence, and rage-type murder: Murdering minds*. New York: Brunner-Routledge.

Caspari, E. (2003). *Animal life in nature, myth and dreams*. Illinois: Chiron Publication.

Cavell, T. A., & Malcolm, K. T. (Eds.) (2007). *Anger, aggression, and interventions for interpersonal violence*. London: Routledge.

Chessick, R. (2007). 자기심리학과 나르시시즘의 치료(*Psychology of the self and the treatment of narcissism*) (임말희 역). 서울: Nun. (원전은 1962년에 출판).

Chodorow, J. (2003). 춤 · 동작 치료와 심층심리학-융 분석심리학적 접근에 의한 동작 상상(*Dance therapy and depth psychology: The moving imagination*) (임용자, 나혜숙 역). 서울: 물병자리. (원전은 1991년에 출판).

Chodorow, N. J. (2008). 모성의 재생산(*The reproduction of mothering: Psychoanalysis and the sociology of gender*) (김민예숙 외 역). 서울: 한국심리치료연구소. (원전은 2000년에 출판).

Colarusso, C. A. (2011). 정신분석적 발달이론(*Child and adult development: A psychoanalytic introduction for clinicians*) (반건호, 정선주 역). 서울: 학지사. (원전은 1992년에 출판).

Collett, P. (2004). 몸은 나보다 먼저 말한다(*The book of tells*) (박태선 역). 서울: 청림출판. (원전은 2003년에 출판).

Collodi, C. (2004). 피노키오(*La avventure di Pinocchio*) (김홍래 역). 서울: 시공주니어. (원전은 1883년에 출판).

Cope, T. A. (2006). *Fear of Jung*. London: Karnac.

Covitz, J. (2000). *Visions in the night: Jungian and ancient dream interpretation*. Toronto: Inner City Books.

Davis, M., & Wallbridge, D. (2002). 울타리와 공간(*Boundary and space*) (이재훈 역). 서울: 한국심리치료연구소. (원전은 1981년에 출판).

de Botton, A. (2011). 불안(*Status anxiety*) (정영목 역). 서울: 은행나무. (원전은 2004년에 출판).

de Gregorio, J. (2003). 나의 이성, 나의 감성(*My head and my heart: Sex, love, life, and the unconscious*) (김미겸 역). 서울: 한국심리치료연구소. (원전은 2000년에 출판).

Descartes, R. (1978). 방법서설/성찰/철학의 원리/정념론(*Discours de la methode/ Meditationes de prima philosophia/Principia philosophiae/Les passions de l'âme*) (소두영 역). 서울: 동서문화사. (원전은 1637-1649년에 출판).

Dieckmann, H. (1979). *Methods in analytical psychology: An introduction*. Illinois: Chiron Publications.

Dieckmann, H. (1996). *Complexes: Diagnosis and therapy in analytical psychology*. Illinois: Chiron Publications.

Edinger, E. F. (1992). *Ego and archetype*. Boston & London: Shambhala.

Edinger, E. F. (1999). *The psyche in antiquity, Book two: Gnosticism and early Christianity: From Paul of Tarsus to Augustine*. Toronto: Inner City Books.

Edinger, E. F. (2001). 성서와 정신(*The bible and the psyche: Individuation symbolism in the old testament*) (이재훈 역). 서울: 한국심리치료연구소. (원전은 1986년에 출판).

Edinger. E. F. (2000). *Ego and self: The old testament prophets: From Isaiah to Malachi*. Toronto: Inner City Books.

Eigen, M. (2002). *Rage*. Middletown, CT: Wesleyan University Press.

Eigen, M. (2005). *Emotional storm*. Middletown, CT: University Press.

Eigen, M. (2007). *Feeling matters: From the Yosemite God to the annihilated self*. London: Karnac Books.

Eigen, M. (2009a). 무의식으로부터의 불꽃: 마이클 아이건 박사의 서울 정신분석 세미나 (*Flames from the unknown: Michael Eigen's Seoul Seminars on Klein, Winnicott and Bion*) (이준호 역). 서울: 한국심리치료연구소. (원전은 2007년에 출판).

Eigen, M. (2009b). 독이 든 양분(*Toxic Nourishment*) (이재훈 역). 서울: 한국심리치료연구소. (원전은 1999년에 출판).

Emanuel, R. (2000). *Anxiety*. Grange Road: Icon Books Ltd.

Fairbairn, W. R. D. (1963). Synopsis of an object-relations theory of the personallity. *International Journal of Psycho-Analysis, 44*, 224-255.

Fairbairn, W. R. D. (2003). 성격에 관한 정신분석학적 연구(*Psychoanalytic studies of the personality*) (이재훈 역). 서울: 한국심리치료연구소. (원전은 1952년에 출판).

Fordham, M. (1965) The importance of analysing childhood for assimilation of the shadow. *Journal of Analytical Psychology, 10*, 33–47.

Fossum, M. A., & Mason, M. J. (1986). *Facing shame: Families in recovery*. New York: W.W. Norton.

Freshwater, D., & Robertson, C. (2002). *Emotions and needs*. Buckingham: Open University Press.

Freud, A. (1972). Comments on aggression. *Internal Journal of Psycho-Analysis, 53*, 163-171.

Freud, A. (1977). Fears, anxieties and phobic phenomena. *Psychoanalytic Study of the Child, 32*. New Haven: Yale University Press.

Freud, S. (1915). The unconscious. *Standard Edition, 14*, 159-204.

Freud, S. (1950). *Collected papers* (Vol. 4). London: Hogarth Press and Institute of Psychoanalysis.

Freud, S. (1988). 꿈의 해석(*The interpretation of dreams*) (김기태 역). 서울: 선영사. (원전은 1900년에 출판).

Freud, S. (2008). 문화에서의 불안(*Das Unbehagen in der Kultur*) (강영계 역). 서울: 지만지. (원전은 1930년에 출판).

Fromm, E. (2007). 정신분석과 듣기 예술(*Art of listening*) (호연심리센터 역). 서울: 범우사. (원전은 1998년에 출판).

Gabbard, G. (1989). GO, subtypes of narcissistic personality disorder. *Bull Menninger Clin., 53*, 527-532.

Gardner, D. (2012). 이유 없는 두려움(*Risk: The science and politics of fear*) (김고명 역). 지식갤러리. (원전은 2008년에 출판).

Gomez, L. (2008). 대상관계이론 입문(*An introduction to object relations*) (김창대, 김진숙, 이지연, 유성경 역). 서울: 학지사. (원전은 1997년에 출판).

Greenberg, L. S., & Paivio, S. C. (2008). 심리치료에서 정서를 어떻게 다룰 것인가(*Working with emotions in psychotherapy*) (이홍표 역). 서울: 학지사. (원전은 2003년에 출판).

Grotstein, J. S. (2012). 흑암의 빛줄기(*A beam of intense darkness*) (이재훈 역). 서울: 한국심리치료연구소. (원전은 2007년에 출판).

Hall, J. A. (1983). *Jungian dream interpretation: A handbook of theory and practice*. Toronto: Inner City Books.

Hall, P. (2008). *Anger, rage and relationship: An empathic approach to anger management*. London: Routledge.

Hamilton, N. G. (2007). 대상관계 이론과 실제: 자기와 타자(*Self and others: object relations theory in practice*) (김진숙, 김창대, 이지연 역). 서울: 학지사. (원전은 1988년에 출판).

Hargrave, T. D. (2004). 가족치료와 용서: 세대와 가족 간에 얽힌 상처의 치유(*Families and forgiveness: Healing wounds in the intergenerational family*) (문미선 역). 서울: 하나의학사. (원전은 1994년에 출판).

Hart, G. (1986). *Dictionary of Egyptian gods and goddess*. London and New York: Routledge & Kegan Paul Ltd.

Heidegger, M. (1962). *Being and time* (trans. J. Macquarrie & E. Robinson). New York: Harper & Row.

Heidegger, M. (1992). 존재와 시간(*Sein und Zeit*) (전양범 역). 동서문화사. (원전은 2006년에 출판).

Heidegger, M. (2009). 횔덜린의 송가: 게르마니엔과 라인강(*Hölderlins Hymnen 'Germanien' und 'Der Rhein'*) (최상욱 역). 파주: 서광사. (원전은 1999년에 출판).

Hesiodos (2003). 신통기: 그리스신들의 계보(*Theogonia, Erga kai Hemerai*) (김원익 역). 서울: 민음사. (원전은 기원전 720경에 출판).

Hillman, J. (1960). *Emotion*. Illinois: Northwestern University Press.

Hinshelwood, R. D. (2006). 임상적 클라인: 이론과 실제(*Clinical Klein: From theory to practice*) (이재훈 역). 한국심리치료연구소. (원전은 1994년에 출판).

Hodin, J. P. (2010). 에드바르 뭉크(*Edvard Munch*) (이수연 역). 서울: 시공사 시공아트. (원전은 1972년에 출판).

Hollis, J. (1993). *The middle passage: From misery to meaning in middle*. Toronto: Inner City Books.

Hollis, J. (1996). *Swamplands of the soul: New life in dismal place*. Toronto: Inner City Books.

Hollis, J. (2006). 에덴 프로젝트: 나와 당신, 그리고 우리들의 관계회복을 위하여(*Eden project: In search of the magical other*) (김은선 역). 서울: 리더스하이. (원전은 1998년에 출판).

Horney, K. (1992). 신경증적 갈등에 대한 카렌 호나이의 정신분석(*Our inner conflicts: A constructive theory of neurosis*). (이희경, 윤인, 이해리, 조한익 역). 서울: 학지사. (원전은 1992년에 출판).

Impelluso, L. (2002). *Gods and heroes in art*. Los Angeles: The J. Paul Getty Museum.

Jacobs, B. (2008). 감정 다스리기를 위한 글쓰기(*Writing for emotional balance*) (김현희, 이영식 역). 서울: 학지사. (원전은 2004년에 출판).

Jacoby, M. (1984). *The analytic encounter: Transference and human relationship*. Toronto: Inner City Books.

Jacoby, M. (1994). *Shame and the origin of self-esteem: A jungian approach*. London: Routledge.

Jacoby, M. (1999). *Jungian psychotherapy and contemporary infant research: Basic patterns of emotional exchange*. London and New York: Routledge.

Johnson, R. A. (2006a). 신화로 읽는 여성성 She(*She: Understanding feminine psychology*) (고혜경 역). 서울: 동연. (원전은 1989년에 출판).

Johnson, R. A. (2006b). 신화로 읽는 남성성 He(*He: Understanding masculine psychology*) (고혜경 역). 서울: 동연. (원전은 1989년에 출판).

Johnson, R. A. (2006c). 당신의 그림자가 울고 있다(*Owning your own shadow: Understanding the dark side of the psyche*) (고혜경 역). 서울: 에코의서재. (원전은 1991년에 출판).

Johnson, R. A., & Ruhl, J. M. (2009). 내 그림자에게 말 걸기(*Living your unlived life*) (이종도 역). 서울: 웅진씽크빅. (원전은 2007년에 출판).

Jung, C. G. (1953-1979). *Collected Works* (CW), 20 vols. Bollingen Series. New Jersey: Princeton University Press.

Jung, C. G. (1971). *Man and His Symbols*. New York: Doubleday & Co.

Jung, C. G. (Ed.) (1995). Aniela Jaffé. *Memories, dreams, reflections*. London: Fontata Press.

Jung, C. G. (Ed.) (1997). Clare Douglas. *Visions: Notes of the seminar given in 1930-1934* (VS). London: Routledge.

Jung, C. G. (2001). 융 기본 저작집(KGW), 1권. 정신 요법의 기본 문제(*Grundfragen zur Praxis*) (융 저작번역위원회 역). 서울: 솔. (원전은 1984년에 출판).

Jung, C. G. (2002a). 융 기본 저작집, 2권. 원형과 무의식(*Archrtyp und Unbewusstes*) (융 저작번역위원회 역). 서울: 솔. (원전은 1984년에 출판).

Jung, C. G. (2002b). 융 기본 저작집, 5권. 꿈에 나타난 개성화 과정의 상징(*Traumsymbole des Individuationsprozesses*) (융 저작번역위원회 역). 서울: 솔. (원전은 1991년에 출판).

Jung, C. G. (2004a). 융 기본 저작집, 3권. 인격과 전이(*Persönlichkeit und Übertragung*) (융 저작번역위원회 역). 서울: 솔. (원전은 1984년에 출판).

Jung, C. G. (2004b). 융 기본 저작집, 6권. 연금술에서 본 구원의 관념(*Erlösungsvorstellungen in der Alchemie*) (융 저작번역위원회 역). 서울: 솔. (원전은 1985년에 출판).

Jung, C. G. (2004c). 융 기본 저작집, 9권. 인간과 문화(*Mensch und Kultur*) (융 저작번역위원회 역). 서울: 솔. (원전은 1985년에 출판).

Jung, C. G. (2005). 융 기본 저작집, 7권. 상징과 리비도(*Symbol un Libido*) (융 저작번역위원회 역). 서울: 솔. (원전은 1985년에 출판).

Jung, C. G. (2006). 융 기본 저작집, 8권. 영웅과 어머니원형(*Heros und Mytterarchetyp*) (융 저작번역위원회 역). 서울: 솔. (원전은 1985년에 출판).

Jung, C. G. (2007). 융 기본 저작집, 4권. 인간의 상과 신의 상(*Menschenbild und Gottesbild*)

(융 저작번역위원회 역). 서울: 솔. (원전은 1984년에 출판).

Jung, C. G. (Ed.). (2008). William McGuire. *Children's dreams: Notes from the seminar given in 1936-1940 by C. G. Jung.* New Jersey: Princeton University Press.

Jung, C. G. (2012). Red book(*The red book*) (김세영 역). 도서출판 부글북스. (원전은 2009년에 출판).

Jung, C. G. (Ed.), & McGuire, W. (1984). *Dream Analysis: Notes of the seminar given in 1928-1930 by C. G. Jung* (DA). New Jersey: Princeton University Press.

Jung, C. G. et al. (2009). 인간과 상징(*Man and his symbol*) (이윤기 역). 파주: 열린책들. (원전은 1964년에 출판).

Jung, E. (1995). 아니무스와 아니마(*Animus and Anima*) (박해순 역). 서울: 동문선. (원전은 1957년에 출판).

Kagan, J. (2009). 정서란 무엇인가?(*What is emotion?*) (노승영 역). 서울: 아카넷. (원전은 2007년에 출판).

Kast, V. (1993). *Through emotions to maturity: Psychological readings of fairy tales* (trans. D. Whitcher). New York: Fromm International Publishing Corporation.

Kast, V. (1994). 동화 속의 남자와 여자(*Mann und Frau im Märchen. Eine psychologische Deutung*) (이진우, 박미애 역). 서울: 철학과 현실사. (원전은 1982년에 출판).

Kast, V. (2007a). 나를 창조하는 콤플렉스(*Vater-Töchter Mutter-Söhne*) (이수영 역). 서울: 푸르메. (원전은 1994년에 출판).

Kast, V. (2007b). 꿈: 당신을 변화시키는 무의식의 힘(*Träume*) (원석영 역). 서울: 웅진씽크빅. (원전은 2006년에 출판).

Kast, V. (2007c). 애도(*Trauern*) (채기화 역). 서울: 궁리. (원전은 1982년에 출판).

Kavaler-Adler, S. (2009). 애도: 대상관계 정신분석의 관점(*Mourning, spirituality and psychic change: A new object relations view of psychoanalysis*) (이재훈 역). 서울: 한국심리치료연구소. (원전은 2003년에 출판).

Kernberg, O. (2001). 내면세계와 외부현실: 대상관계이론과 그 적용(*Internal world and external reality: Object relations theory applied*) (이재훈 역). 서울: 한국심리치료연구소. (원전은 1985년에 출판).

Kernberg, O. (2005). 남녀관계의 사랑과 공격성: 정신분석적 이해(*Love relations: Normality and pathology*) (윤순임 외 역). 서울: 학지사. (원전은 1995년에 출판).

Kernberg, O. (2008). 인격장애와 성도착에서의 공격성(*Aggression in personality disorder and perversions*) (이재훈, 박동원 역). 서울: 한국심리치료연구소. (원전은 1992년에 출판).

Kierkegaard, S. (2007). 죽음에 이르는 병: 교화와 깨달음을 위한 그리스도교적인 심리학적 탐구(*Sygdommen til Døden: En christelig psychologsk Udvikling til Opbyggelse og Opvækkelse*) (임규정 역). 파주: 한길사. (원전은 1849년에 출판).

Kierkegaard, S. (2011a). 공포와 전율(*Fear and trembling*) (임춘갑 역). 서울: 치우. (원전은 1843년에 출판).

Kierkegaard, S. (2011b). 불안의 개념(*The concept of anxiety*) (임춘갑 역). 서울: 치우. (원전은 1844년에 출판).

Klein, M. (1968). *Contribution to psycho-Analysis: 1921-1945*. London: The Hogarth Press.

Klein, M. (1988). Love, guilt and reparation. In *Love, guilt and reparation and other works, 1921-1945*. London: Vintage.

Klein, M. (2011). 아동 정신분석(*The psycho-analysis of children*) (이만우 역). 서울: 새물결.(원전은 1975년에 출판).

Kluger, R. S. (1991). *The archetypal significance of gilgamesh: A modern ancient hero*. Switzerland: Daimon Verlag.

Kohut, H. (1999). 자기의 분석(*The analysis of the self*) (이재훈 역). 서울: 한국심리치료연구소. (원전은 1971년에 출판).

Kohut, H. (2006). 자기의 회복(*The restoration of the self*) (이재훈 역). 한국심리치료연구소. (원전은 1977년에 출판).

Kohut, H. (2007). 정신분석은 어떻게 치료하는가?(*How does analysis cure?*) (이재훈 역). 한국심리치료연구소. (원전은 1984년에 출판).

Kövecses, Z. (2009). 은유와 감정: 언어, 문화, 몸의 통섭(*Metaphor and emotion*). (김동환, 최영호 역). 서울: 동문선. (원전은 2000년에 출판).

Kristeva, J. (2001). 공포의 권력(*Pouvoirs de l'horreur*) (서민원 역). 서울: 동문선. (원전은 1998년에 출판).

Kristeva, J. (2004). 검은 태양: 우울증과 멜랑콜리(*Soleil noir: depression et melancolie*) (김

인환 역). 서울: 동문선. (원전은 1987년에 출판).

Lazarus, S. R., & Lazarus, B. N. (1997). 감정과 이성(*Passion & reason: Making sense of our emotions*) (정영목 역). 문예출판사. (원전은 1994년에 출판).

Lelord, F., & André, C. (2008). 내 감정 사용법(*La Force des Émotions*) (배영란 역). 서울: 위즈덤하우스. (원전은 1999년에 출판).

MacCurdy, J. T. (1925). *The psychology of emotion*. London.

Mahler, M. S., Pine, F., & Bergman, A. (1997). 유아의 심리적 탄생: 공생과 개별화(*The psychological birth of the human infant: Symbiosys and individuation*) (이재훈 역). 서울: 한국심리치료연구소. (원전은 1975년에 출판).

Mason, M. J. (1986). *Facing shame: Families in recovery*. New York: W.W. Norton & Company.

Masterson, J. F. (2000). 참자기(*Search for the real self: Unmasking the personality disorders of our age*) (임혜련 역). 서울: 한국심리치료연구소. (원전은 1990년에 출판).

McWilliams, N. (2007). 정신분석적 심리치료(*Psychoanalytic psychotherapy: A practitioner's guide*) (권석만, 이한주, 이순희 역). 서울: 학지사. (원전은 2004년에 출판).

Meissner, W. W. (1998). 편집증과 심리치료(*Psychotherapy and the paranoid process*) (이재훈 역). 서울: 한국심리치료연구소. (원전은 1986년에 출판).

Meltzer, D. (1975). Adhesive identification. *Contemporary Psychoanalysis, II*, 259-310.

Mendonsa, E. L. (1982). *The politics of divination*. London: University of California Press.

Monick, E. (1987). *Phallos: Sacred image of the masculine*. Toronto: Inner City Books.

Monick, E. (1991). *Castration and male rage: The phallic wound*. Toronto: Inner City Books.

Music, G. (2001). *Affect and emotion*. Grange Road: Icon Books Ltd.

Myers, D. G. (2004). Theories of emotion. *Psychology* (*7th* ed.). New York: Worth Publisher.

Narramore, S. B., & Coe, J. H. (1985). Guilt. In D. G. Benner & P. C. Hill (Eds.), *Baker Encyclopedia of psychology & counseling* (2nd ed.). Grand Rapids, MI: Baker Books.

Navaco, R. W. (2000). Anger. *Encyclopedia of psychology*. Oxford: Oxford University Press.

Nell, R. (2005). *The use of dreams in couple counseling: A Jungian perspective*. Toronto: Inner City Books.

Neumann, E. (1973). *The child.* New York: G. P. Putnam's Sons.

Neumann, E. (2007). **위대한 어머니 여신**(*Die Grosse Mutter*) (이유경 역). 파주: 살림출판사. (원전은 1974년에 출판).

Neumann, E. (2010). **의식의 기원사**(*Ursprungsgeschichte des Bewusstseins*) (이유경 역). 서울: 분석심리학연구소. (원전은 2004년에 출판).

Neumann, E. (2012). **아모르와 프쉬케**(*Amor and Psyche*) (최연숙 역). 경산: 영남대학교출판부. (원전은 1971년에 출판).

Nietsche, F. (1987). **짜라투스트라는 이렇게 말했다**(*Also Sprach Zarathustra*) (김영호 역). 서울: 청목문화사. (원전은 1885년에 출판).

Öhman, A. (2000). Fear and anxiety: Evolutionary, cognitive, and clinical perspectives. In M. Lewis & J. M. Haviland-Jones (Eds.), *Handbook of emotions.* New York: The Guilford Press.

Parrott, W. G., & Smith, R. H. (1993). Distinguishing the experiences of envy and jealousy. *Journal of Personality and Social Psychology, 64*, 906-920.

Pearson, C. S. (1991). *Awakening the heroes within.* New York: Harper Collins Publishers.

Perera, S. B. (1986). *The scapegoat complex.* Toronto: Inner City Books.

Prétat, J. R. (1994). *Coming to age: The croning years and late-life transformation.* Toronto: Inner City Books.

Proner, B. (1988). Envy of oneself, adhesive identification and pseudo-adult states. *Journal of Analytical Psychology, 33*, 143-163.

Quignard, P. (2007). **섹스와 공포**(*Le sexe et l'effroi*) (송의경 역). 서울: 문학과 지성사. (원전은 1999년에 출판).

Rank, O. (1914). *The myth of the birth of the hero.* New York: Random House.

Richo, D. (2008). **사랑이 두려움을 만날 때**(*When love meets fear: Becoming defense-less and resource*) (문종원 역). 서울: 가톨릭출판사. (원전은 1997년 출판).

Riemann, F. (2010). **불안의 심리**(*Grundformen der Angst: Eine tiefenpsychologische Studie*) (전영애 역). 서울: 문예출판사. (원전은 1961년 출판).

Sambhava, P. (1995). **티벳 사자의 서**(*The Tibetan book of the dead*) (류시화 역). 서울: 정신세계사.

Samuels, A. (2012). C. G. 융과 후기 융학파(*Jung and the post-Jungians*) (김성민, 왕영희 역). 한국심리치료연구소. (원전은 1985년에 출판).

Samuels, A., Shorter, B., & Plaut, F. (1986). *A critical dictionary of Jungian analysis*. London and New York: Routledge.

Sanford, J. A. (1988). 꿈: 하나님의 잊혀진 언어(*Dream: God's forgotten language*) (정태기 역). 서울: 대한기독교서회. (원전은 1968년에 출판).

Saul, L. J. (1988). 인격형성에 미치는 아동기 감정양식(*Childhood emotional pattern: The key to personality, its disorders and therapy*) (이근후, 박영숙, 문홍세 역). 서울: 하나의학사. (원전은 1979년에 출판).

Saul, L. J. (2001). 결혼생활의 정신역동적 이해(*Childhood emotional pattern in marriage*) (정방자, 최경희, 김연지 역). 서울: 이문출판사. (원전은 1979년 출판).

Saul, L. J. (2006). 아동기 감정양식과 성숙(*Childhood emotional pattern and maturity*) (천성문, 이영순, 박순득, 정봉희, 장문선, 김수령 역). 서울: 시그마프레스. (원전은 1979년에 출판).

Sedgwick, D. (1994). *The wounded healer: Countertransference from a Jungian perspective*. London and New York: Brunner-Routledge.

Sedgwick, D. (2001). *Introduction to Jungian psychotherapy: The therapeutic relationship*. New York: Brunner-Routledge.

Segal, H. (1999). 멜라니 클라인(*Melanie Klein*) (이재훈 역). 서울: 한국심리치료연구소. (원전은 1981년 출판).

Shalit, E. (2002). *The complex: Path of transformation from archetype to ego*. Toronto: Inner City Books.

Sharp, D. (2008). 융, 중년을 말하다(*The survival papers*) (류가미 역). 서울: 북북서. (원전은 1992년 출판).

Sharp, D., & Jung, C. G. (1980). *Jung lexicon: A primer of terms & concepts*. Toronto: Inner City Books.

Sherman, M. H. (1983). Emotional Communication in Modern Psychoanalysis: Some Freudian Origins and Comparisons. *Modern Psychoanalysis, 8*, 173-189.

Singh, K. (2000). *Guilt*. Grange Road: Icon Books Ltd.

Spezzano, C. (1993). *Affect in psychoanalysis: A clinical synthesis*. New Jersey: The Analytic Press, Inc.

Strickland. B. B. (Ed.). (2001). Guilt. *Encyclopedia of psychology* (2nd ed.). Gale Group, Inc.

Tillich, P. (1952). *The courage to be*. New Haven: Yale University Press.

Tustin, F. (2001). **자폐 아동을 위한 심리치료**(*The protective shell in children and adults*) (이재훈, 장미경, 권혜경 역). 서울: 한국심리치료연구소. (원전은 1990년에 출판).

Ulanov, A., & Ulanov, B. (1999). **신데렐라와 그 자매들: 인간의 시기심**(*Cinderella and her sisters*) (이재훈 역). 서울: 한국심리치료연구소. (원전은 1983년에 출판).

Ulanov, A., & Ulanov, B. (2005). **치유의 상상력: 마음과 영혼의 만남**(*The healing imagination: The meeting of psyche and soul*) (이재훈 역). 서울: 한국심리치료연구소. (원전은 1991년에 출판).

Vergote, A. (2009). **죄의식과 욕망: 강박신경증과 히스테리의 근원**(*Dette et Désir: Deux axes chrétiens et la dérive pathologique*) (김성민 역). 서울: 학지사. (원전은 1978년에 출판).

Videbeck, S. L. (2006). *Psychiatric mental health nursing* (3rd ed.). Philadelphia: Lippincott Williams & Wilkins

von Franz, M.-L. (1980). *The psychological meaning of redemption motifs in fairy tales*. Toronto: Inner City Books.

von Franz, M.-L. (1990). *Individuation in fairy tales* (rev.). Boston & London: Shambhala.

von Franz, M.-L. (1993). *Psychotherapy*. Boston & London: Shambhala.

von Franz, M.-L. (1995). *Shadow and evil in fairy tales* (rev.). Boston & London: Shambhala.

von Franz, M.-L. (1996). *The interpretation of fairy tales* (rev.). Boston & London: Shambhala.

von Franz, M.-L. (1997). *Archetypal patterns in fairy tales*. Toronto: Inner City Books.

von Franz, M.-L. (1999). *Archetypal Dimensions of the Psyche* (rev.). Boston & London: Shambhala.

von Franz, M.-L. (2002). *Animus and Anima in fairy tales*. Toronto: Inner City Books.

von Franz, M.-L. (2004). **융학파의 꿈해석**(*The way of the dream*) (박현순, 이창인 역). 서울: 학지사. (원전은 1988년에 출판).

von Franz, M. (1993). *Psychotherapy*. Boston & London: Shambhala.

Wakefield, J. C. (1991). Why emotions can't be unconscious: An exploration of Freud's essentialism. *Psychoanalysis and Contemporary Thought, 14,* 29-67.

Ward, I. (2001). *Phobia.* Grange Road: Icon Books Ltd.

Weaver, R. (1973). *The old wise woman: A study of active imagination.* New York: G. P. Putnam's Sons.

Weiser, A. (1962). *The Psalms.* Philadelphia: The Westminster Press.

Wiener, J. (1988). Under the volcane: Varieties of anger and their transformation. *Journal of Analytical Psychology, 43,* 493-508.

Wilmer, H. A. (1987). *Practical Jung: Nuts and bolts of Jungian psychotherapy.* Illinois: Chiron Publications.

Winnicott, D. (1973). *The child, the family, and the outside world.* Middlesex: Penguin Boooks.

Winnicott, D. (1997). 놀이와 현실(*Playing and reality*) (이재훈 역). 서울: 한국심리치료연구소. (원전은 1971년에 출판).

Winnicott, D. (1998). 그림놀이를 통한 어린이 심리치료(*Therapeutic consultations in child psychiatry*) (이재훈 역). 서울: 한국심리치료연구소. (원전은 1971년에 출판).

Winnicott, D. (2000). 성숙과정과 촉진적 환경: 정서발달 이론에 대한 연구(*The maturational processes and the facilitating environment: Studies in the theory emotional development*) (이재훈 역). 서울: 한국심리치료연구소. (원전은 1984년에 출판).

Winnicott, D. (2011). 소아의학을 거쳐 정신분석학으로(*Through paediatrics to psycho-analysis*) (이재훈 역). 서울: 한국심리치료연구소. (원전은 1987년에 출판).

Woodman, M. (1982). *Addiction to perfection: The still unravished bride.* Toronto: Inner City Books.

Yalom, I. D. (2007). 실존주의 심리치료(*Existential psychotherapy*) (임경수 역). 서울: 학지사. (원전은 1980년에 출판).

Zilboorg, G. (1943). Fear of death. *Psychoanalytic Quarterly, 12,* 465-475.

Zuffi, S. (Ed.). (2003). *Old testament figure in art.* Los Angeles: The J. Paul Getty Museum.

약 어

CW *Collected Works* by C. G. Jung(융 저작집 영문판)

DA *Dream Analysis* by C. G. Jung

KGW 융 기본 저작집(한글판)

MDR *Memories, Dreams, Reflections* by C. G. Jung

VS *Visions* by C. G. Jung

융 저작집 영문판(CW) 목록

Volume 1: *Psychiatric Studies*

Volume 2: *Experimental Researches*

Volume 3: *The Psychogenesis of Mental Disease*

Volume 4: *Freud and Psychoanalysis*

Volume 5: *Symbols of Transformation*

Volume 6: *Psychological Types*

Volume 7: *Two Essays on Analytical Psychology*

Volume 8: *The Structure and Dynamics of the Psyche*

Volume 9i: *The Archetypes of the Collective Unconscious*

Volume 9ii: *AION: Researches into the Phenomenology of the Self*

Volume 10: *Civilization in Transition*

Volume 11: *Psychology and Religion: West and East*

Volume 12: *Psychology and Alchemy*

Volume 13: *Alchemical Studies*

Volume 14: *Mysterium Coniunctionis*

Volume 15: *The Spirit in Man, Art, and Literature*

Volume 16: *The Practice of Psychotherapy*

Volume 17: *The Development of Personality*

Volume 18: *The Symbolic Life: Miscellaneous Writings*

Volume 19: *General Bibliography*

Volume 20: *General Index*

찾아보기

인명

내 용

저자 소개

▶ 박종수

〈연구 경력〉

감리교신학대학을 졸업하고, 미국 드류 대학교(Drew Univ.)에서 고대 상담의 원형인 제사장 신점 연구로 철학박사 학위를 취득했다. 성서해석학, 고대근동학, 문화인류학을 공부했으며, 분석심리학에 매료되어 취리히 융 연구소에서 수학한 바 있다. 현재 강남대학교 기독교학과에서 성서와 분석심리학을 강의하고 있다.

〈임상활동〉

한국정신역동치료학회 이사
한국목회상담협회 수련감독
한국독서치료학회 이사
융학파 정신분석 상담사

〈주요 저서〉

융심리학과 성서적 상담(학지사, 2009)
분석심리학에 기초한 이야기 심리치료(학지사, 2005)
고대근동의 역사와 종교(공저, 대한기독교서회, 2000)
히브리 설화연구(글터, 1995)

E-mail: jspark45@kangnam.ac.kr

융심리학과 정서

2013년 8월 20일 1판 1쇄 발행
2024년 3월 25일 1판 5쇄 발행

지은이 • 박 종 수

펴낸이 • 김 진 환

펴낸곳 • (주) 학지사

04031 서울특별시 마포구 양화로 15길 20 마인드월드빌딩 5층

대표전화 • 02) 330-5114 팩스 • 02) 324-2345

등록번호 • 제313-2006-000265호

홈페이지 • http://www.hakjisa.co.kr
인스타그램 • https://www.instagram.com/hakjisabook

ISBN 978-89-997-0167-2 93180

정가 **22,000원**

저자와의 협약으로 인지는 생략합니다.

파본은 구입처에서 교환하여 드립니다.

이 책을 무단으로 전재하거나 복제할 경우 저작권법에 따라 처벌을 받게 됩니다.

출판미디어기업 **학지사**

간호보건의학출판 **학지사메디컬** www.hakjisamd.co.kr
심리검사연구소 **인싸이트** www.inpsyt.co.kr
학술논문서비스 **뉴논문** www.newnonmun.com
원격교육연수원 **카운피아** www.counpia.com